KB061509

평화는
동방으로부터

동아시아적 사유의
새로운 지평

평화는 동방으로부터

초판 1쇄 발행 2016년 9월 1일

지 은 이   박정진
발 행 인   권선복
편집주간   김정웅
편   집   권보송
디 자 인   최새롬
전 자 책   천훈민
인   쇄   천일문화사

발 행 처   행복한에너지
출판등록   제315-2013-000001호
주   소   (07679) 서울특별시 강서구 화곡로 232
전   화   0505-613-6133
팩   스   0303-0799-1560
홈페이지   www.happybook.or.kr
이 메 일   ksbdata@daum.net

값 25,000원
ISBN   979-11-86673-62-1   03150

행복한에너지는 독자 여러분의 아이디어와 원고 투고를 기다립니다. 책으로 만들기를 원하는 콘텐츠가 있으신 분은 이메일이나 홈페이지를 통해 간단한 기획서와 기획의도, 연락처 등을 보내주십시오. 행복한에너지의 문은 언제나 활짝 열려 있습니다.

평화는
동방으로부터

동아시아적 사유의
새로운 지평

박정진 지음

행복한 에너지

나는 이 책을 아내 우경옥과 어머니 신병기에게 바친다. 나는 두 여인의 사이에 있는 존재에 불과하였다. 내 철학의 반 이상이 그녀들의 몫이다. 그녀들은 언제나 '희생'과 '평화'에 관한 한 나보다 한 걸음 앞서갔다. 그녀들의 삶의 발자국을 따라간 것이 나의 일반성의 철학, 소리철학, 여성철학, 평화철학이다. 만약 후일 내 철학을 존중하는 이가 있다면 반드시 나의 아내와 어머니를 함께 존중하기 바란다. 그리고 끝으로 내 철학의 어머니, 김정 박사(철학자 김형효 선생님의 부인)에게 이 책 출간의 공을 돌리고자 한다. 김정 박사의 독려와 성원이 없었으면 이 책은 탄생하지 못했다.

목차

1

화평(和平)을 위한 철학인류학적 탐색

4

여성시대와 인류평화

5

화쟁론(和諍論)에서 화평부동론(和平不同論)으로

추천사

김형효(전 한국정신문화연구원 부원장)

인류학자이자 시인인 박정진 선생과 나는 공통의 상념을 갖고 산다. 그 공통의 상념은 곧 평화이다. 즉 박 선생과 나는 '평화의 철학'이라는 화두를 던져 오면서 한국에서 생활을 영위해왔다고 말할 수 있다. 내가 쓴 최초의 저서명은 『평화를 위한 철학』이다. 평화, 그것은 이 땅에서 철학 하기의 제일성을 의미한다. 평화, 그것은 외형적으로 전쟁의 부재를 가리킬 뿐만 아니라, 우리가 누리는 삶의 방향이 먼저 평화지향적 의미를 띠어야 한다는 것을 의미한다.

평화는 철학자 가브리엘 마르셀이 설파한 '가정의 신비'(le Mystère Familial)와도 상통한다. 가정의 신비는 가정의 평화를 떠나서 구체화될 수 없다. 평화는 관념적인 개념의 의미로 해석되어서는 안 되고, 우리의 살과 피에 와 닿는 실존적 의미로 해석되어야 한다. 따라서 평화는 실존적 의미로 읽혀져야지, 개념적 관념의 차원으로 해석되어서는 안 된다. 살과 피에 와 닿은 실존으로서의 평화는 추상적 관념의 덩어리가 아니라, 구체적 현실의 힘이어야 한다. 여기에 언급된 현실적 힘은 현실적 생명의 도리와 같은 뜻이다. 구체적 생명의 힘으로서의 평화는 이미 우리가 강조한 바와 같이 막연한 개념이 아니고 구체적 생명의 힘으로 작용하는 것이다.

박정진 선생과는 이미 한 해 동안 집중적으로 철학적 대담을 했으며, 그 후에도 여러 제자, 지인들과 함께 방담을 이끌어온 처지이다. 나는 철학자로서 인류학에 관심이 많은 편이었지만, 그는 인류학자로서 철학에 관심이 많은 동지이다. 이것이 우리 두 사람의 접점이다.

내가 아는 한에서, 박정진 선생은 대단히 광범위하게 유식할 뿐만 아니라 대석학의 깊은 통찰력과 지성을 갖춘 인물로 우리에게 다가온다. 나는 그의 이런 향기 좋은 지성이 풍기는 까닭이 어디에서 연유하는 것인가, 가끔 생각해본다. 그는 매일 새벽에 일찍 기상하여 맑은 정신으로 독서삼매와 명상의 시간을 갖는다고 한다.

내가 박정진 선생에게서 놀라는 것은 특히 세계적인 프랑스 철학자인 자크 데리다를 비판하는 대목에서다. 나는 데리다의 철학을 이해하기 위해 수년 동안 힘들게 공부했으며, 그동안 신봉해왔는데, 그는 단 몇 가지 점을 예로 들면서 예리하게 데리다의 표절행위와 철학적 모순을 비판했다. 돌이켜 생각해보면 그의 설명에 일리가 있어 놀라울 따름이다.

박정진 선생은 또한 그동안 학계에서는 내용이 어렵다고 경원시해온, 내가 쓴 일련의 철학책들을 마치 소설책을 읽듯이 재미있게 읽었다고 하는데, '어렵다'고 평하여 나로 하여금 일찍이 실망을 안겨준, 이 땅에서 철학 하는 사람들을 생각하면, 그를 늦게 만난 것이 안타까울 따름이다. 그를 조금만 더 일찍 만났더라면 훨씬 더 용기를 얻어 활발하고 생산적인 철학활동을 했을 것이라고 미루어 짐작한다.

그가 나의 '평화를 위한 철학'을 계승하여 『평화는 동방으로부터』와 『평화의 여정으로 본 한국문화』라는 방대한 저술을 내게 된 것은 한국의 자생철학을 위해서도 다행스런 일이고, 실로 축하할만한 일이라고 하지 않을 수 없다. 그에게 학문적 행운이 있기를 기도해본다.

2016년 6월 25일
벗 심원(心遠)으로부터

추천사

김민하(전 민주평화통일자문위원회 수석부의장)

　문화인류학자이자 시인인 박정진 선생이 이번에 『평화는 동방으로
부터』와 『평화의 여정으로 본 한국문화』라는 방대한 저서를 세상에 내
놓았습니다. 우선 엄청난 양에서도 놀랐지만 그 내용을 보고는 또 한
번 놀랐습니다. 힘의 논리가 지배하는 세상에서 먼저 그 힘을 자랑하는
"서양이 변해야 인류평화가 온다.", "서양철학과 문명에 대한 정신병리
학적 보고"라는 부제가 말해주듯이 서양철학에 대한 깊은 이해는 물론
이고 동서철학과 사상을 관통하지 않으면 결코 생산하지 못할 결과물
입니다. 기독교, 유교, 불교, 그리고 천부경의 천지인 사상을 자유자재
로 가로지르며 논리정연하게 풀어내는 그 인문학적 힘에 감탄을 금할
길이 없습니다.
　처음에 책 제목을 보고 '서양에 대해 너무 세게 이야기하는 거 아닌

가' 하는 저의 걱정은 기우였습니다. 박정진 선생은 지난 십수 년간 남모르는 가운데 사서삼경은 물론 동서양의 다양한 고전들을 섭렵하였던 것입니다. 그동안 언론인이자 시인으로서의 삶을 통해 축적한 모든 지혜와 역량을 모아 최근에는 소리철학 시리즈 - 『철학의 선물 선물의 철학』, 『빛의 철학 소리 철학』, 『일반성의 철학과 포노로지』 등 - 를 내놓아 한국의 주체적 자생철학의 새로운 장을 연 장본인이었던 것입니다.

『평화는 동방으로부터』는 제3세계 변방 국가 지성인의 자위적 외침이 아니라 아시아·태평양시대라는 역사·문명적 흐름을 읽고 그 흐름의 주체적 수용과 창조적 해석의 결과물입니다. 저자는 오늘날 新고립주의와 기후 변화 그리고 테러와 같은 수많은 글로벌 위기들의 밑바닥에는 서양철학과 문명을 지탱하던 동일성의 폭력이 숨어있음을 밝히고 있습니다. 따라서 진정한 의미에서 차이성과 여성성의 회복으로만이, 소유적 존재가 아닌 자연적 존재로의 깨달음만이 21세기 생명과 평화의 시대를 열어갈 수 있다는 철학적 통찰을 제시하고 있습니다.

『평화의 여정으로 본 한국문화』는 한국문화와 역사에 대한 해박한 지식과 해석은 물론이고, 한국 땅이 세계적인 평화철학이 탄생할 문화 풍토 지역임을 천명하고 있습니다. 더불어 오늘날 분단한국의 현실적인 글로벌 위기들을 해결하기 위해 국제연합(UN)이 앞으로 어떠한 방향으로 가야 하며 동시에 새로워져야(UN갱신) 하는가에 대한 탁월한 견해를 내놓고 있습니다. 정말 대석학으로서의 면모를 보여주고 있다고 생각합니다.

박정진 선생의 두 책을 읽으며 잠시 제 삶을 돌이켜 보았습니다. 그러면서 하나의 화두가 떠올랐습니다. 그것은 바로 평화! 제 인생의 화두도 역시 평화였습니다. 지난 2000년 평양에서 열린 남북정상회담과 2006년 통일부 장관의 북한 방문 당시에 저는 평화통일자문위원회 수

석부의장 자격으로 대표단의 일원으로 참여했습니다. 당시 북한 최고 지도자였던 김정일 국방위원장을 직접 만나볼 기회도 가졌습니다.

저는 이런 체험을 통해 남북관계 개선과 남북통일에 대해 많은 생각을 해왔습니다. 앞으로 남북관계를 어떻게 풀어가야 할지는 한반도의 미래와 연결되는 중요한 문제입니다. 현재 저는 세계일보 회장으로 있으면서 이 문제에 대해 계속 고민하고 있습니다. 세계일보는 지금까지 남북관계에 남다른 기여를 해왔다고 자부합니다.

그러한 세계일보의 창간이념과 역사를 계승하는 의미에서 세계일보는 지금 제5유엔 사무국을 한반도에 유치하기 위한 국제 활동을 벌이고 있습니다. 한반도는 물론이고 동북아시아와 세계평화에 기여할 의미 깊은 프로젝트입니다. 이번에 상재한 두 책이 제시한 평화사상이 남북관계 개선과 더 큰 대한민국의 미래를 열어가는 새로운 이정표의 역할을 하게 되기를 소망합니다.

우리 사회는 물론 전 세계적으로 어려운 시기에 동양적 가치, 특히 한국적 정신과 가치가 어떻게 평화세계 실현에 기여할 수 있는지를 밝혀준 노고에 다시 한 번 감사드리고 축하드립니다. 앞으로 생명을 살리고 평화를 증진하는 역사에 더 큰 성취와 행운이 함께하기를 기도합니다.

2016년 6월 30일

세계일보 회장 金玟河

추천사

공종원(전 중앙일보·조선일보 논설위원)

문화인류학자 박정진 시인이 이번에 역저『평화는 동방으로부터』와 『평화의 여정으로 본 한국문화』두 책을 출간했다. 매우 서술적인 책 제목에서 알 수 있듯이 "인류의 평화는 동방(동양)에서 구해져야 한다."라는 저자의 주장을 담고 있는 저술이다.

그러나 책의 제목만 보면 독자들은 이것이 저자의 평화에 대한 철학적 담론을 집성한 '평화철학' 저술이란 점을 쉽게 알아차리지 못한다. 그래서 저자는 책제목의 머리에 다시 '인류를 공멸에서 구할 깨달음의 철학'이란 말을 올려놓고 다시 제목의 끝에 '서양철학과 문명에 대한 정신병리학적 보고'라는 단서를 덧붙여놓고 있다. 상당히 친절하고 자상한 책 소개라 해도 과언이 아니다.

얼핏 보아도 서양철학과 서양문명은 정신병리적 문제를 안고 있기 때문에 인류가 진정한, 그리고 영원한 평화를 얻으려면 동양의 정신과 동양의 철학적 전승에서 해답을 찾지 않으면 안 된다는 것을 저자가 주장한다는 것을 알 수 있다.

저자의 이 같은 주장이 간단히 얻어진 결론이라고 보이지는 않는다. 저자가 이런 결론에 이르는 과정이 결코 순탄하고 간단한 것 같지는 않기 때문이다. 두 책이 각각 5백여 페이지에 이르는 대저라는 사실에서 그것을 감지할 수 있을 뿐 아니라 이 책의 전개과정 자체가 우원하고 방대하다는 것을 독자가 보아서 알 수 있겠다.

이 책에서 저자는 처음에 '화평을 위한 철학인류학적 탐색'에서 시작해서 '아시아 태평양시대와 평화체계' '여성시대와 인류평화'를 거쳐 '화쟁론에서 화평부동론으로'라는 주제설정을 통과하여 '평화의 여정으로서의 한국문화'를 분석한 후에 '파시즘과 피시즘'이란 기발한 대립논리를 전개하여 서구문명을 동일성의 철학으로 전쟁을 되풀이할 수밖에 없는 문명으로 보고 다시 '원시반본과 평화' '종교와 문명의 벽을 넘어선 평화' '평화의 길, 구원의 길'을 거쳐 결론적으로 '폭력의 근원에 대한 철학인류학적 해석'을 제시하고 있다.

저자는 '서양철학과 문명은 모든 것을 실체화해서 그것을 획득하려고 한다.'고 보고 '세계를 실체로 보는 것은 세계를 소유하겠다고 하는 소유적 존재로서의 인간을 드러내는 결정적 사건이다.'라고 규정한다. 그런 관점에서 저자는 서양철학을 '동일성의 철학'이라고 보고 '동일성의 철학은 결국 동일성을 보편성의 이름으로 남에게 강요하기 마련이고, 그것이 제국주의의 형태로 나타나고 결국 전쟁의 철학이 되고 있다.'고 주장하고 있다.

서양의 동일성의 철학은 결국 개인이나 국가 간의 전쟁을 초래하고 그것은 필연적으로 서양의 과학기술과 산업문명을 낳고 이는 결국 자연에 대한 폭력으로 작용하여 온실가스의 증가와 지구온난화를 야기하고 기후변화라는 심각한 자연의 보복성 환경문제를 표출하였고 서양의 패권주의는 가공할 무기의 전쟁은 물론 크고 작은 테러리즘을 양산하고 있다고 저자는 분석하고 있는 것이다.

그런 만큼 저자는 인류의 공멸 위기 앞에서 서양은 문명의 주도권을 동양에 넘겨주어야 인류공멸을 피할 수 있다고 본다. 서양철학이 자연을 대상화하고 지배하려 한다면 동양의 철학은 자연과의 공존, 하나 되는 기쁨과 행복의 삶을 추구한다고 보는 것이다. 도교의 '무위자연'이라든가 불교적인 '무아'와 '공'의 삶이 해답이라는 것이다.

"이 책은 절대유일신을 믿는 기독교와 우주를 향해하는 우주물리학의 자연과학과 세계를 금융자본주의로 통일하고 있는 서양의 문화·문명으로는 결코 인류가 평화를 달성할 수 없음을 증명해주려고 백방으로 노력한 책"이라고 저자는 서문에서 스스로 말하고 있다.

이 같은 저자의 말에서 느끼듯이 이 저서는 인류의 평화를 구축하는 정신적 바탕으로 서양철학의 유산인 소유와 동일성의 철학을 극복하고 동양적 정신의 표현인 일반성의 철학, 본래적 인간 회복, 공생의 정신으로 돌아가야만 진정한 평화가 구현될 수 있다고 결론짓고 있다.

이 같은 저자의 결론은 매우 독특한 것이다. 종래 평화철학 논의의 중심에 있었던 서양의 문제와 한계를 지적하고 이를 극복하기 위해 동양철학에서 평화철학의 논거를 구축하고 있는 것은 대단한 공헌이라 하겠다. 그리고 실제 과문의 소치이기는 하지만 지금까지 동양에서 동양사상을 기반으로 한 '평화철학론서'를 낸 철학자가 있었다는 소리를 듣지 못했다. 그 점에서 저자가 철학전공자도 아닌 문화인류학자이면서도 이 같은 방대한 저술로 평화철학 논리를 구축한 것은 하나의 경이 (驚異)이기도 하다.

그렇지만 추천자로서는 엄밀한 논리구성을 요구하는 '철학논서'에서 이 책이 더욱 완비된 것이 되어야 한다는 의미에서 몇 가지 문제를 지적하지 않을 수 없다.

우선 저자가 내세운 동양철학의 무위자연이나 공사상이나 깨달음 같은 개념은 현실에서는 개인이 성취하는 것인데 이것을 인류 전체의 것으로 과연 확장하는 것이 가능한가의 문제이다. 깨달음이나 인간 본래 존재로 회귀하는 것은 개인이 성취할 수 있는 최고의 평화의 경지이겠지만 현실적으로 이 세계에 생존하는 인류 전체가 그런 평화의 경지를 다 함께 얻을 수 있다는 것은 잘 믿어지지 않기 때문이다. 혹시 석가부처님이 제시한 "모든 중생이 모두 불성을 갖추고 있다(一切衆生 悉有佛性)"는 근거를 바탕으로 인류 전체, 생명 전체의 평화 구축을 가능하게 할 수 있는 길이 찾아진다면 더없이 좋을 것 같다.

다른 하나는 저자가 동일성의 철학, 소유의 철학으로 보는 서양철학계에도 사실은 엄연히 평화철학의 논리가 아주 오래전부터 있었고 어떤 의미에서 현재 지구촌의 평화도 그런 저들의 평화철학과 평화논의의 산물로 불완전하나마 유지될 수 있는 것이라고 볼 수 있겠다는 온건한 서양사상 포용의 태도가 필요하다는 생각이다.

맥밀란사의 '철학백과사전(The Encyclopedia Of Philosophy)'을 통해 서구의 철학사를 간단히 돌아보아도 '평화, 전쟁 그리고 철학'의 문제는 유구한 역사를 가지고 있고 다양한 주장의 틀을 보이고 있다. 일반적으로 전쟁은 불가피한 것, 심지어 바람직한 것으로 보는 현실주의적 시각과, 선의나 개선된 사회적 통제로 지속적 평화를 유지할 수 있다고 보는 이상주의 사이에 편차가 큰 주장들이 얼마든지 존재한다는 것이다.

가령 고대 그리스에서는 전쟁이 자연질서이고 심지어 필요한 것이라고 보는 견해조차 있었다. 헤라클리투스는 '전쟁이 모든 것의 아버지이고 모든 것의 왕이다'라고 할 정도였다. 전쟁을 통해 자유인과 노예가 결정된다는 체념조차 있었다.

하지만 서양에서도 칸트의 '영구평화론' 같은 고뇌 섞인 평화모색이 있었기에 세계 1,2차 대전을 통해 국제연맹이나 국제연합과 같은 국제기구를 통한 평화 추구 노력이 가능해진 것이라고 할 것이다. 최근엔 종교기구를 통한 국제 평화 추구 노력이 경주되는 상황에 이르고 있지만, 결국 이런 인류의 평화 구현 노력은 박정진 시인의 평화철학 구축노력과 같은 정신적 기반, 근본적 기틀 형성이 충실해질 때 가능해질 것이라 생각된다. 살벌한 인간의 지구역사에서 동양, 여성, 가정과 같은 보다 원형적인 의미를 재조명하고 있는 박정진 시인의 노고에 박수를 보낸다.

2016년 6월 25일

우당(藕堂) 공종원(孔鍾源)

서문

　철학자 김형효 선생님은 일찍이 벨기에 루뱅가톨릭대학교에서 박사
학위를 마치고 돌아와서 「평화를 위한 철학」이라는 글을 『문학과 지성』
(1970년 겨울호)에 발표했다. 아마도 「평화를 위한 철학」은 선생님의 젊은
시절의 야심작이었던 것으로 보인다.

　서양철학의 본고장인 벨기에에서 유학을 마치고 돌아온 패기만만한
시절의 첫 작품(?)은 그러나 주위의 무관심과 심지어 '어렵다'는 평과 함
께 선생님의 실망으로 이어져 더 이상 발전하지 못하였다.

　선생님은 그 후 동서고금의 철학적 소통을 위한 비교와 번안 작업의
일환으로, 서양철학에 대한 자신만의 이해를 바탕으로 서양철학의 주
요인물인 하이데거, 데리다, 라캉, 그리고 구조주의에 대한 독자적인 저
술을 펴내는 한편 동양의 노자, 성리학, 그리고 원효의 대승철학에 이르
기까지 폭넓은 주유천하와 종횡무진을 감행했다.

　그러나 선생님 자신의 진정한 철학이라고 할 수 있는 평화철학은 큰

진전을 보지 못했다. 아마도 시대의 요구가 부족했던 탓도 있었을 것이다. 돌이켜 생각하면 김형효 선생님의 「평화를 위한 철학」은 당시로서는 한국에서 '이 땅에서 철학하기'의 한 형태로 진행되었던 것 같다.

당시로서는 한국철학계, 혹은 한국인문학계 전체가 자기문화에 대한 인식과 자각과 자긍심이 부족했던 까닭으로 시대적 요청과 부름에 응답을 제대로 하지 못했던 것 같다. 시대는 바뀌어 이제 인류에게 그 무엇보다 평화의 필요가 증대되었다. 평화는 이제 인간의 선택사항이 아니라 선택하지 않으면 안 되는, 현실적으로 달성하지 않으면 호모 사피엔스 사피엔스의 멸종을 떠올릴 정도로 절체절명의 과제가 되고 말았다.

인류는 이제 패권국가의 등장 없이 평화를 유지하는 방법과 합의를 개발하여야 한다. 왜냐하면 패권국가를 결정하는 가공할 전쟁으로 인해 평화를 얻기도 전에 공멸할 수 있기 때문이다. 평화를 목적으로 한다고 평화를 달성할 수 있을까? 생명을 목적으로 한다고 생명(영생)을 얻을 수 있을까? 평화와 생명은 그것을 목적으로 한다고 얻을 수 있는 것이 아니다.

이에 필자는 평화를 지향하는, 혹은 평화를 목적으로 하는 '평화를 위한 철학'이 아니라 '평화를 결과적으로 실현하지 않으면 안 되는 평화의 의미'로 『평화는 동방으로부터』와 『평화의 여정으로 본 한국문화』를 내놓게 되었다. 서양철학과 문명은 모든 것을 실체화해서 그것을 획득하려고 한다. 과연 평화와 생명이 서양철학이 말하는 실체로 달성되는 것일까.

세계의 본래적 평화와 생명은 이미 세계에 부여되어 있는 것인지도 모른다. 도리어 그것을 목적으로 하는 자체가 이미 평화와 생명에서 멀어진 인류의 삶을 증명하고 있는지도 모른다. 세계를 실체로 보는 것은 세계를 소유하겠다고 하는 소유적 존재로서의 인간을 드러내는 결정적인 사건이다.

칸트를 비롯해서 수많은 서양철학자들이 시대적 요구에 따라 세상에 내놓은 서양철학은 지금에 와서 보면 '동일성의 철학'이었다. 심지어 '차이의 철학'이라고 명명되는 서양의 후기근대철학, 해체철학조차도 실체를 전제하는 '동일성의 차이의 철학'임이 밝혀지고 있다.

서양의 후기근대철학의 현상학 계열은 모두 헤겔의 정신현상학의 각주에 불과한 것이라고 말할 수 있다. 이는 서양철학 모두를 플라톤의 각주에 불과한 것이라고 말한 것과 같다. 플라톤부터 현상학이었다고 말할 수 있다. 본질을 이데아라고 말로써 규정한 것부터 현상학이었다.

동일성의 철학은 결국 동일성을 보편성의 이름으로 남에게(다른 문화권에) 강요하기 마련이고, 그것이 제국주의의 형태로 나타나고 결국 전쟁의 철학이 되고 있다는 것은 의심의 여지가 없다. 이제 인류는 역사적 사유와 철학적 사유, 즉 역사철학적 사유를 포기하여야 하는 시점에 도달한 셈이다.

자연은, 생멸하는 자연은 역사와 철학이 아닐뿐더러 자연과학의 대상마저 아닌 것이다. 인간 종이 필요에 의해 자연을 조작하는 능력을 가졌다고 하더라도 자연 자체를 훼손하면 이는 자신의 몸을 훼손하는 뇌를 가진 존재라는 존재론적 오명을 벗어날 수 없다.

인류의 철학과 문화·문명을 서양에 맡겨두어서는 결코 평화를 달성할 수 없다는 결론에 이른 필자는 '진정한 차이의 철학'인 동양의 천지인 사상과 음양사상을 현대적으로 새롭게 해석함으로써 서양철학자들과 소통하는 가운데 인류의 미래철학으로서 발돋움이 되도록 고심하였다.

서양의 과학기술과 산업문명은 자연에 대한 폭력으로 작용하여 온실가스의 증가와 지구온난화를 야기하고, 기후변화라는 심각한 자연의 보복성 환경문제를 표출하였고, 서양의 패권주의는 가공할 무기의 전쟁은 물론이고, 크고 작은 테러리즘을 양산하고 있다.

이제 인류의 철학은 '평화통일철학'으로 집대성되지 않으면 안 되는 시대정신, 시대적 사명에 직면하게 되었다. 서양철학은 동양의 철학적 자산을 서양철학의 새로운 아이디어 제공과 영양분으로 사용하는 오리엔탈리즘(Orientalism)을 멈추어야 한다. 오리엔탈리즘은 서양이 동양의 정신으로 돌아오는 것이 아니라 동양을 서양화하면서 서양의 지배를 연장하는 것에 불과하다.

대부분의 비서구인, 동양 혹은 동방문명의 우리들은 거의 대부분이 '오리엔탈리즘의 환자'이다. '빛은 동방에서'라는 말에서 알 수 있듯이 인류문명의 발상지의 주민이면서 적반하장이 되어 거꾸로 현대물리학을 통해서 불교를 알고, 하이데거와 데리다를 통해서 불교를 배우며, 신은 기독교의 전유물처럼 느낀다. 물신숭배의 서양은 문명의 주도권을 동양으로 넘겨주지 않으면 결국 인류를 공멸시키고 말 것이다.

이제 서양은 근본적으로 평화의 삶을 추구하는 동양의 무위자연(無爲自然)의 도(道)와 불교의 무(無)와 공(空)의 삶으로 진정으로 돌아와야 한다. 그렇지 않고 자연과 스스로를 대상으로 여기는 한, 결코 자연과 하나가 되는 기쁨과 행복의 삶을 인류는 누릴 수 없다. 자연을 대상으로 삼는 자연과학은 자연을 여전히 사물(Thing)로 보는 것이며, 결과적으로 사물 그 자체, 즉 존재를 외면하는 것이다.

이 책은 절대유일신을 믿는 기독교와 우주를 항해하고 있는 우주물리학의 자연과학과 세계를 금융자본주의로 통일하고 있는 서양의 문화·문명으로는 결코 인류가 평화를 달성할 수 없음을 증명해주려고 백방으로 노력한 책이다. 피스-메이킹(Peace-making)이라는 말이 있듯이 평화도 만들어가는 것이다.

세계를 소유하려고 하는 '욕망과 이성'의 철학, 즉 '소유의 철학'으로는 인류의 평화는 요원할 것이다. 인간은 본래존재로 돌아가야만 한다. 그러면 평화는 저절로 손에 들어올 것이다. 본래존재는 존재일반이고, 그것을 추구하는 철학은 일반성의 철학이다. 궁극적으로 끝없이 소유하려고 하면 인간은 미칠 수밖에 없을 것이다. 이제 인간의 정신이 정신병이 아님을 증명할 필요가 있다.

이제 인간은 소유와 의식의 짐을 때때로 내려놓을 줄 아는 깨달은 자가 되어야 한다. 니체는 거의 무한대에 가까운 자신의 의식과 욕망의 무게와 초월을 놓지 못해 미쳤던 것이다.

김형효 선생님은 이 땅에 존재하는 것만으로도 철학과 삶을 더욱 풍요롭게 만든 철학자로서 필자의 영원한 스승이다. 김형효 선생님이 '서양철학의 고고학'을 달성하였다면 필자는 그러한 성과를 바탕으로 '서양철학의 계보학'을 달성함으로써 서양철학의 굴레를 벗어나는 길을 엿본 입장이다. 그에게서 대철학자로서의 겸손과 묵언의 언어를 배우게 된다. 진정한 진리는 침묵 속에 있는지도 모른다. 한국의 자생 '평화철학'의 탄생을 누구보다 고대하고 있는 서석완 회장(소리철학 후원회 회장)의 격려와 지원에도 고마움을 표한다.

끝으로 세계일보에서 만난 조형국 박사(한국외대 대학원 철학과, 한국하이데거학회 전 편집위원)의 물심양면의 지원과 노력이 가세하지 않았더라면 이 책의 세련됨과 조속한 출간이 어려웠음을 밝히면서 고마운 마음을 전할 뿐이다.

최종원고를 탈고한 뒤, 몇 해 전 우리시대의 청담(淸談)을 실천할 것을 약속한 삼옥(三玉)의 은거지가 될 '불한티'(不寒嶺)를 다녀왔다. 삼옥은 시인 옥광(玉光) 이달희(李達熙), 동양철학자 옥석(玉果) 손병철(孫炳哲), 그리고 필자인 옥담(玉潭)을 말한다. 불한티는 괴산 청천과 문경 가은 사이를 동서로 연결하는 속리산 선유동천과 연결되는 '춥지 않은 고개'였다. '불한(不寒)의 인간'이 되는 것은 쉽지 않을 것 같았다.

2016년 6월 25일

휴전선이 코앞에 있는 통일동산에서 交河를 바라보며

心中 박정진

御製　中國　와로서르ᄉᆞᄆᆞᆺ디아니ᄒᆞᆯ쎄

1

화평을 위한
철학인류학적 탐색

서양 사람들은 항상 인류의 문명을 말할 때, '빛은 동방에서(Light from the east)'라고 말한다. 이 말은 원래 로마속담 Lux ex Oriente에서 비롯되었다고 한다. 흔히 동방을 말하는 '오리엔트(Orient)'라는 말에는 "해가 뜬다"라는 의미도 있다.

인류의 4대 문명, 혹은 최근에 발굴로 알려진 동북아시아의 요하(遼河)를 중심으로 건설된 홍산(紅山)문명을 포함한 5대 문명이 모두 서양의 입장에서 보면 동방에서 비롯되었기 때문이다. 물론 불교, 유교, 기독교, 이슬람교, 힌두교 등 인류의 고등종교들도 모두 동방에서 탄생했다.

서양 사람들은 그러면서도 동방의 문명세례를 받은 그리스·로마 문명을 저들의 진정한 뿌리로 생각한다. 그렇게 생각하는 데는 상당한 근거와 이유가 있겠지만, 오늘날 기독교와 과학문명이 결합된 서구문명은 힘(권력)의 경쟁, 패권주의로 일관하고 있다.

패권주의, 혹은 제국주의 문명은 항상 전쟁을 수반하는 문명이다. 이러한 패권주의를 이끌어가는 문명의 원동력은 바로 로고스(logos)이다. 동방에서 유럽으로 건너간 기독교도 그리스·로마 문명과 만나서 합리화되면서 오늘날 세계종교가 되었다. 로고스는 참으로 인간의 힘이면서 동시에 문제로 떠오르고 있다.

절대를 추구하는 서구문명은 오늘날 '기독교의 절대'에서 '기계적 절대'로 변하고 말았다. 그런 점에서 니체만큼 서양문명을 적나라하게 고백하고 폭로한 철학자는 없을 것이다. 신이 죽은 그 자리는 이제 인공지능(AI)이 대신하려 하고 있다. 결국 서구문명의 핵심은 '전쟁'과 '기계'로 요약된다.

정치학자인 새뮤얼 헌팅턴은 인류가 문명충돌, 즉 종교전쟁으로 인해서 종말적 전쟁에 직면하게 될 것이라고 전망하면서 서구문명의 패권주의를 유지하기 위해 유럽문명을 계승한 미국의 준비가 필요하다고 역설하고 있다.

역사학자인 유발 하라리는 다분히 인류학적이고 진화론적인 지식을 활용하면서 인간 종, 즉 호모 사피엔스 사피엔스의 멸종을 예언하고, 사피엔스에 이어 인조인간(기계인간), 사이보그가 인간을 대신할 것이라고 내다보았다.

유발 하라리의 『사피엔스』와 새뮤얼 헌팅턴의 『문명의 충돌』은 인간에 내장된 자기멸종의 시나리오를 읽게 한다. 기계가 인간을 멸종시킨다는 것은 쉽게 말하면 칼(문명의 이기)로써 인간을 죽이는 것과 같다. 어떻게 영생과 생명이 기계기술이라는 말인가. 둘 다 인류의 평화를 위해서는 좋은 신호나 징조가 아니다.

이들의 주장은 합리적이고 과학적이고, 실증적이긴 하지만 적극적으로 인류의 평화를 도모하기 위한 대안적 노력을 보이지는 않고 있음을 볼 수 있다. 이들의 책에서 깊이깊이 숨겨진 허무주의를 읽을 수 있다. 말하자면 문명의 충돌을 막기 위한 노력이라든가, 인조인간에게 멸종당할 인류를 불쌍하게 바라보는 연민의 정이 부족하다고 하지 않을 수 없다.

신화의 정체성, 종교의 절대성, 철학의 동일성, 과학의 실체성에 의존해온 서양문명의 시퀀스를 바라보면 욕망의 끝없는 전개를 보게 된다.

이성도 욕망의 변형이다. 주체는 욕망의 대상으로서의 주체이고, 이성도 신체의 주체로서의 대상이다. 이성과 욕망은 신체 안에서 교차하고 있다. 이들을 관통하는 정신은 동일성이다. 이 동일성으로부터 벗어나야 인간은 멸망하지 않을 수 있다.

서양철학의 끝은 마르크스의 유물론과 니체의 초인이다. 이 둘은 서로 다른 것 같지만 실은 결국 같은 것이다. 유물론은 인간정신의 끝이 물질이라는 사실에 다다른 지성의 허무주의이고, 초인사상은 물질주의라는 막다른 골목에 처한 소유적 존재인 인간이 자신이 쳐 놓은 담을 월장(越墻)하는―허무주의를 은폐한 마지막 긍정의 모습이다. 둘 다 소유적 존재로서 인간의 마지막 모습이다.

니체와 마르크스는 직접적으로 파시즘을 교조하거나 옹호한 것은 아니지만 둘 다 파시즘을 생산하는 데에 일조를 하고 말았다. 니체는 주체적 자유와 힘의 증대라는 동일성을 통해, 마르크스는 사회적 평등과 근육노동이라는 동일성을 통해 본의 아니게 파시즘으로의 길을 열었다. 극단적인 악(힘의 증대)과 극단적인 선(평등의 실현)을 추구하면 그것은 결국 극단적인 투쟁(나의 투쟁, 계급투쟁)이 되고, 극단적인 투쟁은 결국 파시즘(전체주의)에 도달한다는 사실을 역사는 우리에게 보여주고 있다.

욕망으로 말한다면, 인간은 '창조적 악마'이다. 아름다움으로 말한다면 인간은 '아름다운 악마'이다. 욕망을 스스로 제어하는 수련(기술)이 발달하지 않으면 인간은 언젠가는 멸망할 것임에 틀림없다. 인간은 '선'에서 '악'으로 중심이동을 했다. 부연하면 인간은 '자연의 선'에서 '문명의 악'으로 이동을 했다. 힘과 실체의 상승과 증대를 꾀해온 서양문명은 무한대의 욕망, 즉 인간의 섹스프리(sex-free: 생식적 섹스로부터 해방된 자유)를 프리섹스(free sex)로 변모시키면서 성적으로 타락하고 말았다.

인류문명의 상부구조의 파시즘(fascism)은 하부구조의 포르노로지

(pornology)와 서로 교응(交應)하고 있다. 인류문명의 폭력적 상황은 인류사회의 세포라고 할 수 있는 가정 자체를 무너뜨리는 것이다. 가정이 무너지면 인간의 세계가 무너지는 것이다.

서양문명을 대표하는 위의 책들도 실은 욕망을 상부구조의 텍스트로 미화하거나 승화하거나 감춘 것에 불과한 것일 가능성이 높다. 서양문명은 이성과 욕망의 노예가 될 수밖에 없다. 욕망의 주인이 되기 위해서는 '무한대(無限大)'를 '무(無)'로 바꾸는 의식의 혁명이 수반되어야 한다.

『사피엔스』는 역사학은 물론이고, 인류학, 진화생물학, 그리고 신화에서 종교, 철학에 이르기까지 인간이 산출해놓은 지식집적을 토대로 인간의 미래를 내다본(점친) 융합학문적 성격의 책이다. 그러나 필자는 저자가 알고리즘을 가진 인공지능을 닮아있다고 생각된다. 그 알고리즘은 '절대(정신)=기계(인간)'이다. 놀랍게도 그는 죽음과 영생도 기술적인 문제로 본다.

니체가 로마인과 유대인에게 붙인 귀족과 노예의 대립은 오늘날 자연과 인간에게 그대로 적용해도 무리가 없을 것 같다. 자연을 과학기술이라는 방법으로 대하는 인간은 유대인을 닮았다. 유대인은 따라서 오늘날 인간을 대변한다. 인간은 자연에 대해 끊임없이 반란을 꾀하는 노예-주인이라고 할 수 있다.

서양의 후기근대 철학을 대표하는 니체는 인간이 '힘(권력)에의 의지'의 동물임을 실토한 바 있다. 현대과학문명을 주도하고 있는 서양에서는 힘, 패권주의 신화가 만연하고 있다. 사피엔스의 멸종과 이를 대체할 세력으로서 인조인간, 사이보그를 설정하는 저자의 결단과 냉엄함은 참으로 유대그리스도교 문명권의 후예답다.

어떻게 저자 자신이 소속된 사피엔스가 자신을 대신할 기계인간을 진화의 다른 종으로 설정하고도 당당할 수 있는지, 궁금하다. 이것 자체가 과학이 주도하는 인류문명의 정신병리학적 현상인지도 모른다. 사이보그가 점령하는 지구는 그 사이에 많은 것을 생략하고 있다. 인간과 사이보그의 전쟁, 이 속에는 문명의 허무를 극복하기 위한 끝없는 욕망과 힘의 경쟁이 있으며, 평화는 없다.

유발 하라리는 훌륭하게도 인류학적 지식과 그동안 인류가 쌓아놓은 모든 지식을 총동원하여 자신의 문명예언서를 쓰긴 했지만, 지식을 종합하는 방법은 어디까지나 역사학자답게 헤겔의 역사철학의 방법과 전통에 충실한 사도이다. 다시 말하면 유발 하라리는 인류학의 성과와 생물학과 유전공학, 그리고 진화론의 축적을 활용하기는 하지만 인류학이나 진화론의 진수를 이해하고 있는 것 같지는 않다.

인류학의 고고학과 진화론은 모두 인공지능, 인조인간을 진화라고 말하지는 않는다. 진화는 인간에 의해 만들어진 인조인간에게 자신의 자리를 물려주는 것이 아니라 자연선택으로 이루어지는 것이다. 인조인간을 진화라고 부르는 것은 진화의 단절을 의미하면서 동시에 대단히 공학적인 발상인 것이다.

인조인간의 조물주는 분명히 인간이다. 그러나 인간의 조물주는 확실히 알 수 없다. 기독교는 창조주를 하나님 혹은 신(神)이라고 말하지만 가장 보편적인 답은 자연이라고 말할 수밖에 없다. 자연선택에는 주체가 없다. 말하자면 무엇을 만든 주체(조물주)도 없고 따라서 만들어진 객체(피조물)도 없다. 결국 인간을 포함한 모든 존재는 현상학적인 존재가 아니라는 말이다.

그런데 서양철학과 문명을 그것의 밖에서 보면 모든 사물(존재)을 현상학적으로 생각한 결과라고 말할 수 있다. '문명의 충돌'이든, '사피엔스'든 현상학적인 사고의 최종결과로서 힘의 과시와 패권주의를 지향하는 문명비평서로서 둘 다 인류의 평화를 추구하는 책은 아니다. 그렇지만 그만큼 인류문명의 위기를 고발하고 있다는 점에서 훌륭한 반면교사가 되는 책이다.

전지전능(全知全能)한 하나님을 모셔온 서양문명은 기독교의 초자연적(supernatural) 절대 신앙과 초월적 사고의 연장으로서 자연과학(natural science)의 성과를 거두고 지금 그 힘(권력)을 바탕으로 세계를 지배하고 있다. 이것이 오늘날 기독교와 자연과학의 패권주의이다. 그 바람에 본래 자연(nature)은 잊혀지고 말았다.

자연은 문명의 힘이라는 주인의 들러리에 불과하거나 기분전환의 환경으로 전락하고 말았다. 자연은 스스로 자기가 주인이라고 말하지 않는다. 말하지 못하는 자연은 인간과 만물이 모두 하나라는 것을 알고 있기 때문이다. 특별히 말하지 않는 자연을 중심으로 생각하면 말함으로써 존재하게 되는 '말하는 하나'는 진정한 하나가 아니고 진정한 평화도 아니고 진정한 사랑도 아니다.

인간은 어쩌면 자신의 소유욕과 권력욕을 '사랑'이라고 말하고(포장하고), 자신의 전쟁욕구를 평화라고 말하고(자신을 속이고) 있는지도 모른다. 그래서 사랑 앞에 '진정한', 혹은 '참'이라고 말을 붙이지 않으면 안 되고, 그것이 필요하게 된지도 모른다. 그만큼 인간세계가 거짓과 결탁되어 있다는 반증이다.

이대로 인간사회를 방관하다가는 사피엔스는 소유와 전쟁으로 멸종할지도 모른다. 인류의 종말전쟁과 사피엔스의 멸종을 막기 위한 대안적 노력으로서 국제연합(UN) 운동을 보다 확대재생산하여 평화적으로 운영하는 한편 문명의 충돌을 막기 위한 '종교유엔'과 같은 기구를 창설할 필요가 있다. 또한 올림픽이나 월드컵과 같은 '지구촌 스포츠축제'를 활성화함으로써 지구인의 소통을 활발히 하고, 인류의 소유경쟁 및 전쟁욕구를 줄이는 방안도 모색되어야 한다.

동시에 이제 인간 각자의 깨달음이 필요한 시기이다. 절대유일신이나 메시아에게 현세와 사후세계의 복을 의탁하는 타력신앙보다는 인간 스스로 깨달음을 통해 삶에 만족할 줄 아는 자력신앙이 요청된다. 지금까지 갈고닦아온 인류문명의 '힘에의 의지'의 길을 '평화에의 의지'의 길로 전환하여, 평화적 삶을 유지하는 데에 경주할 필요가 있다.

　이밖에도 각종 지구촌 규모의 문화예술축제를 통해 평화에 한 걸음씩 더 다가갈 필요가 있다. 인조인간의 출현에 대해서도 도덕적·윤리적인 측면에서의 제고와 인간의 자연성 회복도 폭넓게 포괄적으로 논의되어야 한다.

　평화에 관한 역사적 방법이라고 하는 것은 끝없이 평화를 추구하지 않으면 안 되는, 말하자면 인간조건에 따른 현상학적인 차원의 내용이다. '인류평화'라는 지향점을 두고 그것에 변증법적으로 다가가는 노력을 말한다. 이때 변증법이라고 하는 것은 전쟁과 평화라는 이원대립적인 것의 상호모순 속에서 그 모순을 극복하기 위한 정반합의 노력을 계속해나가는 것을 말한다.

　니체는 말했다. "만약 네가 영혼의 평화와 행복을 원한다면 믿어라. 하지만 네가 진리의 사도가 되고 싶다면, 질문하라."(1865년 6월 11일 여동생에게 보낸 편지)

　평화는 믿음에서 얻게 되는 꽃이다. 꽃 중에서도 연꽃이다. 믿음은 개인의 마음에서 일어나는 것이다. 그렇다면 집단은 어떻게 해야 하는가? 집단의 믿음은 축제에서 일어나는 것이고, 축제는 집단의 믿음이자 예술이다.

　평화에 대한 인류학적인 방법이라고 하는 것은 특히 일상생활 속에서 주기적인 축제(축전, 의례)를 통해서 평화에 도달하는 것을 말한다. 축제는 역사학적·논리적인 노력이나 성과와 상관없이 일상에서 의례를 통해서 바로 신체적으로 평화와 기쁨에 도달하는 것을 말한다.

인간은 평화라는 목적을 향해서 현상학적인 노력과 동시에 존재론적인 노력을 동시에 병행해야 하는 존재이다. 존재론적인 음양 관계는 대칭적이고 대립적이지 않는 반면, 현상학적인 음양 관계는 비대칭적이고 대립적이다.

〈철학과 축제의 상관관계〉

	축제를 통한 지구촌 평화 실현			
현상학적인 차원 理-理性 차원 (역사적 변증법)	양(전쟁)	음(평화)	역사 속에서 전쟁과 평화의 왕래	국가UN 플러스 평화UN
존재론적인 차원 氣-氣運生動 차원 (생태문화 복원)	음(평화)	기(氣): 氣運生動	존재의 무(無)-공(空)의 자각을 통한 평화와 열반	자연과학의 자연화/생태 문화 복원
	주기적인 축제를 통해 '존재로의 귀향'			
	축제의 일상화 일상의 축제화			
	신체를 통한 '생활-활생'의 기운생동			

지구촌을 위한 평화의 길

전쟁—공멸이냐, 평화—행복이냐

오늘날 지구촌이라는 의미는 무엇인가. 지구촌이라는 개념은 분명히 인간이 집단의 '안과 밖'을 나누는 경계선이 달라졌다는 것을 의미하고, 지구를 중심으로 새로운 의식을 구축해가고 있다는 것을 의미한다. 지구 '밖'에 대한 이해의 폭이 넓어질수록 지구는 이제 '안'이 되고 있다.

지구촌은 지구라는 땅덩어리가 혹은 지구라는 별이 이제 하나의 안으로서, 인간 종이 살아가는 우주 속에서의 하나의 촌락으로서 자리매김하는 것을 뜻한다. 그런데 그러한 글로벌화의 움직임과 함께 문명 간의 충돌이 국지적으로 일어나는 것도 사실이다. 이것이 세계의 역동성이라고 말할 수 있다.

역사학자 유발 하라리(Yuval Noah Harari)는 이렇게 말한다.

"21세기가 전개되면서 민족주의는 급속하게 입지를 잃고 있다. 점점 더 많은 사람들이 특정 국적을 지닌 사람이 아니라 인류의 구성원 모두가 정치권력의 합법적인 근원이며, 인권을 보호하고 인간 종 전체의 이익을 지키는 것이 정치의 원칙이 되어야 한다고 믿고 있다. (중략) 오늘날 세계는 여전히 정치적으로 조각나 있지만, 국가들은 빠른 속도로 독립성을 잃고 있다. 어느 국가도 독자적인 경제정책을 실행하거나 마음대로 전쟁을 선포하고 수행할 실질적 능력이 없다. 심지어 국내문제도 자기들이 좋다고 생각하는 대로 운영할 수 없을 지경이다. 국가들은 글로벌 마켓의 책략에, 글로벌 회사와 글로벌 NGO의 간섭에, 글로벌 여론의 감독에, 국제사법제도에 점점 더 문화를 열고 있다. 국가들은 재정적 행태, 환경정책, 사법제도에서 글로벌 기준에 따라야 할 의무가 있다. 매우 강력한 자본, 노동, 정보의 흐름이 세계를 바꾸고 그 모습을 새로이 형상하고 있다. 국가 간의 경제나 국가의 의견은 점점 더 무시되고 있다."[1]

전쟁이나 충돌은 어떤 점에서는 세계의 권력관계가 변하고 있다는 역동성의 증명과도 같은 것이다. 예컨대 지구촌의 패권을 누가 잡을 것인가? 이것은 글로벌화의 숨은 내재적 갈등이며, 동시에 전략이다.

인류는 대체로 '밖에 적이 있으면 안으로 단결(통합)하며 평화를 유지하고, 밖으로 전쟁을 하였으며, 적이 없으면 안으로 분열하며 갈등을 초래하며 권력암투를 벌이는' 안과 밖의 역동성을 보였다. 문제는 한 집단과 국가에 소속한 사람들의 안과 밖의 준거기준이 어디에 있느냐에 있다. 오늘날은 점점 더 그 준거기준이 지구라는 땅덩어리 전체에 있는 것 같다. 지구가 바로 인간 삶의 경계선이다.

이제 전쟁은 지구 밖과의 전쟁이 되어야 하는 것이다. 그럼에도 불구하고 지구는 지금도 크고 작은 갈등과 분쟁과 전쟁의 연속 속에 있다. 새뮤얼 헌팅턴의 주장처럼 "자신의 정체성을 찾고 민족성을 재창조하려는 민족에게는 적수가 반드시 필요하며, 잠재적으로 가장 위험한 적

---

1 유발 하라리, 조현욱 옮김, 『사피엔스』, 김영사, 2015, 295~296쪽.

대감은 세계 주요 문명들 사이의 단층선에서 불거진다.”[2]는 점을 명심할 필요가 있다.

지구촌이라는 의미는 그렇기 때문에 지구가 옛날 하나의 촌락(마을)처럼 평화를 이루면서 상호호혜관계 속에서 살아야 할 시대라는 것을 인류에게 촉구하고 있다. 또한 평화를 유지하며 살기 위해서는 여러 인종과 문화가 뒤섞여 있지만 한 나라처럼, 혹은 한 문화처럼 소통하면서 통일을 이루어야 함을 뜻한다.

평화와 통일은 인류의 영원한 지상과제인지도 모른다. 그런데 그 평화는 항상 전쟁을 수반하고 있으며, 통일은 또한 패권주의에 시달리는 이중성을 보여 왔다. 지구촌의 평화와 통일이 그 어느 때보다 절실한 이때에 우리는 이렇게 질문할 수 있다. 전쟁은 인간의 역사가 도저히 피할 수 없는 것인가?

“전쟁은 때때로 인간의 공동선을 확장·실현시키기 위하여 필요할 때가 있다는 그런 기분을 갖게 한다. 그런 기분은 헤겔이나 니체의 철학과 그 철학의 후계자들에게 무의식적으로 침투되어 있을 뿐만 아니라 실제적으로 마오쩌둥과 같은 정치가에 의해 '정치는 무혈의 전쟁이요, 전쟁은 유혈의 정치'라는 슬로건으로 조작되어 있다.”[3]

맬더스의 『인구론』(1798)에 의하면 전쟁은 산술급수로 늘어나는 식량 생산에 비해 기하급수로 늘어나는 인구조절의 기능이 있는 것으로도 설명되기도 했다. 무엇보다도 끊이지 않았던 크고 작은 인류사의 여러 전쟁들, 패권경쟁의 역사라고 말할 수도 있는 인간의 역사를 통해 전쟁은 운명처럼 느껴지기도 한다.

---

2 새뮤얼 헌팅턴, 이희재 옮김, 『문명의 충돌』, 김영사, 1997, 18쪽.
3 김형효, 『평화를 위한 철학(김형효 철학전작 1)』, 소나무, 2015, 14쪽.

그러나 오늘날 전쟁은 과거의 전쟁과 달리, 핵무기·생화학무기 등 가공할 무기들의 개발과 등장, 그리고 계속되는 무기경쟁으로 인해 인류의 공멸을 걱정할 만큼 위험한 것으로 대두되고 있다. 평화사상이나 평화철학은 이제 인류공멸을 막을 수 있는 마지막 수단으로 주장될 정도이다.

철학이 시대정신의 발로라면 평화철학은 바로 이러한 인류공멸의 위기에서 출발하고 있다. 오늘의 인류사회는 분명히 '인간의 공멸'을 걱정하지 않으면 안 되는 심각한 단계에 와 있다. 최소한 인간의 공멸을 지연시키지 않으면 안 되는 상황이다.

필자의 철학은 그러한 점에서 솔직히 '평화의 철학'이라기보다는 인간의 공멸을 지연시키기 위한 철학이다. 공멸을 지연시키기 위한 방법으로서 평화가 가장 효과적이기 때문에 평화철학을 주장하기에 이른 것이다. 평화철학은 그 어느 때보다 절실한 것이다.

고정불변의 신, 절대유일신은 죽었으며 인간은 그 대안을 찾지 못하고 있다. 반면에 인간의 힘은 과학기술의 발달로 넘쳐 있다. 바로 이 '넘쳐있음'이 문제인 것이다. '인간 종의 종언'을 선포하지 않기 위해서라도 평화철학은 반드시 실현되어야 하는 시대적 사명이다. 전대미문의 공포 앞에서 인류는 이제 인간 종의 생존을 위해서 평화를 확보하지 않으면 안 되는 절체절명의 위기에 직면해 있다.

철학적 진실로 말한다면, 독일의 철학은 헤겔과 마르크스에 의해 국가주의·사회주의 철학의 면모를 드러냈고, 일본의 철학은 니시다 키타로에 의해 군국주의·즉물주의 철학의 면모를 드러냈다. 프랑스의 철학은 데카르트와 데리다와 들뢰즈에 의해 기계주의·텍스트철학의 면모를 드러냈고, 영국의 철학은 베이컨과 흄에 의해 경험주의·과학주의 철학의 면모를 드러냈다. 칸트와 니체는 서양문명의 과학도덕주의와

'힘(권력)의 의지'철학의 면모를 드러냈다. 하이데거는 서양문명의 몰락을 예견하면서 존재론 철학을 주창했다.

만약 한국에서 자생철학이 생겨난다면 반드시 '평화의 철학'이 나올 수밖에 없을 것이다. 이는 철학이라는 것이 철학자가 태어난 나라의 풍토와 역사적 전통을 떠나서 존재할 수 없기 때문이다. 한글은 자연의 소리를 그대로 표현하면서 '자연 그대로의 존재'(자연적 존재)를 인정하며 평화롭게 살고자 하는 마음을 표현하는 언어이다. 한글에서 이미 자연과 더불어 사는 평화적 존재를 느낄 수 있다. 자연이야말로 인간의 인식(겉모양)과 달리 평화이다. 인간이야말로 인간의 이상(겉모양)과 달리 전쟁이다.

평화의 나라에서 자라난 한국의 철학자 김형효는 6·25라는 동족상잔의 처참한 전쟁을 통해 인간의 단말마를 보았으면서도 프랑스 유학을 한 뒤 돌아와서는 평화주의 철학을 내걸었다. 그는 자신이 자라난 풍토에서 저절로 형성된 철학적 진실에 충실했기 때문이다.

서양문명과 철학은 어딘가 자연에 대해 공격적이고, 전투적인 것을 보았기 때문에 상대적으로 고국인 한국의 평화를 더 느꼈기 때문이리라. 자연은 항상 전체 속에 있기(존재하기) 때문에 부분을 떼어낼 수 없고, 문명은 항상 부분(존재자) 속에 있기 때문에 소유하지 않을 수 없다.

평화주의 철학자 김형효는 '본질적으로 철학과 악의는 공존할 수가 없다'고 주장한다. 아마도 그는 자연의 선의를 몸소 체득하고 있었기 때문일 것이다. 자연이야말로 선하다. 철학도 자연처럼 선해야 한다고 믿었을지도 모를 일이다.

"평화의 철학은 선의의 철학에서 자라는 것이라고 하지 않을 수 없다. 그러한 선의의 철학과는 다른 악의의 철학(philosophie de mauvaise volonté)이 도대체 있다는 것인가? 나의 철학의 수련 속에서 도대체 악의의 철학이 역사적으로 있었는지 없었는지를 심판할 능력을 갖추지 못했다. 그러나 내가 거의 확실성에 가까운 마음으로 말할 수 있는 것은 본질적으로 철학과 악의는 조금치도 공존할 수가 없다는 것이다. 만약에 그렇지가 않다면 예지를 사랑하는 정신으로서의 철학(philosophia)은 프랑스 철학자 장 기통의 표현처럼 예지를 미워함(misosophie)의 사이비 학원(學員)으로 탈바꿈되어야 하는 것이다. 그런 한에서 철학이란 이름 아래에서의 악의는 낱말의 엄밀한 뜻에서 공생할 수가 없다고 보아야겠다."[4]

그러나 철학에는 악의가 없어도 인간에게는 악의가 있음이 확실하다. 자연에는 선악이 없을지라도 인간에 이르러 '적(enemy)과 친구(friend)' 등 여러 종류의 이분법이 탄생했고, 선과 악도 그 가운데 하나이다. 인간의 절대정신은 악으로 돌변할 수도 있는 것이다.

자연으로서의 인간은 선(善)하지만, 인간으로서의 인간은 선악(善惡)이 왕래한다. 선은 본래존재이지만 악은 역사적으로 필요에 의해 구성된 것이다. 동물을 악으로 규정한 것은 인간의 정신적 도착의 원형이며, 여성을 원죄의 주인공으로 지목한 것도 일종의 가부장—국가사회의 전략적 음모라고 말할 수 있다.

가부장—국가사회의 아버지주의(fatherism)는 파시즘(fascism)을 생산했다. 인간이 20세기에 겪은 1, 2차 세계대전은 파시즘을 생산했으며, 그 파시즘이라는 것이 우발적으로, 재수 없이 발생한 사고였다고 말할 수 없는 여러 정황들이 있다. 악의가 없다면 인류의 모든 고통과 고민과 원죄는 지워져도 좋을 것이다.

악의는 근대서양철학의 아버지인 칸트(Immanuel Kant, 1724~ 1804)조차

---

4 김형효, 같은 책, 15쪽.

도 부정하지 못한다. 인간의 이성에서조차도 선과 악이 이중성·애매성으로 공존하는 것이다.

칸트는 '사악한 이성'을 조심스럽게 제안한다.

"만약 이성이 악의 주체적 근거라면 그 이성은 도덕 법칙에 얽매이지 않는 이성, 즉 '사악한 이성(단적으로 악한 의지)'일 것이고 행위 주체는 악마적 존재가 되어 버린다. 만약 감성이 악의 주체적 근거라면 자유가 제거되고 인간은 단순한 동물적 존재로 전락한다. 따라서 칸트는 동물과 악마의 중간에서 인간의 도덕적 '악의 성향'의 뿌리, 그것의 제 1근거가 어디에 있는가 찾고 있다."[5]

칸트는 감성이 아니라 이성에서 '사악한 이성'의 가능성을 제기했다. 인간의 이성은 최고선으로 가게 하기도 하지만 사악한 이성이 되기도 한다는 뜻이다. 인류의 모든 문명은 악과 전쟁을 피할 수 없었다. 특히 기독교 성경은 선과 악의 대결사로 구성되어 있다.

선(善)에서 출발하는 평화철학도 중요하겠지만, 그것은 악(惡)에서 출발하는 평화철학으로 상호 보완될 때 온전한 평화철학으로 자리매김할 것이다. 악은 자연에서 비롯된 것이 아니라 인간에서 비롯됐다. 인간이 존재하기 전에는 악과 악마라는 개념이 없었다. 분명한 것은 인간 이후에 악과 악마라는 개념이 생겨났으며, 또한 선과 천사라는 개념도 더불어 생겨났다.

니체가 '신은 죽었다' 혹은 '선악을 넘어서'를 부르짖는 것은 그런 점에서 서양의 기독교와 근대문명에 대한 처절한 저항이기도 하다. 창조적인 것에는 악이 개재된 경우가 많고, 문명의 악을 말하지 않을 수 없지만, 즉 문명의 발달은 악의 요소가 개입되기 일쑤이지만, 동시에 창조

---

5 강영안, 『도덕은 무엇으로부터 오는가』, 소나무, 2002, 180쪽.

적이지 않으면 또한 남을 받아들일 수 있는 여유와 풍요성의 결여로 인해서 악이 되기 쉽다. 그래서 선을 주장하면서 창조적이지 않은 것은 결국 악의 확대재생산에 기여하기 쉽다.

인간이 반드시 악마가 되는 것은 아니지만 인간성 자체에 악이 도사리고 있는 것은 분명하다. 인간은 자신을 선(善)이라고 보고 남을 악(惡)이라고 규정하는 자기도착의 투쟁적 동물인지 모른다. 인간만큼 악을 되뇌는 동물은 없을지 모른다. 어떤 개념에 사로잡혀 있다는 것은 스스로가 그렇다는 것을 증명하는 것에 다름 아니다. 악의 신화, 악의 동일성은 인간존재의 특징이다.

악마의 형상을 사나운 동물에 비유하는 것은 참으로 인간중심주의의 산물이다. 악마는 단지 인간의 가상의 적이었을 뿐이고, 그 적을 악마라고 불렀을 가능성이 높다. 이때 물론 인간은 자신을 선과 정의의 편에 두게 된다. 역설적으로 말하면 인간이 악의 요소를 가지고 있기 때문에 권선징악(勸善懲惡)의 사상이 인류의 보편적인 철학과 사상, 도덕의 근간이 되었을 것이다.

그런데 철학인류학적인 입장에서 동서 문명을 비교해보면 근대에 들어 자민족(문화)중심주의 혹은 이성주의에 의해서 자신의 문화적 동일성을 다른 문화권에 강요해온 서양철학이 더 갈등과 분쟁을 야기했다는 잠정적 선입견을 저버릴 수 없다.

말하자면 〈기독교-이성철학-욕망철학-자본주의경제-자연과학〉으로 연쇄되는 근대 서양문명과 철학이 보편성이라는 이름하에 패권적 지배와 권력을 도모한 것으로 보임을 어쩔 수 없다. 이러한 서양문명의 특징을 한마디로 말하면 '동일성의 철학과 문명'이라고 말할 수 있다.

"서양인들이 자행하고 있는 환원적 이해방식은 폭력적이다. 왜냐하면 그것은 낯선 것을 자립적인 것으로 인정해서 발언권을 주지 않기 때문이다. 그것은 나쁜 해석학에 의해서 만들어진다. 〈환원적 해석학〉을 우리는 다음과 같이 특징지을 수 있다. 그 해석학은 첫째 하나의 특정한 철학사를, 하나의 특정한 목적론을, 하나의 특정한 사유유형을 앞에다 정립하고, 둘째 이것을 절대화시키고, 셋째 그것을 실체화시키고, 넷째 그로써 해석학적 이해의 절차를 자신의 단편적인 이해의 구조로써 낯선 것(타인)에 옮겨 씌우는 것과 혼동한다."[6]

동일성-자기모순-변증법-현상학

서양철학의 동일성은 '절대성(존재자성)-추상성-보편성-기술성-화폐성(교환가치)'으로 가상실재(실체)를 강화하면서 인간으로 하여금 '상대성(존재성)-구체성-일반성-자연성-실천성(사용가치)'과 멀어지게 한다. 동시에 사회적·기술적 환경으로부터 인간을 소외시키게 되는데 이러한 동일성의 이면에는 권력(폭력)과 지배가 도사리고 있는 것이다. 동일성의 길고 긴 여정의 끝에 기계문명이라는 괴물을 만난 것이다.

서양문명은 기독교의 동일성, 과학의 동일성, 그리고 자본(화폐)의 동일성을 통해 힘(권력)을 추구하고 있으며, 그 동일성은 실은 상상이고 추상이면서 동시에 실재가 아닌 가상실재의 유령인 것이다. 동일성은 변하지 않는 유령으로서의 괴물인 것이다.

절대와 상대는 모든 현상학적 이원론의 중추이며 근간이다. 절대도 동일성이고, 상대도 절대를 뒤집은 동일성인 것이다. 따라서 동일성을 벗어나려면 절대와 상대를 벗어나야 한다. 동일성의 철학과 문명을 벗어나고 극복하기 위해서는 서양철학과 문명을 그것의 밖에서 바라볼

---

6 이기상, 『지구촌 시대와 문화콘텐츠』, 한국외국어대학교출판부, 2009, 104쪽 재인용.

수 있는 힘이 있어야 한다. 서양철학과 문명의 힘은 동일성에서 연유한다. 니체는 '힘(권력)에의 의지'에서 그것을 잘 천명했다.

니체의 영원회귀(永遠回歸)사상은 동양의 불교의 무(無)나 노장철학의 무위자연(無爲自然) 사상을 현상학적으로 모방한 실패작이다. 영원회귀라는 것은 현상학을 두 개의 중심을 가진 타원의 궤도로 설명할 경우, 즉 '원인적 동일성'과 '결과적 동일성'으로 나눌 경우, 결과적 동일성의 표현에 지나지 않는다.[7]

영원회귀라는 말은 '순간'의 '무한대'에 대한 말로서 시간의 현상학적 위로이며, 속임수이다. 영원이라는 말로서 마치 생멸하지 않을 것 같은 환상에 빠지게 하는 말장난이다. 순간적 존재, 즉 현존재인 인간이 스스로를 위로하기 위해 마련한 시간의 환상이며 시간의 이상이다.

기독교와 기독교의 세속화를 신랄하게 비판한 이단아인 니체가 착상한 '초인'과 함께 '힘(권력)에의 의지' 그리고 '영원회귀'는 결국 같은 말이다. 영원회귀는 마치 문학에서 '영원한 여인상'과 같은 것이다. 현상을 넘어서는, 현상 저 너머에 존재하는 여인에게 지극히 남성적인 철학자인 니체가 구원(救援, 久遠)을 요청하는 것일 가능성이 높다.

초월의 철학, 남성의 철학은 현상되는 것만 말할 뿐, 현상 저 너머는 결국 말하지 못한다. 그것은 여성성과 연결되는(여성성에서 상속되는) 자연적 존재, 본래존재를 말하지 못하는 것이다. 일상의 여인은 소유하지만 영원한 여인은 처음부터 소유해서는 안 되는 여인이다. 니체는 단지 저 너머를 바라본 것을 초인(overman)이라고 명명했을 뿐이다. '저 너머'는 철학이 수행할 수 있는 곳이 아닐지도 모른다.

----

7 박정진, 『일반성의 철학과 포노로지』, 소나무, 2014, 69~74쪽; 『니체, 동양에서 완성되다』, 소나무, 2016, 166~173쪽 참조.

니체가 속한 서양문명은 기마-유목-육식의 전통으로 인해 욕망과 정복과 힘(권력)의 의지, 절대적인 세계의 추구에서 자유로울 수 없다. 이에 비해 필자가 속한 동양문명은 즉 농경-정주-채식의 전통으로 인해 욕망보다는 자족과 공동체생활과 상호관계, 상대적인 세계를 배우는 데에 익숙하다. 서양문명의 이성과 욕망이라는 것이 육식의 전통과 무관하지 않은 것 같다. 인간은 자신도 알지 못하는 환경이라는 매트릭스로부터 조정(調整)되어 있는 것이다.

초인, 힘(권력)에의 의지, 영원회귀 등 니체철학의 키워드는 니체가 은연중에 드러낸 '동일성의 영원한 반복'에 지나지 않는다. 동일성의 영원한 반복은 '동일성이라는 실체가 있는 반복'이다. 예컨대, 니체의 '힘에의 의지' 철학은 흔히 '힘의 철학'과 동일한 의미로 사용되는데 여기서 우리는 '힘'이 주격도 되고 소유격도 되고 목적격도 됨을 알 수 있다. 주격과 소유격과 목적격은 모두 명사적 실체를 의미한다.

니체의 후예들이라고 자처하는 후기근대철학자들의 '차이의 철학'들도 동일성이라는 실체가 있는 것의 '차이의 반복'일 뿐이다. '실체적 차이의 반복'이다. 니체를 포함해서 하이데거(시간)와 데리다(공간)와 들뢰즈(기계) 등 후기근대철학들은 시간과 공간이라는 프레임 속에서 철학을 하고 있기 때문에 궁극적으로는 모두 실체(동일성)의 철학이다. 서양철학은 한마디로 '동일성의 철학'이며 헤겔식으로 말하면 '차이의 변증법'일 뿐이다.

니체의 '영원회귀(永遠回歸)'는 필자가 주장하는 '자기회귀(自己回歸)'가 되어야 완성이 된다. '자기회귀'란 우주만물이 모두 '본래자기'라는 뜻이다. 만물은 무한대로 나아가는 것 같지만 본래 자기자리에 있는 것이다.

필자는 '자기회귀'의 좋은 예로 한글로 '자신'으로 발음되는 '자신자신

자신자신(自身自信自新自神)'을 제안한 바 있다.[8] 만물은 모두 '자기 자신'일 뿐이다. 이를 남이 보면서 객관적·주관적이라고 하거나 기타 여러 관점에서 이러쿵저러쿵하는 것은 모두 부질없는 짓이다. 존재의 본래(본래 존재)에 도달하지 못하는 오류이다. 물론 이 오류를 통해서 과학이라는 것이 만들어졌지만 말이다.

돌이켜 보면 서양철학은 동일성을 전제한 철학이었다. 서양철학의 세 가지 근본원리인 동일률과 모순율과 배중률은 모두 동일률을 다르게 표현한 것이다. 서양철학의 '개념'은 이미 동일성을 전제한 것이며, '판단'도 이미 동일성을 전제한 것이다.

동일률 (同一律)	사과는 사과다	긍정판단: 반복강조에 의한 믿음심리를 형성시킨다.	한번 사용한 '개념' 및 '판단'은 이후에도 똑같이 적용한다.
모순율 (矛盾律)	사과는 사과이지 사과이면서 동시에 배가 될 수 없다.	부정판단: 양면성을 부정하고 일면성의 장점을 강조한다.	A와 ~A가 동시에 참일 수 없다.
배중률 (排中律)	이것은 사과이거나 사과가 아니거나 둘 중에 하나이다.	선언판단: 중간을 배제시키면서 확실한 진리판단을 하고 싶어 하는 믿음양식이다.	어떤 명제는 '참'이거나 '거짓'이다. 중간은 없다.
세 가지 근본원리는 A=A라는 동일률을 다르게 표현한 것이다.			

칸트의 순수이성비판과 실천이성비판을 떠받치는 판단력비판은 '무목적의 합목적성', 즉 합목적성을 아름다움이라고 생각한다. 이는 목적이 없는(무목적) 자연에서 목적을 인위적으로 찾는(세우는) 것을 의미함을

---

8 박정진, 『철학의 선물, 선물의 철학』(소나무, 2012), 188쪽, 912쪽; 박정진, 『일반성의 철학과 포노로지』(소나무, 2014), 793쪽.

상기할 필요가 있다.

동양철학은, 천지인(天地人)사상을 비롯해서 음양론(陰陽論)과 불교의 사성제(四聖諦)와 '물불천론(物不遷論)', 그리고 동학(東學)의 '각지불이(各知不移)'사상은 '동일성의 실체'를 전제하지 않는 매우 '관계론적인 철학', '상징적인 철학'이다. 서양에도 관계론이 없는 것은 아니지만 거의 모두 실체(동일성)를 전제한 '실체의 관계론'이다.

자연을 자연과학의 실체로 잘못 해석한 서양은 위험하기 짝이 없는 문명이다. 이를 한마디로 요약하면 "무(無)를 무한대(無限大)로 해석한 오류다."라고 말할 수 있다. 영원회귀는 무한대(無限大)와 같고, 자기회귀는 무(無)와 같다. 자기회귀 사상으로 보면 자연은 저절로 만물만신(萬物萬神)이고 만물생명(萬物生命)이다.

서양문명은 '힘에의 의지', '힘의 상승과 증대'에 대한 욕망을 제어하거나 끊을 수 있어야 동일성과 전쟁, 그리고 문명의 전반적인 패권주의에서 벗어나게 된다. 서양 사람들이 자신이 획득한 힘을 포기하는 것은 참으로 어려울 것이다. 이미 오래 동안 힘, 즉 기독교, 자연과학, 자본주의 경제에 길들여져 왔기 때문이다.

신화의 정체성, 종교의 절대성, 철학의 동일성, 과학의 실체성에 의존해온 서양문명의 시퀀스를 바라보면 욕망의 끝없는 전개를 보게 된다. 이들을 관통하는 정신은 동일성이다. 이 동일성으로부터 벗어나야 인간은 멸망하지 않을 수 있다. 동일성은 소유적 존재임을 말한다.

따라서 인류의 평화를 말할 때 힘을 가진 서양문명과 그것의 담당자인 서양인들이 현상학적이 아닌 존재론적인 차원에서 평화를 생각하고, 자신의 문명의 패권주의에 대한 반성을 해야 하고, 그것이 초래할 공포와 위험에 대해서 각성하지 않으면 평화는 결코 오지 않을 것이다. 존재론적인 경지에 이르면 만물은 그것 자체가 만신이고, 평등이고, 생명이다.

서양문명과 대비되는 동양문명 혹은 기타 인류의 원시고대문명에 대한 폭넓은 이해와 함께 인류문명 전체를 회고하고 그것에 내재한 폭력성을 반성하는 기회를 갖지 않으면 인류의 평화를 기대하기 힘들 것이다. 그동안 인간은 죽음과 고통 등 한계상황을 만났을 때마다 스스로 힘을 얻고 구원을 부탁하기 위해 기도하고 신을 찾았지만 이제 자신에게 힘(권력)이 생겼다고 생각한 인간은 오만방자해져서 세계(자연)를 소유하고 지배하고, 횡포를 부리기를 서슴지 않고 있다.

자연이야말로 선이다. 인류문명은 자연에 대해 특히 악인 것 같다. 자연과 영적 교류를 하며, 자연을 내 몸처럼 생각하던 북미인디언들은 거의 멸종되었고, 세계에서 자연친화적 삶을 살던 종족들은 모두 사라졌다. 자연을 약탈과 개발의 대상으로 삼은 문명들만 살아남았다. 그러나 이제 말없는 자연의 보복차례가 된 것 같다. 문명인들은 대 반성을 하지 않으면 멸종될 것이다. 삶의 평화적 환경을 보다 폭넓게 건설하면서 멸종을 지연시키는 길만이 살길이다.

나의 절대가 상대방에게는 상대인 것이다. 절대와 상대는 서로 현상학적인 평형관계에 있다. 여기서 평형관계라는 것은 평행관계로 영원히 대립하는 것은 아니라는 뜻이다. 그런데 절대정신을 추구하면 직선적 사고로 인해서 영원한 모순에 빠지게 된다. 말하자면 평화를 위해서 영원히 전쟁을 하여야 하는 것과 같다. 자아-개체-주체-소유적 사고는 절대에 빠지게 된다.

역사는 이러한 소유적 사고를 요구한다. 그렇다면 인류평화를 이루기 위해서는 어떤 사고가 필요한가. '상대를 위하여 사는 사고'가 필요하다. 상대를 위하면 나의 절대가 상대의 자아와 균형을 잡게 된다. 이것이 인류가 넘어야 하는 깨달음의 세계이다. 이제 인류가 깨닫지 못하면 공멸할 처지에 있게 되었다. 이제 인류는 지구촌이라는 작은 마을에서 공동체를 이루면서 살아가는 사피엔스가 되었다.

서양의 기독교와 철학의 절대적 사유는 인간에게 힘을 부여하는 역할을 하였으며, 이제 인간은 '무소부재(無所不在)한 신(神)' 대신에 등장한 '무소불위(無所不爲)의 존재'가 되었다. 인간은 신에게 무엇을 비는 약한 존재가 아니라 이제 신을 업신여기고 자연에 횡포를 부리는 존재로 둔갑하였다.

서양의 기독교가 절대유일신을 섬기면서도 전체주의로 흐르지 않은 까닭은 인간에게 자유와 사랑을 부여하였기 때문인데 이와 달리 과학적 절대주의는 궁극적으로 인간에게서 자유를 빼앗고 기계를 요구하고 있기 때문에 과학기술을 기반으로 하는 현대문명은 전반적으로 전체주의적 패권주의로 치닫고 있는 것이다.

'동일성의 철학과 문명'에 노출되는 것은 인간으로 하여금 보이지 않는 거대한 권력으로부터 대상화되는 것을 의미하고, 그러한 권력은 항상 다른 권력과 패권경쟁의 결과로 형성된다는 점에서 전쟁은 이미 내정되어(약속되어) 있는 것과 같다.

더욱이 1, 2차 세계대전과 그 후의 미소냉전과 중동전 등은 이데올로기에 의해 수행된 특징을 보인다는 점에서 심각성을 더하고 있다. 서양철학은 헤겔과 마르크스의 등장으로 철학이라기보다는 이데올로기화되었으며, 여기에 과학이 동일성을 견인함으로써 서양철학은 동일성의 경쟁으로 전락하고 만다.

자유자본주의와 공산사회주의, 그리고 과학주의는 현대가 마련한 새로운 종교가 되어버렸다. 여기에 국가가 또한 국가종교로서 가세한다면 세계가 '권력(힘)에의 의지'를 실현하는 장소가 되기에 충분하였다. 이 가운데서 가장 강력한 동일성의 추구는 물론 과학이다.

이데올로기는 동일성이 초래하는 인간정신의 최대 질병인 것이다. 이에 더하여 종교와 과학이 동시에 이데올로기적 특성을 보이는 것은 그러한 질병이 복합적 난치병이 되기에 충분하였다.

"지난 3백 년은 흔히 인류의 역사에서 종교가 점차 중요성을 잃어가며 세속화가 진행된 시기로 묘사된다. 유신론적 종교에 대해서라면 대체로 옳은 말이다. 하지만 자연법의 종교를 고려한다면 사정이 전혀 다르다. 근대는 강력한 종교의 열정의 시대, 전대미문의 포교 노력과 역사상 가장 피비린내 나는 종교전쟁의 시대였다. 공산주의, 자본주의, 민족주의, 국가사회주의가 그런 예다. 이들은 종교라 불리는 것을 좋아하지 않으며 스스로를 이데올로기라고 칭한다. 하지만 이는 단순히 용어상의 문제일 뿐이다. 만일 종교를 초자연적인 질서에 대한 믿음을 기조로 한 인간의 규범과 가치 시스템이라고 정의한다면, 공산주의는 이슬람교에 비교해도 조금도 손색이 없는 종교이다."[9]

여러 이데올로기가 공존하는 국가도 실은 국가종교라고 해도 틀리지 않는다. 헤겔과 마르크스에 의해 절대정신(유심론)과 유물론은 크게 대립하면서 세계는 자유진영과 공산진영으로 나누어졌으며, 이는 한 때 지구적으로 전파되었다. 이에 더하여 서구 기독교세력과 중동 이슬람세력은 전쟁의 이데올로기화를 증폭시켰다고 해도 과언이 아니다. 특정 종교의 근본주의(fundamentalism)는 종교적 도그마를 이데올로기화함으로써 전쟁을 더욱 잔인하고 추악하게 만들고 있는 실정이다.

가브리엘 마르셀(Gabriel Marcel, 1889~1973)은 철학과 이데올로기를 구분하고 후자를 추상의 정신(l'esprit d'abstraction)이라고 말한 바 있다.

김형효는 "공산주의에서 주장하는 계급의식과 계급투쟁은 이른바 추

---

9 유발 하라리, 조현욱 옮김, 『사피엔스』, 김영사, 2015, 323~324쪽.

상의 정신이 정치화된 대표적 표본이다. 그러한 공산주의적 계급이념에 의하면 인간에게는 단지 계급적 도식에 의해서 자본가냐 아니면 무산대중이냐 하는 두 가지의 본질밖에 없는 것이다. 그러한 전제 아래서 모든 구체적인 인간은 두 가지의 카테고리로 분류되고, 적대적 행위와 전쟁이 정당화되어 간다."[10]고 말하고 있다.

이 때문에 김형효는 사회주의의 '평등의 철학'보다는 기독교의 '형제애의 철학'이 인간으로 하여금 평화에로 더 이끈다고 주장하고 있다.

"모든 인간은 평등해서는 안 된다고 내가 주장하는 것이 아니다. 내가 말하고자 하는 것은 평등의 원리와 원칙이 평화의 세계를 창조하는 데 제일 중요한 사상이 될 수 없다는 것이다. 어떤 점에서 평등이 그 사회의 이념이 되어버리면 진실로 그 사회에서 창조의 풍토를 쓸어버리는 계기가 될 수 있다. 하여튼 평화를 위하여 바람직스러운 것은 각 존재가 타인에 대하여 적어도 어떤 점에서 하나의 우수성을 가지고 있다고 믿는 사회질서의 확립이다. 그런데 여기서는 아직도 적대적인 비교의 개념이 생길 가능성이 짙은 것이다. 비교의 개념이란 갑은 을에 비하여 어떤 점이 우수하고 또 반대로 을은 갑에 대하여 다른 어떤 점이 모자란다고 하는 개념이다. 그런데 비교의 논리가 자주 사회에 등장하는 한에서 그만큼 그 사회는 평화의 질서에서 더욱 멀어진다. 비교는 아직도 자기주장과 평등의식의 원한이 저변에 깔려 있기 때문에 가능하다. 무엇보다도 평화를 심기 위한 철학은 형제애(fraternité)의 철학인 것이다."[11]

근대 서양철학의 하이라이트는 헤겔의 절대정신과 마르크스의 유물론이라고 말할 수 있다. 바로 절대정신과 유물론이 냉전체제를 만들었

---

10 김형효, 같은 책, 16쪽.
11 김형효, 같은 책, 17쪽.

고, 가장 최근에까지 세계를 양분했다는 점을 생각하면 세계의 전쟁은 서구문명 대 비서구문명이 아니라 서구 내의 권력경쟁에 따른 것이었음을 알 수 있다. 가장 최근까지도 서구문명은 패권주의를 일삼고 있다.

서양의 패권주의를 가능하게 하는 핵심은 바로 과학기술과 자본주의 경제이다. 과학은 추상의 산물이다. 금융자본주의는 경제마저도 추상화시키고 있다. 가브리엘 마르셀이 지적한 추상의 정신은 오늘날 존재의 근본(기반)을 흔들면서 기계에서 만용과 횡포를 부리고 있다. 서양이 이끈 근·현대는 바로 기계의 세계로 인류를 인도한 것이었다. 기계는 동일성의 철학의 압도적인 상징이다.

서양철학은 현상학의 역사

데카르트의 철학이 더 이상 회의할 수 없는 실체를 찾는 과정이었고, 그 실체는 시계로 상징되는 기계적 세계였음은 우연이 아니다. 기계는 서양근대철학의 알파요, 오메가이다. 현상학은 흔히 관념론자라고 평하는 플라톤에서 시작했지만 데카르트에 의해서 근대적으로 해석되는 전기를 마련했고, 헤겔에 의해 큰 진전을 이룬 뒤 니체에 의해 현상학이 결국 해석학이라는 것을 알게 되었다.

현상학은 후설(Edmund Husserl, 1859~1938)에 의해 완성되었다. 현상학은 판단정지(epoché)를 통해 의식의 절대적 환원(절대법칙)에 이르는 게 목표라고 할 수 있는데 그 목표는 유동적이고 가변적이다. 이렇게 보면 물리현상을 연구하는 물리학은 물리학적 환원주의라고 말할 수 있다.

하이데거(Martin Heidegger, 1889~1976)도 스승인 후설을 따라 처음엔 현상학에서 출발하였다. 그가 '죽을 인간'을 인간의 최종결과라고 설정하고, 그 반대편의 원인으로서 신기원(epoch)을 거론한 것은 매우 현상학적인 태도라고 말할 수 있다. 그러나 그의 끝은 스승과 결별하고 '존재와 무(無)'로 대변되는 존재론에 이르게 된다. 이때의 무(無)는 불교의 공(空)과 같은 개념이다.

현상학	원인(원인적 동일성)	결과(결과적 동일성)	특징
후설	의식의 절대적 환원	판단정지(epoché)	의식의 지향성(指向性)
하이데거	시원(epoch)	죽을 사람	관심(觀心, Sorge)
데리다	해체적 문자학	해체적 유령론	글쓰기(écriture)
기독교 현상학	천지창조(하느님아버지)	종말구원(메시아론)	성경의 담론

현상학은 본래 존재를 원인과 결과(여기에 원인과 결과의 왕래 혹은 이중성, 혹은 뒤섞임이 있다)로 해석하는 학문인데 하이데거는 현상학을 벗어나는 제스처를 취했지만 '신기원(epoch)'이라는 시간성(시간자체)에서 벗어나지는 못했다. 하이데거의 철학적 일생을 보면 공간(물리적 공간)에서 벗어나기 위해서 시간의 탐구에 들어갔으며, 시간의 해체를 통해 존재(본질)가 무(無)라는 사실을 깨닫게 된다. 이것이 바로 그의 존재론의 결론이다.

하이데거는 헤겔과 니체의 요소를 동시에 지니고 있다. 헤겔의 현상학적 태도, 즉 회고적 태도와 니체의 운명적 태도를 동시에 보이고 있다. 하이데거는 '역사적(geschichtlich)'인 것과 '역사운명적(geschicktlich)'인 것을 구분하고 있다. 전자는 다분히 헤겔의 영향이고, 후자는 니체의 영향이다. 여기서 역사운명적이라는 말은 니체의 개인적 운명애(運命愛)를 역사적으로 재해석한 것이다. 개인과 집단은 구분할 수 없게 된다. 집단에 소속된 개인 중 누군가는 역사운명적인 입장에 서지 않을 수 없는 셈이다.

하이데거는 독일의 관념론적 전통에 따라 의식을 탐구하는 종래의 현상학에서 시간을 해체함으로써—시간이 실체로서 존재하면 의식은 회상을 통해 환원적인 성격의 신기원을 주장할 수 없게 된다. 이렇게 보면 역사적 변증법 자체가 회상을 통해 시간을 소급하는 행위로서 시간을 부정하는 철학적 행위가 된다. 소급할 수 있는 시간은 이미 시간이 아니기 때문이다. 발전론이나 진화론이라는 것은 시간에 의해 구성되는 것으로서 모두 부정되어야 한다— 근본적인 존재인 본래존재를 탐구하게 되는데 최종적으로 '무(無)'를 발견하게 된다.

하이데거는 시간과 비시간의 경계에서 존재론을 구성했다. 하이데거는 '존재(존재론적 존재)'로서 '존재(현상학적 존재)'를 지운 셈이다. 하이데거가 존재론을 개척하게 되자 역설적으로(도리어) 헤겔, 니체, 후설 등으로 대표되는 독일의 현상학적 전통은 프랑스에서 더 각광받게 된다.

하이데거와 달리, 데리다(Jacques Derrida, 1930~2004)는 프랑스 현상학의 전통에 따라 공간을 벗어나기 위해 글쓰기(écriture)의 탐구에 들어갔으며, 글쓰기의 해체를 통해 텍스트(진리)의 결정불가능성을 파악하고 '해체적 문자학'(문자의 접합적 성격을 반대로 적용하는)이라고 할 수 있는 그라마톨로지(문자학)를 전개한다. 데리다는 '문자(해체적 문자)'로서 '문자(구성적 문자)'를 지운 셈이다.

글쓰기는 공간의 존재를 확인하게 되는 것으로(글쓰기를 통해 도리어 공간의 존재를 지각하게 된다) 데리다는 자기모순에 빠진다. 텍스트(text)는 바로 공간에서 현상되는 시간(time)이기 때문이다. 데리다의 현상학에서 '텍스트 밖'은 없으며(모두가 텍스트이며), 동시에 텍스트는 결국 결정불가능한 것으로 해체된다.

여기서 우리는 서양의 후기근대철학, 특히 데리다의 해체론에 대해 전반적인 반성을 해볼 필요가 있다. 해체(deconstruction)라는 행위를 방법론으로 택한 하이데거는 해체를 통해 새로운 '신기원'을 달성하지만 이와 달리, 해체를 목적으로 택한 데리다의 해체론은 해체를 위해서는 미리(과거에) 구성된 것을 인정하지 않으면 안 되는 이중왕래적 자기모순에 빠지게 되는 사실을 발견하게 된다. 구성되지 않은 것은 해체할 수 없기 때문이다. 데리다의 해체론은 한 마디로 페인트 모션(feint motion)에 불과한 것이다.

데리다는 필연적으로 미래에 해체할 수 없는 것을 설정하지 않을 수 없게 된다. '해체적 문자학'과 함께 데리다는 '해체적 유령론'을 전개하게 되는데 유령은 해체불가능한 것이 된다. 해체적 문자학은 이미 구성되었음을 인정하는, 짐짓 반발하는 제스처에 불과한 것이며, 해체적 유령학은 결코 구성되지 않은 세계의 존재를 증명하는 행위가 될 뿐이다. 이는 생성적(존재적) 세계에 대한 현상학적 푸념에 지나지 않는다.

해체적 유령론에는 '법(text)의 힘'과 '유령으로서의 메시아론'이 포함된다. 이는 서양철학적 전통의 두 갈래, 즉 소크라테스의 법의 정신(그리스의 헬레니즘)과 기독교의 메시아론(유대교의 헤브라이즘)의 재현이나 반복에 다름 아니다.

여기서 우리는 서양 문명에 도도하게 흐르는 '율법주의'와 '메시아론'의 재등장과 평행(平行)을 바라보게 된다. 데리다가 유령론을 전개한 것은 그것 자체가 서양철학의 실체론—가상실재를 실체로 파악하는—을 반증하는 것이면서(실체-유령은 하나의 세트이다) 실체로 파악할 수 없는 것에 필연적으로 유령이라는 이름을 붙이지 않을 수 없었음을 알게 된다.

데리다가 유령이라고 이름 붙인 것은 유령이 아니라 인간이 어떠한 방법으로도 존재를 파악할 수 없는 우주의 기운생동이며 본질(이것은 idea가 아니다. idea 자체가 본질에 붙인 이름에 불과한 현상이기 때문이다)이며 본래 존재인 것이다. 현상학의 차원에 있는 데리다는 본질을 유령이라고 말할 수밖에 없었다. 그 이유는 가상실재를 실체라고 하였으니 도리어 실재를 두고는 유령이라고 이름붙이지 않을 수 없는 자기모순에 빠졌던 것이다.

서양철학은 마르크스와 데리다에 이르러 난데없는 철학적 유령론에 빠졌다. 서양철학이 유령론에 빠진 이유는 결국 '정신-물질' '실체-유령'의 현상학적 차원의 철학적 특성에 머물러있기 때문이다. 유물론자인 마르크스는 당연히 자본주의의 화폐를 유령이라고 본 반면에 데리다는 법과 메시아를 유령이라고 하는 자기모순·자가당착에 빠진 것이다. 서양철학의 유령은 다름 아닌 동일성이다. 정신이든 물질이든, 실체이든 유령이든, 자본이든 노동이든 모두 동일성이다.

유령은 실체의 다른 면이다. 이 둘은 손바닥과 손등의 관계에 있는 것이다. 유령과 실체의 관계를 동적으로 보면 현상학적 상호왕래라고 말할 수 있고, 의미론으로 보면 의미의 이중성·애매모호라고 말할 수 있다. 이것을 서양철학사 전체의 맥락에서 자초지종을 따져보면 가상실재를 실체라고 규정한, 이데아를 본질이라고 규정한 서양철학의 출발 자체가 유령을 실체라고 규정하였으니 서양철학의 마지막에 이르러 거꾸로 실체를 유령이라고 명명하게 되었다고 볼 수 있다. 말하자면 유령에서 실체를 찾음으로써 서양철학의 실체가 본래 유령이었음을 역설적으로 증명하였다고 말할 수 있다.

데리다는 시간과 비시간의 경계에서 '그라마톨로지'와 '유령론'을 구성했다. 그렇지만 결국 '글쓰기'에 잡혀 처음에 시도했던 공간(현상학적 공간)에서의 탈출에 성공하지 못한다. 데리다는 하이데거의 존재론을 배우고 카피했음에도 불구하고 서양철학적 전통의 현존(現存)을 이성주의의 원인으로 보고― 이는 결과적으로 현존을 현상으로 보는 행위이다― 아울러 프랑스의 철학적 전통인 글쓰기와 텍스트의 집착을 떨치지 못하는 바람에 현상학에서 탈출하지 못했다고 볼 수 있다.

하이데거나 데리다의 예를 통해 볼 때, 물리학적으로 실체로서(실재하는 것으로) 인정되는(그 실체가 의심되지 않는) 시간과 공간이라는 것이 인간이 만들어낸 시간성과 공간성에 불과한 것임을 알 수 있다. 시간은 장소를 만들어내지 않으면 안 되고, 장소는 시간의 흔적을 만들어내지 않으면 안 된다. 하이데거의 '현존재=터 있음'도 실은 장소를 만들어내지 않으면 현상할 수 없는 시간에 대한 존재론적 탐구이며, 데리다의 '에크리튀르=그라마톨로지'도 시간의 흔적을 만들어내지 않으면 안 되는 장소에 대한 현상학적 조치이다.

인간은 '시간과 공간이라는 제도' 속에 살고 있으면서 처음부터(천지창조 때부터) 시간과 공간이 있었던 것처럼 착각하고 있음을 알 수 있다. 결국 실재로서의 시간과 공간이 없음을 유추할 수 있다. 시간과 공간은 가상실재로서의 실체이다.

데카르트의 전통 아래 있던 프랑스에서는 현상학적 사고가 더 알맞았다고 볼 수 있으며, 관념론적 전통의 독일은 존재론으로 들어가게 되는 데 유리한 조건을 가지고 있었던 셈이다. 따라서 물리적 현상학(자연과학)은 영국에서, 의식의 현상학은 프랑스에서, 존재론은 독일에서 자리 잡게 된다. 독일의 존재론은 칸트적 존재론(소유적 사유)에서 하이데거의 존재론(존재적 사유)으로 새로운 차원을 열게 된다. 철학에서도 지적 전통을 무시할 수 없으며 이는 환경풍토와 관련이 있을 수밖에 없다.

서양문명에 대한 큰 반성

서양의 밖에서 서양을 보는 것은 인간의 밖에서 인간을 보는 것만큼이나 중요하게 되었다. 인간은 어쩌면 동물과 신(神) 사이에서 정신이

분열된, 콤플렉스와 갈등과 긴장의 '욕망적 존재' '소유적 존재'가 아닐까? 이성이라는 것조차도 욕망의 변형에 불과한 것은 아닐까? 이성과 욕망은 결핍으로부터 일어난 가상실재가 아닐까. 이상에서 전개한 하이데거와 데리다를 둘러싼 현상학과 서양문명에 대한 반성보다 더 큰 범위의 회상과 반성을 해보자. 도대체 서양문명에서 '절대성'은 무엇을 의미하는가에 대한 보다 근본적인 반성 말이다.

철학적으로 보면 절대(絶對)라는 세계는 시공간의 어느 지점을 끊은 것이고, 그 끊은 지점은 바로 에포케(époche, 끝, 판단정지)이고 동시에 에포크(epoch, 시작, 신기원)가 된다. 이것은 시작과 종말이 함께 있다는 뜻이다. 그렇게 보면 기독교의 천지창조와 종말구원 사상은 바로 가장 오래된 현상학이면서 가장 큰 규모의, 가장 큰 세계를 포괄하는 현상학이 되는 셈이다.

기독교의 절대유일신의 신화(담론, 이야기)를 구성한 기자(記者)들은 알 수 없는 '존재의 세계'(혼돈의 세계: 성경의 창세기는 천지창조 이전에는 혼돈이었다고 기록하고 있다)에서 무엇을 알 수 있는(어떤 실체를 잡은 것 같은 착각, 혹은 환상을 가진) 미지의 현상학에 최초로 발을 들여놓은 셈이 된다. 마치 루이 암스트롱이 달의 표면을 최초로 밟았듯이 말이다.

우리는 여기서 중요한 사실을 발견하게 된다. 기독교 성경의 절대유일신 사상은 바로 철학의 현상학으로 사유의 패턴이 연결되는 것이고 (이것이 현상학적 사유이다), 그러한 현상학적 사유는 자연과학의 물리학적 사고, 즉 실체론적(서양 사람들이 말하는 실재론적) 사고로 연결됨을 볼 수 있다. 즉 기독교와 현상학과 물리학이 하나로 연결됨을 볼 수 있다.

물리학이 어떤 사물(대상)을 분석하는 것은(원자가속기도 결국 물질을 끊어서 보는 것이다) 바로 기독교 절대유일신의 사유패턴의 연장선상에 있다. 우리는 감히 서양문명을 절대를 추구하는 문명, 즉 '절대문명'이라고 규정할 수 있고, 동시에 '현상학의 문명'이라고 규정할 수 있다. 이는 서양 문명을 그것의 밖에서 바라볼 수 있는 자만이 규정할 수 있는 것이다.

우리는 어떤 끔찍한 생각을 떠올리게 된다. 절대는 실체를 추구하는 것이고, 실체는 힘을 추구하는 것이고, 힘을 추구하는 문명은 스스로 종말을 예언하고 있는 셈이다. 그래서 서양의 기독교는 종말구원이라는 가짜(가상의) 안전장치를 마련하고 있음을 볼 수 있다. 가상의 실재, 가상실재를 실체라고 생각한 서양문명은 오늘날 힘의 문명, 과학문명을 이루었지만 이미 기독교 성경을 통해 그들의 문명이 종말에 이르게 됨을 예언하고 있는 것이다. 이는 일종의 자기예언적인 완성이다.

서양문명은 기독교 안에 있다. 오늘날 빅뱅과 블랙홀은 기독교의 천지창조와 종말사상의 과학적 버전에 불과한 것이다. 말하자면 빅뱅과 블랙홀이라고 하는 것은 신화와 가장 먼 물리학적 사실인 것 같지만 실은 현대판 신화이다. 결국 인간의 현대과학도 신화의 연장선상에 있다는 것을 알 수 있다.

서양문명은 시간과 공간의 틀(튜브, 감옥) 안에 있다. 세계는 시간과 공간 안에 있는 것이 아니라 시작과 끝을 상상함으로써 시간과 공간을 만들어내고, 자신이 만들어낸 시간과 공간에 살고 있는 것이 인간이다.

오늘날 서양 문명은 인류의 문명을 주도하고 있으니 인류는 결국 그 속에 함께 있는 것이다. 무릇 담론(신화, 종교, 철학, 과학의 모든 담론)은 그런 점에서 자기완결적인 것이다. 서양문명은 니체의 말대로 '힘(권력)에의 의지'의 문명, 즉 힘의 문명이다. 우리는 불현듯 "절대 권력은 절대 망한다."는 정치적 테제를 떠올리게 된다. 이것을 인류문명에 적용하면 "절대문명은 절대 망한다."는 불안한 테제를 떠올리게 된다.

서양이 주도하는 문명으로부터 벗어나지(극복하지) 않으면 인류는 망하게 되어있다. 무엇이 구원이라는 말인가. 인간은 스스로 구원되지 않으면 안 된다(망한다). 인간이 '세계'(世界, 인간 世, 지경 界)라는 말을 사용하는 것은 이미 어떤 지경에서의 경계(境界)를 설정하는 존재라는 것을 암시하고 있다.

"인간은 경계의 존재이다. 경계의 존재에는 이미 소유의 존재가 숨어 있다."

세계라는 말을 사용하는 그곳에(세계라는 말 자체에) 시작과 끝이 함께(동시에) 있음을 발견하게 된다. 세계라는 말을 사용하는 순간, 세계 밖을 상상하지 않을 수 없는 모순에 빠지게 된다. 그렇다면 세계라는 말 자체가 이미 절대성(실체)이다.

서양문명, 동일성의 철학

서양의 근대철학은 처음부터 뉴턴에 의해 새롭게 발견된 과학의 절대적 세계, 즉 물리적 세계를 자연어(일상어)로 설명하기 위한 철학으로 출발하여 과학적 결정론을 철학에 적용한 것이었다고 볼 수 있다.

근대문명을 주도한 서양은 중세의 기독교를 중심한 '종교적 이성'에서 '과학적 이성'으로 비약한(이는 진화론적으로 보면 일종의 자연선택에 해당하는 문명선택이다) 후 칸트에 의해 '도덕적 이성'을 수립하게 된다. 도덕적 이성의 수립은 인간이 이성이라는 지평(地平)을 마련함으로써 설명하기 어려운 신과 자연을 격리 시킨 후 세계를 현상으로서만 바라보는 일대 문명의 혁명이었다.

칸트의 도덕적 이성은 인간에 의해 세계를 재구성하는 이성적 욕망의 금자탑이었지만 동시에 신을 잃어버리고 자연을 잃어버리는 것의 출발이었다고 볼 수 있다. 이는 기독교 신(神)을 상왕(上王)으로 모시면서도 실은 신의 자리에 도덕을 왕(王)으로 모시는 정치·도덕적 혁명이었으며, 자연의 자리에 자연과학이 들어감으로써 신과 자연이 영원히 이별하는 문명의 '동일성(同一性)의 의례'였다.

칸트의 도덕철학은 자연과학의 영향을 입어 수립된 것이라면 동양의 유교적 도덕철학은 자연과학과 별도로 인본주의에 의해 수립된 것이다. 이 말을 왜 하느냐 하면, 서양의 도덕철학은 그만큼 절대성을 바탕으로 수립된 것이라면 동양의 도덕철학은 인간의 상호성을 바탕으로 수립된 것을 강조하기 위해서다.

동서양의 철학은 그 기원에 있어서 매우 다른 양상을 보이고 있다. 물론 서양철학의 기원을 거슬러 올라가면 그리스 소크라테스와 플라톤이 있고, 소크라테스의 법의 정신과 플라톤의 이데아는 실은 과학의 맹아였다고 볼 수 있다.

이에 앞서 파르메니데스(Parmenides, BC 510~BC 450)와 헤라클레이토스(Herakleitos, BC 540~BC 480?)를 들 수 있겠지만 서양철학에서는 파르메니데스 쪽이 승리한 철학이었다. 서양철학은 세계를 '변화'와 '불변'의 대립으로 본다. 전자는 헤라클레이토스의 세계이고, 후자는 파르메니데스의 세계이다. 이것 자체가 대립하는 양상을 띠고 있다. 그런데 문제는 변화하는 것에도 실체가 있을 수가 있고, 실체가 없을 수도 있다.

파르메니데스는 "있는 것은 있고, 없는 것은 없다."라는 말로 영원한 실재(존재)를 말했다. 소크라테스 이전 그리스에서 엘레아학파를 세운 파르메니데스는 존재하는 다수의 사물과 그들의 형태 변화 및 운동이란 단 하나의 영원한 실재의 현상일 뿐이라고 주장했다.

그는 비(非)존재를 주장하는 것은 비논리적이라고 말했다. 논리적 존재개념을 바탕으로 현상에 대한 주장을 펼쳤다는 점 때문에 그는 형이상학의 창시자 중 한 사람으로 여겨진다. 파르메니데스를 계승한 플라톤은 본질인 이데아(idea)와 현상을 이분화 했으며, 현상을 가상의 세계로 보았다. 이는 생성의 세계로 볼 때는 가상의 역전을 말한다. 존재(본질)의 세계야말로 가상의 세계이고, 가상의 세계는 개념의 세계이고, 개념의 세계는 실체의 세계이다. 그래서 서양의 철학과 문명은 '실체의 증대'의 세계에 속한다.

근대에 들어 불교를 가장 먼저 이해한 서양철학자는 쇼펜하우어이다. 쇼펜하우어를 존경한 니체도 불교를 일찍부터 이해한 철학자군에 속한다. 서양의 이성주의 철학의 전통으로 볼 때 불교는 염세주의로 보기 쉽다. 쇼펜하우어의 염세주의를 극복하려 했던 니체는 불교를 일종의 네거티브철학, 즉 허무주의로 보고 이를 벗어나기 위해 포지티브 철학, 긍정의 철학의 길을 갔는데 이것이 '힘(권력)에의 의지'이다. '힘에의 의지'철학은 그래서 실체의 증대를 추구하는 철학이다.

니체는 서양철학의 허무주의의 분위기 속에서 '힘의 상승과 증대'를 통해, 즉 디오니소스적 긍정의 철학을 통해 허무주의를 극복할 것을 촉구한 철학자이다. 힘의 상승과 증대는 서양문명의 진면목이다. 서양문명 자체 내의 이원대립적인 항들은 서로 왕래할 수 있는 것들이다.

존재는 긍정할 수밖에 없다. 그런데 철학은 부정을 하고 시작한다. 니체의 철학적 긍정은 철학적 긍정에 속하는 것이지만, 존재의 긍정과는 다르다. '힘(권력)의 의지' 철학은 힘의 상승과 증대를 긍정하는 철학이기 때문이다.

니체의 적은 니체다. 인간에게 있어 자신의 적은 항상 자신이다. 왜냐하면 이 세계는 결국 자신이기 때문이다. 마찬가지 이유로 인간에게 있어 자신의 천사는 자신이다. 마찬가지 이유로 인간에게 있어 자신의 신은 자신이다. 결국 자신을 적으로 만들 것이냐, 천사로 만들 것이냐, 신으로 만들 것이냐는 자신에게 달렸다.

마르크스는 흔히 자본주의의 모순인 부익부 빈익빈을 비판하면서 해결책으로 공산사회주의를 주장했다고 생각하는데 사회주의의 계급투쟁 방식도 프롤레타리아의 지배를 도모한 권력투쟁이었다는 점에서는 예외가 아니다.

뉴턴의 절대역학과 아인슈타인의 상대성원리는 흔히 정반대인 것처럼 생각하는데 실은 질량과 에너지는 서로 변형관계에 있다는 점에서 결국 힘(에너지)을 이용할 수 있는 방식이었다는 점에서는 같은 것이다. 이에 비해 동양의 기(氣)는 이용할 수 없는 에너지라는 점에서 다르다.

현대물리학의 에너지와 동양사상의 기(氣)는 피상적으로 보면 같은 것 같지만 에너지는 수학적으로 계량 가능한 것인데 반해, 기(氣)는 계산할 수 없는 무량(無量)한 것이다.

'자본주의-공산주의', '뉴턴역학-상대성원리'는 현상학적인 차원에서는 서로 대립하는 것 같지만, 존재론적인 차원에서 보면 둘은 같은 것의 양극현상일 뿐이다. 인간은 현상 위에 존재하는 초월적(종교적) 세계와 현상의 이면에 숨어 있는(살아 숨 쉬고 있는) 역동적(자연적) 존재의 신비를 잃어버렸다.

니체철학이 불교를 허무주의로 해석한 것은 그의 '힘(권력)에의 의지'가 종래의 서양철학을 신랄하게 비판하고 있지만 실은 그 자신도 그토록 비판한 다른 서양철학들과 크게 다르지 않다는 것을 말해준다. 힘의 철학은 결국 실체의 철학과 동의어이기 때문이다.

쇼펜하우어나 니체가 자연의 존재(자연적 존재)를 '의지(意志)'로 해석한 것은—쇼펜하우어는 '의지와 표상으로서의 세계'를 말했고, 니체는 '힘(권력)에의 의지'를 말했다— 그것 자체가 서양철학적인 발상이라고 하지 않을 수 없다. 의지는 방향이 있는 의식에 다름 아니고, 의지의 철학은 결국 현상학이기 때문이다.

쇼펜하우어는 결국 칸트철학 계열이라고 말할 수 있다. 그는 칸트의 현상에 표상을 대입하고, 물 자체에 의지로 대입하였지만 나중에는 의지를 부정하고, 도덕에 귀의하게 된다. 쇼펜하우어의 추종자였던 니체는 그의 의지를 계승하는 한편 표상을 권력으로 해석한다.[12]

니체의 '힘의 상승'의 철학은 '실체의 증대'와 궤도를 같이한다. 니체는 욕망과 신체의 발견을 통해 '의지(意志)'로서 '이성(理性)'을 비판했지만 욕망조차도 실은 이성과 같은 것임을 눈치채지 못했던 것이다. 힘의 철학은 결국 패권경쟁으로 인해서 '평화의 철학'이 될 수 없는 태생적 한계를 지니고 있다.

라캉(Jacques Lacan, 1901~1981)에 따르면 욕망은 언어이고, 상상력(a') 또한 언어이다. 언어는 바로 대상(a)이고, 대상은 결국 대타자(A)인 언어에 이른다. 언어(symbol)는 바로 현상학을 있게 하는 수단이다. 언어가 없으면 현상은 없는 셈이다. 결국 이를 현상학적으로 종합하면 욕망은 신체적 이성이고, 이성은 대뇌적 욕망이라는 결론에 도달한다.

서양철학사의 주요 주제인 자유, 평등, 박애를 욕망의 관점에서 설명하면 자유는 욕망의 '주체(개인)―대상적 실현'이고, 평등은 '자유의 집단적 실현'이다. 박애는 욕망의 '개인 · 집단적 실현의 모순'을 해결하려는 무한대적 노력이다.[13]

결국 서양철학의 현상학은 시대에 따라 말(언어)은 다르게 했지만 결국 동일성을 추구하는 철학에 다름 아니다. 동일성을 끝까지 추구하면 결국 전쟁을 할 수밖에 없다. 존재 자체, 일반존재를 인정하지 않으면 안 된다. 결국 욕망과 이성으로서는 평화에 도달할 수 없다는 결론에 도달하게 된다.

----

12 박정진, 『니체, 동양에서 완성되다』, 소나무, 2015, 32쪽.
13 박정진, 『일반성의 철학과 포노로지』, 소나무, 2014, 588~589쪽.

서양철학에서 보편성이라고 하는 것은 실은 추상이며, 추상은 결국 동일성을 기초로 하는 것이고, 동일성을 추구하는 것이다. 동일성은 결국 언어(개념)이고, 궁극적으로 기계이다. 서양철학은 물론이고, 과학조차도 '시공간의 프레임' 속에서 인간이 잡을 수 있는 실체, 즉 동일성을 무한대로 추구하는 것에 불과하다.

파르메니데스의 계승자인 플라톤은 '동굴의 비유(simile of cave)'에서 세상만물은 동굴에 비친 그림자에 불과하고, 만물의 실체는 동굴 밖에 있다고 생각했다. 이러한 플라톤의 이데아론은 오늘날 자연과학에 이르렀지만, 만물의 실재를 간과하였다. 시공간의 프레임은 플라톤의 동굴의 비유의 연장으로서 인간은 '시공간의 튜브(tube)' 속에 갇힌 것을 의미한다.

플라톤의 그림자는 오늘날 철학과 과학에서 현상이라고 부르는 것이고, 동굴의 불빛은 우주의 빛이라는 것이고, 나아가서는 우주의 빅뱅(Big bang: 태초의 가장 큰 소리를 은유한다)과 블랙홀(Black hole: 우주의 거물 ホ을 은유한다)이라는 것도 오늘날의 플라톤의 동굴적 상황을 말하는 것이다. 플라톤의 이데아론(관념론)의 출발과 함께 서양철학의 경험론이라는 관념론에 맞장구를 친 것이다.

실제로 관념(개념)적 체계를 가지고 있지 않은 경험은 결코 과학이 될 수 없다. 결국 과학의 물질은 정신의 개념인 것이며, 그러한 점에서 헤겔철학을 관념론의 완성이라고 말하는 것이다. 과학은 실재에 대한 경험(현존적 경험)이 아니라 이미 대상적(지각대상화 된) 경험(현상학적 경험)을 말하는 것으로서 결국 관념과 경험의 안팎의 이중주가 서양철학의 '가상실재(실체)를 찾아가는 현상학'이라는 것이다.

칸트가 대륙의 합리론과 영국의 경험론을 합쳐서 근대철학의 종합완성자가 된 것은 서양철학의 현상학적 성격을 종합한 철학적 대사건인 셈이다. 서양철학의 현상학은 그 옛날 파르메니데스와 플라톤에 의해서 이미 출발한 것이며, 따라서 서양철학은 한마디로 현상학인 것이다.

현상학적 도착의 절정이 바로 서양철학의 마지막 주자인 데리다(Jacques Derrida, 1930~2004)의 '현존'(presence)을 '이성중심주의'(logo-centrism)의 원인이라고 하는 전제와 그로 인한 그라마톨로지(grammatology) 전체의 모순적 해체와 도착적 상황, 들뢰즈(Gilles Deleuze, 1925~1995)의 '세계'를 '기계(machine)'로 환원하는 '접속(connection)의 철학'이다.

데리다의 그라마톨로지는 문자를 '초월적인 문자학'으로 상정함으로써 서양철학의 근본적인 모순이 '문자'에 있음을 자신도 모르게 노정했다. 문자야말로 서양철학의 저류를 관통하는 동일성의 철학의 원죄이다. 세계를 기계로 환원시킨 들뢰즈는 '추상기계'라는 개념을 설정함으로써 서양철학의 근본이 '추상'이었음을 폭로하기에 이르렀다. 추상은 문자와 더불어 동일성의 철학의 공범이다.

세계를 기계로 환원시킨 유물론적 기계주의자인 들뢰즈는 별도로 추상기계라는 개념을 만들지 않으면 안 되었을 것이다. 추상기계를 만들지 않으면 기계인 세계를(세계를 기계로) 담을 그릇(해석할 틀)이 없었기 때문이다. 그러나 실은 추상이야말로 기계이고 틀이다.

프랑스와 독일을 중심으로 전개된 서양의 근대철학의 현상학적인 흐름을 근대 자연과학 시대를 맞아서 철학이 뒤따라가면서 철학적(인문학적)으로 추인하거나 지원하는 것에 불과하다는 생각이 든다. 이는 칸트에서 비롯된 근대 서양철학의 운명이다.

칸트가 철학에서 신과 물 자체를 논의하는 것을 포기한(제외한) 것은 참으로 근대철학의 아버지다운 선택이다. 철학은 본래 신과 존재를 논의할 수 없는 학문이다. 철학은 신학도 아니고 물 자체는 철학적 논의를 불가능하게 하는 영역이기 때문이다. 신과 물 자체는 서양철학의 근본,

즉 알파요 오메가이다.

서양철학은 '절대의 철학'이고, '시작과 끝'의 철학이다. '알파요(시작) 오메가(끝)'라는 말 자체가 이미 근본을 현상학적으로 표현한 것이다. 그러나 진정한 근본, 진정한 본래, 즉 본래적 존재(본래존재, 여래존재)는 시작과 끝이 없는 것이다. 역설적으로 시작과 끝이 없는 것은 인간이 설명할 수 없는 것이고, 철학이 다룰 수 없는 본래존재를 말하는 것이다. 본래존재는 신이고, 물 자체이다. 신과 물 자체는 본래존재를 지칭하는 다른 용어이다.

가상실재를 다루는 서양철학은 본래부터 현상학이고, 현상학은 초월학이다. 철학에 있어서 초월은 초월을 낳는다. 신의 초월은 너무 높고, 물 자체는 너무 깊다. 그런데 형이하학인 과학에게 형이상학의 영역마저 완전히 빼앗긴 철학은 갈 곳이 없어서 다시 실재의 영역을 넘겨다보지 않을 수 없는 상황에 처하게 되었다.

하이데거(Martin Heidegger, 1889~1976)의 '존재론(ontology)'은 바로 실재의 존재(존재자가 아닌)를 향하는 첫걸음이었다. 하이데거의 존재론은 보편성을 향하던 철학이 일반성으로 향하기 위한 철학적 반전의 굴림판(스프링보드)과 같은 것이며, '시(詩)의 철학'이다. 서양철학은 시(詩)를 통과하지 않고는 본래존재(여래존재)에 귀환할 수가 없다. 말하자면 본래존재마저도 초월적인 시각(거울의 반영)에서 틈틈이 바라보기 때문이다.

하이데거의 존재론은 현상학에서 출발한 관계로 여전히 현상학적인 냄새를 완전히 지울 수는 없지만 그래도 본래존재의 영역인 '신과 물 자체'와 '현존'이 같은 영역이라는 것을 시적으로 암시해준다. 초월의 신과 물 자체가 만나는 존재 혹은 현존의 영역을 그의 존재론은 엿볼 수 있게 해 준다.

하이데거의 존재론이 생김으로써 지금까지(그 이전까지) 존재라고 말한 것들이 현상학적 존재라는 것을 알 수 있었다. 인간의 앎(지식)은 삶(생성)이라는 미지(未知)의 것으로부터 온다. 존재론이 생긴 이후 '현상학적(존재자적)인 존재'와 '존재론적(생성적)인 존재'가 생겼다.

하이데거는 '언어는 존재의 집'이라고 말한다. 그러나 이 말보다 더 정확한 말은 '시는 존재의 집'이라는 말이다. 여기서 하이데거의 '언어는 존재의 집'의 '존재'는 '존재(생성)와 존재자'를 동시에 표현하고 있다. 그러나 '시는 존재의 집'이라는 말에는 '존재(생성)'만이 있다. 여기서 시인 철학자 시철(詩哲)로서의 하이데거의 면모가 있다.

시(詩)가 없으면 인간이 존재를 엿볼 수 있는 길은 없다. 일상(세속)에서 경험하는 존재자의 세계를 시는 존재의 세계로 탈바꿈시킨다. 우주(세계)는 원환의 세계이기 때문에 높이는 결국 깊이가 되지 않을 수 없다. 현상은 그것이 아무리 높고 깊다고 해도 어떤 지평의 세계에 불과한 것이다.

그런 점에서 역설적으로 인간이 자유롭기 위해서는 철학(생각)을 하지 말아야 한다. 실존철학자인 샤르트르는 '자유의 길'을 일생 동안 찾았지만, 철학으로는 자유를 찾지 못했을 것이다. 철학의 자유와 철학의 평등은 초월적 이상일 뿐이다. 철학의 사랑도 마찬가지이다. 철학(앎의 철학)으로 삶을 누릴 수는 없다.

철학은 누리는(향유하는) 것이 아니라 생각하는 것이기 때문이다. 결국 향유하기 위해서는 철학을 하지 말아야 한다. 철학의 생각은 이미 가상이고, 철학의 실체는 이미 가상실재이다. 철학은 의식과 언어의 영역이고, 비유컨대 아버지(남자)의 영역이다. 그런데 존재론과 일반성의 철학은 무의식의 영역이고 어머니(여자)의 영역이다.

하이데거는 양자의 사이에 있다. 하이데거의 철학은 동일성을 완전히 벗어난 것은 아니다. 니체가 초인과 어린아이의 사이에 있었다면, 하이데거는 철학자와 시인 사이에 있었다. 그런데 어린아이와 시인은 매우 존재론적으로 닮아있다. 하이데거의 '존재론철학'은 필자의 '일반성의 철학'을 향한 니체의 '초인철학'의 진전이다.

보편성의 철학 철학(현상학)	아버지/남성	의식/언어/과학	'신-물 자체'의 사이	동종주술
일반성의 철학 존재론(현존)	어머니/여성	무의식/비언어/ 시	'신-물 자체'의 만남	접촉주술

서양철학은 시공간에 갇힌 철학이며, 현상학은 그것을 입증하는 철학적 '자기고백'에 불과하다. 이를 두고 자연과학에 갇힌 철학의 운명이라고 말할 수도 있겠지만 궁극적으로는 자연과학의 '실체(가상실재)라는 환상'에 인류의 문화가 종속된(노예적 위치가 된) 것을 의미한다.

근대서양철학은 마치 정신병자들이 자신의 병증을 말(일상어에서 다소 추상화된 개념)을 통해서 폭로하는 것과 같다. 그런 점에서 과학정신에 구속된 정신은 결과적으로 현대의 '미치지 않으면 살 수 없는', '살기 위해서 미치는' 문화적 상황을 초래했다고 말할 수 있다.

과학이 주도하는 문명·문화란 한마디로 세계를 조각조각 내어서 원상태로 복구하기 위해 힘겨운 퍼즐게임을 하는 것이라고 하지 않을 수 없다. 그러한 게임을 아무리 해도 세계를 복원(환원)시키는 것은 아니고 (본래존재세계는 과학에 의해 조각나지도 않았기 때문에), 그 부산물로 기계라는 선물을 얻은 것뿐이다.

현대철학을 보면 인간의 정신은 정신병이라는 생각이 든다. 지구의 인간을 외계에서 본다면 "인간이라는 정신병자가 지구에 다녀갔다."고 말할지도 모른다. 인간이면 누구나 자신의 마음을 열어놓지 않으면 자신의 정신에 갇힌 존재가 되기 쉽고, 그러한 폐쇄성이 심하면 정신병적 증상인 강박관념이나 여러 신경증적 징후를 보이게 된다.

그러한 점에서 동양정신의 깨달음이라는 것은 여러 차원에서 논의할 수 있지만, 가장 단순화시키면 고등수학을 푸는 것이 아니라 그것이 높든 낮던지 간에 자신의 마음(의식)상태에서 마음을 열어두는 기술이자 그러한 것에 이른 경지(境地) 혹은 마음의 밭(心田)을 간 경지(耕地)라고 말할 수 있다.

다시 논의를 원점으로 돌리면 서양철학의 주류를 형성한 파르메니데스는 '동일성(同一性)의 철학'의 출발이었다. 보편성의 철학은 동일성의 철학이며, 동일성의 철학은 절대철학이고, 순수철학이고, 추상철학이었다. 결국 서양철학은 '문자=추상=기계'가 세계를 지배하는 철학이다. 서양철학은 동일성을 남에게 강요하는 철학이다. 동일성을 남에게 강요하게 되면 결국에는 전쟁을 유발하게 되고, 세계는 전쟁기계의 세계가 된다.

동일성의 철학은 소유의 철학이고, 정복의 철학이고, 결국 제국의 철학인 것이다. 동일성의 철학은 자연을 정복하는 철학으로서 근대에서 자연과학으로 완성되었다고 말할 수 있다. 따라서 서양철학은 과학으로서 종결되었다고 말할 수 있다.

서양의 후기근대 철학이 바로 과학으로부터 독립하기 위해서 이성주의를 해체하고 반이성주의를 표방하는 여러 철학을 내놓았지만 니체를 포함해서 이들의 철학은 모두 일종의 '자기모순적 제스처'에 불과한 것이다. 니체의 '힘에의 철학'과 데리다의 '해체주의 철학', 그리고 심지어 하이데거의 '존재론'조차도 그러한 굴레(플라톤의 동굴, 시공간 튜브)를 완전히 벗어나지는 못했다.

서양의 후기근대철학자들조차도 이성주의의 족쇄에서 벗어나지 못하게 하는 것은 바로 서양철학의 초월성(절대성)에 대한 관념 때문이다.

인간의 사유 자체가 인간의 삶에서 '초월적 사건'이기 때문이다. 인간이라는 초월적 주체가 바라보는 것은 결국 영원한 대상일 뿐이다. 결국 대상을 바라보지 말아야 초월에서 벗어나게 된다. 바로 서양적 초월에서 벗어나려는 노력의 전환점이 일반성의 철학이라는 것이다.

필자의 일반성의 철학은 고래의 『천부경(天符經)』사상의 현대적 재해석을 기반으로 하고 있다. 다시 말하면 천부경의 사상으로 동서고금의 철학의 높은 봉우리들을 모두 섭렵한 철학으로, "사람 속에 천지가 하나로 작용하고 있음"을 천명한 '인중천지일(人中天地一)의 철학'이다.[14]

서양철학이 진정한 존재(존재자가 아닌)로 돌아가려면 철학의 초월성을 벗어나야 하고, 바로 그 초월성을 벗어나는 것이 일반성으로 돌아가는 것이다. 일반성은 다름 아닌 자연(nature)이다. 말하자면 자연적 존재이다.

그런데 과학에 길들여진 현대인은 자연을 자연과학(natural science)라고 생각한다. 자연 자체를 이미 과학으로 대치하는 경향이 있다. 자연과학은 자연이 아니다. 현대인은 기독교의 영향으로 신령(神靈)의 세계를 초자연적(supernatural) 현상이라고 말한다. '초자연적' 현상은 '자연과학'과 마찬가지로 초월적인 사고의 산물이다. 말하자면 초월적 사고가 과학에서는 자연과학으로, 종교에서는 초자연적 신령이 된 셈이다.

天	supernatural	종교적 지평	초자연 현상	종교(偶像)	천지인은 순환관계에 있다
人	natural science	人間的 地平	과학적 환상	과학(抽象)	
地	nature	존재론 지평	자연적 존재	예술(生成)	

---

14 박정진, 『철학의 선물 선물의 철학』, 소나무, 2012, 327~348쪽.

서양이 주도하는 현대과학기술문명에서는 기독교의 초월적 신령이 전혀 이상하지 않다. 그런 점에서 과학과 기독교는 한 배를 타고 있다. 현대인은 사물과 인간과 신을 '자연과학' '초자연'—이상 현상학적 층위—과 '자연'—존재론적 층위—로 파악하고 있는 것이다.

현상학적 타성이 있는 서양철학은 이상하게도 존재(자연적 존재)조차도 초월적인 대상으로 보는 경향을 갖고 있다. 자연의 일반성은 대상화되기 전의 일반존재를 말하는데 이는 직관에 의해서 파악되는 현존과 구별되지 않는다. 역으로 현존을 대상화하지 않고 있는 그대로 보면 저절로 자연적 존재(일반존재)가 된다.

서양철학이 계속해서 인류철학의 주류가 된다면 이는 철학의 과학에의 종속, '철학의 시녀화'를 말하는 것이다. 초월이라는 것은 세계의 '현존적 사건(사태)'을 '현상적 사건(사물)'으로 바라보기 때문에 일어나는 인간의 '지각(sense-perception)의 구속'이다. 이러한 서양철학의 지각구속을 벗어나는 것이 철학의 다른 방향이고, 새로운 철학의 출발이다.

인간의 지각에는 원천적으로 한계가 있음은 물론이지만, 더 정확하게는 한계가 있음으로 지각이 가능한 것이기 때문에 한계야말로 지각이다. 그렇다면 인간이 지각할 수 없는 근원적인 본래세계가 있다는 말인데 동일성(고정불변의 실체)이라는 것은 실재하는 본래세계의 왜곡이 될 수밖에 없다.

인간은 자신을 신(神)에게 투사해놓고 결국 신이 인간을 통해 드러난다고 한다(이는 인간이 신에게 최면당하는 것이다). 인간과 신은 결국 어느 쪽이든 주체와 대상의 관계에 있게 된다. 결국 인간이든 신이든 결국 현상되는 것일 뿐이라는 점에서 현상학이다. 남에게 이름을 붙이는 자가 지배자이고 승리자이다. 신이라는 이름도 인간이 미지의 세계에 붙인 이름이다. 따라서 주인으로 말하면 인간이 진정한 주인인 것이다.

존재론이라는 것은 현상되지 않는 것, 즉 보이지 않는 세계를 가정하는 것이고, 그 세계는 현상되는 것도 있지만, 결코 현상되지 않는 것을 전제하고 있다. 인간은 결국 어떤 형태로든 현상으로 지각되는 것만 알 뿐이다. 존재는 알 수 없다. 존재는 미지의 세계이다. 존재는 기(氣)이다. 기(氣)란 결코 대상이 되지 않는 신비이며 신이며, 사물 그 자체이다.

동일성은 추상이자 기계이자 폭력

그렇다면 동일성은 구체적으로 어디서 출발한 것일까. 그것은 철학의 개념(관념)에서다. 개념은 인간의 생각(사유)에서 비롯됨을 데카르트는 코기토에서 잘 명제화했다. 동일성의 출발은 개념이고, 개념은 출발부터 주입하는 것이고, 강요하는 것이다. 개념은 자연의 실재(생성)에 덮어씌우는 가상이고, 추상이다. 동일성은 무엇보다도 인간에게 자연이 아닌 다른 '가상'(가상도 여러 종류가 있다) 혹은 추상을 강요한다.

가상과 추상을 요구하면 결국 구체적·실재적인 환경과 문화가 다른 집단이나 국가, 문화권 사이에서는 갈등과 논쟁이 불가피하고, 싸움과 전쟁이 일어나기 마련이다. 서양철학과 문명으로서는 전쟁을 피할 수 없다. 서로 다른 차이를 인정하지 않기 때문이다.

인도의 대시인 라빈드라나드 타골은 '선(善)을 만들려는 폭력적인 체제'를 비판한 것으로 유명하다. 선(善)이나 정의(正義)라는 것도 실은 동일성의 가면이다. 악(惡)과 부정의(不正義)도 마찬가지이다. 스스로 자신을 선하고 정의롭다고 규정하거나 상대방을 악하고 부정의하다고 규정하는 것이기 때문이다. 모든 이분법 속에는 동일성의 의식이 들어있다.

인간이 경쟁상대를 두고 악 혹은 적이라고 몰아붙이는 것은 어쩌면 인간보다 신체적으로 강한 동물과의 생존경쟁 때에 입력된 기억 때문인지도 모른다. 생존경쟁을 위해 동물을 적(敵)이라고 보던 습관이 인간 집단 내부로 투사되어 권력경쟁으로 변형하면서 악(惡)의 개념으로 발전하였을 가능성이 높다. 동물은 생존경쟁을 하더라도 적 혹은 악의 개념을 만들지 않는다.

인간은 자신의 진선미(眞善美)를 결코 위악추(僞惡醜)로 보지 않는다. 또 자신의 정의를 결코 불의로 보지 않는다. 인간은 자신의 의식에 갇힌 동물이다. 그런 점에서 의식화가 가능한(불가피한) 동물이다. 언어와 철학과 문화도, 사회화과정과 문화화과정도 광의의 의식화라고 볼 수 있다. 그래서 한 문화나 사회의 정체성은 다른 문화와의 소통에 장애를 일으키고, 심하면 적대적이 되는 것을 피할 수 없게 만든다.

나를 선과 정의, 남을 악과 불의라고 생각하는 가상에 인간은 속고 있는지도 모른다. 만약 악과 불의라는 것이 인간 자신이 가상의 적인 남(상대, 대상)을 향해 투사한 것이라면 인간은 근본적으로 선악(善惡)의 도착적 동물이 되게 된다.

본래 선(善)과 악(惡)은 그리스적인 의미로 좋은 상태(goodness, aretē 아레테)와 나쁜 상태(badness, kakia 카키아) 등 기능적으로 출발한 것인데 기독교의 영향을 받아서 어느덧 실체로 변해서 선(good, virtue)과 악(bad, evil)로 대립적인 실체로 자리 잡게 된 것이다. 선과 악은 인간이 넘어야 할 인식론적 장벽인지도 모른다. 이것은 또한 종교의 벽이기도 하다. 나의 종교는 선한 것이고, 남의 종교는 악한 것이라고 생각하기 쉬운 것이 하나의 도그마에 갇힌 종교인의 태도이다. 종교의 벽은 인종이나 민족, 국가의 벽보다 넘기 어려운 것인지도 모른다.

인간은 악과 힘을 미워하면서도(적으로 대하면서도) 정작 속으로는 그것을 사모했는지도 모른다. 악은 힘의 상징이다. 인간은 힘을 부러워하였으며, 어쩌면 신도 힘과 권능이 있기 때문에 섬겼는지도 모른다. 말하자면 힘 있는 악과 신을 섬기면서 그것을 극복하고자 시도한 것이 인류의 삶의 역정이었을 것이다.

창조신화는 악과 관련이 있을 가능성이 높다. 그런 점에서 인간은 창조적 악마이다. 창조적 악마인 인간이 힘(권력)과 기계의 창조자가 되고, 기계는 인간의 피조물이 된 상황이 오늘날 과학기술문명이다. 인간은 기계의 창조자이며 조상이다. 악마는 소유와 힘과 기계의 원형일지 모른다. 오늘날 소유와 힘은 악마의 본질이며 동시에 인간의 본질이다. 그렇다면 인간이 악마가 아닌가? 그 악마성의 궁극에 '전지전능한 기계' (악마기계)가 버티고 있는지 모른다.

자연에 던져진, 신체적으로 나약한 영장류였던 인간은 생존하기 위해 힘이 필요했다. 그래서 힘 있는 자연의 맹수나 동물들을 악마(혹은 적)라고 규정했다. 자연의 '야생성'을 '야수성'으로 해석한 인간은 '힘(권력)'을 추구하고, 야수를 닮으려고 했는지 모른다. 그런데 그 힘은 무엇보다도 변하지 않는 '믿을 수 있는 것'이어야 했다. 급기야 영원불변의 존재로서 신을 떠올렸다. 인간은 신을 설정한 후에도 계속해서 자연에서 힘을 불러왔다. 힘, 힘… 그렇다면 그 힘은 어디서 오는 것일까. 아마도 어떤 동일성의 종류일 것이다.

돌이켜 보면 신이라는 말은 신이라는 동일성이다. 인간의 말(추상)이 아니면 동일성은 없기 때문에 신은 말일 수밖에 없다. 그렇다면 인간이 말하는 신은 어떤 것일까. 요컨대 인간이 신을 말한다면 인간이 생각하거나 상상하는 신일 수밖에 없다. 그래서 결국 신이 스스로 말하는 것이 아니기 때문에 신은 인간이다. 인간은 자신의 가상실재(실체)로서의 신을 만들어 신과 대화(실은 인간의 독백이다)하면서 자신의 힘을 키워왔다.

다시 말하면 인간은 지금까지 자신의 힘을 키우기 위해서 신을 부르면서 신의 도움을 요청해왔다. '신의 사랑(사랑의 신)'과 '신의 힘(힘의 신)'

을 동시에 요청해왔다. 그런데 근대에 이르러 과학문명과 산업혁명의 등장과 함께 갑자기 그 신은 종교(사랑)의 신이 아니라 과학(힘)의 신이 되어버렸다. 과학의 신은 기계의 신이다. 기계로서의 신은 사랑은 없어지고 힘만 남은 신이다.

가상실재로서의 신은 처음부터 추상인 점에서는 공통이지만, 종교의 신은 추상 안에 사랑이 들어있는데 반해, 과학의 신은 추상 안에 힘(폭력)만 들어있다. 사랑의 신과 힘의 신을 동시에 흠모한 예수-초인이 니체의 초인이다. 니체의 신은 종교의 신과 과학의 신이 융합된 신인 셈이다. 니체는 현대문명의 상황을 잘 고백한 인물이다. 니체의 신은 예술의 신이기도 하지만 그 예술은 힘의 상승을 위한 신이었기 때문에 평화에 도달할 수 없는 신이다.

신은 더 이상 힘 있는 자가 아니다. 신은 아무런 힘이 없다. 신이 힘이 없다는 것은 레비나스(Emmanuel Lévinas, 1906~1995)의 타자의 여성성, 즉 메시아의 여성성에서 제기되고 있지만 평화는 한 사람의 메시아에 의해 실현되는 것이 아니라 인간 각자가 소유적 존재가 아니라 본래적 존재, 즉 자연적 존재로 돌아갈 때 실현되는 것이다.

서양철학의 동일성은 니체에 이르러 힘의 상승으로 변형되었다. 뉴턴의 물리학을 수학적 언어가 아닌 일상 언어로 뒷받침한 철학이 칸트의 이성철학이었다면, 에너지이론이나 상대성원리를 뒷받침한 철학이 니체의 '힘에의 의지'철학이다. 니체는 이성 대신에 욕망을 발견하고 욕망을 반이성적인 것처럼 생각했으나 결국 욕망은 신체적 이성이라는 사실이 후에 라캉에 의해서 증명되었다. 결국 서양철학은 이데아와 이성의 굴레를 벗어나지는 못했지만, 그것이 바로 인간의 힘이었다.

전지전능(全知全能)한 신은 옛말이다. 신은 주위에 흩어져 있는 만물이며, 힘없는 노동자이며, 병든 자, 과부, 노인, 가난한 자이며, 사회적 약자들이다. 이제 인간이 신을, 불쌍한 신을 구하지 않으면 안 된다. 신은 보편적인 것이 아니라 그냥 일반적인 것들이다. 신은 보편적이고 일반적인 것들이 아니라 그냥 일반적인 것들이다.

역설적으로 이제 힘 있는 자는 인간인 것이다. 그래서 인간이 그 힘을 남용하면 결국 스스로 자멸하게 되어 있다. 이제 평화는 어디서 오는지가 분명해진다. 신이나 메시아에 의해 오는 것이 아니라 인간 각자의 깨달음이 아니면 평화에 도달하는 것이 불가능할 것으로 보인다.

기독교, 현상학, 변증법, '힘의 철학'의 굴레

서양철학은 추상(이데아, 기하학)이라는 동일성에서 시작하여 기독교(헤브라이즘)와 그리스철학(헬레니즘)과 과학(근대자연과학)이라는 보편성을 거쳐 기계인간(인조인간: 인간은 스스로 인간괴물이라는 것을 모르고 있다)에서 끝을 맺고 있다.

이 과정에서 기독교는 예수(예수-부처: 예수는 유대인으로서 불교를 배운 인물이다. 그는 불법을 유대중동문화의 문법으로 설명한 실천자이다. 복음화된 기독교가 아닌 예수를 잘 해독하는 사람은 한 사람의 부처를 발견할 수 있다)를 희생양으로 삼아서 욕망과 권력을 강화하고 과학과 더불어 서양의 패권주의를 달성하는 데 결정적인 역할을 했다.

기독교는 특히 세속화와 자본주의의 강화를 통해 오늘날의 서양문명 문화가 세계적 지배를 달성하는 정신적·물질적 힘을 제공했다. 기독교의 세속화는 천국을 욕망의 대상으로 설정함으로써 인간세계를 욕망의 대결장으로 변질시켰을 뿐만 아니라 기독교를 우상화함으로써 다른 종교를 배제하고, 그 이면에서는 항상 십자군 전쟁과 같은 종교전쟁을 할 준비를 하고 있다.

유대기독교의 세례를 받은 서구기독교(서구문명: 서구자유자본주의 문명)와 정교(동구문명: 동구비잔틴·공산사회주의문명)와 중동이슬람문명은 스스로를 선하고 정의롭다고 생각함으로써(스스로를 최면시킴으로써) 결국 성전(聖戰)의 이름으로 악을 실천하고 있는 지도 모른다.

서양철학과 문명은 기독교와 과학으로 연결된 동일성의 철학으로서 결국 힘(권력)의 경쟁을 통해 힘의 증대를 뒷받침한 철학이기 때문에 결국 패권주의라는 악순환을 벗어날 수 없다. 따라서 힘 있는 서양문명이 스스로의 힘을 포기하는 인식의 획기적인 전환점을 마련하지 않으면 항구적인 평화를 달성하기 어렵다.

"힘 있는 자가 변해야 평화가 온다." 평화는 힘 있는 자가 평화의 필요성(역사 운명적 필요성)을 자각할 때에야 오는 것이다. 이는 "서양이 변해야 평화가 온다."는 말에 다름 아니다. 힘없는 자가 아무리 평화를 부르짖어보았자 평화는 오지 않는다. 평화의 신으로 말하자면, 추상과 상상의 신, 동일성의 신에서 벗어나야 진정한 평화의 신이 된다.

신이라는 말은 더 이상 말이어서는 안 된다. 신은 기운생동(자연)이다. 신은 더 이상 인간을 위한 신이어서도 안 되며, 만물의 신이어야 한다. 단지 인간에게 힘을 쥐어주는 신은 평화의 신이 아니라 전쟁의 신이다. 힘이 없어야 평화가 이루어진다.

그런 점에서 "평화의 신은 힘이 없는 신이다.", "평화의 신은 불쌍한 신이다." 전지전능한 신은 인간이 약했을 때 필요한 신이었지만, 인간이 전지전능하게 된 지금에서는 가장 힘없는 자가 신이다. 힘없는 신만이 평화를 보장할 수 있다. 평화의 신은 '로고스의 신'이 아니라 '심정(心情)의 신'이다.

인간의 힘은 이제 무소불위(無所不爲)의 위치에 있다. 인간 스스로 그 힘을 자제하지 않으면 공멸할지도 모른다. 인류평화를 이루기 위해서는 니체의 '힘에의 의지'철학은 스스로 포기해야 한다. '힘에의 의지'철학은 현상학적 지향(대상)의 철학에서 '힘의 의지'라는 주체(소유)의 철학이 되고, 힘이 세계의 주인이 되는 것을 기도(企圖)하는 철학이다.

보편성을 추구하는 것은 동일성을 추구하는 것이고, 동일성을 추구하면 전쟁에 이르게 된다. 동일성의 철학은 전쟁의 철학이다. 보편성은 지배의 요구에 다름 아니기 때문에 그것을 버리지 않으면 평화를 달성하기 어렵다. 보편성의 평화는 하나의 패권을 지향하면서 평화를 도모하는 것이기에 진정한 평화에 도달하기 어렵다. 그래서 서로의 특수성과 차이를 인정하는 일반성의 평화를 지향해야 한다. 보편성의 평화는 제한적이고, 제한경제와 같고, 일반성의 평화는 자연의 은혜처럼 일반경제와 같다.

서양철학의 이면에는 항상 동일성이 도사리고 있다. 흔히 서양의 후기근대철학을 '차이(差異)의 철학'이라고 말한다. 하이데거나 데리다가 그 좋은 예인데 이들의 차연(差延)이라는 개념에는 시공간적 연장이라는 개념이 들어 있어서 실체를 전제하고 있다. 말하자면 어디까지나 결과적으로 혹은 미래에 다가올 동일성을 숨긴 차이이다.

이들 '차이의 철학'은 심하게는 결과적 동일성을 얻기 위한 과정으로서의 차이이다. 이들의 차이는 현상학적 차이라고 말할 수 있는데 현상학이라는 것은 어떤 목적(결과)을 설정해놓고 시공간적 변화와 추이를 끝없이 따라가는 것이기 때문에 동일성(실체)이 없는 진정한 차이라고 할 수 없다. 이들의 차이에는 동일성에 대한 욕구가 계속 남아있다. 그래서 이들의 차이를 '차이의 변증법'이라고 말할 수도 있다.

현상학은 칸트철학의 인식론의 물리적 인과법칙과 도덕적 정언명령을 의식의 차원에서, 즉 정신적·심리적 하위의 주제별로 다양하게 접근해서 주제별로―주제는 언어, 음성, 악, 사랑, 도덕 등 여러 가지가 될 수 있다—현상되는 것을 따라가면서 어떤 환원에 이르는 의식과정의 형이상학을 말한다. 그 방법 중 대표적인 것이 헤겔의 변증법의 정반합의 연속, 혹은 후기근대철학의 차이의 연속 등이 있다. 연속이라는 개념을 사용할 때는 이미 실체론이 전제되어 있는 것이다. 실체가 없는 연속은 없기 때문이다.

현상학적 차이는 대립되는 항(이원대립 항)이나 개념이 양쪽에 하나의 세트(set)처럼 있으면서 그 사이에서 무한대로 모순의 반복이나 실체의 연장이 계속 일어나는 프레임(예: 시공간)을 말하는 것이다. 이것을 현상학적인 차이라고 하는 것이다. 예컨대 뉴턴의 물리학과 아인슈타인의 상대성원리가 정반대인 것 같지만 '물질—에너지'의 현상학적 차이에 불과한 것이다. 뉴턴 물리학의 현상학적 차이가 아닌 존재론적 차이는 바로 불교의 무(無), 혹은 공(空)과 같은 것이다.

무(無)는 무의식이나 무의미가 아니다. 무의식은 의식과 통하고, 무의미는 의미와 통하기 때문에 현상학적이다. 진정한 존재론의 무는 무에 어떤 다른 명사가 붙은 것이 아니라 그냥 무이다. 무는 'nothingness(없음)'라는 명사(개념, 실체, 동일성, 존재자)가 아니라 'nothingless(없지 않은)'라는 형용사의 상태(존재)이다.

	현상학적 차이와 존재론적 차이의 물리학의 예		
현상학적 차이 (시공간이 있음)	절대(뉴턴 절대역학) being-nothingness	상대 (아인슈타인 상대성원리)	물질—에너지 이(理)체계
존재론적 차이 (시공간이 없음)	무(無)/공(空) nothingless	혼원일기(混元一氣)	기(氣)체계

변증법은 한시적으로는 정반합의 통합(통일)을 이루지만 항상 새로운 모순에 직면하게 되고, 다시 그 모순을 극복하는 역사적(시간적) 과정으

로 들어가지 않으면 안 된다. 그러한 과정에서 변증법은 '실체 A'가 '실체 B'로 바뀌는 것이다. 항상 실체가 전제되어 있다. 서양의 후기근대 '차이의 철학'도 변증법과 마찬가지로 실체가 있는 것의 연장이기 때문에 결국 변증법으로 돌아가고 만다.

변증법, 즉 현상학적 차이는 각 시점(단계)마다 실체(대상)를 전제하고 있기 때문에 실체적(substantial) 차이라고 말할 수 있고, 실체론은 어디까지나 갈등과 모순을 끝없이 극복해야 하는 변증법적 과정을 내포하고 있기 때문에 근본적인 평화의 철학이 될 수 없다. 바로 변증법적 과정이라는 것이 모순갈등의 철학이고 최악의 경우, 전쟁을 피할 수 없는 '전쟁의 철학'이 된다.

서양철학은 처음부터 초월의 철학이다. 사물을 현상(대상)으로 보는 초월적 위치에서 시작하기 때문이다. 사물에 대한 초월적 위치는 사물을 실체화하게 되고, 실체화된 사물을 소유하게 되어 있다. 이는 여성(사물)을 대상화하고 소유하고자 하는 남성적 시각의 산물인 것이다.

남성은 여성을 소유하고자 할 뿐만 아니라 남녀의 성관계라는 지극히 자연스런(본능적인) 과정을 통해 탄생한 자식도 자신의 성(姓)으로 명명하고 등록하려고 한다. 자연적 행위의 산물을 결국 문화적 이름, 즉 동일성으로 왜곡하는 것이다.

동일성의 원죄는 남성과 언어와 문자이다. 세계는 언행일치(言行一致)가 아니라 행언일치(行言一致)이며, 온고지신(溫故知新)이 아니라 지신온고(知新溫故)이다. 이것을 거꾸로 전도시킨 것이 바로 문화·문명이라는 것이다. 자연을 동일성으로 표시하고 축적하고 저장하고 왜곡하는 과정이 바로 권력화 과정이다. 따라서 남성중심사회로서는 결코 평화를 이룰 수가 없다.

서양철학의 핵심은 실체(substance)이고, 실체는 서양철학의 특징이자 장점이자 동시에 단점이다. 서양철학의 역사적 전개방법은 변증법이다. 변증법의 정반합은 결국 존재(자연)를 그대로 편안하게 둘 수 없는 방법이고, 무엇인가를 구성하고, 다시 구성된 것을 허물고 하는 모순과 반복의 연속이다. 변증법의 합(통합, 통일)의 과정은 잠시 동안의 잠정적인 평화는 될 수 있어도 결국 그 속에 들어가면 영구적인 평화는 보장받을 수 없게 된다.

서양문명이 주도한 인류의 근대문명은 프랑스 혁명의 모토였던 '자유, 평등, 박애'를 중심으로 전개되었다고 요약해 볼 수 있을 것이다. 자유는 역사·사회적(시·공간적)으로 자유-자본주의로, 평등은 공산-사회주의로 외연을 넓혀볼 수 있을 것이다. 그리고 박애는 기독교의 사랑의 정신이라고 말할 수 있다.

그러나 서양의 자유, 평등, 박애는 오늘날 인류의 평화를 달성하는 데 있어서 실패했다고 볼 수 있다. 이들은 서로 갈등·모순관계에 있으며, 역사적으로 세계 1, 2차 대전을 일으켰으며, 지금도 정치적 패권주의와 수많은 삶(생활세계)의 차원에서 권력경쟁으로 인해 현대인에게 스트레스를 피할 수 없게 하고 있다. 한마디로 인간은 정신병 상태에 있다. 인간만이 정신병에 걸린다.

더욱이 세속화된 기독교는 더 이상 사랑의 실천이라고 할 수 없을 정도로 타락하고 말았다. 기독교는 자본주의 기독교, 혹은 마르크스 기독교로 변질되었으며, 기독교 본래의 '착한 사마리아인'이라는 이방인에게 사랑을 베푸는 종교적 기능을 상실한 지 오래다.

서구가 이끈 과학문명의 근대는 인간의 삶의 환경을 기계적 환경으로 바꾸었으며, 그로 인해 인간은 이제 기계로부터 소외되어야 하는 마지막 단계에 도달했으며, 그 속에서 사랑을 잃어버린 인간은 서로 집단이기 속에 인간성을 매몰시켜버리게 되었다.

인간은 이제 종교에도, 과학에도 삶을 궁극적으로 의지할 수 없게 되었으며, 오직 예술이나 축제를 통해 스스로의 위로를 구걸하는 왜소한 처지가 되었다. 종교는 우상이고, 과학은 가상이고, 예술은 상상력 그 자체이다. 예술이 인간이 믿을 수 있는 마지막 힘과 의지처가 되는 것은 다행스런 일이지만 그것 역시 '평화의 철학'으로 뒷받침되어야 한다. 말하자면 예술이 '힘(권력)의 철학'에 봉사해서는 안 된다는 뜻이다.

철학은 단순한 말놀이나 말의 성찬이 아니라 시대를 읽고 새로운 시대정신을 창출해야 하는 의무를 가진 것이다. 자유와 평등이 인류의 구원에서 실패한 지금, 우리는 무엇을 모색해야 할 것인가. 이제 평화철학의 시대가 되어야한다. 평화를 달성하지 못하는 자유, 평화를 달성하지 못하는 평등은 더 이상 큰소리를 쳐서는 안 되는 상황이다. 어떤 방식이든 인류가 평화로운 삶을 영위할 수 있도록 하는 데에 철학의 의무가 있다. 악마를 이용해서라도 평화를 달성해야 하는 것이 시대적 과제이다.

그렇다면 변증법의 서양철학이 달성하지 못한 '평화의 철학'을 누가 담당할 것인가. 여기에 근대에서는 자신의 위력을 발휘하지 못하고, 서세동점으로 인해 식민지가 되거나 속수무책으로 지배당해야 했던 동양철학의 근본정신을 다시 재검토해볼 필요가 생겼다. 과학기술문명을 앞세우고 근대를 지배한 서양문명의 한계가 드러난 지금, 인류의 구원의 철학으로서 동양철학을 부활시킬 필요를 느끼게 된다.

니체에서 비롯되었다고 말할 수 있는 서양의 후기근대철학들은 말로는 반(反)이성주의를 표방하였지만 결국 이성주의로 돌아가고 말았다. 이는 이들의 반이성주의가 이성주의 내의 반이성주의였음을 폭로하기에 충분하다. 니체, 데리다, 들뢰즈, 그리고 하이데거마저도 서양철학과 문명의 모순을 폭로하면서(이들의 주장 자체가 정신병리학적 고백이다) 서양문명의 위기를 호소한 것에 불과한 것이었다고 해석할 수밖에 없다.

들뢰즈의 '차이와 반복'도 실은 '동일성의 반복'을 말장난한 것에 불과하다. 왜냐하면 반복이라는 것은 동일성이 없으면 이미 반복이 성립하지 않는 것이다. 그것을 들뢰즈는 '동일한 존재'가 아니라 '동일한 상태'의 반복이라고 변명하고 있지만 이것은 니체의 '생기존재론'과 다를 바가 없는 것이다. 결국 들뢰즈의 '차이의 반복'은 니체의 '힘(권력)에의 의지'와 '영원회귀'의 변형이다.

들뢰즈를 비롯한 모든 서양철학자의 차이는 '고정불변의 실체가 있는 것'의 차이이기 때문에 내용적으로는 '동일성의 차이'에 불과하지만 이를 '차이'라고 말한다. 무엇이 없다, 무엇이 부재하다, 무엇이 반복한다, 무엇이 연속한다는 것도 '실체적 사고'의 반영이고 흔적들이다. 현상학적으로 무엇을 대상화(주체화)시키는 자체가 이미 동일성(실체)이다.

서양철학과 문명은 항상 다른 실체를 찾아 나선다. 예컨대 유목민족이 새로운 목초지를 찾아서 이동하는 것과 같은 삶의 양식이다. 서양철학은 따라서 현상학을 벗어날 수 없다. 현상학을 벗어날 수 없는 철학이라면 그 차이는 동일성의 차이이다. 다시 말하면 동일성을 끝없이 추구하는 과정이고, 이것을 영원회귀 혹은 차이의 반복 혹은 차이의 연속이라고 말하는 것이고, 그 영원은 과정의 순간순간의 집적이다. 그 순간순간에서도 실체가 존재한다.

데리다의 '부재(absent)의 철학'이야말로 가장 실체적 사고의 반영이다. "무엇이 있다"고 하는 것보다 "무엇이 없다"고 하는 것이 가장 실체적 사고가 없으면 불가능한 것이다. '있다'고 하는 것은 실은 '실재(존재)'와 '실체(가상실재)'의 이중성의 한계에 있다. 텍스트 중심의 사고야말로 실체적 사고의 대표적인 것이다.

서양철학의 차이는 '실체가 있는 차이'이고, 따라서 이것은 결국 짐짓 '차이의 철학'을 말하는 것 같지만 실은 '동일성(실체)의 철학'이고, 결과적으로 헤겔의 변증법과 같은 '차이의 변증법'이다. 서양의 후기근대철학자들도 실은 칸트와 헤겔의 철저한, 훌륭한 후예들인 것이다.

니체의 '힘(권력)에의 의지'는 서양철학사의 근대와 후기근대의 분수령이기는 하지만 니체의 힘(권력)도 실체가 있는 것이다. 실체가 없으면 힘이 될 수 없다. 니체는 서양철학의 이단아라고 말하지만, 그것도 서양철학 내에서 이단아이고, 서양철학의 밖에서 보면 여전히 서양철학의 굳건한 전통의 연장선상에 있는 것이다.

서양철학사는 후기근대에 이르러 차이를 논하고 있지만, 여전히 그 속에는 동일성을 추구하는 정신이 남아있으며, 따라서 동일성을 추구하는 강박관념에서 헤어나지 못하고 있다. 이러한 강박관념은 결국 자신의 동일성을 다른 사람과 다른 문화에 강요하기 마련이어서 갈등과 전쟁에서 자유로울 수 없다. 결국 자신의 동일성, 즉 자신의 선과 정의를 남에게 강요한다는 뜻이다.

동양철학을 서양철학과 대비하는, 가장 학문경제적인 용어는 무엇일까? 다소 비약하는 감은 있지만, 결국 직관적으로 설명하면 서양철학을 '개념철학'이라고 한다면 동양철학은 '시(詩)철학'이라고 말할 수 있다. 서양철학이 엄정한 언어의 철학, 환유의 철학이라면 시(詩)철학은 상징의 철학, 은유의 철학이라고 말할 수 있다.

동양의 천지인사상이나 음양론, 불교나 노장철학을 서양철학으로 해석한 일종의 서양의 후기근대철학, 즉 서양의 '동양번역 철학들'은 결국 하나같이 동양철학을 서양철학으로 환원시키고 말았다. 예컨대 동양철학을 헤겔철학으로 번역하면 기(氣)는 보편자인 일자(一者)가 되고, 기(氣)는 현상학적인 상호작용과 왕래를 거쳐 결국 이(理)가 되고 만다. 만약 '기(氣)=이(理)'라면 따로 동양의 기(氣)철학이 현대철학에서 무슨 필요가 있겠는가.

여기서 새롭게 장황하게 거론하지는 않겠지만, 니체를 비롯해서 하이데거와 데리다, 들뢰즈 등에서 보이는, 동양철학에서 힌트를 얻은 사유는 동양철학을 서양철학으로 철저하게 번역하였을 뿐이다. 뒤늦게 생성변화의 세계에 뛰어든 서양철학은 결국 아무리 발버둥 쳐도 '실체가 없는 변화'를 추구할 수 없었고, '실체'를 놓을 수 없었다. 예컨대 후기근대철학자의 마지막 주자라고 할 수 있는 리좀(Rhizome) 철학자 들뢰즈의 '~되기(becoming)'조차 '생성(becoming)' 그 자체는 아니었다.

말하자면 서양의 후기근대철학은 동양철학에 대한 서양철학적 해석이라고 해야 정확한 평가일 것이다. 일종의 철학계의 오리엔탈리즘이라고 말할 수 있을 것이다. 서양철학과 동양철학을 융합(통섭)하거나 융합했다고 주장하는 철학들의 대부분은 말이 융합이지 실은 서양철학에 동양철학을 환원시키는 작업에 불과하였다. 아직 서양철학은 동양철학 그 자체를 배우지 못했다.

예컨대 동양의 주역(周易)을 수입해간 서양의 라이프니츠는 주역의 이진법을 이용해서 수학의 미적분(微積分)을 만들었고, 미적분은 서양물리학을 이끈 수학적 주역이다. 그러나 동양의 주역은 여전히 실체(實體)가 있는 변화가 아니라 실체가 없는 실재(實在)인 기운생동의 변화를 의미한다.

서양철학 물리학	언어(language)– 사물(Thing)	Thing(It)/ 가상실재(실체)	Time (Space)	Text (文法)	Technology 物理學(에너지)
동양철학 주역, 한의학	상징(symbol)– 氣(실재)	氣運生動(실재)	Change	易 (易法)	漢(韓)醫學 周易(變化)

이러한 번역과정과 서양철학의 자기 나름의 해석과 이용을 몰랐던, 서양철학 1세대 유학자, 일본과 한국과 중국의 서양철학자들은 결국 서

양철학을 공부한 일종의 세뇌된 자들이고, 그들이 하는 일이라고는 고작 서양의 후기근대철학을 동양철학과 비교하고 공통점을 발견하는 일이었다. 이들의 노력은 그래도 동양철학을 서양철학적으로 해석하는 데에 일조하게 된다.

서양철학의 핵심은 동일성(실체)에 있다. 그러나 동양철학의 핵심은 동일성이 없는 것이다. 실체(substance, reality, identity)가 있으면서 역동(力動)하는 역학(力學)과, 실체가 없이 기운생동(氣運生動, 一氣)으로 역동(易動)하는 것은 비슷한 것 같지만 근본적으로 다르다. 예컨대 현상학적 차원에서 전개되는 헤겔의 변증법과 존재론(생성론, 자연적 존재론)의 차원에서 전개되는 동양의 음양론은 다른 것이다.

헤겔의 변증법은 정반합의 3단계인데 동양의 음양론은 왜 음양의 2단계인가. 이는 바로 실체를 전제하기 때문이다. 그럼에도 불구하고 겉으로는 3단계인 것 같은 동양의 천지인 삼재사상은 왜 실체의 철학이 아니고 상징의 철학인가. 그것은 인간을 천지의 '사이-존재'인 인간(人間)이 아니라 천지인의 기운생동으로 보기 때문이다.

헤겔주의자의 설명에 따르면, 서양의 이성철학과 동양의 기운생동의 철학이 변증법적 통합을 거쳐 새로운 의식의 차원으로 나아가는 것처럼 해석한다. 그러나 이 속에는 동양정신의 정수를 서양식으로 해석한 결과를 초래하고 있고, 결국 스스로는 동서철학의 융합(통섭)을 달성하고 있다고 하지만 실은 서양철학을 대변하고 있는 것이다.

"우주의 실재는 의식(consciousness)이므로 우주의 본질인 생명은 일심(一心), 즉 근원의식·전체의식·보편의식이다. 이 우주를 우리의 의식이 지어낸 이미지 구조물로 보는 홀로그램(hologram) 우주론이나 일체가 오직 마음이 자아낸 것이라는 '일체유심조(一切唯心造)' 사상에서도 이러한 사상은 잘 드러나고 있다. 생명은 영원한 '하나(ONE, 天地人)' 즉 참본성

(一心, 一氣)이며 진리이다. 참본성은 만유가 비롯되는 현묘한 문(門)이요, 천변만화가 작용하는 생멸(生滅)의 문이며, 만물만상이 하나가 되는 진여(眞如, tathata)의 문이다."[15]

우주는 의식이 아니다. 의식은 결국 대상의식(대상을 향한 의식)이기 때문에 우주를 '주체-대상'으로 바라보는 것을 뜻하고, 의식은 이미 초월이고 초월의식이다. 우주가 이분법적으로 있는 것이 아니라 인간의 의식이 우주를 그렇게 바라보고 있음을 의미한다. 그런데 의식은 일심이 될 수 없다. 의식은 이미 이분되어 있기 때문이다.

나아가서 의식은 일심이고 일심을 '근원의식, 전체의식, 보편의식'과 같은 것처럼 말한 것은 '의식'과 '일심'을 혼동한 것이다. 이와 같이 하면 동양철학은 서양철학에 통섭된다. 만약 현대의 물리학적 성과가 동양철학이나 불교철학의 세계를 과학적으로 입증하는 사례가 된다면 이들 철학을 물리학적 환원주의에 빠지게 하는 것이 된다. 이는 모두 '이(理, 一理)'로서 '기(氣, 一氣)'를 포섭하고 있는 것이다(이를 화자는 통섭이라고 말하고 있다).

서양의 과학은 어디까지나 물리학적 현상을 실체(substance)로서 이용하는 방법을 확보하는 기술이다. 말하자면 하나의 실체로서 잡지 못하면 과학기술이 아닌 것이다. 그런 점에서 과학은 철학적 사유가 아니다. 과학이론과 성과에 기대어 철학행위를 하는 것은 철학의 과학에 대한 종속이다.

오늘날 철학자 가운데는 마치 서양과학이 동양철학이나 불교철학의 증명인 것처럼 생각하는 경우도 적지 않다. 이러한 학문적 현상, 오리엔탈리즘은 특히 동양문명에 대한 이해가 스스로 높다고 생각하거나 동

---

15 최민자, 『생명에 관한 81개조 테제』, 도서출판 모시는 사람들, 2008, 33쪽.

서문명의 통섭에 도달하였다고 생각하는 학자들에게서 발견된다. 특히 한중일(韓中日)을 비롯한 동양의 서양유학파들은 이 같은 함정에 잘 걸려든다.

오리엔탈리즘의 환원주의와 자기폐쇄성

서양철학의 오리엔탈리즘은 실은 헤겔에로 소급된다. 헤겔은 '미네르바의 올빼미'라는 우화를 통해 황혼의 의미와 함께 서양문명의 인류문명적 완성의 의미를 주장했다. 그는 『법철학』 「서문」을 통해 "미네르바의 올빼미는 황혼에 난다."는 말을 했다. 황혼은 하루가 끝나가는 시점을 뜻하는 것으로 올빼미는 세상을 날아다니며 낮 동안 사람들이 남긴 발자취를 더듬고 세심하게 살펴보는 역할을 하는 새이다.

미네르바의 올빼미는 서양문명의 찬란한 황혼의 완성적 의미와 함께 패권주의적 오만이 들어 있다. 그렇지만 필자에게는 인류문명의 새로운 시작은 동양(중국 한족 중심의 문화를 상징) 혹은 동방(동아시아 동이족 중심의 문화를 상징)에서 시작되지 않을 수 없음을 예견케 한다. 일출(Sun Rise)이든, 황혼(Sun Set)이든 태양의 순환으로 볼 때는 경계선상에서 일어나는 일로서 동서 문명의 전환기 현상을 어떻게 해석하느냐에 따라 긍정적이 되기도 하고 부정적이 되기도 한다.

헤겔은 서양문명의 황혼을 서양문명의 하이라이트로 해석했다. 헤겔에서 비롯된 오리엔탈리즘은 오늘날에도 서양문명권에서 상속되어 서양은 마치 동양과 기타 세계의 모든 문명적 영양분을 섭취해서 서양에서 새롭게 진화된 형태로 완성됨을 의미한다. 오리엔탈리즘은 서양의 오만한 자세를 표방할 뿐만 아니라 동양이나 제 3세계의 지식인들은 자신도 모르게 오리엔탈리즘에 속하는 것을 자랑삼아 말한다. 그러나 서양문명의 황혼은 동양이나 동방의 일출을 의미하는 이들에게 주도권을 넘겨주어야 하는 신호이다.

인류의 모든 종교가, 기독교조차도 동양(동방)에서 출발한 것임을 명심할 필요가 있다. 과학문명의 폐단을 치유하기 위해서는 동양의 고전과 종교에서 새로운 힘을 발견하고, 그것에서 살아있는 기운생동(氣運生動)의 신(神)을 되찾지 않으면 안 된다. 기운생동의 신이야말로 서양의 근대철학이 이성주의로 인해 제외한 '신(神)'과 '물 자체'를 다시 회복하는 길이다.

서양문명은 오늘날 인문적·과학적 환원주의에 빠졌다. 서양철학과 과학을 먼저 전공하고, 뒤늦게 동양철학을 공부한 학자들의 상당수가 동양철학을 서양철학에 환원시키는 예를 볼 수 있다. 이것도 광의의 오리엔탈리즘이다. 심지어 일부 대표적인 인문학자조차도 자신의 철학을 서양철학이나 과학을 통해서 인정받으려는 듯, 예컨대 동양의 천부경 사상을 서양의 헤겔철학이나 기독교사상과 비교하여 결국 같은 것으로 보거나 물리학적 성과를 불교사상에 빗대어 같은 것으로 보기도 한다.

특히 현대물리학과 불교의 세계를 비교하는 철학자 가운데는 불교가 이미 현대물리학의 세계를 미리 내다본 것처럼 설명하기도 한다. 이는 물리학이 현상을 수식화(등식화) 할 수 있는 반면, 불교는 그렇지 못하다는 결정적 차이를 망각하게 한다. 쉽게 말하면 불교는 원자폭탄을 만들지 못하고, 우주여행을 실현하지 못한다. 불교는 시공간의 수식과 과학의 원인과 결과(인과응보는 인과론이 아니다)에는 관심도 없다.

과학은 수식으로 증명하지 못하면 과학의 반열에 오르지 못한다. 세계는 과학적으로 있는 것이 아니라 과학적으로 보는 것에 불과하다. 동양철학의 기(氣)라는 개념은 흔히 서양의 에너지와 동의어처럼 사용되기도 하는데 이는 맞지 않다. 에너지는 어디까지나 물질로 호환되는 것이기 때문에 결국 '에너지=물질($E=mc^2$)'인 반면 기(氣)는 그렇지 않다. 기(氣)는 결코 대상화하거나 잡을 수 없는 우주적 힘(作用)이라고 하는 편이 옳다.

우주에 보편자라는 것이 있는 것일까? 보편자라는 것은 인간이 만들어낸 일종의 가상이다. 인간이 자신의 초월의식, 나아가 이성을 투사하여 만들어낸 가상의 결과가 보편성이다. 관념이나 추상은 결국 보편성으로 통한다. 절대, 보편, 초월, 관념, 추상은 같은 말이다. 또 하나의 헤겔주의자의 예를 보자. 의식은 대상의식이든, 자기의식이든 모두 정신현상에 불과한 것인데도 의식을 본체계라고 하면서 현상계와 분리한다. 의식이야말로 현상계의 것이고, 존재자이다.

"'하나'는 본체계(의식계)와 현상계(물질계)를 관통하는 근원적인 일자(一者)로서 우주만물에 편재해 있는 보편자, 즉 천지포태(胞胎)의 이치와 기운을 일컫는 것이다. '하나'의 진성(眞性)과 음양오행의 정(精)과의 묘합(妙合)으로 우주자연의 사시사철과 24절기의 운행과 더불어 감(感)·식(息)·촉(觸)이 형성되면서 만물이 화생(化生)하게 되는 것이다."[16]

위의 문장에서 '의식계와 물질계를 관통하는 일자(一者)'는 '근원적인 일자'라고 하지만 실은 '현상학적 일자'에 지나지 않는다. 그런데 마치 근원적인 일자와 현상학적인 일자(보편자)가 같은 것인 양 쉽게 처리하고 있다. 이는 마치 일기(一氣)가 일리(一理)라고 하는 것과 같다. 이렇게 되면 결국 기(氣)와 이(理)가 되는 '기즉리(氣卽理)'의 순환론에 빠지게 되고, 결국 초월의식만 남는다.

의식이 있기 때문에 정신이 있고, 정신이 있기 때문에 물질이 있다. 의식이 없으면 현상학적 물질은 존재할 수 없다. 정신과 물질을 대립적

---

16 최민자, 같은 책, 34쪽.

으로 보든, 통합적으로 보든, 같은 것으로 보든 이들은 모두 현상학적인 것이다. '정신(精神)−물질(物質)'의 현상학적인 세트는 '마음(心)−몸(物)'의 존재론적 세트와는 다르다. 우리말의 '몸'이라는 옛글자는 마음과 몸의 존재론적 특성을 잘 드러내고 있다.

그런 점에서 '정신(의식)=마음', '물질=몸'의 등식은 성립하지 않는다. 그래서 절대정신을 유심론, 절대물질을 유물론이라고 번역하는 것은 잘못된 것이다. 물(物)과 심(心)은 처음부터 의식이 없는 물심일체의 현존적 하나이다. 정신과 물질은 같은 차원에서 왕래하는 현상학적인 하나이다. 정신(의식)과 물질은 둘 다 본래적 존재가 아니다.

'천지포태의 이치와 기운'을 일컫는다는 것은 이치(理致)와 기운(氣運)을 하나로 보는 입장인데 이 둘은 본래 하나가 될 수 없는 존재이다. 이치(理致)는 가상실재이고, 기운(氣運)은 실재이기 때문이다. 가상이 어떻게 실재와 하나가 될 수 있는가. 서양철학과 과학을 공부한 자가 동양철학을 서양에 통합시키는 것은 서양에 동양을 환원시키는, 서양의 전형적인 오리엔탈리즘에 말려들어간 사태이다.

오리엔탈리즘은 동양의 철학적 자산을 저들의 철학적 아이디어(idea)를 제공하는 영양분으로 사용하면서 동양철학 자체를 저들의 문명의 발전을 위해서 존재하는 것처럼 대하는, '이해하는 척하면서(훔쳐갔으면서) 주인노릇을 하는 오만한 태도'를 말한다. 그러나 정작 서양철학은 결코 동양철학을 융합할 수 없다. 동양철학의 상징론을 결국 서양철학의 실체론으로 환원시켜 해석하기 때문이다.

동양철학과 서양철학의 근본적인 차이는 전자는 '생성적 우주관'이고 후자는 '존재적 우주관'이라는 점이다. 동양은 처음부터 스스로 생멸적인 우주에 참여하는 반면 서양은 우주를 관찰자로서 바라보며 객관성을 유지하려 한다. 동서양철학자가 겉으로는 같은 말을 하였다고 하더라도 동양은 인간을 포함하여 사물을 기운생멸 그 자체로, 즉자적으로 보는 반면, 서양은 사물을 대상으로, 타자적으로 이용하고 소유함을 의미한다.

한마디로 수식(數式, 等式)이 있는 자연과학과 수식이 없는 동양철학이 똑같이 우주의 생멸을 말한다고 하더라도 둘은 다른 것이다. 서양철학은 우주의 생성과정 도중에서 이용할 수 있는 실체(존재자)를 포착하게 된다.

동양철학에도 '근원적인 일자(一者)'로 통하는 이(理, 一理)가 있긴 하지만 그것은 도덕(윤리)에 한해서이다. 성리학은 그 대표적인 예이다. 그러나 동양철학은 변화 그 자체인 기(氣, 一氣)를 더 본질적인 것으로 중시한다. 동양철학에는 서양철학과 같은 보편자가 없다. 동양철학에는 생성변화하는 혼원일기(混元一氣)만 있고, 보편자가 없기 때문에 서양철학처럼 동일성을 강요하지 않는다.

물론 동양철학에도 불교의 이사(理事)라는 것이 있고, 주자학에도 이(理)라는 것이 있어서, 보편자가 있는 것처럼 이해되고 있기도 하다. 요컨대 주자학은 불교의 이(理)를 받아들여 유교식으로 해석하였기 때문에 이(理)를 보편자로 해석했다. 그래서 주자학을 받아들인 조선의 선비들은 이기논쟁(理氣論爭)을 벌이면서 공리공론의 당쟁을 일삼았다.

이(理)는 인간에 의해 일어난 현상이다. 이기일원론(理氣一元論)이든, 이기이원론(理氣二元論)이든 매우 인간적인 사건에 불과하고 결과적으로 공리공론에 빠지지 않을 수 없는 주제이다. 인간은 이기지합(理氣之合)을 말하지만 이것은 결국 주리론(主理論)이나 이성주의가 된다. 기(氣)는 본래 실체적인 것이 아니기 때문에 통합할 수도 없다.

이(理)와 기(氣)는 현상학적으로는 통합될 수 없는 존재이다. 이(理)는 눈에 보이지 않지만 실체적(substantial) 차원에 있고, 기(氣)는 느껴지지만 비실체적 차원에 있기 때문이다. 이(理)와 기(氣)는 '존재론적인 차이'의 관계에 있다. 우주(자연)는 일기(一氣)이다. 일기란 기운생동 하는 본래자연을 말한다.

불교의 이(理)든 사(事)든 어떤 고정불변의 보편자, 소위 서양철학의 '실체'를 의미하는 것이 아니다. 실은 이(理)도 공(空)이고, 사(事)도 공(空)한 것이기는 마찬가지이다. 물론 화엄학이나 유식학에서 이(理)를 많이 사용하기는 하지만, 그것은 오늘날 서양철학적 의미에서 우리가 흔히 사용하는(서양의 철학을 번역하는 과정에서 서양철학의 이성(理性)에 대응되는 동양의 단어를 찾다가 그래도 적당한 것을 고른 것이었지만) 뜻의 이(理)는 아닌 것이다.

주자학은 불교의 이(理)를 주자학 식으로, 즉 성즉리(性卽理)로 왜곡한 것이다. 이를 두고 유학이나 주자학에도 어떤 실체(substance)가 있는 이학(理學)적 측면이 있었다고 해석할 수도 있다. 이(理)는 어떤 대상이 전제된 경우에 일어나는 현상이다. 이(理)를 본질이라고 착각하는 것은 인간중심적 사유과정의 산물이다. 동양의 유학이나 주자학은 그것의 인간중심주의, 혹은 인본주의로 인해서 서양의 이성철학과 통하는 면이 많다.

퇴계선생의 이(理) 철학과 칸트의 이성(理性)철학은 비교되고 심지어 같은 것으로 유비되기도 한다. 심지어 칸트의 도덕('실천이성비판')철학은 퇴계의 도덕('敬')철학과 서로 상응한 것으로 해석되기도 한다. 그러나 이(理)와 이성(理性)은 다르다. 이(理)는 기(氣)와 대칭되는 반면 이성은 감정과 대칭된다. 또한 도덕적 이(理, 倫理)는 과학적 이성(理性)으로 반드시 나아가는 것은 아니다.

칸트는 과학적 이성에서 도덕적 이성으로 넘어온 반면, 동양의 이(理)는 '기(氣)의 조리(條理)'로서 상정하였다. 인간의 의식(意識)이나 이치(理致)가 존재의 본질인 양 생각하는 사상이나 철학이 인간의 다른 철학 속에 왜 없겠는가? 인간이면 누구나 정도의 차이가 있겠지만 이성주의자가 될 수밖에 없다. 다른 생물 종에 비해 인간의 특이점(特異點)은 바로 대뇌 이고 이성이다.

이성(理性)이나 이(理)를 가지고 존재의 궁극에 도달하지는 못한다. 존재의 궁극은 기(氣, 一氣)이다. 한마디로 기(氣)는 실체(substance)가 없다. 기(氣)는 공(空)과 심(心)과 같은 개념으로서 이것을 서양의 물질이나 에너지, 의식 혹은 정신에 대응하여 현상학적으로 해석하는 것은 크나큰 잘못이다.

만약 동양철학을 현상학적으로 해석하는 데에 그친다면 '힘(권력)의 의지'를 과시하는 현대문명의 문제에 대해 동양은 어떠한 대안이나 충고도 해 줄 것이 없다. 그냥 열심히 서양철학을 배우고 그것을 금과옥조로 삼으면서 '힘의 경쟁' 대열에서 선두가 되면 그만인 것이다.

그런데 문제는 그렇지 않기에 '인류의 평화철학'을 동양철학으로서 새롭게 제시하는 것이다. 단도직입적으로 말하면 '실체의 증대'의 철학을 인류가 고집한다면 결코 세계평화는 이루어질 수 없다. 동양철학이 세계의 평화에 기여할 수 있는 것은 바로 '비실체=실체 없음'의 철학을 수행한 측면이 있기 때문이다.

동양철학이 인류에게 평화를 선물할 가능성이 높은 것은 서양의 역사철학처럼 모순을 극복하기 위해 끝없이 역사적 변증법적 운동을 하지 않기 때문이다. 만약 변증법적으로 나아간다면 전쟁은 불가피한 것이다. 변증법은 반운동과 부정을 통해 새로운 통합으로 진전하기 때문이다.

'화이부동(和而不同)'에서 '화평부동(和平不同)'으로

동양철학에는 왜 평화가 있는가? 동양철학이 지배한 동양이라고 해서 항상 평화만 유지되었던 것은 물론 아니다. 서양의 변증법과 달리 동양의 천지인(天地人) 삼재(三才)사상과 음양(陰陽)사상이야말로 '차이'를 근거로 한 진정한 '차이의 철학체계'로서, 자연에 맞는 순환(순응)의 철학을 기조로 살아왔기 때문에 상대적으로 더 평화로웠다고 말할 수 있을 것이다. 따라서 동양철학의 재조명의 필요성이 대두된다.

좀 더 이야기를 단도직입적으로 말하자면, 서양의 변증법과 동양의 천지인·음양론은 다른 것이다. 한때 동양의 음양론을 서양의 변증법에 맞추어서 음양변증법, 혹은 이원적 변증법이라고 말을 하기도 했지만 이는 동양인 스스로 음양론의 정체도 잘 모르고, 변증법의 정체도 잘 모르는 소치이다. 예컨대 변증법의 실체적 성격과 음양론의 비실체적·상징적 성격을 변별하지 못한 때문이다.

특히 동양의 음양철학을 '이원적 변증법' 운운한 것은 참으로 자신의 정체성을 잃어버린 동양의 수치이면서(물론 서양 주도의 '실체'철학과 과학기술문명에 적응하기 위한 조치였지만) 서양철학의 덮어씌우기에 당한 꼴이다.

동양의 음양론은 '동일한 것이 없는' 부동(不同)의 철학이며, 동시(同時: 시간의 간격을 두지 않고)에 '부동'의 것이 서로 어울리기 위해서 달성해야 하는 '화(和)'의 철학이다. 말하자면 '부동'과 '화'는 서로 대립되는 개념(변증법적 개념)이 아니라 서로 끌고 가지 않으면 안 되는 개념(상보적 개념)이다.

동양의 〈화이부동(和而不同), 부동화이(不同而和)〉의 세계는 동양철학의 정수를 집약적으로 잘 말해준다. 이는 서양의 〈동이불화(同而不和), 불화이동(不和而同)〉의 세계와는 다른 것이라는 점에 주목할 필요가 있다. 이를 통해서 우리는 음양상보론과 변증대립론의 차이를 알 수 있다.

화이부동이라는 말은 『논어(論語)』「子路第十三」편에 나오는 구절이다.

공자께서 말씀하셨다. "군자는 화합하지만 같지 않고 소인은 같지만 화합하지 못한다."(子曰, "君子和而不同, 小人同而不和.")

위 구절의 화이부동을 "친화하되 무리를 짓지 않는다."라고 해석하기도 한다.

"『논어』에서는 이것은 군자만이 행할 수 있는 태도라고 규정하여 '무리는 짓되 친화하지 않는(同而不和)' 소인의 태도와 대비시키고 있다. 대개 군자는 의(義)를 숭상하며, 의는 도리에 올바른 것인가 아닌가를 판별하여 도리에 합당하는 것만을 실천하는 도덕적 태도이기 때문에 의를 숭상하는 한 편당을 짓는 것은 불가능하다. 소인은 이(利)를 숭상하는 것으로 규정하고, 이익을 추구하는 한 반드시 이익을 둘러싼 쟁탈이 야기된다. '화이부동'이 군자의 실천적 태도에 합당하다는 것은 군자가 대인관계에 있어 그러한 태도를 실현할 수 있는 도덕적 세계관과 실천력을 보유하고 있기 때문이며, '동이불화'가 소인의 태도로 인식되는 것 역시 그 기저에 깔린 도덕적 세계관과 실천력에서 연유하는 것이다. 또한 '화이부동'한 군자의 태도는 타인과 무분별한 관계를 형성함으로써 자신의 이익을 확보하려는 의존적 자세와, 타인을 무조건적으로 배척함으로써 자신의 이익을 폐쇄적으로 보존하려고 하는 배타적 자세와의 균형을 이루는 중용의 태도라고 할 수 있다."[17]

참고로 『중용』「제10장」에는 화이부동과 비슷한 뜻으로 '화이불류(和而不流)'라는 말이 나온다.

----

17 유교사전편찬위원회 편, 『儒敎大事典』, 박영사, 1990, 1746쪽.

"그러므로 군자는 조화롭되 흐르지 않으니 강하고 굳세도다! 중간에 서서 치우치지 않으니 강하고 굳세도다! 나라에 도가 있으면 궁할 때의 의지를 변치 않으니 강하고 굳세도다! 나라에 도가 없으면 죽음에 이르러도 지조를 변치 않으니 강하고 굳세도다!"(中, 10章, 05. 故君子和而不流 强哉矯 中立而不倚 强哉矯 國有道 不變塞焉 强哉矯 國無道 至死不變 强哉矯)

『논어』「위정」편에 공자는 자공(子貢)과 제자들이 묻는 말에 다음과 같이 답했다.

"군자는 그릇 같은(정해진) 것이 아니다."(子曰, "君子不器.")

'군자불기'라는 말을 화이부동과 연관 지어 생각하면 아마도 다음과 같이 될 것이다.

성인군자(聖人君子)가 유가의 이상적 인간상이라면 부처보살은 불가의 이상적 인간상이다.

군자 君子	화이부동 和而不同	부동이화 不同而和	옛 성인(君子不器) 자연적 존재. 불교적 존재.	인간(己): 器而不器, 不器而器
소인 小人	동이불화 同而不和	불화이동 不和而同	현대인 (小人卽器) 인간적 존재자, 기계적 존재자.	

물론 필자는 '화이부동', '부동이화'를 유교적 입장에서, 예컨대 군자의 의(義)와 소인의 이(利)를 구분하는 도덕적 입장에서 사용하는 것만은 아니다. 화이부동을 철학 일반의 '동일성(同一性)−차이성(差異性)'논쟁으로 확장하면서 서양철학과 동양철학을 구분하는 잣대로 사용하고자 한다.

동양의 유교사상에는 '화이부동'으로 차이성을 나타내지만 불교사상에서는 불일이불이(不一而不二), 즉 불이(不二)사상으로 애매모호함을 드러낸다. 흔히 불교적 사유를 불일이불이(不一而不二), 불이이불일(不二而不一)

이라고 한다.

 그러나 인간은 사물을 그렇게 보면 필요할 때 이용을 못 하기 때문에 역설적으로 불일이일(不一而一: 하나가 아니기 때문에 하나이어야 한다), 일이불일(一而不一: 하나이기 때문에 하나가 아니어야 한다)이라는 변증법적 모순에 빠진다. 즉 억지주장을 하게 된다. 그런데 과학은 그러한 오류 때문에 세계를 실체(동일성)로 볼 수 있게 되었다. 인간은 따라서 동일성의 존재, 소유적 존재이다.

자연적 존재 (불교적 존재)	불일이불이 不一而不二	불이이불일 不二而不一	애매모호(존재방식)
인간적 존재자 (제도적 존재자)	불일이일 不一而一	일이불일 一而不一	동일성(실체)
기계적 존재자 (수학적 존재자)	0/1	1/0	기계언어(2진법)

 일원론이든, 이원론이든 그것이 '논(論, ism)'인 것은 모두 동일성의 실체론이다. 어떤 기준이나 개념이 있다는 것은 실체가 있다는 것이 된다. 예컨대 하나의 기준이나 개념으로서 시간이 있다면, 시간의 현재는 기준이 되고, 그 기준의 양쪽에는 과거와 미래가 있게 된다. 따라서 어떤 실체로서의 하나가 있다는 것은 둘이 있다는 것이 되고, 둘이 있다는 것은 셋의 통합(통일)이 가능하게 됨을 의미한다.

 하나의 기준이나 개념이 성립한다는 것은 이미 반대의 개념이 전제되어 있음을 의미한다. 하나의 개념은 둘의 개념이 되고, 둘은 다시 그것을 통합(합일)하는 제3의 개념을 성립시키는데 이것이 소위 변증법이다. 변증법은 현상학적인 차원의 논의이다.

 지금까지 반야심경의 '색즉시공(色卽是空), 공즉시색(空卽是色)'이나 화엄

경의 '일즉일체(一卽一切), 일체즉일(一切卽一)'은 당연히 불교의 제법무아
(諸法無我)나 제행무상(諸行無常)과 같이 불교의 진리를 대변하는 것처럼
이해되어 왔다. 그러나 만약 이 글귀가 현상학적인 차원의 것이라면 불
교적 진리를 왜곡하는 것이 될 가능성이 높다.

예컨대 색(色)과 공(空)이 같은 현상학적인 차원(수평적 차원)에서 왕래하
면 현상학적인 논의로 격하된다. 왜냐하면 색은 분명히 현상학적인 차
원의 실체를 의미하기 때문이다. 이렇게 되면 공(空)은 색(色)의 없음(無)
이 된다. 그러나 진정한 공(空)은 현상학적인 것이 아닌 존재론적인 차
원(수직적 차원)의 공(空)이다. 승조(僧肇, 374~414)의 「조론(肇論)」 가운데 공
을 부정하는 '부진공론(不眞空論)'은 진공묘유(眞空妙有)의 존재론적인 차원
의 공이다.

화엄의 세계인 '일즉일체(一卽一切) 일체즉일(一切卽一)'도 마찬가지이
다. 이것도 현상학적인 차원의 왕래라면 불교적 진리를 왜곡하는 것이
된다. 일체(一切)는 모든 것(everything)을 의미하고, 같은 차원의 일(一)은
절대적(absolute) 일(一)이 되기 때문이다. 분명히 절대적인 일(一)은 불교
적 존재의 일(一)이 아니다.

이상에서 볼 때 '공즉시색, 색즉시공' 혹은 '일즉일체, 일체즉일'은 불
교적 '불일이불이(不一而不二)'의 세계를 설명하는 것이 될 수 없다. 이들
을 현상학적인 차원에서 잘못 해석하면, 진정한 의미에서 불교적 존재
론을 왜곡하게 될 우려가 있다. 다시 말하면 공(空)이나 일(一)은 존재론
적인 차원의 개념이 되어야 한다. 그러한 점에서 불교적 존재론이 동일
성의 세계를 완전히 벗어나려면 '불일이불이'의 애매모호한 세계가 되
지 않으면 안 된다.

개념의 동일성을 벗어나기 위해서 제안된 것이 바로 승조의 '조론(肇
論)'이다. 물불천론(物不遷論), 부진공론(不眞空論), 반야무지론(般若無知論),

열반무명론(涅槃無名論)이 그것이다. 승조는 불(不)자나, 무(無)자를 써서 이 세계가 개념의 세계가 아님을 애써 알리려했던 것이다.

철학에서 '영원'이나 수학에서 '무한대'의 개념은 같은 것이다. 이들은 모두 무(無)의 세계, 즉 존재의 세계를 현상학적으로 변형시킨 것에 불과하다. 끝없는 대상(영원, 무한대)이야말로 동일성의 세계이고, 초월의 세계이다. 동일성과 초월의 세계야말로 실은 전쟁으로 나아가는 세계이다.

평화(平和)라는 말도 화(和)보다는 평(平)을 앞세웠기 때문에 경우에 따라서는 동일성에 걸릴 위험이 많다. 필자가 이 책에서 때로는 평화(平和)를 굳이 '화평(和平)'으로 쓰는 이유가 여기에 있다. 평화(平和)에서의 평(平)은 어쩐지 마르크스의 평등(平等)에서처럼 동일성을 연상시킨다. 평화의 '평'에는 어딘가 서양의 등식(等式)의 의미가 내포되어 있는 듯하다. 등식은 과학을 은유하는 것이지만 과학은 마지막에 기계를 의미하기 때문에 '평'은 위험한 것이다. 과학적 사회학이 위험한 것은 바로 그 속에 기계적 세계관이 들어있기 때문이다.

예컨대 오늘날 '평'은 평등(平等)과 평화(平和)와 평형(平衡)을 의미하지만 이것이 글자의 순서를 바꾼 '등평(等平)'과 화평(和平)과 형평(衡平)으로 바뀌는 것이 동일성을 벗어나는 길인 것 같다. 평등과 평화와 평형 가운데서 '평등'만큼 동일성을 요구하면서 사회적 갈등을 야기 시키는 개념은 없을 것이다. 말하자면 자유라는 동일성보다는 평등이라는 동일성이 훨씬 더 위험한 것이다.

평등은 공산사회주의의 이념으로서 어떤 개념보다도 지구의 평화를 위협했다고 말해도 크게 틀리지 않는다. 평등을 먼저 요구하면 화합을 얻기는 어렵다. 이에 반해 화(和)를 달성한다면 평(平)을 얻지 못한 경우는 드물 것이다. 평(平: 평등)은 오늘날 동(同: 동일성)과 같은 개념이 되어버렸다. 그래서 진정 평화를 얻는 것은 화평에서다. 화평(和平)은 오늘날의 화쟁(和諍)과 같은 개념으로 해석할 필요가 있다. 평화는 같은 뜻의 양(陽)의 개념이라면 화평은 음(陰)의 개념이다.

역사(History)는 그(He, Man)의 스토리(story)의 합성어인 것에서도 상징적으로 드러나듯이 역사는 '남자의 역사'이다. 말하자면 역사는 양(陽, 남성)의 개념으로 달성되는 것이지만 그 이면에서 음(陰, 여성)의 힘이 뒷받침하지 않으면 불가능하다. 막말로 여성이 아이를 낳지 않으면 역사는 저절로 없어지게 된다.

역사는 음(陰)이 바탕이 되지 않으면 그 힘을 잃게 된다. 음은 보이지 않는 본래적 힘, 기운생동의 힘이기 때문이다. 따라서 종래의 화이부동(和而不同)은 오늘의 역사·사회적 의미맥락으로 볼 때 화합(和合) 다음에 평등(平等)이 중요하다는 점에서 '화평부동(和平不同)'으로 자리 잡는 것이 바람직할 것 같다.

서양철학의 '초월-추상-기계'를 넘어서야

근대문명은 서양이 세계문명을 주도하면서 결국 과학기술문명 중심으로 그 전체적인 모습을 띠고 있다. 과학기술문명은 인간의 삶의 시공간을 확장하는 데는 성공하였지만, 존재의 진면목에 도달하는 것에서는 더 멀어졌다.

서양철학은 생성(존재)에서 존재(존재자)를 훔치는 철학이었다. 서양철학은 자연(구체)에서 추상(개념)을 훔치는 철학이었다. 서양철학은 자연에서 언어(대상)를 훔치는 철학이었다.

서양철학은 유물론과 과학에서 끝났다. 과학적 사회학이라는 유물론과 자연과학이 종래의 인문학에 가장 심각한 폐해를 끼친 것은 바로 물리학적 결정론과 환원주의를 인문학에 적용한 것이다. '과학적 역사나 과학적 사회학'은 듣기에는 좋지만 결정론으로 인간을 재단한 것은 물론이고, 역사학과 사회학은 물론이고, 철학까지 이데올로기로 변질시켰으며, 현대인으로 하여금 폐쇄된 '이데올로기(도그마)의 종교'를 믿게 하는 과오를 범하게 했다.

그러한 점에서 변증법의 헤겔과 유물변증법의 마르크스를 넘지 못하는 한 인류는 결코 만족할 만한 평화와 화목을 달성할 수 없음이 확실하다. 니체의 '힘에의 의지'철학과 니체를 따르는 후기근대철학자들에게서도 '평화의 철학'의 답을 찾을 수 없다.

형이하학인 자연과학이 물리학을 낳았다면 형이상학인 철학(현상학)은 유물론을 낳았다. 유물론은 실은 물질을 이데올로기화한 것으로 본래 하부구조에 속하는 물질을 상부구조로 이동시키는 바람에 하부구조는 생략된 채 정치적 계급투쟁만을 일삼고 생산성을 등한시하였기 때문에 자본주의와의 싸움에서 실패할 수밖에 없었다. 서구의 사회민주주의 운동은 실은 이들 지역의 자본주의의 생산성에 의존하는 경우가 많았다.

서양철학의 형이상학은 역설적으로 어떤 형이하학보다도 완벽한 형이하학이 되었다. 서양철학의 이러한 모순 혹은 전도현상은 이데아(이성)라는 본질이 결국 현상이 된, 서양철학의 본질적인 도착·전도현상과 무관하지 않을 뿐만 아니라 같은 뿌리를 가진 것으로서 결국 서양철학을 종언적(終言的) 사태에 이르게 하는 주요원인이다.

이제 종래의 형이상학으로서의 철학은 사라졌다. 이제 인류는 새로운 철학을 찾아야 한다. 소유의 철학이 아닌 존재와 생성의 철학을 찾아야 한다. 서양의 후기근대철학은 그러한 생성의 복음을 동양의 불교와 노장철학에서 듣고 저마다 다른 목소리로 자신의 철학을 전개한 셈이다. 니체, 화이트헤드, 하이데거, 데리다, 들뢰즈 등 다수의 철학자들이 이 대열에 참가했다.

유물론과 과학 이후 서양의 후기 근대철학자들은 저마다 노력하였지만 아직도 역부족으로, 모두 동양의 불교와 음양사상을 그들의 말로 번안하기는 하였지만 그들의 철학적 전통, 즉 이성(reason)과 절대(絶對), 실체(substance)를 찾는 타성과 한계로 인해 아직 진정한 동양과 불교의 생성과 변화에 도달하지는 못했다. 그들의 차이(差異)에는 여전히 실체가 도사리고 있다.

서양의 후기근대 철학을 동양의 불교나 노장사상과 비교하는 것은 실은 원본과 번역본을 가지고 서로 비슷하다고 평가하는 것이나 마찬가지의 서양사대주의에 지나지 않는다. 그래도 한 가지 다행인 것은 서양철학과 동양철학의 가교를 놓았다는 점이다. 서양철학의 입장에서 동양을 이해하는 방법을 아는 것은 미래에 동서양이 하나 될 수 있는 길을 열었다는 의미와 그러한 시대를 준비하였다고 평가할 수 있다.

서양철학의 입장에서 보면 동양철학은 철학이라기보다는 시(詩)철학이라고 볼 수 있다. 서양철학은 〈개념-동일성-정신(물질)-과학문명-변증법(진화론)-현상학〉의 연쇄이고, 동양철학은 〈시(詩)-차이성-음양(상징)-신화체계-역동성-존재론(생성론)〉의 연쇄라고 볼 수 있다.

서양철학	개념(概念)철학 (실체 있음)	동일성	정신=물질	과학문명	변증법 (진화론)	현상학
동양철학	시(詩)철학 (실체 없음)	차이성	음양=상징	신화체계	역동성	존재론 (생성론)

돌이켜 생각하면 서양철학과 과학적 추상은 자연에서 이용할 '대상'을 인간에게 제공하였지만 인간정신을 추상과 계산과 기계로 황폐화시

켰다. 만약 인류문명이 오늘의 과학기술문명에 도달하기 위해 지금껏 진화하였다고 생각하면 인간정신의 허망함으로 인해 허무주의에 빠질 수밖에 다른 도리가 없어 보인다.

인간은 '종교적 인간(Homo religiosus)'에 이어 무엇보다도 '도구적 인간(Homo faber)'이다. 인간의 생존을 보장한 결정적인 도구가 이제 반대로 인간을 향하여 총칼을 겨누고 있는 것이다. 과학기술이 목적이라면 인간은 도구를 위해 삶의 긴 행렬을 이룬 셈이 된다. 이는 주객이 전도된 것이다. 과학에서는 필요와 편리를 찾을 수 있지만 인간의 궁극적 평화와 행복을 찾을 수는 없다.

과학기술은 분명히 인류가 삶을 개척하고 늘어난 인구를 부양하는 데에 훌륭한 도구가 되었지만 그것 자체가 삶의 목적이 될 수는 없다. 거꾸로 말하면 인간은 로봇(기계인간, 사이보그)이 되기 위해 진화한 꼴이고, 더욱더 성능 좋은 기계가 되는 것이 삶의 목적이었다고 생각하면 극심한 허무주의에 빠질 수밖에 없었을 것이다.

니체는 이러한 허무주의에서 탈출하기 위해 '힘에의 의지'철학을 주장하였지만 힘의 상승과 증대는 도리어 파시즘을 생산하고 말았다. 실제로 힘의 증대를 추종하는 현대문명은 파시즘을 비난하면서도 인간을 생산하는 '인간 공장(인큐베이터)'이나 '로봇공장'을 떠올리고 있다. 여성의 '자궁생산'이라는 자연을 대체하는 남성의 '공장생산'을 기계문명이 실현하고 있는 셈이다.

남성은 기계인간인 로봇, 특히 '불(火)을 품는 전사로봇'을 만들어냄으로써 혹은 '에너지 사용능력'을 과시함으로써 자신의 권력을 강화하는 패권경쟁을 멈추지 않는 반면 여성은 여전히 '항아리에서 물(水)을 긷는 여성' '생명잉태자로서 여신의 역할'을 담당하고 있다.

자궁에서 생명을 잉태하지 못하는 남성은 여성에 대한 콤플렉스로 인해 궁극적으로 자신의 대뇌에서 인조인간(추상기계)을 만들어낼 것을 처음부터 꿈꾸었는지도 모른다. 인간(Man)의 특성은 남성(man)에 그대로 있다. 자연적 특성은 여성(womb, woman)에게 있다. 여성은 자궁적 존재이고, 남성은 대뇌적 존재이다.

"남자의 대뇌는 기계를 낳고, 여자의 자궁은 아이를 낳는다."

철학이 중세에는 종교(신학)의 시녀였다가 근대에는 과학의 시녀가 되었다. 철학은 고대에는 모든 학문의 아버지였지만 오늘날 기계의 시녀가 되는 것으로 변모를 거듭하였다. 철학이 시녀의 신세를 변하려면 이제 종교와 과학으로부터 결별하는 수순을 밟아야 한다. 이는 철학의 예술화, 혹은 예술적 철학화를 말하는 것이고, 이것이 시대정신이며, 시대적 필요임을 역설하는 것이다.

인류문명의 문제는 도구가 목적을 배반한 데에 있다. 인류문명은 마치 문명충돌과 전쟁을 위해서 있는 듯하고 평화와 행복에서 멀어진 듯하다. 인류는 무엇보다도 인간의 생명 존중에서 멀어진 듯하다. 인간의 생명 자체를 기계의 부품처럼 생각한다면 인간은 결국 기계로부터 소외되고 말 것이다.

서양이 주도하는 현대과학기술문명에는 도저히 해결할 수 없을 것 같은 허무(虛無)가 도사리고 있다. 정말 지독한 허무이다. 인류가 공멸하지 않으려면 어떤 수단을 써서라도 그러한 문명적 정신병리 현상을 극복하고 평화를 달성해야 한다. 평화가 없는 곳에 행복이 깃들 수는 없는 법이다.

서양철학과 문명에는 근본적으로 자연 그 자체를 인정하지 못하는 정신 병리현상의 요소가 깃들어 있다고 해도 과언이 아니다. 철학의 인간중심주의, 혹은 앤트로포모르피즘(anthropomorphism: 자연의 인간동형론)에 대한 자기부정 속에 숨어있는 지독한 자기긍정이 그것이다. 이는 철학의 개념조작, 용어선정에서도 엿볼 수 있다.

서양철학의 정신병리 현상

하이데거가 자신의 철학을 '존재론'이라고 명명한 것과 데리다가 자신의 철학을 '그라마톨로지'라고 한 것은 모두 유럽철학의 전통에 대한 자부심과 오만의 결과라고 말할 수 있다. 또 서양철학적 타성을 벗어나지 못했다고 말할 수도 있다. 왜냐하면 하이데거는 종래 서양철학의 전통이 '존재자'를 모두 '존재'라고 명명했다고 비판하면서도 '존재'라는 용어만은 고집하고 있기 때문이다.

하이데거 철학은 아리스토텔레스로부터 내려온 '존재(Sein)'라는 개념을 결코 버릴 수 없었기 때문에 '존재(Sein)'를 중심으로 '현존재(Dasein, Da-sein)', '존재자들(Seiendes)', '현존재의 존재(Sein des Dasein)' '현존재의 거기 있음(da des Dasein)' 등의 개념을 만들어냈으며, 심지어 '존재(Sein)'에 가위표를 치거나 일부 철자를 바꾸어서 '존재(Seyn)'로 사용하기도 했다. 이는 모두 'Sein'을 고집한 때문이다.

사유의 사태(사건)가 달라지면 철학이라는 것은 새로운 용어의 개발과 정립이 필요하다. 그런데 결정적인 키워드인 '존재'라는 종래의 말을 버리지 않고 존재론이라는 새로운 철학의 세계를 정립한 하이데거는 '존재'라는 말의 종래 개념을 정반대로 바꾸고, 즉 '생성'의 개념으로 쓰는 한편 '존재자'라는 개념을 종래 존재의 개념으로 사용하기 시작했다.

이는 필연적으로 혼란을 초래하기 마련이다. 무엇보다도 생성 변화하는 사태의 의미로 사용되는 존재라는 말은 항상 존재자와의 관련성 속에서 설명되어야 하는 한계를 지닐 수밖에 없다. 말하자면 존재자의 입장에서 존재를 설명하는 의존성을 가지게 된다. 그래서 종래 칸트적 의미의 존재가 '현상학'의 차원이라면 하이데거의 존재는 '현상학적 존재론'(혹은 '존재론적 현상학')의 차원이 되게 된다.

그런데 하이데거의 현상학적 존재론은 엄밀하게는 생성의 의미로서의 존재론이 아니다. 그 까닭은 여전히 존재자의 입장에서 존재를 바라보기 때문이다. 우선 존재가 숨어있다고 생각하는 것 자체가 현상학적 태도이다. 존재는 은폐되어 있는 것이 아니라 항상 현존하고 있다. 존재는 절대적으로 존재하는 것이 아니라 상대적으로 현상된다.

하이데거는 『존재와 시간』에서 '인간'이라는 개념 대신에 '현존재'(Dasein, Being-there)라는 개념을 제시한다. "'현존재'는 마음을 가리키고, 또 세상을 뜻할 때는 마음이 세상에 존재하고 있다는 뜻에서 '세상에 존재함'(das In-der Welt-sein, the Being-in-the world)이다."[18] "'세상은 현존재에 속하는 것(daseinsgehörig, belonging to Dasein)'이고, 또 '세상은 매번 현존재 때문에 생기는 것의 전체성(die jeweilige Ganzheit des Umwillen eines Dasein=the everytime totality of the on-account of Dasein)이다."[19]

여기서 우리는 하이데거가 생성적 존재로서의 존재(Sein)에 완전히 진입하지 못했음을 느끼게 된다. '세상이 현존재에 속한다'고 하였는데 이는 세상이 현존재의 소유적 대상이 된다는 뜻이다. 이는 현존재, 인간을 중심한 (세상에 대한) 현상학적인 사유를 드러낸다. 세상의 존재는 결코 현존재에 속할 수가 없다. 이것은 인간중심주의로서 인간적인 착각(환상)에 불과하다.

하이데거는 나아가서 '세상은 현존재 때문에 생기는 전체성'이라고 하였는데 어떻게 전체성이 현존재 때문에 생기는 것인가. 현존재는 결

---

18 김형효, 『사유 나그네(김형효의 철학 편력 3부작)』, 소나무, 2010, 100~101쪽.
19 김형효, 같은 책, 102~103쪽,

국 부분적인 존재자인데 말이다. 이는 부분 때문에 전체가 생긴다고 하는 것과 같은, 매우 현상학적인 태도이다. 전체성은 생멸의 전체이기 때문에 이것을 실체적인 전체성으로 해석하면 자기모순에 빠지게 된다.

따라서 하이데거는 현상학에서 출발하여 존재론으로 향하였지만 존재 그 자체, 본격적인 존재론에 들어가지 못한 것이 된다. 하이데거의 존재(존재의 진리)는 은적(隱迹)되어 있다가 현현(顯現, 現成)되는 것이라고 하는데 이는 마치 그리스에서 진리가 망각(기억되지 못함)을 의미하는 레테(lethe)에서 깨어난 알레테이아(Aletheia)가 되는 것과 유사하다. 그런데 여기서 망각상태를 벗어난 기억 자체가 과거시간의 산물이기 때문에 시간에 매이게 된다.

'기억-망각'이라는 회상을 시간의 왕래, 즉 시간의 선(線)을 소급하고 진행하는 시간의 줄타기라고 생각한 하이데거는 결국 시간의 틀(굴레)에서 빠져나오지 못하고, 기억은 결국 언어(언어작용)이기 때문에 언어가 진리라는 '사태(사태진리)-명제(명제진리)'의 틀, 다시 말하면 "진리는 사태와 지성의 동화이다."에 귀착하게 된다. 이는 "명제진리는 신(神)의 진리에 근거하는 한에서만 성립한다."는 토마스 아퀴나스의 진리관의 전통을 계승하는 것이 된다. 이것은 결국 '언어-사물(사건, 사태)'의 서양철학의 전통적 궤도에서 이탈하지 못하는 것이 된다.

현존재는 현재의 존재이다. 다시 말하면 현재가 없으면 현존재는 성립하지 않는다. 현재가 없으면 의식도 없고, 실체도 없다. 이를 역으로 말하면 실체도 의식도 현재의 산물이다. 현재는 시공간의 프레임의 산물이다. 인간을 현존재라고 하는 것은 시공간의 프레임을 통해 사물(실제는 정지된 사물이 아니라 사건사태이면서 현존이면서 존재이다)을 보는 것을 의미한다. 시간을 선후관계로 공간을 상하관계로 흔히 보지만 시간도 상하관계로, 공간도 선후관계로 볼 수 있는 것이다. 결국 선후관계와 상하관계는 같은 것이다.

인간은 현재(지점)라는 시공간으로 인해서 선후상하관계를 따지지만 동시에 현재라는 기준을 통해서 좌우내외 관계를 파생시킨다. 좌우관계는 내외관계이다. 어떤 것을 기준으로 좌우관계는 내외관계라고 말할 수 있다. 결국 선후상하좌우내외관계는 서로 다른 것 같지만 모든 현상을 파악하는(성립시키는) 이원대립적인 틀이면서 현재의 산물이라는 공통점을 가지고 있다. 현재가 있기 때문에 소유적 존재가 가능하다. 만약 현재가 없다면 선후상하좌우내외관계라는 분별기준은 성립되지 않는다.

현존이 존재인데 현존을 현상(하이데거의 존재론이 현상학에서 출발하였음을 상기할 필요가 있다).으로 보았기 때문에 하이데거는 '존재'라는 말을 종래와는 정반대의 생성의 의미로 사용하지만 결국 '존재자'의 관점을 완전히 벗어나지는 못한다. 존재자란 바로 '존재하는 것(thing)'을 의미하고 이것은 '자연'을 '사물(Thing=It)'로 보는 서양철학의 프레임이자 굴레이다. 존재자란 바로 현재의 산물이다.

하이데거는 존재와 존재자의 사이에 있는 인간을 '현존재'라고 명명하였고, 그런 점에서 인간을 '현존재'라고 명명한 것은 인간의 이러한 이중적 성격, 실존적 성격을 드러낸 탁견이라고 하지 않을 수 없다. 하이데거는 인간을 시간적 존재로 그린 시인이다.

하이데거는 전기의 『존재와 시간』에서 시간에서 벗어나려고 노력했으나 시간 그 자체(Self)를 벗어나지는 못하게 되자, 후기의 『시간과 존재』에서는 휠더린(Johann Christian Friedrich Holderlin, 1770~1843)의 시적 은유를 통해서 시간을 극복하고자 시도하게 된다. 그러나 시라는 것도 결국 언어로서 언어를 극복하는 것, 일상적 언어를 은유적 언어로 변형하는 언어놀이에 지나지 않는다. 다시 말하면 하이데거는 화엄의 '사사무애(事事無碍: 사물과 사건에 구애받지 않음, 사물과 사태는 같은 것이다)의 경지에 도달하지는 못했던 것으로 유추된다.

사사무애는 존재 자체, 혹은 존재 사태에서 아무런 장애(막힘)를 받지 않는 경지인데 하이데거는 결국 시간과 언어와 사물과 신(神)에서 완전한 탈출을 하지 못한 셈이다. 이는 곧 생성이라는 사건, 혹은 존재적 사태는 언어로써 결코 설명할 수 없는 영역이라는 데에 이르게 된다. 그럼에도 철학은 존재사태의 정상을 언어로써 정복하고자 하는 것이다.

또한 위에서 세계의 전체(존재)가 부분(존재자인 현존재)에 의해 열린다고 하는 것은 공간적으로 규정될(한정될) 수 없는 전체가 부분적인 존재에 불과한 존재자(실체)에 의해 열린다고 함으로써 이미 공간에 매인 것이 된다. 세계의 존재와 전체는, 현존재와 상관없이 생멸하는 것이다. 현존재(인간)는 단지 세계에 대해 스스로 규정하고(제한하고) 실체화함으로써 그것을 실재라고 생각한 것일 뿐이다. 그러나 이것은 가상실재이다.

하이데거는 현존재(존재자)의 입장에서 존재를 발견하였지만, 그래서 존재가 은적되거나 현현된다고 말하지만, 이것은 인간의 입장에서 그렇게 보일 뿐, 존재는 스스로 은적된 적도 없고 현현된 적도 없다. 존재는 자연처럼 그렇게 현존으로 있을 뿐이다. 하이데거가 간혹 존재를 초월적으로 보는 까닭은 바로 현존재가 지니고 있는 초월적 시각의 반영 때문이다.

하이데거는 현존재(존재자)의 입장에서 출발하고 있기 때문에 존재론을 주장했지만 현존의 존재성을 완전히 파악한 것 같지는 않다. 하이데거의 존재는 은폐되기도 하고 현현되기도 하는 존재성으로서, 다시 말하면 현존재가 발견하면 현현된 존재이고, 발견하지 못하면 은폐된 존재가 되는 것이다. 그래서 존재를 발견하기 위해서는 기다려야 하고 깨어있어야 하는 신비스러운 존재이다. 이것은 시인이 은유(隱喩)를 얻기 위해 기다리는 것과 같다.

이러한 전체적인 정황으로 볼 때 하이데거마저도 시간의 현재를 기점으로 판단정지와 함께 그것을 통해서 의식의 초월적(절대적) 상태의 의미, 즉 현재적 의미를 찾아내고자 하는 현상학에서 완전히 벗어난 것은 아니라고 보여진다.

존재자에 매여 있는 자신을 극복하기 위해서 하이데거는 '존재자 없이 존재'의 논의를 생각해보았을 정도로 스스로의 한계를 인식하였던 것 같다. 그는 또 존재를 표현하기 위해서 '존재의 번갯불(Blizen zum Sein)'이라는 표현도 사용했다. 그는 또 자신의 사유를 앞으로 다가올 미래의 사유를 위한 예비적 '길 닦음'이라고 말하기도 했다.

하이데거의 실존의 개념을 돌이켜보면 그의 존재론의 한계와 특성을 엿볼 수 있다. 그의 실존의 개념은 각자성(Jemeinigkeit)과 이행성(Seinsvollzug)과 결단성(Entschlossenheit)을 토대로 하고 있다. 각자성은 개별성·개체성을 의미하고, 이행성은 자기존재를 스스로 부담·수행해야 하는 입장을 의미한다. 그리고 결단성은 일상성과 반대개념으로 자기의 양심에 따라 행동하는 것을 의미한다. 이상의 실존성은 역시 현상학적인 시공간을 전제하지 않으면 안 된다.

하이데거는 현존재(존재자)의 입장에서 존재를 바라봄으로 인해서 존재가 현존(presence)으로서 항상 드러나 있다는 것을 모르고 있다. 의식의 지향(intentionality)에서 벗어나서 그것을 관심(觀心, 念慮, Sorge)으로 전환하였지만, 사물을 대상적 사유에서 바라보는 관성을 완전히 벗어남으로써 달성되는 심물일체(心物一體)의 경지에 이르지는 못한 셈이다.

필자는 존재라는 용어에 혼란을 줄이기 위해 존재를 '자연적 존재'라고 말하고, 존재자는 '제도적 존재자'라고 말한 바 있다.[20] 하이데거의 존재론의 존재라는 개념이 종래 칸트적 의미의 존재나 초월적인 의미의 존재로 비쳐지거나 오해되고 심지어 인간중심주의라는 비난을 받게 되는 것은 이 때문이다. 서양철학의 초월의식은 무의식이나 본능조차도 그것을 대상으로 하여 초월적 언어로 설명해야 직성이 풀리는 끈질김이 있다. 그래서 존재를 말하면서도 현존이 존재인 줄 모른다. 하이데거는 이데아(idea)가 아닌 것을 존재(存在, Sein)라고 명명하였다. 이는 독일 관념론의 전통에서 거꾸로 간 것이다.

한편 데리다는 서양의 이성주의의 원인을 현존(現存, presence)에서 찾고, 현존의 반대개념인 부재(不在, absent)의 개념설정을 통해 자신의 철학인 『그라마톨로지(grammatology)』를 전개한다. 자연의 소리든 빛이든 그것 자체가 이성주의의 원인이 되는 것이 아니다. 이성주의는 인간의 정신이 사물에 투사된 것이다. 말하자면 인간이 빛과 소리를 이성으로 본 것에 지나지 않는다. 이것이 바로 서양철학의 이성철학다운 진면목이다.

자연을 자연과학의 대상으로 보고 인간을 이성의 대상으로 보는 서양철학의 전반적인 현상학적 태도와 시선은 일종의 자기궤도적인 자기합리화의 산물이다. 데리다는 소리의 '현존(現存)' 대신에 '글쓰기(écriture)' 탐구를 통해 철학적 합리화를 꾀한다. 이는 공간과 신체를 중시하는 프랑스 합리주의 전통에 반기를 든 것 같은 제스처를 취했지만 여전히 같은 길을 간 것이다.

하이데거의 철학적 세례를 받았지만 그것을 철저하게 숨기고 요설(妖說)과 함께 문체주의적인 일종의 텍스트(text)철학을 개척한 그는 해체적

---

20 박정진, 『일반성의 철학과 포노로지』, 소나무, 2014, 52~69쪽.

문자학을 주창한 탓으로 남의 텍스트(특히 루소, 레비 스토로스)는 해체하였지만 견강부회가 많았고, 따라서 결코 성공적이지 못하였다.[21] 그는 정작 자신의 텍스트인『법의 힘』과 '메시아론'은 유령학(해체적 유령학)의 장에서 전개하지 않을 수 없었다.[22]

그의『그라마톨로지』가 루소와 레비 스토로스의 인류학적 텍스트인 민족지를 철학적으로 해체한 것은 철학적 폭력·강간 혹은 철학적 자폐증·강박관념에 지나지 않는다. 원주민사회의 사태적(존재사태적) 진리를 자신의 모순적이고 역설적인 명제적(존재자적) 진리로 가둔 것에 지나지 않는다. 이것 자체가 서양철학의 정신 병리현상에 속한다.

무엇보다도 문제가 되는 것은 원주민사회를 해석한 이원대립항(binary opposition)은 '대칭적 이원대립항'인데 이것을 서구의 '비대칭적 이원대립항'(변증법적 대립항)으로 해석하여 역사적 발전을 설명하지 못했다고 비판하는 것은 레비 스토로스와 샤르트르의 논쟁에서 불거진 '뜨거운 사회'와 '차가운 사회'의 재판—서구문명사회의 자기중심과 환상적 오만—을 보는 것 같은 사례에 속한다.

데리다는 하이데거가 본격적으로 개척한 존재론의 여러 철학적 용어들과 착안들을 죄다 현상학으로 되돌리는 퇴행을 보였다. 하이데거의 경우든, 데리다의 경우든 결국 자기나라의 철학적 전통이라고 할 수 있는 이성주의 전통을 놓지 않는 것이다. 말하자면 종래 서양철학적 '존재' 혹은 '문자'의 개념이나 특성을 놓지 않으면서 '존재의 생성'사태를 설명하고자 하는 자가당착과 자기모순에 빠졌던 것이다. 이는 니체에서 본격적으로 드러나기 시작한 서양철학의 정신병리 현상이라고 진단

---

21 박정진,『일반성의 철학과 포노로지』, 소나무, 2014, 189~228쪽.
22 박정진,『메시아는 더 이상 오지 않는다』, 행복한 에너지, 2016, 346~443쪽.

할 수 있다.[23]

여기서 긴 말은 생략하겠지만 들뢰즈의 경우도 결국 추상이 곧 기계(추상=기계)라는 사실을 잘 몰랐기 때문에 마르크스의 후예답게 물질주의(materialism) 대신에 머시니즘(machinism)을 근간으로 하여 세계를 절편으로 자르고 접속―연결접속(connection, and와 같음), 분리접속(disconnection, or과 같음), 통합접속(conjunction)―하는 해석력을 보였지만 마지막에는 '추상기계'라는 용어를 만들어낸다.[24]

이에 비하면 영국의 경험론적 전통은 현상을 숫자로 환산한, 말하자면 철학을 철저하게 기계적인 언어로 수학화한 과학철학이다. 영국의 전통을 이은 미국은 과학철학 위에 다시 실용주의 철학을 성립시켰다. 이들 서양철학을 관통하는 지점에는 모두 초월적 가상(假想, 假象, 假相)이 전제되어 있다. 초월과 가상을 좋아하는 서양철학자들은 모두 현존이 생성(생멸)이라는 것을 인정하지 못하고 있다. 생멸이야말로 초월적·가상적이지 않는 현존이다.

서양철학에서는 결국 항상 '초월'과 '절대'가 문제이다. 이것은 항상 현재의 문제이고 결국 시간의 문제이고 공간의 문제이다. '초월=절대=현재=시간'은 같은 문제인 것이다. 현재나 시간이 없으면 초월과 절대를 가정할 수 없는데도 초월과 절대는 시간을 초월한 것처럼 받아들여진다. 시간과 초월의 문제는 전자는 수평적(선형적)이고 후자는 수직적(입체적)인 것이지만 둘은 시·공간의 문제로서 같은 문제인 것이다. 선험성과 초월성이 같은 의미라는 점과 같다.

서양의 후기근대철학자들도 본인들은 이성주의를 강력하게 부인하

----

23 박정진, 『철학의 선물, 선물의 철학』, 소나무, 2012, 760~931쪽.
24 박정진, 같은 책, 645~759쪽.

고 있지만, 그들의 반이성주의는 여전히 초월적 사고를 펼치고 있다. 초월적 사고는 이성주의의 다른 이름인 것이다. 결국 서양철학으로서는 이성주의의 궤도를 벗어날 수 없다는 결론이 나온다.

하이데거 철학에서 인간중심주의와 서구(독일)중심주의를 찾아내는 것은 결코 어렵지 않다. 그가 슈피겔지와 인터뷰한 내용을 보자.

슈피겔지의 기자는 하이데거가 '유럽의 정신문화와 기술문명에 문제가 있다'고 말하자 다음과 같이 질문을 던진다.

"그 새로운 시작을 어디서 찾아야 하는가? 우리가 모르고 있는 무언가를 동양사상에서 얻을 수 있겠는가? 동양 사람들이, 유럽 사람들이 피폐시킨 인류 문화를 구제해 줄 가능성을 제시할 수 있는가."

이에 대해 하이데거는 이렇게 답한다.

"그럴 수 있다. 동양의 사상이 유럽인들이 모르고 있던 많은 부분들을 논의해왔으니 그것을 가지고 유럽과 인류가 처한 문제를 해결할 방향을 제시할 수도 있다. 그렇지만 그것은 가능성일 뿐 결코 그렇게 되지는 않을 것이다. 왜냐하면 동양 사람들이 설사 해결의 열쇠를 가지고 있다고 하더라도 문제가 무엇인지 모른다면 그 열쇠를 어디에 어떻게 사용해야 하는지 모를 것이기 때문이다. 문제를 문제로 알지 못하는 한 동양사상에 가능성이 있다고 해도 그 가능성이 실현될 수 없다는 말이다. 그러기에 결국에는 문제를 일으킨 서양 사람들이 해답을 찾을 수밖에 없을 것이다."[25]

하이데거의 이 말은 현대기술문명의 문제는 서구만의 문제만이 아니라 인류공통의 문제라고 말하면서도 '문제의 제기와 해결에서의 서양독

---

25 한국하이데거학회 엮음, 『이기상 교수 회갑기념 논문집―이 땅의 존재사건을 찾아서』(한국하이데거학회, 『하이데거 연구』 제 15집, 2007년, 봄호, 27쪽 재인용.

점'을 주장하는, 일종의 독선과 망발에 속하는 것이다. 기술문명의 문제는 인간 이성에서 비롯되는 문제이고, 이 문제는 동서양철학을 떠나서 인간이면 누구나 문제시할 수 있고, 또 문제를 풀 자격이 있다는 점에서 그의 주장은 매우 서구중심적인 사고의 단면을 드러내고 있다고 보여진다. 여기에도 서구우월주의가 숨어 있다.

더욱이 동양 사람은 서구문명의 밖에 있기 때문에 문제를 더욱 명확하게 볼 수 있고, 또한 대안을 제시하기에 유리한 입장에 있다. 왜냐하면 동양은 서양보다는 덜 이성적이기 때문이고, 또한 불교철학을 비롯하여 노장철학 등을 보유하고 있기 때문이다.

현상에서 존재(본질)를 바라보는 것과 존재에서 현상을 바라보는 것은 다르다. 전자는 질서에서 질서 이전의 혼돈을 바라보는 것이 되고, 후자는 혼돈에서 질서를 바라보는 것이 된다. 현상(질서)에서 존재를 바라보는 것에 익숙했던 하이데거는 '죽음(죽을 사람)'에서 염려(Sorge)와 함께 삶을 바라보았으며 그의 회상적 사유는 '시원-죽을 사람'을 왕래하는 것이었다.

하이데거는 현상학에서 출발하여 존재(생성)에 이르렀지만, 현존재(인간)를 기준(기점)으로 출발하였던 관계로 존재를 아는데 그쳤고, 현존이 현상이 아닌, 바로 존재인 줄 알지 못했다. 아마도 하이데거는 존재를 차마 기운생동의 혼돈(混沌)이라고 말할 수 없었을 것이다.

현존은 '현상과 존재'로 갈라진다(현존=현상/존재=표층/심층=色/空=有/無=秩序/混沌). 이것을 존재론적 차이라고 말할 수 있다. 서양문명의 이상이라고 할 수 있는 자유, 평등, 사랑을 여기에 대입하면 현존=사랑, 현상=자유, 존재=평등이라고 할 수도 있을 것이다.

〈예술인류학적으로 본 동서양문명〉

서양철학과 문명	동양철학과 문명	예술(철학)인류학적 융합
시각-언어-페니스	소리-상징-버자이너	감각과 철학의 관계
양음(陽陰)-남성중심의 철학	음양(陰陽)-여성중심의 철학	부계사회와 모계사회
페니스 있음-페니스 없음	페니스를 생산하는 자궁	양성세계의 출발
유대기독교이슬람	유불선(풍류도, 샤머니즘)	힌두교는 종합이다
실체(개체, 원자, 절대동일성)	실재(비실체, 空, 無, 차이성)	알 수 없는 세계가 있다
실체론(이원대립의 세계)	관계론(이원대립도 관계다)	사방으로 확장되는 대립
앎(지식)의 철학	삶(지혜)의 철학	삶의 철학으로서 앎
자연과학	자연 그 자체	자연은 대상이 아니다
역사철학	자연생태	인간은 자연의 일부이다
이(理)철학/이성(理性)철학	기(氣)철학/소리(性音)철학	性音은 音聲만이 아니다
이원대립(절대-상대)철학	천지인-음양(순환)철학	절대는 자연을 끊은 것
현존(presence)을 이성으로 봄 그라마톨로지(grammatology)	현존을 생멸로 봄 포노로지(phonology)	데리다의 역설은 서양철학의 역설이다
현상학: 서양철학은 현상학 (이데아는 현상학의 출발이다)	현존학: 동양철학은 생멸학 (현존이야말로 생멸이다)	하이데거 존재론은 현상학과 현존학의 사이
보편성의 철학	일반성의 철학	일반적이고 보편적인
다원다층의 음양학으로서의 동서문명(performance의 문명)		코드(code)=코드(cord)

　서양철학의 개체중심(원자주의)은 사물을 바라볼 때 '실체·절대·동일성'으로 바라보게 되는 것을 피할 수 없다. 동일성의 철학은 동일성을 둘러싸고 있는 세계와 대립하기 마련이다. 만약 동일성이 그것을 둘러싸고 있는 세계가 없다면 동일성 자체가 고정불변의 실체이기 때문에 세계는 역동적이거나 움직이지 못하고, 고정되고 정태적이 되어버리는

것을 피할 수 없다. 그래서 선이 선이기 위해서는 악이 있어야 하고, 선과 악의 경우도 각각 동일성이다.

그런데 이원대립항을 동일성이 아니라 동시성으로 보면 대립항은 하나이면서 둘이고(一而二), 둘이면서 하나가 된다(二而一). 세계를 동시성으로 바라보는 것은 실은 시간이 없다는 말로 통한다. 시간이 없으면 공간도 없는 것이고, 시·공간이 없으면 이것이 바로 질서가 없는 것이고, 혼돈을 말하는 것이 된다. 혼돈은 단순히 무질서가 아니라 일종의 기운생동을 말하는 것으로서 우주적 양(陽: 남성성)의 기운과 음(陰: 여성성)의 기운이 태극운동을 하는 것을 말한다.

동양철학의 생성변화는 바로 태극음양변화를 말한다. 서양철학처럼 시공간적 운동차원을 존재라고 하는 것과는 다르다. 동양의 생성은 존재가 아니다. 동양의 생성은 실체(개체, 원자)가 없는 것이고, 기운생동이나 파동 혹은 소리로 상징되거나 은유될 뿐이다. 생성(존재)은 개체 이전의 것이고, 개체가 모인 집단도 아니다.

진정한 존재는 결코 대상이 되지 않는다. 진정한 존재는 현존이기 때문이다. 그런데 현존재인 인간이 존재자로서 존재를 바라보면 이미 존재가 대상화하는 것을 피할 수가 없다. 이것이 〈시각-언어〉의 연쇄인 서양철학의 타성이며 착각이다. 그렇기 때문에 존재를 두고 초월적인 생각에 빠지게 되는 것이다. 서양철학사에서 가장 칸트적 존재에서 탈출한 철학자인, 존재론 철학자인 하이데거나 구체철학의 가브리엘 마르셀조차도 초월적 사고에서 벗어나지 못하게 되는 것은 이 때문이다.

하이데거의 은적(은폐)과 현현(현성)은 바로 시각적인 사고가 남아있기 때문에 붙여진 이름이다. 만약 시각적인 사고가 없었으면 은적이니 현현이니 하는 용어를 생산할 필요가 없는 것이다. 현존적 존재는 은적하지도 않고 그렇기 때문에 현현하지도 않는다. 현존은 대상화된 현상이 아니라 '살아있는(기운생동 하는, 현사실적인, 탈신화화 하는) 존재'이다. 그래서 현존은 직관으로 이해할 뿐이다.

현존에 대한 서양철학자들의 잘못된 이해, 즉 '눈앞에 있음'의 '있음'은 이미 현존을 대상화하여 존재자로 본 것, 즉 현상에 지나지 않는다. 그런 점에서 서양철학은 출발부터가 현상학이며, 플라톤조차도 결국 '이데아(본질)의 현상학'인 셈이다. 따라서 생성의 의미로서의 존재를 회복하기 위해서는 종래 칸트적 의미의 존재와 다른, 하이데거적 의미의 존재의 설정이 불가피하였다.

현존에 대한 잘못된 이해가 '현존'과 하이데거적 의미의 '존재', 그리고 현재적 의미의 '현상'을 갈라놓게 하였다. 하이데거적 의미의 존재는 '눈에 보이는 않는 존재', '은적(은폐)된 존재'이다. 하이데거는 이 은적된 존재를 '본래적 존재'라고 하였다. 그러나 '은적된 존재'는 애당초 없다. "내(자신, 인간) 눈에 보이지 않는다."고 은적되었다고 하는 것은 너무 주관적이고 인간중심적인 지각에 대한 설명이다. 존재는 결코 자신을 숨기지 않는다. 자신의 존재방식으로 존재(현존)할 뿐이다.

하이데거의 존재는 문맥에 따라 생성적인 존재가 되기도 하고, 초월적인 존재가 되기도 한다. 더 정확하게는 하이데거의 존재는 초월의 초월(초월의 순환)일 수도 있다. 바로 그 초월성이 그로 하여금 완전한 동양적 의미의 생성적 존재로 들어오는 것을 방해하였을 가능성이 높다.

하이데거는 현존이야말로 진정한 생성적 존재임을 몰랐을 수도 있다. 현존은 본래대로 존재하고 있는 '본래적 현존'인 것이다. 그러나 그 기운생멸하는 현존은 결코 잡을 수 없다는 점에서 서양철학의 실체적 전통 하에 있는 하이데거가 '은적'을 말한 것은 이해할 만하다. 인간이 잡은 것은 이미 현재적 현상이기 때문이다.

그렇더라도 하이데거는 서양철학과 동양철학의 경계에 있었던 인물이다. 그가 흔히 말하는 존재진리의 풍요로움이 인식적 진리(명제적 진리)에 의해 축소되었다고 보는 견해는 참으로 서양철학자로서는 획기적인 전환이라고 하지 않을 수 없다.

하이데거는 서양철학의 '존재'를 놓을 수 없었고, 데리다는 '문자'를 놓을 수 없었다. 이에 앞서 니체는 '힘(권력)'을 놓을 수 없었다. 여기에 들뢰즈는 '기계'를 놓을 수 없었다. 결국 서양철학은 세계를 기계로 환원하는 과학문명의 시대에 걸맞는 철학을 한 셈이다. 이것이 데카르트에 의해 시작되는 근대 서양철학의 종착역이다. '하이데거, 데리다, 들뢰즈'는 '시간, 공간, 기계'의 철학자이다.

"나는 생각한다. 고로 존재한다."라는 말은 "나는 존재한다. 그리고 생각한다."('생각보다 앞선 존재')를 뒤집은 것으로 데카르트의 명제 속에는 이미 기계(예컨대 시계)가 들어있다. 앞서 예를 든 철학자들은 모두 데카르트의 후예들이다. 들뢰즈는 그 후예들의 마지막 주자이다. 서양철학이 과학철학에서 꼼짝 못하는 이유는 바로 여기에 있다.

하이데거는 그래도 '시(詩)의 철학'에 진입하는 것으로서 가까스로 서양철학의 굴레에서 간신히 벗어날 수 있었다. 하이데거의 공적은 서양철학에서 동양적 생성론에 도달한 것이라기보다는 시(詩)철학을 회복한 것으로 볼 수 있다.

말하자면 하이데거의 '은적(隱迹)'이라는 용어는 시인의 눈으로 보면 일상적으로 타성화된 사물을 본래사물의 모습으로 돌려놓는 '은유(隱喩)'에 견줄 수 있다. 은적은 존재가 숨는다고 하는 매우 현상학적인 시각을 유지하고 있지만, 그래도 시인들이 노래하는 은유의 세계를 넘어보는 맛이 있다.

하이데거의 은적은 존재자(현상학)에서 존재를 바라보는 것이라면 시인의 은유는 존재(자연)에서 존재자를 바라보는 것이기 때문에 양자는 중간에서 서로 교차한다. 존재는 말로 표현할 수 없기 때문에 시의 힘을 빌리는 것이 가장 효과적인 방법일 수 있다. 은적과 은유는 존재를 노래하는(존재와 하나가 되는) 물심일체의 경지를 공유하고 있다.

하이데거의 철학을 시인의 철학이라고 하는 것은 마치 중국불교의 선종사(禪宗史)에서 신수(神秀, 605~706)와 혜능(惠能, 638~713)의 차이에 비교할 수 있다. 신수와 혜능은 오대조(五代祖) 홍인(弘忍)의 뛰어난 제자였다.

잘 알려진 시이지만, 신수가 스승에게 바친 오도송(悟道頌), 선시(禪詩)는 다음과 같다.

신시보리수(身是菩提樹) 몸은 보리의 나무요
심여명경대(心如明鏡臺) 마음은 밝은 거울의 대와 같나니
시시근불식(時時勤拂拭) 때때로 부지런히 털고 닦아서
물사야진애(勿使惹塵埃) 티끌과 먼지 앉지 않도록 하라.

혜능이 스승에게 바친 시는 다음과 같다.

보리본무수(菩提本無樹) 보리는 본래 나무가 없고
명경역비대(明鏡亦非臺) 밝은 거울 또한 틀이 아니네.
본래무일물(本來無一物) 본래 한 물건도 없는데
하처야진애(何處惹塵埃) 어느 곳에 티끌과 먼지가 묻으리오.

혜능의 시에 흡족했던 홍인은 선종의 법통을 혜능에게 주기로 작정하고, 대중들의 시기를 염려하여 "이것도 견성구(見性句)냐."라고 물리치고 밤중에 혜능을 다시 부른다. 다시 마지막 관문으로 금강경을 읽고 있는 스승에게 혜능은 다음의 시를 지어 바친다.

하기자성본자청정(何期自性本自淸淨)

하기자성본불생멸(何期自性本不生滅)

하기자성본자구족(何期自性本自具足)

하기자성본무동요(何期自性本無動搖)

하기자성능생만법(何期自性能生萬法)

(자성이 본래 청정한 줄 어찌 알았으며

자성이 본래 생멸이 없는 줄을 어찌 알았으며

자성이 본래 만법이 구족함을 어찌 알았으며

자성이 본래 동요도 없는 줄 어찌 알았으며

자성을 좇아 만법이 나는 것을 어찌 알았으리요.)

존재에 대한 시(詩)의 단계는 신수의 단계, 즉 '거울(鏡)의 단계'라고 말할 수 있다. 거울의 단계는 '언어(문자)의 단계'라고 말할 수 있다. 거울의 단계는 표면의 반사에 불과하다. 말하자면 사물 그 자체에 도달하지 못한 단계이다.

혜능의 단계는 '거울의 단계'가 아니라 자성(自性)이 만법(萬法)인 단계, 즉 본래존재의 세계이다. 필자는 이러한 세계를 심물일체(心物一體), 만물만신(萬物萬神), 만물생명(萬物生命)의 세계라고 한다.

현상학적 단계 (신수의 단계)	거울의 단계 (서로 비추는 단계)	주체-대상의 왕래 단계 (인식, 의식의 단계)	하이데거는 '신수'와 '혜능'의 사이에 있었다.
존재론적 단계 (혜능의 단계)	거울이 없는 단계 (心物一體의 단계)	자성이 만법의 단계 본래존재의 세계	

이상의 의문을 현상학적인 물음으로서 "보는 대로 있느냐, 있는 대로 보느냐?"라고 물으면 그 답은 "보는 대로 있는 것과 있는 대로 보는 것은

같다(둘은 가역·왕래한다).”라고 말할 수 있다. 현상학적인 단계는 서로 왕
래한다.

이를 존재론적으로 물으면 그 답은 “보는 대로 있는 것도 아니고, 있
는 대로 보는 것도 아니다.”라고 말할 수 있다. “있는 것을 볼 수도 없고,
보이는 것은 있는 것이 아니다.” “현존이 존재이다.” 그러나 현존과 존재
는 설명할 수 없다. 설명할 수 있는 것은 이미 존재가 아니라 현상이다.

현상학적 단계	보는 대로 있느냐 있는 대로 보느냐	보는 대로 있는 것과 있는 대로 보는 것은 같다 (둘은 서로 왕래한다)
존재론적 단계	보는 대로 있느냐 있는 대로 보느냐	보는 대로 있는 것도 아니고 있는 대로 보는 것도 아니다(현존이 존재이다)

철학적 존재론은 존재를 대상화하는 것이 아니라 존재를 그 자체로
인정하며 노래하는 감동의 경지를 말한다. 하이데거가 시인 횔더린을
칭송하고 고향의 의미를 새롭게 부각시킨 것은 바로 그가 시인철학자
였음을 말해준다.

니체는 이에 앞선 시인철학자였지만 시(예술)를 힘(권력)의 상승증대에
활용함으로써 중도에 그쳤다. 이것이 ‘시인철학’에 도달한 하이데거와
‘디오니소스의 긍정의 철학’의 차이다.

하이데거는 칸트가 철학의 과학화를 위해 버려둔(포기했던) 신(God)과
물 자체(Thing in itself)를 다시 철학의 대상으로 잡아서 칸트의 소위 실체
적 존재론을 새로운 존재론(하이데거 존재론)으로 전환시킨 인물이다. 그
래서 그는 신과 인간과 천지의 사물들을 서로 비추는 존재로 설명했다.

하이데거는 우주적 존재를 사중물(四重物: das Geviert: 하늘, 땅, 죽을 사
람, 제신)로 상징적으로 표현하고, 이들이 서로 비추고 침투하는 관계에

있음을 말했다.[26] 여기서 비추는 것은 시각과 거울효과 혹은 그림자를 말하는 것이다. 거울효과는 표면의 반사에 지나지 않는다. 반사도 일종의 울림이기는 하지만 물리학에 비유하면 일종의 입자물리학의 단계라고 말할 수 있다. 진정한 반사는 반향(反響)으로서 소리의 울림인 공명(共鳴)이다.

소리와 울림에 대해서 서양의 어떤 철학자보다 높은 이해를 하였다 할지라도 하이데거의 존재는 여전히 서양철학의 시각적 차원을 완전히 극복하지는 못하고 있음을 뜻한다. 비추는 것은 사물 그 자체는 아니기 때문이다. 우주는 시각적 사건이 아닌 청각적 사건이고, 파동이고, 소리이다.

하이데거의 사중물은 동양의 최고경전인『천부경(天符經)』의 세계와 통하는 점이 많다. 그런 점에서 하이데거가 천부경을 접했을 가능성이 높다.[27]『천부경』은 하늘, 땅, 사람을 중심으로 세계를 설명하였지만, 하이데거는 여기서 신(神)을 보태 '사중물'로 본 것이다. '신'을 보탠 것은 물

---

26 박정진,『일반성의 철학과 포노로지』, 소나무, 2014, 689~691쪽.
27 천부경에 대한 관심은 독일의 세계적인 철학자 하이데거에게도 있었다. 서울대 철학과 박종홍 교수가 전주에서 있었던 한 강연회에서 털어놓은 고백에 따르면 하이데거는 프랑스를 방문한 박종홍 교수를 융숭히 대접하면서 이렇게 말했다고 한다. "내가 당신을 초청한 이유는 당신이 한국 사람이기 때문입니다. 내가 유명해지게 된 철학사상은 바로 동양의 무사상인데 동양학을 공부하던 중 아시아의 위대한 문명발상지는 한국이라는 사실을 알게 되었습니다. 그리고 세계 역사상 가장 완전무결한 평화적인 정치로 2천 년이 넘은 장구한 세월 동안 아시아 대륙을 통치한 단군시대가 있었음을 압니다. 그래서 나는 동양사상의 종주국인 한국인을 존경합니다. 그리고 나도 무사상을 동양에서 배웠으며 그 한 줄기를 이용해 이렇게 유명해졌지만 아직 당신들의 국조 한배검 님의 천부경은 이해를 못 하겠으니 설명을 해주십시오." 그렇게 말하면서 천부경을 펼쳐 놓았다고 한다. 한국의 유명한 철학과 교수이니 당연히 천부경 철학을 잘 알고 있으려니 했던 것이었다. 그런데 문제는 그 박종홍 교수가 천부경에 대한 말만 들었지 천부경에 대해서는 아는 바가 전혀 없었단다. 그래서 아무 말도 못 하고 돌아왔단다(이상은 한국전통사상연구소 문성철 원장 증언이다). 박정규,『세상의 전부─천부경』,(멘토프레스, 2012), 152~153쪽.

론 기독교 절대유일신의 영향일 것이다. 기독교의 '신'은 천지인의 순환체계를 끊고 설정한 일종의 절대 신앙체계이다.

그렇지만 서양문명을 근원적으로 비판한 하이데거는 절대유일신의 기독교체계의 유산을 가지고 동양의 천부경의 순환체계에 적응하려고 노력한 철학자이다. 그래서 그 신은 유일신이 아닌 제신(諸神)이다.

천부경은 모두 81자로 상경(上經), 중경(中經), 하경(下經)으로 나뉜다. 상경은 천(天, 一)을 중심으로 천지인을 설명하고, 중경은 지(地, 二)를 중심으로 천지인을 설명하고, 하경은 인(人, 三)을 중심으로 천지인을 설명하고 있다.[28]

천부경 상경	천(天)을 중심으로 천부경을 설명함	하이데거의 하늘	
천부경 중경	지(地)를 중심으로 천부경을 설명함	하이데거의 땅	'사중물'이 서로 비춤
천부경 하경	인(人)을 중심으로 천부경을 설명함	하이데거의 죽을 인간	

하이데거가 인간을 '죽을 인간'이라고 규정한 것 자체가 그가 존재론을 주장했지만 현상학적 출발, 즉 현상학의 그늘을 완전히 벗어나지는 못했다는 것을 말한다. '죽을 인간'이란 천지창조와 종말구원의 사상을 벗어난 것 같지만 실은 그것의 현상학적 변형에 불과하다. 말하자면 '죽을 인간'이라는 현상학적 지향점(대상)을 설정해놓고, 불안의 사유를 시작하고 있는 인간이기 때문이다.

서양철학이 이성의 근거로 제시한 소리도 빛도 결코 이성이 아니다. 단지 인간이 소리와 빛을 이성이라고 보았을(자신을 투사하였을) 뿐이다. 소리와 빛이 이성이라면 인간이 태어나기 전에도 빛과 소리가 있

---

28 박정진, 『철학의 선물 선물의 철학』, 소나무, 2012, 327~ 348쪽.

었고, 이성이 발달하였어야 하는데 그렇지 못하다. 이성은 인간의 탄생과 더불어 탄생한, 니체의 말대로 매우 '인간적인 너무나 인간적인' 것이다. 말하자면 대뇌적 욕망이 이성이고, 신체적 이성이 욕망이었던 것이다.[29] 이것은 근본적으로는 인간이 동물에 있었던 발정기가 없어지는 성적 메커니즘과 관련이 있는 것이다.[30]

서양철학에 있어서 시각적 한계와 특성에 관한 문제는 데리다에게도 그대로 적용된다. 데리다의 쓰기(writing, écriture)야말로 시각적인 것이 아닌가. 데리다가 서양의 이성철학을 벗어났다고 주장하면서도 결국 이성철학의 실질적인 원인인 문자를 바탕으로 문자학(grammatology)을 구축하고, '쓰기(écriture, gramme)'를 자기철학의 키워드로 사용한 것은 서양철학의 타성 때문이다. 그의 '쓰기(écriture)'는 라캉의 '에크리(Écrits)'와 다를 바 없는 개념이다.

데리다는 또 문자를 초월적인 의미로 사용하는 것을 나타내기 위해서 '원(原, arche)', '원초적 글쓰기(archi-writing)', '원초적 흔적(archi-trace)' 등의 말을 사용한다. 이는 라캉의 언어 환원주의를 문자로 대체한 것에 불과하다. 이러한 태도들은 반이성주의를 부르짖으면서도 전혀 서양철학의 '언어-이성주의'를 벗어나지 못한 행동이다.

데리다의 그라마톨로지도 반이성주의를 표방하면서도 정작 이성주의철학에서 실행한 텍스트 생산의 역동적 과정을 설명하고 있을 뿐이다. 이를 하이데거의 존재론에서 말한다면 '존재자'의 의미가 될 수밖에 없고, 그렇게 말하기로 한다면 서양철학의 모든 글쓰기는 '그라마톨로지'였다고 말할 수 있다.

----

29 박정진『일반성의 철학과 포노로지』, 소나무, 2014, 541~569쪽.
30 박정진, 같은 책, 571~589쪽.

이를 서양철학사의 관점에서 보면 철학적 용어생산과정에서 발생한 자기순환, 자기도착, 정신적 강박관념(정신병리 현상)의 일종이라고 말할 수 있다. 여기에는 이성 중심-남성 중심의 문명적 허위의식이 숨어 있다. 이성과 남성을 부정하면서도 이성 중심-남성 중심일 수밖에 없는 서양철학의 한계이자 특징이다.

서양철학은 궁극적으로 '여성콤플렉스'를 가지고 있다. 그래서 여성을 가학(加虐)하고 심지어 포르노그래피(pornography)한다. 서양철학은 여성을 상대로 포르노그래피 하지만 결코 소리철학(phonology)을 만들어낼 수 없다. 그 이유는 여성의 소리, 존재의 소리, 사물의 소리를 듣지 않기 때문이다. 그러한 점에서 필자의 소리철학은 철학적 여성주의, 여성성의 철학이라고 말할 수 있다. 여성이야말로 진정한 자연이다.

데리다의 '산종(散種, dissemination)'은 마치 섹스를 하면서도 수태(受胎, 妊娠)는 시키지 않았다고 주장하는 것이나, 글을 쓰면서도 의미는 새기지 않았다고 주장하는 남성적 허위에 불과한 괴변이다. 그래서 종합적으로 포르노그래피 철학이거나 철학의 포르노그래피인 것이다. 데리다의 '에쁘롱(épron: 衝角)'의 개념도 마찬가지이다. 결코 존재의 바다에 빠지지 못하고, 표면만 스쳐가는 것에 불과하다. 바로 그 표면성이 데리다 철학의 한계인 것이다.

이는 겉으로 보면 아버지로 돌아갈 수 없는 것을 표방하고 있는 것 같지만, 가부장의 철학을 부정하는 것 같지만, 더욱이 서양철학 전체를 부정하는 것 같지만(이것은 서양의 허무주의를 은폐하는 것이다) 다른 한편에서는 서양철학을 옹호하고 입장을 감추고 있는 이중적 몸짓에 지나지 않는다.

데리다의 글쓰기가 산종인 이유는 '텍스트(text=기록)'를 해체하기 때문이다. 더 정확하게는 이곳에서는 텍스트를 해체하면서 다른 곳에서는 또 다른 파종을 하고 있기 때문이다. 해체주의 철학은 철학적 수단(방법)에 불과한 해체를 목적(내용)으로 오도한 철학이며, 근본적으로 위선의 철학이다. 이는 마치 임금님에게 옷을 입히지 않고서 눈에 보이지 않는 투명한 옷을 입힌 것처럼 가장한 '발가벗은 임금님'의 우화를 보는 듯하다.

현상학적인 차원에서 해체하는 것은 동시에 구성하는 것이고, 이미 구성되지 않는 것은 해체할 수도 없다. 예컨대 자연은 해체할 수 없다. 자연과학적 대상(이미 인간의 정신이 구성한 것이기 때문에)은 해체할 수 있어도 자연은 해체할 수 없다. 자연은 구성된 것(만들어진 것)이 아니라 생성된 것이기 때문이다.

데리다의 그라마톨로지는 자신의 철학을 구성하지 않고, 남의 철학은 해체하는 것에 열중한, 말하자면 남의 철학을 발가벗기는 데에 충실한 반(反)철학에 불과한 것이었다. 특히 그가 행한 루소나 레비 스트로스에 대한 비판은 일종의 인류학적 민족지(民族誌, ethnography)를 마치 철학텍스트를 비판하듯이 감행한 만행이었다.

그의 철학은 마치 서양철학의 폐쇄회로에 갇힌 자폐증 환자의 탁상공론과 같은 것이었으며, 동양의 불교사상이나 노장사상을 프랑스의 현상학적인 전통에서 해석한 짝퉁이었다. 그것도 데카르트나 변증법의 잣대를 원주민사회의 민족지에 들이댄 잘못된 해체(해부학)였다. 그는 선배인 하이데거나 라캉, 그리고 레비나스가 개척한 영역을 뒤따라가면서 반복한 철학자였다.

그렇기 때문에 데리다는 그라마톨로지(해체적 문자학)가 아닌 '해체적 유령론'에서 자신의 철학을 구성하는, 다시 말하면 유령에서 철학적 실체를 찾는 정신병리 현상을 보였다고 할 수 있다. 그의 '법의 힘'이며, '메시아론'이 그것이다. 그의 해체주의는 결국 텍스트에서 실체를 찾던 서양철학의 전통을 유령에서 실체를 찾는 것으로 바꾸어놓은 것에 불과하다.

우주의 진정한 생산(생성)에 이르려면 '남자의 파종(播種)'이 글쓰기(écriture)·텍스트(text)가 아닌 여자의 자궁(matrix)에 이르러서 '여자의 재생산(reproduction)'에 참여해야 하며, 이는 텍스트(text)가 아닌 우주적 콘텍스트(context=기운생동)에 참여하는 것이다. 결국 여자만이 자연의 최종적·최후적인 생성의 주인공이며 상속자이다. '진정한 생성(becoming)'은 여자에 의해서 이루어질 뿐이다.

'여자-되기(woman-becoming)'는 오로지 남자의 입장에서 짐짓 체하는 '-되기(-becoming)'의 일종일 뿐이다. 그것은 여자 그 자체, '존재의 바다'가 되는 것은 아니다. 남자의 '정충'은 여자에 의해 '씨뿌리기'의 성공여부가 결정되고, 텍스트의 '의미'는 끊임없이 불변의 결정성을 기도하지만 결국 무의미하게 되고 해체(deconstruction)된다. 이것이 남자가 주도하는 텍스트의 역사적 운명이다. 그렇지만 해체되는 것은 '해체주의'가 아니다.

데리다의 그라마톨로지는 서양철학과 문명의 도착적 현실을 철학적으로 드러낸 사건이라고 볼 수 있다. 그가 파종을 산종이라고 하는 것은 마치 '문자(文字)의 포르노적 사건'을 은유하는 것이라고 말할 수 있다. 그런 점에서 철학은 고상한 체 하지만 실은 그 시대의 문화현상을 자신도 모르게 형이상학적으로 표현하는 셈이다.

데리다의 관점은 포르노적 쾌락주의에 의해서 여성의 자궁에 들어가지 못하고, 여성의 피부(표면)에 흩뿌려진 정충을 마치 문자의 초월적인 현상으로 바라보는 형이상학적 도착(폭력)에 비할 수 있다. 데리다의 그라마톨로지는 서양철학의 내홍을 드러내는 '철학적 정신병'이라고 말할 수 있다. 니체의 정신병이 '힘(권력)의 정신병'이라면 데리다의 정신병은

'언어(의미)의 정신병'이라고 말할 수 있다.

데리다의 철학적 정신병·성적 도착의 결과인 그라마톨로지를 치유하고자 하는 것이 필자의 소리철학인 포노로지(phonology)이다. 소리야말로 무의미를 포용하고 개념의 초월성을 극복할 수 있는 현존이며, 보이는 것이든 보이지 않는 것이든 모든 사물을 일반적인 존재(존재일반)로 포용하는 일반성의 철학의 다른 이름이다.

프랑스의 후기 근대철학을 대변하는 데리다와 들뢰즈는 서양철학사의 마지막을 장식하는 인물의 성격이 강하다. 데리다는 관념주의 전통에서 그라마톨로지(grammatology)를 주장하고 있고, 들뢰즈는 유물론적 전통에서 머시니즘(machinism)을 주장하고 있다.

그런 점에서 들뢰즈의 '여자-되기(woman-becoming)'마저도 생성을 흉내 내는 남자의 가짜행위인 것이다. 들뢰즈도 소위 리좀(Rhizome)철학을 통해 높이의 철학에서 깊이의 철학, 즉 땅의 뿌리줄기에 눈을 돌리기는 하지만 여전히 초월적 형이상학의 굴레를 벗어나지 못하고, 아직 존재의 바다에 이르지 못하고 있다.

그의 머시니즘(machinism)은 그러한 형이상학적 굴레에 대한 결정적 증거이며, 그는 아직도 기계라는 것이 추상이며, 추상의 결과라는 것을 이해하지 못하고 있다. 그래서 그는 '추상기계'라는 용어를 만들어낸 것이다. 추상이 기계인데 무슨 '추상기계'라는 개념이 필요한가 말이다. 이는 그가 유물론적 전통에서 물질을 기계로 대체한 것에 지나지 않는다.

그는 그가 설정한 환상이라고 할 수 있는 기계적 세계를 서로 접속하기 위해 말장난의 요란을 떨고 있다. 말하자면 세계를 기계로 분열시켜 놓고 다시 연결시키려고 백방의 노력을 하고 있는 것이 그의 철학의 전부이며, 도로(徒勞)이다.

관념주의 전통에서의 데리다의 분절(articulation)은 유물론적 전통의 들뢰즈의 접속(connection)과 같은 것이다. 유심과 유물의 이분법은 서양철학의 종착역으로서 결국 같은 것인데도 서양철학자들은 그것을 모르고 마치 평행선을 긋는 것처럼 생각하고 있다. 이는 결국 문법(grammar)이 기계(machine)가 된 것을 모르는 까닭이다. 텍스트(text)가 결국 테크놀로지(technology)이다.

텍스트와 테크놀로지는 모두 시간(time)의 산물이다. 말하자면 텍스트와 테크놀로지는 모두 시간으로 환원된다. 시간을 만든 인간은 텍스트를 만들 수밖에 없었고, 텍스트를 만든 인간은 테크놀로지를 만들 수밖에 없었다. 이들은 모두 다른 것이 아니다.

'사물(Thing)−시간(Time)−텍스트(Text)−테크놀로지(Technology)'는 하나의 계열에 있다.

이(理)와 이성(理性)은 언어적 표상에 불과하다. 이것이 학문과 도덕과 과학의 세계이다. 세계의 실재는 기(氣) 혹은 기운생동(氣運生動), 기운생멸(氣運生滅)이다. 시(詩)와 예술은 기운생멸을 운율화(韻律化)한 기운생멸(氣韻生滅)이다. 이(理)와 이성(理性)은 바로 인간의 특성일 뿐이다. 인간의 언어적 표상이 발전하면 기운적(機運的)·기계적(機械的) 표상이 된다. 즉 언어와 기계가 된다.

인간은 자신도 모르게 스스로 건설한 기계적 환경에 둘러싸이면서 기계가 되어가고 있다. 기계적 환경에 둘러싸인 정황이 바로 들뢰즈의 전쟁기계라는 개념에서 여실하게 드러나고 있다. 이제 기계의 전쟁, 전쟁의 게임 같은 것이 설정되고 있다.

게임의 전쟁, 전쟁의 게임은 인간이 자연에서 추출한 것이다. 자연의 기운생동과 게임은 전혀 다른 세계이다. 인간은 자연의 기운생동을 게임 혹은 기계처럼 생각하고 스스로를 기계로 변신시킨 가운데 기계의 감옥 속에 살아가고 있다. 기계와 과학이야말로 추상이다. 인간의 문명은 그동안 추상을 이용하여 살아왔지만, 결국 추상의 보복에 직면해 있다.

인류사를 보면 '신화와 종교'의 시대에서 '과학과 기술'의 시대로 변해왔다. 신화와 종교의 시대는 언어의 시대로, 과학과 기술의 시대는 기계의 시대로 특징지어진다. 언어와 기계는 인류문명의 충돌을 이끌어가는 주된 동인이다. 바로 여기서 대오각성(大悟覺醒)하여 자연친화력을 회복하지 않으면 인류는 공멸할 수도 있다.

언어(text)와 기계(technology)의 시대의 해독은 물론이고, 자연친화력을 회복하기 위해서는 '시(poet)와 예술(art)'의 시대로 넘어가지 않으면 안 된다. 이때 시와 예술의 시대라는 것은 인간의 힘(권력)을 강화(상승·증대하는)하는 것에 기여하는 것이 아니라 자연으로 돌아가는 것에 봉사하는, 본래 인간성으로 귀속(歸屬)하는, '재귀(再歸)로서의 예술'이다.

인간은 절대(동일성, 소유)의 동물이다. 자아의 동물이니 절대적이 될 수밖에 없다. 절대는 '나는'이라는 말에서 출발한다. 절대는 말이고, 생각이다. 그래서 역설적으로 본래의 인간으로 돌아가는 의미에서의 '인간의 완성'은 그것을 버리는 '생각하지 않기'와 '말 버리기'이다.

신라의 고승 정중무상선사((淨衆無相禪師, 684~762)는 삼구(三句)인 "무억(無憶), 무념(無念), 막망(莫妄)"을 정법안장(正法眼藏)으로 외쳤다.

이 세계의 모든 말과 개념은 인간이 만든 것이다. 이 세계라고 하는 말조차 인간이 만든 것이다. 따라서 인간이 다시 자연으로 돌아가는 비결은 자신이 만든 개념을 버리고 자연 그 자체를 바라보는 일이다. 자연의 소리를 듣고 자연의 기운생동을 느낄 일이다. 소리를 타고 마음의 파동을 느낄 일이다.

'문명의 충돌'과 '문명의 공존'

인류문명을 거시적으로 볼 때 보편성, 보편적 질서의 등장은 가부장-국가의 발전과 보조를 같이했다.

"실질적인 관점에서 볼 때 지구적 통일 과정에서 가장 중요한 단계는 제국들이 커지고 무역이 활발해진 지난 몇 세기 동안 진행되었다.(중략) 이데올로기의 관점에서 보자면 이보다 더욱 중요한 발전이 기원적 첫 밀레니엄(기원적 1000년에서 기원전 1년) 동안 이루어졌는데, 바로 보편적 질서라는 개념이 뿌리를 내린 시점이었다. 그 이전 수천 년 동안에도 역사는 이미 지구적 통일의 방향으로 느리게 움직이고 있었지만, 대부분의 사람에게 세계 전체를 지배하는 보편적 질서라는 관념은 낯설었다."[31]

인류의 보편성을 크게 신장시킨 것은 그 중에서도 화폐, 제국, 종교라고 할 수 있다.

"호모 사피엔스는 사람을 우리와 그들로 나눠서 생각하도록 진화했다. '우리'라는 누구든 내 바로 주위에 있는 집단을 말한다. '그들'이란 그 외의 모든 사람이었다. 사실 어떤 사회적 동물도 자신이 속한 종 전체의 이익에 이끌려 행동하지는 않는다. (중략) 하지만 인지혁명을 시발로, 호모 사피엔스는 이 점에서 점점 더 예외가 되어갔다. 사람들은 처음 보는

---

31 유발 하라리, 같은 책, 조현욱 옮김, 245쪽.

사람들과 정기적으로 협력하기 시작했다. 이들은 '형제'나 '친구'라고 상상하면서 말이다. 하지만 이런 형제에는 보편적이지 않았다. (중략) 기원전 첫 밀레니엄 동안, 보편적 질서가 될 잠재력이 있는 후보 세 가지가 출현했다. 세 후보 중 하나를 믿는 사람들은 처음으로 세계 전체와 인류 전체를 하나의 법체계로 통치되는 하나의 단위로 상상할 수 있었다. 적어도 잠재적으로는 모두가 '우리'였다. '그들'은 더 이상 존재하지 않았다. 최초로 등장한 보편적 질서는 경제적인 것, 즉 화폐질서였다. 두 번째 보편적 질서는 정치적인 것, 즉 제국의 질서였다. 세 번째 보편적 질서는 종교적인 것, 즉 불교, 기독교, 이슬람교 같은 보편적 종교의 질서였다. '우리 대 그들'이라는 이분법적 진화적 구분을 처음으로 어찌어찌 초월했고 인류의 잠재적 통일을 내다볼 수 있었던 사람들은 상인, 정복자, 예언자들이었다."[32]

그런데 오늘날 이들 제국과 화폐와 종교는 한 덩어리가 되어 국가패권과 지역패권, 심지어 서로 다른 문명패권을 의도하면서 그것을 숨기고 있다.

인류의 미래문명은 오늘날 낙관과 비관이 교차하고 있는 실정이다. 문명의 마지막 갈등이자 가장 큰 전쟁위험은 역설적이게도 '평화를 지향하는 종교'이다. 인류의 모든 종교는 평화를 지향하고 있다. 그런데 그 종교의 벽이 평화를 배반하고 있는 것이다. 종교의 도그마적 성격은 현대에 이르러 이데올로기로 변해서 세계를 적대적으로 변하게 하고 말았다.

---

32 유발 하라리, 같은 책, 조현욱 옮김, 245~ 246쪽.

문명충돌, 인류공멸의 위험

인류의 문명권은 크게 여러 종교권으로 나누어볼 수 있다. 종교는 한 집단 혹은 한 국가, 혹은 한 문명권에서 집단의 평화를 유지하는 것이 되기도 하고, 문화의 정체성을 확인하는 기제로서 작용해왔다.

그런데 인류의 종교가 지구촌이 되고부터 하나로 뒤섞이는 바람에 이들 종교가 합리적인 절차를 거쳐서 하나로 통합(융합)되든가, 아니면 다종교사회를 모두가 인정하든가, 아니면 초종교사회를 향하여 가든가, 선택을 하지 않으면 평화의 짐이 되고 있는 현실이다.

또 종교는 대중적 철학이라는 점을 감안하면 종교 간의 화해와 소통은 인류가 평화적인 미래를 개척할 것인가 여부를 두고 결정적인 열쇠를 쥐고 있다고 해도 과언이 아니다. 종교의 향방은 전쟁과 평화의 갈림길이다.

미래학자 새뮤얼 헌팅턴은 『문명의 충돌』에서 세계가 종교 간의 대립으로 세계전쟁이 일어날 것이라는 불길한 예감을 던져주고 있다. 이에 반해 하랄트 뮐러는 『문명의 공존』 저술을 통해 헌팅턴의 주장을 '서구 패권주의 논리의 연장'이라고 비난하면서 정면반박하고 있다.

세계적인 정치학자로서 현재 미국 하버드대 석좌 교수이며 시사전문지 『FOREIGN POLICY』의 공동 편집인으로 활약하고 있는 헌팅턴은 '문명의 충돌'에서 냉전 종식이 되었지만 다시 종교가 문명의 가장 큰 특징으로 드러나면서 종교문화권으로 갈라진 세계는 서구문명권과 비서구문명권의 대결구도가 될 것으로 압축하고 있다.

헌팅턴의 문명의 충돌의 핵심내용은 실은 '종교의 충돌'로 집약할 수 있다. 결국 기독교를 중심한 서구와 이슬람 중동의 충돌, 이에 유교문화권의 중국이 중동의 편이 되어 가세를 함으로써 거대한 문명충돌이 일어나고 급기야 세계전쟁에 직면하게 될 것이라는 비관론을 펼치고 있다.

그는 "미래에는 문명의 충돌이 지구촌의 정치를 지배하게 되고 문명 간의 경계선이 곧 미래의 전선이 될 것이다."라고 주장하고 있다.

그는 또 "사회주의가 패퇴하고 자본주의 단일체제로 유지되는 미래 사회에서는 이데올로기나 경제 문제가 갈등의 근본 원인이 되지는 않을 것이며, 각 문명권 간(서구권, 유교권, 일본권, 이슬람권, 힌두권, 슬라브 정교권, 남미권, 아프리카권)의 문화 차이가 분열과 갈등의 지배적 요인이 될 것이라는 것으로 요약된다."

헌팅턴은 심지어 "이슬람 근본주의의 발흥, 나아가 이슬람 진영과 유교권이 손을 잡는 상황을 서구 입장에서 심각히 우려할 사태로 간주하고, 이에 맞서 서구적 가치와 이익을 지키기 위해 서구 문명권의 경제력, 군사력을 유지해야 한다."고 주장하고 있다.

헌팅턴의 문명의 충돌에서 간과하고 있는 가장 큰 약점(허점)은 서구와 중동문명권이 실은 같은 유대교문명권의 전통에서 갈라져간 문명이라는 점을 잊고 있다는 점이다. 유대문명권은 유일절대신이라는 초월적 동일성을 전제하고 있기 때문에 서로 양보하지 않는 절대적인 전쟁의 위험 속에 노출될 수 있다.

헌팅턴의 문명의 충돌과 함께 문화주의적 시각에서 충돌을 예견하는 유발 하라리의 문화갈등론이 있다.

문화갈등론은 문명충돌론과 비슷하지만 사안에 따라 편차를 보이는 '문화주의적 논쟁들'이다. 이는 서구문명권 내에 유입된 이슬람 이민자들을 보는 태도에서 잘 드러나고 있다.

"유럽에서 진화한 서구 문화의 특징은 민주적 가치, 관용, 양성 평등인 데 반해 중동에서 발전한 이슬람 문화는 계급제 정치와 광기와 여성

혐오를 특징으로 한다고 주장한다. 두 문화는 매우 다르고, 많은 무슬림 이민자들은 서구적 가치를 따르기를 원치 않으므로(아마 불가능할지도 모른다) 그들이 내분을 조장하고 유럽 민주주의와 자유주의를 부식시키지 못하게 하려면 애초에 입국을 막아야 한다고 주장한다."[33]

문명 대 문명의 충돌은 아니지만 세계적 노동시장의 형성으로 인해 발생한 유럽 내에 유입된 이슬람 이민자들을 놓고, 유럽국가 내부에서 벌어지고 있는 유럽문명과 이슬람문명 간의 문화논쟁이다.

"이런 문화주의적 논쟁은 이른바 문명의 충돌과 다른 문화들 간의 근본적 차이들을 강조하는 인문학 및 사회과학 분야의 과학적 연구들을 재료로 삼는다. 모든 역사학자나 인류학자가 이런 이론을 받아들이거나 그 정치적 활용을 지지하는 것은 아니다. 하지만 오늘날의 생물학자들이 현재 인간집단 사이의 생물학적 차이는 미미하다고 말함으로써 인종주의를 간단히 기각할 수 있는 데 비해, 역사학자와 인류학자들은 그렇게 쉽게 문화주의를 기각할 수 없다. 무엇보다 만일 인간문화 사이의 차이가 미미하다면, 우리가 왜 역사학자와 인류학자들에게 그 미미한 차이를 연구하라고 자금을 지원해야 한단 말인가!"[34]

헌팅턴은 이슬람과 유교문화권의 결속을 위험한 요소로 보고 있지만, 이보다는 기독교와 이슬람의 전쟁이 우선 더 위험하고 불길한 것이다. 그의 생각에는 이미 이슬람과의 전쟁을 피할 수 없는 것이라고 제쳐두는(이는 스스로 기독교전통의 출신임을 드러내는 것에 속한다) 인상을 받는다. 헌팅턴의 이러한 생각은 다분히 미국 혹은 서구의 패권주의를 이면에 깔고 있는 전망이고 해석이다. 헌팅턴의 생각대로, 혹은 그가 우려하는

----

33 유발 하라리, 같은 책, 조현욱 옮김, 418~419쪽.
34 유발 하라리, 같은 책, 조현욱 옮김, 419쪽.

대로 세계가 움직인다면 물론 세계전쟁이 일어나고 심지어 핵전쟁을 피하는 것도 쉬워보이지는 않는다.

헌팅턴은 문명의 충돌에서 다섯 가지의 중심명제를 설정하고 있다.

"1부: 사상 최초로 세계 정치가 다극화, 다문명화되었다. 경제와 사회의 현대화는 의미를 지닌 보편문명을 낳지 못하고 비서구사회를 서구화하는 데도 실패했다.

2부: 서구의 상대적 영향력이 줄어들고, 아시아 문명의 경제력, 군사력, 정치력이 확대되고 이슬람권의 인구가 폭발적으로 증가하여 이슬람 국가들과 그 인접 국가들의 세력 균형이 위협받게 되면서, 비서구 문명들은 전반적으로 자기 고유문화의 가치를 적극적으로 내세우고 있다.

3부: 문명에 기반을 둔 세계 질서가 태동하고 있다. 문화적 친화력을 갖는 사회들은 서로 협조한다. 한 사회를 이 문명에서 저 문명으로 이전시키려는 노력은 실패로 돌아갔다. 국가들은 자기 문명권의 주도국 혹은 핵심국을 중심으로 뭉친다.

4부: 보편성을 자처하는 서구의 자세는 다른 문명, 특히 이슬람, 중국과 갈등을 빚고 있다. 국지적 차원에서는 주로 이슬람권과 비이슬람권 사이의 단층선 분쟁에서 '형제국들의 규합'을 통해 확전으로 치달을 가능성이 상존한다. 분쟁을 저지하려는 핵심국의 노력도 두드러진다.

5부: 서구의 생존은 미국이 자신의 서구적 정체성을 재인식하고 자기문명을 보편이 아닌 특수한 것으로 받아들이면서 비서구 사회로부터 오는 위협에 맞서 힘을 합쳐 자신의 문명을 혁신하고 수호할 수 있느냐 없느냐에 달려 있다. 문명 간의 대규모 전쟁을 피하려면 전 세계 지도자들이 세계정치의 다문명적 본질을 받아들이고 그것을 유지하는 데 협조해야 한다."[35]

헌팅턴은 냉전체제의 종식 이후 세계가 다핵화, 다중심화되고 있음에 주의하면서 특히 그러한 새로운 중심이 소위 과거의 문명권 혹은 종교문명권 등으로 다시 돌아가는 것에 초점을 두고 있다. 서구문명권에 속하는 헌팅턴은 미국이 서구사회를 유지하는 데에 앞장서야 할 것을 주문하고 있다.

세계사를 보면, 한 문명권, 한 국가, 한 지역이 계속해서 패권을 유지한 적은 없다. 미국과 서구가 계속해서 지금의 경제력과 군사력을 유지한다는 보장이 없다. 또한 그렇게 한다고 해서 인류가 평화를 확보할 것인가에 대해서는 당연 '노(NO)'라고 답할 수밖에 없다.

지금과 같은 서구의 패권주의를 계속 유지하려고 하면 인류는 결국 핵전쟁을 피할 수 없게 되고, 인류는 핵전쟁으로 공멸하고 말 것이다. 문제는 그러한 종래의 제국주의적 혹은 패권유지의 사고방식에서 벗어나야 한다는 점이다. 인류문명권의 차이를 존중하는 것과 함께 더불어 사는 것에 대한 지혜를 모을 필요가 있다.

이는 종래 문화상대주의적 차원에서 '차이를 존중하라'는 의미가 아니라 그렇게 하지 않으면 결국 인류가 공멸할 것이라는 가정하에서의 절박한 세계평화주의이다. 인간이 자기모순 속에서 공멸하는 것이 자연의 순리라면 할 말이 없다.

인류 최대의 적: 문화전쟁, 종교전쟁

헌팅턴은 냉전체제 이후 '문화'가 새로운 구심점으로 떠올랐으며, 개

---

35 새뮤얼 헌팅턴, 같은 책, 이희재 옮김, 19쪽.

인의 소속감이나 정체성을 확인하는 수단으로 등장했다고 본다. '과학문명'은 현대문명의 공통기반이기 때문에 더 이상 정체성을 확인하는 기준이 되지 못하며, 서구적 보편성이라는 것도 특수성으로 전락하였음을 지적하고 있다. 그래서 미국이 서구적 특수성을 유지하도록 촉구하고 있는 것이다.

헌팅턴의 이런 주장에 대해 미래학자 다니엘 벨은 "헌팅턴의 생각은 문화를 정치로 착각한 데서 온 오류다."고 비판했다. 그는 21세기가 경제적으로 아시아·태평양 시대가 될 것이란 점은 확실하지만, 교통 통신의 발달 등으로 인한 문화의 범세계화 경향 때문에 어느 한 나라 혹은 한 지역의 문화가 지배적인 문화가 될 가능성은 거의 없다고 보았다.

에드워드 사이드 등 탈식민지론 학자들은 헌팅턴의 문명충돌론은 '서구 대 비서구'의 대결구도를 조장함으로써 서구 지배의 당위성을 21세기까지 유지하려는 제국주의적 오리엔탈리즘의 또 다른 변형이라고 말한다.

근대에 들어 아시아에서 제국주의를 행사해온 서구로서는 중국을 비롯한 동아시아 국가의 부상이 자신의 입지를 위협할 것이라고 보면서도 역시 '지구는 하나다'는 지구촌 논리도 만만찮게 전개되고 있다. 헌팅턴의 문명충돌론은 중국에 대한 견제의 성격이 강하다는 분석도 있다.

헌팅턴의 종교를 중심으로 한 21세기 세계 예측은 많은 비판을 불러왔다. 독일 프랑크푸르트 대학 교수이자 헤센 평화 및 갈등 연구소 소장인 하랄트 뮐러가 헌팅턴의 '문명의 충돌'을 본격적으로 비판하며 전쟁이 아닌 대화와 공존의 길을 모색해야 한다고 주장하고 있다.

그러나 헌팅턴의 주장은 그만큼 종교가 인간문화의 뿌리라는 점을 강조하고 있다는 점에서, 또한 종교 간의 충돌을 미연에 방지하는 인류문명사적 대전환을 하지 않으면 문명의 충돌을 막을 수 없다는 점을 시사하고 있다는 점에서 인류의 미래를 설계하는 데에 크게 도움을 주고 있다.

인류의 종교는 신화에 이어 인간문화의 핵심내용을 이루면서 인간집단의 정신을 다잡고 자연에의 적응과 동시에 극복을 하면서 오늘에 이르기까지 번영하는 데에 결정적인 역할을 하였지만, 그것이 도리어 인간의 불통의 원인이 되고, 심지어 불화와 전쟁의 원인이 되는 역설적 상황에 직면하고 있다.

우리는 흔히 근대화되고, 산업화되고, 과학화되면 종교가 설득력을 잃고 종래의 권위를 잃거나 종교가 필요가 없을 것처럼 생각한다거나 과학의 발달은 무신론과 통하는 길목에 있는 것처럼 생각하기 쉬운데 실제로 그렇지 않다.

고고인류학적으로 보면, 호모사피엔스(Homo Sapiens) 중에서 가장 먼저 지상에서 실현된 것이 중기구석기 시대의 종교적 인간(Homo religiosus)으로서 호모 네안데르탈인(Homo Neanderthalensis)이었으며, 그 다음이 도구적 인간(Homo faber)으로서 호모 하빌리스(Homo Habilis), 그 다음이 후기구석기의 예술적 인간(Homo artex)으로서 크로마뇽인(Cro-Magnon)으로 대표되는 호모 사피엔스 사피엔스(Homo Sapiens sapiens)였다.

종교적 인간으로서의 뿌리는 쉽게 사라질 수 없는 것이다. 인간은 처음부터 신을 섬기는 존재로 태어났다. 무신론이 본격적으로 등장한 것도 자연과학주의 및 실증주의의 영향으로 볼 수 있는데 특히 마르크시즘이 등장하고부터다. 흔히 무신론인 마르크시즘을 '마르크시즘 기독교'라고 하는 이유가 여기에 있다.

말하자면 기독교와 자연과학, 그리고 산업혁명과 자본주의가 만나서 이룬 서구의 근대화의 일시적 모순을 딛고 일어선 혁명적 사건이 마르크시즘이지만, 그 속에는 여전히 기독교사상과 과학주의(사회적 과학주의)

가 녹아있다.

종교는 인류문화에서 그 어떤 문화유형보다 뿌리가 깊다. 서양의 기독교, 중근동의 이슬람교, 아시아의 유교와 불교, 인도의 힌두교와 이슬람교의 전통은 그 문화권의 기반을 이루고 있다. 그리고 현재 많은 학자들에게 잘 인식되고 있지 않지만, 이에 앞서 유라시아 전역에 걸쳐 샤머니즘이 유행했다(필자는 시베리아 샤머니즘이 지역화된 것이 유교와 불교와 기독교와 이슬람교라고 생각한다).

미소냉전체제의 종식 이후 세계에서는 각종 전통종교가 부흥하고 있으며, 도리어 근대화와 산업화로 인해 생긴 소외와 각종 스트레스로 인한 정신적 충격과 공백을 종교에의 귀의로 치유하려는 경향이 두드러지고 있다.

"경제적, 사회적 근대화는 세계적 규모로 진행되었지만 동시에 전 세계에서 종교의 부활현상이 일어났다. 케펠(Gilles Kepel)이 '신의 설욕(la revanche de Dieu)'이라고 표현한 이 부활은 모든 대륙, 모든 문명, 모든 나라에서 예외 없이 나타났다."[36]

그 대표적인 예로, 한 때 무신론의 지역이었던 러시아에서 러시아정교의 부활이 눈에 띈다.

"1994년의 한 조사에서 25세 미만의 러시아 국민 가운데 30퍼센트가 무신론에서 유신론으로 전향한 것으로 나타났다. 종교활동이 이루어지는 모스크바의 교회 수는 1988년의 50곳에서 1993년에는 250곳으로 늘어났다. 정치지도자들은 하나같이 종교를 존중하게 되었고 정부 역시 종교를 지원하고 있다."[37]

----

36 새뮤얼 헌팅턴, 같은 책, 이희재 옮김, 122쪽.
37 새뮤얼 헌팅턴, 같은 책, 이희재 옮김, 124쪽.

"범세계적으로 종교의 부활을 가져온 가장 명백하고 두드러지고 강력한 원인은 종교의 죽음을 야기할 것으로 예측되던 원인이었다. 그 원인은 바로 20세기 후반부의 세계를 휩쓴 사회적, 문화적, 경제적·근대화 과정이었다. 장구한 역사를 가진 정체성의 원천과 권위 체계가 산산조각 났다. 시골에서 도시로 이주한 사람들은 뿌리를 잃고 새로운 직업을 가지거나 실업자로 전전하였다. 그들은 낯선 군중 속에 섞이고, 새로운 관계틀에 노출되었다. 그들에게는 정체성의 새로운 뿌리가 필요하였다. 안정된 새로운 공동체의 새로운 형식, 의미와 목적을 부여하는 새로운 도덕률이 필요했다. 주류 종파이건, 원리주의 종파이건 종교는 사람들의 그런 욕구에 부응하였다."[38]

"케펠의 지적에 따르면 이슬람 원리주의 집단의 행동대원들은 늙은 보수주의자나 무식한 농군이 아니다. 그들은 아주 젊고 교육수준이 높으며 대개는 자기집안에서 대학이나 전문대학에 처음 들어간 세대로서 의사, 변호사, 엔지니어, 기술자, 과학자, 교사, 공무원, 장교로 활동하고 있다. 이슬람 사회에서 젊은이는 종교적이고 부모는 세속적이다. 힌두 사회에서도 비슷한 현상이 나타난다. 종교부활운동의 지도자들은 토착화한 차세대에서 나오고 있다. 이들은 대부분 성공한 기업인이나 행정가이다. 이 운동을 지지하는 사람들 또한 '인도의 견고한 중산층, 곧 상인, 회계사, 변호사, 엔지니어'와 '나이 든 공무원, 지식인, 언론인'에서 점점 많이 나오고 있는 것이 1990년대 초반의 전반적인 추세이다. 한국에서도 1960년대와 1970년대에 동일한 계층의 사람들이 가톨릭 교회와 개신교 교회를 채워나갔다."[39]

---

38 새뮤얼 헌팅턴, 같은 책, 이희재 옮김, 124~125쪽.
39 새뮤얼 헌팅턴, 같은 책, 이희재 옮김, 130쪽.

근대 자연과학의 발달과 산업화와 근대화는 일종의 기술문명의 공통적 기반, 즉 문화의 하부구조로 삼는다면, 상부구조는 전통종교의 부활과 새로운 종교로 대두로 채워지는 셈이다.

인류의 미래는 '중국의 도전'이나 '일본주식회사', '이슬람 근본주의' 등의 항배에 따라 크게 달라질 것으로 보인다.

중국을 비롯한 아시아의 변화가 중요한 것은 이 지역이 정치와 경제에서 새로운 강자로 부상하고 있기 때문이다. 소위 아시아태평양시대의 도래로 상징되는 문명적 변화와 흐름을 말한다.

"마르크스-레닌주의는 러시아, 중국, 베트남에서 서구에 맞서기 위한 수단으로 개발되고 수정되고 활용되었다. 그러나 소련의 공산주의가 무너지고, 중국의 공산주의가 심하게 변질되고, 사회주의 경제가 건실한 성장을 유지하는 데 한계를 드러내면서 이념적 진공이 생겼다. 서구의 정부, 단체, IMF나 세계은행 같은 국제기구는 신고전주의 경제학과 민주주의 정치학의 원칙으로 이 진공을 채우려고 시도하였다. 그러나 이 원칙이 비서구문화에 얼마나 지속적으로 영향력을 미칠지는 불확실하다. 분명한 것은 사람들이 공산주의를 실패한 세속종교로 이해하고 있으며, 그에 필적할 만한 다른 세속종교가 등장하지 않을 경우 진짜 종교에서 위안을 얻을 가능성이 크다는 점이다. 이념의 자리에 종교가 들어앉았다. 종교적 민족주의는 세속적 민족주의를 밀어내고 있다."[40]

중국의 한족 민족주의는 그 가운데서도 두드러지고 있다.

"20세기 초반의 중국 지식인들은 베버(Marx Weber)처럼 중국 후진성의 원인을 유교에서 찾았다. 20세기 말엽의 중국 정치지도자들은 서양의

---

40 새뮤얼 헌팅턴, 같은 책, 이희재 옮김, 129쪽.

사회과학자들처럼 중국 발전의 원인을 유교에서 찾고 있다. 1980년대로 접어들어 중국 정부는 유교에 대한 관심을 고취시키기 시작하였다. 당 간부들은 유교를 중국문화의 '주류'로 선언하였다. (중략) 권위주의를 정당화하건, 민주주의를 정당화하건 중국 지도자들은 그 정당성의 근거를 수입된 서구개념이 아니라 국민적 공감을 얻는 중국문화에서 찾았다. 중국 정부가 부추기는 민족주의는 한족 민족주의다. 한족 민족주의는 중국 인구의 90퍼센트를 차지하는 한족 내부의 언어적, 지역적, 경제적 차이를 무마하는 효과가 있다. 동시에 그것은 인구의 10퍼센트도 못 되지만 영토는 60퍼센트를 차지하고 있는 비중국계 소수민족들과의 차이를 부각시키기도 한다. 그것은 또한 중국 인구의 5퍼센트를 끌어들이면서 모택동주의와 레닌주의의 붕괴로 생긴 진공을 채우며 교세를 확대할 가능성이 있는 크리스트교의 선교활동에 중국정부가 족쇄를 채울 수 있는 근거를 제공하기도 한다."[41]

일본의 경우도 일본 고유문화에 대한 관심을 높이고 있다.

"1980년대 일본에서는 자국의 성공적인 경제발전을 미국경제와 사회체제의 실패와 '몰락'과 대비하면서 서구모델이 환상이었음을 깨닫고 자신들이 성공을 거둘 수 있었던 원인이 일본 고유문화에 있었다는 의식을 갖는 사람들이 차츰 늘어났다. 1945년에는 군사적 재난을 낳았고 그래서 부정되어야 했던 일본문화가 1985년에는 경제적 성공을 낳아 다시 포용되었다. (중략) 1980년대 후반 일본의 경제발전이 최고조에 달했을 때 일본의 미덕은 미국의 결함과 대비되면서 찬사를 받았다. 메이지 유신기의 일본인이 아시아를 탈피하여 서구에 합류하는 정책을 추구한 반면 문화적으로 자신감을 얻은 20세기 말의 일본인은 미국으로

---

41 새뮤얼 헌팅턴, 같은 책, 이희재 옮김, 138쪽.

부터 거리를 두고 아시아에 참여하는 정책에 매력을 느끼고 있다. (중략) 일본이 서구를 전적으로 거부하려는 의지는 소련과 서구 모델로부터 철저히 거리를 두려던 중국의 의지만큼 단호하지는 않다. 일본문명의 독자성, 일본 제국주의가 주변 여러 나라에게 남긴 기억, 아시아 지역 대부분 지역에서 경제권을 거머쥔 화교의 존재를 감안할 때 일본은 서구로부터 거리를 두기보다는 아시아와 융합하는 데 더 큰 어려움을 느낄 것이다. 문화정체성을 내세움으로써 일본은 자신의 고유성과 서구 및 아시아 문화와의 차별성을 부각시킨다."[42]

일본문명에 대한 서구학자들의 오해와 과대평가는 세계적인 역사학자인 토인비에 의해 처음 구체화되었고, 그 후 여러 학자들에게 인식되다가 최근에는 새뮤얼 헌팅턴에 의해서도 계승된다. 일본은 아시아에서는 서구화에 일찍 성공한 탓으로 '일본문명'이라는 독립적인 분류를 얻는 행운을 누렸지만, 그것은 근대에만 해당되는 사실이다.

일본은 고대에서 중세에 이르기까지 오래 동안 한자문화권의 일원으로서 중국과 한국의 영향을 받아왔다. 언어에서 종교, 정치제도와 생활문화 전반에 이르기까지 광범위한 중국문화의 영향을 받아왔다. 그것도 대체로 한반도(한국)에서 지역화(토착화) 된 것을 2차적으로 수용한 것이다.

일본문화는 물론이고, 일본인을 형성하는 민족(인종)은 한반도에서 이주한 세력으로 따라서 일본열도는 고대에는 한반도의 사국(고구려, 백제, 신라, 가야)의 식민지였다.

서구학자들이 일본문명이라고 파악하고 있는 것은 하나부터 열까지 한자문화권의 문화를 유라시아 대륙의 끝에서 축적하고 일본화한 것이

---

42 새뮤얼 헌팅턴, 같은 책, 이희재 옮김, 138~139쪽.

다. 일본은 서구문명과 동아시아 문명의 사이에서 그 뿌리를 어디에 둘까를 두고 입장을 제대로 정리하지 못하고 있다.

일본문명은 현대는 서구에 가깝고, 고대와 중세는 동아시아에 가깝다. 일본은 아시아로 돌아오기에는 너무 서구화되었다고 주장하는 학자도 있다. 그러나 적어도 일본은 자국의 전통문화를 토대로 근대화에 성공했기 때문에 완전히 서구화될 수도 없다. 말하자면 언젠가는 동양으로 돌아올 수밖에 없을 것이다.

일본이 동아시아의 일원으로 들어오던, 서양의 일원으로 남던 상관없이 중국과 한국, 그리고 동남아시아의 화교권은 문화적으로 강한 연대감을 형성할 것이다.

동아시아인들의 자신감은 한술 더 떠서 서구문명이 자기쇄신을 위해서 이제 아시아 모델을 채택해야 한다고 목청을 높이고 있다.

"동아시아는 아시아의 발전과 아시아의 가치를 다른 비서구사회가 서구를 따라잡기 위해 모방해야 하며, 서구가 자기 쇄신하기 위해 채택해야 하는 모델이라고 주장한다."[43]

중국과 일본은 서구와 다른 아시아문화의 가치를 주장하는 공통점을 가지고 있다. 중국과 한국과 일본, 그리고 베트남 등 유교문화권을 중심한 세계중심권의 판도변화는 유교문화의 부활을 의미하기도 한다. 특히 중국과 베트남의 변화는 일본보다는 한국의 경제개발모델에 힘입은 바 크다고 하지 않을 수 없다.

인간은 이익과 소유를 추구하는 동물이다. 특히 서구 자본주의에 길들여진 현대인은 그러한 점에서 두드러진다고 말할 수 있다. 그러나 이익에 앞서는 것이 바로 자신의 정체성을 확립하는 일이다. 바로 그러한

---

43 새뮤얼 헌팅턴, 같은 책, 이희재 옮김, 144쪽.

정체성의 확립에 가장 유효한 것이 바로 종교문화이다. 그래서 어느 정도 경제성장을 한 뒤에는 도리어 전통종교로 돌아가는 경향을 보이게 되는 것이다.

"사람은 이성만으로 살지 않는다. 자아를 정의 내리지 못하는 한, 사람은 자기의 이익을 추구하면서 합리적으로 계산하고 행위할 수 없다. 이익추구는 자기정체성을 전제로 한다. 사회가 급속히 변하는 시기에는 확립된 정체성이 무너지므로 자아가 새롭게 정의되고 새로운 정체성이 발견되어야 한다. 정체성을 따지는 물음은 이익을 따지는 물음에 앞선다."[44]

새뮤얼 헌팅턴의 분석은 서구인의 시각을 대표하고 있다. 그는 또 서구문명의 전반적인 퇴조와 비서구문명의 부활을 점치고 있다.

"비서구사회가 자신의 경제력, 군사력, 정치력을 끌어올릴수록 자기의 가치관, 제도, 문화에 대한 자신감은 커진다."[45]

헌팅턴의 주장은 여러 면에서 광범위한 데이터를 바탕으로 예리한 정치사회학적, 문명적 분석을 하고 있다. 헌팅턴의 주장에서 중국과 이슬람의 연대만 제하면 상당한 설득력을 가지고 있다.

서구와 이슬람이 적대관계에 있는 것은 확실하다.

"서방진영을 대표하여 미국이 지목한 7개 '테러국' 중에서 5개국이 이슬람 국가이고(이란, 이라크, 시리아, 리비아, 수단), 나머지가 쿠바와 북한이었다."[46]

"미 국방성에 따르면 1980년부터 1995년까지 15년 동안 미국은 중동

---

44 새뮤얼 헌팅턴, 같은 책, 이희재 옮김, 125쪽.

45 새뮤얼 헌팅턴, 같은 책, 이희재 옮김, 118쪽.

46 새뮤얼 헌팅턴, 같은 책, 이희재 옮김, 290쪽.

에서 모두 17회의 군사작전을 벌였는데, 그것들은 하나같이 이슬람교도를 겨냥한 작전이었다. 미국의 군사작전이 그처럼 집요하고 일관되게 다른 문명 사람들에게 적용된 예는 달리 찾아보기 어렵다."[47]

헌팅턴은 왜 이슬람과 중국의 연대를 염려했을까. 미국과 중국이 패권경쟁관계에 있는 것은 확실하지만 무엇을 근거로 이슬람과 중국이 연대를 할 것이라고 생각하는 것인가. 헌팅턴은 이렇게 설명하고 있다. 그러나 그의 분석은 다소 피상적이라고 하지 않을 수 없다.

헌팅턴은 충분한 학문적 토론도 없이 유교−이슬람의 결속을 주장하고 있다.

"탈냉전 시대의 다극 다문명 세계에는 과거 냉전 시대를 지배했던 중추적 대립 관계가 나타나지 않는다. 그러나 이슬람의 급격한 인구증가와 아시아의 고속 경제성장이 지금의 속도를 유지한다면 서구와 서구에 도전하는 문명 사이의 갈등은 세계 정치에서 그 어떤 대립보다 중심의 비중을 차지할 것이다. 이슬람 국가 정부들은 서구에 점점 덜 우호적인 정책을 취할 것이고, 이슬람 집단과 서구사회 사이에서 간헐적인 소규모의 폭력, 때로는 심각한 폭력사태가 빚어질 것이다. 미국과 중국, 일본, 그 밖의 아시아 국가들은 점점 갈등 관계에 빠져들 것이고, 만일 중국이 아시아의 패권국으로 부상하는 것을 미국이 저지하려 들 경우 대규모 전쟁이 벌어질 가능성도 배제할 수 없다."[48]

그는 또 유교와 이슬람권이 무기 확산과 인권에서 공조할 것으로 내다본다.

"이러한 상황에서 유교−이슬람의 결속은 지속될 것이고, 그 관계의

---

47 새뮤얼 헌팅턴, 같은 책, 이희재 옮김, 291쪽.
48 새뮤얼 헌팅턴, 같은 책, 이희재 옮김, 321쪽.

심도와 범위도 깊어지고 넓어질 것이다. 이 결속에서 핵심적인 비중은 무기 확산, 인권, 기타 사안에서 이루어진 이슬람권과 중화권의 공조이다."[49]

헌팅턴은 패권국가로의 중국의 반 서방국가와의 제휴를 위협적으로 바라보면서도 때로는 과장함으로써 패권국가로서의 미국의 쇠퇴와 영향력 감소를 두려워하고 있는 듯하다.

"중국은 서구와의 갈등 때문에 반 서방국가들과의 제휴를 모색할 것이다. 반서방국가들 중에서도 가장 큰 영향력을 가진 것이 이슬람국가이다. 뿐만 아니라 중국은 원유의 안정적 확보를 위하여 이란, 이라크, 사우디아라비아는 물론 카자흐스탄, 아제르바이잔과의 관계를 확대하려 들 것이다. 1994년 한 에너지전문가의 지적에 따르면 이 무기−원유 축은 더 이상 런던이나 파리, 워싱턴의 지시를 받지 않을 것이다."[50]

중국은 실크로드를 통해 교역을 왕성히 하긴 했지만 전통적으로 이슬람 세력과 적대관계에 있었고, 오늘날도 신장위구르 지역의 반란적 분위기에 골치를 썩고 있으며, 계속된 갈등과 불화의 상징으로 남아있다.

필자의 생각에는 무엇보다도 이슬람과 기독교의 화해가 불가능하다는 서구인으로서의 집단무의식이 작용한 것 같다. 이러한 요지부동의 결정적 변수를 토대로 미래에 서구세력에 독자적으로 맞설 수 있는 중국 혹은 화교권과 한자문화권의 조공(朝貢)관계의 국제질서를 위협으로 느낌으로써 자신도 모르게 이슬람과 중국의 연대를 가상했을 가능성이 높다.

----

49 새뮤얼 헌팅턴, 같은 책, 이희재 옮김, 321쪽.
50 새뮤얼 헌팅턴, 같은 책, 이희재 옮김, 323쪽.

가인-아벨, 이스마엘-이삭, 에서-야곱

기독교와 이슬람은 본래 형제 사이다. 기독교 성경(구약)에서 이에 앞선 형제의 문제는 아시다시피 아담과 이브의 아들인 가인과 아벨에서 벌어지는데 형인 가인은 동생인 아벨을 죽인다. 형제간의 경쟁과 살인은 성경의 큰 주제이며 줄거리이다.

"가인과 아벨의 이야기는 흔히 인류 최초의 살인사건이며, 인간 사회의 갈등과 그것이 초래하는 불가피한 비극에 대한 원형으로 알려져 왔다. 첫째 아들인 가인은 아버지 아담의 가계를 이어 농부가 되었고, 둘째 아들인 아벨은 새로운 분야를 개척한다. 그는 양을 치는 유목민이 됐다. 가인과 아벨의 갈등은 둘만의 문제가 아니다. 그들의 갈등은 신에게 바치는 제사에서 시작된다. 신은 가인의 제물을 받지 않고 아벨의 제물만 받았다. 그러나 우주를 창조한 신이 곡식을 바쳤다는 이유만으로 가인을 미워했을 리 없다. 또한 그가 아벨이 바친 제물이 송아지 밑배의 기름이기 때문에 그를 반겼다는 J 저자의 설명도 이해할 수 없다. 가인과 아벨 이야기의 핵심은 이들의 이름에서 그 실마리를 찾을 수 있다. 이브는 가인을 출산한 후 '주의 도우심으로, 내가 남자 아이를 얻었다.'라고 말하며 그의 이름을 '획득한 자'라는 의미의 '가인'으로 지었다. 가인의 직업인 농부는 인간이 문명사회로 나가는 첫 단계를 의미한다. 인간은 기원전 1만 년에 고대 근동 지방에서 처음으로 사냥채집 경제에서 농업 정착 생활로 전환했다. (중략) 신은 가인의 불만족이 그의 삶을 파괴할 것이라는 사실을 알고 있었다. 스스로 죄를 다스리지 않으면 그 죄가 스스로를 지배할 것이라고 말해주지만 가인은 신의 충고를 들으려 하지 않는다. 가인의 욕망인 죄는 그를 사로잡아 아벨을 살해하려는 결심을 하게 한다. 가인은 아벨을 자신의 삶의 터전인 들로 데리고 나가 살해한다."[51]

가인과 아벨의 '살인 이야기'는 가부장사회와 문명의 갈등의 원형이야기이다. 문명의 갈등은 개인 간에는 살인을 낳고, 집단 간에는 전쟁을 낳는다. 특히 가부장성이 강한 유대교적 전통은 오늘날 기독교와 이슬람교에 그대로 이어지고 있다.

우리는 가인과 아벨의 이야기에서 인간문명의 특징이 가인이라는 존재에 있으며, 죄(원죄)와 악이 왜 문명을 끌고 가는 원동력이 되는지를 알게 된다. 가인과 아벨의 이야기는 아담과 이브와 사탄의 '원죄 이야기'에 못지않게 가부장사회의 원리를 느끼게 한다. 또 '인류의 평화'라는 것이 '형제애의 회복'과 같은 의미라는 것을 유추하게 한다.

유대교와 그리스도교, 이슬람교는 모두 '셈'족이 만든 종교이다. '셈'은 '이름'이라는 뜻이고, 즉 이들은 '이름'의 후예인 셈이다. 가부장사회가 왜 혈통과 이름에 주목하는지를 '셈=이름'에서 짐작할 수 있다. 가부장사회는 결국 이름, 즉 동일성을 추구하는 문명이다. 동일성의 주도권을 잡기 위한 권력경쟁의 원초적인 싸움이 바로 형제간의 싸움이다. 가인과 아벨의 이야기는 이삭과 이스마엘로 이어진다.

"아브라함은 기원적 6세기에 시작된 유대교와 1세기에 팔레스타인에 등장한 그리스도교 그리고 7세기에 아라비아에 등장한 이슬람교 신앙의 조상이다. 아브라함은 기원적 20세기경 오래된 수메르 도시인 우르에서 태어났다. 우르는 동쪽의 유프라테스 강과 서쪽의 티그리스 강 사이에 있는 비옥한 땅인 메소포타미아에 위치한 최고의 국제도시였다. 당시 동쪽으로부터 아모리인들이 대규모로 들어와 평화로운 수메르 문명을 호전적인 바빌론 문명으로 교체하기에 이르자 아브라함은 자신의

---

51 배철현, 『신의 위대한 질문』, 21세기북스, 2015, 70~73쪽.

고향을 떠난다."[52]

그러나 아브라함의 아내 사라는 불임이었다. 아브라함에 일어난 숱한 사건과 시련은 사라의 불임과 연관이 있다.

"지금부터 4000년 전, 성서시대에 살았던 여성의 가장 중요한 가치는 결혼 전의 순결과 결혼 후의 생산성이었다. 히브리 민족의 어머니가 될 사라가 불임이라는 사실은 아브라함이 펼칠 신의 역사에 치명적 결함이었다. (중략) 히브리인의 역사는 바로 이 불임여성으로부터 시작한다."[53]

기독교는 아브라함–이삭(사라의 아들)을 잇는 계통이고, 이슬람은 아브라함–이스마엘(하갈의 아들)을 잇은 계통으로 모두 아브라함의 후손이다. 아브라믹 종교(Abrahamitic religions)에 속하는 기독교와 이슬람은 둘다 유대유목문화의 유일신을 섬기는 공통점을 가졌기 때문에 더더욱 상대방의 문화에 두려움을 가지고 있는 지도 모른다.

새뮤얼 헌팅턴도 이슬람과 기독교가 서로 평행관계에 있음을 실토하고 있다.

"이슬람교도 이민에 반대하는 유럽정당들은 대체로 이슬람국가의 이슬람 정당들과 유사한 행동양식을 보인다. 이들은 모두 부패한 기존 체제와 기존 정당들을 비난하고 특히 실업 같은 경제적 불안에 편승하며 인종적 종교적 구호를 내걸고 자국에 대한 외세의 영향력을 거세게 비난한다는 공통점이 있다. 또한 이 두 진영의 극단론자들은 테러와 폭력에 개입하기도 한다. 이슬람 원리주의 정당과 유럽의 극우 정당은 모두 총선보다는 지방선거에서 두각을 나타내는 경우가 많다. 이슬람국가와

----

52 배철현, 같은 책, 90쪽.
53 배철현, 같은 책, 89쪽.

유럽 각국의 기존 정부는 이러한 사태 전개에 유사한 방식으로 대응하였다."[54]

본래 형제지간의 암투는 정통성의 계승과 관련되는 까닭으로 피가 섞이지 않는 남보다 치열한 것이 상례이다. 이슬람교에 대한 적개심은 서구인의 심층심리에 마치 제 2의 자연(It)처럼 똬리를 틀고 있는 것이다. 서구인은 이슬람의 인구증가에 불안을 느끼고 있는 듯하다.

"아시아의 자기주장은 경제성장에 뿌리를 두고 있다. 이슬람의 자기주장은 상당부분 사회적 동원력과 인구증가에서 비롯되었다."[55]

이슬람의 인구증가에 서구가 신경을 곤두세우고 있는 근저에는 기독교와 이슬람세력 간의 십자군전쟁(11~15세기)과 1차 세계대전(1914~1918) 후 이슬람세계를 분할하고 통치한 죄의식 등이 깔려 있다. 말하자면 이슬람세계에 대해 적대행위를 했기 때문에 보복에 대한 두려운 점도 있지만, 결국 이슬람에 대한 서구의 적대감을 투사하고 있는 셈이다.

한편 서구인에게는 역사(집단)무의식적 차원에서 징기스칸의 세계정복과 지배(13~15세기) 등에 따른 서양인의 막연한 황색공포(yellow perils)가 있다. 여기에 신대륙 정복과 이주에 따른 수많은 몽골리언들의 대량학살이라는 죄의식 등이 결합해 있을 수도 있다. 말하자면 이슬람과 중국 황인종의 단합을 가장 두려워하기 때문에 그렇게 바라본 것이다.

세계적으로 볼 때, 결국 경제와 기술수준은 시간이 가면 평준화될 가능성이 높다. 그러나 인구는 마음대로 되지 않는 것이다. 여기에는 삶의 가치관과 인구증가에 대한 욕구가 뒤따라야 하는데 서구는 지나친 개인주의로 인해 인구감소나 지극히 제한된 인구증가를 할 수밖에 없

---

54 새뮤얼 헌팅턴, 같은 책, 이희재 옮김, 268쪽.
55 새뮤얼 헌팅턴, 같은 책, 이희재 옮김, 133쪽.

는 처지에 있다.

서구문명의 최대약점은 인구문제로 드러나고 있다. 자아-개인적 사고에 익숙한 서구인은 이성-과학적 삶에는 강점을 보이지만 인구에는 상대적으로 관심이 적은 편이다. 개인의 자유와 평등 등 개인적 성취에 더 열중하다보니 민족(인종) 혹은 종(種)의 유지나 증가와 같은 집단적(생태적) 적응에는 관심이 덜한 편이다.

이에 비해 비서구문명은 개인주의보다는 집단주의의 생존전략을 구사해왔는데 전반적으로 집단적·공동체적인 삶의 태도를 보임에 따라 인구의 유지나 증가에는 서구보다는 유리한 입장이다.

얼른 생각하면 과학과 기술이 앞선 서구가 미래적 삶의 비교우위에서 유리한 것 같지만 반드시 그렇지는 않다. 뜻밖에 인구야말로 패권경쟁에서 가장 중요한 변수로 떠오르고 있다. 예컨대 비서구(후진국)에서 서구(선진국)로의 이민의 경우, 처음에는 이민자가 원주민에 비해 사회적 지위 면에서 불리하겠지만 2세, 3세로 가면 갈수록 사회적 지위가 올라가기 마련이다.

여기에 이민자와 원주민의 결혼과 혼혈이 일어날 경우, 결국 이민자는 이민을 받아들인 서구에서 똑같은 사회적 권리와 대우를 요구하게 될 것이고, 국민의 입장에서 받아들이지 않을 수 없게 된다. 그렇게 되면 인구가 많은 쪽으로 반전이 일어날 수도 있을 것이다.

서구는 이슬람, 인도, 중국의 인구증가를 따라잡을 수가 없다. 인구는 결국 이민 등으로 이민자의 문화를 확산시키는 것이 되고, 문화의 전파와 지배에 있어서 인구를 이길 것은 없게 된다. 이민의 위력은 실은 유럽인의 아메리카 이주과정에서 먼저 입증됐다.

"19세기 유럽인들은 인구침략에서 타의 추종을 불허하였다. 1821년에서 1924년 사이에 5500만 명의 유럽인이 해외로 이주하였는데 그 중

3400만 명이 미국으로 건너갔다. 서구인들은 다른 민족들을 정복하고 때에 따라서는 말살시켰으며 인구밀도가 낮은 지역을 개척하고 거기에 정착하였다. 16세기부터 20세기까지 서구의 부상을 단적으로 입증하는 요소를 단 하나 꼽는다면 그것은 인구의 수출이다."[56]

오늘날 유럽에 있어서 이슬람 인구의 증가는 현저한 것이다. 물론 과거 유럽인의 미국이민과 오늘날 이슬람인의 유럽이민은 그 성격이 다르지만, 결국 증가된 이민자가 이민국에서 문화적 비중을 높이는 것은 시간문제이다.

"1990년대 중반 프랑스에 거주하고 있는 이슬람교도의 수는 400만 명에 이르며 서유럽 전체에는 1300만 명의 이슬람교도가 살고 있다."

유럽인들의 이슬람 인구증가에 대한 불안은 일반적이었고, 반이민 정책이 취해졌다.

"1990년대 초반 유럽의 정치지도자들은 경쟁적으로 반이민 정서에 대응하였다. 프랑스에서 시라크(Jacques Chirac)는 1990년 이민을 완전히 막아야 한다고 주장하였고, 파스쿠아(Charles Pasqua) 내무장관은 1993년 제로 이민을 내걸었다. 미테랑(Francois Mitterrand), 그레송(Edith Cresson), 데스탱(Valery Giscard d'Estaing) 같은 주요 정치인들도 반이민 정책에 동조하는 입장을 취했다. (중략) 독일에서도 콜 총리를 비롯한 여러 정치지도자들이 이민에 대한 우려를 표명하였다. 가장 중요한 조치로서, 독일정부는 '정치적 이유로 탄압을 받는 사람들'의 망명자격을 보증하는 독일 헌법 16조를 수정하고 망명신청자들에 대한 보조금을 대폭 삭감하였다. (중략) 1992년 1994년 사이 영국은 망명 허용자 수를 2만 명에서

---

56 새뮤얼 헌팅턴, 같은 책, 이희재 옮김, 264쪽.

1만 명으로 줄였다."[57]

헌팅턴은 유럽국가들이 이슬람이민을 지속적으로 받아들이면 결국 크리스트교 공동체와 이슬람 공동체로 분열될 가능성도 점치고 있다.

"유럽의 정부들과 유럽인들이 이민 축소에 따르는 비용을 기꺼이 감당할 자세가 되어 있을 경우 이런 사태를 피할 수 있을 것이다. 이 비용에는 이민 저지를 위한 시책에 직접적으로 들어가는 재정비용, 기존의 이민자 공동체를 더욱 소외시키는 데 따르는 사회적 희생, 노동력 부족과 인구증가율 저하가 낳는 장기적 경제희생 가능성이 포함된다."[58]

기독교와 이슬람, 형제의 원수

필자가 보기에는 인류를 전쟁으로부터 벗어나지 못하게 하는 가장 큰 장벽은 유대-유일신문화권 내의 이슬람과 기독교문화 간의 오랜 기간 동안 누적된 갈등과 적개심이다.

인류의 역사는 상대가 되는 국가나 문화권을 친구로 보느냐, 적으로 보느냐, 즉 '친구(friend)-적(enemy)'의 이분법에 따라 크게 달라져왔다고 해도 과언이 아니다. 이것은 결국 인종적(민족적)-문화적 인식의 안과 밖의 문제이다.

인간의 인식이나 의식의 프레임에는 항상 선후상하좌우내외(先後上下左右內外)의 개념이 개입되어있다. 인류가 평화를 달성하느냐의 여부는 인간 종 전체, 다시 말하면 인류가 하나의 가족, 하나의 울타리 안에 있는 종이라는 점을 생각하느냐의 여부에 달렸다. 즉 '우리(We) 의식'이 지

---

57 새뮤얼 헌팅턴, 같은 책, 이희재 옮김, 269쪽.
58 새뮤얼 헌팅턴, 같은 책, 이희재 옮김, 273쪽.

구인의 공통의식이 되어야 한다. '우리의식'이 '그들(남)의식'을 압도해야 한다.

어떻게 보면 인류역사는 인간의 환상, 즉 인간이 스스로 설정한 가상에 의해서 좌지우지되었는지도 모른다. 적이라는 생각은 적을 부르고, 친구라는 생각은 친구를 불렀던 것이다. 이상의 자기가상의 법칙을 적용하면 전쟁을 부르면 전쟁이 오고, 평화를 부르면 평화가 오는 것이다.

그런 점에서 인류는 이제 모든 인류를 친구로 만들지 않으면 안 되는 절체절명의 위기에 있다고 해도 과언이 아니다. 인간이 평화를 사랑하는 존재라서가 아니라(설사 전쟁을 즐기는 존재라고 하더라도) 생존을 위해서라도 평화를 달성하지 않으면 안 된다. 왜냐하면 가공할 무기의 수준이 옛날 재래식 전쟁 때의 그것과 비교도 되지 않는 '인류멸망의 공포'를 염려케 하고 있기 때문이다.

"새로운 세계에서는 문화적 동질성이 한 나라의 우방과 적국을 규정하는 본질적 요인이다. 냉전구조에 편입되는 것은 피할 수 있었지만 국가가 문화적 정체성이 없이 존재할 수는 없게 되었다. '너는 어느 편인가?'라는 물음은 '너는 누구인가?'라는 훨씬 근원적인 물음으로 바뀌었다. 모든 나라는 이 물음에 답하지 않으면 안 된다. 그 답변, 곧 한 나라의 문화적 정체성이 세계 정치에서 그 나라가 차지하는 위치, 그 나라의 친구와 적수를 규정한다."[59]

헌팅턴의 문명의 충돌은 방대한 자료를 토대로 한 미래학적·문명론적인 분석에도 불구하고 치명적인 결함을 갖고 있는데 이는 문명의 공존을 위해서 무엇을 어떻게 해야 한다는 건설적 제안(미래적 제안)을 하지 못하고, 현상분석을 통해 충돌의 가능성에 무게를 두고 있다는 데에

---

59 새뮤얼 헌팅턴, 같은 책, 이희재 옮김, 163~164쪽.

있다.

헌팅턴은 역사와 미래라는 것은 어떤 비전을 갖느냐에 따라 바뀌는 것이지 데이터에 의해서 결정되는 것이 아니라는 사실을 간과하고 있다. 이는 인류의 평화를 달성해야 한다는 점에서 볼 때는 매우 정태적 비참여적·방관자적인 사고라고 할 수 있다. 이런 사고의 이면에는 서구문명의 패권주의를 지속하고자 하는 의지를 깔고 있다.

현상학적으로는 냉전체제의 붕괴 이후의 인류의 문명현상을 과거 전통문명으로의 복귀라는 관점에서 보고 있는 헌팅턴이 틀렸다고는 할 수 없다. 그는 단층선 전쟁이라는 것으로 문명충돌을 말하고 있다. 그가 단층선 전쟁의 이면에 상이한 종교가 있음에 초점을 둔 것은 탁월하다.

"단층선 전쟁과 그 밖의 집단전쟁들은 장기지속성, 극심한 폭력성, 이념적 혼선이라는 공통점을 갖지만 단층선 전쟁은 한두 가지의 남다른 특성을 갖는다. 첫째, 집단전쟁은 민족, 종교, 인종, 언어 집단 사이에서 일어날 수 있다. 그러나 종교는 문명을 정의하는 주된 특성이므로 단층선 전쟁은 거의 예외 없이 상이한 종교를 가진 사람들 사이에서 일어난다. 일부 분석가들은 종교라는 요인의 중요성을 평가 절하한다. 예컨대 그들은 피와 언어의 공유, 과거의 평화로운 공존, 보스니아의 세르비아인과 이슬람교도 사이의 광범위한 혼인 관계를 지적하면서 프로이드의 '사소한 차이에 대한 자기도취'라는 표현으로 종교적 요인을 무시한다. 그러나 그러한 판단은 세속적 단견에 뿌리를 두고 있다. 수천 년의 인류 역사는 종교가 '사소한 차이'가 아니라 사람들 사이에 존재할 수 있는 가장 근원적인 차이일 수도 있다는 사실을 보여준다. 일반적으로 상이한 신에 대한 믿음은 단층선 전쟁의 빈도, 강도, 폭력성을 높인다."[60]

---

60 새뮤얼 헌팅턴, 같은 책, 이희재 옮김, 344쪽.

그는 또한 단층선 전쟁의 '친족국(kin-country) 확산'에 대해서 매우 우려를 표명하고 있다.

"둘째, 다른 집단전쟁들은 개별화 성향이 강하며, 다른 지역으로 확산될 가능성이 높지 않다. 반면에 단층선 전쟁은 더 큰 문화적 전체의 일부를 구성하는 집단들 사이에서 벌어지는 분쟁이다. 대부분의 집단 전쟁에서 A집단과 B집단이 싸울 때 C, D, E 집단은 A나 B가 C, D, E의 이익을 직접적으로 침해하지 않는 한 전쟁에 개입할 아무런 이유가 없다. 그러나 단층선 전쟁에서는 A1집단과 B1집단이 싸움을 벌이고 이들은 전쟁을 확대시켜 문명적 친족집단인 A2, A3, A4집단, B2, B3, B4집단의 지지를 끌어내려고 노력하며 이들 친족 집단은 전투를 벌이는 당사자들과 일체감을 느낀다. 현대 세계에서는 교통망과 통신망이 발전하면서 이러한 연결망의 구축이 용이해졌으며 따라서 단층선 분쟁의 '국제화'가 가능해졌다. 이민은 제3문명으로의 탈출구를 열어놓았다. 통신 수단의 발전 덕분에 교전 당사자들은 자기들의 운명을 친족 집단들에게 즉각적으로 알리고 도움을 요청할 수 있게 되었다. 세계가 전반적으로 가까워지면서 친족집단들은 싸움을 벌이는 자기편에게 정신적, 외교적, 금전적, 물질적 지원을 보낼 수 있게 되었고, 그렇게 안하기가 훨씬 더 힘들어졌다. 그러한 자원을 제공하는 국제적인 연결망이 구축되었고, 지원은 다시 분쟁을 지속시켰다. 그린웨이(H. D. S. Greenway)가 말하는 '친족국 증후군(kin-country syndrome)은 20세기 말 단층선 전쟁의 핵심적 특징이다."[61]

그렇지만 인류문명의 과거로의 복귀는 적어도 일시적인 현상이지 결코 미래 인류의 지향점은 되지 못한다. 인류는 과거를 회상할 수 있고,

----

61 새뮤얼 헌팅턴, 같은 책, 이희재 옮김, 344~345쪽.

그러한 회상을 통해 미래의 지향점을 찾아왔다. 잠시 동안 과거로 돌아가는 것 같이 보이지만 인류문명은 한 번도 과거로 돌아간 적은 없다.

과거로 가면 분명 미래는 과거의 장벽에 막혀 충돌할 수밖에 없다. 이런 분석은 충돌을 자초하는 분석이고 전망이다. 고대 혹은 중세문명, 즉 지역문명의 장벽을 뚫고 새로운 신작로로 나와서 이룩한 문명이 근현대문명인데, 어떻게 냉전체제가 붕괴되었다고 해서 과거로 돌아간다는 말인가. 이는 너무 근시안적인 평가이다.

만약 인류가 자신의 전통문명으로의 복귀를 하는 것에 만족한다면 결코 평화에 도달할 수 없게 되고, 헌팅턴의 말대로 문명은 충돌하고 만다. 고대 혹은 중세에 형성된 문명으로의 복귀는 실은 인류역사의 퇴행이라고 할 수밖에 없다. 세계는 하나, 지구는 하나가 되었는데 과거로 돌아가는 것은 '과거에 치른 전쟁을 다시 치르겠다.'는 것밖에 되지 않는다.

여기에서 인류가 대결단을 내리지 않으면 공멸하게 될 가능성을 엿보게 된다. 역사적인 통합이나 통일을 통한 현상학적인 '인류 하나 되기'라기보다는 인류가 하나의 뿌리에서 출발했으며, 인류의 종교가 하나의 뿌리종교에서 출발했음을 상기할 필요가 있다.

이는 종래의 역사적-남성적 보편성 찾기 혹은 철학적-추상적 보편성 찾기가 아니라 존재의 일반성, 철학의 일반성을 찾는 비역사적-여성적 일반성 찾기, 혹은 생명적(생멸적)-구체적 일반성 찾기 작업과 함께 진행되지 않으면 안 된다. 이 세계에 존재하는 모든 만물은 존재로서 동등한 존재이며, 생명적(생멸적) 존재라는 사실에 동감함으로써 세계인(지구인)의 삶을 새롭게 개척하지 않으면 안 된다.

말하자면 삶의 목적이 욕망의 실현이 아니라 욕망을 삶의 에너지로 생각하되 그것을 무한대로 실현하는 것이 아니라 욕망을 각자의 마음에서 제어하는 지혜(기술이 아니다)가 필요하다.

인간 각자가 자신의 욕망의 자동차에 브레이크를 밟을 줄 안다면 인간의 삶의 도로는 소통할 수 있을 것이기 때문이다. 욕망은 제어하지 않으면 폭주하게 된다. 인간의 욕망을 폭주하는 자동차로 버려두어서는 세계가 평화로울 수 없다.

욕망의 존재이며, 소유적 존재인 인간은 결국 깡패(폭군)가 되거나 도둑이 되거나 창녀가 되어 타락할 운명에 노출되어 있다. 인간은 자연에 대해서도 깡패가 되거나 도둑이 되거나 창녀가 될 것을 요구하고 있다. 결국 개인-가정에서부터 욕망을 제어해야 인류평화에 도달할 수 있음을 알 수 있다.

인간을 생물학적 존재로부터 생각하면 그 바탕에는 결국 자손을 번식시키는 본능(욕망)을 가졌다고 볼 수 있다. 그 욕망 자체가 나쁘다고 말할 수는 없다. 그렇게 말하면 존재 자체를 부정하는 것이기 때문이다. 존재는 어떤 존재라도, 심지어 길에 흩어진 돌멩이 하나라도 동등한 (일반적) 존재로서 인정하지 않으면 안 된다. 모든 존재는 실은 하나의 공통적 기반 위에 있기 때문이다.

인간은 그러면서도 다른 동물과 차이를 갖고 있는데 바로 그 생물학적 존재가치를 '의미(意味)'로 전환시킨 존재라는 점에서다. 다시 말하면 인간은 번식의 '씨(氏, seed)'라는 개념을 물론 '혈통(血統, 親族)'으로 전환시키기도 했지만, 그보다는 언어의 '의미론(semantics)'으로 바꾼 존재라는 점이다. 의미론(semantics)과 정자(semen)는 같은 뿌리를 가지고 있다.

인간이 '의미의 동물'이라는 것은 세계를 '의미의 망'으로 구축하는 존재라는 것을 말한다. 그런데 의미는 결국 독자적인 사상과 문명체계를 구축하게 됨을 뜻한다. 의미는 그 의미를 공유하는 '집단 내부적'으로는 소통하는 수단이 되지만 그 의미를 공유하지 못하는 '집단 외부적'는 소통의 장벽이 되는 이중성을 가지고 있는 것이 문제이다.

결국 '안-밖'의 문제는 경계의 문제가 되고, 그러한 경계를 넘어서지 못하면 서로 충돌하고 급기야 전쟁을 피할 수 없게 된다. 인간의 모든 문제는 바로 '안-밖'경계가 서로 역동적으로 하나가 되는 유연성을 가지지 못할 때 생기는 문제이다.

언어의 문제는 결국 문명의 문제가 된다. 언어와 문명의 경계를 넘어서는 인류의 공동노력이 필요한 이유가 여기에 있다. 오늘날 문명충돌이라는 것이 거론되는 것도 실은 그러한 경계를 역동적으로 유연하게 대처하면서 장벽을 허물고 문제를 타개하는 창조적 발상과 대안을 마련하지 못하는 것의 폭로에 지나지 않는다.

인류는 문명의 충돌이 아닌, 다른 문명과의 공생과 공존, 공영과 공의의 세계로 나아가면서 지구촌의 평화를 위해 새로운 인류통합에의 길을 모색하지 않으면 안 된다.

앞에서도 말했지만 인간은 '갈등의 존재'만이 아니라 무엇보다도 '협력의 존재'로서 오늘날까지 발전해왔다. 무엇보다 인간은 넓은 지구에 걸쳐있는 다른 문명권과도 소통할 수 있는 존재이다.

"'문명의 충돌'은 청각 장애인들이 말로 나누는 대화와 같다. 누구도 상대방이 무슨 말을 하는지 파악하지 못하는 상황이다. 오늘날 이란과 미국이 상대를 향해 칼을 휘두르며 부딪치는 상황은 그것과는 전혀 다르다. 이들은 모두 국민국가, 자유주의 경제, 국제적 권리, 핵물리학이라는 동일한 언어를 사용한다. 우리는 이전의 '고유'문화에 대해 많은 이야기를 하지만, 만일 그 '고유성'이란 것이 독자적으로 발달한 무엇, 외부의 영향을 받지 않은 고대의 지역전통으로 구성한 것을 뜻한다면, 오늘날 지구상에는 고유문화가 하나도 없다. 지난 몇 세기 동안 모든 문화는 홍수처럼 범람한 지구적 영향들에 의해 거의 알아볼 수 없을 정도로 변했다."[62]

인류학적 입장에서 미래문명을 조망하면 분명 여성의 등장이 문화의 모든 부면에서 광범위하게 실현되고, 그렇게 되면 남성 주도의 정복전쟁은 멀어지고, 지나친 패권주의도 누그러질 가능성이 높다. 핵전쟁의 공포가 너무 크기 때문이다.

미래문명을 종합적으로 '부계-모중심사회'라고 규정할 수 있을 것이다. 이때의 '부계'는 사회의 전반적인 정치권력의 외형은 가부장사회를 명목상으로는 유지한다는 뜻이다. 말하자면 가족의 성씨는 주로 아버지를 따르고 생활은 어머니 중심으로 진행된다는 뜻이다.

모계사회의 성격이 강화된다고 해서 옛날의 부족집단 시대의 모계사회로 돌아간다는 뜻은 아니다. 인구증가로 인해서 그렇게 돌아갈 수도 없는 노릇이고, 가부장-국가사회의 틀 속에서 여성성에 대한 가치와 의미가 새롭게 부활한다는 뜻이다. 결국 인류의 미래사회는 '부계(외양)-모중심사회(내용)'의 이중성을 띨 수밖에 없다는 취지이다.

인류문명의 남성중심에서 여성중심으로, 삶의 태도에 있어서 소유적 존재에서 자연적 존재로의 귀환이 절실한 실정이다. 소유적 존재로서의 삶은 결국 힘(권력)과 패권을 숭상하게 되고, 자연적 존재로서의 삶은 공생(共生)을 추구할 수밖에 없다. 여성은 본능적으로 남성에 비해서는 동일성을 주장하는 경향이 적고, 도리어 변화와 차이를 추구하는 존재이다. 남성은 권력이고, 여성은 생명이다. 남성성보다는 여성성에 미래적 가치를 두지 않으면 인류의 미래는 어두울 수밖에 없다.

가부장제와 더불어 인간을 대표한 남성(Man)은 소유적 존재이고, 여성(woman)은 자연적 존재이다. 소유적 존재는 자연적 존재, 즉 본래존재

----

62 유발 하라리, 같은 책, 조현욱 옮김, 243~244쪽.

가 아닌 제도적 존재자를 의미한다. 이에 비해 여성은 자연의 상속자이다. 그런 점에서 여성은 남성과 더불어 제도(문명적 제도) 속에서 살지만 본능(재생산 본능)을 잃어버리지 않은 자연적 존재이다. 남성의 의지에 주도된 문명적 인간이 많은 문제점—기후변화의 문제, 빈부격차의 문제, 폭력과 테러리즘의 문제—을 드러낸 지금, 여성(자연)은 인간(남성)의 구원자가 되지 않으면 안 된다.

인간의 문명(특히 서구과학문명)은 언제부턴가 자연적 삶을 살아왔던 원주민, 즉 서구제국주의의 대상이 되었고, 동시에 인류학의 조사대상이 되었던 원주민 문화를 원시문화, 열등한 문화로 바라보면서 그들을 지배하기 시작하였고, 그들의 삶과 환경을 결정적으로 약탈하고 왜곡하기 시작했다. 이는 모두 서구문명이 힘을 숭상하고 안하무인이 된 탓이다.

이에 자연은 보복을 시작하고 있다. 이미 그 보복은 1백 년~2백 년은 족히 됨직하다. 인류문명은 지금 극심한 허무주의에 빠져 있으며, 이러한 허무주의를 예민하게 미리 깨달았던 니체는 허무주의를 적극적으로 극복한다고 호언장담하면서 더욱더 심각한 정신분열증의 늪 속에 빠져버렸던 것이다. 니체는 허무주의를 극복한 것이 아니라 허무주의에 굴복하고 말았다.

니체는 서구문명의 허무주의를 심리—신체적으로 적나라하게 폭로하는 결과가 되어버렸다. 니체의 디오니소스적 긍정의 철학, 즉 '힘(권력)에의 의지' 철학은 겉으로 보면 매우 힘찬 서양철학의 새로운 출발처럼 보이지만 실은 허무주의의 절정에서 터져 나온 절망의 소리에 다름 아니다. 니체는 결국 광기를 보이다가 끝내 미침으로써 자신의 몸을 실험장으로 제공한 철학적·심리적 희생(犧牲)인 셈이다.[63]

---

63 박정진, 『니체, 동양에서 완성되다』, 소나무, 2016 참조.

서구의 근대철학과 문명이 데카르트의 코기토(cogito)에서 출발하여 기계적 사유를 시작한 이후 칸트의 이성·도덕철학으로 변천하였고, 니체에 이르러 여러 욕망의 심리적·도덕적 갈등을 겪었지만 결국 기계의 신화에 굴복하는 현상을 보인 것에 불과하다.

서양의 중세가 교회 종소리에서 신의 목소리를 들었다면 데카르트는 시계에서 근대적 사유의 모델을 발견하였고, 칸트는 시계처럼 순환하는 체계적인 삶, 즉 삶의 체계성에서 합목적적인 삶의 모델을 발견하였다면 니체에 이르러 힘에의 증대의 결과인 기계적 힘에 굴복하지 않으면 안 되는 허무를 자각함으로써 탈출에의 강박관념에 시달린 것으로 비유할 수 있다.

인간은 절망적일 때 역사적으로 항상 새로운 힘, 즉 신(神)을 비롯하여 정치권력이나 국가, 그리고 가장 최근에 과학 등 새로운 종류의 힘을 발굴하고 그것에 의지(依支)하는 '힘에의 의지(意志)'를 보였던 것이다.

니체는 인간이 아무 것도 의지(意志)하지 않는 것보다는 허무(虛無)에라도 의지하여야 하는 존재라고 말했다. 니체에 이르러 '힘(권력)'을 보다 전면에서 노골적이고 적극적으로 표명한 것은 그만큼 문명적 허무나 절망의 강도가 컸기 때문이다.

인간, 소유적 존재에서 자연적 존재로

1) 신화, 철학, 종교, 과학, 그리고 문화

문(文)은 동일성의 핵심

생멸하는 자연에서 도대체 인간이란 어떤 존재인가. 인간도 생멸하는 자연(自然)의 대원칙을 벗어나는 것은 아니지만(인간은 반드시 죽는다), 그것에 일단 저항하고 보는 존재로서의 특징이 있다. 그 저항의 수단은 문화(文化)이다.

문화의 정의는 여러 가지가 있지만 오늘날은 문화체계(cultural system) 혹은 문화복합(culture complex)이라고 한다. 체계 혹은 복합이라는 말에는 그것을 단순한 요소로 환원할 수 없는, 총체적이고, 전일적이라는 의미가 내포되어 있다. 그러한 가운데서도 한 문화를 가장 드러내는 것은 말이고, 문(文)이고, 문법(文法)체계이다.

인간은 언어를 가지고 세계를 구성하고 재구성하는 동물이다. 구성된 세계는 본래의 세계가 아닌 것은 물론이다. 다시 말하면 언어로 구성된 세계는 일종의 인간만의 세계(世界) 혹은 계(系, system)라고 해도 과언이 아니다. 문화가 바로 '문화체계'가 되는 까닭이 여기에 있다.

문화라는 말 속에도 이미 변화하는 것을 내포하고 있지만, 인간 존재의 특징이면서 인간 자체라고도 말할 수 있는 문화의 '문(文)'은 인간의 동일성을 나타내고, 그것은 말(language)을 통해서 실현된다. '말'은 물론 음성언어와 문자언어로 구분되지만, 인간의 진정한 특징이자 힘은 문자언어로 정착되고, 이것은 '쓰기(writing)'라는 행위를 수반하다.

문(文)과 '쓰기'는 인간이 동일성을 유지하는 근본적인 특징이자 힘이다. 만약 인간이 문자나 기호를 쓰지 않았다면 오늘날 인간이 누리는 문화, 즉 정보를 기록하고 축적하고, 누적함으로써 얻어지는 문화예술과 권력과 과학은 존재하지 않았을 것이다.

그런데 그 동일성이라는 것은 항상 여러 문화현상들에 걸쳐서 양면성을 드러내는데 그 대표적인 것이 통치와 소통에 따른 평화와 전쟁, 소통과 불통이다. 말하자면 문자와 문화는 야누스의 얼굴을 가지고 있는 셈이다.

자연의 오랜 진화(進化)의 과정을 문화(文化)로 바꾼 인간은 진화 속에 수시로 어떤 동일성을 추구하는 고정된 문(文)을 집어놓고, 서로 자신의 동일성을 경쟁하는 삶을 살면서 변화해왔다고 할 수 있다. 그러한 문화적 삶은 역으로 진화에 피드백(feedback) 했을 확률이 높다.

진화와 문화는 닮은 점이 많다. 진화가 유전인자(gene)에 의한 것이라면 문화에도 '문화인자(meme)'라는 것을 가정할 수 있다. 유전인자는 접합과정에서 항상 변화를 추구하지만, 문화인자는 일단 자연에 동일성을 요구한 뒤에 역사과정을 통해 변화한다.

진화에는 주체가 없다. 자연의 총체적인 변화가 진화이기 때문이다. 그러나 문화에는 주체가 있다. 문화는 주체와 정체성이 숨어있지 않으면 문화를 운위할 수 없기 때문이다. 진화는 자연이고, 문화는 문법이다. 인간은 진화와 문화를 동시에 병행하는 생물종이다. 문화가 과학에서 실체를 추구하게 되는 것은 최종적으로 동일성을 확인하는 것이다.

지금까지의 서술을 정리하면 인간은 생멸하는 존재이긴 하지만 일단 역사의 전개과정에서 동일성을 고집하면서 그것을 포기하고 다른 동일성을 대안으로 내놓거나 받아들이는 그런 보충대리적(補充代理的) 존재라는 사실이다. 그 보충대리가 바로 이성이다. 자연에 무엇을 보충하는 '보충대리적 존재'가 인간이다.

인간의 자연에 대한 저항은 왜 일어났을까. 그 저항은 생각하는 동물로서의 '생각'으로 수행된다. 생각이 왜 일어났느냐를 현상학적인 환원을 통해 회고해 보면 아마도 생존과 관련되었을 것이라고 추측해볼 수 있다.

동물 가운데 생각하는 존재가 반드시 인간뿐이라고 단언할 수는 없지만 인간존재의 특징이 존재의 '이유(why)'를 묻는 존재라는 점에서 착안하는 것을 부정할 수는 없을 것이다. 그런데 생각은 인간의 신체적 약함(다른 포유동물에 비해서)에서 비롯되었다는 설이 지배적이다. 생물의 진화의 과정은 약함에서 강함이 일어나는 불가사의한 것이다.

인간은 집단생활을 하는 동물이고, 인간의 생각은 여러 다른 '삶의 방식(way of life)'을 도출했고, 삶의 강력한 수단을 제공했고, 심지어 삶의 목적까지 설정하게 했다. 각 문화권은 나름대로 구성원에게 규칙과 절대를 요구한다.

인간은 가상과 절대의 동물이다. 인간은 가상할 수 있기 때문에 절대가 가능하다. 인간은 자연으로 볼 때는 발칙하기 그지없는, 자연의 규칙을 벗어나 무엄하게도 '새로운 규칙'을 정하며 살아가는 동물이 됐다. 그 규칙(요즘은 게임의 규칙이라고도 한다)이라는 것의 기초는 바로 동일성을 근간으로 한다.

인간의 규칙(동일성) 가운데서 가장 널리 사용된 것은 '금지(taboo)'이다. 금지는 또한 어디에선가 깨어지는 것을 전제하고 있다. 금지는 환류적인 특성을 가지고 있다. 금지는 항상 경계선상에서 긴장관계에 있다. 창조는 또한 그러한 긴장관계의 산물이다.

"문화는 자신이 오로지 부자연스러운 것만 금지한다고 주장하는 경향이 있지만, 생물학적 관점에서 보자면 사실 부자연스러운 것이란 없다. 가능한 것이라면 그게 무엇이든 처음부터 자연스러운 것이다. 정말로 부자연스러운 행동, 자연법칙에 위배되는 행동은 아예 존재 자체가 불가능하므로 금지할 필요가 없다. (중략) 진실을 말하자면 '자연스러움'과 '부자연스러움'이라는 우리의 관념은 생물학이 아니라 기독교 신학에서 온 것이다."[64]

지금 존재하는 것은 어떤 것이라도 자연스러운 것이다. 그래서 존재는 자연적 존재이고 인위적으로 만든 제도는 제도적 존재자이다. 자연은 차이성을 바탕으로 스스로 변화하지만, 인간은 동일성을 바탕으로 변화한다. 인간의 문화는 어디까지나 문(文)의 변화(化)이다. 문화는 집단을 기준으로 실행(작동)되는 '제한된 동일성(identity)'이다.

인간이 시도한 최초의 동일성은 바로 신화(神話)이다. 신화를 만들어가는 원리는 지금도 여전히 활발하게 작동하고 있는 원리이다. 심지어 인간의 문화현상은 모두 신화로 환원할 수 있으며, '신화의 생멸'로 해석할 수도 있다.

인간은 왜, 어떤 종류의 신이든, 신을 생각했을까. 신은 인간이 발명한(깨달은) 최고의 능력이자 선물이다. 신으로부터 인간은 적어도 전지전능(全知全能)을 생각했으며, 절대(絶對)를 생각했으며, 그것을 생각했기 때문에 끝내 그것을 획득하고 있는지도 모른다. 신은 바로 인간이라는 '왜(why)의 존재'에 대한 응답(자문자답)으로 존재하기 때문이다.

----

64 유발 하라리, 『사피엔스』, 조현욱 옮김, 김영사, 2015, 216쪽.

인간의 문화현상을 두고 인류학자들은 흔히 통시적으로 원시고대는 신화·철학, 중세는 종교, 근대는 과학, 그리고 미래는 문화(복합)에 의해 운영될 것이라고 전망한다. 원시고대인들은 신화로 철학을 하였으며, 이름하여 대칭철학이다. 철학이 반드시 비대칭−논리적이라야 한다는 것도 편견이다. 이들 문화장르들은 그 특징이 확연하게 구분되는 것으로 볼 수도 있지만, 차라리 일종의 원형과 변형의 관계에 있는 것으로 보기도 한다.

신화와 철학, 종교와 과학, 그리고 이들 문화장르들을 한꺼번에 묶은 문화요소들은 서로 내밀한 관계에 있고, 따라서 서로 복합적으로 상호작용을 하는 관계로 문화복합(culture complex)이라고 말한다. 문화인 문화체계(cultural system)가 '문화복합'이 되는 이유가 여기에 있다.

문화, 문화체계, 문화복합을 구성하는 원동력은 무엇일까. 무엇보다도 인간의 상상력이다. 흔히 상상력은 현실적인 것이 아닌, 현실에서는 없는 기상천외의 것을 떠올리는 것으로 생각하기 쉽지만, 거꾸로 현실이야말로 변화무쌍한 것이다.

인간은 무엇보다도 '상상력의 존재'이다. 인간이 무엇을 가상할 수 있는 힘도 상상력에서 비롯된다. 이성조차도 상상력이 없으면 형성될 수 없다. 상상의 세계(상상계)는 인간이 생각하거나 상상해낸 가상실재, 즉 보편성이라는 신화와 동일성이 자리하는 곳이다. 상상력이야말로 기상천외한 것을 상상하지만 일단 상상한 것은 동일성이다. 개념 또한 '상상력의 개념'이다.

상상력 속에는 차이성과 동일성이 동시에 공존하고 있다. 상상력은 차이성을 지향하는 것이지만 이미 상상된 것은 동일성이다. 상상된 동일성은 스스로를 바꿀 능력이 없다. 그래서 현실보다 더 고정불변의 성격을 갖고, 결국 영원한 대상이 되는 것이다. 상상된 것은 다른 것으로 대체되면 될망정 없어지지는 않는다. 요컨대 어느 사회에서나 존재하는 위계질서도 상상력의 산물이다.

인간의 문화는 자연에서 존재하는 그대로가 아닌, 어떤 점에서는 특정집단이 동일한 것을 공유하고 소통하는 가상의 체계라고 말할 수 있다. 그래서 문화가 다르면 소통이 잘 되지 않고, 소통이 되지 않는 까닭으로 그것을 강요하거나 강제하는 일이 발생하고, 말다툼이나 불화가 발생하고 심하면 전쟁으로 비화한다.

인간이 상상력을 통해 가상하지 않았으면 신화는 존재할 수 없다. 신화는 자연 그대로가 아니다. 신화는 원시고대인들의 대칭적 철학의 세계이다. 신화 속의 철학은 오늘날의 서양철학처럼 비대칭적인, 대립적인 철학이라고 할 수는 없지만 그 속에 철학적인 세계관이 들어있다. 신화 속의 철학도 동일성의 종류임에는 마찬가지이다.

신화에 이어 동일성을 추구하는 대표적인 것으로서 종교를 들 수 있다. 종교는 특히 신화보다 더 동일성이 강화된 것이고, 그래서 독선적으로 선악(善惡)과 진위(眞僞)를 주장하고, 심하게는 그것으로 인해서 종교전쟁을 일으키기도 한다. 인류의 큰 전쟁 중에 종교가 그 원인이 된 전쟁은 부지기수이다.

모든 종교들은 하나같이 인간의 선과 정의, 사랑과 평화와 행복을 추구하고 있음에도 불구하고, 종교가 장벽이 되거나 불통과 불화의 원인이 된 경우가 많다. 인류의 종교들은 대개 신화가 그 바탕이 된 경우가 많다. 그래서 신화와 종교를 하나로 묶기도 한다.

신화는 종교의 원형이라고 할 수도 있고, 다른 모든 문화장르의 원형이라고 할 수 있다. 그런 점에서 인류문화는 신화의 변형 혹은 융합의 역사라고 말해도 크게 틀리지 않을 것이다. 그래서 인류는 '진화'와 함께 문화적으로 진화하는, 즉 '문화'하는 것이다.

"생물학적 협력본능이 부족함에도 수렵 채집기에 서로 모르는 수백 명의 사람들이 협력할 수 있었던 것은 공통의 신화 덕분이었다. (중략) 신화는 상상할 수 없을 만큼 강력한 힘을 지니고 있다. 농업혁명 덕분에 밀집된 도시와 강력한 제국이 형성될 가능성이 열리자, 사람들은 위대한 신들, 조상의 땅, 주식회사 등등의 이야기를 지어냈다. 꼭 필요한 사회적 결속을 제공하기 위해서였다. 인간의 본능이 늘 그렇듯 달팽이처럼 서서히 진화하고 있는 동안, 인간의 상상력은 지구상에서 유례없이 거대한 협력의 네트워크를 만들어갔다."[65]

신화는 상상 속의 질서이고, 공통의 신화에 대한 믿음은 제국을 영위하는 기초가 됐다. 거꾸로 말하면 제국을 영위하기 위해서는 반드시 신화가 필요하고, 신화는 종교(경전)뿐만 아니라 법률체계(법전)가 될 수도 있다. 인간의 모든 제도의 이면에는 보이는 혹은 보이지 않는 신화체계가 뒷받침하고 있다.

"함무라비나 미국 건국의 아버지들은 모두 평등이나 위계질서 같은 보편적이고 변치 않는 정의의 원리가 지배하는 현실을 상상했지만, 그런 보편적 원리가 존재하는 장소는 오직 한 곳, 사피엔스의 풍부한 상상력과 그들이 지어내어 서로 들려주는 신화 속뿐이다. 이런 원리들은 객관적 타당성이 없다. 우리는 사람을 '귀족'과 '평민'으로 구분하는 것이 상상의 산물이라는 말을 쉽게 받아들일 수 있다. 하지만 모든 사람이 평등하다는 사상 또한 신화다."[66]

상상계야말로 바로 동일성이 거주하는 곳이다. 추상도 상상계가 있기 때문에 가능한 것이다. 창조론과 진화론이라는 것도 실은 동일성에

---

65 유발 하라리, 『사피엔스』, 조현욱 옮김, 김영사, 2015, 155쪽.
66 유발 하라리, 같은 책, 조현욱 옮김, 163쪽.

서 자유롭지 못하다. 기독교의 창조론은 "하느님이 천지를 창조했다."
고 하기 때문에 최초의 원인을 전제한 '원인적 동일성'이지만, 진화론도
"어떤 생물종이 결과적으로 진화했다."고 하기 때문에 결과적 동일성이
라고 말할 수 있다. 말하자면 주체(하느님)와 대상(생물종)이라는 실체(동일
성)가 있는 것이다.

진정한 진화론에는 주체(who)도 없고, 목적(what)도 없다. 진화는 자연
전체의 일종의 지향(志向)이지 결코 어떤 개체가 다른 개체로 진행되는
것은 아니기 때문이다. 진화론은 단지 무생물과 생물의 관계, 혹은 생물
종 간의 관계에 대해 설명하는 해석학일 뿐이다.

진화론을 하나의 결정론으로 본다면 이는 인간을 결과적 동일성('진화
의 靈長')으로 보는 인간중심주의의 환원주의이다. 그런 점에서 진화론은
기독교창조론의 현상학이다. 이는 과학이 종교의 현상학인 것과 같다.
이상주의도 기독교 천지창조의 현상학이다.

메시아사상은 천지창조론의 현상학

따라서 서양문명은 창조론(원인적 동일성)과 현상학(결과적 동일성)의 융
합이라고 말할 수 있다. 서양문명은 헤브라이즘(유일신)이라는 원인적 동

원인적 동일성	결과적 동일성	서양철학의 현상학적 특징
천지창조(최초의 원인)	종말구원(최후의 종말)	모든 인과론을 포괄한다
기독교(창조론)	진화론(인간중심주의)	진화론은 기독교의 현상학이다
종교	과학	과학은 종교의 현상학이다
실낙원−복락원	이상주의(유토피아)	디스토피아와 유토피아의 반복
헤브라이즘(유일신)	헬레니즘(이데아)	헤브라이즘과 헬레니즘의 융합

일성과 헬레니즘(이데아)이라는 결과적 동일성의 융합이다.

인간이 인위적(유위적)으로 만들어낸 모든 제도와 문화에는 동일성이 숨어있다. 인간이 만든 어떠한 개념도 동일성에서 자유롭지 못하다. "'자유?' 생물학에 그런 것은 없다. 평등이나 권력, 유한회사와 마찬가지로 자유란 사람들이 발명한 무엇이고, 사람들의 상상 속에서만 존재하는 것이다. 생물학적 관점에서 민주사회에 사는 인간은 자유롭지만 독재 하에서 사는 인간은 부자유하다는 말은 무의미하다. '행복'은 또 어떤가? 생물학 연구에서는 지금껏 행복을 명확히 정의하거나 객관적으로 측정하는 방법을 찾지 못했다. 대부분의 생물학 연구는 쾌락이 존재한다는 것만을 인정한다. 쾌락은 좀 더 쉽게 정의하고 측정할 수 있다. 그러므로 '생명, 자유, 행복의 추구'는 '생명과 쾌락의 추구'로 번역되어야 한다."[67]

심지어 '생명'이라는 말에도 동일성이 숨어 있다. '생명'은 '무생명'과 대립되는 개념이다. 이것도 개념이기 때문에 동일성에서 자유롭지 못하다. 개념을 사용하는 한 인간은 동일성에서 벗어나지 못하고, 심지어 '동일성의 화신'이라고 해도 크게 틀리지 않는다. 개념을 사건화 하는 서양철학의 전통에 따르면 인간은 동일성의 동물이다. 동일성과 동일한 존재적 근원이나 기원을 갖는 것은 다른 것이다.

만물생명의 입장에서 보면 생명과 무생명은 같은 기원을 갖는 것이다. 존재하는 모든 것은 예컨대 단지 빅뱅에서부터 지금 존재하기까지의 경로(process)가 달랐을 뿐이다. 만약 그렇지 않다면 만물은 처음부터 달랐다고 말할 수밖에 없고, 세계는 하나의 근원(근원은 원인이 아니다)을 가질 수 없게 된다.

----

67 유발 하라리, 같은 책, 조현욱 옮김, 165쪽.

물(物)과 생명(生命)의 사이에는 거리가 없어야 한다. 거리가 없어야 생명이 무생물에 비해 위계상 높은 곳에 있지 않게 되고, 인간이 동식물을 지배하는 위치에 있지 않게 됨으로써 세계는 하나가 되고, 평등하게 된다.

생명의 입장에서 무생명을 바라보면 서로 다름을 주장하고 둘이라고 하고 싶겠지만 무생명의 입장에서 생명을 바라보면 하나일 수밖에 없다. 결국 세계의 평화와 평등을 위해서는 낮은 곳에서, 보다 근본적인 것에서 바라볼 필요가 있다.

인간의 생각의 위계에서 높은 곳(초월)에서 바라보면 그 하나는 '보편성의 하나'이지만, 낮은 곳(바탕)에서 바라보면 그 하나는 '일반성의 하나'이다. 바로 일반성이 인간의 상상력의 신화가 개입하지 않은 존재 그 자체이다.

신(神)과 물(物) 사이의 거리도 없어야 한다. 말하자면 둘 사이의 틈이 없어야 한다. 그래야 신이 물을 대상으로서 지배하지 않고, 인간이 물을 대상으로 지배하지 않게 됨으로써 만물만신(萬物萬神)이 하나가 되고, 평등하게 된다.

만물만신의 입장에서 보면 신(神)은 물(物)이다. 이때의 물(物)은 대상으로서의 물질(物質)이 아니며, 신(神)도 주체로서의 정신(精神)도 아니다. 흔히 정신과 물질은 현상학적으로 서로 대립되는 세계로 인식되고 있지만 둘은 현상학적 상호주관의 관계(주관적 상호관계)에 있다.

정신의 작용의 결과가 물질이다. 정신이 없다면 물질이 존재할 수가 없다. 정신이 곧 물질인 것이다. 따라서 우리는 인간의 현상학적인 차원의 '정신-물질'의 밖에 있는 보다 근원적인 것을 상정하지 않을 수 없다. 그것이 '신물(神物)'이다.

인간이 존재라고 한 것은 모두 인간이 초월의식, 언어(메타언어)로 규정한 가상존재일 뿐이다. 인간은 모르는 것(알 수 없는 것, 없는 것)을 신(神)이라고 할 수밖에 없다. 결국 신(神)이란 인간이 미리 설정한 가상의 현상일 수밖에 없다. 그래서 본래 하나인 세계를 유지하기 위해서는 신(神)과 물(物)을 하나로 볼 수밖에 없다.

신은 창조와 종말을 한 손에 쥐고 있는 현상학의 산물이다. 존재란 인간이 물을 때 이미 그 물음 속에 있어서 볼 수가 없다. 자신을 볼 수도 없는데 자신의 물음을 어떻게 볼 수 있는가. 자신과 자신의 물음은 하나가 될 수밖에 없다. 자신과 자신의 물음이 둘이 되면 본래 하나의 세계가 아니기 때문이다. 역설적으로 물음의 존재인 인간은 언어를 만들 수밖에 없었다. 그래서 언어는 세계의 분열이다.

인간은 왜 동일성을 의미하는 개념과 기호를 만들었을까. 자연의 사물을 의식하고 인식하기 위해서는 개념과 기호라는 문자를 사용하는 게 불가피하였을 것이다. 역으로 개념과 기호를 사용하기 때문에 인간은 동일성의 동물이 되었고, 바로 동일성이라는 것이 인간존재의 특이점이자 힘(권력)으로 통하는 것이 되었다.

인간은 자연을 동일성이라는 기호로 재구성하는 동물이다. 분류학은 그 대표적인 것이다. 인간의 힘은 아무튼 동일성에서 나온다. 수학에서 발달한 과학은 긴 인류사로 볼 때 가장 최근에, 근대에서 본격화된 동일성의 핵심이며 결정적인 것이다. 과학은 수학적 수식(등식)을 사용함으로써 '차이의 세계'인 자연을 '등식(동일성)의 세계'로 완전히 탈바꿈시켰다. 이것이 과학이라는 해석학이다. 과학도 해석학의 일종이다.

그렇다면 인간은 왜 동일성을 추구하는 것일까. 사물을 보면 그것에서 왜(why) 동일성을 발견하려고 해석하는 것일까. '왜'가 문제이다. 인간은 '왜의 존재'이다. 왜는 인과(因果)를 따지게 하고 인과는 동일성이다. 동일성은 다른 말로 실체이고, 실체란 존재의 '잡을 수 있는' 어떤 것이다. 다시 말하면 실체란 이용할 수 있는 형태로 자연적 존재를 인위적 (제도적) 존재자로 형질을 변경시키는 인간의 소유본능의 소산이다.

동일성은 결국 언어이고, 언어는 소유를 말한다. 동일성은 그것이 보이는 것이든, 보이지 않는 것이든 소유할 수 있는 어떤 형태이다. 인간은 욕망과 이성으로 생성적인 자연에서 소유할 수 있는 것을 가공해 내는 데에 천재성을 발휘한다. 그것이 호모 사피엔스 사피엔스의 특징이다.

동일성은 인간의 남성성과 결부된다. 차이성은 자연의 여성성과 결부된다. 자연의 차이성은 아무리 인간의 남성성이 동일성을 요구하여도 차이성을 유지한다. 이는 자연의 염색체의 네트워크(network) 체제— 비분리성, 무주성(無住性), 전일성(全一性), 생성성(生成性), 생명성(生命性)— 가 잘 증명하고 있다.

"자연의 질서는 안정된 질서이다. 설령 사람들이 중력을 믿지 않는다 해도 내일부터 중력이 작용하지 않을 가능성은 없다. 이와 반대로 상상의 질서는 언제나 붕괴의 위험을 안고 있다. 왜냐하면 그것은 신화에 기반하고 있고, 신화는 사람들이 신봉하지 않으면 사라지기 때문이다. 상상의 질서를 보호하려면 지속적이고 활발한 노력이 필수적이다. 이런 노력 중 일부는 폭력과 강요의 형태를 띤다. (중략) 하지만 상상의 질서는 폭력만으로는 유지될 수 없다. 진정으로 믿는 사람이 일부 있어야 한다."[68]

동일성의 원형이라고 할 수 있는 신화는 '폭력과 믿음'의 체계라는 점에서 동일성의 양면성, 즉 야누스의 얼굴을 하고 있다. 이것은 또한 정치권력(힘)과 종교로 대변된다.

----

68 유발 하라리, 같은 책, 조현욱 옮김, 167쪽.

그래서 신화(神話)는 믿음의 '신화(信話)'가 되어야 하고, 믿음의 신화는 또한 시대에 따라 적응하는 '신화(新話)'로서 계속해서 새롭게 쓰여야 한다. 하지만 어떤 종류의 이야기이든 인간이 '신체(身體)'를 가지고 있는 근거에서 발생한다는 점에서 결국 신체의 말, 즉 신화(身話)이다. 시간과 공간조차도 인간의 신체적 개체성, 즉 인간이 느끼는 개체의 질량감에서 설정될 수 있는 것이다.

인간은 의식적이든 무의식적이든, 자신의 몸이 말하고 요구하고 기원하는 것을 들어주지 않을 수 없다. 몸의 말, 즉 '신화(身話)'를 바탕으로 신화(神話)를 구성하는 것이 인간의 삶의 알파요 오메가이다.

역사학자 유발 하라리(Yuval Noah Harari)는 "인문학과 사회과학은 상상의 질서가 정확히 어떻게 삶이라는 직물 속에 짜 넣어졌는지를 설명하는 데에 많은 에너지를 쏟는다."고 전제하고 '상상의 질서'의 특징을 네 가지로 요약한다.

"1. 상상의 질서는 물질세계에 단단히 뿌리를 내리고 있다. (중략) 2. 상상의 질서는 우리 욕망의 형태를 결정한다. (중략) 3. 상상의 질서는 상호주관적이다."[69]

그는 이렇게 말한다. "상상의 질서를 빠져나갈 방법은 없다. 우리가 감옥의 벽을 부수고 자유를 향해 달려간다 해도, 실상은 더 큰 감옥의 더 넓은 운동장을 향해 달려 나가는 것일 뿐이다."[70]

상상계가 동일성이 거주하는 영역이고, 동일성은 소유를 의도하고, 소유는 또한 추상이고, 추상은 또한 기계일 뿐이다. 우리가 흔히 상상계는 한없이 자유로운 세계, 차이의 세계라고 생각하는데 실은 상상계야

---

69 유발 하라리, 같은 책, 조현욱 옮김, 170~175쪽.
70 유발 하라리, 같은 책, 조현욱 옮김, 177쪽.

말로 동일성의 세계이고 인간의 세계이다.

반대로 고정된 동일성(실체)으로 느껴지는 일상의 현실은 이루 헬 수 없는 차이성(변화 그 자체)으로 가득 차 있다. 인간은 생성(존재)을 소유할 수 없다. 그래서 그것을 존재(동일성, 존재자)로 변화시켜서 소유한다.

2) 소유적 존재에서 자연적 존재로[71]

존재는 기(氣), 기운생멸(氣運生滅), 천지인의 순환

인간은 과연 소유적 존재인가, 자연적 존재인가? 이에 대한 답은 '자연적 존재'로 지구에 탄생한 인간은 생존경쟁을 하는 과정에서 생각이 절대를 불러일으키면서 '소유적 존재'가 되어버렸다고 말할 수 있다. 그러한 사정은 근대과학문명에 이르러서 더욱 심화되었다고 할 수 있다.

인간은 생물 종 중에서 매우 특이한 존재이다. 말하자면 생물학적 존재론으로 볼 때는 '특이점(特異點)의 존재'이다. 두 발로 직립하면서 손을 사용하고 머리를 사용하게 된 호모사피엔스사피엔스는 하늘(sky)을 추상적 혹은 상징적인 천(天)으로 보고, 천(天)을 다시 이(理, 理致)로 보게 된다. 인간은 하늘을 천리(天理)로 보게 된 존재가 된 것이다.

인간은 또한 땅(earth)을 마찬가지로 지(地)로 보고 스스로를 하늘과 땅 사이에 있는 존재인 인간(人間)으로 본 것이다. 여기서 스스로를 인간으로 보았다는 것 자체가 이미 '사이존재'(spaceman)로 보았다는 뜻이 된다.

----

71 이 글은 필자의 『메시아는 더 이상 오지 않는다』, 행복한 에너지, 2016. 에 실린 「제5장 서양의 메시아사상에 대한 해체적 고찰」(345~443쪽)을 일부 발췌·수정·보완한 것이다.

'사이존재'는 세계를 이미 시공간(거리)으로 보았다는 뜻이다.

하이데거가 인간을 '사이존재'로 보았다는 뜻은 이미 인간을 시공간적 차원의 경계(주변)에서 보았다는 뜻이 된다. 이 말은 여전히 현상학적 차원을 벗어난 것이 아니기 때문에 완전한 존재론, 즉 불교적 존재론으로 들어오지 못했다는 뜻이 된다.

현상학적 차원에서 이루어지는 초월의 정도가 높아지면 자연스럽게 존재론적 차원이 되는 것처럼 생각하기 쉬운데 실은 그렇지 않다. 현상학과 존재론의 차원은 처음부터 다른 것이다. 현상학은 실체적(소유적) 우주관의 소산이고, 존재론은 실체가 없는(존재적) 우주관의 소산이다. 결코 현상학의 수준이 높아진다고 존재론이 되는 것은 아니다.

인간의 지평(地平)에 의해서 현상학이 이루어지는 것이라면, 그것(현상학)이야말로 진리와 진여를 발생시키는 근거이자 이유이다. 자연은 결코 현상학을 발생시키지 않는다. 자연은 기운생동 하는, 생성소멸 하는 현존일 뿐이다. 자연의 현존을 현상으로 보는 것이 바로 인간이고, 인간의 현상학이다.

도리어 자연, 즉 무생물을 포함하는 동식물의 세계야말로 자연 그 자체, 존재론적 세계이다. 자연은 본래 존재적 존재, 즉 본래존재이다. 인간이 자연의 세계를 무시하는 태도를 버려야 한다. 인간만이 소유적 존재이다.

天	하늘			
人	인간(人間)	시공간(時空間)	이(理), 이성(理性)	진리(眞理), 진여(眞如)
地	땅			

인간이라는 존재가 지구상에 등장함으로써 '사이(間)존재'라는 개념이

생기고, 그 개념으로 인해 세계는 하늘과 땅과 사람으로 나누어지게 된다. 인간이 하늘과 땅 사이에 끼어듦으로써 둘 사이를 갈라놓고 거리가 생기도록 했다는 설명도 가능하게 된다.

신과 사물도 본래 하나였고, 생물과 무생물도 본래 하나였는데 인간이 등장함으로써 분리되었고, 그 분리된 것을 하나로 통합(통일)하는 노력의 결과가 진리이고, 그 진리를 찾아내는 임무를 수행한 것이 이성이다. 만약 인간이 없으면 시공간(時空間)과 이(理), 이성(理性), 그리고 진리(眞理), 진여(眞如)라는 개념은 존재할 필요도 없었을 것이다.

여기서 철학의 '진리'와 불교의 '진여'를 다른 개념으로 본다면 다음과 같은 해석도 가능할 것이다. 진여라는 개념은 진리를 시적으로 표현한 것이라고 말이다. 진리를 왜 시적으로 표현하느냐의 문제는 진리를 개념적으로 표현하면 진리를 어떤 실체로서 파악하는 것이 되고, 세계를 실체로서 바라보는 것은 진리에 대한 불교적인 태도와 본질적으로 다른, 혹은 심하게는 불교적 진리를 배반하는 것이라는 이유도 있을 법하다.

진리(眞理)라는 개념이 어떤 동일성을 표명한 것이라면 진여(眞如)라는 말은 진여의 '여(如)'자에서 알 수 있듯이 '진리 같은' '진실(자연) 그대로'를 표현한 것, 다시 말하면 진리를 은유적으로 표현한 것일 수도 있다. 그렇다고 하더라도 또한 진여가 자연은 아니다. 만약 진여가 자연이라면 따로 진여라는 표현이 존재해야 할 까닭이 없기 때문이다. 진여는 진리에서 자연으로 무한히 다가가는 개념일 수도 있다. 이렇게 보면 '진여'는 '진리'와 '자연' 사이에 있게 된다.

그러나 아무튼 오늘날 불교의 진여라는 개념도 불교적 진리라는 말과 같은 뜻으로 사용되고 있기 때문에 '진리라는 의미의 진여'라고 해석해서 진리진여를 동시에 부정하려는 데에 필자의 의도가 있다. 혹자는 반문할 것이다. 그렇다면, 진리와 진여가 없다면 인간의 삶의 목표는 무엇이고, 삶의 의의는 무엇인가. 여기에 아무런 답변을 못 한다면 도대체 애초부터 진리진여를 논의할 까닭이 없지 않느냐고 원천적인 저항을 할 수도 있을 것이다.

진리(眞理)	존재자(제도적)	개념(concept)	동일성
진여(眞如)	자연을 은유	은유적 개념(metaphorical concept)	은유적
존재(存在)	존재(자연적)	생성적 존재	동시성

진리, 진여라는 것은 인간이 세계를 이해하는 척도가 된다. 그러나 진리와 진여라는 것은 시공간에 따라 달라지는 것이고, 절대적인 것이 못 된다. 인간으로서는 진리(진여)와 시공간을 버릴 수는 없지만 그것이 절대적인 것은 아니라는 데에 동의하는 삶의 자세와 자연에 대한 겸손과 경외심이 필요하다.

인간의 세계에 '시작과 종말' '원인과 결과'가 있는 것은 인간이 그러한 시공간의 틀을 만들었기 때문이고 실제로 세계에 시종(始終)이 있는 것은 아니다. 세계(우주)는 파동(波動)과도 같은 '실체가 없는 생멸과정'일 뿐이다. '실체가 없는 생멸(生滅)'을 '실체가 있는 생사(生死)'로 해석하는 자체가 이미 세계를 현상학적으로 인식한 결과이다.

세계를 대상화하지 않으면 시공간이 없고, 시공간이 없으면 생사가 없다. 실체가 없는 세계를 두고 '대상–주체'로 인식하는 바람에 세계는 '이원대립의 세계'가 되고, 이원대립의 세계를 통합하기 위해서 인간은 끝없는 진리의 여정을 가지 않으면 안 된다.

서양의 현상학적인 의미의 이중성과 동양의 상징의 다중성

동서양철학의 분기점은 현상학적인 의미의 이중성과 상징의 이중성(다중성 포함)의 차이로 볼 수 있다. '현상학적 이중성'은 실체의 왕래를 통한 이중성과 의미의 애매모호함이라면 상징의 이중성은 본래적 이중성의 의미맥락에서 다중적 의미를 내포(내재)한 '존재론적 이중성'이라고 할 수 있다.

서양철학은 생래적으로 현상학적인 지평에서 전개되는 특성을 보이고, 동양은 상징적인 특성을 보인다. 현상학은 실체가 있는 것의 이중성이고, 상징은 실체가 없는 것의 이중성(다중성)이다. 현상학은 사물의 분석을 통해 진리(眞理, 一理)의 보편성에 도달하는 것을 목표로 하는 반면, 상징은 본래부터 있는 본래존재의 일기(一氣)로 귀속하는 것을 추구한다.

진리는 역사운명적으로 모순을 극복하지 않으면 안 되는 변증법의 세계를 되풀이하게 된다. 현대문명은 이제 그 막다른 골목에 와 있다. 인간이 평화롭기 위해서는 이제 자연으로 돌아갈 필요가 있다. 그러기 위해서는 인간은 자신이라는 개체(자아)를 버리고 본래의 자연, 본래존재로 돌아갈 필요에 직면하고 있다. 진리와 진여도 버려야 할 때가 됐다. 진리와 진여는 생멸하는 우주의 가상일 뿐이다.

인간이 자연적 존재가 되기 위해서는 천지인에서 스스로를 빼버린 '천지의 세계'에 대한 이해와 전제가 필요하다. 천지의 세계야말로 자연적 세계이다. 소유적 존재인 인간이 자연적 존재가 되기 위해서는 역으로 인간적인 것을 탈피하려는 노력이 필요하다.

인간이 사물을 인식하는 지평은 바로 시공간적 지평이다. 서양의 근대철학의 종합완성자인 칸트는 감성적 직관이라는 개념의 도움을 받아서 시공간을 정립하고는 그 다음부터 철학과 인식을 시공간에 예속된 것으로 자리매김을 하게 된다. 이 철학적 사건은 근대과학철학의 출발이라고 말할 수 있다.

과학이 고도로 발달한 지금, 우리는 시공간에 대한 새로운 정립을 시도하지 않으면 안 된다. 시간과 공간을 '시공간'으로 재정립한 아인슈타인에 이어 본래 시공간이 없음으로 돌아가야 한다. 만약 칸트의 감성적 직관 이전으로 돌아가면 시공간은 실제로 있는 것이 아니라 없는 것이다. 시공간은 인간이 만들어낸 가상실재이다. 시공간은 추상이다.

인간은 '추상과 상징의 존재'이다. 추상과 상징이라는 것은 '실재적 세계' 혹은 '현존의 세계'에 가상을 씌우는 대뇌적 활동의 경계선상에 있는, 이(理)와 기(氣)의 경계에 있는 것이다. 이(理)로 향하면 소유적 사유가 되고, 기(氣)로 향하면 존재적 사유로 향하게 된다.

인간이 스스로의 눈과 머리의 합작으로 현실세계를 가상의 세계로 재구성한 것은 생물 종으로서는 매우 획기적인 일이며, 가상세계로부터 '실체(substance)의 세계' 혹은 '상징적 세계(symbolic world)'가 등장하게 된다. 실체의 세계이든, 상징적 세계이든 모두 인간적인 세계이다.

인간의 모든 문화는 추상과 상징으로 구성되어 있다고 보면 된다. 추상은 세계를 고정된 동일성의 세계로 보는 능력이고, 상징은 세계를 변화무쌍한 역동적 세계로 보는 능력을 말한다. 이러한 관점에서 보면 인간은 추상과 상징의 그물을 던져서 사물을 낚아 올리는 존재라고 설명할 수 있을 것이다. 그 추상의 끝이 오늘날 과학(力學, 추상기계)이라는 것이고, 상징의 끝이 오늘날 역학(易學)이라고 하는 것이다.

좀 거칠게 보면 서양문명은 '과학'을 낳았고, 동양문명은 '역학'을 낳았다고 할 수 있다. 서양문명은 '소유의 문명'이고, '과학의 문명'이고, 동양문명은 '상징의 문명'이고, '시(詩)의 문명'이다.

우리가 오늘날 절대라고 말하는 것은 실은 추상이고 동일성을 말하는 것이다. 예컨대 수량으로 셀 수 있는 과학의 세계는 실은 추상의 세계이고, 우리는 추상의 세계(가상실재)를 실체라고 말하고 있는 셈이다. 추상은 결국 소유의 개념을 불러일으킨다. 거꾸로 말하면 추상의 능력이 없으면 소유적 존재가 될 수 없다.

인간은 추상과 더불어 신도 소유하고, 사물도 소유하고, 인간도 소유하는 존재가 된 것이다. 그런데 소유는 주인적 소유도 있고, 노예적 소유도 있을 수 있다. 말하자면 주인으로서 노예를 소유할 수도 있고, 노예로서 주인을 소유할 수도 있다.

추상과 달리 상징은 세계를 셀 수 있는 세계가 아니라 변화무쌍한 의미의 세계 혹은 '의례(儀禮)의 세계'로 바꾸는 능력을 말한다. 따라서 '상징―의례'의 세계야말로 진정한 예술의 세계이다. 종교와 과학은 추상과 관련이 있다면 상징은 특히 예술과 관련이 있다. 인간은 전체적 삶으로 볼 때는 궁극적으로는 예술적 존재인 셈이다.

인간은 시각과 언어를 통해서 세계를 잡고 소유하였다고 착각하는 존재이다. 그러나 자연의 실재세계는 인간이 소유할 수도 없다. 호모사피엔스사피엔스의 특징인 생각이 절대를 낳고, 절대가 소유를 낳았던 것이다. 인간은 왜 눈에 보이지 않으면 없다고 생각하는 것일까. 인간은 왜 손에 잡지 못하면 없다고 생각하는 것일까. 인간은 왜 언어로 말하지 못하면 없다고 생각하는 것일까.

이는 모두 '시각(visible)―언어적(verbal) 연쇄'에 의한 사물인식의 습관에서 비롯된 것이다. 이러한 습관은 근대에 들어 서구과학문명이 인류문명을 주도하고부터 특별하게 된 철학적 사건이다. 이런 '시각―언어'의 연쇄는 성적으로는 남성적 특성을 갖는다.

서양은 동양보다는 남성적 특성이 강하다. 그래서 필자는 서양문명을 '양음(陽陰)의 문명'이라고 말한다. 이는 동양문명이 '음양(陰陽)의 문명'

인 것과 대조되는 데서 붙여진 이름이다.

동양의 상징(symbol)은 서양의 언어(language)가 아니다. 동양의 상징은 기운생동을 표현하는 일종의 표상(상징기호)에 불과한 것이다. 이것을 가지고 서양처럼 기표화해서 기표절대주의를 행사하려는 것이 아니다.

서양은 상징(symbol)을 결정성(결정적 의미)이 있는 언어로 사용하지만 동양은 그렇지 않다. 서양의 언어가 과학을 위한 엄정한 환유적 언어였다면 동양의 언어는 시를 위한 은유적 언어였다고 볼 수 있다. 그렇다고 전적으로 서양문명이 과학만을 하고, 동양문명이 시를 읊었다는 뜻은 아니다. 말하자면 서양의 알파벳 표음문자는 추상을 다루기에 유리했고, 동양의 한자 상형문자는 시를 다루기에 유리했다는 뜻이다.

이러한 언어적 특성은 존재와 소유에 어떻게 작용할까? 추상은 사물을 가두기에 적당한 언어이다. 말하자면 추상의 언어는 사물을 가두거나 아니면 사물을 자신의 추상체계로 이해하게 된다. 추상에는 피도 눈물도 없다. 객관적 사물만이 기계적 세계관을 구성하면서 존재하게 되는 것이다. 이러한 세계는 세계를 대상(대상조차도 가상이다)으로 변하게 하고, 대상을 가상의 주체에 의해 소유하게 되는 상황을 초래하게 된다. 이를 '소유의 세계'라고 말할 수 있다.

그렇다면 시의 언어는 어떤가. 시는 사물을 철저하게 소유하지 않는다. 시는 사물을 대상으로만 규정하지 않고 사물을 자기화한다. 여기서 사물을 자기화한다는 것은 자기 소유로(의식하고 인식) 한다는 것이 아니라 사물과 동감(同感)하고 지나간다는 뜻이다. 그래서 글자 그대로 상징이다. 상징은 대상(對象)을 징조(徵兆)할 뿐이다. 대상은 물질이 되지 않는다. 시의 정신은 철학(서양철학)과 달리 정신의 대상을 물질이라고 규정하지 않는다.

서양의 '정신-물질'의 대립개념과 동양의 '심(心)-물(物)'의 일체개념은 처음부터 다른 것이다. 물(物)은 물질의 공성(空性)이고, 심(心)은 정신의 기성(氣性)을 말한다. '심-물'이든, '물-심'이든 실체를 전제한 개념이 아니라 세계 전체를 하나의 총체로 바라볼 때 심물(心物)은 동시에 느껴지는 것이다. 세계를 시원에서 볼 때는 '물심'이고, 나로부터 세계를 볼 때는 '심물'이다.

예컨대 일체유심조(一切唯心造)라는 말은 마음먹는 대로 만물이 만들어진다는 '제조적 세계관'을 말하는 것이 아니라 '심물'이 본래 하나라는 뜻의 '생성적 세계관'을 말하는 것이다. 일체유심조는 시인의 마음과 같다. 시는 은유적 수법을 통해 일상적으로 '고정된 사물'을 시인의 눈(마음)으로 다시 '생성적 사물'로 바꾸는 마술이다.

시의 정신에서 사물은 물질이 아니라 물(物)일 뿐이다. 이때의 '물'이라는 것은 '심(心)'과 같은 것으로 심물일원론(心物一元論)의 세계를 말한다. 심물일원론은 서양철학으로 말하면 현존(現存)이다. 현존이란 사물을 마치 '자연의 선물'처럼 대한다는 뜻이다. 만물은 만신이고 선물이다. 만물은 생명이고 선물이다. 사물을 대상화하고 분석하고 이용하려는 의도가 아니라 사물과 하나가 됨으로써 서로의 존재성(상호존재성, 공동존재성)을 확인하는 것이다.

시적 언어는 인간이 자연을 소유하는 것이 아니라 존재론적으로 스스로를 자연과 같은 존재로 생각하게 하는 효과를 유발한다. 시인은 그러한 점에서 '자연에 가장 가까이 간 존재'라고 말할 수 있다.

좀 비약이긴 하지만 결국 자연과학자로서보다는 시인(예술가)이 자연적 존재, 본래적 인간성에 충실한, 본래의 인간성을 지키고 다가간 존재라는 것을 알 수 있다. 현대의 모든 문제는 사물을 소유화(소유적 대상화)하는 것에 있다는 것을 알 수 있다.

인간은 자연의 다른 존재에 비해서는 상대적으로 '소유적 존재'라고 규정할 수 있을 것이다. 다른 동식물은 자신의 생명의 유지나 번식을 위해서 다른 동식물을 먹을 수는 있지만, 소유하지는 않는다. 소유라는 것은 다른 대상에 대해 지배 혹은 권력을 행사하는 것이다.

서양철학은 현상학, 소유적 사유의 처음과 끝

서양철학은 궁극적으로 소유의 철학이라고 할 수 있다. 사물을 현존이 아닌 현상이라고 보는 자체가 이미 소유의 철학으로 가는 첫걸음이다. 겉으로 보면 서양의 이성철학과 동양의 이(理)철학, 성리학(性理學)은 같은 것처럼 보이지만 속내는 다르다. 성리학은 이미 이(理)의 반대인 기(氣) 개념을 전제하고 있다. 서양의 사물과 동양의 기는 다르다.

예컨대 칸트의 이성철학이라고 하는 것은 사물을 대상으로 보는 것을 전제하고 있다. 동양의 이(理)철학 혹은 성리학은 사물을 대상으로 하기보다는 인간의 수신(修身), 즉 윤리(倫理)에 목표를 두고 있다. 그래서 철학이 자연과학의 발달에 간접적으로 기여하지 못한다.

서양의 이성주의 철학은 물론이고 동양의 주리학파도 이성(理性), 혹은 이(理)의 입장에서 사물을 보기 때문에 이(理)와 기(氣)의 관계를 말할 때 '이(理)중심'으로 설명한다. 그러나 서양의 철학의 경우, 하이데거의 존재론에 있어서 기분(氣分)이라는 말을 사용하지만 아직 동양의 기(氣) 개념에는 도달하지 못하고 있다.

예컨대 서양의 하이데거 철학은 '생기(Ereignis, 生起)=기분(氣分)'를 '존재'로 설명하면서도 존재가 이(理)에 해당하는 '존재자'에게 대하여 '완강히 거부'한다고 말한다. 이는 이기(理氣)의 관계를 대립적으로 보는 측면이 있기 때문이다.

"존재의 진리는 터-있음에게 완강히-거부하는 것으로서 나직이 울려오기 시작하고, 이러한 존재의 나직한 울림은 도약하는 사유와 터 닦는 사유에 의해 환히-밝혀지기에 이른다. 즉, 아득히 먼 그곳에서 스스로를 완강한-거부로서 나타내 보인 존재의 진리는, 탈은폐된 모든 진리의 본질유래가 되는 근원적인 비진리로서 밝혀진다. 이 때문에 스스로를 완강히-거부하는 근원적인 비진리는 스스로를 탈은폐하는 진리의 가장 가까운 가까움(das nächste Nähe)으로서 스스로를 나타내 보이면서 터-있음의 터에 가까이 다가온다(sich nähem)."라고 말하거나 "터-있음의 터는 존재자로부터 존재에로 초월이 일어나는 근본터전이며, 이러한 터전에서 이미 존재와 공속하고 있는 인간은 존재자와 참답게 관계할 수 있고 자기 자신과도 참다운 관계를 맺을 수 있다."[72]

이기(理氣)는 상호보완관계이다. '생기=기'는 완강히-거부하는 것도 아니고 초월하는 것도 아닌, 그냥 생멸하고 있을 뿐이다. 이(理)의 입장에서 보면 마치 거부하는 듯이 느껴지는 것이다. 요컨대 기(氣)는 거부하는 것이 아니라 항상 기(氣)로서 생성소멸하고 있는 것이다. 하이데거는 '생기=기'를 설명하는 존재론적 입장에 있으면서도 신(神)과 존재를 분리하는 지평(地平)을 가지고 있는 것이다. 말하자면 신을 초월적인 존재로 두게 된다.

기(氣)는 이(理)에 대립하지 않는다. 말하자면 생성(존재)은 존재(존재자)에 대립하지 않는다. 그런 점에서 생성(생성적 존재)은 시작도 끝도 없다. 시작과 끝이 있는 것은 이미 절대이고, 소유이다. 원인과 결과가 있는 것도 이미 절대이고 소유이다. 좀 더 나아가면 주체와 객체(대상)가 있는 것도 이미 절대이고 소유이다.

동양의 성리학에서는 이기(理氣)의 관계를 '불상리(不相離), 불상잡(不相

---

72 신상희, 『하이데거와 신』, 철학과 현실사, 2007, 86쪽.

雜)'이라고 말한다. "서로 떨어지지도 않고, 서로 섞이지도 않는다."는 말이다. 그러나 이와 기는 서로 다른 차원에 있기 때문에 서로 떨어지고 섞이는 일이 없는 관계에 있다. 결국 동양이든 서양이든 이(理)를 초월적인 위치에 두게 됨은 어쩔 수 없다.

이(理)와 기(氣)의 이러한 관계는 마치 '음양의 관계'를 '양음의 관계'로 보는 것과 흡사하다. 음양론도 음양으로 보면 서로 대립적이지 않는데, 양음으로 보면 즉 양이 앞서게 되면 서로 대립적이 된다. 양음론(陽陰論)은 현상학적인 차원이고, 음양론(陰陽論)은 존재론적인 차원이다. 양음론이 이기론(理氣論)에 해당한다면, 음양론은 기리론(氣理論)에 해당한다고 말할 수 있다. 양음론은 동일성을 요구하는 차원이고, 음양론은 동일성을 요구하지 않고, 본래 차이성을 바탕으로 하고 있다.

현상학적인 차원은 어디까지나 '실체의 관계'인데 반해 존재론적인 차원은 '관계(실체가 없는)의 실재'이다. 만물은 상호관계의 산물이지만 그 상호관계에서도 실체가 있느냐와 실체가 없느냐는 크게 차이가 난다. 실체가 있는 것이 인과론이고, 실체가 없는 것이 진정한 상관관계(correlation)이다.

동일성의 세계는 결국 등식(等式)의 세계이고, 과학의 세계에서 그 정점을 이룬다. 이를 거꾸로 보면 과학은 등식의 세계, 동일성의 세계만을 바라보는 것이 된다. 그래서 어떤 종류의 이(理)이든 결국 절대리(絶對理)의 세계를 추구하게 된다.

	음양론	이기론	대립과 조화	상관관계
현상학적 차원 (동일성의 차이성)	양음론(陽陰論)	이기론(理氣論)	대립(상극)조화	동일성(인과론)
존재론적 차원 (차이성의 동일성)	음양론(陰陽論)	기리론(氣理論)	음양(상생)조화	차이성(상관론)

이(理)는 절대리(絕對理)인 것이고, 기(氣)는 존재의 바탕으로서의 '기'와 '절대리'와 대립되는 것으로서 '상대기(相對氣)'가 있다. '상대기'는 일종의 에너지를 말한다. 이는 물리학의 뉴턴역학과 아인슈타인의 상대성원리에 해당한다. 그러나 '기'에는 에너지로 설명하지 못할 무엇이 있다. 에너지는 스스로 운동의 방향이 없는 반면에 '기'(氣運生動)는 운동의 방향이 있는 것이 다르다. 기운생동은 우주의 변화를 나타낸다.

인간이 자신이 소유하고 조종할 수 있도록 설정한 가상실재는 '소유적 존재'를 말하는 것이고, 신(神)조차도 여기에 속하는 것이 있고, 그렇지 않는 것이 있다. 결국 이(理)와 신(神)은 같은 초월적인 존재이다. 그렇다면 사물을 대상화하는 자체가 이미 초월적인 해석이며, 초월적인 존재를 두는 행위이다. 이(理)와 신(神)의 설정은 인간사회를 지배하고 다스리기 위한 불가피한 조치라는 것을 알 수 있다. 이것은 또한 권력이다.

서양철학을 대표하는 현상학은 기독교의 '최초의 원인(천지창조)'과 '최후의 결과(종말심판)'에 이의를 제기하고 '최후의 결과'에 인과의 중심을 옮기려는 인간의 의식 활동이다. 헤겔의 정신현상학이 정반합의 과정으로서 부단한 모순과 새로운 통합을 통해 인간중심주의의 절대정신을 표방하였지만 현상학이 '최후의 결과'에도 이의를 제기할 가능성을 보인 것이 인간을 '죽을 사람(死)'으로 본 하이데거의 존재론이라고 말할 수 있다.

서양철학은 이분법적 사고의 노예

서양철학은 처음부터 기독교의 천지창조론의 영향으로 제조적(製造的) 세계관으로 출발한 것은 이미 알려진 사실이다. 제조적 세계관은 이분법적 세계관이다. 즉 만드는 자와 만들어진 자가 구분되는 세계이다.

이는 하나님이 인간을 창조한 것이나 인간이 도구나 기계를 만든 것이나 마찬가지이다. 여기에는 인간중심주의가 공통적으로 내재해 있다.

결국 서양철학은 시공간론으로 귀결되고, 이것이 과학의 세계를 열었다. 그런 점에서 서양철학인 하이데거와 데리다도 시간과 공간의 프레임을 벗어나기는 어려웠을 것이다. 하이데거는 그러나 시간성, 근원적 시간, 근본 기분 등의 개념으로 볼 때 시공간 개념을 넘어설 수 있는 최전선에 있었던 것으로 보인다.

하이데거는 기독교의 유일절대신이 아니라 새로운 신의 가능성을 탐색한 인물이다. 말하자면 하늘과 땅과 죽을 사람과 제신(諸神)들 말이다. 하이데거의 세계관은 마치 동양의 천지인 세계관에 흡사하다. 하이데거가 얼마나 동양의 서적을 탐독했는지를 알 수 있다.

하이데거의 존재론은 서양의 이분법적 사고에서 어떻게 일원적인 사고를 받아들이고 나름대로 해석하고 설명할 수 있는가를 보여주는 좋은 예, 즉 설명 틀이다.

서양의 제조적(製造的) 세계관 (이분법적 사고: 時空間論)	기독교의 천지창조론	"하나님이 천지를 창조했다."
	데카르트의 코기토	"나는 생각한다. 고로 존재한다."
동양의 비제조적 세계관 (일원적 사고: 非時空間論))	천부경(天符經)	무시무종(無始無終)의 순환론

데리다(공간론)	현재의 부재	메시아(계속되는 미래)	현상학적 차원
하이데거(시간론)	현존재→존재(현존)	죽을 사람(언젠가는)	현상학에서 존재론으로
*하이데거는 시간성, 근원적 시간, 근본 기분 등으로 시간을 벗어날 가능성을 보임			

현상학은 존재(자연)에서 원인과 결과를 뽑아낸 것이고, 다시 원인과 결과를 존재에로 귀속시킨 것이 존재론이다. 현상학의 최초의 원인과 최후의 결과는 모두 가상실재이다. 존재론의 입장에서 보면 인간의 모든 활동은 현존재(인간)와 존재(자연)의 부단한 자문자답이라고 할 수 있다.

헤겔의 정신현상학의 절대정신(역사철학)에서 하이데거는 시간을, 데리다는 공간을 잡고 현상학을 심화시켰고, 후설은 현상학을 일반화시켰다. 니체는 '힘에의 의지'의 철학에서 헤겔의 '절대정신의 변증법'을 '힘의 상승'으로 재해석하였다. 결국 이들은 모두 현상학의 심화와 확대를 꾀한 인물이다.

하이데거는 존재론을 제창하였지만, 현상학을 완전히 벗어나지는 못했다. 그러한 징후는 여러 곳에서 발견할 수 있다. 예컨대 존재자가 존재로 향하는 것을 도약 혹은 초월이라고 말하는가 하면 존재와 신을 이원화하는 경향에서도 서양철학의 전통적 존재론에서 볼 수 있는 초월적 사고를 볼 수 있다. 더욱이 존재가 존재자와 거리를 두는 것을 완강한 거부라고 하는 것 등은 세계를 이원적으로 보는 것과 같은, 존재자와 존재자 사이의 갈등이나 긴장관계를 설명하는 것과 같다.

존재(자연적 존재, 생성적 존재)는 실체가 없기 때문에 결코 상대를 대상화하지 않는다는 점(절대-상대의 차원을 벗어나 있다)을 확실하게 의식하지 못하고 있는 것 같다. 이는 모두 서양철학의 이분법 혹은 이성중심주의가 아직도 작용하고 있음을 말한다.

존재(생성)는 '존재의 진리'가 아니라 그냥 '존재'일 뿐이다. '존재의 진리'로 말할 것 같으면 존재를 설명하는 어떤 진리도 존재를 앞설 수 없다. 이성이라는 것은 존재를 설명하는 방식에 불과하기 때문이다. 그런 점에서 이성은 존재 그 자체가 아니다. 존재를 존재이게 하는 데는 어떤 것도 개입할 수가 없다. 그런 점에서 모든 존재는 평등하다.

존재의 순환관계를 보면, "없기(無) 때문에 있는(有) 것이며—이것은 존재론적 순환이다—, 있기 때문에 없어지는—이것은 현상학적 인과이다— 것이다." 이를 절대상대로 보면 "상대(相對)이기 때문에 절대(絶對)이고, 절대이기 때문에 상대가 되는 것이다."

존재는 또한 시공간에 앞선다. 따라서 시공간으로 설명되는 존재는 존재 그 자체가 아니다. 우리는 흔히 존재를 시공간의 방식으로 설명하는 데에 익숙한데 이는 존재를 설명하는 완전한 방식이 아니다. 존재에는 존재의 이유가 없다.

진리에 대한 선입견(선험성, 초월성)은 존재를 진리라고 보는데 이는 매우 인간적인(존재자적인) 시선이다. 서양철학의 진리(眞理)에 비해 불교의 진여(眞如)는 '진리에 대한 시적인 표현'으로서 존재에 더 가까운 표현이지만 엄밀하게는 진여도 없다는(가상실재인) 것에는 마찬가지이다.

진리라는 말 자체가 이미 소유적 개념이며, 소유적 존재로서의 인간의 창안물(구성물)이다. 인간은 진리라고 말함으로써 대상을, 혹은 자연을 소유한 것처럼 착각한다. 진리가 생각의 산물임을 감안하면 생각이 이미 소유인 것을 물론이고, 생각 자체가 착각인 셈이다. 인간은 착각의 동물이다. 그런 점에서 생각의 중추인 뇌는 자연을 착각하는 세포장치이다. 뇌 신경세포 가운데 존재하는 거울세포라는 것이 그 증거이다.

현존재인 인간을 통해서 존재와 존재자의 존재론적 차이를 설명하는 방식, 예컨대 '터-있음(현존재, Dasein)'을 통한 은적과 현현의 역동적 관계를 설명하면서 '탈은적(탈은폐)'이나 '탈자'라는 용어를 사용하고 있지만 이는 존재자의 입장에서 존재를 바라보는 시선이다. 만약 존재의 입장에서 존재자를 바라보면 존재자는 결정되어(고정되어) 있는 혹은 심하게는 갇혀있는 것이 된다. 존재는 그냥 있는, 예컨대 무시무종(無始無終)

의 상태로 있는 것이다. 이것이 유시유종(有始有終)이 되면 존재자가 되는 것이다.

존재(생성)는 결코 숨지도 않고, 고정되지도, 거부하지도 않는다. 존재는 흘러갈 따름이다. 단지 인간이 존재를 존재(현존)로서 느끼지 못했기 때문에 은적(은폐)되었다고 말하고 다시 현현(현성, 현상)하였다고 말하지만 그것은 존재(생성)에 대한 정확한 표현이나 설명이 아닌, 지극히 시적(詩的)인 표현으로서 은유(隱喩)에 대한 철학적 설명이라고 말할 수 있다.

존재는 애초에 철학이 개입할 영역이 아닌지도 모른다. 철학은 현존을 대상으로, 즉 현존을 현재에 입각해서 해석하는 역사적 회상과 새로운 역사를 맞이해야 하는 '한계(울타리)의 경제'의 실천이고, 역사적 변증법, 혹은 차이의 변증법의 소산일 수밖에 없다. 현존은 존재보다 생성을 직접적으로 말하는 것이다. 하이데거의 한계는 바로 존재-존재자의 존재론적 차이에 있다.

생성은 아예 그 차이의 이면에 있는, 동일성(초월성, 보편성)의 아래에 있는, 개별성의 존재적 근거(근거 아닌 근거) 혹은 바탕이 되는, 무의식의 무위자연의 일반적인 존재, 즉 일반성의 존재이다. 현존은 바로 일반성의 존재이다.

니체는 '힘에의 의지'철학으로 인해서 시인이 되는 데에 실패하였고, 하이데거는 철학적 시인이 되는 데에 도달하였지만, 존재 그 자체에는 이르지 못했다. 존재 그 자체는 시인의 세계도 아니고 오로지 생멸(生滅)일 뿐이다. 생멸은 누가(who), 무엇이(what), 언제(when), 어디서(where), 어떻게(how), 왜(why)가 없기 때문에 생사(生死)가 아니다.

육하원칙(六何原則) 중에는 왜(why)가 결정적인 키를 쥐고 있다. '왜'는 다른 모든 것을 일어나게 하기 때문이다. 인간은 '왜'를 생각하는 동물이다. '왜'는 존재이유를 따지는 물음이다. 이것을 극복하기 위해서는 '현상의 세계'에서 '존재의 세계'로 들어가야 한다.

인간의 삶은 생사로 따질 수도 있고, 생멸로 따질 수도 있다. 생사는 현상계이지만 생멸은 존재계(현상계가 아닌)이다. 생사는 태어나는 날과 죽는 날, 처음과 끝이 있지만, 생멸은 처음과 끝이 없고, 시간과 공간도 없는 것이다.

빅뱅은 남성이고 권력, 블랙홀은 여성이고 사랑

예컨대 오늘의 물리학자들이 빅뱅(Big-bang)과 블랙홀(Black-hole)을 주장하고 빅뱅 이후 우주의 발생을 시간적으로 계산하지만, 만약 우주가 시간에 따라 발생하였다면 시간이라는 변수는 우주생성과 별도로 존재하는 것이 된다. 이것은 모두 인간이 자신의 시공간의 틀에 따라 우주생성을 계산한 것에 불과하다.

우주가 블랙홀에 한 찰나(刹那)에 빨려 들어가면서 소멸한다면 무슨 시간이 존재할 수 있으며 의미가 있겠는가. 시공간이라는 것은 인간의 설명하려는 노력에 불과한 것이다. 빅뱅과 시공간은 생성의 역동성을 존재의 고정된 실체로 해석한 것에 불과하다. 블랙홀이 있다는 것은 시공간의 구성을 일시에 무화시키는 것이다.

'찰나와 순간(瞬間)'은 현상학적인 것이고, '지금(至今, 只今)'은 존재론적(생성적)인 것이다. 순간은 아무리 작은 것일지라도 양(量)이 있는 것이고, 그렇기 때문에 순간은 무한히 지속되는 시간이고, 그렇기 때문에 "순간은 영원이다."라는 결론에 도달하지 않을 수 없다.

그러나 '지금'은 생성이기 때문에(고정된 불변의 실체가 없기 때문에) 양이 없고, 양을 잴 수가 없다. '지금'은 현상학적으로 어떤 대상(실체)을 잡을 수 없을 뿐만 아니라 궁극적으로 시간도 아니고 그렇기 때문에 공간도 아니다. '지금'은 존재론적인 세계이다. '지금'은 본래존재의 세계이다.

빅뱅은 시공간을 구성케 하고 밝음(自覺, 般若, 無知)을 나타내지만, 블랙홀은 시공간을 무화시키고 어둠(無明, 涅槃, 無名)을 나타낸다. 시공간의 구성은 현상학적인 세계이고 시공간의 무화는 존재론적인 세계이다. 전자는 남성적인 양(陽)을 상징하지만 후자는 여성적인 음(陰)을 상징한다. 빅뱅은 남성이고 권력이지만, 블랙홀은 여성이고 사랑이다.

빅뱅 (Bin-bang)	양(陽)-남성 권력의 세계	시공간의 구성 (존재)	밝음(自覺, 般若, 無智)	현상학 (생사론)
블랙홀 (Black-hole)	음(陰)-여성 사랑의 세계	시공간의 무화 (생명)	어둠(無明, 涅槃, 無名)	존재론 (생멸론)

굳이 시공간으로 말한다면, 만물은 스스로 시공간을 가지고 있다. 그래서 만물만신(萬物萬神)이다. 사물을 현상학적으로 설명하려면 시간과 공간이 전제되지 않으면 안 되고 시작과 끝이 있어야(생겨나야) 되는 것은 물론이다.

모든 대립개념은 현상학에서 생겨나게 된다. 현상학을 극복하려고하면 '시작-끝'(모든 대립)을 하나로 묶는 수밖에 다른 도리가 없다. 이러한 하나의 묶음, 혹은 동시성의 묶음은 예수의 설교에서도 이용된다.

"나는 알파요, 오메가이다."

예수는 존재의 생성에 도달한 인물이다.

예수는 자신의 불교적(법화경) 깨달음을 유대문화문법으로 해석하였다고 볼 수 있다. 예수의 기독교는 실은 불교의 기독교이다. 이는 유추된 예수의 청년기 행적과 불교와 기독교의 유사성에 관한 많은 연구, 그

리고 도마 복음서에 의해 증명되고 있다.[73]

힌두문화를 바탕으로 한 불교를 유대문화문법으로 해석한 것이 기독교라면 오늘의 기독교를 힌두문화문법으로 다시 해석한다면 불교가 될 것을 유추해볼 수 있다.

철학적으로 볼 때, 이원대립을 하나로 묶기 위해서는 안의 대립을 밖에서 보는 시각이 필요하고, 밖에서 바라보는 시각은 안과 밖의 역동적 연장에 의해 계속되지 않을 수 없다. 바로 이것이 철학의 운명이고, 특히 현상학의 운명이다.

이 같은 철학의 역사적 운명을 벗어나기 위해서는 존재(생성)로 숨거나 숨어 있는 존재를 찾아들어갈 것이 아니라 현존을 현재적 대상(실체)으로 바라보는 것을 넘어서서 '있는 그대로' 현존적으로 바라보면 된다. 현존이 바로 존재(생성)이다. 말하자면 존재의 흘러가는 변화생성을 그대로 인정하면 된다. 비록 그것을 소유할 수 없을지라도—.

하이데거는 존재를 깨닫긴 했으나 서양 철학의 현상학적 존재의 방해나 관성(인습)으로 인해서 존재, 즉 동양적 생성의 진면목을 깨닫지 못했던 것 같다. 존재의 진면목인 무시무종(無始無終)이나 무시무공(無時無空)의 기운생멸(氣運生滅)을 깨닫지 못했던 것 같다. 또한 시인의 눈으로 사물에 가깝게 다가감으로써 사물을 사중물(四重物)로서 중첩시키기는

----

73 도마 복음서: 도마복음서(Gospel of Thomas) 또는 도마에 의한 복음서(Gospel According to Thomas)는 기독교 신약성서 외경의 하나이다. 서문에 예수의 열두 제자 중 한 사람인 디디모스유다 도마가 썼다고 기록되어 있다. 도마 복음서는 사복음서와 달리 예수의 전기를 담고 있지 않으며, 어록들로만 채워져 있다. 베드로가 로마 지역의 대표였다면 도마는 시리아 지역의 대표였던 것으로 보인다. 니콜라스 페린(Nicholas Perrin)은 도마 복음이 타티아노스(Tatianos)의 'Diatessaron'에 근거하고 있다고 주장하였다. 도마 복음서는 영지주의적 내용이 있는 것으로 보아 공관복음서보다 먼저 씌어졌을 것이라고 전문가들은 보고 있다. 도마 복음서는 도마행전(The Acts of Thomas), 도마의 유아기 복음(The Infancy gospel of Thomas)과는 다른 것이다.

했지만 사물 그 자체가 신(神)이라는 사실, 즉 만물만신(萬物萬神)이나 만물생명(萬物生命)을 깨닫지 못했던 것 같다.

하이데거	원인	결과	생사와 생멸의 차이
현상학(시간)	시원적인: 顯現	죽을 인간(동일성)	生死의 차원
존재론(하이데거)	존재: 無: 隱迹: 生起(Ereignis)		生滅(기운생멸)/生氣
기독교적 현상학	최초의 원인 (천지창조)	최후의 결과 (최후의 심판)	기독교적 이분법

하이데거는 서양철학에서 가장 멀리 달아난 인물

현존이야말로 바로 존재이다. 서양철학은 현존을 대상으로, 즉 현성(現性)된 존재를 현상으로 보기 때문에 현존이 바로 존재인 줄 몰랐을 따름이다. 존재의 부재가 바로 현재이고 현재가 바로 현상이다. 그렇다면 '존재'라는 말은 '현존이 존재'라는 사실을 몰랐던 서양철학과 하이데거의 존재론이 현존에 도달한 우회로(迂廻路)라는 것을 알 수 있다.

서양철학이 그동안 '존재'라고 말했던 것이 '존재자'였다는 사실을 발견한 하이데거조차도 존재(생성적 존재, 생성)를 제대로 몰라서 우회했던 셈이다. 하이데거의 시각은 존재자에서 존재를 바라보기고 하고, 존재에서 존재자를 바라보기도 하지만 주로 전자의 입장, 즉 존재자에서 존재를 바라보는 기술을 하고 있다.

이는 그가 아직 현상학에서 출발하여 존재를 탐색하고 있음을 드러내는 것이다. 하이데거의 존재론은 현상학과 존재론 사이에 있다. 하이데거의 한계는 시각-언어를 중심으로 하는 서양철학 자체의 한계이자 특성이다. 그렇지만 하이데거는 서양철학자 중에서는 최선을 다하여 최고로 존재(생성)에로 다가온 인물이다.

인간정신의 특성은 결국 절대이다. 헤겔의 역사철학, 법철학이 절대정신을 주장하기에 이른 것은 이를 잘 말해주고 있다. 절대는 존재를 절단하고, 존재에 가상을 덧씌우는 행위이다. 절대는 절대적인 하나를 주장하지만 그것이 바로 이분법의 출발이고, 이분법이야말로 동일성이다. 예컨대 선악은 이분법이고, 선은 선의 동일성이고, 악은 악의 동일성이다. 선이라는 개념 자체가 이미 동일성이고, 악이라는 개념 자체가 이미 동일성이다.

인간의 절대정신을 주장한 헤겔의 정신현상학은 바로 그렇기 때문에 정신과 물질의 이분법에 빠지고, 동일성에 빠졌기 때문에 그러한 모순에서 벗어나기 위해서 정반합의 지양을 통해 변증법을 계속하게 된다. 결국 인간의 정신은 어떻게 되었는가. 헤겔의 정신은 마르크스에 의해 역전되어 물질에 이른다. 이것은 현상학의 미래를 보여주는 것이었다. 결국 물질은 정신의 결과인 셈이다.

이러한 현상학적 왕래를 선과 악에 적용하면 악은 선의 결과인 것이다. 마찬가지로 문명은 자연의 결과인 것이다. 인간은 생물종의 결과인 것이다. 생물은 무생물의 결과인 것이다. 이를 두고 우리는 현상학적으로 결과론적 동일성이라고 말할 수 있다. 마르크스의 유물론은 헤겔의 유심론을 뒤집은 것에 불과하다(마르크스는 헤겔좌파이다)는 것은 이미 잘 알려진 그대로이다.

이상에서 볼 때, 동일성을 벗어나야 인류의 평화를 달성할 수 있다면, 동일성을 벗어나기 위해서는 인류는 무엇을 어떻게 해야 하는가? 그 동일성을 벗어나기 위해서는 누가 변해야 하는가?

현상학적인 동일성을 벗어나기 위해서는 세계의 존재성(생멸성)에 대한 인식을 새롭게 해야 하고, 동일성을 가진 자가 동일성을 포기해야 하는 참으로 어려운 인류의 자기쇄신, 자기혁명을 실천하지 않으면 안 되는 역사 운명적 책무를 알게 된다.

동일성의 문명인 서양이 동양보다 먼저 변해야 하고, 동일성의 권력을 가진 남성이 여성보다 먼저 변해야 하고, 동일성의 창조자인 인간이 대자연에 대한 생각을 바꾸어야 한다. 자연은 정복의 대상이 아니라 '선물과 같은 존재'이다.

'행동(action)중시 문화' 대(對) '상태(état)중시 문화'

유럽은 북부유럽과 러시아의 슬라브족, 남부 유럽의 라틴족을 제하면 대체로 게르만족이 중심을 이루고 있다. 크게 보면 영국과 프랑스, 독일은 게르만에 속한다. 게르만의 프랑코(Franco)족이 프랑스를 건설하는데 서 프랑코(프랑스, 벨기에), 동 프랑코(폴란드, 체코), 중 프랑코(독일, 오스트리아)가 나누어져 오늘의 유럽을 구성하고 있다. 영국의 앵글로색슨도 게르만에 속한다.

프랑스 북부 브르따뉴(Bretagne) 지방의 원주민이 영국으로 이동하여 오늘의 영국(Great Britain)을 이룬다. 아서 왕이 바로 그 후손이다. 오늘날 프랑스는 게르만을 중심으로 라틴, 노르만이 섞여 있다.

유럽에서도 이성적이지 않는 민족으로는 순수 라틴족에 속하는 이탈리아, 스페인, 포르투갈, 그리고 영국의 스코틀랜드, 아일랜드가 대표적이다. 남부 유럽은 중세에 이슬람제국의 지배와 영향으로 혼성(hybrid)되었다.

로마와 이탈리아는 다르다. 로마는 이성주의 전통의 선상에 있는 반면에 이탈리아는 그렇지 않다. 아무래도 전반적으로 유럽북부가 더 이성적이고, 남부가 감정적이다. 이것은 지구적인 현상이다. 북부가 더 이성적이 된 이유는 아무래도 추위와 먹이의 조달 등으로 삶의 어려움을 겪음으로서 이성적이지 않으면 살 수 없었기 때문으로 풀이된다.

그리스도 본래 이성적이지 않았고, 소크라테스 이후 플라톤 등의 영향으로 이성적으로 변했다고 한다. 그리스 철학과 문화의 적통임을 프랑스와 독일이 서로 주장하고 있는 편인데 하이데거는 그리스에서 독일로 이어졌다고 보고 있다. 그래서 인도-유러피언 대신에 인도-게르만이라는 용어를 사용한다.

심지어 니체는 "영국 사람은 철학할 줄 모른다."라고 비하한다. 하이데거는 "미국문화가 시인을 죽게 만들었다."라고 한다. 이러한 주장의 이면에는 그리스 문화가 로마로 가서 왜곡되고 타락되었다는 선입견이 들어있다.

그리스, 로마, 프랑스, 영국, 미국으로 이동한 유럽문화의 다른 줄기, 예컨대 법전주의나 실용주의에 대해 약간의 혐오감이 숨어 있다고 하지 않을 수 없다. 그런데 니체, 하이데거에 의해 피크를 이루던 독일철학은 하이데거 이후에는 프랑스에 완전히 밀려버렸다고 해도 과언이 아니다. 어쨌든 유럽의 이성주의든, 다른 주의든 그리스에서 출발하여 로마까지는 함께하는데 로마 이후가 문제가 되는 셈이다.

이성주의와 반이성주의는 이중성과 가역성을 띠고 있다. 바로 겹치는 부분이 있다. 이성주의 철학의 적통에서 반이성주의 철학이 나오는 것은 변증법적으로도 타당하다. 이성주의는 동일성을 전제로 한, 동일성의 철학이다.

앙드레 말로는 그의 『서양의 유혹』에서 "세계적으로 볼 때 언어와 문화는 매우 긴밀하게 작용을 하고 있는데 행동(action)을 중시하는 언어와 문화가 있는 반면에 상태(état)를 중시하는 언어와 문화가 있다."[74]고 말했다. 이를 언어학적으로 보면 "행동문화는 '주어+동사(타동사)+목적어'로 문장이 구성되는 반면에 상태문화는 '(주어 생략) be동사(자동사)+형용사'로 구성되는 경향이 있다. 후자의 경우 형용사가 동사처럼 변하는 경향을 보인다. 후자의 경우 명사가 발달하지 못한다."[75]

이를 오늘의 존재론으로 보면 행동문화는 존재자적인 문화이고, 상태문화는 존재적인 문화이다. 명사가 존재자이다. 존재적인 문화는 대칭적으로 사물을 보고, 존재자적인 문화는 대립적(비대칭적)으로 사물을 보게 된다고 할 수 있다.

행동중시 문화는 '소유'를 중시하고 그것은 서양문명에서 가장 잘 드러나고 있다. 이에 반해 상태중시 문화는 '존재'를 중시하고 그것은 오늘날 한국문화에서 가장 잘 드러난다. 그런데 상태중시 문화는 지구상에서 아메리카 인디언을 비롯하여 여럿 있었지만 모두 멸망하였다. 그런데 유일하게 한국이 남아있다.

물신숭배와 힘(권력)에 빠진 서양문명

인간정신의 끝은 물질이다. 결국 '정신=물질'이다. 절대정신(유심론)은 절대물질(유물론)이다. 마르크스는 이를 잘 말해주고 있다. 자본주의의 비판에서 자본(화폐)의 유령성을 폭로한 마르크스는 마찬가지로 노

---

74 이 책은 중국문화의 전문가이며, 소설 《대지》로 노벨문학상을 수상한 펄 벅(Pearl S. Buck)의 《중국 여성은 말한다(A Chinese Woman Speaks)》가 출간된 해인 1926년에 출간되어 동서양문화의 이해에 결정적인 영향을 준 작품이다.
75 김정 박사(불문학)의 주장이다. 김정 박사는 철학자 김형효 박사의 부인으로 르네상스 시대 프랑스 문학을 전공했으며, 오래 동안 한양대학교 교수로 재직했다.

동에서 근육노동(단순노동)을 유령화(가상실재) 함으로써 노동의 다층성과 정신노동과 육체노동의 이중성을 단순화하는 우를 범했다. 서양철학은 정신이든 육체이든 그것을 실체화하지 않으면 의미를 느끼지 못하는 전통 위에 있는 셈이다.

서양 철학사를 꿰뚫어보면 물질은 결국 정신의 현상이고, 정신은 물질이 되고, 물질은 물신(物神)이 된다. 바꾸어 말하면 인간정신에서 멀리 나아갈수록 더욱더 물질화되었다. 이것은 역설이다.

서양철학은 물신에서 그 끝을 맺을 수밖에 없다. 이것이 서양철학의 현상학의 오류이다. 물신(物神)을 신물(神物)로 바꾸는 것이 바로 철학의 생성론(生成論)이고, 삶의 철학(앎의 철학이 아닌)이고, 존재론(존재자가 아닌)의 철학이다. 우리가 알고 있는 '앎의 철학'이 실은 철학의 탄생지의 '삶의 철학'이라는 점에서 모든 철학은 이미 생태·지리철학이다.

만물(萬物)이 존재인데 인간만이 존재자이다. 만물이 만신(萬神)인데 인간만이 유일신(唯一神)을 믿는다. 유일신이라고 하면 으레 '신(神) 중심'인 것 같지만 그 개념 속에는 이미 인간 혹은 '인간 중심'이 내재해 있다. 절대라는 말 속에도 이미 인간 중심, '인간신(人間神, 人神)'이 자리하고 있다. 어쩌면 유일 혹은 절대라는 말은 인간이 만든 개념이다.

그렇다면 일반성의 철학의 신은 만물만신(萬物萬神) 혹은 신물일체(神物一體)의 관점에 있기 때문에 결국 '인간신'이 아니라 '신인간(神人間, 神人)'이 되어야 한다. 니체의 초인(超人)이라는 개념은 초월적 사고의 결과로서 '인간신'에 해당하는 것이라고 할 수 있다. 니체의 초인은 무소불위의 힘을 가진 현대인을 두고 하는 말일 수도 있다.

이상의 '인간신-물신'이 '신인간-신물'로 바뀌지 않으면 언젠가는 자연이 인간에게 회생불가능의 보복을 할지도 모른다. 그때는 이미 때가 늦은 것이다. 인간이라는 호모 사피엔스 사피엔스는 결국 자신이 기도

하기 위해 설정한 신(神)마저도 자신의 소유로 하면서 이제 무소불위의 존재가 되었다.

인간 무소불위의 시대를 맞아서 이제 신을 과거처럼 전지전능한 존재로 그릴 것이 아니라 가장 '힘없는 존재'(힘이 없다고 해서 '없음의 존재'는 아니다)로 그려야 인간의 오만함과 그칠 줄 모르는 욕망을 자제시킬 수 있을지도 모른다. 자신의 힘(권력)을 자제하지 못하는 인간은 결국 스스로의 모순에 빠져 멸망할지도 모른다.

신이 만물을 창조하였다는 것은 신이라는 실체와 만물이라는 실체를 동시에 설정하는 것이고, 이것은 처음부터 현상학적으로 사물을 보려는 의도를 숨기고 있다. 무시무종의 세계를 유시유종의 세계로 설명하려는 것이 현상학이다. 신물(神物)은 하나이다.

만물만신은 절대적인 신이 만물을 소유하거나 마음대로 하는 것을 배제하는 것은 물론이고, 절대적인 다른 존재(인간)가 신을 소유하거나 마음대로 하는 것도 배제하는 철학이다. 만물만신의 철학은 어떤 경우의 '절대(실체, 동일성)'도 배제함으로써 물신숭배를 원천적으로 봉쇄하는 신학철학이다. 그러한 점에서 만물만신, 만물생명의 신은 '기운생멸(氣運生滅)의 신'이다. 신과 인간과 사물의 거리가 없다.

인간은 사유(관념, 이성, 동일성)라는 절대를 숭상하는 존재이다. 그 절대를 어떻게 사용하든 항상 위험성이 도사리고 있다고 말할 수밖에 없다. 절대는 신을 향할 수도 있고, 사물을 향할 수도 있다. 절대는 주인이 될 수도 있고, 종이 될 수도 있다. 절대는 현대에 이르러 과학기술과 경제로 둔갑했다.

인간은 로봇인간이 등장하기 전에 이미 스스로 반쯤은 인조인간이 되어있다. 그 로봇은 인간의 생활편의를 위해서 혹은 공장의 기계적 노동력으로 많은 기여를 하겠지만 그 무엇보다도 전쟁로봇으로 사용될 전망이어서 글자그대로 전쟁기계이다.

유발 하라리와 필자의 문명을 바라보는 태도의 차이점은 각자가 처한 문명적 장소, 즉 문명문화권적 차이 혹은 인종적 차이에서 비롯되는 것이다. 유발 하라리는 사피엔스의 종말을 당연한 것으로 여기면서 인조인간의 등장을 예견하고 있다.

"사피엔스는 아무리 열심히 노력하고 아무리 많은 것을 이룩한다고 할지라도 생물학적으로 결정되어 있는 스스로의 한계를 벗어날 수 없을 것이다. 하지만 21세기에 이르러 이것은 더 이상 사실이 아니다. 호모 사피엔스는 스스로의 한계를 초월하는 종이다. 이제 호모 사피엔스는 자연선택의 법칙을 깨기 시작하면서, 그것을 지적 설계의 법칙으로 대체하고 있다. 40억 년 가까운 세월 동안 지구상의 모든 생명체는 자연선택의 법칙에 따라 진화했다. 지적인 창조자에게 의해 설계된 생명체는 단 하나도 없었다. 예컨대 기린의 목이 길어진 것은 고대에 있었던 기린 사이의 경쟁 때문이었지, 초월적 지성을 가진 모종의 존재가 변덕을 부렸기 때문이 아니었다. (중략) 어느 단계에선가 기린, 돌고래, 침팬지, 네안데르탈인 같은 생물들에게서 의식과 계획수립 능력이 진화했다. (중략) 물론 호모 사피엔스는 전능한 신에 비교하면 여전히 설계기술이 제약되었다. (중략) 40억 년에 걸쳐 이어져온 자연선택이라는 구체제는 오늘날 완전히 다른 종류의 도전에 직면하고 있다. 전 세계의 실험실에서 과학자들은 살아 있는 개체의 유전자를 조작하여, 원래 해당 종에게 없던 특성을 부여하는 정도까지 자연선택의 법칙을 위반하는 중이다."[76]

유발 하리리는 또 "인지혁명 덕분에 인간은 별반 중요치 않은 유인원

---

76 유발 하라리, 같은 책, 조현욱 옮김, 561~563쪽.

에서 세상의 주인으로 변화했다. 이 혁명에는 생리기능의 변화는 물론
이요, 사피엔스의 뇌 크기나 외부 형태에도 뚜렷한 변화를 필요로 하지
않았다. 뇌 내부 구조의 작은 변화 이상은 관련되지 않았던 것으로 보인
다. 여기에 약간의 추가적 변화만 있으면 제2차 인지혁명의 불이 붙어
완전히 새로운 형태의 의식이 창조되고 호모 사피엔스가 완전히 새로
운 무언가로 바뀔 수도 있다. (중략) 우리로 하여금 초인간을 만들어내지
못하게 막는 극복할 수 없는 기술적 장애는 없을 것으로 보인다. 주된
장애는 윤리적, 정치적 반대이다."[77]고 말한다.

그는 이렇게까지 말하고 있다.

"우리가 우리의 유전자를 주물럭거린다고 해서 반드시 멸종하는 것
은 아니다. 하지만 우리가 더 이상 호모 사피엔스가 아니게 될 가능성은
있다. (중략) 미래 기술의 진정한 잠재력은 호모 사피엔스 자체를 변화시
키는 것이다. 단순히 수송 수단과 무기만이 아니라 우리의 감정과 욕망
까지 말이다. 영원히 젊은 사이보그에 비하면 우주선은 아무 것도 아니
다. 이 사이보그가 번식도 하지 않고, 성별도 없으며, 다른 존재들과 생
각을 직접 공유할 수 있다면 더욱 그렇다. (중략) 우리의 후계자들은 신
비슷한 존재일 것이다."[78]

유발 하라리는 그러면서 사피엔스를 '신이 된 동물'이라고 풍자하고
있다.

"7만 년 전 호모 사피엔스는 아프리카의 한구석에서 자기 앞가림에만
신경을 쓰는 별 중요치 않은 동물이었다. 이후 몇 만 년에 걸쳐, 이 종은
지구 전체의 주인이자 생태계의 파괴자가 되었다. 오늘날 이들은 신이

---

77 유발 하라리, 같은 책, 조현욱 옮김, 570~571쪽.
78 유발 하라리, 같은 책, 조현욱 옮김, 577~581쪽.

되려는 참이다.(중략) 더구나 인간의 능력이 놀라울 정도로 커졌음에도 불구하고 여전히 스스로의 목표를 확신하지 못하고 있으며 예나 지금이나 불만족스러워하기는 마찬가지인 듯하다. (중략) 과거 어느 때보다 강력한 힘을 떨치고 있지만, 이 힘으로 무엇을 할 것인가에 관해서는 생각이 거의 없다. 이보다 더욱 나쁜 것은 인류가 과거 어느 때보다도 무책임하다는 점이다. 우리는 친구라고는 물리법칙밖에 없는 상태로 스스로를 신으로 만들면서 아무에게도 책임을 느끼지 않는다. 그 결과 우리의 친구인 동물들과 주위 생태계를 황폐하게 만든다. 오로지 자신의 안락함과 즐거움 이외에는 추구하는 것이 거의 없지만, 그럼에도 만족하지 못한다. 스스로 무엇을 원하는지도 모르는 채 불만족스러워하며 무책임한 신들, 이보다 더 위험한 존재가 또 있을까."

이것이 유발 하라리가 인류에게 던지는 마지막 의문이자 답이다. 인간은 초월적인 신을 만들어서 숭배하다가 결국 과학시대에 이르러 스스로 초월적인 신이 되어버렸다고 한다. 과연 인간이 신이 되었는가. 과연 신은 강력한 힘을 가졌던 존재였고, 그렇지 않으면 신이 아니었다는 말인가.

유발 하라리에 비해 필자는 인간 종의 멸종, 스스로의 힘에 의해 멸종하는 존재로서 인간을 예언하는 편이다. 그 대신 사이보그가 등장하여 그 빈자리를 메울 것으로 짐작한다. 과연 사이보그를 인간의 진화로 볼 수 있을 것인가. 사이보그는 분명 기계일 뿐이다. 그렇기 때문에 인간은 스스로의 종을 연장시킬 필요가 있는 것이다.

그러기 위해서는 인간의 의식을 개조할 필요가 있다. 욕망을 제어하면서 다른 인간가족과 공생하고 공영하는 마음의 여유를 가질 수 있도록 교육할 필요가 있다. 말하자면 욕망을 없애는 것이 아니라 욕망을 조절하면서 이웃과 함께 살 수 있도록 연대할 필요가 있다. 인간이 공생하기 위해서는 무엇보다도 환경과의 조화가 절실하다. 이것을 전반적으로 인간의 에콜로지(ecology) 상황이라고 말할 수 있을 것이다.

그 에콜로지 상황의 답은 앞에서도 여러 차례 말했지만, 만물만신(萬物萬神)이며, 만물생명(萬物生命)이다. 지금까지 기독교의 영향으로 신과 만물은 조물주와 피조물, 주인과 노예, 즉 위계적 상황에 있었고, 더욱이 만물은 생명이 아니라 무생물로서 생명과 차별받는 존재였다. 그러나 그렇지 않다는 것이 필자의 주장이다.

만물만신은 힘의 증대를 노리는 인간에게는 도움이 되지 않겠지만, 더욱이 만물생명은 인간생명의 영장성(靈長性)을 주장하는 것에 반하겠지만, 이들 사상이야말로 하나의 세계, 본래존재로서의 세계를 인간 각자가 깨닫게 되는 데에 결정적인 기여를 할 것이다.

필자는 중생대에 멸종한 공룡의 예를 들어서 '인간 공룡'이라는 말을 한 적이 있다.[79] 이는 매우 사피엔스에 대한 비관적인 태도이지만 동시에 인간의 멸종을 최대한 지연시키고 평화를 유지시키고자 하는 인간 종의 일원으로서의 염원이라고 말할 수 있다.

신을 배제하는 것으로서 현대의 인간신(人間神)은 물신숭배에 빠졌다. 자신의 힘(권력)의 증대에 도취되어 세계를 폭력 대 폭력, 파시즘 대 파시즘의 대결의 늪 속으로 빠뜨리고, 스스로를 선(善)하다고 생각하는 정신도착에 빠졌다. 이러한 도착은 인간 종을 멸종에 이르게 할지 모른다.

인간은 수많은 종교적·사상적·문화적 경계(담, 울타리) 안에서 살고 있다. '안과 밖'의 경계를 허물어뜨리거나 교통과 소통을 원활히 해야 지구촌의 세계평화를 달성할 수 있다. '지구촌'이라는 말은 이미 그 경계가 무의미함을 선언적으로 표명하고 있는 말이다. 모든 경계를 일종

---

79 박정진, 『니체, 동양에서 완성되다』, 소나무, 2015, 597~613쪽.

의 '투명한 벽'처럼 만들면서 '우리=지구촌' 의식을 강화해야 항구적인 평화를 달성할 수 있다는 뜻이다.

그런 점에서 '우주'라는 말보다 '자연'이라는 말이, 자연이라는 말보다 '지구'라는 말이 훨씬 더 교훈적이고 효과적이다. 그래서 필자는 『지구 어머니, 마고』[80]라는 책을 내기도 했다. 이 책에서는 우주공간을 정복하는 남성적-개척적-전쟁적 사피엔스보다는 지구의 평화를 지키는 여성적-보수적-평화적 사피엔스가 더 절실하기 때문이다. 지구를 떠난 인간은 생태적 환경을 무시한다는 점에서 매우 위험하다.

오늘에 당면한 인간문제의 핵심은 바로 평화의 유지와 생태계를 존중하는 삶의 태도일 것이다. 여기에 인간이 공멸하지 않을 수도 있는 비결이 숨어있기 때문이다. 평화와 생태계의 적은 바로 인간의 힘(권력)이다. 인간의 권력은 지금 전반적으로 파시즘의 상황에 있다. 과학은 파시즘적 상황의 주범이다.

인간은 과학의 능력과 업적을 이용한다고 떠들어댈지 모르지만, 과학은 오늘날 인간을 노예화하고 있다. 종교는 처음에 신을 주인으로 모시면서 인간을 노예화하는 것으로 출발하였지만 오늘날 인간을 주인으로 만든 반면, 과학은 반대로 처음에 인간을 주인으로 출발하였지만 거꾸로 인간을 노예화하고 있다.

인간은 본인이 기계와 로봇을 이용하고 있는 줄 알고 있겠지만 우습게도 기계와 로봇이 인간을 부리고 있는 실정이다. 기계와 로봇은 결코 인간에게 적응하지 않는다. 설계된 대로 살아갈 것이기 때문이다. 오늘날 인간은 기계와 로봇에 거꾸로 적응해야 하는 불쌍한 군중이 되었다.

인간이 아무리 '우주적 인간'이 되었을지라도 여전히 인간은 지구라

---

80 박정진 , 『지구 어머니, 마고(麻姑)』, 마고북스, 2014 참조.

는 땅에 발을 딛고 '두 발로 걸어가는 생물 종'일 뿐이다. 그런 점에서 세계화나 국제화라는 말보다는 지구화라는 말이 더 적당하다.

"엄밀하게 말해서 서양학자들의 '세계화'는 '세계화(worldlization)'가 아니라 '지구화(globalization)'이다. 서양인들에게 '세계화(worldlization)'는 우리가 의미하는 그런 뜻을 갖는 것이 아니라 우리의 '세속화'에 해당하는 뜻을 갖고 있다. 그리스도교적인 배경을 갖고 있는 서양문화에서 '세계적(worldly)'이 되는 것은 하느님의 세계가 아닌 지상세계의 것에 붙잡히는 것이고 그것은 곧 '세속적'이 되는 것이다."[81]

무엇보다도 인간에게 가장 가깝게 있는 생태학적 조건은 지구이다. 지구가 없으면 인간은 탄생하지 않았을 것이기 때문이다. 인간생명의 위기를 맞은 지금, '지구'라는 말은 서양문화의 관점에서뿐만 아니라 인류문명사적 관점에서도 옳다. 가부장—국가사회는 하늘(天)과 땅(地)을 이원화하고, 하늘(天)과 이치(理), 즉 천리(天理)를 남성이 독점하고, 천리는 마치 그 반대의 대립 항인 지기(地氣)를 지배하는 지위에 있는 것처럼 상정했기 때문이다. 말하자면 땅의 권리를 회복하는 의미에서도 지구화가 적당한 용어이다.

하늘과 땅은 본래 구분되지 않는 순환체이다. 우주 전체를 보면 어디가 하늘이고, 어디가 땅인가. 지구라는 것은 하늘의 수많은 별 중의 하나일 뿐이고, 하늘이 땅이고, 땅이 곧 하늘이다. 그런 점에서 '천리'라는 것은 순전히 가상실재(동일성, 실체)에 속하는 것이다. 남성적 상징인 '천리(天理)'보다는 여성적 상징인 구체적인 '지기(地氣)'로 돌아가야 한다. '지기'는 '지구화'이다.

---

81 이기상, 『지구촌 시대와 문화콘텐츠』, 한국외국어대학교 출판부, 2009, 107~108쪽.

천리(天理)-남성, 지기(地氣)-여성

천리(天理)보다는 지기(地氣)로 돌아가면 만물이 신이고, 만물이 생명이라는 사실이 자연(自然), 즉 아무런 힘이 없어 보이는 즉자적 세계가 보일 것이다. 인위(人爲)와 유위(有爲), 즉 인간이 인위적으로 만든 것, 제도(制度)에 길들여진 인간이 원시의 만물만신, 만물생명 사상으로 돌아가야 인간을 구원할 수 있을 것이다.

자연은 존재이지만 제도는 존재자들이다. 말하자면 자연적 존재와 제도적 존재자에 둘러싸여 인간은 살고 있다. 인간의 힘(권력)은 존재자들이다. 그 힘을 폭력적으로 행사하는 것이 아니라 적절히 이용하면서 스스로 자제하지 않으면 언젠가는 인간은 세계대전(핵전쟁)에 의해서 공멸하게 될 것이다.

힘의 폭력적 사용을 막기 위해서는 욕망을 확대재생산하는 데에 골몰하는 인간의 전반적인 삶의 의식과 태도를 바꾸지 않으면 안 된다. 권력의 폭력적 성격을 인간 스스로 견제하지 않으면 인간은 공멸할 수도 있다.

힘의 문제로 다시 돌아가면, 근대에 들어 제국주의 대 민족주의, 혹은 자유자본주의 대 공산사회주의의 대결도 이러한 힘의 경계에서 발생한 사건에 지나지 않는다. 폭력의 종합적인 성격은 파시즘에서 발견된다.

공산사회주의든, 국가사회주의든, 군국주의든 결국 파시즘을 불러일으키고, 1, 2차 세계대전을 일으킨 것은 이들이 선진 자유자본주의(선발제국주의)의 패권주의에 대해 같은 방법, 즉 계급투쟁이나 후발제국주의 등 힘(권력)의 경쟁을 통해 승패를 택했기 때문이다.

힘 대 힘의 경쟁은 결국 전쟁과 파시즘을 불러일으킬 수밖에 없다. 이들 파시즘 국가들을 보면, 선발 제국주의 세력에 비해 여성적 위치에 있던 나라들이 이런 현실을 무시하고, 동등한 위치로 진입하려고 하였기 때문이다. 이에 대한 필자의 견해를 '좋은 여자, 나쁜 여자-전체주의에 대한 회상'에서 밝혔다.[82]

말하자면 파시즘이란 순조롭지 않은 '무리한 남성주의 혹은 패권주의'의 산물이다. 이를 모두 '국가 간의 권력경쟁'이라는 말로 집약할 수 있을 것이다. 남성의 방식, 가부장-국가사회의 '권력경쟁 방식'은 항구적인 평화를 보장할 수 없다. 인류는 앞으로 '좋은 여자', 즉 처음부터 '감싸 안음의 방식' '평화의 방식'으로 평화에 접근하지 않으면 안 된다. 이는 인류문명의 운명방식에 있어서 대전환이다. 전쟁의 방식으로 도달한 평화는 언젠가는 전쟁의 방식으로 무너지기 마련이다.

모든 역사적 적대세력들도 결국 인간이 만들어내는 이원대립 항들의 하나의 세트에 지나지 않음을 깨달을 때 평화에 가까워질 수 있다고 말할 수 있다. 근대에 들어 제3세계 식민지나 약소국에 퍼졌던 민족주의 운동들도 같은 '힘의 경쟁'으로 볼 수 있다. 이런 경쟁은 결국 '힘이 정의'라는 결론을 도출할 수밖에 없다. 말하자면 결국 힘센 자가 지배하는 것이 정의라는 원칙에서 자유로울 수 없다.

서구 민주주의는 제국주의와 내밀하게 작용하고 영향을 미치면서 존재한 것으로 보인다. 아테네 민주주의를 비롯하여 서구 민주주의는 서구제국주의의 침략전쟁(영토적 침략)과 경제적 지원(식민지의 경제적 수탈)을 많이 받으면서 발전했던 것이기 때문에 후진국이나 식민지에서 서구민주주의를 요구하는 것은 실은 불가능한 것을 요구하는 것이며 민주주의의 모순적 성격을 지니고 있는 것도 사실이다. 또한 그러한 나라에 민주주의를 원칙(원론)으로서 요구하거나 강제하는 것은 일종의 제국주의

---

82 박정진, 『일반성의 철학과 포노로지』, 소나무, 2015, 771~783쪽.

경영의 일환이라고 말할 수 있다.

그런 점에서 제국주의는 물론이지만 이에 대항한 사회주의나 국가주의, 민족주의 등도 인류의 평화를 이룩하는 데는 마찬가지의 결함을 가지고 있는 셈이다. 결국 사회주의나 국가주의, 민족주의도 자신의 힘이 길러지면 같은 힘의 논리로 상대를 지배하려 들 것이기 때문이다. 만약 힘에 의해서 선악이나 정의·부정의가 결정된다면 인류의 평화는 달성되기 어렵다.

영국의 제국주의 통치하에 있던 인도에서 출생한 세계적인 시성(詩聖) 타골은 인도의 민족주의 운동을 비판하는 소설 『안과 밖(The Home and The World)』에서 '국가를 위한 숭배와 사랑이 타락했을 때 역사적 문맹을 야기할 수 있음'을 말한다. 그는 "민족주의는 검은 연기만 내보내는 아주 시끄러운 엔진과 같다."라고 말했다.

그는 또 "(인도의) 스와데시 운동을 통해서 미래와 자유를 보장해준다는 표면적인 혁명적 약속이 절정에 달했을 때 역사가 결국 극단주의에 의해 인류에게서 도난당할 수 있다는 것을 보여준다."고 말했다.

따라서 더 이상 세계를 패권주의와 그것에 대항하는 세력들의 각축장으로 두고 볼 수 없다. 특히 인류의 역사를 서양문명과 서양철학에 맡겨놓을 수 없다. 왜냐하면 서양문명은 바로 패권경쟁을 하는 '신들의 전쟁'의 문명이기 때문이다.

더 이상 세계를 '불(火)의 신'에 맡겨놓을 수 없다. 더 이상 세계를 전쟁과 상극(相剋)에 맡겨놓을 수 없다. 더 이상 세계를 화(禍)의 신에게 맡겨놓을 수 없다. 더 이상 세계를 파편(element)으로, 실체로 산산조각 낼 수 없다. 더 이상 세계를 오늘 오지 않는, 내일 오는 메시아에게 맡겨놓을 수 없다.

인간은 스스로 종말에 이르고 있다. 인간신은 군림하지만 신인간(신인)은 군림하지 않는다. 인간신은 자연의 은혜를 배반하지만 신인간은 자연이 은혜인 것을 안다. 인간신은 자연에 감사할 줄 모르지만 신인간은 자연에 감사할 줄 안다. 인간신은 오만하지만 신인간은 겸손하다.

'인간신'은 스스로 지칭하는 신이다. '신인간'은 세계와 더불어 요청하는 신이다. '지칭하는 신'(개념의 신, 절대의 신)은 죽은 신이고, '요청하는 신'(성령의 신, 기운생동의 신)은 살아있는 신이다. 인간신은 남성의 신이고, 신인간은 여성의 신이다.

니체가 "신은 죽었다."라고 할 때의 신은 인간신이다. 그런데 니체는 인간신을 죽이고는 그 대신 신인간을 찾지 못하고 초인을 찾았다. 초인은 아직 신인간이 되지 못한 어린아이, 미성숙의 신인간이다. 니체는 신인간을 찾다가 다시 인간신으로 돌아가고 말았다. 말하자면 자신이 비판한 세속의 신으로 돌아가고 만 셈이다.

지칭하는 신은 '기표(記標)의 신'으로서 정지하고 있기 때문에 본래 '죽은 신'이다. 요청하는 신은 '기의(記意)의 신'이기 때문에 본래 살아있는 신이다. 본래 살아있는 신은 죽을 수가 없는 신이다. 기표의 신은 '남성의 신'이고, 기의의 신은 '여성의 신'이다.

니체가 '신은 죽었다'고 선언한 것은 '남성의 신'에서 '여성의 신'으로 넘어갈 것을 자신도 모르게 예언했다고 말할 수 있다. 니체의 신은 '여성의 신'이 되지 못한 미성숙의 '어린아이의 신', 미성숙의 신이라고 할 수 있는 초인이었던 것이다. 니체는 남성적 신과 여성적 신의 경계선에 있었던 인물이다.

자연의 만물이 생명인데 인간만이 스스로 만물의 영장(靈長)이라고 특별히 지칭하는 것 자체가 옳지 못하다. 이는 초월적 사고, 남성적 사고의 결과이다. 유일신과 만물의 영장은 모두 '자연적 존재'라기보다는 이미 '제도적 존재자'이다. 인간을 대표하는 것이 남성인 것, 즉 인간의 대명사가 남성(man)의 대명사인 맨(Man)인 것은 인간중심적 사고를 바탕으로 깔고 있는 것이다.

인류문명사에서 남성은 본능적으로 전사들처럼 동일성을 강요받고, 여성은 아이들의 생김새처럼 차이성을 용납하는지도 모른다. 그런 점에서 가장 남성적인 특징을 보이는 문화와 문명은 동일성에 기반하고, 가장 여성적인 특징을 보이는 문화와 문명은 차이성에 기반하는지도 모른다. 그렇게 볼 때는 서양문명이 더 남성적이고 공격적이다.

서양의 후기근대의 차이성은 '동일성의 차이성'이다. 서양철학에서 흔히 말하는 주체, 대상, 초월적 주체, 영원한 대상, 보편성, 진리, 진여 등 모든 개념은 초월적 사고와 추상의 산물이다. 초월과 추상이야말로 동일성이다. 그렇다면 철학은 결국 동일성의 범주를 벗어나지 못하는 것이다. 그래서 철학의 무용론(無用論)이 나오는 것이다.

우주의 실재는 말할 수 없는 것이고, 말한 것은 모두 동일성이다. 동일성이 전제되지 않으면 말을 할 필요가 없다. 따라서 동일성과 차이성은 철학의 마지막 말이다. 현상학적 차이는 동일성의 차이성을 말하고, 존재론적 차이는 차이성의 동일성을 말하는 것이다.

흔히 서양철학의 이 '차이'라는 개념은 후기근대철학의 '차이의 철학' 혹은 '차연의 철학'의 영향으로 제안된 것처럼 이해되기 쉬운데 실은 이는 동양의 음양사상을 서양 철학자들이 서양식으로 해석한 것이다.

서양은 근본적으로 동일성을 기조로 하는 문화권이다. 물리학(자연과학)은 물론이고, 헤겔의 변증법(법철학)과 차이의 철학이라고 명명되는 현상학 계통의 철학은 실은 '결과적 동일성'의 철학이다. 서양철학과 문명은 결코 동일성을 버릴 수 없었던 셈이다. 원인에 있던 동일성을 야바위처럼 결과적 동일성으로 옮겨놓고, 무슨 거대한 철학사적 발견이라도 한 듯 호들갑을 떨었던 셈이다.

절대유일신의 기독교에 매달리던 서양이 현상학을 발견하지 않을 수 없었던 이유는 천지창조와 종말심판(구원)의 사이에서 인간이 삶을 위해서 어떤 행위를 하지 않을 수 없었고, 그 사이에서 이루어지는 행위는 반드시 어떤 실체를 찾는 행위가 되지 않으면 안 되는 역사적 이유(목적)가 있었기 때문이다.

이러한 서양문명의 사정이 근현대에 이르러 자연과학이라는 것을 성취하였고, 이것을 철학적으로 뒷받침한 것이 현상학이었던 셈이다. 서양 철학사를 보면 물리적 현상학을 뒤따라서 철학적 현상학이 발생하였고, 현상학은 서양문명 전반에 대한 해석학으로 발전하였던 것이다.

그렇지만 현상학은 어디까지나 과학적·도덕적 인식론이고 그 바탕은 결국 의식(意識)이었다. 그리고 의식은 어디까지나 '대상에 관한 한 의식'이었다. 서양철학의 핵심은 결국 '대상의식'이다. 대상의식은 사물을 어디까지나 비대칭적으로 보는 것이다.

음양사상이야말로 진정한 차이의 철학

동양의 음양사상은 서양 사람들의 눈에는 비대칭적인 것으로 보이지만, 실지로 대칭적인 음양이다. 여기서 대칭적이라는 말은 대립되는 실체가 아니라 일종의 상징적 대칭으로 존재하는 것을 말한다. 동양의 음양은 단순한 관념도 아니고 실체도 아니다. 대칭적이라는 말은 비논리적이라는 말과 통한다. 원시미개사회의 자연에 대한 대칭적 이해는 처음부터 비논리적인 사고과정의 산물로서 대칭적-비논리적 세계이다.

이와 달리 비대칭적-논리적인 세계를 구성하고 있는 서양문명은 논리적이기 때문에 으레 모순을 안고 있고, 그 모순을 극복하기 위한 노력을 병행하게 된다. 자연적 존재는 비논리적인 세계이다. 자연과학의 세계는 논리적인 세계이다.

서양은 동양의 음양사상이 내포하고 있는 차이의 철학을 제대로 배울 수 없었다. 저들의 방식으로 음양은 현상학적인 대립으로 보았기 때문이다. 서양의 차이의 철학은 무한대의 변증법과 다를 바가 없는 '차이의 변증법'이다. 시간의 변화와 추이 속에 동일성(실체성)을 숨기고 있을 뿐이다.

법칙이 있기 때문에 세계가 움직이는 것이 아니라, 세계는 움직이고 있고, 그것을 인간이 법칙으로 이해하는 것이다. 인간의 이해란 세계를 인식의 법칙에 따라 매우 제한되게 인지하는 것에 불과하다. 인지한다는 것은 움직이는 그 자체가 아니라 그것을 어떤 생각의 틀로 바라보는 것이다. 생각이나 깨달음이 있기 때문에 세계가 존재하는 것이 아니라 세계가 존재하고 있고, 생각이나 깨달음이 그 위에 초월적으로 있게 된다. 생각이나 깨달음도 자연에 비하면 가상실재에 불과하다.

서양의 동일성의 철학 속에는 철저한 가부장적 시각, 즉 '시각-언어-페니스적 연쇄'가 숨어있다. 여성을 대상으로 생각하는 그런 태도, 여기에는 인간이 사물을 바라볼 때의 태도와 같은 것이 있고, 신이 인간을 바라볼 때의 태도 같은 것이 있다. 이는 모두 주체가 대상에 스스로를 강요하는 시선이고 대상에 이름(언어)을 붙여주는 그런 관리적 태도이다.

흔히 서양은 처음부터 여권(女權)을 존중한 나라로 알고 있다. 그러나 서양은 여자가 결혼하는 즉시 여자로부터 성(姓)을 빼앗아버리고 남편의 성을 갖게 한다. 이는 여자의 성을 무시하는 서양문화의 남성중심주의(가부장)를 표출하는 적나라한 대목이다. 이는 동일성에도 그대로 적용할 수 있다. 서양의 남자는 동일성 자체와 통한다.

이에 비해 동양의 한자문화권은 여성을 억압하는 문화권으로 알려져 있다. 그러나 실제로 동양, 특히 한국의 경우 결혼한 여자라 할지라도 자신의 성을 그대로 유지한다. 이는 여자의 차이성을 그대로 인정하는 중요한 대목이다. 결혼한 여자가 남편에게 경제적으로 전적으로 의존하는 서양과 달리 한국의 여성은 가정의 경제권을 가진다. 동양문화야말로 애초부터 차이를 인정하는 문화이다.

동양의 천지인 사상과 음양론은 애초에 차이의 철학으로 출발했다. 천지인 사상은 천지인을 실체로 보지 않으며, 음양론도 음과 양을 실체로 보지 않는다. 천지인과 음양은 일종의 상징이다.

그런 점에서 서양의 차이성은 동일성의 탄력을 받기 위한 짐짓 차이성에 불과하며, 동양의 천지인과 음양은 글자 그대로 처음부터 차이성에서 출발한 것이다. 동양의 태극사상과 인(人) 사상은 음양과 천지의 차이성의 탄력을 위한 짐짓 동일성이다. 서양의 절대성은 바로 동일성을 의미하고 법칙성을 의미한다. 동양의 음양의 상대성은 바로 차이성 그 자체이다.

서양철학의 입장에서 보면 인간은 절대성을 추구하는 동물이다. 그런데 절대성을 추구하는 절대주의는 결국 하나의 동일성을 추구한다. 그런데 하나의 동일성을 추구하면 '하나의 세계'를 추구하는 것 같지만, 역설적으로 절대성은 절대성의 밖을 전제하지 않으면 안 되기 때문에 도리어 이분화 된 '둘의 세계'를 주장하는 것이 된다.

이에 비해 절대성을 주장하지 않는 동양의 음양론은 도리어 음양의 밖을 전제하지 않고 다원다층의 음양의 세계를 안으로 포괄하여 내포적인 '하나의 세계'를 가능하게 한다. 그런 점에서 동양의 태극은 서양의 유일절대신과는 다른, 절대적인 것이 아니며, 태극은 바로 음양이다. 음양은 '둘의 세계'인 것 같지만 실은 '역동적인 하나의 세계'이다.

서양문명의 절대성 혹은 동일성을 추구하는 가장 나쁜 예가 전체주의이다. 전체주의는 전체를 절대화한 것으로 절대화는 세계를 치명적으로 이분화하고, 적과 친구로 적대적으로 변모시킨다. 절대주의와 과학주의의 이면에는 최악의 경우 전체주의로 나아갈 수 있는 위험요소가 도사리고 있다.

전체에 대한 인식은 상징과 은유로써 표현되어야지, 현상학적인 실체로서의 전체를 추구하면 그것이 바로 전체주의가 된다. '시각—언어—페니스' 연쇄의 가장 최악의 경우가 전체주의이다.

전체주의는 지배를 위한 절대주의이다. 절대에도 지배를 위한 절대가 있고, 그렇지 않은 마음의 평화와 인류의 평화를 위한 절대가 있다. 평화를 위한 절대는 항상 기도(祈禱)하는 마음의 자세를 가지는 절대이다. 기도(祈禱)는 인간사(人間事)의 다른 일을 도모하는, 일반생활에서의 기도(企圖)와는 다른 것이다.

3) 구원으로서의 예술적 존재론

인간의 상상력이라는 것이 동일성과 차이성을 동시에 강화함으로써 양쪽에서 결정적인 역할을 하고 있음을 앞장에서 확인할 수 있었다.

종교와 과학에서는 동일성이라는 것이 소유적 존재로서의 인간을 강화하는 쪽으로 나타났지만, 예술에서는 그 반대로 존재의 차이를 받아들이는, 도리어 차이성을 추구하는 것으로 드러남으로서 인간으로 하여금 희망을 갖게 한다.

한 마디로 예술적 존재론은 그 자체가 이미 차이성을 추구하는 장르로 판단된다. 물론 예술도 동일성이나 우상을 섬기는 것에 정치적·상업적으로 이용될 수 있지만, 대체로 예술에서의 동일성은 일종의 카피

(copy)·복제·단순모방으로서 가치가 평가절하 되기 마련이다.

그렇다면 예술은 왜 동일성에서 병든 인간을 치유하거나 구원할 수 있다는 것일까? 예술은 무엇보다도 가상실재를 실체로 느끼는 종교나 과학과는 달리, 흔히 말하는 '허구의 진실'을 통해 도리어 가상에서 출발하기 때문에 예술행위 자체를 '가상의 가상으로서 실재'가 되도록 하기 때문이다.

존재는 예술이고, 퍼포먼스이다

어떤 예술이라도 예술은 형상 자체를 추구하는 것이 아니라 형상 속에 드러나는 예술가의 진실, 예술가의 마음을 담을 수밖에 없기 때문이다. 예술은 그러한 점에서 존재의 리트마스 시험지라고 말할 수 있다. 예술의 형상은 마음을 표현하는 매체에 불과하다. 어떤 매체를 사용하는가는 재료학에서 중요할 뿐 예술 자체의 행위에서는 크게 중요하지 않다.

예술은 무엇보다도 예술행위자, 즉 예술가 자신들이 동일성을 극도로 싫어하는 족속일 뿐만 아니라 예술의 감상자들도 그러한 동일성을 인정하지 않는다는 점에서는 마찬가지이다. 말하자면 예술작품에서는 생산자나 수요자나 동일성을 공통으로 싫어하는 속성이 있다.

예술은 그 자체가 이미 '존재론적(ontological)'이다. 이 말은 예술이 '존재자적(ontisch=ontic)'이지 않음을 강조하는 뜻이다. 예술은 종교나 과학에서처럼 동일성을 극단적으로 추구하지 않고 차이성을 중시함으로써 존재의 생성적 측면을 그대로 인정하는 장르이다. 그러한 점에서 자연의 '스스로 그러한(自然)' 성질에 저항하지 않는 특징을 가지고 있다.

예술이 아리스토텔레스처럼 자연의 모방이든, 칸트처럼 유희본능이든, 예술 속에는 모방이나 유희와는 겉모양과는 다른 진실이 숨어 있다. 이러한 진실은 설사 예술가 스스로가 현실적인 이유로 감추려 하고 부정한다고 해도 드러나는 존재사건으로 가치와 의미가 있다.

"도덕논리학은 선을 위한 정의가 무엇이고 그 정의를 어떻게 실천해야 할 것인가를 말하지만, 예술·미학은 선악을 구별하여 선을 위한 사회를 만들어야 한다고 역설하지 않는다. 예술·미학은 그렇게 해서 선한 사회가 만들어지지 않는다고 보기 때문이다. 예술·미학은 어떤 것을 좋아하고 또 다른 어떤 것을 미워하는 곳에서 자라지 않는다. 미워하는 마음이 노래를 부를 수 없고, 그림을 그릴 수 없고, 요리를 할 수 없고, 시를 지을 수 없으리라. 화가는 아름답지 않은 추한 것을 보아도 그것을 버리지 않는 마음이 일어나야 그림으로 그것을 승화시킬 수 있다."[83]

철학자 김형효는 예술·미학적 선을 도덕·논리적 선과 구별함으로써 예술이 인류의 구원이 될 수 있음을 다음과 같이 역설한다.

"예술·미학은 판단과 심판의 대상으로 이중성을 인식하는 것이 아니라, 존재하는 모든 것들을 다 긍정하고 그것들을 관조하는 고요한 마음에서 마음의 본성이 이중적인 것과 한 몸을 형성하여 거기에 합일하는 관여의 마음이다. 관여(participation)의 철학은 예술·미학적 마음의 본질이다. 관여의 순간을 선을 선택한 마음이 아니고, 이미 선한 마음으로 존재하는 마음이다. 노래하고 그림을 그리는 마음은 선한 마음으로 존재하는 마음이다. 악을 매도하거나 타도하지 않았는데, 어째서 선한 마음이 일어난 것인가 하고 반문을 할 수 있다. 예술·미학적 선한 마음은 도덕·논리적 판단의 결과로 생긴 선한 마음과 달라서, 선한 마음이

---

83 김형효, 『원효의 대승철학』, 소나무, 2006, 187쪽.

란 의식이 없는 본성적 마음의 발로 그 자체다. 본성이 그냥 그대로 왜곡 없이 표현된 것이다. 선악의 결정 이전의 자연스럽게 드러난 본성의 얼굴이 예술·미학적 선이라 여겨진다. 예술·미학적 선은 곧 존재론적 욕망의 자기표현과 다르지 않다."[84]

김형효는 예술·미학적 선을 불교적 존재론으로 연결시킨다.

"마음이 진정되어 고요한 적정을 유지하면, 마음은 존재하는 사실들을 있는 그대로 모두 긍정하고 다 법신불(法身佛)의 비어 있는 마음처럼 두두물물을 마중하게 된다. 그런 경우에 죽음도 법신불의 아름다운 신비의 현시처럼 여겨진다. 죽음이 저주스런 공포나 악의 사자로 다가오는 것이 아니라, 삶의 깊이와 무(無)의 신비를 일깨우는 약으로 다가온다. 우리는 자연의 질서에서 상생과 상극이 무엇인지 살펴보았다. 자연의 상극은 죽음을 상징하지만, 그 상극은 결코 상생의 계기와 별개의 것으로 존재하지 않는다. 죽음은 삶을 소유론적 욕망이 아니라 존재의 욕망으로 관조하게끔 하는 약이다. 죽음은 소유론의 측면에서 보면 삶의 강탈이고 허무의 심연으로 무서운 공포감을 심어주는 원천이지만, 존재론의 측면에서 보면 그것은 삶의 존재론적 연기 현상을 넘어서 초탈의 종교적 세계로 넘어가게 하는 법성(法性)의 암호와 같다. 예술·미학적 사유는 이중긍정을 금과옥조로 여기지만, 종교적 사유는 이중부정의 자유를 그리워한다."[85]

이중긍정과 이중부정이 일어나는 차원은 모두 현상학적 차원이다. 그런데 이중긍정은 현상을 인정하는 것에서 비롯되는 것이고, 이중부정은 현상을 인정하지 않는 데서 비롯되는 것이다. 철학적으로 보면 이

---

84 김형효, 같은 책, 188쪽.
85 김형효, 같은 책, 188~189쪽.

중부정이 더 철학적인 태도일 것이다. 왜냐하면 철학은 항상 다른 초월적인 것을 가정하기 때문이다. 종교적 사유나 과학적 사유가 현존(현재)의 부정에서 비롯되는 것은 부정의 태도에서 비롯되기 때문이다.

그런데 이중긍정은 현존적 긍정이다. 이중긍정은 모든 존재에 대한 긍정이다. 모든 존재에 대한 긍정은 바로 존재 자체에 대한 긍정으로서 진정한 존재론이다. 예술·미학적 사유의 이중긍정은 이중부정보다 현존적이라는 점에서 더 존재적이다.

이에 비해 이중부정은 항상 대립적인 세계에서 초월적 존재를 상상하게 된다. 이것은 서양철학과 종교가 가상실재를 찾아가는 것과 닮은 것은 물론이고, 결국 존재자를 찾아가는 형이상학적 초월론이다.

김형효는 이중부정과 이중긍정이 교차배어적 관계에 있음을 말하지만 이중부정에서 공론(空論)으로 초탈되는 느낌을 갖는다고 말하고 있다. 이는 이중부정이 진여론(眞如論), 즉 존재로 연결되고, 이중긍정이 생멸론(生滅論), 즉 존재자로 연결된다는 취지이다. 이는 초월적인 것과 내재적인 것을 혼동하거나 내재적 초월로 생각한 결과라고 말할 수 있다.

서양 철학자들이 내재성을 초월성, 혹은 내재적 초월성으로 오인하는 이유는 그들이 철저하게 '초월적 사유로서의 철학'을 해온 때문이다. 말하자면 서양의 형이상학은 초월의 철학이고, 사물을 대상으로 보는 초월적 사유에서 출발한 것이다.

특히 서양의 종교(기독교)와 과학(물리학)은 초월적 사고의 산물이다. 여기에 길들여진 서양의 철학자들이 동양철학이나 불교철학의 내재성을 이해하는 것은 참으로 지난한 일이었으며, 이들의 성과를 다시 동양철학·불교철학에 대입해서 비교하는 것은 어디선가 근본적인 한계가 있기 마련이다.

"불법에서 일심의 근원은 '유(有)/무(無)' '생(生)/멸(滅)' '단(斷)/상(常)'의 이중성을 초탈하는 이중부정이 사유특성을 지닌다. 근원의 공(空)은 곧 '불유(不有)/불무(不無)' '불생(不生)/불멸(不滅)' '부단(不斷)/불상(不常)'이라는 이중부정의 이법(理法)으로 표현될 수 있기 때문이다. 그래서 원효는 '순환의 와중에 있지 않기에 유(有)/무(無)와 생(生)/멸(滅)과 단(斷)/상(常)의 양변을 다 떠난다(非中而離邊)'고 진술한 것이다. 이 진술(非中而離邊)은 앞에서 말한 '독정(獨淨) 이변이비중(離邊而非中)'이라는 구절을 거꾸로 한 번 역전시킨 것이다. 왜 그랬을까? 마음이 있는 것으로 여기는 일심(一心)은 우주의 모든 기(氣)의 욕망을 긍정하는 것이므로, 거기에는 아무래도 유식학적 유론(有論)의 경향이 진하게 녹아 있다. 그런데 일심지원(一心之源)을 말함으로써 일심(一心)의 유식학적 유론(有論)이 중관학적 공론(空論)으로 초탈되는 느낌을 갖는다."[86]

중관학적 공론(空論)은 초월론이 아니다. '공론'은 사물의 대상화를 통한 실체의 없음이 아니라, 자연이 본래 그러했던 '그러함' '여여(如如)함'이다. 이것은 무엇을 부정하든 이중부정하든, 부정을 통해서 달성될 수 있는 경지가 아니다. 공(空)은 그대로 현존이다.

이중부정이라는 것은 유식학(의식학)의 과정을 거치지 않으면 성립되지 않는다는 점에서 현상학적이라면, 이중긍정은 부정의 과정을 거치지 않는다는 점에서 도리어 현존적이다. 이중부정이 초월성을 숨긴(가진) 존재론이라면, 이중긍정은 초월성 자체가 없는 현존론이다. 현존적인 분위기야말로 바로 기운생멸이라는 점에서 현존은 존재(존재적인 것)보다 더 존재적이다.

기(氣)일원론의 입장에서 보면 '기(氣)'에서는 이미 생멸의 실체적 구분이 의미가 없기 때문에 '진여론'과 '생멸론'의 구분은 무의미하게 된다.

---

86 김형효, 같은 책, 73쪽.

그래서 기운생멸의 입장에서 보면 군이 '진여론'이 있을 이유가 없다. 일심(생멸)에 일심지원(진여)을 추가하는 것은 가상실재를 추가하는, 옥상옥에 불과한 것이다.

이중긍정이 현상학적인 차원이 아니라 현존적(존재적) 차원이며, 도리어 이중부정이야말로 존재적 차원인 것 같지만 실은 초월적인 차원이다. 결국 서양의 종교와 과학은 부정적이고, 부정적이기 때문에 초월적이다. 반면에 예술은 어떤 것일지라도 현존적이기 때문에 긍정적이다. 현존적인 것이야말로 존재적이다.

이중긍정	현존적 氣 (예술)	일심(一心)/ 생멸론(生滅論)	내재적/ 긍정적	존재적인 것보다 더 존재적이다
이중부정	존재적 氣 (종교, 과학)	일심지원(一心之源)/ 진여론(眞如論)	초월적/ 부정적	현상학적이고 따라서 초월적이다

서양철학은 본래 부정(否定)과 반어(反語)에서 출발하는 사유과정이라고 말할 수 있다. 그래서 결국 알 수 없는 실재가 아닌 가장실재, 예컨대 이데아를 설정하는 것에서 출발하였고, 이데아는 근대에 이르러 이성으로 보다 확실한 것으로서 탈바꿈하게 된다. 말하자면 이데아이든, 이성이든 결국 부정이나 회의나 비판의 대상이 됨으로써 현상으로 자리매김 된다고 말할 수 있다.

부정이나 회의나 비판은 초월을 불러오고 초월적 대상을 끝없이 추구하게 된다. 말하자면 부정은 결국 초월을 불러오게 된다. 부정과 초월은 바로 현상학의 특징이다. 그렇다면 현상이 아닌 현존의 세계를 긍정하기 위해서는 처음부터 부정이 아닌 긍정을 통해야 그것이 가능함을 알 수 있다.

서양철학은 이상하게도 부정과 현상학의 철학적 전통을 가지고 있다. 긍정과 현존의 철학을 위해서는 바로 현존하는 세계를 긍정하는 예술·미학의 철학이 요구되고 있다. 하이데거가 후기에 시에 심취하게 되는 것은 이와 무관하지 않다. 시(詩)철학이야말로 존재론적 철학의 좋은 실례라고 말할 수 있다.

서양철학이 정반합(변증법)의 부정의 연속을 통해 얻은 최종결과가 과학이라는 것이다. 부정은 인간에게 사물을 지배하고 이용할 수 있는 힘(능력)을 부여한 게 사실이다. 그러나 부정은 동시에 인간소외와 환경파괴를 불러왔다. 철학은 자연(생성, 생멸)을 위해서는 결국 부정적인 역할을 하였다고 해석할 수도 있다.

철학적 환상은 과학적 환상에 앞서 종교적 환상을 불러왔던 것도 사실이다. 결국 현상은 환상이다. 그렇다면 환상을 벗어나기 위해서는 무엇이 필요할까. 예술적 환상이 필요하다. 종교와 과학은 환상 자체를 진리로 추구하지만 예술은 환상을 통해서 진실을 표현하니까 말이다. 종교적·과학적 진리와 예술적 진실은 다르다. 진리는 가상실재이지만 진실은 형상 속에 실재를 담고 있다. 예술적 느낌과 감동이야말로 존재의 살아있는 실재이다.

서양의 기독교가 절대유일신이라는 최초의 원인인 '원인적 동일성'에 치중한 이데올로기였다면, 과학은 유일신을 떠나서도 세계를 인과적으로 설명할 수 있는 체계화가 가능한 결과적 동일성으로 중심을 이동한 이데올로기였다고 말할 수 있을 것이다. 원인이든 결과이든 인과론은 현상학적인 차원의 담론이라고 할 수 있다.[87]

---

87 박정진, 『일반성의 철학과 포노로지』, 소나무, 2014, 69~78쪽.

종교	원인적 동일성	천지창조-종말구원	기독교	현상학(원인-결과)
과학	결과적 동일성	빅뱅-블랙홀	서양과학	

서양의 종교나 철학이나 과학은 결국 모두 현상학이라고 말할 수 있다. 그렇지만 예술의 현상학은 종교나 과학의 현상학과는 달라서 존재자가 아닌 존재로 귀향케 한다. 하이데거가 후기에 시(詩)에 심취하는 것은 바로 예술의 존재성과 구원성에 주목한 때문이다. 예술이야말로 '힘(권력)의 상승이나 증대'를 추구하는 것이 아니라 그 자체에 만족하는 장르임을 확인한 셈이다. 하이데거는 서양철학이 잃어버린 시로 귀향함으로써 서양철학이 잃어버린 존재성을 회복하려고 한 철학자이다.

그런 점에서 하이데거는 서양철학사에서 매우 '예외적인 철학자'이다. 그가 서양철학이 종래에 말해온 '존재'라는 것은 모두 '존재자'라는 것을 알아낸 것도 그가 서양철학의 밖에서 서양철학을 회고하였기 때문에 가능한 일이었다. 하이데거의 존재론은 불교의 존재론(생멸론)을 서양철학자의 입장에서(독일철학의 전통에 따라) 번안(재해석)한 것이다.

현상학과 존재론의 '보이지 않는 강'

현상학과 존재론은 근본적인 차이가 있다. 현상학은 어디까지나 의식학으로서 '이다'의 확인과 증명에 집중하지만 존재론은 의식에서 떨어짐으로써 '있다'에로 관심을 열어놓는다. 데리다가 니체를 스승으로 삼는 것도 생기존재론의 니체가 결국 현상학적 존재론자이기 때문이다. 현상학은 차이를 통해 열리는 것 같지만 마지막에는 닫히는 철학이다.

현상학은 '이다'의 차원이라면 존재론은 '있다'의 차원이다. '있다'는 '이다'를 포용하지만 '이다'는 '있다'를 포용하지 못한다. 말하자면 존재는 현상을 포용하지만 현상은 존재를 포용하지 못한다. 현상을 남자(남성성)에 비유하면 존재는 여자(여성성)에 비유할 수 있다. 많은 철학자들이 존재의 여성성에 대해 연구를 하는 것은 바로 이 때문이다.

현상학적 윤리학도 결국 사람관계에서 '이다'(해야 한다)를 찾는 것이라고 말할 수 있다. 이렇게 되면 종래의 진선미(眞善美)는 도리어 미(美)가 '있다'의 존재가 된다. 이렇게 되면 "존재는 아름답다." 혹은 "아름다운 것은 존재하는 자체이다."가 된다.

동일성의 숨 막히는 몰아세움에서 도덕·논리적 세계를 벗어나서 예술·미학적 세계로 진입하는 것은 바로 존재로 귀환하는 절묘한 방식이며, 예술이야말로 구원이 될 수 있음을 보여준다. 예술이야말로 기술·기계적 환경에 저항할 수 있는 무기이며, 인간의 본래적 존재로 돌아갈 수 있는 첩경이다.

생성하는 만물(존재)은 그 자체가 예술이다. 지금까지 예술은 자연의 모방설이나 유희설 등에 의해 설명되곤 했지만 모방설이나 유희설이라는 것은 모두 자연 그 자체의 예술성보다는 자연에 인위나 인공을 가미한, 제2차적인 것을 예술이라고 하였다.

인간은 예술뿐만 아니라 문화의 모든 부분에서 자연의 모방적 존재이다. 자연과학도 실은 자연을 모방한 것이라고 볼 수 있다. 자연의 모방 자체가 과학기술이며, 모방이야말로 어떤 점에서는 더 기계적으로 정밀하다고 할 수 있다. 말하자면 모방은 자연의 철저한 재현이다.

실제로 자연은 동일성이 없다. 그런데도 동일성이 없는 자연에서 인간은 동일성을 찾아내고 그것을 기계로 만든 것이 오늘의 과학기술의 정체라고 할 수 있다. 이는 모창가수가 원가수보다 더 원가수에 가까운 것에 비유할 수 있다. 자연인인 원가수는 부를 때마다 자유롭다. 물론 자유롭지 않으면 예술가(artist)로서의 가수가 아니다.

이에 비해 모창가수는 모창하기 위해서, 혹은 원가수보다 더 원래 가수처럼 보이기 위해서 정밀해야 한다. 이것이 바로 자연에 대한 과학기술의 유비적 입장이다. 그러나 모창가수에게는 생명이 없다. 마찬가지로 과학기술에도 생명이 없다. 과학기술은 자연을 기계로 환원(환유)한 것이다.

이제 자연 그 자체를 예술적 존재로 보아야 한다. 예술은 이제 더 이상 종교와 과학처럼 가상실재를 가지고 예술이라고 할 필요가 없다. 존재 자체가 예술이기 때문이다. 존재는 예술이다. 그런 점에서 삶이 곧 예술이고, 생활이 곧 예술이다.

신이 죽은 현대인에게 예술은 신화적 기능을 한다. 예술은 생활에 가장 밀착해서 신적인 존재로서의 인간을 드러나게 함으로써 신인일체(神人一體)를 실현한다. 결국 세계는 자신(自身, 自神)일 뿐이다. 인간은 결국 원시시대부터 자신과의 끊임없는 대화를 해온 동물종이다.

가상실재를 기준으로 보면 종교는 종교적 환상이고, 철학은 철학적 환상, 과학은 과학적 환상이지만, 예술의 예술적 환상은 '가상의 가상'으로 인해서 존재가 된다.

인간은 환상적 동물이다. 환상이라고 하면 으레 현실을 기준으로 판타지의 세계를 말하는 것인데 실은 문화의 양식들은 모두 환상이다. 이들 문화적 환상은 현실계와 상상계와 상징(언어)계가 합작한 결과이다. 그런데 예술의 결과는 현상학의 세계를 벗어날 수 없지만 예술행위 자체는 존재의 세계라고 말할 수 있다. 예술은 놀이 자체의 세계라고 말할 수 있기 때문이다.

예술이야말로 존재(생멸, 생성)를 실천하는 것이고, 향유하는 것이고, 가상실재를 고집하지 않는, 동일성을 추구하지 않는(도리어 차이성이야말로 예술의 본질이라고 생각한다) 것이다. 이를 두고 '예술적 존재론' 혹은 '놀이

의 존재론'이라고 해도 무방할 것이다.[88]

그렇다면 예술 중의 최고의 예술은 무엇일까? 놀이 중의 최고의 놀이는 무엇일까? 바로 삶 자체라고 말할 수 있다. 이를 필자는 '생활=예술'이라고 오래 전에 설파한 적 있다.[89] '생활=예술'이라는 발상은 철학적으로는 예술이 존재의 구원이 되지만 궁극적으로는 삶 자체가 예술이 되지 않으면 예술로서의 구원이라는 것의 일상생활과 유리된 측면이 문제로 제기될 수 있기 때문이다.

일상생활과 유리된 특별한 인위적인 예술, 다시 말하면 예술전문가의 작품으로서의 예술이라는 것은 그 구원에서 한계를 가질 수밖에 없다. 철학이 삶을 죄다 포용할 수 없듯이 미학이 생활을 죄다 포용할 수 없다는 논리와 일맥상통한다. 철학(앎)을 위해서 삶이 있는 것이 아니고, 미학(예술)을 위해서 생활이 있는 것이 아니기 때문이다.

예술이라는 개념을 일상생활로 넓히면 결국 예술은 '퍼포먼스(performance)로서의 놀이'가 될 수밖에 없다. 놀이는 인간뿐만 아니라 존재 전체로 그 예술의 개념을 넓힐 수 있는 장점이 있다.

서양철학의 주체-대상의 논리도 놀이의 개념으로 보면 '주체-대상의 놀이' 혹은 '원인-결과의 놀이'라고 말할 수 있을 것이다. 인간만이 관념적이고 초월적인 '주체-대상의 놀이'(언어놀이, 언어게임), '원인-결과의 놀이'를 하는 동물이다. 동물도 놀이(게임)를 즐긴다고 보더라도 인간의 놀이와는 정도의 차이가 있다.

학문(과학)과 종교는 '이다(동일성)'를 추구하는 것이고, 예술이야말로 '있다(차이성)'를 그대로 인정하는, 차이성을 깨닫는 철학 본래의 영역이

---

88 박정진, 『메시아는 더 이상 오지 않는다』, 행복한 에너지, 2016, 371~372쪽.
89 박정진, 『한국문화와 예술인류학』, 미래문화사, 1990, 161~178쪽.

라고 말할 수 있다. 학문과 종교는 어떤 동일성을 강요하면서 어떤 '이다'로서의 정의나 개념을 다른 사람에게 강요하고 주입하는 것이지만 예술은 처음부터 강요하는 것은 아닌 철학이자 미학이다.

칸트는 예술을 '무목적의 합목적성'이라고 하여 보편적인 미의 개념을 추출하려고 하였지만, 그것은 미를 통해서 선(善)과 진(眞), 즉 진선미(眞善美)를 구축하려는 의도를 가진 출발로서의 미에 대한 일종의 선험적인 규정이 있는 것이다. 본래의 자연의 미(美)는 합목적성이 아니다. 합목적성은 인간이 유도한 것이다. 자연의 미를 인위적으로 규정하지 않고 그냥 그대로 받아들이는 것이 생활=예술이다. 생활=예술이라는 개념은 미학적으로 본 필자의 일반성의 철학의 핵심이다.

학문과 종교의 보편성은 실은 개체성과 집단성을 바탕으로 설정된 매우 제한적인 추상적 동일성에 지나지 않는다. 이에 비해 예술의 허구의 진실은 바로 존재성과 연결되는 첩경이다. 학문과 종교는 현존을 부정함으로써 '가상실재=실체'를 찾는 대장정을 이룩한 끝에 오늘날 과학시대를 열었지만, 예술은 현존을 존재로 인정함으로써 바로 만족에 도달한다.

욕망의 반대는 무욕이 아니라 만족이듯이 소유의 반대는 무소유가 아니라 평화이다. 소유는 경쟁을 낳고, 경쟁은 전쟁을 낳기 때문이다.

진선미	칸트	'이다' 혹은 '있다'	전도된 존재론/현상학
진	순수이성(존재론): 학문, 과학	'이다' : 동일성 추구	현상학 보편성을 추구
선, 진선	실천이성(윤리학): 종교	사람관계의 '이다'(해야 한다) : 동일성 추구	윤리적 현상학 보편성을 추구
미, 진미	판단력비판(미학): 예술(인류학)	'있다'(존재는 아름답다) : 차이성을 추구	존재론(예술적 존재론) 생활=예술

평화를 통해서 평화를 이룩하여야 전쟁을 궁극적으로 막을 수 있는 평화가 된다. 전쟁을 통한 평화는 언젠가는 전쟁을 약속하고 있는 한시적 평화론에 불과하다.

그런데 전쟁은 가부장-국가사회의 시작과 더불어 발생하였음을 상기할 필요가 있다. 전쟁을 일으키는 심리가 남성지배욕의 확장에 다름 아니라는 점에 주목할 필요가 있다.

"남성의 지배의 논리는 눈(眼) 중심으로 세계를 해석하고 여성에 이어 자연을 대상과 소유물로 전환시켰다. 다시 말하면 인간(남성)의 눈 중심의 지각 습관 때문에 대상과 소유가 생겼다. 사물을 바라볼 때 인간(Man)의 태도는 마치 남자(man)가 여자(woman)를 바라볼 때와 같다. 인간은 자연(물 자체)으로부터 태어난 자신의 존재를 까마득하게 잊어버리고 사물을 대상화하고 소유화하고자 한다. 이는 무한대의 욕망(이성, 의지, 의식)의 눈으로 여자를 바라보는 것과 같다. 시각-언어의 연쇄가 문명을 이루었다. 만약 눈 중심이 아닌 귀 중심으로 사물을 지각한다면 사물을 대상화하는 것이 아니라 사물과 하나가 될 것이다."[90]

남자(인간)의 시각에서 바라보는 서양철학을 이렇게 비유할 수 있다. 남자(인간)는 여자를 '아이를 생산하는 공장'으로 인식한다. 그래서 자신의 정자(씨앗)를 받아서 그것을(그 원본을) 그대로 복제하여 아이를 출산한다고 생각한다. 이는 남자(인간)의 환상이다.

여자는 남자의 정자를 그대로 받아서 복제하는 것이 아니라 자신의 유전자와 조합하여 아이를 생산하는 것이다. 그런데 그 아이는 남자(아버지)와 여자(어머니)의 유전자가 재현된 복제가 아니라 두 유전자가 조합된 '차이(생성)의 복제'인 것이다. 그 차이도 '실체(동일성)가 없는 차이의

---

90 박정진, 『니체, 동양에서 완성되다』, 소나무, 2015, 605쪽.

복제'인 것이다.

여자(자연)의 몸은 공장이 아닌 것이다. 그런데 남자(인간)는 여자(자연)를 공장으로 인식하여 그러한 관점을 그대로 자연에 대입(연장)하여 원인(input)과 결과(output)의 메커니즘으로 생각(가상)하는 것이다. 남자(인간)는 여자(자연)에게서 결핍을 느끼고 그 결핍의 자리에 동일성을 상상력으로 대체하였다. 이는 자연에 대한 인간의 동일성의 사고이며, 오늘의 물리학적 우주론(빅뱅과 블랙홀)도 그것의 연장선상에 있다.

남자는 여자의 자궁을 '아이를 생산하는 공장'쯤으로 생각하고 있을지도 모르며, 여자는 남자의 공장을 '상품을 생산하는 자궁'쯤으로 생각하는지도 모른다. 이는 자연과 문명에도 그대로 적용할 수 있고, 동서양의 문명의 차이에도 적용할 수 있다. 여자는 자연이고, 남자는 문명이고, 여자는 동양이고, 남자는 서양이다. 남자와 여자를 극단적으로 비교하면, 여자(자연)는 생명(남자)을 낳고, 남자(인간)는 기계(전쟁기계)를 낳는다.

남성-문명-서양	"아이를 생산하는 공장"	동일성(실체가 있는)의 복제(반복)
여성-자연-동양	"상품을 생산하는 자궁"	차이(실체가 없는)의 재생산

서양철학과 문명은 앞에서 말한 '시각-언어'의 연쇄에서 다시 성적인 본능을 추가하면 〈시각-언어-페니스의 문명〉이라고 말할 수 있다. 이에 가장 대조되는 문명이 동양의 한자문명권, 즉 음양철학 문명권이다. 음양철학과 문명은 〈청각-상징-버자이너의 문명〉이라고 말할 수 있다.

인류사에서 가부장사회의 출발 이후 가장 극단적 '남성-이성 중심'을 나타내고 있는 서양의 근대문명은 사물을 대상으로 하던 것을 여성에게도 연장하는 특성을 보이고 있다. 인구의 증가와 더불어 가부장-국가사회로의 진입이 필요불가결한 것으로 되었으며, 여기에 적응한 집단만이 생존할 수 있었다.

서양문명을 상징적으로 말하면 '아버지의 문명'이다. 동양문명은 '어머니의 문명'이다. 서양문명을 좀 더 극단적으로 말하면 '가짜 아버지'(기독교 하나님 아버지-오이디푸스 콤플렉스 문명)를 만드는 문명이고, 동양문명은 '진짜 어머니'(지구 어머니 麻姑-陰陽사상 문명)를 인정하는 문명이다. 아버지는 가짜가 있을 수 있지만, 어머니는 가짜가 있을 수 없다. 좀 더 심하게 말하면 아버지는 본래 가짜이고, 어머니는 본래 진짜이다.

인간의 역사와 문명은 가짜 아버지를 만드는 것이지만, 자연은 본래 진짜 어머니에 사는 것이다. 아버지의 문명인 서양문명은 앎의 문명, 지식의 문명이고, 어머니의 문명인 동양문명은 삶의 문명, 지혜의 문명이다. 인류의 미래는 동서양문명이 마치 아버지와 어머니가 한 가정을 꾸려가면서 살듯이 하나의 가정처럼 살아야 한다. 가정에 모든 신비가 다 들어있다.

동양문명에는 여성성에 대한 숭배가 밑바탕에 깔려있다. 동양문명은 음양이라고 하지 이를 양음(남녀)이라고 하지 않는다. 동양의 음(陰)에 대한 숭배는 불교의 공(空)이나 도교의 무(無)의 사상으로 발전하였다. 동양에서는 기본적으로 음양(陰陽)관계를 현상학적 대립(주체-대상)관계로 보지 않는다. 물론 현실적으로는 대립하기도 하지만 존재론적으로 음양은 상보(相補)관계에 있다. 말하자면 음지양(陰之陽), 혹은 양지음(陽之陰)이라고 말한다. 이는 존재론적 차이가 된다.

우리는 흔히 여권이 가장 신장한 문명으로 서구문명을 지목하고 있지만, 실지로 그 이면에는 여성성이 가장 억압과 무시를 당한 것이 서구문명이다. 서구문명에서 여성은 소유의 대상이었고(오이디푸스 콤플렉스가 이를 잘 증명한다), 여성은 결혼을 하는 것과 동시에 남자의 성씨를 이름 앞에 달아야 했다(여자는 자신의 성씨가 없다). 서구문명에서 여성의 경제권(살림)은 철저하게 남자에게 종속되었다.

근대에 들어 서구문명에서 여권신장이 가장 빨리 일어난 것은 역설적으로 여성이 남성의 대상으로 가장 전락한 문명이 서구문명이기 때문이다. 즉 여권이 가장 전락한 문명이기 때문에 여권이 신장되지 않으면 안 되었을 것이라는 추측이 가능하다. 동양문명권에서는 대체로 가사(집안 살림)에 대해서는 여성의 권리가 인정됐다.

남자는 동일성(절대성)을 추구하는 동물이고, 여자는 자연성(상대성)을 추구하는 동물이다. 결국 남자가 이끄는 세계는 동일성을 추구하기 때문에 결국 동일성을 남에게(여자에게 혹은 다른 사람에게) 강요하는 권력의 세계가 될 수밖에 없고, 이러한 세계는 항상 '전쟁의 세계(전쟁의 신)'에 노출될 수밖에 없다.

여자(자연)는 남자(인간)에 의해 규정되고, 선악이 구별된다. 여자(자연)는 결국 자신의 몸을 스쳐간 모든 남자(인간)를 사랑할 정도로 자비롭다. 그들의 흔적(기록, 기억)은 여자(자연)의 살(삶) 어딘가에 박혀있다. 그러나 모든 흔적은 허망하기 마련이다. 여자(자연)는 모든 것을 받아들이고 용서한다. 그 여성은 어머니다. 비유적인 표현이지만 어머니야말로 진정한 사랑이며, 인이며, 자비이다.

이제 인류사는 새롭게 여자가 이끄는 세계를 건설할 필요가 있다. 세계가 이미 지구촌이 된 것은 이를 상징하고도 남음이 있다. 급격한 도시화는 이미 가부장사회를 고집하기에는 한계가 있으며, 도시화·산업화는 여성의 사회적 참여와 지위 향상을 용인하지 않을 수 없었고, 전반적으로 여성성에 대한 인식제고와 함께 모계사회(모성중심사회)적 성격을 강화했다고 말할 수 있다. 도시화가 인간의 사회를 가부장-국가사회에서 모성중심사회로 이끌었다고 말할 수 있다.

오늘날 화두가 되고 있는 여성시대의 도래는 모성중심사회로 전향하던 그 끝이라고 말할 수 있다. 지구촌은 이제 도시와 도시의 연결이라고 말할 수 있고, 가정과 가정의 연결이라고 말할 수 있다. 국가라는 것은 그것을 둘러싸고 있는 보호막, 일종의 껍데기에 불과하다. 여자가 이끄는 세계야말로 '평화의 세계(평화의 신)'가 될 가능성이 높다.

여성의 신체성은 예술성과 통하고, 예술성은 축제와 통하고 축제는 평화와 통한다. 축제는 역사적 발전을 위한 기제가 아니라 본래존재, 즉 '존재로의 귀환이며 귀향'이다. 축제와 예술을 통해서 인간은 잃어버린 공동체정신을 회복하고, 삶의 생기를 되찾게 된다. 축제는 역사를 위한 것이 아니라 일종의 집단예술이다. 그런 점에서 축제와 예술에 대한 존재론적인 연구가 절실하다.

서양문명보다는 동양문명이 오히려 여성을 더 대접했다고 해서 동양사회가 가부장-국가사회로 진입하지 않은 것은 아니다. 동양도 서양 못지않게 전쟁의 역사였고, 문화의 요소에 따라서는 여성을 더 억압한 측면도 없지 않지만 서양처럼 그렇게 동일성을 추구하는 사회는 아니었다는 변론이다. 동양문명이 그동안 전쟁이 전혀 없었다는 주장은 아님은 물론이고, 여성중심 사회라고 해서 전혀 갈등과 전쟁이 없을 것이라고 예상하는 것도 아니다. 다만 동일성을 추구하는 서양철학과 서양문명, 그리고 남성중심 사회가 상대적으로 동양보다는 전쟁에 노출될 가능성이 높다는 뜻이다.

동양, 특히 동아시아의 한자문화권은 여성성, 즉 음(陰)이 내포하고 있는 생성과 변화를 서양보다는 상대적으로 더 주목한 문명이라고 말할 수 있다. 그래서 '음양문명(陰陽文明)'이라고 말하는 것이다. 인류문명사를 보면 동아시아의 '음(陰)사상'이 도리어 인도유럽어 문명권에 전해져서 불교의 '공(空)사상'이 되었을 확률이 높다.

여자의 삶은 기본적으로 자신의 몸을 분화시켜서 후세를 위해서 내주기 때문에 희생제적 삶을 영위하게 된다. 이 세상에 여자의 몸으로부터 태어나지 않는 사람은 없다. 남자는 여자에 비해 볼 때, 근본적인 것이 될 수 없다. 더욱이 여자는 몸을 내주는 것과 더불어 어린아이에게 말(모국어)도 가르쳐 준다. 따라서 결국 몸과 마음을 모두 내주는(선물하는) 존재가 여자이다.

생기(生起, Ereignis)하는 것과 생기(生氣)는 다르다. 전자는 현상학적인 차원의 흔적(존재자)이 남아있는 것이고(존재의 존재자), 후자는 존재만의 존재론적(생성론적)인 차원이다. 철학적 존재론은 대상이 아니라 근본(근원)을 말한다. 하이데거의 존재론은 근본을 추구하는 것이지만, 숨어있는 존재를 발견하는 차원이다. 진정한 존재론의 존재는 본래자연을 말한다.

하이데거는 만물만신(萬物萬神)과 만물생명(萬物生命), 기운생멸(氣運生滅)에 가까이 가기는 했지만, 시간과 공간의 장애로 인해서 종국에는 이것에 도달하지 못했다. 하이데거의 존재론은 존재로 나아갔지만 현상을 버릴 수 없었던 것이다. 하이데거에게도 실체의 흔적이 있다. 데리다는 현상학적 차원에서 존재를 논하고 있기 때문에 하이데거의 존재론에서 다시 서양철학으로 돌아가 버리고 말았다. 이는 서양철학과 문명의 한계이다.

이제 서양철학은 예술(시)에서 구원을 받지 않으면 안 된다. 예술을 존재론적으로 말하면 만물만신은 현존이고, 아름다운 세상(美)을 뜻하고, 네(You)가 내(I)가 되는 경지이다. 존재는 만물생명이고, 아름다운 세상을 사랑(愛)하지 않을 수 없는 심정이고, 나(I)를 너(You)에게 바치는 행위이다. 따라서 결국 현존과 존재의 상호관계는 나와 너의 구별이 없어지는 경지이다.

세계의 만물만신은 시인(예술가)에게 아름다움을 선물하고, 이에 대한 보답으로 시인은 만물만신에게 사랑을 주지 않을 수 없는 것이다. 그래서 시인은 노래를 한다. 노래를 하는 마음은 소유하고자 하는 마음이 아니다. 노래를 하는 마음은 찬미하는 마음이다.

현존	만물만신	아름다운 세상(美)	I → You	
존재	만물생명	사랑하지 않을 수 없는 심정(愛)	You→ I	I ↔ You

인간은 항상 '현존(존재)'을 '현재(실체=가상실재)'라고 생각한다. 이는 인간의 시각-언어 중심적 지각과정 때문이다. 따라서 신에 대해서도 생각할 때도 신(존재)의 현존인 '육화된 신'을 '실체적 신'이라고 생각한다. 실체적 신은 동일성의 신이다. 동일성의 신은 자연의 신이 아니다.

동일성은 개념이나 추상이다. 따라서 동일성은 자연에는 없는 것이다. 따라서 동일성은 존재(실재)가 아니고 가상실재이다. 인간은 가상실재를 먹고 사는 동물이다. 종국에 가서는 가상은 추상이고, 추상은 기계이다. 자연은 기계가 아니다. 인간은 자연에서 기계를 본다. 인간만이 자연에서 기계를 끄집어내는 동물이다. 인간만이 기계 속에 자연을 집어넣는 동물이다. 인간은 자연성, 본래자연을 회복해야만 한다.

인간은 소유적 존재이기 때문에 죽은 뒤에 천국이나 극락이 있다는 것을 믿을 수밖에 없다. 그것을 이용하여 세상과 사람들을 다스리는 것이 종교이다. 죽은 뒤에 천국이나 극락 가는 것을 욕망하지 않는 현재적(현존적) 안심입명(安心立命)의 경지에서 죽을 수 있는 사람이 바로 성인들이다.

성인들은 시공간을 초월하는 사람들이다. 성인들은 아예 시공간이 없는 사람들이다. 인간이 있기 때문에 하늘이 있고, 땅이 있다. 인간이 있기 때문에 선후상하좌우안팎이 있다. 인간이 없으면 그러한 것은 없다. 모두가 인간이 만들어낸 가상(가상실제)일 뿐이다.

신(神)은 영어로 '갓(God)'이라고 한다. 그런데 같은 발음의 '갓(got)'은 '갖는다(소유)'는 의미의 동사이다. 요즘 영어에서 '갓(got)'이라는 동사를 사용하는 빈도가 많아지고 있다고 한다. 소유개념이 강해지는 세태를 드러내면서 상태 동사로도 사용되는 편이다. 세계적인 극작가 새뮤얼 베케트의 출세작 '고도를 기다리며'의 주인공 '고도'도 유사한 발음의 '고도(Godot=God+got=신+소유)'이다. 신은 '소유'이면서 동시에 '존재'이다. 이것이 바로 신과 인간의 이중성, 인간신(人間神), 신인간(神人間)을 드러내는 것이 아닐까.

御製

中듕國귁에달아

ㅁ

와로서르ᄉᄆᆞᆺ디아니홀ᄊᆡ

2

서양철학에 대한 반성과 모색

사물−시간−텍스트−테크놀로지의 굴레

서양철학의 종언: 현상학과 존재론, 그리고 과정철학

서양철학의 후기근대의 말미를 장식하고 있는 데리다는 철학적 방법으로서의 '해체'를 철학의 새로운 내용인 양 착각한 철학자이다. 이는 마치 데카르트가 방법으로서의 회의를 내용인 양 착각하고, 칸트가 방법으로서의 비판을 내용으로 착각한 것에 비할 수 있다. 데카르트와 칸트는 그렇게 하지 않았고, 회의와 비판을 방법으로만 사용했다. 데리다의 해체주의는 데카르트의 관념론과 칸트의 이성주의와 다른 해체행위에 불과한 것이며, 정작 해체의 내용은 없다. 반드시 그는 다른 곳에서 해체가 아닌 구성을 할 수밖에 없을 것이다. 이는 일종의 철학적 야바위이다.

데리다는 '해체주의'를 주장함으로써 기존의 텍스트를 해체하는 당연한 행위를 철학의 새로운 사조처럼 잘못 선전해왔다. 데리다의 그라마톨로지(해체적 문자학)는 일종의 철학의 방법에 불과한 것을 철학의 내용으로 속인 것이고(그의 주장대로라면 그라마톨로지 아닌 철학이 없다), 그의 '법의 힘'에서 말하는 도덕적 판단(moral judgement)과 유령으로서의 메시아사상은 서양철학이 추구해온 도덕철학과 기독교의 메시아사상의 계보를 잇는 것에 지나지 않는다.

데리다는 해체를 '해체주의'라고 함으로써 해체당하기 이전의 과거의 텍스트를 '결정 불가능한 것'이라고 말하고, 미래의 유령을 '해체 불가능한 것'이라고 명명하는 불필요한 일(철학의 발전에 전혀 도움이 되지 않는)을 했다. '결정 불가능한 것'과 '해체 불가능한 것'은 결국 같은 것이다. '결정 불가능한 것'은 이미 '해체 상태로 있는' 것이고, '해체 불가능한 것'은 앞으로 '결정 불가능한 상태(해체할 것도 없는 상태)'로 있는 것이다.

만약 어떤 텍스트를 가지고 결정 불가능한 것이라고 하면 텍스트는 이미 텍스트가 아님을 말하고, 만약 어떤 유령을 가지고 해체 불가능한 것이라고 하면 유령은 이미 유령이 아님을 말한다. 이는 둘 다 자기모순 속에 있는 것이다. 이는 프랑스철학, 프랑스현상학의 전반적인, 혹은 결정적인 결함이자 특성이다.

프랑스철학은 근본적으로 '달아나는 신'을 잡는 경주와 같다. 영원히 달아나지 않으면 신이 아니고, 영원히 계속되지 않으면 시간이 아니고, 영원히 연장되지 않으면 공간이 아닌 것과 같다. 데리다는 해체주의의 영역을 별도로 설정하여 바타유의 제한경제와 일반경제 사이의 경계영역을 '차연(폭력)의 경제'라고 명명하고 있는데 이는 존재의 역동성(운동성) 자체를 하나의 영역으로 고정시키는 철학적 모순적 행위이다.

이는 프랑스 철학의 특징인 자신(주체)을 대상으로 보는(대자를 주체로 보는) 현상학적 철학의 대자적(對自的) 인식의 자기모순의 결과이다. 세계를 대상으로 보기 때문에 결국 영원히 자기(주체)를 찾을 수 없다. 그래서 프랑스 철학은 대체로 '없다'로 끝난다. "텍스트는 없다." "주체는 없다." "저자는 없다." 등 "(무엇이) 없다."로 끝날 수밖에 없다.

프랑스의 현상학은 역사운명적으로 자기부정의 연속선상에 있다. 이는 현상학적 철학의 모순이다. 현상학은 물리적 현상학에서는 수학을 통해 실체(계산할 수 있는)를 잡을 수 있는 실용성이 있지만, 심리적 현상학인 철학적 현상학에선 실재가 아닌 것을 실체(가상실재)라고 생각하는 끝없는 변증법적 자기모순에 빠져 있는 것이다. 이는 서양철학 전반의 문제이기도 하다.

동일성(실체성)이라는 관점에서 말한다면 뉴턴의 절대역학이나 아인슈타인의 상대성이론이나 다를 것이 없다. 데카르트의 회의나 칸트의 비판이나 헤겔의 변증법이나 니체의 해석학이나 데리다의 그라마톨로지나 모두 마찬가지이다. 스피노자의 범신론이나 라이프니츠의 단자론이나 다윈의 진화론까지도 마찬가지이다.

스피노자는 자연을 신의 양태로 보는 범신론을 주장했으나(자신은 자연의 神物化를 추구했으나) 기독교 유일신의 전통에서 그것은 절대유일신이 존재하는 범재신론(汎在神論)이 되었으며, 결과적으로 자연의 물신화(物神化)에 기여하게 된다. 이는 결국 유물론에 기여하게 된다.

라이프니츠도 마찬가지로 단자(單子)라는 정신물질 복합체를 만들었으나 결과적으로 자연의 운동을 미적분으로 양화(계산)함으로써 물신화(物神化)에 기여하게 된다. 이는 결국 자연의 자연과학화에 기여하게 된다. 스피노자와 라이프니츠는 결과적으로 기독교의 절대유일신의 원인론을 물신화함으로써 물신의 결과론으로 중심이동을 하게 한다. 기독교의 절대유일신이든, 자연과학의 절대론이든 모두 실체론을 고집하는 것이 된다.

서양철학은 기독교를 닮아 원인적 동일성(천지창조)이 아니면 결과적 동일성(종말구원)을 찾고 있고, 그 사이에 철학과 과학의 인식론(인과론)도 있으며, 이들은 결국 모두 과학(물리적 현상학)이나 현상학으로 수렴된다. 이렇게 따지면 서양의 기독교와 서양철학의 현상학, 그리고 과학은 모두 변하지 않는 실체, 즉 '동일성을 찾는 과정의 오류'라고 하지 않을 수 없다.

하이데거는 동양의 '천지인' 사상과 불교사상, 그리고 자연철학의 제신(諸神)을 융합하여 독일의 관념론적 전통에 따라 자신의 존재론 철학을 구성하였고, 데리다는 동양의 음양론으로 프랑스의 현상학적 전통에 따라 그라마톨로지를 구성하였다.

하이데거의 '죽을 사람'으로서의 인간조건에 대한 전제와 '존재'의 회복, 그리고 데리다의 '텍스트'에 대한 해체론적 문자학과 유령론(메시아론)은 '동일성'을 추구해온 서양철학의 마지막 구원요청(해답 찾기)이라고 할 수 있다.

데리다의 유령론은 역설적으로 서양철학 전체가 실체(이는 실은 가상실재이다)에 빠져있다는 것을 반증한 것으로 서양철학 전체의 허구성(허위성)을 폭로하는 것이다. 서양철학은 그동안 실재가 아닌 가상실재를 '실재=실체(reality)'로 여기면서 계속해서 실체를 찾아가는 행군을 계속했다고 할 수 있다. 달리 말하면 가상실재(실체)야말로 유령적 성격을 가지고 있었던 것이다. 드디어 데리다에 이르러 서양철학은 그 '실재=실체(reality)'를 유령이라고 드러내게 된 셈이다.

데리다는 그라마톨로지를 통해 서양철학의 모든 집(축조된 집)을 부수고(해체하고) 피난 와서는 기껏해야 다시 유령에 매달리는 셈이다. 이는 서양철학의 자가당착(모순)에 속한다. 데리다는 그러면서 유령을 '더 이상 해체할 수 없는 것'이라고 규정한다. '더 이상 해체할 수 없는 것'이 유령의 내용인 '법의 힘'과 '메시아'인 셈이다.

역사적으로 남(선배)들이 만들어낸 엄정한 텍스트를 해체하고 자신이 구성한 새로운 철학을 선보이는 것으로 일관한 서양철학이 이제 '결정가능한 텍스트'의 철학을 '결정불가능한 텍스트'의 철학으로 변질시킨 셈이다. '결정불가능'과 '해체불가능'은 같은 것인데 마치 다른 것처럼 하나는 '해체론적 문자학' 다른 것은 '해체론적(해체불가능) 유령학'으로 명명한 셈이다.

　서양철학은 서양철학 전체를 해체하는 그라마톨로지를 만나 이제 유령에게 텍스트를 만들 권한을 넘겨준 꼴이다. 말하자면 철학의 권리를 유령으로 하여금 계속하게 넘겨준 셈이다. 그런데 데리다가 유령이라고 명명한 그것이야말로 텍스트가 아닌 실재(본래존재)인데 데리다는 말을 유령이라고 해 놓고, 유령의 영역에서 열심히 텍스트를 쓰는 참으로 '유령의 철학자'가 된 셈이다..

　'존재'의 '무(無)'를 계속적으로 나아가는 '무한대(無限大)'로 읽음으로써 이동하는(움직이는) '경계(境界, 울타리)'의 철학을 할 줄밖에 모르는 서양철학은 그렇기 때문에 마지막으로 현상학(심리적 현상학)에 매달리거나 자연과학(물리적 현상학)에 종속시킨 자리로 전락한 과학철학을 섬기고 있는 것이다. 이는 형이상학에서 출발한 서양철학이 형이하학에 무릎을 꿇은 것으로, 과학으로 환원되는 것을 말한다.

　이는 '더 이상 회의(의심)할 수 없는 것'을 찾아 나선 근대 서양철학의 선구자 데카르트의 철학적 전통을 따라서 '더 이상 해체할 수 없는 것'을 찾아 나선 데리다의 최종 정착점이 다름 아닌 유령인 셈이다. 유령은 서양철학, 특히 현상학의 최종결론이다. 그런데 그 유령의 내용을 보면 다름 아닌 '법의 힘'과 '메시아론'이다. 결국 서양철학이 섬겨온 '법'과 '메시아'가 유령임을 스스로 고백한 셈이다.

　자신의 철학은 '해체철학'이라고 공언한 데리다는 결국 아무 것도 해체하지 못한 채 유령의 포장(이름) 속에 법과 메시아를 담아놓은(옮겨놓은) 것에 불과하다. 여기에 서양철학의 시작과 끝이 함께 있다. 현상학의 서양철학은 결국 데리다에 의해 그동안 실체라고 섬겨온 것들이 유령의 전시장에 불과한 것이었음을 입증하는 '실체-유령' 대립 항으로 끝난 셈이다. 서양철학의 대장정 치고는 허무하다.

서양철학과 문명은 결국 허무주의를 벗어나려고 니체에서부터 온갖 발광을 하면서 고군분투했지만 니체의 후예들에 이르러서도 결국은 그것을 벗어나지 못하고 유령만을 끌어안고 있는 셈이다. 그 '유령'은 과학기술만능주의의 '기계'라는 실체와 함께 동행하고 있다. 그래서 '실체-유령'이다. 하이데거는 니체의 과학기술주의를 공격한 반면 데리다는 니체의 문체주의를 추종하였다고 볼 수 있다.

텍스트는 항상 구성적이면서 동시에 해체적이다. 구성적이라는 말은 동시에 언제라도 해체할 수 있다는 뜻이 된다. 존재는 항상 생성적이면서 동시에 소유적이다. 생성적이라는 것은 전체적인 측면이고, 소유적이라는 말은 개체적인 측면이다. 텍스트는 바로 현상적이고 소유적인 것의 상징이다.

앞에서도 언급했지만 텍스트(text, textile)는 '사물(thing)-시간(time-space)-텍스트(text)-테크놀로지(technology)'로 연결되는 '4T'의 연속(연쇄), 즉 서양철학의 현상학(소유적 존재)에 속하는 것이다. 서양철학을 '4T'라고 규정하는 것이야말로 역설적으로 한국철학의 탄생이라고 선언하지 않을 수 없다. 서양철학의 경계, 즉 밖에 있지 않으면 서양철학 전체를 이해할 수 없고, 서양철학 전체를 해체하지 않으면 '4T'를 주장할 수 없기 때문이다.[1]

필자의 서양철학에 대한 '4T'의 선언은 데리다 식으로 말하면 단순한 해체가 아니라 서양철학의 밖에서, 혹은 동서양 철학의 경계·울타리에서 새로운 기입(記入, inscription)을 통한 텍스트 구성(결정할 수 없는 것의 결정)을 한 결과이다.

참고로 데리다의 '해체할 수 없는 유령'이라는 것은 생성적 존재(현상

---

1 박정진, 『메시아는 더 이상 오지 않는다』, 행복한 에너지, 2016, 417~433쪽.

이 아닌 현존)에 대한 현상학적인 규정이라고 볼 수 있다. 이것은 필자의 일반성의 철학으로 볼 때는 일반성과 소리와 상징과 기운생동을 데리다 나름으로 규정한 것이다.

데리다의 그라마톨로지는 그의 말대로 서양철학 전체를 해체한 것이라기보다는 그를 포함한 서양철학 전체가 일종의 '자연(자연적 존재)의 도착'이었다는 것을 증명하는 것에 다름 아니다.

서양의 근대철학사는 결국 물리학에서 시작한 물리학적 환원으로 해석할 수 있다. 자연과학의 법칙을 인간의 도덕에 적용한 것이 칸트의 도덕철학이다. 칸트의 도덕철학은 '이성의 안에서의 신(神)=도덕'으로 요약된다.

Time	Text	Technology	desire	물질(대상)	정신(주체)
하이데거	데리다	들뢰즈	니체	마르크스	헤겔
시간–존재 (비시간)	에크리튀르– 부재(시간)	기계–신체– 영토(지리)	욕망(신체)– 힘에의 의지	유물론(노동 가치설)	절대정신– 역사(노동)
존재론	그라마톨로지	리좀	힘에의 의지	계급투쟁	역사철학

이성(ration)	Thing(자연과학)
칸트	뉴턴, 라이프니츠
순수이성–실천이성–판단력비판	물리학
도덕철학	절대역학

우리는 여기서 서양의 근대철학 전반을 반성해볼 필요가 있다. 서양문명은 근대과학문명을 달성한 후 거꾸로 칸트의 도덕철학을 비롯해서 순수나 절대를 신봉하는 다양한 철학적 전개를 보였는데, 칸트는 도대

체 어디서 도덕철학의 힌트를 얻었을까?

과연 그는 동양문명이나 동양철학의 도움이나 힌트 없이 독자적으로 도덕철학을 구성했을까? 쇼펜하우어가 불교의 영향을 받았다면 칸트는 혹시 성리학의 영향을 받지 않았을까. 우리가 생각하는 것 이상으로 동서 문명의 교류가 활발했던 게 사실로 드러나고 있다.

적어도 기독교의 중국 전래와 함께 동서 문명의 교류가 본격화되었던 시점을 마테오 리치를 기준으로 16세기 후반으로 잡아도 칸트의 도덕철학이 구성된 것은 이보다 1백 50여 년 후의 일이다.

칸트((Immanuel Kant, 1724~1804)의 도덕철학이 형성된 것은 18세기이다. 칸트의 도덕철학과 매우 닮은 동양의 주자(朱子, 1130~1200)의 '성리(性理)철학'이나 퇴계(退溪, 1501~1570)의 '경(敬)철학'이 형성된 것은 이보다 적게는 2백여 년, 많게는 6백여 년 앞선다.

동양의 이른바 이(理)철학은 서양의 과학문명처럼 수학적 방정식으로 우주를 설명하는 과학세계관(물리학적 세계관)에 도달하지 못했지만 이에 앞서 인간의 행동에 규범과 이치(理致)를 부여하는 도덕철학에서는 서양을 크게 앞섰다. 이것은 물론 유교-주자학적 전통에 힘입은 바 크다.

세계문명사를 두고 볼 때 동양의 약점은 성리학적 도덕철학 이후 과학으로 이(理)철학을 발전시키지 못한 데 있다. 그래서 서양의 르네상스 이후 근대에 이르러 서양문명에 침략과 식민을 당하는 수모를 겪게 된다.

서양문명이 동양에 기독교와 함께 서양과학문명을 전하기 시작한 것은 대체로 마테오 리치(Matteo Ricci, 1552~1610)를 기준으로 잡아도 16세기 후반이다. 쉽게 말하면 서양의 도덕론은 동양에 비해 너무 늦고 동양과의 문물이 본격적으로 교류한 이후의 일이다.

칸트철학의 '경(敬)'철학적 특징은 중국의 현대철학자에게도 인식되어 칸트를 '경씨(敬氏)'라고 부르기도 한다. 하이데거는 '회덕가(會德家)'라고 부른다. 물론 훈독과 음독을 복합적으로 감안한 번역어이다.

아무튼 도덕철학에 있어서는 동양이 서양보다 월등히 앞섰고, 철학의 정교함에 있어서도 서양의 추종을 불허한다. 그럼에도 불구하고 과학문명의 위세를 등에 업은 서양은 도덕철학에서도 칸트가 단연 군계일학(群鷄一鶴)인 것처럼 행세한다. 이는 어불성설이다.

동양은 근현대에 있어서 도리어 과학이 배제된 성리학의 도덕적 이성(理性), 즉 성리학(性理學) 때문에 서양으로부터 침략을 당하고, 식민지가 되었다고 말할 수 있다. 19~20세기 첨단과학무기인 총과 대포를 앞세운 서세동점(西勢東占) 앞에 무력한 모습을 보였던 것이다. 서양의 공격에 동도서기(東道西器), 혹은 중체서용(中體西用)을 부르짖으며 저항했지만 전쟁에서 패배하는 것을 피할 수 없었다.

바로 패배의 원인이 성리학, 도덕철학 때문이었다. 위정척사(衛正斥邪)라는 말은 동양은 도덕적으로 옳고(正), 서양은 틀렸다(邪)는 가장 상징적인 용어이다. 일본의 화혼양재(和魂洋材)만이 서양문물을 빨리 받아들여서 식민지가 되는 것을 피하고 도리어 청일전쟁과 노일전쟁의 승리를 몰아서 동아시아에서 제국으로 성장하였다.

한국과 중국, 일본 등 동아시아 삼국 가운데서 일본이 가장 성리학적 도덕에서 멀었기 때문에(일본은 성리학보다는 심학이 왕성하였다) 서양문물을 쉽게 받아들였다는 분석도 가능하다. 다시 말하면 동양은 너무나 과도하게 도덕적이었기에 서양에 침략을 당했다고 말할 수 있다. 그런데 인문학적으로 그 도덕마저 칸트에게서 배운다는 것은 어딘가 주객이 전도된 느낌을 받게 된다.

칸트의 도덕철학, 혹은 비판철학을 보면 참으로 주자의 성리학이나 퇴계의 경(敬)철학과 닮은 부분이 많다. 칸트의 도덕철학의 출발 혹은 핵심이라고 할 수 있는 양심(良心)의 정언명령(定言命令)은 동양의 천명(天命) 사상이나 심학(心學)과 닮은 데가 많다. 분명히 동서 문명이 활발한 교류 상태에 있었던 시기인데도 불구하고 동양의 영향을 받았다고 하는 구절은 하나도 없다.

아울러 니체에서 비롯되는 서양의 후기근대철학이라는 것도 실은 동양의 음양사상이나 불교의 영향이 큼에도 불구하고 동양의 영향을 받았다고 하는 구절은 거의 없다. 서양의 근대 혹은 후기근대철학은 필자의 생각에는 동양의 영향을 받았음에도 모두 동양철학의 세례를 감추었다는 느낌을 저버릴 수 없다.

한 가지 예로 서양의 기독교의 절대유일신(神)은 동양의 천(天)과 대응시키면 된다. 실지로 동서 문명 상호 간에 그렇게 많이 이루어졌다. 동양의 이기(理氣)사상 가운데 이(理)는 서양철학의 이성(理性)으로 번역되면 된다. 동양의 천리(天理)사상은 칸트의 '이성의 안에서의 신(神)'의 개념으로 번안될 수 있다. 이밖에도 이러한 예는 얼마든지 찾을 수 있을 것이다.

동양의 유교, 불교를 비롯하여 제자백가의 사상은 얼마든지 서양에서 다른 유사한 형태로 변형될 수 있을 것이다. 앞으로 근대 이후에 동서 문명교류와 상호영향에 대한 연구가 활발히 이루어지면 서양근대철학과 인문학에 대한 동양의 문명적 세례사실이 점차 밝혀지겠지만, 적어도 아직까지는 오리무중이다.

이러한 문명의 전도가 벌어진 이유를 굳이 설명하자면 서양의 근대철학과 사상은 과학문명의 압도적인 비호 아래 동양의 영향을 일부러 감추었거나 저들의 자존심으로 인해 동양문명의 영향에 대한 기록을 기피하였을 확률이 높다. 이는 결국 힘에 의한 약탈이라고 말할 수 있다. 힘 있는 야만이 세련된 문명을 약탈하는 역설의 예는 역사에서 비일

비재한 일이다. 그러한 것이 근대에 들어 동서양문명 간에 일어났다는 말이다.

쇼펜하우어 염세(厭世)철학에 대한 불교의 영향, 라이프니츠의 이진법(二進法)과 미적분학(微積分學)에 대한 동양 주역(周易)의 영향, 니체철학에 대한 불교의 영향, 하이데거 존재론 철학에 대한 동양 선(禪)불교의 영향 등 일부는 드러나고 있지만, 아직도 대부분이 감추어져 있는 게 사실이다.

그런 점에서 학계 일각에서 이루어지고 있는 니체와 하이데거나 데리다 철학을 동양철학이나 불교와 비교하는 것의 타당성은 어쩌면 사필귀정으로 여겨진다. 만약 이들 서양철학들이 동양에서 영향을 받아서 저들의 철학적 전통에 따른 새로운 용어개발과 철학체계의 완성이라면 서로 상통하는 것은 당연한 것이기 때문이다.

이는 마치 '원본'과 '번역본'의 입장과 같다. 원본과 번역본을 가지고 비교해보니 서로 통하고 닮았다고 하는 것과 다를 바가 없다. 이는 선의로 해석하면 동서고금의 철학의 상호소통을 위하는 측면도 있겠지만, 종국에 가서는 서양철학에 대한 환원주의 입장, 혹은 서양철학에 대한 사대주의적 발상이라고 하지 않을 수 없다. 이러한 환원주의, 사대주의는 내가 가진 것을 남을 통해서 인식하는 동양의 자연적·여성적·수동적 발상법이라고 하지 않을 수 없다.

서양철학자들은 저들의 철학적 용어를 버리지 않고 지탱하면서 동양의 불교와 철학을 이해하기 위해서 갖은 애를 썼는데 그 중에서 가장 탁월했던 두 철학자는 하이데거(Martin Heidegger, 1889~1976)와 화이트헤드(Alfred North Whitehead, 1861~1947)라고 하지 않을 수 없다.

하이데거는 『존재와 시간(Sein und Zeit)』에서 동양의 생성철학을 '존재(Sein, Being)'라는 말로 이해했다. 하이데거는 '시간'에서 '존재'를 이해했다. 이는 독일의 관념론적 전통에 따른 것이다. 하이데거는 서양철학이 종래에 '존재'라고 명명한 것이 '존재자'였다는 것을 알았지만 '존재'을 관념적으로 이해하는 경향 때문에 현존적 존재, 즉 존재의 현존성에 대한 이해가 부족하였다. 이것은 '존재'를 '시간'과 병치하는 그의 책 제목에서도 드러난다.

이에 비해 화이트헤드는 『과정과 실재(Process and Reality)』에서 불교의 생멸을 '과정(Process)'으로 이해했다. 화이트헤드는 '실재'에서 '과정'을 이해했다. 화이트헤드는 '존재'를 '과정'으로 명명함으로써 '실체'를 '실재'라고 명명하지 않을 수 없는 도치법에 빠졌다는 점을 알 수 있다.

이는 영국의 경험론적 전통, 과학철학의 전통에 따른 것이다. 화이트헤드와 하이데거는 동양의 불교사상을 자신이 소속한 나라의 철학적 문법에 따라 '과정철학'과 '존재론'으로 번안한 것으로 보인다.

화이트헤드는 불교의 공(空), 무(無)를 '과정(Process)'으로 해석했고, 하이데거는 '존재(Sein)'로 해석했다. 화이트헤드의 저술 『과정과 실재』는 번역이 '과정과 실재'가 아니라 '과정과 실체'라고 번역하는 것이 더 옳았다. 화이트헤드의 'Reality'는 눈과 손으로 잡을 수 있는 '실재(substance, identity, reality)'를 의미하기 때문이다. 'Process'는 그 반대인 '생성(생멸)의 의미'로서 '실재(實在, 存在)'이기 때문이다.

만약 '실체'와 '실재'를 혼동한다면 서양철학 전체를 혼동하고 있는 것이 된다. 화이트헤드의 과정철학은 '실체론'의 입장에서 '실재(불교적 실재)의 세계'를 설명하고자 하는 노력의 산물이다. 서양의 과학자나 수학자의 입장에서 화이트헤드만큼 불교의 세계에 도달한 학자는 없을 뿐만 아니라 그 길을 개척하는 용어를 정착시킨 철학자는 없다. 하이데거도 이러한 점에서는 화이트헤드에 못 미친다. 하이데거는 다분히 시인의 경지를 철학적으로 해석하여 불교에 접근하였다고 볼 수 있다.

화이트헤드나 하이데거나 자신이 출생한 고국의 철학적 전통에 충실했던 철학자이다. 영국은 경험론(Empiricism)의 나라이고, 독일은 관념론(Idealism)의 나라이고, 프랑스는 이성주의(Rationalism)의 나라이다. 화이트헤드의 과정(process)은 하이데거의 존재(Sein)이며 화이트헤드의 실재(Reality)는 하이데거의 존재자(seiendes)에 해당한다. 화이트헤드는 경험론의 영국전통 속에서 '과정'을 말했지만 '실재(Reality)'의 과학을 부정하지 못했고, 하이데거는 관념론의 독일전통 속에 시간을 주제로 삼지 않을 수 없었다. 두 철학자가 쓴 책제목에서 철학의 특징을 엿볼 수 있다.

하이데거와 화이트헤드가 책 제목에서 사용한 'und(and)'는 단어는 이들이 여전히 서양철학의 이분법에 빠져있음을 드러내고 있다. 이분법 자체가 실체론이다. 이들은 여전히 실체론적 사고에 빠져 있다. 인간은 죽지 않으면 자신이 소속한 문화적 정체성(동일성)에서 빠져나올 수 없음을 증명하고 있다.

서양철학, 아니 철학 자체가 실은 현상학적 산물이라는 것을 알 수 있다. 그런 점에서 철학적으로 무엇을 논한다는 것은 현상학적 '주체-대상'의 틀과 그것의 왕래를 벗어날 수 없고, 자신과 대척점에 서는 것을 상정하는 것이다. 그런 점에서 필자의 포노로지(Phonology) 철학은 데리다의 그라마톨로지(Grammatology)의 대척점에 설 수 있는 힘이라고 말할 수 있다. 결국 포노로지와 그라마톨로지는 현상학적인 사건인 셈이다.

그렇게 보면 한국의 철학자가 국제적으로 자신의 철학을 체계화시켜 내놓을 경우 어떤 철학이 될까. 심정주의(Sympatheticism) 철학, '공명(共鳴)의 철학' '교감의 철학'이 되지 않을까 싶다. 그러한 점에서 필자의 철학이 '일반성의 철학'이면서 동시에 '소리철학'(Phonology)인 것은 심정주의

에 가장 가깝다고 할 수 있다.[2]

불교	화이트헤드(1861~1947)	하이데거(1889~1976)
공(空), 무(無)	과정(Process)	존재(Sein)
색(色), 유(有)	실재(Reality)	존재자(seiendes)
제법무아(諸法無我)- 제행무상(諸行無常)	실재적 존재 (actual entity)	존재론적 차이 (ontological difference)
가상실재(실체, Reality)	초월적 주체-영원한 대상	존재의 존재자
진공묘유(眞空妙有)	창조적 이성(creative reason)	존재자의 존재

영국	경험론(Empiricism)	과학문명의 세계를 선도함
독일	관념론(Idealism)	플라톤의 Idea의 세계로 돌아감
프랑스	이성주의(Rationalism)	데카르트의 기계적 세계관에 충실함
한국	심정주의(Sympatheticism)	박정진의 '소리철학'(Phonology) 제안

시야를 넓혀서 동양철학과 서양철학을 비교하면, 동양철학은 '시(詩)의 철학' '은유의 철학' '상징의 철학'이라고 말할 수 있다. 서양철학은 '사물의 철학' '환유의 철학' '과학의 철학'이라고 말할 수 있다.

아무튼 20세기 서양의 과학문명은 우주에 어떤 변하지 않는 실체가 있다고 가정한 것의 정점을 찍고 있다. 서양의 근대문명은 결국 과학문명으로 요약할 수 있다. 과학은 종교, 도덕, 철학의 자리를 모두 꿰어 차고, 과학종교, 과학도덕, 과학철학의 모습으로 인간의 모든 문화를 과학으로 환원시키고 있다. 과학적 현상학이야말로 근대문명의 모습이다.

----

2 박정진,『소리의 철학, 포노로지』, 소나무, 2012 참조.

그러한 현상학의 가장자리에서 니체를 비롯하여 화이트헤드나 하이데거, 그리고 후기 근대철학자들이 이성주의에 반기를 들었지만 결국 이성주의에서 완전히 벗어나지는 못하고 철학적 한계를 드러내고 있다. 이성적 실체는 비실체와 경계를 이룬다. 그 비실체가 바로 동양철학의 기(氣)이다. 따라서 서양의 후기근대철학은 이(理)와 기(氣)의 경계선상에 있다고 말할 수 있다. 그렇지만 서양철학은 어디까지나 이(理)에 편중된 철학이다. 철학은 결국 이(理)의 산물이기도 하다.

서양철학을 이끄는 근본적인 원동력은 이성(자유와 평등)과 욕망(섹스와 사랑), 그리고 이들의 무한대의 연장에 있다. 이것이 현상학이 아니고 무엇이겠는가? 플라톤은 처음부터 현상학과 존재론의 경계선상에 있었던 인물이다. 그렇기 때문에 본질(존재)을 주장할 수 있었다. 플라톤의 전통에서 반대방향으로 뚜벅뚜벅 걸어간 것이 하이데거의 존재론이다.

근대 서양철학이 16~20세기 동안 세계를 풍미한 뒤, 오늘과 미래의 철학은 점차 동양(동아시아)의 철학세계로 다시 돌아오고 있다. 이를 두고 철학의 원시반본(原始返本)이라 해도 크게 틀리지 않을 것이다. 오늘의 시점에서 서양철학을 돌아보면 '가부장-국가사회'의 '남성중심의 이성철학'의 정점을 찍은 것임을 선명하게 알 수 있다.

필자의 일반성의 철학, 소리철학, 여성철학은 모계사회로 돌아가는 철학이라고 할 수 있다. '모계-지구촌사회'의 '여성중심의 감성철학'의 회복이라고 말할 수 있다. 원시반본의 철학, 감성철학은 한마디로 '기(氣)와 콘텍스트(context)의 철학'이라고 할 수 있다. 이것은 또한 '네오샤머니즘(neo-shamanism)의 철학'이라고 말할 수도 있다.

신석기 이후 약 1만 년의 인류문명의 긴 여정을 돌아보면, 동북아시아, 즉 동(東)의 홍산문명(東夷族 紅山文明)에서 출발하여 서쪽으로의 긴 여정을 거쳐 다시 동으로 돌아오고 있다. 이러한 문명의 과정은 지구를 한 바퀴 돈 것으로서 이것을 철학적으로 다음과 같이 종합평가할 수 있다.

"존재(생성)에서 소유(존재)로, 다시 소유에서 존재로의 긴 여정이다."

이러한 귀향의 여정에서 인간이 만약 자신의 힘에 도취한 나머지 힘의 경쟁과 힘의 증대에 골몰한다면 결국 존재(생성)에로의 귀향에 실패할지도 모른다. 이것이 '인간 공룡의 공멸의 드라마'이다. 이 공멸의 드라마가 인류가 자신의 힘의 증대가 무의미한 행위임을 깨닫고, 힘을 포기하고 평화로운 지구공동체의 모습을 회복하지 않으면 안 되는 '사피엔스의 마지막 이유'이다.

문자, 이미지, 우상, 가상, 실재

문자와 이미지는 서로 다른 것처럼 인식되어왔다. 왜냐하면 둘은 시각적으로 이미 다르기 때문이다. 이것도 시각중심의 지각의 타성적 결과이다. 시각을 기준으로 보면 이미지는 사물의 형태(형상, 외형)를 전체적으로 반영하고 있기 때문에 마치 구체적인 사물처럼 인지되고, 문자는 이미지(사물)의 추상화된 형태이거나 순수한 추상이기 때문에 추상적인 언어로 인지된다.

그러나 인식론적으로 볼 때 문자와 이미지는 어떤 고정된 실체를 가정하고 있다는 점에서 같은 것이다. 그런 점에서 문자는 반드시 문자-이미지이고, 이미지는 반드시 이미지-문자이다. 사진의 등장과 함께 이미지는 점차 문자를 대신하면서 스스로의 영역을 넓히고 있다. 사진이라는 것도 움직이는(역동적인) 사물을 스틸(still, 靜畫像)시키는 기술에 불과한 것이며, 동화상(動畫像)은 필름을 돌림으로써 마치 움직이는 사물 그 자체인 것처럼 착각하게 하는 일종의 눈속임에 불과한 것이다.

결국 이미지는 문자이다. 이미지는 새로운 형태의 문자인 셈이다. 문자-이미지이든, 이미지-문자이든 둘은 어떤 고정된 실체(가상, 가상실재, 필름), 인간이 파악할 수 있는 존재를 인정하고 있다.

문자든, 이미지든 모두 언어이다. 언어는 상상력의 공간(어떤 점에서는 공간 자체가 상상력의 소산이다)에 의해 이루어지는 자연의 2차적인 가공물이다. 쉽게 말하면 언어는 자연의 본래존재가 아니라는 뜻이다. 그동안 이성적 사고와 상상력은 서로 다른 것처럼 인식되어왔지만 같은 것이다. 상상력의 공간이 없으면 이성과 추상은 작동할 수 없다. 그런 점에서 이성-상상력, 상상력-이성이다.

인간은 자연의 사물을 인식할 때 자신만의 기호(언어)체계에 의해서 받아들인다. 그런 점에서 광의의 의미로 볼 때 기호와 그것을 통해서 이루어지는 인식은 이미 우상이다. 종교적인 의미에서 "우상을 믿지 말라."고 할 때의 우상이 아니라, 실재가 아닌 가상이라는 점에서 우상이다. 덧붙여 말하면 인간은 우상이 아니면 어떤 사물도 인식하지 못하는 '우상의 동물'이다.

인간은 우상에 의해 살아가는 동물이다. 모든 대중적 종교는 우상적 종교이다. 니체가 기독교를 대중적 플라토니즘이라고 한 것은 맞는 말이다. 대중들은 복잡한 언어(문자)체계인 신학이나 철학체계보다는 한눈에 볼 수 있는 신의 형상과 조상을 필요로 한다. 그리고 절대라는 우상을 필요로 한다. 문자, 이미지는 우상과 절대에 협조하는 동지들이다.

근대 합리론의 출발자인 데카르트는 "나는 생각한다. 고로 존재한다."라고 말하고, 경험론의 출발자인 프란시스 베이컨은 "아는 것이 힘이다."라는 화두를 던졌다. 대륙의 합리론과 영국의 경험론을 종합한 칸트는 순수이성철학·도덕철학이라는 서양철학의 금자탑을 세웠다. 그러나 근대철학을 통째로 비판한 니체는 '힘에의 의지'철학을 제시했다.

그 누구보다 서양철학-기독교문명에 솔직했고, 미친 듯이 자아비판과 고백성사를 감행한 니체는 결국 이 모두가 힘(권력)에의 추구라는 사실을 역설적으로 반증했다. 결국 생각이 아는 것이고, 존재가 힘이라는 점에서 둘(합리론과 경험론)은 양극에서 말했지만 결국 중간에서 서로 만날 수밖에 없는 하나의 예정된 운명이었던 셈이고, 오늘날 그 결과는 과학기술문명에의 맹종으로 다시 돌아가고 말았다.

서양철학은 애초에 과학적 성과를 철학에 이입하기 위해 시작된 것이었기 때문에 오늘날 과학절대주의(과학의 종교화)는 전혀 뜻밖의 일은 아니었지만, 결국 형이상학(metaphysics)의 형이하학(physics)에의 굴종으로 끝나고 말았다. 여기에 반성적 작업을 가한 것이 하이데거의 기술문명에 대한 반성과 함께 "과학은 사유하지 않는다."라는 기치 아래 전개된 존재론 철학이다.

그러나 서양의 근대철학을 계보학적으로 일별하면 '생각=앎=존재=힘'이니 '힘에의 의지'철학이 탄생할 수밖에 없다. 서양철학의 내부(맥락)에서 보면 부정의 철학이었지만, 외부에서 보면 자기의 힘을 긍정하고 과시하는 철학이었으며, 결국 '실체(實體)'를 위한 동어반복에 지나지 않는다. 일종의 '가상(假想)의 퍼레이드'이다. 이러한 철학적 상황을 두고 생각해보면, 다시 말하면 우리가 알 수는 없지만, 어떤 우주의 본래존재, 즉 실재를 가정해서 바라본다면 '실재의 그림자'의 행진이라고 볼 수 있다. 이것은 가상의 행진이고, 우상의 행진이다.

플라톤의 동굴의 우화는 현상을 '이데아의 그림자'라고 했다. 그런데 이데아를 추구한 서양철학사야말로 실재가 아닌(실재는 모르는) '현상의 그림자'인 것이다. 그럼 점에서 결국 서양철학은 '그림자의 그림자'인 셈이다.

그렇다면 실재는 무엇인가? 우리가 '알 수 없는 것' '결코 파악(결정)할 수 없는 것' '만질 수 없는 것' '결코 해체할 수 없는 것'을 실재라고 할 수밖에 없다. 실용적인 입장에서 보면 실재라는 말은 있으나 마나 한 것이다. 결국 실재를 위해서 가상이 있는 것이 아니라 가상을 위해서 실재가 있다고 할 수밖에 없다.

그렇다면 가상 혹은 가상실재를 벗어나기 위해서는 생각을 멈추거나 벗어나는 길밖에 없다. 생각을 멈추거나 벗어나는 것이 그리 쉬운 일은 아니다. 서양에서는 이것을 마인드 컨트롤(mind control)이라고 하는데 여기서 컨트롤이라는 것은 역시 마인드를 대상으로 하여 조절한다는 뜻으로 역시 서양철학의 '대상(타자)의 철학'의 특성을 벗어난 것이 아니다.

동양의 수양과 수도는 마인드를 대상으로 하는 것이 아니라 마인드와 하나가 되는 것, 즉 심물일체(心物一體)가 되는 것이 첩경이다. 심물일체의 경지에 오르는 것이 결코 쉽지 않지만 그래도 가능성은 있다. 동양의 여러 선사(禪師)들은 그것을 실천하여 궁극적 도(道)에 이르렀던 것이다.

특히 불교의 깨달음, 열반이라는 것은 바로 이것을 두고 하는 말이다. 기독교로 대표되는 타력(他力)신앙의 의타종교가 아니라 자력(自力)신앙의 자각의 종교가 불교이다. 그러나 자력과 타력이라는 것도 결국 인간에게는 하나가 될 수 있다. 자타(自他)가 본래 없기 때문이다. 자타의 구별이 없는 것이 본래존재, 자연적 존재의 진면목이다.

결국 서양철학은 자연의 전도일 수밖에 없고, 서양이 주도하는 현대 문명은 자연을 황폐화시키고, 뒤죽박죽으로 만들어버렸다고 할 수밖에 없다. 어떤 문명적 필요, 혹은 단기적인 필요에 의해서 자연의 질서정연한 위치(가구)를 장소 이동한 것에 불과한 것일지도 모른다. 이러한 장소 이동의 폭력을 행사한 것이 문명일지도 모른다.

서양철학은 결국 추상을 '절대'나 '보편성'으로 미화한 철학적 말놀이에 지나지 않는다. 이러한 철학적 말놀이를 비난할 필요는 없지만, 이러한 말놀이가 오늘날 '전쟁의 신' 혹은 '기계의 신'으로 하여금 인류를 공멸의 구렁텅이로 몰아넣을지도 모르는 위험, 즉 '불장난(핵 장난)'이나 '인조인간(기계인간)의 지배'로 이어질 위험 속에 있기 때문에 문제가 되는 것이다. 프로메테우스가 인류에게 불을 가져다준 이후 최고의 위기인 것이다.

물신숭배에서 신물숭배로

동일성과 차이성을 통해 본 평화철학

1) 물신-기계시대의 인간소외

서양철학과 문명을 진단하려면 서양철학의 밖에 있어야 한다. 서양의 주류철학은 우선 고정불변의 어떤 본질(가상실재)이 있음을 가정하고 있다. 이것은 이미 '초월적 사유'의 시작이다. 이것은 결국 플라톤의 이데아를 거쳐서 칸트에서 이성이 되었다. 세계의 본질(신과 물 자체)에 대한 탐구의 포기와 함께 칸트는 그야말로 현상학을 출발시켰다.

칸트의 이성철학은 물론 데카르트의 코기토(근대철학의 시작)에서 출발하고 있다. 데카르트에 의해 생각이 존재가 되고(존재가 생각이 되고), 생각하는 주체는 항상 대상을 설정하고 왕래하지 않으면 안 된다. 바로 그때문에 현상학의 주체는 항상 초월적 주체(공간적으로)이고, 대상은 항상 영원한 대상(시간적으로)이 되지 않으면 안 된다.

칸트의 순수이성철학은 헤겔에 의해 절대정신의 정신현상학으로 발전한다. 순수이성철학은 정언명령과 같은 수직적·공간적 체계인데 반해 정신현상학은 역사철학으로서 수평적·시간적 체계였다. 순수이성철학은 과학(science)의 법칙과 같은 양심(conscience)의 도덕체계였다면, 정신현상학은 시대정신을 개념화(conception)·절대화하는 절대의식체계였다.

정신현상학은 인간이 스스로의 정신(자기의식)을 대상으로 한 현상학의 집대성이다. 헤겔 이후 철학은 현상학에 본격적으로 들어가게 된다. 헤겔 이후는 철학은 모두 현상학에 소속되게 된다. 니체의 '힘에의 의지 철학'도 일종의 현상학의 변형이다. 니체의 주권적 개인은 초월적 주체의 변형이고, 영원회귀는 영원한 대상의 변형이다.

서양철학은 결국 '힘(권력)을 의지한 철학'이었고, 이를 바탕으로 한 서양문명은 힘의 증대를 목표로 하는 문명이었음이 폭로된다. 고정불변의 어떤 존재를 가정한 서양철학은 결국 눈에 보이고 손에 잡히는 실체를 추구하는 철학이었고, 그 실체가 바로 힘(권력)이었던 것이다. 서양철학과 문명은 오늘날 결국 과학문명을 이루었고, 과학은 신의 자리를 대신해서 무소불위의 힘(권력, 폭력)을 행사하고 있다.

서양문명이 힘(권력)을 경쟁하고 과시하는 문명, 패권주의를 지향하는 문명이 될 수밖에 없는 이유가 여기에 있다. 서양문명이 계몽주의를 거쳤고, 합리주의를 완성했다고 하지만 결국 1, 2차 세계대전을 치렀고, 파시즘에 빠졌고, 심하게는 대량학살(genocide, 인종학살)을 범했던 것이다. 전쟁에서의 대량학살은 바로 인간사냥이다.

파시즘과 대량학살이라는 것은 서양문명이 어쩌다 실수를 한 것이 아니라 서양문명 자체의 힘(권력)의 추구, 동일성(실체)추구의 결과였다는 것이 점점 드러나고 있다. 이것은 한마디로 '신(기독교)=초인(신-인간)=인간신(과학)'으로 설명될 수 있다. 합리주의의 결과는 허무주의였고, 허무주의를 극복한다고 한 것이 다시 파시즘이 되어버렸던 것이다.

자연은 구성된 것이 아니고 생성된 것이다

서양철학은 개념의 벽돌장을 쌓아올려 기계에 이른 구성물에 지나지 않는다. 결국 개념이 기계가 됨으로써 세계를 자연에서 기계로 환원시키고, 자연을 황폐화시킨 나머지 인간을 소외시키는 괴물이 된 것이다. 그 기계의 놀이라는 것이 끝내 전쟁기계를 통해 그 힘을 과시하게 된 현상이 오늘날의 패권경쟁이다.

잡을 수 없는 원자의 힘을 이용하여 원자력이라는 불(에너지)을 만들었으나 이를 끝내 원자폭탄으로 만들어 무기화함으로써 세계를 일시에 망가뜨릴 수 있는 힘을 가지게 된 것이 현대인이다. 그런데 문제의 그 힘은 악마에 더 가까운 것이 사실이다. 욕망, 소유, 집단이기의 인간의 모습은 악마의 모습에 더 가깝다.

이제 인간의 의식과 생각을 바꾸지 않으면 언젠가는 인류가 공멸할 위기에 처하지 않는다고 장담할 수 없다. 욕망 대신에 만족, 소유 대신에 공영, 집단이기 대신에 평화를 택하지 않으면 안 되는 절체절명의 위기에 서게 된 것이다.

인류는 이제 패권국가의 등장 없이 평화를 유지하는 방법과 합의를 개발하여야 한다. 왜냐하면 패권국가를 결정하는 가공할 전쟁으로 인해 평화를 얻기도 전에 공멸할 수 있기 때문이다. 고도로 발달한 첨단원자무기는 시시각각 공멸의 위기와 불안을 상상케 하고 있다.

근대적 허무주의는 힘(권력)과 과학으로 극복할 일이 아니라 불교적 원융과 깨달음으로, 어떠한 소유도 내려놓은 방식으로 극복되어야 한다. 즉 개인의 부처됨으로 세계를 바꾸는 데에 이르지 않으면 인류는 사상 초유의 인류공멸이라는 위기에 직면하게 될지도 모른다. 지혜롭다고 자칭한 호모사피엔스의 힘이 스스로의 힘에 의해 자멸하는 모순에 직면하게 된 것이다.

세계는 니체가 제시한 '힘(권력)에의 의지'를 포기함으로써만이 평화에 이를 수 있다. 힘이란 세계를 위계적으로 보는 것이다. 힘이란 세계를 지배-피지배의 패러다임으로 보는 것이다. 인간은 이를 포기하여야 한다.

깨달음은 모든 존재의 평등, 즉 존재의 일반성에서 도달하는 것이다. 다시 말하면 물심일체(物心一體), 물신일체(物神一體)의 경지에 도달하는 것이다. 깨달음은 어떤 것에도 열려있는 마음상태를 말한다. 그런데 서양은 힘(이데아, 이성, 실체, 동일성)에서 긍정을 찾고, 마음의 문을 닫아버렸다.

힘에서 마음의 문을 닫아버리면 그것이 바로 파시즘이다. 힘(권력)은 과학문명에서 극적으로 드러난다. 과학에서는 목적과 수단이 서로 왕래한다. 수단이 목적이 되고, 목적이 또한 수단이 되면서 증대를 꾀하게 된다. 힘은 결국 파멸에 이르고서야 스스로를 중단시키게 되는 것이다.

서양주도의 인류문명은 지금도 그러한 힘(권력)의 증대의 길을 가고 있다. 서양문명에 제동을 걸지 않으면 안 되고, 서양문명 스스로가 그들의 문제점을 발견하고 시인하는 과정을 거치지 않고서는 평화를 달성할 수 없다. 그러한 점에서 동양문명은 '만물만신(샤머니즘)=깨달은 인간(부처-인간)=신인간(神人, 新人, 自神)'의 대안을 제시하는 것이다. 인간은 결국 '자신을 통해 신을 보는 존재'이다.

서양이야말로 물신숭배의 진원지

서양문명은 현재 심각한 물신숭배에 빠져 있다. 서양의 인류학자들이 원시미개사회를 현지 조사할 때는 현지인(선주민)들이 자연을 신성시하면서 자연에 제사를 지내고 함께 살아가는 모습을 보고, 물신숭배(fetishism, 物神崇拜)이라고 규정했지만 실은 서양인들이야말로 물신숭배에 빠져있다. 서양인들은 자기 자신을 그들에게 투사했던 것이다.

원주민들은 사물을 물질로 보지 않고 영혼을 가진 신으로 보았으며, 사물은 신(神)이고 신물(神物)이지, 물신(物神)이 아니었다. 그들은 신물숭배(神物崇拜)였다. 서양이 이끈 현대문명이야말로 바로 물신숭배(物神崇拜)이며, 나아가서 물신일 뿐만 아니라 '기계신(機械神)문명'이라고까지 말할 수 있다.

하이데거는 현대의 기술문명을 허무주의로 보고 있다.

"니힐리즘의 감추어진 본질영역은 존재 자체가 그 자신의 고유한 진리 속에 전혀 경험되지 못하여 망각되기 시작하는 바로 그곳에 자리 잡고 있다."[3]

신상희는 이 점에 대해 "지구촌 전체를 장악하려는 현대기술의 고삐 풀린 지배의지가 맹위를 떨치는 오늘날에 이르기까지 망각의 어둠 속에 남겨진 존재 자체의 역사적 운명(Geschick)에 대해서는 단 한 번도 사유한 적이 없다고 하이데거는 지적한다."[4]고 부연 설명한다.

서양철학이 동일성의 철학임은 잘 알려진 사실이다. 동일성의 철학을 가진 국가나 문명은 항상 남에게도 그 동일성을 요구하기 때문에 전쟁을 일으키거나 전쟁에 휘말리기 쉽다. 동일성은 때때로 자신의 지배욕망을 절대나 정의나 선으로 둔갑시킴으로써 합리화하거나 명분을 쌓는 데 이용한다.

동일성을 주장하는 서구문명이 세계를 이끌어가는 한 인류사에서 전

----

3 신상희, 같은 책, 114쪽 재인용.
4 신상희, 같은 책, 115쪽.

쟁이 사라지지 않을 것이다. 동일성의 궁극적인 정체는 바로 소유이기 때문이다. 물신숭배와 동일성, 소유는 등식관계에 있다. '물신'과 '신물'의 글자순서가 하나 바뀜에 따라 세계는 전쟁으로 나아갈 수도 있고, 평화로 나아갈 수도 있다.

물신숭배의 알고리즘(algorithm)은 기계이고, 신물숭배의 영혼(spirit)은 기(氣, 氣運生動)이고, 신(神)이다. 세계는 그 자체가 신(神)이고 물(物)이고, 신물(神物)이다. 세계를 대상화하는 것이 바로 물신(物神)이며, 물신이야말로 전쟁의 원인이다.

물신숭배	알고리즘(algorithm)	기계(機械)	기술문명	현대
신물숭배	영혼(spirit)	기(氣), 신(神)	자연적인 삶	원시-고대

'신물(神物)사상'이야말로 세계를 평화로 이끄는 사상이다. 물신은 역설적으로 '정신주의(精神主義)'의 산물이다. 이제 인간은 '정신주의'가 아니라 '신정(神政主義)'로 돌아가야 한다. 신물사상은 원시미개인들의 신관이며 동시에 자연관이다. 자연과 더불어 살던 옛 조상인간들의 평화사상을 오늘에 되살리는 것이야말로 인류평화의 지름길이다.

그동안 인간종이 철학한 것을 반성해보면 진정한 평화에 이르는 길은, 진정한 평화철학에 이르는 길은 결국 철학을(철학하는 행위 자체를) 포기하는 것이라는 것을 알게 된다. 철학이라는 것은 자기의 동일성을 남에게 강요하는 것이라는 사실에 도달하게 된다. 진리와 진여라는 것은 인간이라는 가상이 가상을 잡은 것에 불과한 것이 된다.

진리나 진여라고 하는 것은 실재를 살아가는 인간이 자신의 사유를 통해 시대적 필요(need)와 요구(demand)에 따라 가상(실체)을 잡은 것으로 어떤 진리나 진여도 한시성과 제한성을 피할 수 없다. 그런 점에서 반야무지론(般若無知論)은 맞다. 진리나 진여라는 것도 가상이라는 동일성을 주장한 것에 불과한 것이 된다. 가상이기 때문에 동일성이 가능한 것이다. 가상이 아닌 자연에는 동일성이 없다.

진리와 진여는 없다. 오로지 있는 것은 기운생멸, 기운생동뿐이다. 진리와 진여는 가상이다. 진리와 진여는 기운생멸을 가리키는 것일 뿐이다. 인간이 진리를 잡은 것은 가상이 가상을 잡은 것은 꼴이다. 가상이니까 가상을 잡았다고 생각하는 것이다. 결국 생각이 가상이다. 생각하는 과정은 가상이 가상을 잡는 과정이다. 따라서 모든 분류학은 가상이고 인간의 거짓이다. 분류학은 반드시 실재(무엇)를 지칭(가상, 언어)하는 것이고, 잡는 것이다.

지칭하는 것은 이미 무엇(존재, 실재)을 둘로 가르는 것이고 대상화하는 것이다. 지칭하는 것은 대상화하는 것이고, 대상화하는 것은 잡는 것이다. 그렇지만 진리와 진여는 매우 인간적인 행위이다. 인간은 진리와 진여를 잡는 존재이기 때문이다. 누가, 언제, 어디서, 무엇을, 어떻게, 왜라고 하는 육하원칙(六何原則)은 모두 존재(실재)가 아니다. 모두 가상이다. 이를 역설적으로 말하면 가상이니까 진리이고, 가상이니까 선하고, 가상이니까 아름답다. 가상이니까 참되고(眞), 참답고(善), 참하다(美).

생물학의 진화론과 심리학의 욕망(본능-충동)과 수학(물리학)의 미적분학, 그리고 철학의 현상학은 모두 같은 계열의 사고이다. 말하자면 '결과적 동일성'의 사고이다. 이는 기독교의 신(神)의 천지창조라는 '원인적 동일성'에서 메시아의 종말구원이라는 '결과적 동일성'으로 사유의 중심이동을 한 것이다. 진화론은 창조론과 반대라기보다는 '창조-진화'의 한 쌍일 뿐 모두 서양의 현상학적·실체론적 사고의 산물이다.

원인이 실체라고 하든 결과가 실체라고 하든 결국 실체론이다. 따라서 진화론과 창조론이 싸우는 것은 마치 서양철학에서 주체와 대상이 싸우는 것, 원인과 결과가 싸우는 것과 같다. 결국 주체가 대상이고, 대상이 주체이다. 원인이 결과이고, 결과가 원인인 것이다. 대상이 없다면 주체가 어떻게 있겠는가. 결과가 없다면 원인이 어떻게 있겠는가. 둘러치나 메치나 같은 것이다.

철학하는 것 자체가 인간이기 때문에 철학하는 것이다. 철학하는 일이 발생하는 것은 매우 인간적인 행위이다. 따라서 철학하는 것은 인간의 존재방식이다. 육하원칙 중에서 결국 누가(who)가 가장 사태의 발단이다. 누가가 있기 때문에 언제(when)가 발생하고, 언제가 있기 때문에 어디서(where)가 발생하고, 어디서가 있기 때문에 무엇을(what)이 발생하고, '무엇을'이 있기 때문에 어떻게(how)가 발생하고, '어떻게'가 있기 때문에 왜(why)가 발생한다.

'누가'라는 주체의 가정(선험적 전제)이 없다면 육하원칙은 발생하지 않았다. 개체(개인)가 주체의 원인이다. 그렇다면 개체를 해체하는 것이야말로 존재(실재)에 이르는 길이다. 그것이 일반성의 철학이다. 개체의 해체에 이르면 만물만신이고, 만물생명이다.

여기서 만물만신이라는 것은 서양철학(칸트철학)의 '물자체'와 '신'이 같다는 뜻이다. '물자체'가 '존재일반'이고, '신'이 '초월적 존재'이므로 결국 존재와 초월이 같다는 뜻이다. 결국 인간(현존재)이라는 존재가 신과 물자체를 갈라놓은 셈이다. 이는 인간이야말로 신과 물자체를 통하게 할 수 있다는 뜻도 된다.

조상인류의 샤머니즘, 샤머니즘 철학으로 돌아가는 것이야말로 인류평화에 이르는 길이다. 샤머니즘은 인간(산 사람)과 귀신(죽은 사람)의 화해를 비롯하여 하늘과 땅, 만물의 화해와 평화를 기원한 종교이다.

그런 점에서 인간과 환경과의 화해를 청하고 하나가 되게 하는 에코페미니즘(eco-feminism)과 인간과 귀신, 인간과 신의 화해를 청하면서 샤

머니즘의 부활을 꾀하는 네오샤머니즘(neo-shamanism)은 동전의 양면과
같다.

여기서 네오(neo-)라는 접두어와 에코(eco-)를 접두어를 붙이는 이유
는 샤머니즘과 페미니즘이 근대 자연과학 시대를 넘어갔기 때문이다.
자연과학 시대를 넘어갔다고 하는 것은 오늘의 시대성을 말한다. 모든
텍스트(text)는 시대성(context)을 반영하지 않으면 그 의미를 상실하기 때
문이다.

네오샤머니즘은 만물에 정령이 들어있다고 생각하는 정령숭배(精靈崇
拜)의 샤머니즘을 존재론적으로 재해석하여 만물만신과 만물생명, 만물
평등의 눈으로 바라보는 필자의 세계관을 말한다. 네오샤머니즘은 만
물을 생명체로 바라보는 데에 그 특징이 있는데 특히 존재의 개체성보
다는 전체성을 새롭게 조명하는 것을 목적으로 한다.

서양문명과 서양철학은 과학과 보편성을 만들어낸 정점에서 쇠락의
길을 걷고 있다. 이제 문명과 철학은 존재의 일반성, 존재의 본래, 본래
존재로 돌아가야 한다. 존재의 일반성, 즉 만물만신, 만물생명으로 돌아
가지 않으면 인류는 공멸하게 된다.

생명과 기계의 결정적인 차이는 무엇일까. 생명은 빅뱅 이후 자연스
럽게 진화된 것이고, 따라서 우주론적인 전체과정에 어떤 부분을 따로
떼어내어 분리할 수 없는 것이다. 반면에 기계는 인간에 의해서 만들어
진 것이고, 따라서 도중에 조작된 것이기 때문에 결국 어느 지점에선가
부분들의 조립으로 이루어진 점이다.

만약 기계가 아무리 생명현상을 대신한다고 하더라도 그것은 생물학
적 재생산이 불가능하며, 결국 어떤 동일성과 조작을 내재하고 있다. 이
것을 두고 문화적(문명적)인 신화조작이라고 해도 틀리지 않을 것이다.
그렇지만 자연에선 동일성은 없고, 신화조작도 없다.

2) 서구 보편성의 한계와 종말

서구문명을 철학사상적으로 살펴보면 대체로 헤브라이즘과 헬레니즘의 결합(융합)으로 보는 것이 보편화된 통설이다. 이것을 좀 더 설명하면 기독교사상과 그리스 철학이라고 말할 수 있다. 이것을 좀 더 구체적으로 말하면 기독교 성경과 소크라테스의 '악법도 법'이라는 법의 정신과 플라톤의 이데아, 그리고 이데아를 계승한 이성과 합리성이라고 말할 수 있다.

물론 그렇다고 몽테스키외의 『법의 정신』(1748)을 비롯한 법철학과 삼권분립 등이 이룩한 인류의 삶에의 기여를 무시하거나 백안시하는 것은 아니다. 법철학의 발전은 별도의 문제이다. 보다 많은 인간의 자유와 복지와 행복을 누리기 위해서는 법에만 의존해서는 안 된다는 경고를 하고 있는 셈이다.

인류의 문명 자체를 회고해보면 결국 인간이 만든 어떤 텍스트(text)가 인간을 다스리고 지배하는 것이라는 점을 알 수 있다. 이는 곧 텍스트가 인간의 삶을 지배하는 것을 말한다. 인간의 삶은 텍스트에 의해 탄생한 것은 아닌데, 그 삶은 텍스트에 의해 강요되고, 억압되고, 끝내 구속되는 모순에 빠지게 됨을 알 수 있다.

인간의 삶은 인간이 인위적으로 만들어낸 어떤 텍스트에 의해 전개되지 않을 수 없는, 역사운명적 모순 속에서 출발한 것임을 강조하지 않을 수 없다. 이런 인간의 역사적 운명의 성격에 대해 헤겔의 변증법과 법철학은 소상히 밝혔고, 하이데거는 역사적 운명 자체에 대한 반성을 통해 인간의 역사와 문명에 대한 신랄한 비판과 함께 텍스트(text)에 이은 기술문명(technology)에 대해서도 경고를 했다.

필자는 이에 더하여 텍스트, 기술문명조차도 모두 인간이 만든 시간

(time)에 의해 운명된 것임을 강조하고, 인간이 시공간이라는 개념(개념적 동일성)을 벗어나야 진정한 자유와 행복을 누릴 수 있음을 여러 곳에서 강조한 바 있다.[5] 시간과 역사라는 것은 인간이 인위적으로 만든 가상 실재(실체)에 불과한 것이다.

철학인류학의 긴 안목, 즉 장기지속의 시간으로 보면 인류문명 자체가 인구의 증가를 이룩하였지만 그 대신 인간의 본성과 자유를 구속하지 않을 수 없는 역사였음을 알 수 있다. 이러한 텍스트와 법(경전과 법전)의 절대권력은 항상 현실적 삶을 다스리기에는 부족한 것인데도 불구하고 권력을 행사함으로서 결국 일종의 폭력의 가능성에서 제외될 수 없음을 알 수 있다.

인간의 정의와 법이 항상 시대에 따라 바꾸어지지 않을 수 없음은 역설적으로 그 한계와 모순을 스스로 잘 말해주고 있다고 볼 수 있다. 바로 그 한계와 모순은 학자들에 따라 여러 가지 개념으로 설명되기도 하지만, 필자는 이것을 문명의 파시즘적 속성으로 규정한 바 있다.[6] 이는 물론 인류가 가부장—국가사회를 유지하기 시작하면서 벌어진 일이다.

인류의 문명 자체가 처음부터 파시즘의 속성을 가지고 있다. 앞에서도 말했지만 그 좋은 예는 소크라테스가 "악법도 법이다."라고 한 말에서부터 찾을 수 있다. 법에는 항상 악의 요소가 숨어있을 개연성이 있다. 소크라테스는 결국 독배를 마시고 죽었다. 법이라는 것은 처음부터 정의와 형평을 중시하지만 그만큼 부정의와 편견에서 제외될 수 없음을 역설적으로 말해준다.

----

5 박정진, 『빛의 철학, 소리철학』, 소나무, 2013, 183~185쪽; 『일반성의 철학과 포노로지』, 소나무, 2014, 599~614쪽; 『니체, 동양에서 완성되다』, 소나무, 2015, 565쪽; 『메시아는 더 이상 오지 않는다』, 행복한 에너지, 2016, 417~433쪽.
6 박정진, 『니체, 동양에서 완성되다』, 소나무, 2015, 444~456쪽.

서양 철학사에서 법의 절대적 권력은 헤겔의 '법철학', 데리다의 '법의 힘' 등에서 철학적으로 뒷받침되고 재강조 되지만, 법은 결국 폭력적 성격을 감추고 있으며(벗어날 수 없으며), 힘(권력) 있는 자의 편인 것도 전적으로 부인할 수는 없다. 법 자체가 이미 모순의 산물이며, 시대상황의 변화에 따라 바뀌지 않으면 안 되는 숙명(역사적 운명)을 지니고 있다.

법의 운명은 인간의 운명과 같다. 인간의 문명은 결국 법의 폭력(권력) 대 법으로 확정되지 않은 어떤 삶의 기운생동 사이의 힘(폭력)의 대결장(場)의 악순환을 벗어날 수 없다. 데리다는 이를 두고 해체주의적 입장에서 '결정할 수 없는 것'과 '해체할 수 없는 것' 사이의 긴장과 대결이라고 말했다.

결국 법의 폭력이 있음으로서 문명이 '폭력 대 폭력의 장'으로 만들어진 운명을 벗어날 수 없는 것이다. 이는 법의 없음도 마찬가지일 것이다. 여기서 우리는 한 가지 교훈을 끌어낼 수 있다. 법으로 정의와 형평이 달성되지 않기 때문에 법 이외의 다른 것, 예컨대 사랑이나 형제애를 강조하지 않을 수 없게 된다. 형제애는 최초의 부모는 정확하게 누구인지 알 수는 없지만 그것을 가정하고, 인간이 한 뿌리(조상)의 자손임을 상기시키는 덕목이다.

서구문명이 주도한 인류의 근대문명은 물론 과학기술의 발달과 법체계의 발달이라는 문명의 큰 진전을 이루었지만, 그 부산물은 환경파괴와 인간성의 상실과 소외라는 또 다른 문제를 야기했다.

인간은 자연을 지배하는 초월적 존재로서의 신(神)과 조물주(造物主)를 상정한 동물종으로서 세계를 원인과 결과로서 설명하기 시작했고, 그 인과적 설명의 힘에 의지해서 오늘의 과학문명을 이루고, 스스로 말하는 만물의 영장이 되었지만, 인간을 둘러싼 자연환경의 존재적(본질적) 특성을 망각했다.

인간은 모성으로서의 자연환경을 무시하고 자신의 남성적 힘만 자랑하며 패권경쟁을 하다가 자연으로부터 보복을 당하기 시작하고 있다. 이것이 오늘날 당면하고 있는 크고 작은 수많은 환경문제이다.

인간은 밖으로부터는 환경재해에 직면해 있고, 안으로는 자신이 건설한 기계문명의 노예가 되어 있다. 또한 기계로부터 소외되는 것은 물론이고, 스스로 적대적인 인간관계를 형성해서 다른 인간으로부터 소외되는 처지를 면할 수 없게 되었다.

서구 주도의 인류문명의 종말적 사건은 다음과 같이 요약할 수 있다. 호모사피엔스사피엔스의 멸종과 기계인간의 등장은 인간으로서는 가장 극적이면서도 한계상황, 임계치일 수도 있다.

서양문명의 종말적 현상(→)		
신(神)—정신(精神)—유심론(헤겔) "신(神)은 죽었다."(니체)	육체(물질)—유물론(마르크스) 과학만능주의(科學神)	마르크시즘/ 니체: 힘(권력)에의 의지
자유—화폐—자본—소통수단 공산—사회—노동—평등실현	화폐—삶의 목적(돈의 노예) 계급투쟁(유물사관)	자유—평등의 종말적 전도 사랑이 섹스로 환원됨
인간(호모 사피엔스 사피엔스) 인구팽창(100억 명: 2030년)	인공지능, 전쟁로봇, 핵전쟁 기계인간(사이보그)	사피엔스의 멸종 기계인간의 세계

그래서 그 대안으로 떠오른 것이 평화철학이다. 그런데 오늘날 요구되는 평화철학은 인간의 생존과 공멸을 좌우하는 키를 쥐고 있다는 점에 주목할 필요가 있다. 인간은 어쩌면 자연이라는 생태계를 파괴하는 위협적인 존재로서 생태계로서는 멸종시켜야 하는 존재가 될지도 모른다는 우려의 목소리가 높다.

"오늘날 지구상에는 70억 명이 넘는 사피엔스가 살고 있다. 이 모든 사람을 한데 모아 거대한 저울 위에 세운다면 그 무게는 약 3억 톤이 될 것이다. 그리고 우리가 가축화한 모든 농장 동물— 암소, 돼지, 양, 닭 —을 더욱 거대한 저울 위에 세운다면 그 무게는 약 7억 톤에 달할 것이다. 이와 대조적으로 현재 살아있는 대형 야생동물— 호저에서 펭귄, 코끼리에서 고래에 이르는 —의 무게를 모두 합쳐도 1억 톤에 못 미친다. (중략) 세상에 남아있는 기린은 약 8만 마리에 지나지 않지만, 소는 15억 마리에 이른다. 늑대는 20만 마리밖에 남지 않았지만, 가축화된 개는 4억 마리다. 침팬지는 25만 마리에 불과하지만, 사람은 70억 명이다. 인류는 정말로 지구를 접수했다."[7]

자신의 힘(권력)의 증대를 위해 노력한 인간은 이제 정말 지구의 패자가 되었다. 이러한 인간을 두고 '문화 바이러스' '인간 바이러스'라는 말도 생겨날 정도이다. 인간의 숫자가 지구가 부양할 수준을 넘었다는 경고신호가 되기도 한다.

"생태계 파괴는 자연 희소성과 같은 문제가 아니다. 앞 장에서 보았듯 인류가 사용할 수 있는 자원은 계속해서 늘고 있으며 앞으로도 이 추세는 계속될 가능성이 크다. 자원의 희소성을 말하는 종말론적 예언가들이 아마도 헛짚은 것으로 보이는 이유다. 이와 반대로 생태계 파괴에 대한 두려움은 근거가 너무 확실하다. 미래의 사피엔스는 온갖 새로운 원자재와 에너지원의 보고를 손에 넣되 이와 함께 겨우 남아 있는 자연 서식지를 파괴하고 대부분의 종을 멸종시킬지 모른다. 사실 생태적 혼란은 호모사피엔스 자신의 생존을 위태롭게 할 수도 있다. 지구온난화, 해수면 상승, 광범위한 오염은 지구를 우리 종이 살기에 부적합한 공간으로 만들 수 있고, 그 결과 미래에 인류의 힘과 인류가 유발한 자연재해는 쫓고 쫓기는 경쟁의 나선을 그리며 커질지도 모른다. 인류가 자신

---

7 유발 하라리, 『사피엔스』, 조현욱 옮김, 김영사, 2015, 496쪽.

의 힘으로 자연의 힘에 대항하고 생태계를 자신의 필요와 변덕에 종속시킨다면, 미처 예상하지 못한 위험한 부작용을 점점 더 많이 초래할지 모른다. 이를 통제하는 유일한 방법은 생태계를 더더욱 극적으로 조작하는 것인데, 이것은 더더욱 큰 혼란을 초래할 것이다."[8]

오늘날 지구를 덮고 있는 인간을 두고 마치 '지표의 세균'처럼 비유하는 설명을 자주 접하게 된다. 서구문명의 세계 전파와 비서구지역의 수용에 대해 헌팅턴은 자신도 모르게 일종의 바이러스의 침투에 비유한다.

동양의 기호학자인 이어령은 이렇게 문화문명의 바이러스적 성격을 말한다.

"아무런 혈청제도 없이 그렇게 100년, 200년 동안 에볼라 같은 문명 바이러스에 할아버지, 아버지 그리고 우리 형님이 쓰러졌지. 미구에는 내 아들이, 내 손자가 그렇게 쓰러질 거야. 이건 국수주의니 민족주의니 하는 편협한 생각에서 나온 말이 아니라고. 적어도 나와 타자를 구별하고 그것이 침입할 때 그와 싸워 박멸해야 해. 그렇지 않으면 그 타자를 나의 관용(tolerance)이라고 하는 특별한 세포로 포섭하여 그와 공생하는 면역체를 만들어내던가. 이것이 지금 우리가 당연한 사활의 문화문명의 문제인 것이다."[9]

문화적 바이러스는 단순히 물리쳐야만 하는 대상이 아니다.

"결국 바이러스와 인간의 관계지. 심각하잖아. 옛날에는 균이나 바이러스가 사람 몸으로 들어오면 인간의 면역 체계로 막아냈어. 공격과 방어야. 그런데 이게 말이야. 변하게 된 거야. 바깥의 침입자와 싸운다는 것은 나와 남(타자)이 다르기 때문이잖아. 그런데 나 혼자 살 수 있어? 타

----

8 유발 하라리, 같은 책, 조현욱 옮김, 496쪽.
9 이어령·정형모, 『이어령의 지(知)의 최전선』, 아르테, 2016, 189쪽.

자를 밀어내면서도 타자와 함께 살아가려면 나와 나 아닌 것 사이에 새로운 사상과 행동이 태어나야만 하는 것이다. (중략) 전부 밖에 있는 것들을 자기 내부로 끌어들인다. 그게 남이라고 해서 전부 폐쇄하고 성벽을 쳐버리면, 인간은 한순간도 살아갈 수 없다. 그렇다고 밖의 것을 다 받아들이면, 나 아닌 것이 내 체계 안으로 들어와 나의 생명 시스템이 파괴되고 만다. (중략) 생물학과 물리학, 고분자 물리학에서는 이미 물질과 생명의 경계가 무너졌다. 이제는 세미오시스(semiosis)인 의미작용으로서의 너와 나를 구별하는(언어라는 것은 전부 차이성에서 온다) 그 의미체계, 유전자 정보와 생물정보, 언어문화 정보의 벽도 무너지기 시작한다."[10]

인류문화의 모든 벽이 무너지기 시작하고, 그러한 벽 자체가 무의미해지는 이때에 아직도 문화의 고유성을 주장하고, 자기문화를 고집하거나 아니면 특정문화, 특히 서구문화의 우수성을 신봉함으로써 문화적 긴장과 갈등을 초래하고 있다.

"호주의 지도자들은 아시아를 지향한 반면 다른 분열국— 터기, 멕시코, 러시아—의 지도자들은 자기 사회를 서구에 통합시키려고 시도하였다. 하지만 그들의 경험은 고유문화가 얼마나 완강하고 회복력이 강하고 끈끈하며 스스로를 쇄신하고 서구로부터의 유입물에 저항하거나 그것을 억누르고 수정하는 능력이 뛰어난가를 똑똑히 보여주었다. 서구를 무조건 배격하는 입장도 불가능하지만 서구를 무조건 긍정하는 케말주의 역시 성공을 거두지 못하였다. 비서구사회가 근대화에 성공하려면 서구의 방식이 아닌 자기 고유의 방식을 추구해야 하며 일본처럼 자신의 전통, 제도, 가치관의 바탕 위에서 차곡차곡 쌓아 나가야 한다. 자기나라의 문화를 근본적으로 뜯어고칠 수 있다고 생각하는 오만

---

10 이어령·정형모, 같은 책, 191쪽.

에 젖어 잇는 정치지도자는 반드시 실패한다. 서구문화의 요소들을 도입할 수는 있겠지만 자기 고유의 알맹이를 영원히 억제하거나 제거할 수는 없는 노릇이다. 한편 일단 어떤 사회에 이식된 서구 바이러스는 좀처럼 말살하기가 어렵다. 그 바이러스는 고질적으로 남아있지만 치명적이지는 않다. 환자는 살아남지만 다시는 정상을 되찾지 못한다. 정치지도자들은 역사를 만들 수는 있지만 역사로부터 벗어날 수는 없다. 그들은 분열국을 만들 수는 있어도 서구사회를 만들지는 못한다. 그들은 자기나라를 문화적 정신분열증에 감염시켜 그 수렁에서 좀처럼 빠져나오지 못하게 만들 뿐이다."[11]

헌팅턴은 문화를 일종의 생리학이나 심리학으로 바라본다. 서구의 기독교문명과 보편성, 산업화와 민주화, 그리고 근대화는 일본처럼 자기 고유의 전통의 바탕 위에서 쌓아져야 함을 역설하고 있다. 비서구지역의 서구문화문명으로의 전환은 불가능하다.

마찬가지로 서구문화문명도 동양이나 아시아적으로 변하기 어렵다. 동양의 음양문명, 즉 차이를 기조로 하는 문명을 서양이 접하고 부분적으로 수용하고 도입하면서 자기 식으로 해석하기는 하지만 동양의 그것과는 근본적으로 다르다.

그러한 점에서 유대기독교−정교−이슬람 문명의 동일성(절대성) 문명은 패권경쟁에 따른 갈등과 전쟁을 영원히 피할 수는 없다. 항구적 평화는 이룩할 수 없다는 뜻이다. 이들의 평화는 기껏해야 한두 나라의 패권을 인정하는 '팍스(PAX=peace)'의 성격을 벗어날 수 없다.

"평화를 이룩하기 위해서 전쟁을 한다."는 말은 역사적으로 옳은 말이기도 하고 틀린 말이기도 한다. 전쟁을 막기 위해서는 힘의 균형을 이

----

11 새뮤얼 헌팅턴, 같은 책, 이희재 옮김, 206쪽.

루어야 하고, 힘의 균형은 평화를 유지하기도 한다. 그러나 힘의 균형 원리는 언젠가는 균형이 깨뜨려지기 때문에 평화를 항구적으로 유지할 수 없다. 그래서 평화는 전쟁과 전쟁 사이에 있기 마련이다.

기독교의 천지창조에서 출발한 서양문명은 종말구원을 증명하기라도 하듯 전쟁의 종말을 택할 것인가? 종말구원을 기다리고 노래하는 유대그리스도인들은 자신도 모르게 의식화(세뇌 혹은 최면)된 대로 미래를 선구하고 있는지도 모른다. 절대유일신의 천지창조와 메시아의 종말구원은 서구문명의 동일성의 아프리오(a-priori)이다. 절대유일신의 현상학이 메시아인 것이다.

새뮤얼 헌팅턴은 서구의 보편성이 서구의 특수성의 보편성에 불과한 것이고, 인류 전체의 보편성이 되기에는 부족하다고 말한다. 따라서 그는 서구가 자신의 특수성으로 돌아와서, 근대과학문명을 이끌어간 입장으로 다시 돌아와서 자신의 패권을 유지하는 데에 골몰할 것을 주장하고 있다.

"문명의 보편 국가가 등장하면 그 문명에서 살아가는 사람들은 토인비가 말한 대로 '영속성의 망상'에 눈이 멀어 자기네 문명이 인류사회의 최종 형태라는 명제를 신봉하게 된다. 로마제국이 그러했고, 아바스 왕조가 그러했으며, 무굴제국과 오스만제국도 다를 바 없었다. 보편국가에 거주하는 국민들은 그 보편국가를 황야의 하룻밤 거처로 보는 것이 아니라 약속의 땅, 인간의 궁극적 목표점으로 이해하려는 경향이 있다. 대영제국에서도 같은 일이 벌어졌다."[12]

헌팅턴의 주장으로 말하면 미국은 문명의 보편적인 현상인 이 같은 사태를 막기 위해서 서구문명의 수호자로서 다시 돌아와야 한다는 것

----

12 새뮤얼 헌팅턴, 같은 책, 이희재 옮김, 413쪽.

이다. 최근 아시아가 경제적으로 부활하고 이슬람세계에 인구가 늘어나는 것은 서구문명의 한계와 쇠락을 점치게 하고 있다.

"서구문명은 370년부터 750년까지 그리스-로마, 셈, 사라센, 야만문화의 요소가 혼합되면서 서서히 틀을 갖추어 나갔다. 8세기 중반부터 10세기 말까지 지속된 형성기에 이어 서구문명은 문명으로서는 보기 드물게 팽창의 단계와 분쟁의 단계를 꾸준히 오고갔다. (중략) 한 문명의 내부에서 벌어지는 일은 그 문명이 외부세력의 파괴력 앞에서 저항하거나 내부로부터의 붕괴에 저항하는 데 모두 긴요한 역할을 한다. 1961년 퀴글리는 문명이 성장하는 것은 '팽창의 도구', 다시 말해서 잉여를 축적하여 생산적 혁신에 투자하는 군사적, 종교적, 정치적, 경제적 기구를 가지고 있기 때문이라고 주장하였다. 문명이 쇠퇴하는 것은 잉여를 새로운 혁신에 투입하는 노력을 중지할 때이다."[13]

헌팅턴은 따라서 서구문명의 계승자를 자처하고 있는 미국이 다시 서구의 일원임을 분명히 하고 대서양 공동체를 건설해야 한다고 주장한다.

"미국인은 우리가 서구인인가 아니면 다른 무엇인가라는 중요한 물음과 맞닥뜨려야 한다. 미국과 서구의 미래는 서구문명의 일원이라는 자각을 미국 국민이 다시금 하느냐의 여부에 달려 있다. (중략) 아무리 경제적 결속이 강화된다 하더라도 아시아와 미국은 근본적인 문화적 차이로 한 살림을 차릴 수가 없다. 미국인은 문화적으로 서구가족의 일원이다. 다원문화주의자들은 이 관계를 훼손하고 심지어는 파괴하려고까지 하지만 그것은 부인 못 할 엄연한 사실이다. 자신의 문화적 뿌리를

---

13 새뮤얼 헌팅턴, 같은 책, 이희재 옮김, 421쪽.

찾아 나선 미국인은 유럽에서 그것을 발견한다."[14]

헌팅턴은 지구적 평화의 실현이라는 관점보다는 서구—미국 패권주의를 유지하는 것에 주안점을 두고 문명의 충돌에 대비해야 한다는 논리를 전개하고 있다. 이는 무엇보다도 소련의 해체와 함께 공산주의가 사라진 상황에서 서구의 통일성을 어떻게 유지할 것인가를 두고 논의되고 있다.

"1990년대 중반 서구의 본질과 미래를 놓고 새로운 논의가 벌어지면서, 서구라는 실체가 존재한다는 새로운 각성과 함께 그것을 앞으로 어떻게 존속시킬 것인지에 대해 심각한 고민이 활성화되었다. 이것은 부분적으로는 기존의 서구 기구, 곧 NATO를 확대하여 동유럽 국가들을 회원국으로 받아들여야 할 필요성으로부터, 유고슬라비아의 붕괴에 서구가 어떻게 대응할 것인가를 두고 서구 진영 내부에서 발생한 심각한 대립으로부터 싹텄다. (중략) 북미와 유럽의 지도자들 사이에는 대서양 공동체를 재건해야 한다는 데 폭넓은 공감대가 형성되었다. (중략) 1995년 유럽위원회는 범대서양 관계를 부활하는 계획에 착수하였으며, 이것은 유럽연합과 미국의 포괄적 협약서명으로 이어졌다."[15]

헌팅턴은 심지어 '제3의 유로아메리카'의 건설과 'EU—NAFTA'의 연합을 촉구하고 있다. 헌팅턴은 또 이렇게까지 말하고 있다.

"일반적으로 유럽인은 한편으로는 서구 크리스트교와 다른 한편으로는 정교, 이슬람교를 가르는 구분선의 근본적인 중요성을 깨닫고 있지만 미국은 국무장관의 표현대로 가톨릭, 정교, 이슬람 구역으로 유럽을 근본적으로 나누지 않을 방침이다. 근본적인 차이를 깨닫지 못하는 사

---

14 새뮤얼 헌팅턴, 같은 책, 이희재 옮김, 422쪽.
15 새뮤얼 헌팅턴, 같은 책, 이희재 옮김, 422쪽.

람은 그러나 뒤통수를 얻어맞을 날이 온다."

헌팅턴은 서구─미국의 기독교 동일성(정체성) 확인을 토대로 서구문명의 패권주의를 유지해야 함을 역설하고 있다.

헌팅턴의 약점은 그리스도교와 정교, 이슬람교가 모두 과거를 거슬러 올라가면 유대(중동)유목문명권이라는 공통뿌리를 가지고 있음을 간과하고 있다. 기독교와 이슬람은 성지를 공유하고 있으며, 절대유일신은 두 문명의 공통의 첫 주제이다.

근대에 형성된 서구의 자유자본주의와 공산사회주의도 실은 한 뿌리에서 발생한 것이며, 공산사회주의는 기독교 비잔틴 문명, 즉 정교의 영역에서 발전한 닮은꼴이다. 자유와 평등이라는 것은 서구문명의 대표적 주제들이다.

헌팅턴은 유일신이라는 한 뿌리를 가진 이들 문명의 서로 다름을 주장하고 있지만, 그리스도교·정교·이슬람교는 유대(중동)유목문명 내에서의 믿음의 대상과 방식에서 다름(차이)을 보일 뿐이며, 신앙에서 절대적인 동일성을 찾는 것에서는 쌍둥이들이다. 문제는 어디서 동일성을 찾는가에 달려있다. 결국 헌팅턴의 주장은 서로 다름을 주장하여 갈등과 분쟁과 전쟁을 예단하거나 혹은 조장하는 분류에 지나지 않는다는 것을 알 수 있다.

헌팅턴의 주장에 따르면, 문명의 다른 분류학을 적용한다면, 유대유목민족과 다른 동양의 농업정착민족과는 마찬가지 논리로 마땅히 싸워야 하는 관계를 구축할 수밖에 없다. 결국 그는 나중에 중국 중심의 동양 문화권과도 서구문명이 대결할 수밖에 없음을 초래하고 있는데 이는 그의 사고방식에 따른 불을 보듯이 뻔한 귀결이다.

헌팅턴의 주장은 지구촌화 되어가는 시대를 맞아서 도리어 과거로 퇴행하는, 말하자면 문명충돌 지향적 문명충돌론일 수밖에 없다. 그의 사고방식에서 발견할 수 있는 것은 서구패권주의의 연장이다.

이러한 사고는 어디서 오는가? 바로 그가 가장 '두려워하고 혐오하고 있는' 이슬람과 같은 유목민족적 사고와 피가 그에게 내재해 있음을 확인하게 된다. 그는 자신을 잘 앎으로서 자신의 내면 깊숙이에 도사리고 있는 전쟁본능을 가장 두려워하고 있는 셈이다. "너 자신을 알라."라는 소크라테스의 말을 그에게 충고하고 싶다.

동일성을 추구하는 서구문명의 패권주의를 그대로 방관한다면, 인류는 언젠가는 전쟁으로 인해, '전쟁의 신' '신들의 전쟁' 때문에 공멸할 수밖에 없다. 동일성을 찾고, 동일성을 추구하고, 동일성에 목을 맨다면 인류는 공멸하게 될 것이다.

헌팅턴의 전쟁시나리오를 극복해야

헌팅턴이 경고하는 세계전쟁의 시나리오는 다음과 같다.

"미국, 유럽, 러시아, 인도가 중국, 일본, 이슬람권과 지구 규모의 전쟁을 벌인다. 이 전쟁은 어떻게 종식될 수 있을까? 양 진영은 모두 막대한 양의 핵무기를 보유하고 있으므로 만약 핵무기가 본격적으로 동원되면 주요 교전국들은 모두 초토화된다. 상호 억제력이 작용한다면 지루한 소모전 끝에 양측은 협상을 통해 휴전 상태로 돌입할 수 있겠지만, 중국의 동아시아 지배라는 근본적인 문제가 해결되는 것은 아니다. 혹은 서구가 재래식 군사력을 총동원하여 중국을 격파하려고 시도할 가능성도 있다. 그러나 일본이 중국에 붙는다고 가정할 때 중국은 든든한 방패막이를 확보하게 되고 미국은 해군력으로 중국의 인구밀집 지대와 해안선의 산업심장부를 공격하는 데 한계를 느낀다. 대안은 서쪽 방면에서 중국을 치는 것이다. 러시아와 중국이 충돌할 때 NATO는 러시아를 회원국으로 받아들인 뒤 중국의 시베리아 침공을 러시아와 함께 저지함으로써 중앙아시아 이슬람 국가들의 원유와 천연가스 자원을 러시아를 통하여 안정적으로 수급 받는다. 서구와 러시아는 중국의 지배를 받고 있던 티베트와 몽골에서 반란세력을 후원하고 시베리아를 통해 동진을 계속하다가 만리장성을 넘어 마침내 베이징, 만주에까지 파상공세를 퍼붓는다. 이 지구 규모의 문명전쟁이 어떻게 판가름 날는지 ―핵무기 공격으로 쌍방이 모두 초토화되는가, 양측이 모두 탈진하여 휴전협정을 맺든가, 러시아와 서구의 연합군이 천안문 광장에 진입하든가― 아무도 장담 못 하지만, 장기적으로 보았을 때 주요 교전국들의 경제력, 인구, 군사력이 급격이 악화되리라는 것은 불을 보듯 뻔한 일이다. 그리하여 수 세기에 걸쳐 동쪽에서 서쪽으로 옮겨졌다가 다시 서쪽에서 동쪽으로 방향 전환이 이루어졌던 세계의 힘은 어제 북쪽에서 남쪽으로 이동한다. 문명전쟁에서 가장 큰 이득을 보는 것은 전쟁에 개입하지 않았던 남쪽 세계의 문명들이다."[16]

　미국은 서구―대서양의 일원으로 돌아갈 것인가, 아니면 동양의 아시아―태평양의 일원으로 새롭게 자리매김할 것인가? 이는 인류가 전쟁으로 공멸할 것인가, 아니면 새로운 지구촌 평화의 시대를 열 것인가, 관건이 되고 있다. 서구와 중국―이슬람의 전쟁 이전에 인류는 아시아태평양 시대의 문명을 열어야 한다. 그것만이 살 길이다.

---

16 새뮤얼 헌팅턴, 같은 책, 이희재 옮김, 433~434쪽.

평화·가정·여성의 상징적 울림

인류학적으로 볼 때 남성성 위주의 사회는 '사회-권력-전쟁'의 연쇄라고 말할 수 있다. 이는 '시각-언어-페니스'의 연쇄에 조응한다. 이를 대표하는 문명이 서양문명이다. 시각은 인간의 어떤 감각기관보다 사물의 현존을 대상화(현재화)한다. 여기서 대상화한다는 뜻은 소유화하고 그것을 이해하는 스스로를 주체화(대상으로서의 주체)한다는 의미이다.

이에 비해 여성성 위주의 사회는 '가정-사랑-평화'의 연쇄이고, 이는 '청각-상징-버자이너'의 연쇄에 조응한다. 이를 대표하는 문명은 동양(동아시아)문명이다. 청각은 인간의 감각기관 중에서도 감성적 직관을 상징적으로 처리한다. 여기서 상징적으로 처리한다는 뜻은 결정적 의미(개념)로 받아들이지 않음을 의미한다.

그렇다면 가정에서 이루어지는 사랑과 평화는 인간의 의식과 의지에서 어떤 과정의 메커니즘을 지니고 있을까.

김형효는 "평화란 의지적 차원과 무의지적 차원에서 엮어지는 변증법적 분위기다."[17]라고 말한다. 이는 폴 리꾀르의 현상학적 저류라고 할 수 있는 '의지의 시화(une poétique de volonté)'와 상징주의적 입장을 원용한 것이다.

---

17 김형효,『평화를 위한 철학(김형효 철학전작 1)』, 소나무, 2015, 33쪽.

"리꾀르는 의지적인 것과 무의지적인 것을 분리시키지도 않고 그렇다고 해서 한데 동일시하지도 않는다. 그는 전통적인 이원론도 일원론도 모두 거부하고 있다. 그에 의하면 의지적인 것이든 무의지적인 것이든 다 같이 우리가 통상적으로 의지라고 부르는 것의 필요한 구성요소이다."[18]

리꾀르는 그래서 평화에 관해서도 주체적으로 의지한다고 해서 실현되는 것도 아니고, 나의 의지를 넘어선 어떤 환경을 감수하지 않으면 안 된다고 생각한다.

"인간의 자유는 자기가 창조하지 않는 것을 맞이함으로써 이루어진다. 그러기에 자유는 의식적 의지와 무의식적 의지의 상호 대화에 의해서 규정되는 장 속에서 핀다고 하겠다. 이와 마찬가지로 평화에의 형이상학도 인간의 형이상학이기 때문에 주체적이고 의지적인 지평을 넘어서 비자아와의 교섭에서 생기는 환경의 의미를 물어야 한다. 자유의 자기가 만들지 않는 것에 동의함으로써 성립되는 것과 마찬가지로 평화의 여정 역시 주체가 의지적으로 마음대로 할 수 없는 어떤 분위기를 마중함으로써 짜여지는 것이다. 다시 말하면 평화의 주체의식은 그 의식을 제약하고 있는 환경에 관여하고 있는 것이다. 그 환경, 즉 평화의 환경은 가정(家庭)으로서 제기된다. 독일의 철학자 볼노프가 한국에 와서 한 강연 가운데 『인간과 그의 집』이라는 것이 있다. 여기서 볼노프는 인간이 산다는 것의 철학적 의미는 하이데거가 말한 인간은 세계에 던져졌다는 것보다 어떤 점에서 더 인간적인 진리에 가깝다고 하였다. 볼노프의 지론은 평화와 형이상학을 위하여 매우 중요한 암시를 주고 있다."[19]

----

18 김형효, 같은 책, 34쪽.
19 김형효, 같은 책, 36쪽.

인간은 하이데거의 주장처럼 '세계에 던져진 존재'가 아니다. '세계에 던져진 존재'라는 것은 자아(自我)를 가진 인간의 실존적 상황을 잘 설명한 것이긴 하지만, 인간이 탄생하기까지의 자연의 역사와 모태시간을 망각한 해석이라고 하지 않을 수 없다. 하이데거의 '세계-내-존재'라는 것도 실은 종래 서양 철학의 전통이라고 할 수 있는 '자아-개체적 사고'의 연장이라고 하지 않을 수 없다.

인간은 무엇보다도 가정적 존재이다. 가정이 없는 인간을 생각할 수 없고, 부모 없는 인간을 생각할 수 없다는 것은 굳이 증명할 필요가 없는 원초적 사실이며, 인간의 삶의 조건이다. 하이데거의 '세계-내-존재'는 가정의 의미를 생략하거나 축소한 결과라고 하지 않을 수 없다. 특별한 경우가 아니면 대부분의 인간은 무엇보다도 가정적 존재로서 출발한다.

가정적 존재는 살아있는 존재의 관계이고, 가장 넓은 우주의 가장 작으면서도 근본적인 세포이며 핵심이며, 가장 구체적인 삶의 장소이다. 인간을 역사사회적 존재로 보는 것은 끝없는 모순을 극복하여야 하는 추상적이며 추락하는 존재를 면할 수가 없다. 평화의 환경으로서 가정은 그런 점에서 주목하지 않을 수 없다. 전쟁에 접근하는 사회일수록 그 사회의 대인관계는 친화력을 상실한다. 상대방의 현존을 기뻐하지 않는 사회에서 평화를 기대한다는 것은 어렵다.

"친밀감은 언제나 현존적 분위기를 잉태한다. 왜냐하면 친밀성은 모든 대화나 과제에 있어서 부드럽고 따사로운 눈짓을 교환하며 타인에 관계되는 모든 것에 깊은 관심을 나타내고 긴장보다는 휴식의 행복스러운 맛김을 만들어내기 때문이다. 단적으로 가정은 그러한 친밀성의 조직이라고 볼 수 있다. 가정이 지닌 가치는 그것이 친화성과 동시에 풍요성이라는 실재를 드러내고 있다는 점에 있다."[20]

가정의 풍요성은 무엇보다도 아기의 탄생에 의해 창조적으로 형성된다.

"남편과 아내의 사랑 속에서 탄생되는 새로운 존재의 출현은 가정의 실재가 지니고 있는 '창조의 힘(la puissance créatrice)'으로 보지 않을 수 없다. 아이는 결혼의 부를 상징하고 부부의 사랑과 결합이 하나의 더 풍부한 공동체를 형성했다는 표현이다. (중략) 아이는 부부의 통일이기도 하고 또한 부부로부터 분리되는 독립적인 현상이기도 하다. 존재론적으로 아이는 그의 어버이라고 헤겔과 같이 말함이 옳다. 어버이는 그들의 아이로부터 자기 자신을 다시 발견한다고 보아야겠다. 그러므로 아이와 어버이의 관계는 동일성의 관계지만 그러나 그 관계에는 동일성의 지속만 있는 것은 아니다. 부모가 아이의 실존을 그들의 동일성이라고 여기는 곳에 아이에 가해지는 부모의 정신적 제국주의가 생기게 된다. 우리가 가정 속에서 평화의 환경과 분위기를 맛볼 수 있다면 그 까닭은 아이와 어버이의 관계에서이리라. (중략) 아이는 어버이에 대하여 현존과 동일성을 지니면서도 동시에 이방인이 된다는 그 역설에 평화의 참다운 분위기가 구현된다. 그런 뜻에서 가정의 풍요성은 동일과 이타의 이원성을 이해함에서 이루어진다."[21]

위에서 아이와 어버이를 동일성의 관계로 보는 것은 혈통주의적 권력의 인정과 동일성의 문제가 있긴 하지만 동일성의 지속만 있는 것은 아니라고 함으로써 동일성을 극복하고 있다. 아이와 어버이의 관계는 처음부터 동일성이 아니다. 인간의 친족체계가 그러한 동일성을 만들

----

20 김형효, 같은 책, 38쪽.
21 김형효, 같은 책, 38~39쪽.

었고, 그것을 권력화 했을 뿐이다. 부계사회는 그 대표적인 경우이다(모계사회는 출계를 주장하지 않는 출계라는 점에서 권력적이지 않다). 인간사회는 친족체계를 보다 큰 마을국가사회에 연장하여 정치체계화 했다. 이것이 권력의 탄생이다.

가부장−국가(제국)의 권력의 확장에 이바지한 인류의 역사는 근대에 이르러 평화와 풍요와 안식을 잃어버렸다. 그래서 가정의 부활을 통해 가정으로 돌아오지 않으면 안 되는 절체절명의 위기에 있다. 어떤 점에서 가정은 이러한 평화와 풍요와 함께 존재론적으로는 죽음에 대한 불안과 권태라는 동일성을 한꺼번에 몰아내는 장소로서 빛을 발한다.

"평화의 환경은 언제나 젊고 신선하다. 가정의 구조가 동일자와 이타자의 열려진 통일이듯이 평화의 분위기 역시 이원성의 선의(善意)이다. (중략) 그러한 가치를 한마디로 표현하라고 한다면 마르셀의 '가정의 신비(le mystère familial)'라고 할 것이다. 마르셀의 의미에서 신비는 문제(problème)의 세계와 구별되는 것이다. (중략) 마르셀은 신비를 정의하기를 '신비란 한 문제가 자기에게 주어진 성질을 파고 들어가서 이미 자신을 넘어선 문제로서 형성될 때 생긴다'고 하였다."[22]

나의 존재는 나의 가정의 분위기

가정의 신비는 주체로서의 나의 존재가 세계와 분리될 수 없을 때에 드러난다.

"그러기에 나의 존재는 나의 가정의 분위기이며 또한 나의 가정의 역사이기도 한 것이다. 나의 존재는 나의 가정의 기념비인 것이다. 전쟁

---

22 김형효, 같은 책, 40쪽.

은 이러한 가정의 신비를 우습게 조롱한다. 전쟁과 폭력은 인격들의 친절하고 풍요한 교통을 부상케 하고 전멸시키기도 하며 그들이 서로서로 반역하도록 강요한다. 전쟁은 자기와 다른 이타성을 말살시킬 뿐만 아니라 또한 동일성조차도 파괴시킨다."[23]

평화는 무엇보다도 대화 없이는 성립될 수 없다. 대화는 처음부터 차이성을 인정하거나 전제하는 소통방식이기 때문이다.

"이타자로서 타인의 존재는 그의 얼굴이며 또한 그의 얼굴은 그의 말이다. 그러한 이타자의 부정은 살인이요, 그의 말을 짓밟는 한에서 대화의 단절이다. 타인과 자아 사이에 전개되는 평화의 표정들은 어떤 합리적이고 계산적인 수의 개념으로 가지도 않거니와 또 그 어떠한 추상적 개념으로도 정리되지 않는다. 평화의 환경 속에서 타자는 자아에 대해서 무한히 초월적인 거리를 취하고 그와 동시에 이방인으로서의 타자는 언제나 나의 응답을 기다리는 부름의 화신으로서 바로 이웃에 나타난다. 이것이 평화의 대화이다."[24]

여기서 '초월적 거리' 혹은 '부름의 화신'이라는 표현은 초월론적인 사고와 그것을 지우려는 현존의 성격이 동시에 있는 것이지만, 궁극적으로 대화의 자문자답적 성격을 모르는 것이지만 아무튼 대화는 서로의 현존을 확인하는 존재론적인 성격이 강하다.

평화는 대화에 의해서 발단되고, 대화는 비폭력이지 않으면 안 되고, 대화는 또한 일상의 거주 속에서 이루어져야 한다.

"평화는 비폭력이다. 비폭력은 동일자와 이타자의 복수성을 유지함에서 성립한다. 그러한 복수성의 유지를 가능케 하는 정신은 관용(tol

---

23 김형효, 같은 책, 40~41쪽.
24 김형효, 같은 책, 43쪽.

rance)의 정신인데 이 문제는 나중에 민주주의 철학을 논할 때 재고하도록 하자. (중략) 그런데 산다는 것 또는 거주한다는 것은 언제나 타자와의 만남을 말하기에 이타자의 출현은 모든 거주의 교육학의 제일 조건이 되는 것이다. (중략) 집의 영원한 역할은 모든 인간적 활동의 목적이라기보다는 오히려 인간적인 모든 활동의 조건이요 시작이 된다."

집은 활동의 목적이 아니라 시작이다. 마찬가지로 평화는 목적이 아니라 시작이 되어야 한다. 평화의 시작은 실은 가정에서부터 이루어진다. 바슐라르는 하이데거의 '세계-내-존재'에 대해 반론을 펴면서 '집 속의 존재'를 주장한다.

"바슐라르는 그러한(세계-내-존재) 견해를 부정하면서 인간이 세계를 알기 전에 집을 알았고 지평을 알기 전에 요람을 알았다고 주장하였다. 그래서 세계 안에 던져진 존재 이전에 바슐라르는 인간의 본래적 모습을 '집 속의 존재(l'être dans la maison)'라고 하였다. 이러한 바슐라르의 사상은 인간이란 자기의 사적 영역으로부터 출발하여, 즉 어떤 순간에도 자기가 휴식과 은둔생활을 영위할 수 있는 자기 집으로부터 출발하여 세계로 발걸음을 밟는 존재임을 말하는 것이다. 이미 내가 앞에서 집과 가정이란 평화의 터전으로서 결코 어떤 국가적 전체사회를 구성하는 사회적 단위로 환원될 수 없다고 하였다."[25]

김형효는 가정적 존재로서의 인간을 다음같이 극적으로 말한다.

"인간은 아무렇게나 버림받은 세계나 국가 등의 고아가 아니기 때문이다."[26]

가정적인 것과 여성적인 것은 분리되지 않는다. 가정은 여성 그 자체

----

25 김형효, 같은 책, 45쪽.
26 김형효, 같은 책, 45쪽.

이다. 평화와 가정과 여성이 상징적 울림을 갖는 것은 이들의 관계가 차이 속에서 공명함을 의미한다.

"집의 친밀감은 집의 부드러움을 말한다. 부드러움은 곧 여성적인 것이다. 여성적인 것의 방사하는 현존이 빚는 분위기는 거주의 현상학의 생명이 된다. 사실상 공간적으로만 같은 지붕 밑에서 산다는 것이 자기 집에 있음((l'être-chez-soi)이라는 아늑한 감정과 현상을 구성하는 것은 아니다. (중략) 보금자리로서 느끼게 되는 까닭은 집이 자기를 언제나 마중해주며 그 속에서 각자는 일에서 상실되었던 자기를 안으로부터 다시 모으는 평화를 맛보기 때문이다."[27]

집에서 여성이 차지하는 비중은 참으로 막중하다. 여성은 언제나 마중하는 존재로서 기다리는 구원자인 것이다. 메시아는 따로 있는 것이 아니라 여성이 메시아이다. 사랑과 봉사와 희생의 삶을 사는 여성성의 마음이야말로 메시아인 셈이다.

"집의 마중 속에 여성이 차지하는 역할은 엄청나게 중요하다. 만약 집에 여자가 없다면, 즉 여성적인 것이 보여주는 마중의 사랑이 없다면 자기의 조그만 사적 공간은 자기의 거주가 될 수 없다. 여성적인 것이 거주의 집에서 결핍되어 있으면 모든 남자는 자기 집이 없는 방랑자가 될 것이고 친밀감의 휴식이나 애정의 열기를 결코 발견함이 없이 영원한 나그네가 될 것이리라. 참으로 여성은 평화의 터전이요 환경인 집과 가정을 지키는 목자(牧者)인 것이다. 여성은 남성의 이타자인 것이다.[28]"

----

27 김형효, 같은 책, 46쪽.
28 김형효, 같은 책, 47쪽.

여성은 포용의 용기, 비권력의 상징

이상에서 우리는 평화와 가정과 여성은 서로 상징적 울림을 가지고 있는 내밀한 상호관계 속에 있음을 볼 수 있다. 모든 의미는 실은 상징적 의미이고 울림이다. 상징적 의미는 결국 여성적 사고의 의미이다. 여성성이야말로 모든 것을 받아들일 수 있는, 글자 그대로 열려진 용기(容器)이며, 비권력의 음(陰)의 상징적 용기이다.

남성적 사고라고 할 수 있는, 동일성을 추구하는 개념은 결국 전쟁과 국가와 기계에서 그 마지막 모습을 보인다. 남성의 동일성은 권력이다. 남성성은 결국 권력의 파시즘이다. 남성적 사고에 인류를 맡겨두면 결국 인류는 멸종하고 말 것이다. 기계적인 의미는 기능적 의미로서 결국 의미 없는 기능(작용)에 불과하다.

남성적 사고의 절정을 보이고 있는 서구문명에 인류의 미래를 맡기면 인류는 결국 기능적인 거대한 기계의 부품적 존재로 전락하다가 끝내 멸종하고 말 것이다. 남성적 사고가 지배하면 결국 인간집단은 집단 간에 패권경쟁을 하다가 망하게 되고, 일상에서는 기계의 지배로부터 소외당하다가 멸종할 것이다. 남성적 사고는 추상-기계-멸종의 시퀀스를 밟을 수밖에 없다.

남성적 사유는 '시각-언어-지배'의 사유이다. 여성적 사유는 '청각-상징-평화(피지배)'의 사유이다. 문(文, 問, 聞, 門)은 남성적 사유의 징표이고, 무(武, 舞, 巫, 無)는 여성적 사유의 징표이다. 역설적으로 남성의 문(文)과 문자(文字)는 자연에 분열을 일으키고, 동일성과 권력을 추구하고, 여성의 무(武)와 신체(身體)는 자연적 존재로서, 차이와 평화를 지향한다.

정신(남성)	상징-신체(여성)	물질(남성)	언어-사물/상징	남성/여성
언어	상징	사물	언어-사물/상징	남성/여성
정신	신체	육체	정신-육체/신체	남성/여성
마음/心	소리(공명)/氣	몸/物	심물일체(心物一體)	심신일체(心身一體)
無始無終	존재(몸)/氣運	人中天地一	만물만신(萬物萬神)	만물생명(萬物生命)

여성성은 언어와 사물 사이에 있는 상징이고, 정신과 육체 사이에 있는 신체이며, 마음과 몸이 하나가 되는 소리의 공명(共鳴)이다. 여성성이야말로 신체성이며, 신체성이야말로 자연의 선물과도 같은 것으로 축제성이다. 여성의 신체는 인간으로 하여금 자연으로 돌아가게 하는 한편 자연의 본래적 축제를 부활하게 하는 매개적 존재이다. 여성성은 우주적 존재(몸)로서 시작도 끝도 없는 무시무종(無始無終)의 존재이며, 인중천지일(人中天地一)의 존재이다. 그런 점에서 신체야말로 존재이다.

3

아시아·태평양시대와
평화체계

아시아태평양 시대가 '평화의 시대'가 될 것이라는 예상이나 기대는 참으로 언어주술적 의미가 있다. 아시아(亞細亞)라는 이름은 유럽인이 아시아에 붙인 이름이다. 유럽이 아닌 유라시아 지역에 대한 명칭이다. 다시 말하면 유럽인의 관점(유럽중심)에서 붙여진 '타자의 아시아'인 것이다.

16세기 중국 명대(明代)에 이탈리아의 예수회 선교사로 온 마테오 리치(Matteo Ricci, 1552~1610)가 '아시아'라는 말을 처음 쓴 사람이다. 그는 중국에 30년 가까이 살았으며, 중국식 이름은 이마두(利瑪竇)였다. 아시아라는 말에는 아시아의 정체성(주체성)이 없었다고 말할 수 있다.

아시아라는 말도 광의의 오리엔탈리즘에 속하는 용어이다. 오리엔탈리즘은 처음에 '오리엔트'를 비하하기 위해 생긴 말이 아닌, 단지 지리적인 의미였지만 나중에는 문화적 · 정치경제적 의미를 포함하면서 서양은 발전하고 있는 곳이고 아시아는 단지 '태양이 뜨는 곳(신라의 말로 「아사달」, 아카드말로 「아슈 āşū」)'에 지나지 않는다는 의미가 숨어 있다.

문명의 중심, 대서양에서 태평양으로

태평양이라는 말은 '아시아'라는 말보다는 좀 더 미래적인 지향 의미가 들어있다. 아시아라는 말은 인류의 고대문명이 아시아에서 탄생('빛은 동방에서'라는 말에서 확인할 수 있다)하여 점차 서양으로 넘어간 의미가 있지만, 태평양이라는 말에서는 평화지향과 함께 다시 인류 미래문명의 방향이 서양에서 태평양을 건너서 동양으로 넘어오고 있다는 의미를 읽을 수 있다.

태평양 즉 '퍼시픽 오션(Pacific Ocean)'이라는 말 자체에 이미 '평화(peace)'라는 의미가 들어있다. 대서양을 '아틀란틱 오션(Atlantic Ocean)'이라고 명명한 것은 아시다시피 그리스 신화에 나오는 아틀라스(Atlas) 신의 이름을 따온 명명이다.

아틀라스는 이아페토스와 클리메네의 아들로서 프로메테우스(인간에게 불을 훔쳐 준 자, '먼저 생각하는 자'의 뜻)와 에피메테우스('나중에 생각하는 자'의 뜻)의 형제이다. 티탄신족(神族)의 한 사람인 아틀라스는 일족이 제우스와 싸워 패하자, 천계를 어지럽혔다는 죄로 어깨로 천공(天空)을 떠받치는 벌을 받게 되었다.[1] 말하자면 힘으로 천공을 떠받치는 인물이다. 아틀라스는 서양의 '힘의 문명'을 대표하는 신이다. 대서양시대는 '힘의

----

[1] 플라톤은 소크라테스의 이상 국가에 대해 설명하면서 아틀란티스란 큰 대륙이 9,000년 전에 헤라클레스 바위(지브롤터 해협 양쪽에 치솟은 바위) 저쪽 대서양에 있었고, 아틀란티스는 북아프리카와 유럽 대부분을 정복했으며, 대도시는 포세이돈 신전을 중심으로 동심원을 그리면서 건축됐으나 지진과 홍수로 단 하루 만에 멸망했다고 적었다. 플라톤은 사라진 대륙 이야기를 사실로 믿었던 것 같다. 그렇지 않다면 그토록 상세하고 정밀한 묘사까지는 할 이유가 없었기 때문이다. 그러나 플라톤 이후 아틀란티스 대륙의 신봉자들이 벌이는 집요한 추적에도 아틀란티스 대륙에 관한 증거가 발견되지 않자 플라톤이 설명한 아틀란티스 대륙 이야기는 단지 철학적인 창작물이라는 견해가 많은 학자의 지지를 받기 시작했다. 아틀라스는 지구를 떠받치고 있는 신이다. 아틀라스가 왜 하늘을 떠받치게 되었을까? 바로 아틀라스가 티탄족과 연합하여 제우스가 이끄는 신들을 상대로 전투를 벌였기 때문이다. 티탄족이 패배하자 제우스는 아틀라스에게 형벌을 내렸는데 어깨로 하늘을 떠받치는 임무였다. 천문학의 발달과 더불어 그리스인들은 아틀라스가 하늘을 떠받치고 있다는 이야기를 믿을 수 없게 되었다. 그래서 아틀라스가 떠받치고 있는 것은 하늘이 아닌 지구라고 여기게 되었다. 서양철학은 '실체의 철학'이고, '중력의 철학'이다. 그래서 아틀라스라는 인물은 서양철학을 상징하기에 충분한 철학자이다.

시대'였다.

인류는 작금에 대서양문명 시대를 거쳐 태평양을 중심으로 북남미대륙과 아시아가 환을 그리는 환태평양 시대를 맞이하고 있다. 태평양의 이름이 역사운명적으로 평화를 상징하는 말에서 유래한 것은 다분히 명교적(名敎的)인 맛이 있다. 태평양은 바로 이름 자체가 평화의 시대를 상징하고 있다. 태평양에는 신화적 배경은 없다. 도리어 태평양은 실지로 파도가 심하기 때문에 그 파도를 잠재우는 주술적 의미에서 이름을 붙였다고 한다.

태평양이라는 이름의 탄생에는 '파도가 심하다'는 사실과 '그것을 잠재우려는 인간의 평화에 대한 기원'이 함께 숨어있다. 태평양의 이름이 그러하듯이 인간세계의 삶과 역사도 파도의 연속이다. 인간의 역사는 전쟁의 역사라고 말하는 이도 있다. 또한 전쟁이 있기 때문에 평화를 기원하는 것이기도 하다. 역사는 전쟁으로 이루어져 있고, 그 사이사이에 축제와도 같은 것이 평화인지도 모른다. 역사는 '신들의 전쟁'이고, 축제는 '신들의 평화'라는 공식이 성립할지도 모른다.

아시아태평양 시대에 지구촌의 인류가 평화를 기대하는 것은 태평양의 이름에서처럼 이중성의 의미, 즉 '현실에서의 전쟁(싸움)과 미래에의 평화(안식)'의 동시적 의미가 있다. 동양 사람들은 흔히 세상의 삶을 '세파(世波)', 즉 '세상의 파도'라고 말한다.

이제 "I am pacifist"라고 말하면 "나는 평화주의자(반전론자, 양심적 병역기피다)입니다."만이 아니라 "나는 아시아태평양주의자입니다."라는 뜻이 될 날이 올 것이다.

서구 문명은 유럽에 이은 미국의 계승으로 21세기 초입까지 세계를 다스려왔다. 그러나 최근 중국의 경제적 부상과 함께 서서히 중심이동을 하여 한중일 3국의 아시아태평양 시대를 맞이하고 있다.

미국은 아직까지 대서양시대를 마감하지 못하고 아시아태평양시대로의 합류를 망설이고 있고, 19세기 탈구입아(脫歐入亞)를 통해 아시아에서는 유일하게 서구와 거의 동시에 근대화·산업화에 성공한 일본은 일본제국의 영광을 잊지 못하고 있는 듯하다.

그러나 세계의 중심은 서진을 계속하여 아시아태평양 시대를 앞두고 있다. 미국이 대서양시대에 대한 미련과 일본의 탈구입아(脫歐入亞)의 영광을 버리지 못하고 있지만, 동양의 역(易)사상은 이미 동아시아 시대로의 변화를 점치고 있다. 그것은 천지(天/地=否)가 뒤바뀌는 지천(地/天=泰) 시대로 알려져 있다. 지천시대는 흔히 여성시대로 알려져 있다.

서기전 5세기 무렵, 추축시대(axial period)에서부터 지금까지 인류문명은 남성성이 여성성을 억압하고 지배하는 가부장-국가시대였지만, 이제 옛 모계사회의 전통으로 돌아가서 '신(新)모계사회', 즉 여성시대가 전개된다는 것이다. 여성을 상징하는 지(地)가 남성을 상징하는 천(天)의 위에 있는 모습이다.

그런데 이 '지천'의 시기에 인류문명의 중심이 동아시아로 돌아오고 있다는 것은 무엇을 의미하는 것일까. '신'모계사회와 지천시대는 인류문명과 역(易)의 변화가 서로 맞아 떨어지고 있음을 말하고 있다. 여성시대는 또한 평화의 시대가 될 것이라고 예상되고 있다.

말하자면 아시아태평양시대는 〈지천시대-'신'모계사회-평화의 시대〉로 요약되고 있다.

새뮤얼 헌팅턴의 '문명의 충돌'은 겉으로는 그렇게 보이기도 하지만 그 이면에서는 인류평화의 시대가 준비되고 있는 것이다. 그러나 인간이 아무런 노력을 하지 않아도 저절로 그렇게 되는 것은 아니다. 아마도 인간은 평화의 지구촌을 만들기 위해 노력을 할 것이다.

왜냐하면 이제 평화시대를 구축하지 않으면 인류가 공멸하지 않을 수 없을 정도로 핵무기를 비롯한 강력한 무기체계 속에 노출되어 있기 때문이다.

아시아태평양 시대의 구상과 평화

탈아입구(脫亞入歐)에서 탈구입아(脫歐入亞)로

아시아태평양시대의 전개

미국의 미일동맹 및 중국의 헤게모니를 전망하는 헌팅턴은 일본문명에 대해 이렇게 말하고 있다.

"이론적으로 미국은 다른 강대국이 중국의 일차적 견제국 역할을 할 때 이차적 경제국으로서의 기능을 발휘할 수 있다. 중국의 일차적 견제국이 될 수 있는 유일한 나라는 일본인데, 일본이 그렇게 되려면 그들의 정책이 크게 바뀌어야 한다. 다시 말해서 일본의 재무장이 강화되고 핵무기를 확보해야 하며 다른 아시아 국가들의 지지를 둘러싸고 중국과 치열한 경합을 벌여야 한다. 일본은 미국이 주도하는 중국견제연합에 동참할 가능성이 있지만— 실은 그 가능성도 불투명하다— 일본이 중국의 일차적 견제국이 될 가능성은 희박하다. 뿐만 아니라 미국은 이차적 견제국 역할을 하는 데 이렇다 할 관심이나 능력을 보여주지 못하고 있다. (중략) 일본이 아시아에서 중국의 일차적 견제국으로 떠오른다 하더라도 미국이 과연 그런 균형관계를 효과적으로 지원할 수 있을지는 의심스럽다. 미국은 두 잠재적 위협국 사이에서 균형을 추구하기보다는 기존의 한 위협국에 직접적 압력을 가하는 데 훨씬 뛰어난 능력을 가지고 있다. 게다가 아시아 국가들은 전통적으로 편승을 선호하는 성향이 강하며 이러한 성향은 이차적 견제를 시도하려는 미국의 노력에 찬물을 끼얹을 것이다."[2]

헌팅턴은 또 일본의 동아시아로의 환원을 전망하고 있다.

"중국을 견제하고 봉쇄할 수 있는 의미 있는 노력의 핵심은 미일군사동맹일 수밖에 없다. (중략) 미국이 확고부동한 의지를 보여주지 않는 한 일본은 중국에 순응할 가능성이 높은데, 미국이 그런 의지를 보일 확률은 낮은 편이다. 동아시아를 일방적으로 유린하면서 처참한 결과를 초래한 1930년대와 1940년대를 제외하고, 일본은 역사적으로 자신이 패권국으로 간주한 나라에 결탁함으로써 안보를 지켜왔다. (중략) 결국 일본의 동맹성향은 '근본적으로 견제가 아닌 편승'이었고, '패권국과의 결탁'이었다. 일본에 오래 거주한 한 서구인은 일본인은 '대세 앞에 머리를 숙이고 윤리적 강자로 파악된 존재와 협력하는 데 누구보다 빠르고…… 윤리적으로 쇠락하고 기울어지는 패권국으로부터 받은 수모에 대해서는 누구보다 빠르게 분개를 타나낸다.'고 지적하였다. 아시아에서 미국의 역할이 축소되고 중국의 역할이 급신장하면 일본의 정책도 자연스럽게 변할 것이다. (중략) 베이징이 국제적으로 비교적 고립되어 있던 1992년 일본 왕이 중국을 방문한 것은 시사하는 바가 적지 않다."[3]

헌팅턴의 위와 같은 전망에도 불구하고, 한시적으로는 일본의 아시아로의 회귀와 동아시아 국가로서의 안정된 자리매김이 가까운 장래에 이루어질 것 같지는 않다. 이는 일본이 1930~1949년대에 중국과 한국, 그리고 동남아시아에서 자행한 제국주의적 횡포에 대해 아직 솔직한

---

2 새뮤얼 헌팅턴, 같은 책, 이희재 옮김, 313~ 314쪽.
3 새뮤얼 헌팅턴, 같은 책, 이희재 옮김, 318~ 319쪽.

사죄를 하지 않고 있기 때문이다.

미국과 일본의 동맹과 밀월

일본 방위청이 최근 발표한 방위백서가 독도를 11년째 일본영토로 표시하고, 독도영공을 일본의 영공으로 표시하는 등으로 군국주의를 의심케 하는 행보를 계속하고 있어 한국 측의 양국 외교관계 개선 노력에 또다시 찬물을 끼얹었다. 일본의 군국주의 행보는 지난 4월(2015년)에 이루어진 6박7일간 아베 총리의 미국 방문을 통해 강화되는 계기를 맞은 후 조금도 후퇴할 기미가 보이지 않고 있다.

아베 총리는 아시다시피 태평양전쟁의 전범이었던 아베 총리의 할아버지 기시 노부스케(佐藤信介)의 정치적 유훈을 이은 일본우익진영을 대표하는 정치인이다. 일본이 시대에도 맞지 않는 군국주의를 또 다시 부활시키는 이유는 무엇일까. 단순히 아베노믹스로 통하는 경제정책의 활력과 일본결집력을 얻으려는 것만은 아닐 것이다.

혹시라도 일본은 옛 대동아공영권의 망령을 진정으로 꿈꿀 정도로 국제정세를 읽는 힘이 부족한 것일까. 그렇다면 이는 일본 국력의 쇠퇴를 의미하게 된다. 일본이 아무리 국력과 국방에서 자신들이 앞서고 있다고 분석했다고 할지라도 오늘의 중국과 일본이 20세기 초에 일본제국주의 세력에 속수무책으로 무너졌던 나라가 아님을 모르지는 않을 것이다.

실지로 일본의 억지주장과 영토분쟁의 당사자로 떠오르고 있는 한국과 중국은 다시 일본의 지배를 당할 정도로 허약한 나라는 아닐뿐더러 아시아태평양 시대의 주역으로 등장할 정도로 이미 세계적 경제대국으로 떠오른 나라이다. 말하자면 일본이 마음대로 주무를 수 있는 이웃나라가 아니다.

일본의 행보를 암묵적으로 지지하는 미국은 일본을 통해 중국을 견제하고자 일본의 아베정권의 사기를 올려주고 있다. 일본은 일본 나름대로 미국의 앞잡이 노릇을 하면서도 자신들의 실속을 챙기고 있는 형편이다. 미국과 일본은 마치 구한말 태프트카스라 조약을 맺은 당시처럼 밀월의 행보를 하고 있다. 이를 두고 '버락·신조 밀월(蜜月)'이라는 말까지 붙었다.

아베 정권은 출범과 함께 야스쿠니 신사참배를 비롯해서 태평양 전쟁의 침략의 성격을 변호하는 등 신(新)군국주의 행보를 계속해왔다. 아베 정권이 이러한 행보를 하는 데는 물론 미국의 암묵적인 동의가 있었음은 물론이다.

미국의 일본 지지는 그동안 한일 간의 갈등을 과거사에 매달린 한국의 문제로 치부하는 듯한 발언으로 노출되었으며, 미일 군사동맹의 성격을 한 단계 격상시키면서 한국의 입장을 배려하거나 존중하지 못하는 행태를 보여 왔다.

일본과 미국의 새로운 동반자 관계 선언은 실은 서구문명의 황혼기에 일어난 미국의 패권연장과 이에 편승하는 일본의 음모라고 말할 수 있다. 미국은 이상하게도 일본이 오판하게 할 수 있는 친일본정책의 제스처를 취하고 있다.

일본이 한국을 얕보고 있는 이유는 한국의 사정을 누구보다도 잘 파악하고 있기 때문이다. 현재 한국은 큰소리를 치지만 일본으로부터 금융자본·과학기초기술종속과 식민사학에 따른 역사종속, 그리고 사사건건 당쟁과 내분으로 국익을 놓치고 있는 정치후진 등 여러 면에서 약점을 노출하고 있다. 이에 유사시에 미국의 개입에 편승해서 다시 정한론을 꿈꾸는 것이 일본 우익의 전략이다.

독도분쟁은 일종의 빌미라고 할 수 있다. 오늘날 독도분쟁의 빌미를 결정적으로 준 것도 실은 1998년 11월 28일 '신한일어업협정' 때 IM 극복을 위해 일본차관 도입을 필요로 하는 약점을 이용해서 독도 근해를 '중간수역'이라고 하여 영해권을 포기한 것에 따르는 것이다. 국제사회에서는 국력이 최우선이다.

국가 간의 외교는 결국 국력싸움이다. 약한 나라는 항상 강한 나라에게 양보를 해야 하거나 손해를 볼 틈을 보인다. 일본은 한국과의 외교전에서 꼼수와 잔재주로 국익을 챙기고 있다.

오늘날 국제적인 상황은 유럽의 독일-그리스-프랑스의 관계가 동아시아의 일본-한국-중국의 관계와 유사성을 보이고 있다. 여기에 세계패권국가로서의 미국의 변수가 있긴 미국의 일본 지지는 결코 기분 좋은 일이 아니다.

세계의 경제는 이제 달러본위제와 금본위제의 주도권 싸움에 들어갔으며, 미국은 달러본위제의 승리를 통해 세계경영을 유지하려 하고 있다. 이에 결정적인 키를 잡고 있는 것이 키신저 국무장관시절에 OPEC에 의해 약속된 석유결제자금의 달러화이다.

미국과 일본의 동맹 강화는 인류문명에도 어둠을 드리우고 있다. 서양 철학자 헤겔은 고대 인류문명의 '동방의 빛'에 대해 근대 서구문명의 역사적 발전과 패권을 '황혼의 빛'에 비유한 적이 있다. 그런데 그 황혼은 이상하게도 서구문명의 몰락을 풍자하고 있다. 그것의 내용은 실은 파시즘이다.

유럽에서의 독일의 파시즘과 동아시아에서의 일본의 파시즘은 다시 고개를 들고 있는 것이다. 그런데 그 희생양이 그리스와 한국이 될 확률이 높은 것이다. 고대문명의 세례를 그리스가 독일에 주었고, 한국이 일본에 준 점을 생각하면 문화적 은혜에 대해 보은이 아니라 배반으로 보인다. 역사는 현재의 국력에 의해 좌우됨을 알 수 있다.

일본도 지금 과거 군국주의로 회귀할 것인가, 평화주의를 유지할 것인가의 기로에 서 있다. 일본 지식인집단의 아베정권에 대한 성토로 바로 그들이 일본 군국주의의 실패와 원자폭탄의 세례라는 악몽을 잊지 못하고 있기 때문이다. 현재 일본만이 실질적으로 원자폭탄의 위력과 가공할 공포를 경험한 유일한 나라이다. 만약 일본의 평화헌법주의가 일본 내에서 진다면 일본은 또 한 번의 위기에 들어가게 될 것이다.

일본은 19, 20세기에 탈아입구(脫亞入歐)를 통해 서양국가의 일원이 되었으며, 아시아 국가로는 유일하게 제국주의에 성공한 나라가 되었다. 그러나 태평양 전쟁에서 미국에 패한 뒤에 국방과 경제에서 미국에 의존하여 성장하는 국가가 되었으며, 최근 중국에 추월당하기 전까지 미국에 이어 세계경제의 제 2제국으로 성장했다.

일본은 아시아태평양 시대를 앞두고 왜 미국에 다시 붙은 것일까. 분명히 일본은 탈구입아(脫歐入亞)를 실현해야 함에도 일본 제국주의 때에 아시아 여러 국가들에게 끼친 죄상에 대해, 독일이 유럽에 하듯이 확실한 사과를 하지 않음으로써 성공하지 못하고 원상태로 돌아갔다.

일본은 과거 군국주의를 사과하고 벗어날 때 진정한 아시아 국가로 다시 돌아올 수 있을 것이다.

세계기축통화 달러위축

세계 금융자본주의를 장악하고 있는 미국은 현재 금본위제도를 앞도하고 있는 달러본위제를 유지하면서 정치경제적 실패를 만회하고 필요한 재정정책을 위해 달러를 임의로 찍어내는 형편이다. 자국의 화폐를 찍어내는 일을 가지고 다른 나라들이 간섭을 할 수는 없지만, 미국의 달러 찍어내기를 모르는 나라는 없다. 미국의 달러 찍어내기에 가장 손해를 보는 나라는 미국채권과 부동산을 많이 가진 중국과 일본이다.

그런 가운데 미국은 2차 세계대전 이후 전통적인 우방이 된 일본과 동맹관계를 과시하면서 아베정권을 제어하기보다는 부추기고 있다고 할 수 있다. 이러한 양국의 행보는 인류문명의 대세를 거스르는 것은 물론이고, 미국과 일본의 동반퇴락(頹落)이라고 해석할 만한 근거를 가지고 있다. 이제 미국의 팍스 아메리카나로 불리는 패권주의의 힘이 부친 모양이다.

세계경찰국가로서의 힘에 한계를 느낀 미국은 태평양전쟁의 당사자인 일본에게 경제적·군사적으로 도움과 지지를 필요로 했던 것 같다. 이를 일본 군국주의 미화와 부활의 기회로 이용하고자 한 일본 아베 정권은 미국에 바싹 달라붙었다.

미국과 일본의 적과의 동침이 밀월관계로 새로운 국면을 맞이하게 된 것은 중국의 경제적 부상과 때를 같이하고 있다. 중국은 이제 일본을 제치고 세계 제 2의 경제대국이 됐고, 2020년경이면 미국을 능가할 것이라고 점쳐지고 있다.

한국을 둘러싸고 있는 동북아시아의 열강의 세력구도를 보면 다시 중국과 러시아가 가까워지고 있고, 미국과 일본이 동맹을 강화하는 구도를 보이고 있다. 이것은 종래 냉전체제의 모습이 부활한 것처럼 보이기도 하지만 그 내용이 같은 것은 아니다. 무엇보다도 중국이 경제적으로 세계의 중심축이 되었으며, 한국의 경제력도 세계 10위권을 내다보고 있다.

일본은 오늘날 서양문명의 황혼기를 함께 하면서 장기적으로 몰락할 것인가, 아니면 아시아 국가의 일원으로 등장하여 세계평화를 유지할 것인가의 기로에 서 있다. 일본은 세계에서 유일하게 핵폭탄을 직접 맞은 국가이다. 그래서 전후 헌법에 평화에 대한 염원을 담았고, 결코 자위권 이외의 군사를 동원하지 못하게 규정한 일본헌법을 만들었고, 이를 평화헌법이라고까지 불렀다.

그런데 이 헌법에 대한 해석을 달리하여 오늘날 또다시 군국주의 국가로 발돋움하고 있는 것이다. 일본 지식인 1천여 명은 일본 군국주의의 망령과 실패에 대해서 누구보다 잘 알고 있기에 아베의 군국주의 정책에 반대를 하고 나섰다.

AIIB와 TPP의 대결

아시아 태평양 시대를 앞두고 미국을 중심한 세계질서와 중국을 중심한 세계질서가 맞붙고 있다. 이는 중국 중심의 아시아인프라투자은행(AIIB: Asian Infrastructure Investment Bank)과 미국 중심의 환태평양경제동반자협정(TPP: Trans—Pacific partnership)기구 설립에서 첨예하게 대립하였다.

미국은 현재 중국의 신실크로드 정책인 '일대일로(一帶一路)'를 견제하고자 한다. 이는 중국의 과거 육상실크로드와 해상실크로드를 합친 개념으로서 중국과 유럽을 잇는 신세계경제체제의 구축이라 할만하다.

'일대일로'에 인접한 국가만도 60개국에 달하고 인구는 44억 명에 달한다. 이는 전 세계 인구의 60~65%에 해당한다. 중국의 AIIB가 성공하면 세계경제의 중심은 단연 중국이 된다. 이를 경제적으로 견제하고 싶은 것이 미국이다.

이러한 세계경제질서의 재편과 중국의 경제적·군사적 팽창을 막기 위해서는 일본의 도움이 미국으로서는 절대적이다. 그래서 일본의 태평양 전쟁 사과를 받아내면서 형식적으로는 세계 제1의 패권국으로서의 체면유지를 하면서 미일동맹을 세계에 과시한 것이 최근 아베의 미국방문기이다.

일본은 겉으로는 미국의 산하에 있는 것처럼 행세하면서 새로운 군국주의의 부활을 꿈꾸는 기회로 삼고 있다. 그래서 미국의 공식적인 묵인하에 일본의 역사적 만행이 저지러지고 있는 것이다. 미국 국회나 조야에서 일부 인사들이 일본의 위안부사과를 요구하는 것은 일종의 행사의 액세서리에 불과하다.

아베 총리의 미국 방문은 태평양전쟁의 전범과 위안부 문제 등 모두를 한꺼번에 털어내는 방미라고 할 수 있다. 우리가 여기서 미국과 일본 두 나라의 행보를 바라보면서 느끼는 것은 약해진 미국, 다시 말하면 자신의 정치적·경제적 패권유지를 불안하게 여기는 자신 없는 미국과, 과거사 반성 없이 시대적 흐름도 모르고 다시 군국주의의 야심을 키우는 일본의 모습이다. 다시 말하면 팍스 아메리카의 한계와 일본 군국주의의 부활이다.

특히 일본 군국주의의 부활이 딱한 것은 '탈아입구(脫亞入歐)'에서 '탈구입아(脫歐入亞)'로 전환해야 하는 문명의 시점에서 '태평양전쟁과 위안부 문제에 대해 공식적인 사과'를 하지 못한 일본의 문화능력이 시대의 흐름을 역행하는 것처럼 보이기 때문이다. 이는 마치 구한말 서구열강에 문화를 개방하고 선진과학 문물을 받아들여야 하는 조선이 대원군의 쇄국정책과 위정척사라는 과거 문화 패러다임으로 돌아가는 것과 같은 행보로 읽혀지기 때문이다.

물론 미국이 미국의 국가이익을 위해서 한반도를 쉽게 포기하지는 않겠지만, 세계정세의 판도 변화에 따라 미국의 국익을 위해서는 언제라도 일본과 정치·군사·외교적 뒷거래를 할 수 있는 나라라는 것이 가능성으로 입증된 느낌이다. 이는 태프트카스라 조약과 같은 것이 항상 재발할 수 있음을 드러낸다.

아베 총리는 최근(2015년 8월 27일 현지시간) 하버드대학 공공정책대학원(케네디스쿨)에서 열린 강연에서 군 위안부 관련 질문이 나오자 '인신매매(human trafficking) 피해자'라는 표현을 쓰면서 "이 문제를 생각하면 개인적으로 가슴 아프다"고 말했다.

'개인적으로 가슴 아프다'라는 말은 참으로 가증스러운 말이다. 위안부를 '인신매매(human trafficking) 피해자'라고 왜곡함으로써 일본 국가의 '공적인 인간범죄'행위를 '사적인 인신매매', 즉 성매매 차원으로 변질시킴으로서 정식 사과를 피해갔다.

이 위안부 문제는 일본의 전쟁범죄이면서 동시에 일본 문화의 가장 깊숙한 곳에 감춰진 내홍(內訌)이다. 섬나라인 일본은 특히 중세 막부(사무라이)통치가 이루어지면서 무사들의 전횡이 시작되는 것과 함께 여성의 성을 성적 노리개로 보는 것을 예사로 하는 등 성적 핍박을 해왔다. 이런 것이 외부로 투사된 것이 바로 태평양전쟁 시절, 군국주의 일본이 한국의 여성을 위안부, 즉 성적 노리개·성적 노예로 유린한 사건이다.

일본문화가 최근에 노출한 현상 가운데 도저히 이해가 되지 않는 기이한 '황혼이혼'이라는 것이 있다. 남편의 억압과 모멸을 참고 견디면서 겉으로는 평화를 가장한 채 평생을 참아온 황혼여성이 남편이 직장을 퇴직하고 나면 퇴직금을 양분할 수 있는 제도를 이용하여 결별할 요량으로 택하는 '남편에 대한 마지막 인권선언과도 같은 처절한 절규(보복성이혼)'가 황혼이혼이라는 세태이다.

일본군국주의는 서구 주도의 인류문명의 황혼기에 세계로부터 자칫하면 황혼이혼을 당할 위험에 처할 것이다. 일본의 평화헌법 지지자와 평화주의자, 여성들은 모두 군국주의로 되돌아가는 일본의 파국행보를 저지하지 않으면 또 한 번 태평양전쟁에서의 원자탄 세례와 같은 저주를 받을지도 모른다.

인류문명은 지금 서구중심의 문명운영에서 황혼기를 맞고 있다. 헤겔은 황혼을 서구문명의 꽃이라고 말했지만 이제 황혼은 황혼일 뿐이다. 이러한 황혼기에 남성위주의 패권주의 문명인 일본의 군국주의는 머지않아 인류문명적 황혼이혼의 위기에 직면할 가능성이 높다.

이번 미·일 정상회담의 결과는 일본이 미·일 동맹을 심화하면서 동아시아에서의 역할을 확대하겠다는 선언이다. 즉 '1951년 전후(戰後) 체제'의 복원과 '기시 노선'의 확대 부활인 셈이다. 1951년 미·일 안보조약에서 일본은 미국에 기지를 제공한 이후 1960년 기시 노부스케 총리는 안보조약 개정에서 극동의 안전을 위해 미군의 후방지원을 확대하였다. 기시의 외손자 아베는 일본의 미국에 대한 지원을 전 세계적으로 확대했을 뿐만 아니라 미군이 공격받으면 같이 공격할 수 있도록 했다.

아베는 동북아에서 힘의 균형을 위해 미국을 대신하여 일본이 군사비를 부담하게 하고 후텐마 기지 이전을 강행하였다. 그리고 미국이 주도하는 TPP(환태평양경제동반자협정)에 적극 참가함으로써 미국의 재균형 정책에 협조했다. 그 대가로 아베는 자신의 염원인 헌법 개정에 한 걸음 더 다가갈 수 있게 되었다. 이처럼 이번 미·일 정상회담은 양국의 이익이 합치된 결과였다. 특히 미·일 방위협력지침(가이드라인)은 양국이 중국에 대한 대응을 함께하겠다는 점을 명백히 했다.

일본의 역할이 확대되는 것은 우리로 봐서는 득실이 모두 존재한다. 일본의 역할은 한반도 유사시 전쟁 억지효과를 가져올 수 있는 긍정적 측면이 있는 반면 우리가 의도하지 않는 상황에서 한반도 내 전쟁의 위험성이 높아질 수 있다. 또한 중·일 간의 군사적 긴장은 우리의 입지를 어렵게 할 수 있다. 따라서 우리는 한·일 간 긴밀한 안보 협력을 통해 일본의 군사 역할에 대한 투명화를 지향해야 한다. 또 일본이 동북아에서 공공재 역할을 하도록 외교적 역량을 발휘해야 한다.

아베 총리의 미 의회 합동 연설은 역시 실망을 안겨주었다. 아베의 언행을 보면 이번 의회 연설은 아베가 할 수 있는 마지노선을 보여준 것이다. 아베는 식민지 시대의 침략을 인정하지 않으려는 경향이 있으며, 위안부에 대해서도 강제 연행을 인정하지 않는다.

한국이 바라는 식민지 시대의 '침략' '반성' '사죄'라는 키워드 전부를 아베가 받아들이지 않는다는 것은 분명하다. 일본 내에서조차 아베의 연설은 미국 국민에게는 감정적 호소를 통해 유대감을 강조한 반면 아시아에 대해서는 냉담했다는 비판을 받을 정도이다. 이 점에서 앞으로 한·일 관계는 순탄치 않을 것을 예고한 것이나 다름없다.

이제 한국 외교가 동북아를 어떻게 만들어가며 각국 관계를 어떻게 해나갈 것이라는 적극 외교가 필요한 시점이다. 아베 방미를 통하여 '나쁜 일본'이란 선전만으로 국제사회를 설득하는 것은 한계가 있다는 점이 드러났다.

아시아경제공동체 구성해야

한국과 중국과 일본은 아시아태평양 시대를 맞아서 아시아경제공동체를 구성해야 하는 시대적 과제를 안고 있다. EC(유럽경제공동체)는 역사적 동질성을 가진 유럽을 하나로 만드는 데 있어서 결정적인 역할을 하는 국제기구이다. 유럽은 EC를 통해 세계경제블록 중 하나로 확고한 자리를 잡는 한편 미국을 중심한 아메리카 세력에 뒤지지 않는 세계경제 중심의 자리를 아직도 지키고 있다.

아시아태평양 시대의 도래는 수십 년 전부터 제기되어온 인류의 미래문제인데 정작 아시아는 아직 경제블록을 만들 구체적인 단계로 들어가지 못하고 있다. 이는 아직 아시아태평양 국가들이 세계를 이끌만한 실질적인 힘(문화적 힘)을 지니지 못하고 있다는 뜻이 된다.

세계를 이끌어간다는 것은 단순히 계량적인 경제수치와 소득수준으로 결정되는 것은 아니다. 물론 앞의 요건들이 충족되어야 하겠지만 그보다는 문화예술에 있어서 세계를 이끌만한 문화능력과 프로그램을 갖출 때 가능한 것이다.

유럽이나 미국은 세계경제에서 상당한 비중을 차지하고 있는 한국과 중국과 일본이 EC와 같은 경제공동체를 형성하는 것을 견제할 것임에 틀림없다. 한중일이 경제공동체를 만들어 역내 경제활동을 더욱 더 활성화하면 결국 유럽이나 미국이 경제적으로 손실이나 불이익을 입을 확률이 높기 때문이다.

그럼에도 불구하고 현재 동아시아 삼국은 영토분쟁과 이데올로기 분쟁으로 경제공동체 구성은 엄두를 내지 못하고 있다. 그러나 한중일 삼국은 어떤 방해나 악조건에도 불구하고 경제공동체를 만들어내야 앞으로 세계경제와 문화의 중심지가 될 수 있을 것이다.

한중일 삼국은 동아시아사의 역사왜곡과 조작, 공정을 할 것이 아니라 한자문화권에 속하는 나라들로서, '공동조상문화'를 가진 후예로서 유럽과 같이 경제공동체를 만드는 지혜를 모아야 인류미래문화를 선도해나갈 자격을 구비하게 될 것이다.

그러나 불행하게도 현재 일본은 한국과의 관계가 독도 영토분쟁이나 위안부 문제로 다소 소원해진 가운데 북한과의 관계 개선을 추구하고 있다. 한국은 중국과의 무역거래량이 높아지는 것에 발맞추어 남북통일에서 중국의 역할을 기대하면서 우호관계를 강화하고 있다.

일본과의 센카쿠 열도 영토분쟁에 있는 중국도 시진핑(習近平) 국가주석의 한국 방한 등으로 급속하게 한국과의 관계를 강화하고 있다. 한

중 정상들은 북핵문제와 한반도 통일, 해양경계선 획정, 자유무역협정 (FTA), 금융분야 협력 그리고 역사문제 등 상호 정치경제적 이해가 걸려 있는 사안들에 대해 양보와 타협으로 두 나라의 성숙한 전략적 협력 동반자 관계를 구축하는 성과를 거두었다.

성대석 국제외교평론가는 이렇게 말한다.

"시진핑 주석의 외교 매력공세(charm offensive) 속에 1박2일 간의 한중 정상외교는 양국이 상생하는 윈·윈 성과를 거두었다고 볼 수 있으나 시진핑 주석은 한중정상회담 과정에서 '아시아의 안전은 아시아인이 지켜야 한다'는 자신의 아시아 안보관 즉 '중국이 주도하는 아시아질서 구축'에 한국이 주요 당사자로 동참해 줄 것을 밝혔다. 시 주석은 또 지난 7월 4일 서울대 강연에서 미국과 일본이 주도하는 아시아 개발은행(ADB)에 대응하기 위해 중국은 '아시아 인프라 투자 은행(AIIB)' 창립을 제안하면서 한국을 비롯한 관련국들의 참여를 희망했다."

현재 동북아는 해양으로 진출하려는 대륙세력 중국과 이를 봉쇄하려는 해양세력 미·일간의 불꽃 튀기는 경쟁이 벌어지고 있다. 따라서 지금 중국외교 초점은 미국의 대중국 포위망을 막는 데 있다.

동북아시아의 다자간 관계의 변화에 따라 한국과 혈맹관계인 미국은 최근 일본 자위대의 국제적 파병(분쟁지역 파병, 혹은 동맹국 지원파병)을 지지하는 입장을 지지하는 성명을 발표했다. 미국의 일본을 통한 중국 견제는 눈에 띄고 있는 현상이다.

미국은 G2로 부상하면서 나날이 강력해지고 있는 중국을 견제하기 위해 '아시아로의 중심이동(Pivot to Asia) 정책'과 함께 일본의 재무장에 힘을 실어주고 있다. 그런가 하면 일본은 지난 7월 4일 시진핑 주석의 방한에 맞추어 북한의 일본인 납북자 조사 허용에 화답해 그동안의 북한 제재 일부를 해제하면서 북한에 한발 다가갔다.

아베정권의 이 같은 행보는 자신의 과거사 도발로 한·일 외교 채널이 막히고 한·중 협력 징조가 현실로 나타나자 이에 대응하기 위해서이다. 북핵문제로 한·미·일 협조체제를 유지하며 북한을 압박해 오던 미국은 북핵문제는 그대로 남아있는데 일본의 대북제제 완화에 대해서는 "이해한다"는 이해할 수 없는 반응을 보여 북핵문제보다는 중국의 봉쇄가 우선이라는 속내를 드러냈다.

그러면서 미국은 세계 1위 무역대국의 지위를 활용해 경제영토 확장과 동북아에서의 정치적 영향력 확대를 노리는 중국의 아시아 인프라투자은행(AIIB) 구상에 대해 중국 주도의 새로운 동북아 질서 형성과 이에 한국의 편입을 실질적으로 반대하는 입장을 분명히 하고 있다. 이는 중국 주도의 아시아 경제 질서에서 한국을 격리시켜 중국의 패권 확대를 차단하겠다는 뜻이다.

유럽과 미국은 위안화의 기축통화(2016년 10월 1일 기준) 진입에 대한 IMF의 승인을 인정하지 않을 수 없었지만 한중일 경제협력기구의 탄생은 경계하고 있는 입장이다. 위안화의 기축통화 진입으로 아시아에서도 일본 엔화와 함께 2개 통화가 기축통화가 된 셈이다. 이는 동아시아 경제의 힘의 과시와 함께 발언권을 높이는 계기가 되고 있다.

현재 세계의 기축통화는 미국 달러(SDR 바스켓 편입비율: 41.73%), 유로화(30.93%), 위안화(10.92%), 엔화(8.33%), 파운드화(8.09%) 등으로 위안화가 세계 3대 통화로 부상했다.

이러한 시대에 즈음하여 한국은 한반도 관련국들과 친화협력관계를 계속 유지하면서 새로운 동북아질서 구축에서 중심매개역할을 하여야 한다. 동시에 우리의 국익을 위해 적극적이고 당당한 외교를 펼칠 때가 되었다.

신화로 본 한중일 삼국의 관계

	中	韓	日	
원시상고문명		대모(大母) 마고(麻姑)		모계사회 단계
	伏羲·女媧	桓因·桓雄	天照大神	부계-국가 전환기
고대중세문명	堯	朝鮮(단군)	倭	고대국가
	父	母	子	문화의 상징적 위상
근대문명	子	母	父	문화의 상징적 위상

동도서기(東道西器)의 부활

　　19세기 말~20세기 초, 서양문명과 기독교가 동양을 정복하며 식민지를 개척하던 제국주의시절을 두고 우리는 흔히 서세동점(西勢東占)을 하던 시대라고 말한다. 이때 동아시아 삼국의 한국과 중국과 일본은 저마다 같은 내용의 슬로건을 내걸고, 시대적 흐름에 적응하려고 애썼다.

　　중국은 중체서용(中體西用), 한국은 동도서기(東道西器), 일본은 화혼양재(和魂洋材)라고 했다. 중체서용은 문화의 근본(바탕)은 중국의 것으로 하되, 서양의 물질문명을 이용하면 된다는 중화적 자존심을 표방한 말이다. 동도서기는 물론 도(道)는 동양의 것으로 숭상하되, 기술문명은 서양의 것으로 한다는 말이다. 화혼양재도 혼(魂)은 일본의 화(和)로 하되 서양의 과학기술을 이용한다는 뜻이다.

　　세 글귀가 모두 동양의 정신문화에 대한 긍지를 가지고, 서양의 과학기술문명을 이용하면 된다는 뜻이다. 그런데 세 글귀 가운데 성공한 것은 화혼양재 뿐이다.

　　중체서용의 중국은 열강에 의해 점령되었고, 일본에 의해 만주국이 설립되는 등 여러모로 수모를 겪고, 제국주의의 상흔을 입었다. 한국은 일본의 식민지가 되었다. 일본은 화혼양재를 잘 함으로써 서양의 과학기술문명을 잘 수용하고 소화하였을 뿐만 아니라 그러면서도 서양의 정신문화를 그대로 수용하는 것이 아니라 일본식으로 가공하면서 일본식 근대문명을 만들어내는 데에 성공했다.

일본의 정신적 혼도 잃지 않았을 뿐만 아니라 그 결과 일본은 서양의 열강과 어깨를 나란히 하면서 대동아공영권이라는 일본 제국주의를 동양권에서 구가했다.

일본은 당시 탈아입구(脫亞入歐)를 선언하였으며, 실지로 아시아를 벗어나서 서구와 나란히 열강의 대열에 합류했다. 일본은 어째서 당시에 서구화·근대화·과학화에 성공했을까. 물론 일본은 미국과 태평양전쟁에서 미국에 패하는 바람에 패전국이 되어 여러 수모를 겪었지만, 그 후에도 한국전쟁을 기회로 삼아 국력을 재건하는 데에 성공했다. 그만큼 일본은 근대화할 수 있는 문화적 기반을 형성하고 있었기 때문이다.

오늘날도 일본은 영국·프랑스·독일 등이 포함된 유럽 전체나 중국 전체, 혹은 다른 대륙 전체와 대등할 정도로 '하나의 독립된 문명권'으로 역사학자인 토인비 등 여러 서구학자들로부터 대접을 받는다. 그만큼 근대 일본문화는 서구인에게는 매우 예외적 존재로서 특별한 대우를 받는다고 할 수 있다.

일본문화는 동아시아에서는 그렇게 대단한 문명은 아니었다. 고대와 중세만 하더라도 일본은 중국과 한반도(고대 신라·백제·고구려·가야 등 사국과 고려·조선)로부터 문명의 세례를 받았으며, 실지로 일본민족을 형성하는 인구 자체가 한반도로부터 이주한 세력으로 구성되었기 때문이다.

근대에 있어서 일본의 성공은 일본 특유의 사무라이(武士道) 문화와 즉물적(即物的) 실용주의(實用主義)로 인해서 서양의 과학문명을 쉽게 받아들일 수 있는 문화적 토양을 가졌을 뿐만 아니라 서양문물을 배우기 위해 엘리트들을 서양에 유학을 보내는 등 문화총량을 다해서 근대화에 집중했기 때문이다.

그러나 중국과 한국은 여전히 주자학적 관념론과 도덕주의로 일관하면서 서양의 과학주의 세력과 맞섰기 때문에 결국 조선과 청조는 망하고 말았다. 결과적으로 일본은 자국의 문화적 혼(魂)을 지켰을 뿐만 아니라 서양문명의 에센스를 자기화함으로써 문화능력을 확대재생산하는 데 성공했다.

한국의 동도서기의 실패에 대해서 필자는 다음과 같이 평가한 적이 있다.

"우리의 초기 근대화는 문화의 하부구조에 취약했다. '산업'이라는 물질적 기반과 사회제도인 '민주주의', 그리고 이를 이끌어갈 '시민정신'에서 출발한 것이 아니라 이데올로기적 대응을 먼저 했던 것이다. 이것이 바로 '동도서기(東道西器)'다."[4]

말하자면 중체서용과 동도서기는 퇴행적 저항이었다면, 화혼양재는 전진적 적응이었다고 말할 수 있다. 오늘날도 일본은 동양문화를 대표할 뿐만 아니라 동양의 인문학적 고전과 서양의 철학과 과학문명을 총체적으로 파악하면서 여러 분야에서 앞서가고 있다.

한국과 중국은 60년대 이후에 들어서서야 근대화와 함께 서구의 과학문명과 자본주의를 받아들이면서 그야말로 과거에 실패했던 동도서기와 중체서용을 다시 시험할 기회를 맞이하고 있다.

한국과 중국의 새로운 동도서기와 중체서용은 이제 서구 과학문명과 시장경제를 습득하고 넘어선 가운데 새롭게 시도되는 것이기에 그 의미가 남다르다. 말하자면 물질적인 바탕 위에서 다시 동양의 도(道)를 실질적으로 되찾으려는 운동이다. 이는 근대를 넘어서는 후기근대의 문명적 시도의 의미가 크다.

한국의 동도서기 사상은 서양의 정신문화를 제대로 파악하지도 못하

---

4 박정진, 『아직도 사대주의에』, 전통문화연구회, 1994, 129쪽.

면서 섣불리 물질문명만 이용하면 된다는 주제 넘는 짓을 하다가 망신을 당하고 나라를 일본에 빼앗겼다. 더욱이 망해가는 중국을 대신하며 중국을 정신적으로 대신한다는 소중화(小中華) 사상에 빠져 있다가 중국이 망하니까 따라서 망해버렸다고 할 수 있다.

조선의 선비들은 당쟁과 탁상공론을 일삼으면서 시대정신을 읽지 못했고, 더구나 중국 사대주의로 인해서 정신적으로 스스로 일어서는 것 자체를 잃어버렸다고 할 수 있다.

그럼에도 왜 조선은 자신의 정체성을 '동도서기'[5]에서 찾으려고 했을까. 왜 '동양의 도'를 책임지는 것처럼 행세했을까. 중체서용이 '중화주의(中華主義)'의 산물이라면 동도서기는 '동도주의(東道主義)'의 산물이다.

수운(水雲) 최제우(崔濟愚)의 동학(東學)도 같은 차원의 말이다. 동학은 물론 서양문물을 총칭하는 서학(西學)에 대응하는 말이었지만, 그렇다고 순전히 대응의 산물만은 아닐 것이다. 여기에는 예부터 한민족에게 내려오는 도(道) 혹은 동도(東道)에 관한 어떤 문화적 내림과 전통이 있었기 때문일 것이다.

한민족에게는 예부터 천부경(天符經)이라는 인류 최고(最古, 最高)의 경전이 있었을 뿐만 아니라 신선사상이나 풍류도(風流道)사상이 전해 내려왔다. 또한 현재 중국 동북지방을 중심으로 형성된 홍산문명(紅山文明)은 이 일대가 인류의 가장 오래된 고대문명을 형성한 문명의 발상지였음을 입증하고 있다. 여기서 출토되는 엄청난 양과 질의 유물들은 그동안

---

5 동도서기사상은 구한말 개화사상의 하나로 그 연원을 대체로 북학파의 한 사람인 박규수(朴珪壽)에게서 찾는 게 보통이다. 그 사상의 형성 시기는 1880년 초기로 보는 것이 지배적이다. 이는 조선후기 실학의 연장선상에서 보기도 한다. 구한말 대내외적 위기 속에서 형성된 동도서기사상은 부국강병과 근대화의 실현을 목표로 했지만 결국 관념론에 그쳐서 실패하게 된다. 동도서기적 개화사상은 '동도' 위에 서양의 과학·군사기술을 수용하려는 것이었지만 서양의 과학기술문명에 대한 근본적인 이해부족으로 실패하게 된다.

신비문서와 신화전설들로 전하던 한민족 고대문명을 밝혀주고 있다.

이제야 '동도서기(東道西器)'할 때

아마도 이러한 고대문명의 존재가 집단무의식적으로 전해져서 '동도'를 말하였을 것이라고 짐작해본다. 동도서기는 이제 역사적으로 다시 구현될 시점에 도달하고 있는지도 모른다. 인류의 문화가 동방에서 시작하였다고 하는 것은 중국문헌에서도 증명하는 바이지만, 정작 서양의 기독교에서도 동방에서 고대문명이 시작하였음을 믿고 있다.

동방정교회는 서방(라틴) 교회의 상대적 의미로 동방교회라 호칭되지만 더 깊은 뜻은 죽음에서 부활한 빛인 그리스도를 상징하는 빛나는 태양이 동방(東方)에서 떠오른다는 데 있다. 파스카(Πασχα)라고 하는 예수 그리스도의 부활 대축일을 서방에서는 아직도 'East Day'(동방의 날)라고 한다. 동방에서 시작한 인류문명은 지구를 한 바퀴 돌아서 다시 제자리로 돌아와서 원시반본(原始返本)을 이루고 있다.

바로 인류문명의 '원시반본'이 오늘날 동도서기의 구체적인 실현이라고 말할 수 있다. 최제우의 '동학'이라는 말을 거슬러 올라가면 '동도서기'의 '동도'라는 말이 있고, '동도'라는 말을 거슬러 올라가면 '고대 한민족의 동방의 도'로서 '동도'가 있는 것이다. '동방의 도'는 바로 천부경이다.

동양평화론에서 세계평화론으로

한반도 통일과 세계평화체계 구축을 위한 제안

1) 칸트의 영구평화론

임마누엘 칸트(Immanuel Kant, 1724~1804)는 근대철학의 완성자라고 불릴 정도로 서양철학을 대표하는 인물이다. 『순수이성비판』, 『실천이성비판』, 『판단력비판』이라는 세 저술로 소위 이성주의철학을 완성한 인물이다.

그런데 그가 만년에 『영구평화론』(1795)이라는 책을 냈다. 이 책은 그가 1796년 강단을 떠나기 한 해 전의 일이다.

칸트의 영구평화론 집필에 대해서는 대체로 1795년 4월에 체결된 바젤 평화조약[6]이 직접적인 동기였을 것이라고 한다. 혁명 후 프랑스와 프로이센 사이에 체결된 바젤조약은 비밀조항을 가지고 있었던 것으로 조약의 기만성이 비난의 대상이 되었다. 실제로 양국은 바젤조약 체결

---

6 프랑스혁명에 대한 간섭을 목적으로 프로이센(1792년)과 스페인(1793년)이 프랑스 혁명 정부에 선전포고를 했는데 프랑스가 국가총동원 체제로 반격하여 두 나라의 영토를 점령해 들어가자 두 나라가 강화를 요구하게 된다. 강화조약은 바젤에서 체결되었다. 프로이센은 프랑스의 라인란트 합병을 인정하고 라인강 이동의 프랑스군 점령 지역을 반환받았으며, 스페인도 프랑스 점령 지역의 반환을 대가로 혁명정부의 승인과 산토도밍고의 할양을 인정했다.

후 십여 년이 지나 전쟁을 겪게 된다.

칸트는 왜 '영구평화론'(『영원한 평화』, 『영원한 평화를 위하여』로 번역되기도 함)을 쓰지 않으면 안 되었을까. 칸트는 '비밀조항'이나 '유보조항'이 있으면 진정한 평화조약이 아니라고 생각했던 것 같으며, 이에 대한 근본적인 개선은 물론이고, 차제에 철학적 비판을 통해 인류의 평화를 영구적으로 도모할 수 있는 철학적 기반을 마련하고자 했을 것이다.

칸트는 이성이라는 것이 인류의 평화를 달성하는 데에 기여하지 못한다면 결국 전쟁을 일으키는 데에 기여할 것이라는 점을 염려했던 것 같다. 따라서 생의 마지막 작업으로 정치철학의 원리로서 화(和)를 탐구했던 것으로 보인다.

"칸트는 그의 지식론에서 진(眞)의 원리를, 윤리학에서 선(善)의 원리를, 미학에서 미(美)의 원리를, 종교론에서 성(聖)의 원리를 천착한 다음에, 정치철학에서 본격적으로 '화(和)'의 원리 탐구에 집중한다. 그 결실이 그의 책자 『영원한 평화(를 위하여, 한 철학적 기획)』(Zum ewigen Frieden, Ein philosophischer Entwurf[ZeF])(Königsberg, 1975, ²1976)(AA Ⅷ, 341~386)에 담겨있다."[7]

대철학자 칸트의 지혜, 영구평화론

칸트가 영구평화론을 낸 철학적 의미는 무엇일까.

"칸트가 『순수이성비판』에서 과학적 지식의 가능 원리를 탐구 제시했다면, 『영원한 평화』에서는 인류 공존공영의 기반인 '영원한 평화'를 가능하게 하는 원리를 논구한다. 이 책은 칸트의 '영원한 평화를 위한(향

---

7 임마누엘 칸트, 『영원한 평화』, 백종현 옮김, 아카넷, 2013, 21~ 22쪽.

한) 철학적 기획'을 내용으로 담고 있는 것이다. (중략)『영원한 평화』에서의 '기획'은 근본적으로『순수이성비판』에서의 '이성의 기획'과 똑같은 성격을 가지며, 그렇기 때문에 칸트 자신이 이를 '철학적'이라고 일컬었다."[8]

위의 말은 결국 '순수이성비판'의 자연을 정치로, 물리학(자연과학)을 정치학(국제정치학)으로 대체한 것으로 볼 수 있다.[9] 칸트의 '영구평화론'은 국제정치에 관심이 있어서 학문적 외도를 한 것이 아니라 프로이센의 부당한 팽창주의에 대해 프로이센의 원로 철학자가 개인에 있어서와 마찬가지로 나라에서도 도덕주의 원칙을 준수할 것을 선포한 철학적 작업의 연장이었다.

칸트는 인간의 이성과 선(善)의지를 믿었다. 이성이란 결국 인간이 자연이든 또 다른 그 무엇이든 그것을 대상으로 파악하고 관리한다는 의미를 내포하고 있다. 말하자면 영구평화론으로 전쟁을 관리한다는 뜻이다. 칸트의 철학은 인간의 진선미(眞善美)를 규정한 철학이었고, 그래서 도덕철학이라고도 불리지만, 만년의 이 저작을 통해서 실은 도덕을 정치(국제정치)로까지 연장한 셈이다. 그런 점에서 영구평화론은 그의 철학의 최종적 완성이라고 해도 과언이 아니다.

칸트의 이성철학은 도덕철학이긴 하지만 뉴턴의 자연과학에 영향을 크게 받은 것으로, 인간의 삶도 자연처럼 정언명령을 중심으로 질서정연한 체계로 운행될 것을 의도한 철학이다. 그래서 인간이 인식의 대상으로 파악하지 못하는 것을 배제한 철학이었다. 이는 동양의 이(理)철학인 성리학(性理學)과는 근본적으로 출발이 다른 도덕철학이었다.

----

8 임마누엘 칸트, 같은 책, 백종현 옮김, 22~23쪽.
9 임마누엘 칸트, 같은 책, 백종현 옮김, 24쪽.

인간은 신(神)이나 물 자체(Thing in itself)에 대해서는 근본적으로 알 수 없고, 단지 감성적 직관에 의해 파악된 시간과 공간에 속해 있는 현상에 대해서만 논할 수 있을 뿐이기 때문에 그의 철학은 현상학의 출발이기도 하다.

현상학의 이원대립성을 가정할 때, 칸트가 '영구평화론'을 내놓은 것은 역설적으로 인간은 전쟁을 하는 존재임을 전제하고 있다. 심지어 칸트는 전쟁이 자연의 본능 및 배려와 관련이 있다고 생각한 것 같다.

"자연은 인간이 지상의 모든 곳에서 살 수 있도록 배려하였다. 그러나 자연은 동시에 인간이 좋아하지 않는데도 모든 곳에서 살지 않으면 안 되도록 강요했다. 이 강요는 동시에 의무 개념을 전제한 것으로서, 이 의무 개념이 도덕 법칙을 사용하여 인간을 그와 같이 구속하는 것이 아니라, 자연이 스스로의 목적을 달성하기 위해 전쟁을 선택했던 것이다."[10]

칸트는 자연의 배려에 대해서 다음과 같이 구체적으로 서술하고 있다. 얼른 보면 전쟁예찬론자 같다.

"자연은 첫째로 인간을 위하여 인간이 지구상의 모든 지역에서 생활할 수 있도록 배려했다. 둘째로 전쟁을 통해서 인간을 모든 곳에, 심지어 극히 생존하기 힘든 지역에까지 추방하여, 그곳에서 살게 했다. 셋째로 역시 전쟁을 통해 인간이 서로 크고 작은 법적 관계에 대치하도록 강제했다."[11]

칸트는 이어 전쟁의 도구로 길들여진 말(馬)과 서로 다른 민족끼리 만나게 해준 통상에 대해서도 언급하면서 이렇게까지 말한다.

---

10 임마누엘 칸트, 『영구 평화론』, 박환덕·박열 옮김, 범우사, 2015, 78쪽.
11 임마누엘 칸트, 같은 책, 박환덕·박열 옮김, 75쪽.

"전쟁 그 자체는 어떤 특별한 동인(動因)을 필요로 하지 않는다. 전쟁은 오히려 인간의 본성과 접목되어 있는 것 같다. 인간은 심지어 이기적인 동기가 없는데도 명예심에 고무되어 무엇인가 고귀한 행위를 하는 것처럼 보이려고 한다. (중략) 전쟁은 흔히 그러한 용기를 단지 과시하기 위해서 시작되며, 따라서 전쟁은 그 자체에 내적 존엄성이 존재하므로 심지어 철학자들마저도 '전쟁을 사악한 인간을 제거하기보다 오히려 더 많은 사악한 인간을 만들어내기 때문에 나쁜 것이다'라는 그리스 격언을 망각하고, 전쟁에 대하여 그것이 마치 인간성을 고귀하게 만드는 것으로 착각하고 찬미하고 있다."[12]

칸트의 영구평화론은 역설적으로 인간의 생활에서 전쟁은 피할 수 없는 것이기에 인간에게 일종의 도덕적 의무로서 부과되는 것이다.

"자연은, 인간 자신의 이성이 인간에게 의무로서 부과하는 목적에 관하여, 따라서 그에 따른 인간의 도덕적 의도를 촉진하기 위하여 무슨 일을 했는가. 또 자연은, 인간이 자유의 법칙에 따라 해야 할 일이지만 하지 않고 있는 일을, 그 자유를 손상하지 않으면서 자연의 강제에 의거, 확실히 인간이 그 일을 해내도록 어떻게 보장할 것인가, 나아가 그것을 국내법, 국제법, 그리고 세계 시민법이라고 하는 세 개의 공법 모두에 관련하여 어떻게 보장할 수 있는가? 하는 문제이다. (중략) 우리들이 의지를 갖고 있든 아니든 상관없이 자연 스스로 그것을 실행했을 것이라는 의미이다."[13]

---

12 임마누엘 칸트, 같은 책, 박환덕·박열 옮김, 79~80쪽.
13 임마누엘 칸트, 같은 책, 박환덕·박열 옮김, 81~82쪽.

이성은 자연의 대리자

칸트에게 있어 이성은 자연의 의지를 수행하는, 자연의 대리자 같은 역할을 하고 있는 것처럼 보인다.

그렇다면 칸트의 영구평화론의 내용을 보자. 칸트는 영구평화론을 전개하면서 어떠한 평화조약도 "미래의 전쟁을 야기할 비밀 유보조항을 근거로 남겨서는 안 된다."라고 명시하고 있다. 이는 거짓 평화조약이기 때문이다.

"『영구평화론』그 자체가 평화조약 형태로 작성되어 있다. 첫 장은 제국가 간의 연구평화에 관한 6개 예비조항을 포함하고 있다. 여기에서 두드러진 항목이, 전쟁을 야기할 비밀조항의 문제, 상비군의 점진적 폐지 문제, 다른 국가로의 강제적 통합의 문제 등이다. 둘째 장은 국가 간의 영구평화를 위한 3개 확정조항을 포함하고 있다. 첫 번째 선언적 논점은 한 국가의 체제는 '공화제'여야 한다는 것이다. 전쟁을 할 것인지 아닌지를 결정할 권리는 '공화제'에서만 국민에게 보장되어 있기 때문이라는 것이다. 모든 전쟁을 영구히 종식시키기 위해서는 '제 민족가의 평화동맹'이 무엇보다 중요하다는 것이다. 세 번째의 요구조건으로 '세계시민의 권리'을 선언하고 있다."[14]

칸트는 끝으로 영구평화는 절대 공허한 이념이 아니라, 점진적으로 해결되면서 지속적으로 목표에 접근해 갈 하나의 과제라고 말하고 있다.

그러면 칸트가 제안한 영구평화론의 예비조항과 확정조항을 살펴보자.

---

14 임마누엘 칸트, 같은 책, 박환덕·박열 옮김, 같은 책, 11~12쪽.

제1장: 이 장은 국가 간의 영구적인 평화를 위한 예비조항을 포함한다.[15]

1. 장래에 있을 전쟁의 씨앗을 비밀리에 유보한 채 체결된 평화 조약을 결단코 평화 조약이라고 할 수 없다.

2. 독립하고 있는 국가(이 경우 작은 나라든, 큰 나라든 문제가 되지는 않는다)는 승계, 교환, 매수 또는 증여에 의해 다른 국가에 의하여 취득될 수 없다.

3. 상비군(miles perpetuus)은 시대의 흐름과 함께 완전히 폐기되어야 한다.

4. 국가의 대외 분쟁과 관련하여 국채를 발행해서는 안 된다.

5. 어떤 국가도 다른 국가의 체제나 통치에 대해 폭력을 사용하여 간섭해서는 안 된다.

6. 어떤 국가도 타국과의 전쟁에 있어서 장래 평화 시에 있을 상호간의 신뢰를 불가능하게 만들 정도의 행위를 해서는 안 된다. 예를 들면 암살자(percussores)나 독살자(venefici)를 고용하거나, 항복조약을 파기하거나 적국 내에서 반란(perduellio)을 교사하는 행위 등이 여기에 해당한다.

제2장: 이 장은 국가 간의 영구 평화를 위하여 확정된 조항을 포함한다.[16]

1. 영구 평화를 위한 제1확정 조항: 각 국가의 시민적 체제는 공화적 체제여야 한다.

----

15 임마누엘 칸트, 같은 책, 박환덕·박열 옮김, 같은 책, 17~21쪽.
16 임마누엘 칸트, 박환덕·박열 옮김, 같은 책, 34~ 60쪽.

2. 영구 평화를 위한 제2확정 조항: 국제법은 자유로운 제국가(諸國家)
   의 연방제에 기초를 두어야 한다.
3. 영구 평화를 위한 제3확정 조항: 세계 시민법은 보편적인 우호를
   위한 제반조건에 국한되지 않으면 안 된다.

이밖에 보충조항으로 〈제1 보충조항 영구 평화의 보장에 관하여〉,
〈제2 보충조항 영구 평화를 위한 비밀조항〉 등과 〈부록〉이 있다.
  제일 관심을 끄는 것은 실은 부록이다. 부록에서는 '영구 평화의 견지
에서 본 도덕과 정치의 불일치에 관하여'(부록 1), '공법의 선험적 개념에
의한 정치와 도덕의 일치에 관하여'(부록 2)를 포함하고 있기 때문이다.
여기서는 칸트의 영구평화론의 배경이 되는 여러 생각들을 읽을 수 있
기 때문이다.
  우선 '영구 평화의 견지에서 본 도덕과 정치의 불일치에 관하여'(부록
1)를 검토해보자.
  "도덕이란 무조건 명령하는 제 법칙의 총체이다. 우리는 이들 법칙에
따라 행동할 수밖에 없기 때문에, 도덕은 이미 그 자체가 객관적 의미에
있어서 실천이 된다. 따라서 이러한 의무 개념에 대하여 권위를 인정한
후에, 그것을 실천할 수 없다고 말하는 것은 명백히 불합리한 일이다.(중
략) 따라서 실질적 법학인 정치와 이론적 법학인 도덕 사이에는 어떤 다
툼도 있을 수 없다.(중략) 이 두 가지 명제가 하나의 명령 안에 양립할 수
없다면, 정치와 도덕 사이에는 사실상 투쟁만이 존재하게 될 것이다. 그
러나 이 둘이 어찌되었든 하나로 통일되어야 한다면 대립이라는 관념
은 불합리한 것이 되며, 어떤 경우에도 이러한 투쟁을 어떻게 조정할 것
인가 하는 문제는 결코 과제로서 제시되지는 않을 것이다. 물론 정직은
최상의 정치다 하는 명제는, 유감스럽게도! 실천이 가끔 그것과 모순되

는 이론을 내포하고 있다. 그러나 정직은 모든 정치를 능가한다는 똑같이 이론적인 명제는, 모든 반론을 무한히 초월하여, 실제로 정치에 있어서 필수불가결한 조건을 이루고 있다."[17]

위의 글에서 도덕철학자인 칸트의 면모가 드러난다. 결국 도덕과 정치를 일치시켜야 한다는 것은 정언명령과 같은 지상명령이자 주문이다. 말하자면 영구평화론도 그와 같은 맥락에서 실천되어야 할 사항으로서 제안되었다.

"이성은, 인간의 행위에서 자연의 메커니즘에 따라 생기는 행·불행의 결과를(결과가 원하고 있는 바와 같이 이루어지기를 희망한다 해도) 확실히 미리 알게 해주는, 그러한 예정된 원인의 계열을 통찰할 수 있을 만큼 충분히 계발되어 있지 않다. 그러나 의무의 궤도에(지혜의 규칙에 따라) 머물기 위해 무슨 일을 해야 할 것인지에 대하여, 따라서 또한 궁극적으로 목적에 대하여, 이성은 우리들의 앞날을 언제나 명확히 밝혀주고 있다."[18]

위의 글에서 칸트는 영구평화론을 '의무의 차원'에서 제기하고 있음을 알 수 있다.

"실천가(그에게 도덕은 단지 이론에 지나지 않는다)는 우리들의 선량한 희망을(도덕적 의무와 능력을 인정하면서도) 냉담하게 배척하는데, 그 이유는 바로 다음과 같은 근거에서다. 즉 저 영구 평화로 인도하는 목적을 실현하기 위해 요구되는 바를, 사람들은 결코 실행할 의지가 없음을 인간의 본성에서 이미 예측할 수 있기 때문이다 라고 그는 말한다. (중략) 저 이념을 (실천에 있어서) 실행하는 단계에서는, 법적 상태가 시작되는 경우, 권력에 의한 개시 이외에 다른 것은 기대할 수 없다. 그런 다음에야 이 권력의

---

17 임마누엘 칸트, 같은 책, 박환덕·박열 옮김, 94~95쪽.
18 임마누엘 칸트, 같은 책, 박환덕·박열 옮김, 96쪽.

강제에 기초하여 공법이 성립될 수 있다."[19]

칸트는 영구평화론은 이성을 가진 인간의 의무이며, 법적인 강제에 의해서라도 시작되어야 할 사항이라고 충고하고 있다. 즉 '공법'으로 성립되어야 함을 그는 강조하고 있다.

"일단 권력을 손에 쥔 자는 국민에게 법을 정하도록 위임하지는 않을 것이다. 국가 역시 일단 어떤 외적 법칙에 지배되지 않을 정도의 힘을 갖게 되면, 다른 여러 국가에 대해 스스로의 권리를 요구하는 방법에 관하여, 결단코 타 국가의 법정에 의뢰하려고 하지는 않을 것이다. 나아가 어느 한 대륙은, 그들에게 별다른 장애가 되지 않는 다른 대륙에 대해 스스로가 우월하다고 생각하게 되면, 그 대륙을 약탈하거나 나아가 정복하거나 하여 스스로의 세력을 강화하는 수단으로 사용하게 될 것이다. 이처럼 국법, 국제법 및 세계 시민법을 위한 모든 이론상의 계획들은 내용이 공허하고 실현 불가능한 이상으로서 수포로 돌아가고 말 것이다. 그에 반해 인간 본성의 경험적 제 원리에 기반을 둔 실천은, 세간에서 통용되는 방법에서 원칙을 이끌어내며, 그러면서도 그것을 저속하다고 생각하지 않는 바, 이러한 실천만이 스스로가 구축한 국가 책략이라는 본체에 확고한 지반을 쌓아줄 것으로 기대할 수 있다."[20]

이상에서 칸트의 영구평화론은 이성주의자 칸트의 세계에 대해 바라는 이상(理想)이기는 하지만 이론보다는 실천에, 그리고 논리적 정합성보다는 공표되는 것을 통해 성립되는 공법에 기대하고 있음을 알 수 있다. 결국 '공법화'가 중요하다는 결론이다.

그렇다면 '공법의 선험적 개념에 의한 정치와 도덕의 일치에 관하여'

----

19 임마누엘 칸트, 같은 책, 박환덕·박열 옮김, 96쪽.
20 임마누엘 칸트, 같은 책, 박환덕·박열 옮김, 97~98쪽.

(부록 2)를 검토해보자.

"법학자들이 일반적으로 생각하는 공법의 모든 실체(국가 내에 있어서의 인간 상호 간의, 또 제 국가 상호 간의 경험적으로 부여된 상이한 관계에 관한)를 내가 추상(抽象)하여 모두 도외시한다 해도, 공표성이라고 하는 형식은 여전히 나에게 남게 된다. (중략) 모든 법적 요구는 반드시 이러한 공표성의 자격을 갖지 않으면 안 된다."[21]

칸트는 이어 '공표성의 선험적 공식'을 내놓는다. 물론 이들 공식은 국법(국내법)은 물론이고, 국제법과 세계시민법에 모두 통용되는 것이다.

"타인의 권리에 관계된 행위는, 그 원칙이 공표성과 일치하지 않으면, 모두 부정(不正)이다."[22]

"공개를 필요로 하는 모든 원칙은(그 목적을 놓치지 않기 위해) 법과 정치 양자가 하나 되어 일치하고 있다."[23]

종합적으로 보면 칸트의 영구평화론은 '공화제'를 기초로 한 '세계정부'(세계 단일공화국)를 실현하려는 실천이성 작업의 하이라이트라고 말할 수 있다. 하나의 세계 주권국은 세계의 완전한 통치권(사법권)을 달성할 수도 있어야 한다. 칸트는 세계적인 무정부 상태를 궁극적으로 최악의 디스토피아로 보았으며, 이를 미연에 합리적으로 막기 위해 세계정부를 구상했던 것일까.

아무튼 칸트의 '철학적인 평화조약'의 성격을 가진 영구평화론은 1차

----

21 임마누엘 칸트, 같은 책, 박환덕·박열 옮김, 123쪽.
22 임마누엘 칸트, 같은 책, 박환덕·박열 옮김, 124쪽.
23 임마누엘 칸트, 같은 책, 박환덕·박열 옮김, 136쪽.

세계대전 이후 '국제연맹'의 성립에 기초가 되었을 뿐만 아니라 2차 세계대전 이후 '국제연합'의 성립과 운영에도 큰 영향을 미쳤다.

국제연맹의 규약서문을 보자. 칸트의 영구평화론의 영향을 읽을 수 있다.

"체약국은, 전쟁에 호소하지 않을 의무를 수락하고, 각 국가 간의 공명정대한 관계를 규율하며, 각국 정부 간의 행위를 규율하는 현실의 규준으로서 국제법의 원칙을 확립하며, 조직된 인민들 상호간의 교섭에 있어 정의를 보지하며 또한 엄연히 모든 조약상의 의무를 존중하며, 이로써 국제협력을 촉진하며 또한 각 국가 간의 평화와 안전을 달성하기 위하여, 이에 국제연명규약을 협정한다(『국제연맹 규약』서문, 1919. 6. 28일.)[24]

서양철학사적으로 보면 칸트의 세계정부는 헤겔의 '절대정신—국가'로 계승되게 되는데 헤겔철학은 유럽중심의 세계 단일국가를 만드는 방법을 펼치고 있는 철학이라고 볼 때 과연 그것을 달성할 수 있는지는 의심이 많이 간다. 왜냐하면 서양철학과 문명은 결국 동일성의 문명으로 자신의 동일성을 다른 곳에 강제하는 성격을 지니고 있기 때문이다. 이는 세계정부일지라도 일종의 제국의 성격, 즉 힘(전쟁)을 바탕으로 한, 지배논리의 세계정부이기 때문에 영구평화를 달성할 수 있을지는 미지수이다.

현행의 국제연합은 세계평화를 유지하는 데 있어서 대내외적으로 많은 한계에 부딪히고 있으며, 도리어 강대국의 패권주의, 강대국의 볼모의 장으로 기능하고 있는 점도 있기 때문이다. 국제연합이 영구평화론을 역사적으로 실현하기 위해서는 앞으로 더욱 더 진화하지 않으면 안 된다. 그 진화의 방향도 강대국이 아닌 약소국에 대한 배려를 더욱 더

----

24 임마누엘 칸트, 『영원한 평화』, 백종현 옮김, 아카넷, 2013, 9쪽.

강화하는 쪽으로 말이다.

2) 국제연합(UN)을 통한 세계평화론

유엔(UN: United Nations), 국제연합은 2차 세계대전의 종결과 더불어 1945년 10월 24일 탄생했다. 물론 '국제평화와 안전유지' 및 '인류의 진보와 협력'이라는 이상을 실현하기 위해서 세계의 지도자들이 의견을 모아서 설립됐다.

주요 기구로는 회원국으로 구성되는 총회와 안전보장이사회, 그리고 경제사회이사회, 국제사법재판소, 사무국 등이 중심을 이루고 있으며, 안전보장이사회의 상임이사국이 실질적인 힘을 쥐고 견제와 균형을 통해 운영되고 있다.

UN에 앞서 1차 세계대전 후 발족한 국제연맹(League of Nations)[25]은 일본의 만주침략(1931년)과 이탈리아의 에티오피아 침략(1935년) 등에 전쟁 억지와 국제질서의 유지를 위해 적극적인 활동을 하지 않는 바람에 유명무실하게 되었다.

이로 인해 세계는 다시 2차 세계대전을 맞게 된다. 독일은 폴란드(1939년)를 침공했으며, 이어 소련(1940년)을 공격했다. 일본은 미국의 하와이 진주만(1941년)을 공격했다.

----

25 1920년 국제연맹은 제네바에 본부를 두고 출발했으나 미국의회가 베르사유 조약(1919년, 국제연맹 규약을 포함)을 승인하지 않음에 따라 크게 약화되었다. 국제연맹은 제1차 세계대전 후 맺어진 평화조약에 따라 세계질서를 유지하려 했으나 이 조약에 불만을 품은 국가들, 즉 일본·이탈리아·독일이 규약을 위반하는데도 아무런 조치도 취할 수 없었다.

2차 세계대전을 치르는 과정에서 세계는 다시 국제평화와 질서유지를 위한 국제기구를 생각하지 않을 수 없었다. 국제연합의 영문명은 1942년 미국 루즈벨트 대통령과 영국 처칠 수상이 추축국(Axis Power)인 독일, 이탈리아, 일본에 대하여 승리를 다짐하면서 '연합국가 선언(Declaration by the United Nations)'(1942년 1월 1일)을 하면서 처음 사용되었다.

UN의 시작은 연합국의 승리와 더불어 비롯되었고, 어떻게 보면 승전 연합국들의 논공행상적 성격을 가지고 있었다. 유엔 헌장(19장 111조)은 1945년 6월 26일 샌프란시스코에서 열린 연합국 회의에서 채택·조인됐다.

'유엔 헌장' 전문에는 "연합국 국민들은 1, 2차 세계대전과 같은 말할 수 없는 슬픔을 인류에게 가져온 전쟁의 불행에서 다음 세대를 구하기 위해 UN을 창설한다."고 밝히고 있다.

이러한 연합국의 정신이 정착된 것이 오늘날 〈UN 안전보장이사회〉 상임이사국 시스템이다. 상임이사국에는 독일, 이탈리아, 일본 등은 배제된 채, 미국, 영국, 소련(러시아), 프랑스, 중국 등의 연합국으로 구성되어 있다.

UN은 그동안 새로운 UN지부와 기구를 추가하면서 활동 영역을 넓혀왔으며, 새로운 시대에 인류가 당연한 새로운 도전들을 극복하는 가장 구체적인 국제사회의 협력의 모습으로 거듭나고 있다.

오늘날 유엔 없는 지구촌을 생각할 수 없고, 유엔 없는 세계질서를 상상하기 어렵다. 이는 유엔활동이 각 나라(회원국)들이 처한 역사적 입장과 정치경제적 사정 등 이해관계에 따라 갈등과 이견을 보이고 있지만 그래도 유엔만한 해결책이 없음을 세계가 인지하고 있기 때문이다.

"제2차 대전 직후 UN이 태동할 당시 UN의 목적은 인류 평화 보장이었고, 제네바 UN본부(1945년)가 설립되었다. 전후 복구 과정에서 UN의 역할이 확대되면서 뉴욕 UN본부(1951년)가 신설되었다. 그리고 냉전과 함께 찾아온 인류 핵멸망 위기를 극복하고자 UN은 또 하나의 UN본부를 오스트리아 비엔나(1980년)에 신설하게 된다. 1989년 냉전체제 붕괴는 UN이 환경과 인권으로 활동영역을 확장하는 계기가 되어 나이로비 UN본부(1996년)를 신설하게 되었다."[26]

유엔의 활동은 결과적으로 전쟁억지와 평화활동에 종속되는 것임이 유엔 초창기 활동으로 드러났다. 따라서 유엔의 발전은 바로 평화의 증진과 연결됨을 예상할 수 있게 한다.

"유엔 초창기에 탄생한 '인권' 기구인 〈유니세프〉와 〈UN난민기구〉, 〈세계보건기구〉등의 사례는 이 시기 UN의 역할과 임무가 '전쟁'과 깊이 관련되어 있음을 단적으로 보여주고 있다. 그야말로 '인권'의 개념이 전쟁억제를 위한 '평화'의 개념에 종속되어 있음을 알 수 있다. 따라서 UN의 탄생기인 제1기는 (1) 승전 연합국이 UN을 설립하여 전범국가(독일, 이탈리아, 일본)의 전쟁 재발 의지를 무력화시킴으로써 '세계 평화와 안보'를 보장하고, (2) 전쟁의 피해를 입은 난민과 아동에 대한 긴급 지원을 하며, (3) 질병 예방을 위한 보건 강화와 건강 증진을 위한 국제적 지원 등을 '인권보호'라고 보았던 것이다. 세계대전의 상처가 UN 탄생에 얼마나 큰 영향을 미쳤는지를 보여주는 대목이라 하겠다."[27]

유엔활동은 많은 한계에도 불구하고 현재 인류의 평화와 인권, 복지의 증진을 위해 크고 작은 노력들을 하고 있으며, 세계로부터 인정을 받고 있다. 유엔결의와 국제법의 준수 등 강제력에서는 한계는 보이고 있지만, 그래도 가장 '세계정부'에 접근하는 유사한 형태로 발전을 거듭하

---

26 성대석, 『아시아의 심장 한반도 유엔본부』, 한국언론인협회, 2014, 29쪽.
27 성대석, 같은 책, 53~54쪽.

고 있다.

유엔은 세계정부

아마도 미래에 유엔은 세계정부의 형태로 발전할 것이라는 점을 각
국은 기대하고 있을 것이다. 오늘날 핵문제와 관련해서 유엔제재(制裁)
는 한계를 보이지만 그래도 결의를 위반하는 국가에 대해서는 국제적
인 제재에서 협력을 하고 있는 형편이다. 이밖에 환경문제, 인권문제,
식량문제 등에서 유엔은 활발한 활동을 펼치고 있다.

현재 유엔활동의 가장 큰 문제점은 역시 2차 세계대전의 연합국들로
구성된 안전보장이사회의 강대국 중심운영이다. 물론 강대국의 협조가
없이는 유엔이 제대로 운영될 수도 없지만, 강대국의 패권주의가 강대
국들에 의해 스스로 포기되거나 완화될 때 진정한 평등의 유엔이 될 수
있다.

"칸트의 세계평화론이 제시된 지 1세기가 지나 제1차 세계대전의 참
상을 겪고 난 후 창설한 국제연맹(League of Nations)은 그의 구상을 부
분적으로 실행에 옮긴 사례이며, 그 정신은 오늘날의 국제연합(United
Nations)에 일정 부분 승계되고 있지만, 그 평화유지 방식은 여전히 강대
국의 주도와 정치적 이해타산에 따른 조정에 의한 것이다."[28]

따라서 미래 지구촌 시대의 유엔은 큰 나라와 작은 나라가 서로 상대
방을 존중하는 태도가 요구되는 가운데 강대국들이 서서히 지배와 영
향력을 낮추고 회원국들에게 동등한 참여와 결정권을 부여하는 일을
과제로 남겨두고 있다. 힘과 지배에 의존하는 종래의 삶의 태도를 획기

----

28 임마누엘 칸트, 같은 책, 백종현 옮김, 26쪽.

적으로 바꾸는 사피엔스의 깨달음, 즉 힘의 경쟁으로는 근본적인 세계 평화를 기대하기는 어렵다는 합의에 도달하여야 한다. 말하자면 과학의 힘만으로는 평화를 달성하기 어렵다.

현재 유엔의 활동이 가장 빛을 보지 못하는 분야가 바로 서로 다른 종교와 문명의 충돌에 따른 전쟁과 테러리즘이다. 특히 서방국가를 향한 이슬람세력의 전쟁과 테러는 서방에서 볼 때는 전쟁도발이고 테러리즘이지만 이슬람세력으로 볼 때는 그것이 바로 성전(聖戰)이며, 순교(殉敎)라는 데에 해결불가능성이 있다.

따라서 인류의 문명과 종교의 충돌과 갈등에서 발생하는 국제문제를 해결할 유엔초종교기구의 설립이 요구되고 있다. 결국 인간의 삶의 가장 원초적인 힘이 되었던 종교가 도리어 인간의 평화를 가로막는 장애가 되고 있는 상황이다. 그 이유는 인간이 종교를 세속화시켰기 때문이다.

인류의 제 종교는 각자의 종교적 우상을 해체하고 포기하는 경지에 이르지 않으면, 종교 아닌 종교, 즉 초종교를 달성하지 않으면 안 되는 절체절명의 위기에 봉착하고 있다. 이제 인류는 남의 종교를 자신의 종교처럼 인정하는, 남의 종교(이웃)를 존경하는(내 몸과 같이 사랑하는) 경지에 이르는 것만이 가장 종교를 잘 믿는 신앙인이 되는 셈이다.

그러기 위해서는 자신의 종교는 물론이고, 기존의 모든 종교를 해체하는 길만이 종교 간의 화해를 이루는 길이 되고, 평화를 달성하는 길이 된다. 예수가 말한 "네 이웃을 네 몸과 같이 사랑하라."의 '이웃'은 같은 종교, 같은 이데올로기, 같은 취미를 공유하는 사람이 아니다. 그래서 예수는 '착한 사마리아인'을 예로 들면서 이웃의 확장을 꾀한다. 오늘날 인류는 이웃의 범위를 최소한 지구촌으로 확장해야 한다.

3) 한반도평화는 세계평화의 관건

한국과 유엔의 관계

1950년 6월 25일 한국전쟁이 발발하자 하루 만에 유엔은 안전보장이사회를 소집하였고, 한국 파병을 결의했다. 유엔결의가 있은 지 12일 만인 7월 7일 유엔군이 창설되었고, 3년간의 전쟁 끝에 유엔은 휴전을 성립하게 된다. 유엔이 창설되지 않았으면 오늘의 한국은 물리적으로 탄생할 수 없었던 셈이다.

마치 한국을 위해 유엔이 만들어지고 유엔군이 파병된 듯한 착각을 일으키게 할 정도의 사건이 유엔의 성립과 한국전쟁 파병이고, 이를 두고 천우신조(天佑神助)라고 하지 않을 수 없다. 유엔이 없었다면 결코 오늘의 한국은 존재할 수 없었으며, 유엔이 분쟁지역에 파병을 한 것은 한국전쟁이 최초였다. 한국이 유엔과 생사고락을 같이한 것은 더 이상 설명할 필요가 없을 정도이다. 유엔군은 아직도 상존하고 있다.

미소 냉전체제가 종식되었는데도 갈수록 첨예하게 군사대치를 하고 있는 곳이 바로 한반도다. 따라서 한반도에 평화 정착 없이는 세계평화를 기대하기 어렵다. 특히 북한은 현재 계속적으로 핵개발에 혈안이 되어 있으며, 실질적으로 핵보유국 직전에 와 있다. 북한의 핵개발을 막지 못하면 세계평화는 어느 누구도 자신할 수 없게 된다.

북한의 핵개발이 기정사실이 되면 북한과 체제경쟁중이면서 대치중인 한국은 필연적으로 핵개발을 하지 않을 수 없게 되고, 일본의 핵무장도 막을 명분이 없게 된다. 그렇게 되면 세계적으로 핵개발 도미노현상을 막을 수 없게 된다. 핵은 도리어 상대국(적대국)으로 하여금 전쟁도발을 막을 수 있는 방어용으로도 개발하여야 하는 사태에 직면하게 된다.

그렇게 되면 세계는 항상 핵전쟁의 공포에 빠져들게 된다.

핵무기도 무기인 만큼 사용이 쉽지는 않겠지만, 언제, 어디서 사용하게 될지 예측불허의 상황이 된다. 핵전쟁은 인류의 미래에 가장 어두운 그림자가 되기에 충분하다. 특히 호전적인 북한의 핵개발을 막지 못하면 세계평화는 어느 누구도 장담할 수 없게 된다. 북한의 핵개발을 어떤 수단을 강구하더라도 막지 못하면 인류의 재앙이 될 것임에 틀림없다.

다음은 필자가 세계일보 개인칼럼 「박정진의 청심청담」(2015년 9월 1일, 26면)에서 북한 핵개발과 긴장 조성 사태를 염려한 글이다.

선군정치의 북한을 염려한다

세계가 북한의 전쟁놀이에 잠시 맡겨졌다가 풀려났다. 갑자기 물려받은, 힘에 부치는 권력은 그것을 지키기 위한 심리적 긴장과 갈등, 오해를 불러오고 핵심권력 내부에 헤게모니 투쟁과 함께 정치적 살생부가 등장하기 마련이다.

북한의 정치적 혼란을 항상 불안과 염려의 눈으로 바라보지 않을 수 없는 게 한국의 입장이다. 선군정치 탓으로 군부 강경파의 발언이 전통적으로 강세를 보여 온 북한이 만에 하나라도 어떤 실수나 착각으로 사용했다고 하면 민족공멸을 초래할 핵을 가지고 있기 때문이다.

핵은 앞으로 사용할 수도 없는 무기이다. 만약 어느 국가나 단체가 핵을 사용했다고 하면 즉시 국제적 비난과 질시로 지구상에서 존재하기 어려울 것이다. 그런데도 북한은 이를 절실하게 인식하지 못할 개연성이 있다.

대내적 공포정치와 함께 대외적으로는 미국과 한국을 상대로 벼랑 끝 전술로 독재체제를 유지해온 북한은 이제 여러 한계와 국가로서의 소진 상태에 있는 것 같다. 국제사회도 이를 인식하고 있는 것 같다.

극심한 심리적 공포 상태에 있는 북한은 어쩌면 스스로를 민족의 구원자, 정의의 실천자라고 속이고 위안하고 있을지도 모른다. 이런 북한에게 세습체제의 부당함과 처참한 실정을 폭로하는 대북방송, 심리전은 거의 치명적인 것일 수도 있다.

북한의 목함지뢰 도발과 이에 대한 보복으로 재개된 남한의 대북방송은 의외로 북한의 '핵무기'보다 더 무서운, 남한의 '심리적 핵폭탄'과 같은 효과를 이번 지뢰정국에서 보여주었다. 체제 유지도 힘든 북한의 전쟁 공갈이지만 만약의 전쟁 도발에 한·미동맹체제는 가동되지 않을 수 없었고, 중국까지도 불안의 눈으로 바라보지 않을 수 없었다.

한국전쟁을 실질적 제3차 세계대전이었다고 말하는 학자도 있다. 그런데 최근 국제상황을 보면 한국을 중심으로 세계의 열강이 포진해 있고, 다시 세계전쟁이 일어나지 않는다고 장담할 수는 없지만 바로 그렇기 때문에 역설적으로 한국의 통일은 더 가까워지고 있다. 한반도의 통일은 인간이 과연 세계의 항구적 평화와 '평화로운 지구촌'을 달성할 수 있는지의 시금석이 되고 있다. 세계의 많은 미래학자들은 한국의 통일이 세계평화의 달성 여부와 맞물려 있다는 분석을 한다. 남북통일과 세계평화는 동전의 양면과 같다는 분석이다.

인간의 도구적 이성에서 비롯된 정치기술과 과학기술, 그리고 기계적 환경은 지금 한반도 휴전선이라는 경계를 중심으로 그 한계치를 실험하고 있는 셈이다. 인간 이성의 보편사적 목표라고 할 수 있는 '세계평화론'은 지금 북한이라는 암초에 걸려 있다. 이성의 도구적 성격과 목적적 성격이 심각한 이율배반에 빠져 있는 것이다.

가공할 전쟁무기와 핵무기는 언제 어떤 아이 혹은 위험한 인물의 손에 들어갈지 모른다. 더구나 핵기술은 이제 세계적으로 고도의 기술도 아니기 때문에 핵확산금지조약의 한계와 함께 언젠가는 구멍이 뚫리고 말 것이라고 예언하는 학자도 많다. 과학기술이 특정국가나 개인에게 독점될 수 없음은 과학 자체의 성격이기 때문이다.

인간의 과학은 지금 인류역사에서 종래 신이 누린 절대자의 위치에 있다고 해도 과언이 아니다. 과학은 선이 될 수도 있고, 악이 될 수도 있다. 과학은 그동안 인간의 도구였지만 적반하장이 되어 이제 인간을 부리고 있다. 전쟁무기가 국제정세를 좌지우지하고 있다. 이성과 과학의 도구적 특성은 선악의 경계를 애매하게 만들었으며, 인간의 정신병리학적 환경은 폭력적 통치자를 앞으로도 배출하지 않는다고 장담할 수 없게 만든다. 문화권별로 정상적이라고 생각되는 행동도 그 문화권을 벗어나면 정신병이 될 수도 있다. 인간은 정신병적 동물임을 염려하게 된다.

흔히 근대 과학문명시대를 주도해온 서구문명은 과학과 계산적

이성, 도구적 이성에 심하게 의존한 나머지 '신은 죽었다'는 선언에 이르게 되었고, '신의 죽음'은 도리어 인간으로 하여금 '물신(物神)'에 빠지게 하였다. 현대의 인류는 물신에 빠지고서야 '신'의 중요성을 다시 생각하고 있는지도 모른다.

신은 인간이 발견한(깨달은) 가장 훌륭한 가상실재이며, 동시에 가장 근본적인 실재인지도 모른다. 신은 그 경계에서 양쪽을 오가는 존재인지도 모른다. 신이 있기 때문에 인간은 천지의 창조와 종말을 손에 쥐게 되었으며, 거꾸로 해석하면 시작과 끝에 이름을 붙인 자를 신이라고 명명할 수도 있다. 인간은 신을 떠나서는 살 수 없다. 삶 자체가 신이며, 그런 점에서 신은 자연이며, 생명이다.

과학은 신비와 존엄(존경과 외경)이 없기 때문에 스스로 한계에 직면하게 되어 있다. 동서양은 모두 경(敬) 혹은 외경(畏敬)을 회복해야 함은 물론이고 과학의 적이라고 여기는 신비(神秘)를 덕목으로 삼아야 할지 모른다.

한국에 제5유엔 사무국 설립의 의미

한국에 제5유엔 사무국을 설립하는 것은 첫째 6·25때 유엔군을 파병하고 대한민국을 지켜준 것에 보답하는 의미와 함께 유엔정신의 완성의 의미가 있다. 유엔이 한국에 설립되어야 하는 둘째 이유는 아직도 한국은 휴전선(38도선)을 기준으로 남북한이 대치하고 있고, 일촉즉발의 위기 속에 있다는 점이다. 공산사회주의가 종말을 고했다고 하지만, 세계의 마지막 냉전지역으로 남아있으며, 특히 북한은 핵개발의지와 함께 호전적인 자세로 세계를 핵전쟁의 공포로 몰아넣을 수 있는 위험국가로 분류되고 있다.

이러한 점에서 유엔 사무국이 한반도에 건설된다면 남북한의 전쟁과 세계전쟁이 이 지역에서 발생하는 것을 미리 예방하는 측면이 강하다. 유엔과 유엔에 상주하는 수많은 지구촌 사람들이 생활하고 있는 지역에서 전쟁을 도발할 수는 없을 것이기 때문이다. 비무장지대라는 전쟁의 이미지를 평화의 이미지로 변화시킬 결정적인 지혜가 유엔을 이 지역에 유치하는 일이라는 것은 짐작하고도 남음이 있다.

셋째 이유는 한반도가 세계평화를 주제로 하는 새로운 유엔이 들어서는 가장 적합한 땅이라는 점이다. 유엔 본부가 들어서 있는 뉴욕은 오늘의 세계정치경제의 중심지가 미국이라는 점에서, 그리고 미국이 유엔 분담금의 절반 이상을 제공한다는 점에서 당연하다고 할 수 있다. 제2유엔이 들어서 있는 스위스 제네바는 실은 뉴욕에 유엔본부가 들어서기 전에 본부의 역할을 한 유엔의 실질적인 산실이었다는 점에서 유엔의 양대 본거지라고 할 수 있다.

제네바는 특히 비록 실패로 돌아가진 했지만 1차 세계대전 후 국제연맹의 본부가 있었다는 점에서 유엔운동의 출발점이었다고 말할 수 있다. 국제연맹에 안전보장이사회가 없었다는 점과 미국이 의회의 반대로 국제연맹에 가입하지 못했다는 점 때문에 국제연맹은 실패로 돌아갔던 것이다. 국제연맹을 보완한 것이 오늘의 유엔이다.

뉴욕과 제네바 이외의 다른 지역의 유엔 지부는 저마다 시대적 요청에 따라 설립의 의도와 주제가 달랐다고 볼 수 있다. 결국 새로운 주제의 설정과 이에 대한 세계지도층과 세계인의 이해가 새로운 유엔설립의 선결과제가 된다.

비엔나 유엔은 미국을 중심한 서구 자본주의 국가들과 소련과 중국을 중심한 공산사회주의 국가들 간의 냉전과 핵무기 개발경쟁에 따른 인류멸망의 문제를 해결하기 위해 1980년 제3유엔 본부가 오스트리아 비엔나에 신설되었다.

냉전시대는 핵무기 개발과 확산을 막는 것이 세계적 현안이었다. 따라서 제네바 유엔에는 '핵무기 제조기술 확산 금지'를 위한 〈국제원자력기구(IAEA)〉와 '핵폭탄 운송기술인 대륙간 탄도미사일 기술 확산방지와 인류평화를 위협하는 우주기술문제'를 다루는 〈UN 우주업무사무소(UNOOSA)〉가 들어서있다.

냉전과 핵무기 위협으로 탄생한 비엔나 유엔본부(UNOV: United Nations Office at Vienna)에는 〈포괄적 핵실험 금지조약 기구(CTBTO) 준비위원회(PrepCom)〉와 함께 〈UN 마약통제 범죄방지 사무소(UNODCCP)〉도 있다. 비엔나 유엔에는 우주의 평화적 이용을 위한 〈UN 우주업무사무소(UNOOSA)〉와 〈UN 산업개발기구(UNIDO)〉도 있다.

나이로비 유엔본부(UNON: United Nations Office at Nairobi)는 1989년 베를린 장벽이 무너지는 것과 함께 기존의 평화와 안전보장을 강화하기 위해 1996년 4월에 탄생했다. 나이로비 유엔본부는 지구상의 환경파괴와 환경오염 문제가 현안이 되면서 들어섰다. 그래서 유엔 환경, 인권 관련기구들이 들어서 있다.

〈유엔 환경계획(UNEP)〉과 〈생물다양성협약(CBD) 사무국〉 등이 들어서 있다. 1970년 데탕트와 1980년 냉전종식 등으로 세계화의 물결과 세계화의 진전에 따라 국경 없는 세계화에 발맞춘 것이었다.

그렇다면 한국에 들어서기를 희망하는 제5유엔은 어떤 시대적 필요에 부응하는 것인가? 어떤 주제를 중심으로 유엔 설립의 필요를 설득하며, 설립에 따른 제반문제를 해결하며, 그것의 운영을 어떻게 세계에 제안할 것인가?

제5유엔은 무엇보다도 냉전 종식과 남북한의 평화통일을 현실화하기 위한 '협의적 통일의 분위기' 성숙을 위해 필요한 것이고, 그 다음에 남북통일에 이어 '세계평화의 확대', 그리고 지구촌 시대에 '인류의 복지증대'를 주제로 삼아야 한다. 인류의 복지증대에는, 예컨대 '유엔 사이버 인권기구', '유엔 장애인 인권기구' 같은 것이 포함되어야 한다.

유엔 차원의 새로운 관심사와 이슈를 만들어내야 하고, 이런 것들을 포함할 때 새로운 유엔의 탄생을 실현하게 되는 것이다. 한국은 이러한 현실성과 절박성을 확보하기 위해 사전에 유엔기구의 유치와 이들 통한 유엔활동의 폭을 넓혀가야 한다.

지금에 와서 한국전쟁을 해석해보면 결국 스탈린의 공산사회주의의 확산과 동구권 위성국가를 만들기 위한 '국가적 희생양'으로 벌어진 전쟁이라는 것을 알 수 있다. 소련은 6·25전쟁 후에 냉전체제의 한 축으로 성장했으며, 소비에트 제국을 운영했기 때문이다.

다음은 필자가 세계일보 개인칼럼 「박정진의 청심청담」(2015년 11월 30일자, 26면)에 게재한 내용이다.

'신(神)의 한 수, 유엔, 반기문 사무총장'

한국의 분단과 현대사를 보는 시각은 다양할 수 있다. 그러나 총체적으로 말한다면, 제2차 세계대전 중 태평양 전선 막바지에 참전한 소련의 야욕에 의해 남북분단이 되었고, 그 야욕의 연장선상에 한국전쟁이 있다.

미국에 의해 완전히 점령된 일본 열도에 지분을 요구할 수 없었던 소련은 일본의 식민지였던 한반도에서 그 야욕을 풀었던 것이다. 여기에 당파적 사고에 익숙했던 조선의 후예들은 여전히 당파적 이익에 눈이 어두워 부화뇌동한 결과 분단이 되었다.

일본 점령에 바빴던 미국은 뒤늦게 한반도의 전략적 요충성에 눈을 뜨고, 공세적인 소련의 힘을 수세적으로 38선에서 막았던 것이다. 소련은 그 뒤 김일성정권을 앞세워 결국 한국전쟁을 일으켰고, 그 전쟁으로 인해 한국은 역사의 막장으로 추락했으며, 아수라장이 되었다. 사망, 실종, 부상, 포로 등 한국전 총 희생자 수는 77만여 명에 이른다.

이 전쟁의 발발과정에서 소련은 안전보장이사회의 거부권 행사로 적어도 유엔군의 이름으로 한국전쟁에 참전하는 명분을 주지 않을 수도 있었는데 왜 거부권을 행사하지 않았을까. 참으로 역사의 아이러니이다.

그런데 알고 보니 당시 소련의 안보리 불참이 스탈린의 계산에 의한 것이었음이 10여 년 전 소련극비문서를 발굴한 역사학자 김동길 교수에 의해 밝혀졌다. 소련은 한국전쟁에 미국의 참전을 유도하기 위해 일부러 불참한 것으로 드러났다.

스탈린은 특히 "미국이 한국전 개입을 지속하고 중국 또한 한반도에 끌려들게 된다면 어떤 결과가 올지 생각해 보자"는 전후구상을 내비치고 있으며 "유럽에서 사회주의를 강화할 시간을 벌고 우리에게 국제 세력균형에서 이득을 안겨줄 것"이라는 결과까지 예상하고 있다.

스탈린의 의도대로 소련은 그 후 미소냉전체제의 양대 세력으로 부상하면서 러시아민족 역사상 처음으로 세계를 양분하는 소비에트 제국의 영광을 누렸다. 한민족은 한국전쟁을 통해서 미소패권경쟁에 처절하게 희생되었음을 확인할 수 있다. 미국의 넘치는 힘과 아직 역부족이었지만 이에 대항하려던 소련의 힘이 부딪힌 나라가 바로 한국이었다.

우리는 흔히 결정적 승부처에서의 한 수나 설명할 수 없는 신기한 묘수를 가리켜서 '신(神)의 한 수'라고 말한다. 스탈린은 인간의 머리로 양극체제의 제왕이 되었지만, 지금에 와서 보면 지구적 기운생동이 지구를 한 바퀴 돌아 한반도를 중심으로 다시 일어날 조짐이었던 것이다. 서구문명의 한반도에서의 대립과 몰락이라는 '신의 한 수'를 느낄 수 있다.

유엔군이 만들어져서 최초로 파병한 곳이 한국이다. 1950년 6월 25일 한국전쟁이 발발하자 하루 만에 유엔은 안전보장이사회를 소집하였고, 한국파병을 결의했다. 유엔결의가 있은 지 12일 만인 7월 7일 유엔군이 창설되었고, 3년간의 전쟁 끝에 유엔은 휴전을 성립하게 된다. 유엔이 창설되지 않았으면 오늘의 한국은 물리적으로 탄생할 수 없었음은 물론이다.

유엔결의에 의해 남북한총선거가 실시될 예정이었으나 북한 측의 거부로 남한만의 단독정부가 수립되었다. 만약 당시 남북한총선거가 실시되었으면, 갓 식민지에서 해방된 한민족의 이데올로기적 성향과 유행으로 볼 때, 사회주의 정부가 들어설 수도 있었을 것이다.

지금 남북분단과 휴전선의 모습은 태극기의 모습과 같다. 오늘날 한국의 모습은 천지음양의 기운생동의 모습이고, 아마도 인류문명의 새로운 출발지점을 상징하고 있는 것 같다. 동북아 동이(東夷)문화일대에서 21세기 신문명을 열기 위한 원시반본을 신은 꾀하고 있는 것 같다.

유엔이 없었다면 결코 오늘의 한국은 존재할 수 없다. 유엔군은 아직도 상존하고 있고, 세계에서 유엔군 묘지가 있는 나라도 한국뿐이다. 한국은 냉전체제의 마지막 남은 분단국가이다. 근대 과학문명을 자랑하는 서구문명이 패권주의의 한계를 보이는 때에 한국이야말로 양극단을 넘어설 필요성이 극대화된 지역이다. 자유주의와 평등주의가 평화주의로 승화·통합되어야 할 지역인 것이다.

'신의 한 수'가 앞으로도 유엔을 통해 발휘될 가능성이 높다. 한국인으로서 첫 유엔사무총장이 된 반기문 사무총장의 방북은 한국통일과 세계평화를 동시에 꿈꿀 실마리를 쥐고 있다는 점에서 주목된다.

남북통일과정을 떠올리면, 어떤 경우에도 미국 등 주변 4강이 깊숙이 관계하기는 어려울 것으로 전망된다. 그 공백을 어떤 형태로든 유엔이 담당하면서 점진적 통일이 유력시되고 있다. 반 총장이 퇴임 후라도 중재자로서 적임자가 될 것으로 보인다.

궁하면 통한다는 옛말이 있지 않는가. 한국은 지금 정말 궁하다. 그렇다면 어디선가 통해야 하지 않겠는가.

4) 안중근의 동양평화론을 회고하다

안중근(安重根, 1879~1910)의 『동양평화론』은 사형선고를 받고 뤼순(旅順) 감옥에서 항소를 포기한 채 영하 20도의 혹한 속에서 쓴 평화론이다. 동양평화론은 일제의 집필시간을 주겠다던 당초 약속 위반으로 인해 전체구성만 해놓고 '서문'만 쓴 채 미완성인 채로 남겨졌다. 그렇지만 동양평화론은 서문과 일부 원고만으로도 동양평화에 대한 절규의 유언이라고 할 수 있다.

안중근의 자신의 약력을 기록한 『안응칠 역사』(3월 15일)를 탈고한 뒤 시작하여 3월 18일 '서문'을 완성했으나 사형집행을 15일간 연기하여 집필시간을 주겠다던 일제는 어떤 내용이 쓰일 것인지에 대한 두려움이 앞서 전격적으로 그를 사형시킴으로써(1910년 3월 26일 교수형) 끝내 완성되지 못한 비운의 원고가 되고 말았다.

동양평화론은 서문, 전감(前鑑), 현상, 복선(伏線), 문답 등으로 구성될 예정이었다. 지금 남은 원고는 '서문'과 '전감' 뿐이다. 전감은 '앞 사람의 일을 거울로 삼는다'는 뜻의 동양인의 역사에 대한 기본적인 태도를 쓴 대목이다.

'전감'은 서문보다는 좀 더 역사적인 사실을 기술하면서 자신이 왜 이토 히로부미(伊藤博文)를 저격했는지를 시대상황과 더불어 구체적으로 사건의 연관을 통해서 자초지종을 설명하고 있다는 점에서 역사적 의미가 크다.

동양평화론의 내용을 한 전문가는 다음과 같이 요약하고 있다.[29]

---

29 안중근, 『동양평화론』, 범우사, 2014, 10쪽.

1. 물질문명의 발달이 인간을 파괴로 이끌어 도덕을 잊고 무력만 일삼는 서양 특히 러시아의 침략을 막기 위해 동양 삼국의 단합이 급선무이다.
2. 서세동점이라는 시대 속에서 러시아 세력의 침략을 저지하기 위한 방법을 강구해야 한다.
3. 한 때 천명이 일본에 있었지만 동양평화를 유린하는 이토를 상대로 하얼빈에서 의전을 행하였으며 동양평화의 당위성을 알리기 위한 장으로 뤼순을 선택하였다.

안중근, 일본천황에 침략정책 수정 기대

결국 안중근은 동양평화론의 서술목적을 '도덕세계'를 구현하기 위해 일제의 대외침략정책을 수정하도록 촉구하기 위해 썼다고 고백하고 있다. 도덕세계를 구현하기 위해 평화론을 주장한다는 점은 칸트의 '영구평화론'과 같다. 다만 그 평화의 범위가 동양에 국한된 것이 특징이다.

동양평화론의 구체적인 실천방안은 다음과 같이 제시됐다. 뤼순에 동양평화회의 본부를 만드는 것을 내용으로 하고 있다. 뤼순은 청국과 한국, 일본의 중간지점에 있으면서, 러시아와는 경계를 이루고 있는 위도에 비해서는 비교적 따뜻한 항구도시이다.

"새로운 정책은 여순을 개방하여 일본·청국 그리고 한국이 공동으로 관리하는 군항으로 만들어 세 나라의 대표를 파견하여 평화회의를 조직한 뒤 이를 공표하는 것이다. 이것은 일본이 야심이 없다는 것을 보이는 일이다. 여순은 일단 청국에 돌려주고 그것을 평화의 근거지로 삼는 것이 가장 현명한 방법이라고 생각한다. 재정 확보에 대해 말하면 여순에 동양평화회의를 조직하여 회원을 모집하고 회원 1명당 회비로

1원을 모금하는 것이다. 일본·청국 그리고 인민 수억이 이에 가입하는 것은 의심할 여지가 없다. 은행을 설립하고 각국이 통용하는 화폐를 발행하면 신용이 생기므로 금융은 자연히 원만해질 것이다. 그리고 중요한 곳에 평화회의 지부를 두고 은행의 지점도 병설하면 일본의 금융은 원만해지고 재정은 완전해질 것이다. 여순의 유지를 위해서 일본은 군함 5~6척만 계류해 두면 된다. 이로써 여순을 돌려주기는 했지만 일본을 지키는 데는 걱정이 없다는 것을 다른 나라에 보여주는 것과 다름이 없다."[30]

안중근의 동양평화론은 그 뜻은 좋지만 을사보호조약(1905)을 감행한 일본의 야욕을 읽지 못하고 이상적인 평화론을 주장했다는 평가를 피할 수 없다. 그러나 나라가 망하기 일보직전에 있는 대한제국의 신민으로서는 현실적으로 다른 묘책이 없었던 점도 부인할 수 없다.

동양평화론은 다분히 밖으로는 러시아의 남침을 막기 위한 공동전선을 펴면서 안으로는 동양 삼국의 평화를 도모하자는 취지이다. 그러나 이미 일본과 러시아는 대한제국과 청나라에 대한 제국주의의 야욕을 드러내고 있었다.

안중근의 동양평화론을 읽고 있노라면 현실적 타당성보다는 그에게서 로마제국의 식민지 '유대나라의 예수'처럼 일본제국의 식민지 '조선의 예수' 이미지를 엿볼 수 있다. 안중근은 예수와 비슷한 나이(32세)에 형장의 이슬로 사라졌다.

그가 열렬한 가톨릭 신자였다는 점에서 안중근-예수는 더욱 절실하게 다가온다. 그의 가톨릭 신자로서의 활동을 보자.

----

30 안중근, 『동양평화론』, 범우사, 2014, 11~12쪽.

1896년: 부친 안태훈 진사가 '양곡상환' 문제로 천주교 명동성당으로 피신한 것을 인연으로 천주교 교리를 습득한다. 그 후 청계동(황해도 신천군 두라면 청계동)으로 돌아와서 매화동 본당의 빌렘 신부를 초빙한다.

1897년(1월): 안중근은 빌렘 신부로부터 '토마스'란 세례명을 받는다. 이때 숙부, 사촌 등 일가친척과 청계동 및 인근 마을사람 등 33명이 함께 세례를 받는다. 안중근은 평신도의 신분으로 빌렘 신부와 함께 전도활동을 한다. 안중근은 청계동을 사목방문 한 뮈텔 주교를 해주까지 수행한다.

1899년: 빌렘 신부가 청계동 본당으로 옮겨오면서 청계동 본당이 설립된다. 안중근은 숙부 안태건과 함께 교회 일에 헌신한다. 안중근은 미사복사도 하고, 빌렘 신부를 따라 황해도 일대에 전도활동을 한다.

1899~1904년: 안중근은 교회 총대로 추대되어 교우들의 난제를 해결하는 데 앞장선다. 안중근은 뮈텔 주교에게 대학 설립을 건의하였으나 거절당한다.

1906년: 안중근은 일가친척이 황해도 진남포로 이사하는 것을 계기로 육영사업에 헌신한다. 진남포 삼흥학교, 프랑스 신부가 경영하던 천주교 계통의 돈의학교의 재정을 맡으면서 2대 교장에 취임한다.

1907년(10월): 연해주 블라디보스토크에서 독립운동을 시작한다.

안중근은 본격적인 해외독립운동을 하기 위해 블라디보스토크로 떠나기 직전까지 천주교 신자로서 황해도 일대에서 활발한 활동을 한 것으로 평가된다. 그가 뤼순감옥에서 교수형(1910년 3월 26일)을 당하기 직전 빌렘 신부가 감옥을 찾았고(1910년 3월 8일), 그 이전에 착실한 신자였음을 감안하면 그의 거사는 식민지청년의 '평화를 위한 순교'로 볼 여지가 많다.

동양평화론의 내용을 보면 당시까지만 해도 안중근의 일본에 대한 태도는 원수로 대하기보다는 동양평화를 이룰 주체로 생각하고 특히 일왕(日王)을 신뢰한 것을 엿볼 수 있다. 일본의 군국주의보다는 러시아의 침략을 규탄하고 있다. 안중근은 왜 일본보다 러시아를 적으로 생각했을까? 이는 앞으로 연구 과제라고 하지 않을 수 없다.

칸트의 영구평화론은 서양이 세계를 상대로 지배영역을 넓히고 있던 시대의 작품이라 유럽열강의 팽창주의를 경계하고 나아가서 세계를 무대로 '세계정부'의 이상을 펼친 반면 안중근의 동양평화론은 서세동점(西勢東漸)의 시대형세로 인해 이에 대항하는 동양 삼국, 한청일(韓淸日)의 '평화와 단합'을 촉구한 평화론이다.

안중근은 일본이 특히 러일전쟁(1904~1905)에서 승리하여 유럽국가인 러시아의 동양침공을 막은 것을 높이 평가하면서 청국과 한국에 대한 일본의 정략을 바꿔주기를 기대하고 있었다.

안중근은 '동양평화론'에서 이렇게까지 말하고 있다.

"지금 서양세력이 동양으로 뻗쳐오는(西勢東漸) 환난을 동양 사람이 일치단결해서 극력 방어함이 최상책이라는 것은 비록 어린아이일지라도 익히 아는 일이다. 그런데도 무슨 이유로 일본은 이러한 순리의 형세를 돌아보지 않고 같은 인종인 이웃나라를 치고 우의(友誼)를 끊어 스스로 방휼의 형세(蚌鷸之勢: 조개와 도요새가 서로 물고 물리며 다투는 형세)를 만들어 어부(漁夫)를 기다리는 듯하는가. 한·청 양국인의 소망은 크게 깨져 버리고 말았다."[31]

동양평화를 위해 순교

안중근의 동양평화론은 지역적으로는 러시아에 대한 적대감과 함께 인종주의적인 경향도 엿보인다. 안중근의 동양에 대한 애정은 참으로 특별나다고 할 수 있다. 러시아를 이긴 일본의 승리를 극찬하고 있기도 하다.

"예로부터 동양민족은 오로지 문학(文學)에만 힘을 쓰고 자기 나라만 조심스레 지켰을 뿐, 한 치의 유럽 땅도 침입해 빼앗지 않았다. 오대주(五大洲) 위의 사람이나 짐승, 초목까지 다 알고 있는 사실에 기인한다. 그런데 유럽의 여러 나라들은 가까이 수백 년 이래로 도덕(道德)을 까맣게 잊고 날로 무력을 일삼으며 경쟁하는 마음을 양성해서 조금도 꺼리는 기색이 없다. 그 중 러시아가 더욱 심하다. 그 폭행과 잔인한 해악이 서구(西歐)나 동아(東亞) 어느 곳이고 미치지 않은 곳이 없다. (중략) 섬나라인 일본으로 하여금 이와 같은 강대국인 러시아를 만주대륙에서 한주먹에 때려눕히게 하였다. 누가 능히 이런 일을 헤아렸겠는가. 이것은 하늘에 순응하고 땅의 배려를 얻은 것이며 사람의 정에 응하는 이치이다."[32]

일본은 한국과 중국을 침략하기 위해 '아시아'라는 말이 들어간 '대동아공영권(大東亞共榮圈)'이라는 말을 쓰고 있을 무렵이었다. 일본의 미학과 일본화의 전통을 확립하고 『동양의 이상』(1904)을 저술한 오카쿠라

----

31 안중근, 『동양평화론』, 범우사, 2014, 19쪽.
32 안중근, 『동양평화론』, 범우사, 2014, 16~17쪽.

텐신(岡倉天心, 1862~1913)은 "아시아는 하나다."[33]라는 말을 했다.

탈아입구(脫亞入歐)를 주장해온 일본은 이미 아시아를 대표하는 나라로 스스로를 인식하고 있었다. 안중근이 동양평화론을 주창하게 된 데는 특히 러일전쟁 당시 일본천황이 '동양평화'를 공론화했기 때문이기도 하다.

"일본과 러시아가 개전할 때, 일본천황이 선전포고하는 글에 '동양평화를 유지하고 대한독립을 공고히 한다'라고 했다. 이와 같은 대의(大義)가 청천백일(靑天白日)의 빛보다 더 밝았기 때문에 한·청 인사는 지혜로운 이나 어리석은 이를 막론하고 일치동심해서 복종했음이 그 하나이다. 또한 일본과 러시아의 다툼이 황백인종(黃白人種)의 경쟁이라 할 수 있으므로 지난날의 원수졌던 심정이 하루아침에 사라져 버리고 도리어 큰 하나의 인종 사랑 무리(愛種黨)를 이루었으나 이도 또한 인정의 순리가 가히 합리적인 이유의 다른 하나이다."[34]

안중근은 러일전쟁에서 승리한 일본이 포츠머스 강화조약을 체결할 때 저자세였던 것에 대해서 일본의 처사를 비난하고 있다.

"일본이 전승국이고 러시아는 패전국인데 일본이 어찌 제 본뜻대로 정하지 못했는가. 동양에는 마땅히 알맞은 곳이 없어서 그랬단 말인가. 고무라 쥬타로(小村壽太郎) 외상(外相)이 구차스레 수만 리 밖 워싱턴까지 가서 (포츠머스)강화조약을 체결할 때에 사할린 절반을 벌칙조항(罰則條項)에 넣은 일은 혹 그럴 수도 있어 이상하지 않지만, 한국을 그 가운데 첨가해 넣어 우월권(優越權)을 갖겠다고 한 것은 근거도 없는 일이고 합당

---

33 오카쿠라 텐신, 『동양의 이상』(1904), 최원식·백영식 편, 『동아시아인의 '동양'인식: 19-20세기』, 문학과 사상, 2005, 29쪽 재인용.

34 안중근, 『동양평화론』, 범우사, 2014, 17쪽.

하지도 않은 처사이다. 지난 날 마관(馬關)조약(청일전쟁 후 이토 히로부미와 리홍짱이 체결한 시모노세키 조약) 때는 본시 한국은 청국의 속방(屬邦)이었으므로 그 조약 중에 간섭이 반드시 있게 마련이었지만 한·러 두 나라 사이는 처음부터 관계가 없는 터인데 무슨 이유로 그 조약 가운데 들어가야 한단 말인가. 일본이 한국에 대해 이미 큰 욕심을 가지고 있었다면 어찌 자기 수단껏 자유로이 행동하지 못하고 이와 같이 유럽 백인종과의 조약 가운데 삽입하여 영원히 문제가 되게 만들었단 말인가. 도무지 어이가 없는 처사이다."[35]

그는 청일전쟁의 승리로 청나라를 상대로 일본이 한국에 대한 우월권을 주장하는 것은 이해가 가지만 러일전쟁의 승리로 러시아를 상대로 우월권을 주장하는 것은 이해가 가지 않는다는 발언을 하고 있다. 이로 미루어 볼 때 당시까지만 해도 일본의 아시아 침략을 군국주의로 인식하지 못했던 것으로 보인다.

안중근의 동양평화론은 서세동점을 막는 동아시아의 주역으로 일본을 보고 있으며, 그러한 역할을 해줄 것을 기대하는 가운데 쓰여졌음을 알 수 있다. 인간은 항상 자신이 처한 역사·사회적 입장에서 생각할 수밖에 없는 한계적 존재임을 여기서도 발견하게 된다.

東洋平和論

---

35 안중근 ,『동양평화론』, 범우사, 2014, 30~31쪽.

안중근은 당시 동양과 세계의 정세를 동도서기적(東道西器的) 관점에서 파악하고 있었던 것으로 보인다. 그는 천주교 세례를 받았지만 동양인과 서양인을 가르는 인종주의적 입장을 다소 가졌던 것으로 보이며, 동학란 때는 의병의 입장에서 토벌하기도 했다.

안중근의 부친 안태훈은 박영효가 주도하는 개화파가 파견할 70명의 유학생에 선발되었으나 갑신정변(1884년)의 실패로 수구정권의 탄압의 대상이 되자 고향으로 은거하게 된다. 안중근은 1894년 황해도에서 동학란이 일어날 때, 의병을 일으킨 아버지를 도와 그들과 전투를 벌였고, 이때 큰 공을 세운다. 이 때 '천강홍의장군(하늘에서 내려온 홍의장군)'이라는 이름을 얻는다. 안중근은 또한 1897년 아버지를 따라 빌렘 신부로부터 세례를 받고 '토마스'란 세례명을 받는다.

안중근은 오늘날 우리에게 의사(義士)로서의 이미지가 강하지만 암살사건 이전에는 시대의 혼란과 부침에 따라 일생을 살았으며, 그러한 삶의 가운데서도 특히 동양의 평화정신에 삶의 지표를 두었음을 알 수 있다. 안중근은 일본에 저항했다기보다는 동양평화를 해치는 이토 히로부미를 저격한 성격이 강하다.

안중근이 동양평화론을 주장할 때는 적어도 일본이 군국주의를 떠나 동양평화에 기여할 것으로 일말의 희망을 가지고 있었던 것 같다. 그래서 죽음을 앞둔 백척간두에서 일본에 동양평화론을 제안하는 것을 생의 마지막 목표로 정했던 것이다.

안중근의 동양평화론을 요약하면 한·중·일(韓中日) 삼국이 연대하여 서양 제국주의를 몰아내자는 취지가 강했으며 뤼순(旅順)을 전략요충지로 '동양평화회의'라는 상설기구와 공동은행과 평화군대를 창설하자고 제안했다. 말하자면 오늘날 지역공동체 같은 것을 구상한 셈이다.

일본은 안중근의 의거가 있은 다음해 1910년 한일강제병합을 하게 되었고, 종국에는 미국을 상대로 태평양 전쟁을 일으키면서 동아시아의 평화를 유린했다.

안중근의 동양평화론은 한성순보와 독립신문에 소개되었던 '삼국 공영론'에 영향을 미쳤다. 이러한 지역공동체는 제국주의와는 전혀 다른 방식으로 당시에 '동양의 EU(유럽공동체)' 같은 것을 미리 구상했던 것으로 보인다. 이러한 점에서 중국의 혁명적 사상가였던 루쉰도 그의 행동과 사상을 극찬했던 것이다.

5) 평화를 위한 초종교유엔(UN)

지금까지 칸트의 영구평화론과 국제연합이 세계평화에 기여한 공로, 그리고 안중근의 동양평화론을 검토해보았다. 이제 '지구촌 시대의 평화론'을 제안해야 할 때이다. 지구촌의 평화론은 앞서 소개한 여러 평화론의 한계와 단점들을 극복해야 할 뿐만 아니라 힘(권력)과 패권주의를 넘어선 평화를 이끌어내야 한다는 점에서 인류의 새로운 과제라고 하지 않을 수 없다.

국가유엔 플러스 종교유엔

현재의 유엔은 여러 국가들로 구성된 국가유엔이면서 그 성격은 국가를 초월하는 초국가유엔이다. 그렇다면 종교유엔은 여러 종교들로 구성된 종교유엔이면서 초종교유엔이 된다. 인류의 항구적인 평화를 위해서는 국가유엔으로는 여러 면에서 한계에 직면하고 있다. 특히 종교가 전쟁발단의 원인이 된 경우는 국가유엔의 활동으로는 효과를 달성하기 매우 어렵다. 그래서 세계 여러 종교의 대표로 구성된 초종교유엔이 필요하다.

인간은 지금까지 신체적으로 나약했던 자신의 힘(능력)을 강화하기 위해 신(神)을 발명하고, 신화를 구성하고, 도구를 사용하기 시작함으로써 오늘날 '만물의 영장'이 되었을 뿐만 아니라 근대 과학시대에 이르러서는 '무소불위(無所不爲)의 힘'을 가진 인간신이 되었다.

인간이 이렇게 되기까지는 무엇보다도 고정불변의 어떤 것, 절대성과 동일성을 추구하는 생각에 그 힘의 원천이 있었던 것 같다. 그러한 동일성을 상상(추상)하는 능력은 처음엔 신화를 만들었고, 그 다음에 종교를 만들었으며, 그 다음에 화폐를 만들었고, 그 다음에 국가와 여러 제국을 만들었다. 최종적으로 현대에 이르러 과학기술문명을 만들었다.

이들 여러 문화와 제도들은 모두 어떤 종류의 동일성을 추구하는 공통성을 가지고 있다. 바로 동일성을 추구하는 능력이 인간에게 정체성을 부여하고, 협력과 소통을 낳게 하고, 약속과 제도를 만들고 인간의 문화능력, 즉 힘과 권력을 축적하는 계기가 된다.

인간의 문화(文化)는 결국 '동일성의 힘'이라고 말할 수 있다. 비록 그것이 역사적으로 변형(變形)되기는 하지만 일정기간 문(文, 文字)이 가지고 있는 특성인 고정성과 기호로서의 역할을 하였을 뿐만 아니라 동일성의 축적과 계승으로 인간의 힘을 증대하도록 만들었다.

유엔은 국가들의 연합체이다. 말하자면 국가와 제국을 만든 인간이 이제 세계국가를 만들기 위한 초석을 놓았다고 볼 수 있다. 세계 최강의 제국을 만들기 위한 패권경쟁이 어떤 경우에도 한계(제국의 종말)를 보이고, 결국 영원히 지속될 수 없다는 점에서 유엔의 발상은 인간이 획기적인 동일성을 추구해간 과정이라고 볼 수도 있다.

물론 유엔에서도 역시 강대국의 입김이 크게 작용하고 있고, 더구나 유엔이 해결할 수 없는 일들이 많기 때문에 유엔 무용론이 나오기도 하지만 그래도 국제적인 문제를 해결할 수 있는 장치로서 유엔의 위상은 해마다 크게 높아지고 있다. 적어도 유엔은 오늘날 세계적인 문제를 토의할 수 있는 장으로서의 권위를 자랑하고 있다.

어떤 나라든 유엔의 결정을 무시할 수가 없다. 설사 유엔의 결정이 자기나라의 국가이익에 배치되기 때문에 정면으로 무시하고, 정반대의 행보를 하고 있는 나라일지라도 유엔의 결정에 압박감을 느끼지 않을 수는 없다.

이제 강대국들도 유엔을 통해서 자신의 정치력을 강화시키고, 국제적인 지배력을 넓히려고 하고 있기 때문에 유엔의 권위는 나날이 올라갈 것임에 틀림없다. 앞으로는 유엔의 결정을 무시하는 나라는 결국 국제사회에서 제대로 행복하게 살아갈 수가 없을 뿐만 아니라 국제사회에서 소외되거나 미아가 되기 쉽다.

유엔은 회원 될 자격을 갖춘 국가들의 연합이다. 따라서 유엔총회와 안전보장이사회 등 각 기구들에서 각국 대표들의 의견이 개진되고, 국제사회가 준수해야 할 어떤 법규사항들을 토론하고 결정하는 과정을 통해 인류가 앞으로 나아갈 길을 찾아가기 마련이다.

오늘날에는 과거처럼 남의 나라의 영토를 빼앗기 위한 정복전쟁은 거의 사라졌다. 차라리 오늘날은 경제전쟁의 시대라고 말할 수 있으며, 따라서 무역과 국제은행과 국제통화와 관련한 일들이 더 중요하게 부각되고 있다.

오늘날 경제 이외의 전쟁은 주로 서로 다른 종교와 문화풍습에 따른 것이 대부분이다. 그래서 서로 다른 인류의 종교를 어떻게 다루고 소통시키며, 종교분쟁을 막고 평화를 증진시켜가야 하는 일은 인류문명의 새로운 과제라고 하지 않을 수 없다.

종교가 서로 다른 동일성을 섬기는 도그마와 우상의 제도가 되고, 자기(개인 혹은 집단)중심적 선악과 가부, 정의와 부정의를 판단하는 굴레로 작용한다면 핵폭탄 못지않게 인류에게 위험이 될 것이다. 이에 초종교 초교파운동이야말로 종교의 또 다른 운동이 되지 않으면 안 되는 요구를 받고 있다.

국가는 전쟁과 문명의 산물이다. 따라서 국가유엔이라고 할 수 있는 현재의 유엔은 이른바 종교유엔에 의해서 보완되지 않으면 안 된다. 국가라는 것이 반드시 악이라고는 할 수 없지만, 평화를 추구하는 종교유엔을 통해서 더욱더 평화에 접근하는 노력을 하지 않으면 인류의 평화를 기대할 수 없다.

초종교초국가 유엔의 설립이 필요한 것은 이 때문이다. 국가가 전쟁의 산물이었다면 국가유엔이 아닌 처음부터 평화를 지향하는 종교유엔이 설립되어 상호보완되어야 명실공이 국가와 종교가 하나가 된 '완성된 유엔'이 될 것이기 때문이다.

역사적으로 보면 인류의 평화는 '영원한 평화'를 목적으로 하는 것이겠지만 인간의 힘의 증대와 막강함(무소불위의 힘)으로 볼 때 국가 간의 패권경쟁을 근본적으로 막기는 어려울 것이고, 따라서 평화에 대한 의지는 동시에 '인류의 공멸'을 지연하는 의지로서 존재할 수밖에 없다.

평화에 대해 긍정적으로 다가가는 노력을 해야 하는 것은 맞지만 평화를 낙관하는 것은 금물이다. 평화를 낙관하지 않아야 인류의 공멸을 지연시킬 수 있다. 이것이 인간의 겸손한 자세일 것이다. 그 지연이 천 년이고 만 년이고 몇 백만 년으로 이어지면 그보다 다행한 일은 없을 것이다. 평화를 유지하면서도 인간의 오만과 편견을 스스로 제어하지 못하면 언제라도 전쟁의 공멸 속으로 빠져들 수 있는 개연성은 얼마든지 있는 것이다.

기존의 유엔 기구에서 종교유엔이라고 하는 것이 추가된다면, 유엔의 본래목적인 인간사회의 평화와 안전을 증진시키는 일에도 도움이 될 뿐만 아니라 인류평화를 이루는 결정적인 장치로서 큰 진전을 이룬 것으로 평가될 것이다. 말하자면 국가유엔 플러스 종교유엔이 절실하다.

현상학적인 차원	불교, 유교, 기독교, 선도, 이슬람교, 힌두교, 샤머니즘	제도적 존재자 (종교제도)	종교의 통일(모든 종교는 하나이다)	국가UN 플러스 평화UN
존재론적인 차원	慈悲, 仁, 사랑, 無, 空, 仙, 巫, 公, 共	자연적 존재 (본래존재)	심물일체 만물만신 만물생명	무명열반 (無名涅槃) 자신(自神)

제정일치·신정일치(神政一致)시대로의 복귀

제정일치 시대의 '제(祭)'는 종교를 뜻하고, '정(政)'은 국가를 뜻한다. 제정일치시대가 제정분리시대로 되면서 인류문화는 분화와 복잡화의 과정을 거쳐 오늘에 이르고 있지만 결국 인간은 종교와 국가를 통합하는 어떤 형태의 세계정부, 국제연합을 생각하지 않을 수 없다.

'종교적 인간(Homo religiosus)'에서 출발한 인간은 결국 종교적 만족을 취하고 사후에 대해서 어떤 안전보장―천상천국, 극락보전―을 얻어야 안심입명(安心立命)할 수 있는 존재이기 때문에 국가보장―복지정책―으로서는 만족할 수 없다.

인류문화의 원류를 찾아 올라가면 제정일치 사회가 나타나고, 제정일치 사회는 사회를 다스리는 원동력을 제사에 두고 있다. 당시 최고통치자가 하는 것 가운데 가장 중요한 정치행위는 바로 제사를 지내는 데에 있다. 제사는 물론 하늘과 산천, 조상, 그리고 귀신 혹은 신에게 지낸다.

은허(殷墟)의 갑골문은 바로 제사 혹은 점(占)과 관련이 있다. 제정일치

사회가 제정분리사회로 되면서 정치가 제사보다 더 우위를 점령했지만 여전히 정치는 제사적 성격을 지니고 있는 것도 사실이다. 오늘의 정치도 실은 겉모양은 제사가 아니지만 각종 축제나 행사 중에는 실은 암암리에 제사적 성격과 기능을 내포하고 있는 경우가 많다.

정치(國家)와 제사(宗敎)는 오늘날도 서로 도우거나 헤게모니 경쟁을 하기도 한다. 정권(政權)과 교권(敎權)은 가장 큰 정치세력이다. 다시 말하면 정치의 '원(原) 프로그램'(proto-program)은 제사이다. 종교의 핵심은 바로 누구를 향하는 제사이든 제사에 있다. 다시 말하면 종교냐, 아니냐는 실은 제사를 지내는 유무에 있다고 해도 과언이 아니다. 예컨대 유교가 종교냐, 통치철학이냐고 따질 때 갑론을박이 많지만 제사를 지내기 때문에 결국 종교인 것이다.

인간은 제사를 지내는 동물이다. 존재는 그 자체(itself)이기 때문에 스스로를 살 수는 있어도 스스로를 바라볼 수 없다. 그래서 존재를 바라보는 존재로 존재자를 만든다. 존재자의 대표적인 표상은 바로 신(神)이다. 따라서 신이라는 것이 신을 위해서 태어난 것이 아니라 처음부터 인간을 위해서 태어난 것이다.

그런데 신의 죽음은 신에게는 아무런 문제가 없다. 결국 필요한 것은 인간이었고, 그것은 인간으로 하여금 궁극적인 한계상황(예컨대 절대고독이나 죽음 등)에서 좋은 친구가 될 대화할 상대를 잃어버리는 것과 같다. 신의 문제는 존재의 유무(있다, 없다)가 문제가 아니라 신을 잃고도 고독하지 않을 수 있느냐의 문제이다. 특히 죽음에서 말이다.

"동물들은 죽음을 타자(他者)에게 일어난 사건으로서 목격한다─개는 주인의 죽음에 대해 슬퍼할지 모르지만 자신도 죽을 것이라는 사실은 깨닫지 못한다. 인간은 모든 사람들이 어느 날 홀로 그리고 필연적으로 죽음을 경험할 뿐 아니라, 그것은 결코 타협이 용납되지 않으며, 모든 속임수를 거부하는 최종 선고로 자신에게 부과되리라는 사실을 이해하게 되었다."[36]

"인간은 이 같은 죽음의 충격적인 종국성(終局性)을 완화시키기 위해 사후의 삶을 창조했다. 죽은 자의 부패한 육신을 보면서, 살아있는 자는 자아를 가시적인 세계를 떠난 뒤에도 계속하여 살 수 있는 영혼으로 상상했으며, 이에 더해 영혼이 내세의 영토로 옮겨가는 것을 돕기 위해 여러 의례를 제정했다. 고고학자들은 시기가 무려 6만 년 전으로 거슬러 올라가는 신성한 묘지를 발굴한 바 있다."[37]

재생산을 하는 여자는 자녀를 통해 탄생과 죽음의 교차적 의미를 남자보다 먼저 깨닫기 시작했을 것이다.

"여자는 그녀의 자녀와 긴밀하고 항상적(恒常的)인 관계를 유지했고, 이로써 아이와 아이의 아버지 간에 존재하는 성격과 용모상의 유사성을 좀 더 일찍부터 알고 있었을 것이다. (중략) 자신의 죽음 앞에 여전히 슬퍼하고 있던 남자에게도 아이들을 양육하는 데 자신의 역할이 필수적이라는 생각이 싹텄다. 그리고 이 두 가지 놀랄만한 관념(하나는 죽음, 그리고 다른 하나는 성에 관한 것)이 남자의 정신 안에서 교차하게 되었다. 자신의 후계자를 가질 수 있으리라는 남성의 발견은, 자신이 한 아이의 아버지가 되어 그 아이에게 자신의 이름과 지혜와 무기를 줌으로써 죽음의 심연으로부터 가까스로 자신을 구원할 수 있으리라는 것을 의미했다. 이제 긴급한 요구는 새로 태어난 아이가 자신의 성적 노력의 결과임을 확실할 수 있어야 한다는 것이었다. (중략) 남자의 가혹한 해결책은 여자에게 신부의 처녀성과 이후 아내로서의 순결성을 요구하는

----

36 레너드 쉴레인, 『알파벳과 여신』, 조윤정 옮김, 파스칼북스, 2004, 53쪽.
37 레너드 쉴레인, 『알파벳과 여신』, 조윤정 옮김, 파스칼북스, 2004, 54쪽.

것이었다."[38]

남성/죽음, 여성/삶의 이분법은 원시·고대에서부터 형성된 것이다. 여성에서 남성이 태어나는 조건은 마치 자연에서 인간이 태어나는 것에 비할 수 있다. 자연이라는 존재에서 존재자(인간 또는 神)가 탄생하고, 존재자의 대표는 신(神)이다. 신은 인간으로 하여금 부단히 그와 대화를 하게끔 하여 말(言)의 탄생으로 이어진다. 말의 탄생은 결국 지배자와 피지배자를 낳고, 그것은 정치의 탄생으로 이어진다.

정치의 탄생은 권력의 유지를 위한 도구(전쟁도구)를 필요로 하고, 그것은 과학의 탄생으로 이어진다. 과학의 탄생은 언젠가는 존재자로 군림하는 신(神)과의 관계 재조정을 위한 대화를 요구한다. 그래서 신인일치(神人一致), 인신일치(人神一致)를 최종적으로 요구할 것이다. 그게 바로 오늘날이다.

여기서 종교의 탄생과 말의 탄생은 큰 분기점이 된다. 이것이 문화를 의식적으로 결정하는 단계로 진입하는 것이기 때문이다. 자연=존재는 무의식이다. 무의식이야말로 의식의 바탕이다. 그러나 의식이 무의식의 주인 노릇을 한다. 이것을 무의식은 끝없이 거부하고, 기회가 되면 반란을 도모한다. 역사적 변혁이나 혁명이라는 것은 이러한 지층에서 화산과 지진이 분출하는 것과 같다. 의식은 안(內)과 위(上)에 있고, 무의식은 아래(下)와 밖(外)에 있다.

문화의 탄생의 여러 대칭의 관계는 피드백 혹은 순환되는 것이 특징이다. 따라서 선후관계, 상하관계는 이중적이고 애매모호하다. 최초의 존재자인 신(神)을 설정하는 방식도 대칭적이다. 정령과 토템과 귀신과 신의 탄생은 애니미즘(animism), 토테미즘(Totemism), 샤머니즘(shamanism)

---

38 레너드 쉴레인, 『알파벳과 여신』, 조윤정 옮김, 파스칼북스, 2004, 54쪽.

으로 진화하였다. 여기서 특히 애니미즘은 '영혼'이라는 뜻의 '애니마(anima)'(라틴어), '앰(âme)'(불어: il souffle: 숨 쉬다)에서 파생된 단어인데 '동물'인 '애니멀(animal)'도 같은 어원에서 파생된 단어이다. 결국 숨을 쉬고 살아있는 동물의 혼을 말한다고 볼 수 있다.

샤머니즘(shamanism)도 'sh(ch)+amanism'의 합성어로 보면 어원적으로 통하는 바가 있는 것 같다. 샤먼은 자연의 정령과 통하는 능력을 가진 인간이다. 샤먼은 인간과 자연의 균형을 잡아주고 서로 소통하게 해주는 특별한 재능을 가진 주술사인데 고등종교의 사제와 다른 점은 후자가 합리성을 토대로 구성된 경전을 가지고 있다는 점이다. 고등종교는 샤머니즘보다는 이성적인 체계를 갖추었다고 볼 수 있다.

애니미즘에서 샤머니즘까지 공통점은 이들은 모두 생태(ecology)와 밀접한 관계에 있고, 인간을 둘러싸고 있는 자연의 소리를 듣고 대화(소통)하는 것을 특징으로 한다. 고등종교가 탄생하기 전까지 이들 원시종교들은 자연과 일체가 되는 것을 전제하였다. 이들은 인간과 자연의 균형을 도모하는 공통점이 있다. 이들의 관계는 선후나 상하의 관계가 아니라 서로 피드백하거나 순환관계에 있다. 샤머니즘은 원시모계사회와 고등종교와의 사이에 있다.

모계 (원시모계, 씨족사회)	모계에서 부계사회로 과도기 (부족 연맹, 부족국가단계)	부계사회 (국가단계)	제정분리 사회로 진입
애니미즘	샤머니즘	고등종교	
토테미즘	샤먼, 샤먼 킹(shaman king)	불교, 유교, 기독교	

*샤먼은 최초의 트릭스터(trickster)이다. 왕(king), 성인(saint)이 그 다음의 트릭스터이다.

인류의 문명화는 고등종교화를 의미하고, 합리성의 강화였다. 그러나 이성은 오늘날 패권경쟁을 하는 도구적 이성으로 변모하였고, 인류의 고등종교들은 문명의 벽을 쌓고 있다. 서로들 사랑과 자비를 외치지만, 그것은 말(교리)일 뿐, 인류가 서로 적대적인 관계에 있게 하는 장본인이 고등종교이다. 고등종교가 그렇게 된 까닭은 이해가 되지 않으면 벽을 쌓거나 적대적이 되고 마는 이성의 한계 때문이다.

말하자면 이성은 소통과 불통의 이중성을 가지고 있다. 이성에 의존하는 인류문명은 이제 도리어 원시 샤머니즘에서 도움을 청해야 하는 처지에 이르렀다. 인류문화의 원류로서의 샤머니즘은 '만물만신' '만물생명'의 기치를 내걸고 오늘날 하나 된 지구촌, 지구마을시대를 맞아서 다시 세계정부인 국제연합에 종교유엔을 플러스할 것을 촉구하고 있다.

인류문명의 원류와 긴밀한 관계에 있는 종교를 통합하지 않고서는 결코 인류평화를 달성할 수 없다. 이때 종교통합이라는 것은 모든 종교의 공존, 다종교국제사회를 의미한다. 현존의 국가유엔을 하원으로 하고, 종교유엔을 상원으로 하는 유엔의 혁신이야말로 유엔의 새로운 갱신이며, 인류평화에의 실질적인 진전이며, 인류평화, 세계평화의 제도화라고 말할 수 있다.

자연종교의 길, 네오샤머니즘

네오샤머니즘은 크게 보면 고등종교와 과학의 시대를 통과한 샤머니즘이라고 말할 수 있다. 단순히 원시고대의 샤머니즘으로 돌아가는 것이 아님을 물론이고, 역사의 발전상 돌아갈 수 있는 것도 아니다. 단지 고등종교와 과학의 일종의 절대주의를 이해하고 동시에 극복함으로써 합리성으로 해결할 수 없는 문제, 즉 신비와 신의 문제를 특정 종교와 과학에 의존해서 단죄하거나 단정하지 말자는 취지를 안고 있다.

샤머니즘의 본래의 정신은 귀신과 인간의 화해를 추구하는, 우주 전체의 평화를 추구하는 정신이었지만, 또 그것이 세속화되고 기복신앙화 됨으로써 한계를 보였지만, 자연과 인간을 화해시키는 것으로 승화될 필요가 있다. 네오샤머니즘은 오늘날의 문화생태학이며, 정치생태학이다.

御製〮졍음

·미 中듀ᇰ國귁·에 달·아

와·로 서르 ᄉᆞᄆᆞᆺ·디 아·니ᄒᆞᆯᄊᆡ

4

여성시대와
인류평화

지천(地天)시대와 신(新)모계사회

부제-모중심 사회의 미래와 평화전망

인간의 문화에서 권력의 탄생은 남자가 자신의 성(姓), 즉 혈통을 자식들에게 물려주고, 결혼한 아내의 성을 자신의 성으로 바꾸게 함으로써 마치 자식과 아내를 자신의 소유물처럼 생각하는 데서 비롯됐다. 이것이 바로 친족체계(kinship system)이다.

그런데 가부장사회 이전에 인류는 오랫동안 모계사회를 이루며 살아온 것으로 유추할 수 있다. 모계사회는 무엇보다도 인위적으로 가족 및 친족체계를 만드는 것이 아니라 아이를 생산하는 여성을 중심으로 가족을 형성한 것을 말한다. 현재 지구상에는 모계사회가 거의 없어졌는데 그 이유는 모계사회가 이끌어갈 수 있는 마을사회 규모로는 국가사회에서 생존할 수 없었기 때문이다.

가부장사회는 여성이 아이를 낳음으로써 계승되는 지극히 자연적인 모계사회의 종의 영속을 남성의 혈통중심의 친족체계로 바꾼 것이고, 이것이 지배체계의 인류문명으로 발전하고, 급기야 역사가 되었다. 가부장사회에는 가부장의 신화가 뒷받침하고 있다. 가부장-혈통에는 이미 자연에 대한 배반이 들어있으며 제조적(기독교의 천지창조도 여기에 속한다) 사고가 숨어 있다.

제조적 사고에는 소유적 사고(특히 여자와 여자가 낳은 자식에 대한 소유)가 전제되어 있으며, 절대적 사고와 구성적 사고가 들어있다. 제조적-소유적-절대적-구성적 사고에는 자연적 세계에 대한 혁명적 배반이 들어있으며, 가상실재라고 할 수 있는 '동일성과 실체'에 대한 추구와 함께 지배(권력)에 대한 확고한 의지가 숨어있다.

가부장사회의 친족체계는 국가의 등장과 더불어 국가권력체계로 변형된다. 그러나 국가권력체계란 가부장사회의 확대변형에 지나지 않는다. 국가사회란 모두 남성중심사회이다. 모계사회가 왜 국가사회가 되고, 남성위주가 되었는지에 대해서는 여러 설이 있지만 아마도 전쟁수행능력과 깊은 관련이 있을 것으로 추측된다.

사냥꾼으로서의 남성의 역할은 전쟁에서 그대로 적용되었고, 전쟁체계로 문화가 변경되자 남성과 여성의 지위는 위계구조(비대칭적 구조)를 드러내지 않을 수 없었다.

"모든 인간사회에서 최고로 중요한 위계질서가 하나 존재한다. 바로 성별이다. 사람들은 어느 곳에서나 스스로를 남자와 여자로 구분했다. 그리고 거의 모든 곳에서 남자가 더 좋은 몫을 차지했다. 적어도 농업혁명 이후로는 그랬다."[1]

윗글에서 '농업혁명 이후'라는 것은 그만큼 집단의 인구가 증가한 뒤에 여자의 재생산(출산)기능보다 남성의 생산기능이 더 필요해지고, 집단을 다스리는 정치기술이 더 큰 문제가 되고부터라는 뜻이다.

가부장사회와 더불어 집안(가족)에서부터 출계체계를 통해서 권력경쟁이 일어나고 그것은 형제간은 물론이고, 부자간에도 일어난다. 부친살해의 신화는 그것을 잘 말해준다. 물론 가족을 넘어 사회 전체로 권력경쟁(전쟁)은 확대재생산된다. 말하자면 인간사회의 갈등과 살인과 전쟁

---

1 유발 하라리, 『사피엔스』, 조현욱 옮김, 김영사, 2015, 212쪽.

이 모두 가부장사회의 권력경쟁으로부터 발원하는 것이다.

남성중심의 가부장사회는 여성중심의 모계사회에 비해 동일성을 요구하는 정도가 급속도로 증가된다. 가부장-국가사회는 필연적으로 전쟁을 불러오고 국가의 요건인 군대라는 것은 동일성의 전시장과 같은 곳이다. 군복(유니폼)을 비롯하여 의식주 등 모든 것이 동일하고, 전쟁에 대비하여 규칙이라는 동일성을 가장 극대화한 곳이다.

이에 비하면 여성은 임신에서부터 육아에 이르기까지 자연의 상속자로서 임무를 다한다. 여성은 남성에 비해 무엇보다도 차이와 변화의 존재이다. 여성은 아이를 생산해서 가족구성원에 근본적인 변화를 줄 뿐만 아니라 생활의 모든 부분, 즉 음식에서 패션에 이르기까지 변화를 추구하면서 인간의 삶에 리듬을 주는 존재이다. 아마도 동일성을 추구하는 데 있어서는 여성은 본능적으로 약했던 것 같다.

가부장-국가(제국)사회 이후에 동일성에 민감한 남자들은 자신의 신화와 권력체계 등 동일성을 남에게 강요하는 일에 열중하였다. 그것이 드러난 것이 전쟁이고, 이는 평소의 생활체계에서도 반영되었다. 전사로서의 남자는 여자에 비해 높은 지위에 있었다.

가부장-국가사회는 종교적으로는 원시종교에서 고등종교로의 진행과 맥락을 같이했고, 이것은 인간의 합리적 사고와 보편성의 발달을 초래했다.

고등종교는 그것이 일신교(一神敎)든 이신교(二神敎)든, 혹은 불교와 같이 '자각(自覺)의 종교'이든 모두 일종의 동일성을 추구하는 종교이다. 이들은 서로 혼합(융합)되었으며, 새로운 종교를 탄생시켰다. 인류문명사에서 신화에 이어 동일성의 계승자로 등장한 것이 고등종교이다.

어떤 점에서 합리성의 경쟁이라고 할 수 있는 고등종교의 충돌은 전혀 이상한 사건이 아니었다. 종교는 오히려 충돌하면서 새롭게 융합과 통일, 그리고 발전을 거듭해왔다고 하지 않을 수 없다. 고등종교에 이어 과학이 동일성의 패자로 등장했다.

그런데 과학기술은 언젠가는 평준화될 확률이 높다. 이것은 단지 시간의 차이에 불과할지도 모르기 때문이다. 과학이 점차 일반화된 오늘날 옛 고등종교들이 부활하면서 문명의 충돌의 전조를 보이고 있는 것이다. 문명의 충돌 속에서는 물론 평화를 이루려는 노력도 병행된다. 전쟁과 평화는 항상 양면성을 갖고 있기 때문이다.

새뮤얼 헌팅턴도 문명의 충돌만을 주장한 것은 아니다.

"아시아와 서구 사이에도 '가느다란' 윤리의 층위, 어떤 동질성은 존재한다. 뿐만 아니라 많은 사람들이 지적한 대로 세계의 주요 종교—서구 크리스트교, 정교, 힌두교, 불교, 이슬람교, 유교, 도교, 유대교—들은 비록 인류를 분열시킨 측면도 강하지만 핵심적 가치관은 공유하고 있다. 만약 인류가 보편문명을 발전시킬 수 있다면 그 문명은 이 동질성의 심화와 확대과정에서 출현할 것이다. (중략) 물론 단일 문명(복수로 존재하는 문명과의 혼동을 피하기 위하여 굵은 글자로 표현한다.)의 실현가능성도 높아진다. 단일문명은 수준 높은 윤리, 종교, 학문, 예술, 철학, 기술, 물질생활이 복합적으로 섞인 상태를 의미한다."[2]

지구촌 단일문명의 출현은 쉬운 일이 아닐뿐더러 그것이 반드시 실현되어야 하는 것도 아니다. 인간의 문화란 다양성 속에서 서로 소통하면서 살아가는 것이 보다 바람직하기 때문이다. 다른 것의 공존(共存)이야말로 인류의 중요한 과제이다.

보편문명이란 전성기에 들어서면 쇠락기를 맞고 또 다른 문명이 들어선다. 보편문명이란 계속해서 추구되는 것이지, 어떤 하나의 문명을

---

2 새뮤얼 헌팅턴, 같은 책, 이희재 옮김, 440쪽.

말하는 것은 아니다.

"보편국가가 등장하면 문명은 가장 높은 문명의 수준에 도달한다. 윤리, 예술, 문학, 철학, 기술, 군사력, 정치력, 경제력이 무르익을 대로 무르익은 '황금시대'를 구가한다. 한 문명이 쇠락기에 접어들면 문명의 수준도 하락하여 종국에 가서는 더 낮은 문명 수준을 가진 새롭게 부상하는 다른 문명의 침입을 받으면서 사라진다. 근대화는 세계 전역에서 문명의 물질적 수준을 전반적으로 끌어올렸다. 하지만 그것이 문명의 도덕적, 문화의 수준도 끌어올린 것일까? 어떤 점에서는 그렇게도 보이기도 한다. 오늘날의 세계는 노예, 고문과 학대를 점점 용납하지 않는 추세이다. 이것은 서구문명이 다른 문명들에게 끼친 영향이므로 서구의 힘이 쇠락할 경우 도덕적 역전 현상이 일어날까? 1990년대는 세계를 '완전한 혼돈'의 패러다임으로 설명하는 분석틀을 뒷받침하는 증거들이 많이 존재한다."[3]

역사적으로 문명의 흥망성쇠는 거역할 수는 없다. 그러나 역사적 관점의 것과 비역사적인 관점의 것이 어우러져야 할 때가 된 것 같다. 서구의 직선적(선형적) 사고와 동양의 순환적(비선형적) 사고, 서구의 남성적 사고와 동양의 여성적 사고가 한데 어우러져 제 3의 문명을 만들어내야 한다.

지구의 위기를 말하는 학자들은 많다. 그러나 위기극복의 현명한 대안을 찾기 힘들다. 소유적 존재로서의 인간의 권력경쟁과 남용이 심각하기 때문이다.

"경제적 부를 끌어 모으는 다국적 기업의 출현 못지않게 국제 마피아, 마약 카르텔, 테러 집단이 기승을 부리며 문명을 위협하고 있다. 법과

---

3 새뮤얼 헌팅턴, 같은 책, 이희재 옮김, 441쪽.

질서는 문명이 존립하기 위한 전제조건임에도 불구하고 세계의 많은 지역― 아프리카, 라틴아메리카, 옛 소련, 남아시아, 중동―에서 사라져 가고 있으며, 중국, 일본, 서구에서도 법과 질서는 심각한 위기를 맞고 있다."[4]

미래는 결정되어 있는 것이 아니고 역시 인간이 어떻게 대처하느냐에 달려있다. 평화를 이루는 길만이 인류의 살길이다.

"평화와 문명의 미래는 세계의 주요 문명들을 이끄는 정치인, 종교인, 지식이 얼마나 서로를 이해하고 협력할 수 있느냐에 달려 있다. 문명의 충돌에서 유럽과 미국은 단결하든가 갈라설 것이다. 더 거대한 충돌, 곧 범지구적으로 벌어지는 문명과 야만성의 '진짜 충돌'에서 종교, 예술, 문학, 철학, 과학, 기술, 윤리, 인간애를 풍요하게 발전시킨 세계의 거대한 문명들 역시 단결하거나 갈라설 것이다."[5]

에코페미니즘(eco-feminism)만이 살길

미래학적이고 인류학적인 여러 전망 가운데서 서구중심의 이성―욕망―소유로 연쇄되는 소유의 문명에 대한 비판과 경고가 두드러진다고 할 것이다. 과학기술에 의존하는 서구문명을 자연친화적인 문명으로 전환하는 노력이 절실한 편이다. 자연친화적인 문명의 이름은 '에코―페미니즘(Eco-feminism)'일 것이다. 자연의 여성성과 문명의 남성성을 조화시키는 것이 관건이다.

소유는 모순과 갈등, 그리고 전쟁에 빠질 수밖에 없다. 그런데도 인

---

4 새뮤얼 헌팅턴, 같은 책, 이희재 옮김, 442쪽.
5 새뮤얼 헌팅턴, 같은 책, 이희재 옮김, 442쪽.

간은 오래전부터 이미 소유적 존재가 되어버렸다. 소유라는 개념은 결국 모든 대상을 자기의 것으로 만들어버리고 싶은 이성과 욕망의 탓이다. 이성과 욕망이 끝없이 소유욕을 부리도록 부추긴 것이 바로 시간과 공간의 덫이다. 시간과 공간의 그물에 들어오는 것은 모두 소유해버려야 직성이 풀리는 것이 인간이다.

한 극단적이고 상징적인 예를 들자면, 한 남자가 모든 여자(땅)를 자신의 소유로 하려고 하거나 한 여자가 모든 남자(하늘)를 자신의 소유로 하려고 하면 그것은 모순에 빠질 수밖에 없다. 오늘날 인간은 자신이 소유하지 않으면 그것이 존재하지도 않는다고 생각하는 지경이다. 그렇다면 인간이 소유라는 개념이 없이 살아간 적은 없었을까. 그것이 모계사회였고, 그 모계사회를 뒷받침하는 신화는 지구상에 아직도 남아있다.

마르크스는 '소유적 세계'를 '공유적 세계'로 바꾸려는 이상을 품은 인물이었다. 그런데 실제로 공유는 소유가 될 수 없다. 공유는 원천적으로 소유가 아니기 때문이다. 소유적 세계로 변해버린 인간의 모든 제도는 그것을 수용할 수 없었고, 실제로 그것이 가능하지도 않았다. 마르크스 사상은 기독교-자본주의적 환경에서 발생한 급진적 유토피아사상이라고 말할 수 있다. 그 유토피아사상은 수많은 사상자만 내고 결국 포기되고 말았다.

가부장-국가(제국) 사회 속에서의 유토피아는 한계를 드러내고 있다. 인류는 더 이상 가부장-국가사회를 유지하여야 할 필요성이 줄어들고 있다. 특히 지구촌(地球村)이라는 말은 지구가 그야말로 옛날 마을(村)사회처럼 도리어 작아졌다는 말이다.

작은 마을사회를 이루며 살았던 문화의 여러 전략들을 다시 회고하고 끄집어내서 살펴볼 필요가 있다. 신화, 종교, 과학 등 이데올로기적 동일성을 강조하면서 살아왔던 남성중심사회는 인류공멸의 전쟁의 공포나 위기를 드러내고 있다.

이에 따라 남성보다는 차이성과 평화를 강조하면서 살아갈 확률이 높은 여성중심, 신모계사회로 발상의 대전환을 이루어야 할 시점에 도달해 있는 것이다. 그렇다고 옛 모계사회로 돌아가자는 것은 아니고, 그렇게 돌아갈 수도 없다. 요컨대 모계사회의 삶의 아이디어를 높이 사자는 것이다.

모계사회, 홍산문화, 그리고 단군

부계-가부장사회가 되기 전에 인류는 오랫동안 자연발생적으로 모계사회를 유지했다. 모계사회란 여자가 아이를 낳고 가정을 지키는 반면 남자가 사냥을 담당한 수렵채집시대에, 어머니와 자녀, 즉 모자간의 관계를 중심으로 가정을 유지하였던 사회를 말한다. 당시 남자들은 위험에 노출된 경우가 많았고, 심지어 집에 돌아오지 않는 경우도 비일비재하였다.

신석기 농업혁명 이후 인류는 농경과 목축(유목)을 통해 식량을 확보하여 늘어난 인구를 부양하다가 급기야 인구팽창으로 사회를 위계적으로 조직화할 필요에 직면한다. 아울러 제정일치시대는 제정분리시대로 넘어가게 된다.

청동기시대 이후 남성중심-가부장국가(왕권)시대가 시작되고, 남자들은 출계(혈통)를 권력화 했다. 말하자면 혈통은 권력의 원형이었다고 말할 수 있다. 혈통은 요즘에도 재산상속에서 매우 큰 비중을 차지한다. 친족이 아닌 각급 사회·기관단체에도 유사혈통이라고 할 수 있는 정통성이나 권력승계제도나 장치들이 존재한다. 이는 남자들의 권력세계를 말해준다. 니체는 이를 '권력에의 의지'로 설명했다.

새로운 2천 년의 시작인 21세기는 오래 동안 유지된 가부장사회가 다시 여성중심-모성사회로 전환하는 후천시대이다. 후천시대를 가장 먼저 말한 학자는 북송(北宋)의 상수(象數)학자 소강절(邵康節)이다. 수(數)에 대한 그의 생각은 18세기 유럽의 철학자 라이프니츠의 2진법에도 영향을 주었다. 그는 본래 도가(道家)였는데 역경(易經)을 공부하다가 모든 존재의 기본인 상수학(象數學) 이론을 만들었다.

역경에 따르면 선천 가부장국가사회가 '천지(天/地)의 시대'라면 여성중심-신모계공동체사회는 후천의 '지천(地/天)의 시대'이다. 지천시대는 여러 가지 점에서 여성적인 덕목들이 각광을 받고, 여성의 지위가 올라가게 되는데 종교에서도 신은 하늘에 있지 않고 땅으로 내려오게 된다. 다시 말하면 신이 사람이 되고자 하는 시절이다. 신이 인간을 사랑하여서 도저히 하늘에 홀로 있지 못하고 땅으로 내려오는 시절이다.

여성중심시대는 위에 있던 하늘이 아래로 내려오고, 아래에 있던 땅이 위로 올라가는 시대이다. 가부장사회에서는 하늘이 천리(天理)로서 땅의 지기(地氣)를 억압함으로써 세계는 막힐 '비(否)의 시대'였다면 여성중심시대는 거꾸로 땅이 하늘을 올라탐으로써 세계는 열릴 '태(泰)의 시대'가 전개된다.

인류는 앞으로 수천 년 동안 여성중심시대를 살게 될 것이다. 마고(麻姑)신화의 부활도 이러한 천지기운의 변화를 따라 일어나는 역사사회현상이다. 여성중심사회는 개인보다는 가정이 더 중요시되는 사회이다. 종교적으로 보면 개인구원보다는 가정구원 혹은 가족구원이 우선시된다.

오늘날 가부장-국가사회-기술문명사회의 폐해가 너무나 심각하기 때문에 가정 자체가 붕괴되고, 가정 자체가 타락하고, 근본적으로 무너짐으로 인해서 인류사회가 붕괴될 조짐을 보이기 때문에 가정구원이 필요한 시점이 되었다. 가정구원에는 물론 가정의 중심인 어머니가 주도적인 역할을 하게 된다. 이를 두고 신(新)모계사회라고 말하는 것이다.

신모계사회는 명분상으로는 부계혈연이지만 실질적인 삶의 관계망은 어머니중심으로 이루어지는 '부계모성(여성)중심의 사회'의 특성을 보인다. 가부장-국가사회, 즉 남성중심사회에서는 뛰어난 개인과 지도자가 중요하였지만, 모계-여성중심사회는 가정의 관계가 중요시되고, 부부관계를 축으로 부자관계, 형제자매관계가 중요하게 여겨진다.

여성중심사회는 가부장-국가사회가 수직적 위계를 축으로 운영된 사회였다면 수평적 관계를 축으로 운명되는 사회를 말한다. 여성중심사회에서는 자연스럽게 그 어느 때보다 파트너십(partnership)이나 혹은 팀워크(team work)가 중요시된다.

인류학자가 발견한 현존하는 모계사회는 그리 많지 않지만 그들의 삶을 통해서 우리는 신모계사회의 원리를 추출할 수 있다. 모계사회에서는 남자의 역할이 주변적인 것으로 물러나며, 평화를 지향하는 사회가 되기 마련이다. 역으로 평화가 정착되지 않으면 이러한 여성중심 사회는 불가능하다.

지금까지 인류 4대문명의 발상지는 이집트의 나일강, 이라크의 유프라테스강과 티그리스강, 인도의 인더스강과 갠지스강, 중국의 황하강과 양자강으로 알려졌다. 이들 문명들은 대체로 가부장사회에 이미 들어갔거나 들어가기 직전의 문명이었다.

그러나 1980년대부터 발굴되기 시작한 요하문명, 홍산(紅山, 赤山)문명[6]은 세계사를 다시 써야 할 정도로 고대 모계사회를 보여주는 획기적

---

6 홍산은 적봉시赤峰市 구區 북부 근교인 영금하英金河 동쪽 해안에 있다. 산 전체를 구성하고 있는 암석이 자홍색紫紅色을 띠어 홍산紅山이라고 이름을 붙였다.

인 유물들이 발굴되고 있다. 홍산문화는 제5의 고대문명일 뿐만 아니라 가장 오래된 인류문명의 원형으로서 더 주목을 받고 있다.

홍산문명, 즉 요하문명은 특히 한민족의 조상으로 알려진 고조선 문명의 가능성을 유물로써 가장 확실하게 보여주는 유적이라는 점에서 주목된다. 인류문화의 한민족 출발, 동이(東夷)문화 원형설을 홍산문화는 뒷받침해준다고 하겠다.

요하문명이 그동안 땅 속에 묻혀 있다가 21세기, '지천(地天)시대'의 전개에 즈음하여 발굴되고 햇빛을 보게 되는 것도 우연이 아니다. 바로 문명의 원시반본과도 밀접하게 관련을 맺는다.

중국 하북성(河北省) 요하(遼河)·발해만(渤海灣) 일대의 홍산문화는 옛 조선의 문화와 문화권을 나타내고 있는 것으로 추정되고 있다. 홍산문화는 대체로 하한선이 기원전 3000년에서 상한선은 기원전 6000년으로 밝혀지고 있다. 앞으로 발굴성과에 따라 옛 우리민족의 시원문화·모태(母胎) 문화로 정착될 가능성이 높아지고 있다. 그곳에서 발굴된 반가부좌 '웅녀(熊女) 여신상'은 고대 신교(神敎) 문화의 원형일 수도 있다.

정형진은 "홍산문화 지역은 한민족의 정신적 원형을 형성하는 단군신화의 무대가 된다. 따라서 우하량의 여신묘는 단군을 낳은 웅녀의 조상인지도 모른다."라고 하였다.[7]

정형진의 주장을 토대로 우하량문화를 종합분석한 우실하는 "황제를 포함한 3황 5제의 신화체계는 이미 남성 위주의 부계사회를 전제로 한 신화체계이고 홍산문화는 모계사회의 전통이 강하게 남아있는 초기 부계사회라고 본다. 홍산문화 만기는 모계에서 부계사회로 넘어가는 과

7 정형진, 『천년왕국 수시아나에서 온 환웅』, 일빛, 2006, 173~174쪽.

도기적인 시기라고 본다."고 말한다.[8]

요하일대 신석기만기의 홍산(紅山) 우하량(牛河梁)문화(기원전 3500~기원전 3000년)에서 발견된 여신묘의 두상은 많은 것을 상징한다. 홍산문화의 주도세력은 곰 토템족이었는데 '웅녀족(熊女族)=단군=모계'에서 부계로의 전환기를 나타내는 고고학적 자료로서 주목된다.[9]

환인=모계사회, 환웅=모계사회에서 부계사회로의 전환기, 단군=초기 부계사회라는 등식을 가상해 볼 수 있겠다. 환웅은 웅녀(熊女)로 상징되는 토착민을 정복하고 새로운 신시(神市=國家)를 건설한다. 고대사회에 곰이 권력의 상징으로 통하던 시절이 있었다. 그것은 유라시아 일대의 곰 신앙에서도 찾아볼 수 있다. 곰이라는 토템은 비단 한민족의 것만이 아니다.

'곰'이라는 말 자체가 '감'이라는 말에서 변형된 것으로 보는 학자도 있다. '감'(熊, 儉, 수)은 바로 신(神)이라는 주장이다. 일본말에는 오늘날도 '가미'(かみ)가 신(神)이라는 말이다. 한국의 웅녀(熊女)와 비교해 볼만하다. 부계 이전에 모계의 흔적이라고 볼 수 있다.

곰과 웅녀(熊女), 그리고 여신(女神)의 관계는 고대사의 많은 비밀, 즉 모계-부족사회에서 부계-부족국가로의 전환을 밝혀주는 증거나 열쇠가 숨어있는 것이라고 볼 수 있다. 심지어 기독교의 신화조차도 실은 모계신화인 '동이-마고신화'에서 서진(西進)하여 강력한 부계신화인 '중동유대-하느님 신화'로 교체된 것이 아닌가를 의심해볼 수 있다.

홍산문화는 대체로 유목과 농업문화가 만나는 양상을 보이고 있다. 전통적으로 동이(東夷=현재 중국의 東北三省)지역과 하화(夏華)지역의 중간

---

8 우실하, 『요하문명론』, 소나무, 2007, 316쪽.
9 우실하, 같은 책, 170~194쪽.

지역이라는 점에서 눈길을 끈다.

지금까지 발굴결과는 고도의 문명을 이룬 홍산문화가 지질학적 천재 지변으로 인해 멸망하고 황하강과 산동 일대로 이주한 것으로 추측되고 있다. 이로써 고대 동이문화와 고조선문화의 연결 가능성이 있는 유적을 발굴한 셈이다.

아버지의 존재가치가 확실하지 않던 시대에 인류는 어머니와 자녀의 강력한 모자(母子)라인에 의해 유지되었다. 한국에 여성신화인 마고(麻姑)신화가 가장 체계적으로 남아있는 것은 한국이 포함된 동이문화가 인류문화의 원형문화 혹은 조상문화라는 것을 가장 강력하게 뒷받침해 준다.

모계신화 혹은 종교가 절대유일신(태양신)을 섬기는 강력한 부계종교로 변신하는 데는 모계사회의 비어있는 '아버지의 자리'에 초월적·절대적 신을 대입하기만 하면 되는 자연스러운 것이었다. 아버지가 없는(聖人들은 대체로 아버지를 모르거나 아버지의 존재가 희미하다) 모든 아이들은 절대유일신의 자녀가 되면 성립되는 것이었다.

제정일치시대가 끝나는 것과 더불어 모계사회−부계종교가 부계사회−부계종교로 변하는 것은 종교로부터 정치가 완전히 분리되는 것과 때를 같이한다. 다시 말하면 부계사회−부계종교의 전형적인 가부장−국가사회로 변하게 되는 것이다.

인간을 나타내는 대명사도 부계사회는 남자가 인간을 대표하지만 모계사회적 성향이 있는 지역에서는 여자가 인간을 대표한다. 예컨대 남자(man)가 인간(Man)의 대명사가 되지만 모계사회에서는 여자(Qiz: Kiz: 크즈)가 인간(Qis: Kis: 크스)을 대표한다.

기독교의 '하나님 아버지'에서 볼 수 있듯이 우리가 현재 익히 알고 있는 인류의 신화와 종교는 대체로 가부장사회의 영향을 받았다고 보면 크게 틀리지 않는다. 인류의 시원문명집단은 중앙아시아 지방에서 발흥하여 서쪽으로 혹은 동쪽으로 이동하면서 위도를 달리하여 북방 중앙·남방으로 흩어진다.

이때 가장 중심세력인 동이족은 한반도와 만주 일대(동북아시아지방)에서 전성기를 이루었다. 오늘날 인류문명은 당시에 서진하여 중동, 유럽, 북남미 대륙을 거쳐 다시 제자리로 원시반본하고 있는 셈이다. 오늘날 한국문화집단의 부흥은 옛 동이족의 영화를 되찾는, 알타이문명의 복원을 이끈다는 점에서 예사로운 일이 아니다.

신화와 종교도 역사·사회적 영향을 받고 그것에 의해 각색된다. 부계신화는 우주론적·생물학적인 차원이 아니라 역사(시간)·사회(공간)적 차원이다. 역사·사회적 차원이라는 것은 이미 권력이 개입한 것을 말한다. 이와 달리 모계사회—모계신화는 비권력적인 특성을 가지고 있으며, 가장 자연스러운 것이다.

지금은 우주적 변화의 시기이다. 역학적으로 지천(地天)시대로 천지(天/地) 비(否)괘가 지천(地/天) 태(泰)괘로 전도되는 지구적인 변화의 시기에 살고 있다. 이러한 변화는 지금 한국 땅이 위치한 동북진방(震方)을 중심으로 구체적으로 전개되고 있다. 한국은 우주 생성 변화의 중심, 태극의 중심에 있는 것이다. 한국의 국기가 태극기인 것은 우연한 일이 아니라 우주 예언적 사건이라고 말할 수 있다.

지금 하늘과 땅, 남녀가 뒤집어지고 있다. 이는 본래 원시고대종교와 모계사회의 모습이며, 이를 민족종교에서는 '원시반본'(原始返本)이라고 말하고 있다. 이제 천리(天理) 대신에 지기(地氣)가 세계를 움직인다. 여성시대는 하늘(하나님)이 땅(여성성)에 있는 시절이기 때문이다. 지천시대는 일반성의 철학, 소리철학, 여성철학이 세계를 이끌 수밖에 없다.

여성시대의 최고의 덕목은 어머니의 사랑이다.

"어린아이에게 정서적으로 가장 큰 역할을 하는 사람은 '어머니'다. 다른 동물들과 달리 털 없는 벌거숭이 인간 종(種)은 어미의 자궁을 통과할 수 있도록 뇌가 작아져서 점점 미성숙한 상태로 태어났다. 인간이 태어나서 걷기까지 1년 정도 걸리니, 그만큼 너무 빨리 태어났다고도 생각할 수 있다. 갓 태어난 아기는 어미의 젖을 먹으며 생존한다. 어미는 아이의 성장을 위해 본능적으로 자신의 모든 것을 희생한다. 아이는 이 세계에 태어나 자신을 위해 목숨까지 바치는 존재가 있다는 것을 어렴풋이 확인한다. 아이는 이 존재를 어머니라 부르며, 모든 인간은 태어나자마자 어머니를 통해 인류 최고의 가치인 사랑을 배운다."[10]

---

10 배철현, 『인간의 위대한 질문』, 21세기북스, 2015, 281쪽.

일반성-소리-여성철학에서 평화철학으로

　서양철학은 보편성의 철학, 개념철학, 남성중심철학, 이성철학이라고 말할 수 있다. 이에 대해 필자는 일반성의 철학, 소리철학, 여성중심철학, 감성철학을 내놓으면서 서양철학의 극복을 주장해왔다.

　필자가 서양철학의 대안으로 소위 '소리철학'을 내세운 까닭은 서양철학이 세계를 물신화·기계화함으로써 세계를 전쟁의 공포에 휘말려들게 할 뿐만 아니라 인간의 삶을 권력경쟁 혹은 패권경쟁으로 황폐화하기 때문에 이에 대한 극복의 요청, 구원의 소리를 들었기 때문이다.

　서양철학과 서양문명은 본래의 인간성 상실은 물론이고 삶의 환경을 대상화·기계화함으로써 모든 존재를 존재자로 변하게 하고, 급기야 수단화함으로써 삶의 환경을 점점 더 옥죄고(몰아세우고) 있다고 볼 수 있다. 그런 점에서 일상적 삶조차도 전쟁화 하고 있다고 볼 수 있다.

　현대인은 으레 경제전쟁, 무역전쟁, 문화전쟁 등 삶 자체를 전쟁으로 은유하는 것을 대수롭지 않게 여기고 있고, 도리어 그 전쟁에서 어떻게 승리하여 지배적인 위치에 설까를 전전긍긍하면서 살아간다고 할 수 있다. 여기에 근대성의 슬로건이었던 자유, 평등, 박애라는 것은 말뿐이고, 인간 모두는 기계화의 부품처럼 되어버렸다고 말할 수 있다. 그런 점에서 니체의 '권력에의 의지'를 의지하고 있는 것이 현대인이라고 말할 수 있다.

니체의 권력에의 의지는 구원의 외침이 아니라 현대인의 심리와 서양문명의 정체와 방향성을 폭로하는데 공을 세운 철학자이었다고 말할 수 있다. 니체는 분명 해결사가 아니라 자신의 정신심리상태를 충실하게 고백함으로써 문명의 문제를 더 확실하게 드러낸 철학자였다.

서양철학을 두고 전쟁철학이라고 잘라 말할 수는 없지만 필자의 평화철학에 대비해서는 전쟁철학이라고 말해도 크게 틀린 것은 아닐 것 같다. 서양철학의 핵심은 바로 동일성이다. 동일성을 추구하는 서양철학은 결과적으로 세계전쟁이라는 재앙으로 인류를 몰아갔다.

보편성의 철학은 지배를 위한 철학이고, 지배를 위한 철학은 항상 패권경쟁의 유혹에서 자유로울 수 없다. 1, 2차 세계대전은 전체주의의 등장과 함께 인류의 가장 큰 재앙이었다고 말할 수 있다. 지금도 인류문명은 전쟁으로부터 단 하루도 벗어나지 못하고 있으며, 심지어 제3차 세계대전의 경고를 받고 있는 형편이다.

오늘날의 전쟁은 과학의 발달에 힘입어 가공할 만한 파괴력을 갖춘 무기들로 인해서 그 난폭성과 잔인성, 비인간성의 극치를 달리고 있고, 인권유린은 물론 인종말살의 위협마저 느끼게 하고 있다. 심지어 산업화·기술화의 심화는 양심의 가책과는 아예 담을 쌓도록 기계-전쟁화로 치닫게 하고 기계의 대리전과 전쟁의 게임화도 유도하고 있을 정도이다.

이 모든 전쟁의 현실과 상황은 모두 서양철학과 과학문명의 성취와 무관하지 않다. 자연과학이라는 것도 실은 철학적으로 현상의 저편에 있는 이데아를 향한 실체적 탐구의 결과였다고 보면 이데아에서 과학에 이르기까지 가상 아닌 것이 없을 정도이다.

인간은 이제 가상의 끝없는 연속과 중첩에 의해 살아가는 가상의 존재가 되어버렸다. 따라서 가상이 아닌 실재, 인간 본래를 찾지 않으면 결국 인간은 자신도 모르게 자신이 만든 가상의 포로가 되어 살아가는 존재가 될 위기에 처하게 된다.

서양철학의 대상에 대한 인식과 의식을 바탕으로 하는 사유경향에서 근본적으로 전회(轉回)하지 않으면 인간은 기계적 환경의 노예가 되어 살아가지 않으면 안 된다. 그렇게 살아가더라도 언제 전쟁으로 인해 인류가 공멸할지도 모른다.

이러한 시대적 요구에 부응하여 필자가 제안한 것이 앞에서 말한 일반성의 철학, 소리철학, 여성철학, 평화철학, 에코-페미니즘철학, 샤머니즘철학이다. 이들은 모두 긴밀한 횡적 상호관계 속에 있다. 어느 하나를 제대로 알려면 다른 것들을 포개서 알리지 않으면 안 된다. 이들 철학 전체가 하나이기 때문이다.

종래 서양철학	일반성의 철학	평화철학
보편성(동일성)의 철학	일반성(차이성)의 철학	
개념철학(추상철학)	소리철학(구체철학)	
남성철학(이성철학)	여성철학(감성철학)	'여성-평화철학'으로 수렴
전쟁철학(신들의 전쟁)	평화철학(신들의 평화)	
산업기술주의 철학	에코(eco-)페미니즘 철학	
과학철학(이데아, 가상)	네오(neo-)샤머니즘 철학(자연, 실재)	

일반성의 철학은 보편성과 특수성, 개별성을 완전히 역으로 관통하여 일반성이라는 존재의 근본에 도달한 철학이다. 일반성의 철학은 사물을 대상화하는 서양철학의 관습, 즉 존재일반을 으레 일반적 대상으로 보는 태도를 지양하여 존재(생성)로 보는 태도의 철학이다. 이러한 철학적 태도 자체가 이미 평화를 지향하고 있다고 말할 수 있다.

이를 천지인사상으로 재해석하면 다음과 같다. 인간은 직접 몸으로 주기적으로 참여하는 축제를 통해서 천지인의 순환을 달성해야 공동체 정신과 평화를 유지할 수 있다. 따라서 인간의 생활세계에는 축제적 성격의 이벤트(event)가 흩어져 있다.

天	보편성	개념성	남성성	전쟁 (경쟁)	이성 (지식)	문명 (인위존재)	천지인의 '존재론적 순환'
人	개체성 특수성	인간적인 지평(地平): 인간은 두발로 직립 보행하는 존재 (현상학적인 차원의 존재이다)					
地	일반성	소리성	여성성	평화 (공생)	원시 (본능)	자연 (본래존재)	

인간은 개체이면서 동시에 집단생활을 함으로써 특수성을 가진 존재이다. 그 개체성과 특수성으로 인해 현상학적인 차원의 존재가 전개된다. 물론 인간의 현상학적인 존재의 전개는 인간이 지상(地上)에 두발로 직립 보행하는 존재라는 인간조건에서 비롯된다.

인간의 개체성과 특수성을 벗어나서 존재를 일반성에서 바라보면 만물은 본래존재인 것이다. 만물의 존재는 인간의 인식에 의해 존재유무가 결정되는 존재가 아니라 인간과 동등하게 본래적 존재인 것이다. 그런 점에서 만물의 존재는 만물평등이며 만물생명이며 만물만신인 것이다.

일반성의 철학은 존재일반을 존재(본래존재)로서 인정하는 것이다. 일반성의 철학은 존재를 인식의 대상으로 보는 보편성의 철학의 관점에서 벗어나서 존재일반을 평등한 존재로 보는 열린 마음의 자세를 가지는 것이다. 그렇기 때문에 사물과 사람을 적대적으로 보는 것이 아니라 친구로 보면서 감싸 안고, 배려하게 됨으로써, 하나의 세계의 일원으로서 인정함으로써 결국 평화를 지향하게 된다.

세계는 '본래하나'이지, 하나를 역사적 · 논리적으로 달성하는 것이 아니다. 하나(一)에도 '본래존재로서의 일(一)'이 있고, '인간이 인위적으로 세운 일(一)'이 있다. 전자는 '존재론적 일(一)'이라면 후자는 '현상학적 일(一)'이다.

일반성의 철학은 따라서 눈에 보이는 현존을 현상으로 볼 것이 아니라 존재로 받아들일 것을 역설하고 있다. 존재는 가치판단과 의미부여 이전의 존재이기 때문이다. 존재는 인간이 가치와 의미를 부여하는 것과 상관없이 엄연히 존재라는 사실에 착안하고 있다.

소리철학은 개념철학이 사물을 대상으로 규정하고 소유하는 점을 벗어나기 위해서 사물을 특정의 개념으로 파악할 수 있는 대상이 아니라 사물을 소리를 잠재한 것으로 보는 철학이다. 이는 종래 시각에 의한 사물인식과는 달리 청각에 의해 사물을 인식하고 이해하는 것을 뜻한다. 청각에 의한 이해는 손에 잡히지 않아도 존재를 인정하는 까닭으로 존재의 한없는 깊이에 이르게 하는 장점을 지니고 있다.

결국 소리철학은 인간의 지각으로 대상화하지 않는 상태의 제 감각의 느낌을 존재로 받아들이는 상징적 태도를 갖는다. 여기서 상징적 태도라는 것은 시인의 태도 혹은 그보다 더 깊은 차원이다. 사물의 소리를 들으려면 심물일체의 경지에 이르러야 한다.

말하자면 시각—언어의 연쇄에 의해 연출되는 '실체의 세계'와 다른, 청각—상징의 연결에 의해 연행되는 '파동의 세계'를 바라보게 한다. 파동치는 세계는 고정된 세계가 아니기 때문에 결코 소유를 인정할 수 없게 된다. 말하자면 존재는 소리(존재=소리)인 것이다.

여성중심철학은 앞에서 말한 보편성의 철학, 개념철학이라는 것이 실은 남성중심철학, 이성중심철학의 결과물이라는 전제를 깔고 있다. 남성의 이성적 사유와 정보의 소통에 비해 여성은 감성적 사유와 느낌의 교감을 내세우는 경향이 강하다.

지금까지 남성중심철학은 세계를 정보로 환원하여 마치 정보의 교환 장소로 만들었다. 그렇다면 세계를 느낌의 교감 장소로 그대로 두면 안 된다는 주장도 허용할 수 없다. 남성은 세계에서 정보를 생산하고 그것을 교류하지만 삶을 영위하며, 여성은 세계에서 아이를 출산하고 키우면서 인구의 재생산을 담당하면서 살아간다. 남녀 모두의 역할이 없었으면 인간의 세계는 지금에 이르지 않았을지도 모른다.

남성중심철학은 가부장사회-국가의 출현과 더불어 시작되어 현대에 이르러 서양의 기술문명에 의해 극대화되었다고 할 수 있다. 오늘날 세계는 남성-이성-기계(몰아세움)의 연쇄 속에 있다. 그런데 세계의 일상은 경쟁과 갈등과 전쟁의 위험 속에 노출되어 있다. 남성중심사회에서는 결코 인간이 평화와 행복을 누릴 수가 없다.

그래서 다시 여성중심사회가 절실하게 요구되고 있는 셈이다. 여성성에 대한 깊은 이해는 특히 인류가 평화를 이루기 위해서는 반드시 거쳐야 되는 필수적 사고방식으로 받아들여지고 있다. 이는 여성성 그 자체에 이미 평화성이 깃들어 있기 때문이다.

여성성은 사물의 일반성(보편성에 대한)과 소리(개념에 대한)가 성별의 여성성(남성성에 대한)에 이른 것으로 본래 비어있음과 통한다. 비어있음은 평화롭다. 비어있음에서 만물이 생성되고, 생명이 탄생한다. 여성성은 항상 생명을 안고 있고, 품고 있는 형상이다. 여성적 이미지는 오래 전부터 평화적 이미지로 그려져 왔다.

남성중심사회에서 여러 형태로 현창되는 구원의 여인상, 성모 마리아 등은 모두 평화적인 여신에서부터 비롯되는 것이다. 이것이 남성중심사회가 여성을 자신의 소유물로 격하시키고부터 헬레나처럼 때로는 여성이 사회와 국가 간의 갈등과 전쟁의 요인이 되기도 하지만, 이는 여성 자체의 문제라기보다는 남성들 간의 문제인 것이다. 그러한 점에서 거꾸로 여성성은 사물의 일반성과 통한다.

가부장의 국가와 역사의 전개과정에서 여성성은 때로는 대지, 땅, 영토 등으로 변형되기도 한다는 점에서 이러한 상징적 시각까지를 받아들이면 인간사회의 갈등과 전쟁은 실은 남성성이라는 권력이 여성성이라는 대상을 두고 벌이는 영토전쟁과 흡사하다고 해도 과언이 아니다. 그러한 영토전쟁은 종래의 영토에서 탈영토화-재영토화를 거듭하는 것이라고 말할 수 있다.

고대의 모계사회는 작은 다툼과 불화는 있었겠지만 대규모의 전쟁 같은 것은 없었을 것이다. 왜냐하면 권력이라는 개념이 제대로 성립하지 않았기 때문에, 권력의 규모가 작았기 때문에 큰 전쟁을 벌일 필요성도 없었을 것이기 때문이다. 전쟁은 권력경쟁에서 비롯된다. 평화를 이루기 위해서는 무엇보다도 권력경쟁을 완화시키거나 포기하는 데에 이르지 않으면 안 된다. 더욱이 권력경쟁이 '평화의 적'임을 보다 많은 사람들이 깨달아야 한다.

오늘날 평화를 떠올릴 때 가장 모델이 되는 것이 바로 원시고대의 모계사회이다. 인류학의 연구결과에 따르면 여성중심사회였던 원시모계사회는 인구의 증가와 더불어 집단 간의 마찰과 갈등이 빈번해지고 식량의 확보 등으로 인해 전쟁의 요구가 중대되고, 전사로서의 남자, 혹은 여성을 보호해야 하는 남성의 역할이 증대됨에 따라 가부장사회로 바뀌었으며, 가부장-국가-제국의 형태로 오늘에 이른 것으로 보인다. 오늘날 잔존한 모계사회를 통해 우리는 모계사회의 평화적인 모습을 유추해 볼 수 있다.

모계-여성중심사회는 여성-감성-사랑(감싸 안기)의 연쇄 속에 있으며, 이들 사회는 경쟁(권력경쟁)-이성-남성으로 연결되는 남성중심사회보다는 한결 더 평화와 기쁨과 행복으로 연결될 가능성이 높을 것으로 전망된다. 여성중심사회는 출산이라는 생명의 선물은 물론이고, 어린 아이에 대한 보살핌과 배려로 가득 찬 사회이다. 여성성이 가지는 이러한 선물과 은혜의 분위기는 인간으로 하여금 평화를 느끼게 하기에 충분하다.

여성중심사회는 여성이 품고 있는 자연성으로 인해 자연에 대해 열려 있는 마음가짐을 가지는 것은 물론이고, 인간과 환경과의 문제도 상생으로 풀어갈 가능성이 높다. 그렇게 되면 자연스럽게 에코페미니즘 (eco-feminism)을 달성하게 된다. 에코페미니즘은 단순히 여권의 신장을 주장하는 것에 그치는 것이 아니라 여성성을 환경으로 확대하거나 환경을 여성성으로 봄으로써 본래적 인간성(인간성의 본래)을 깨우치고자 하는 것이다.

신들의 평화, 신들의 전쟁

흔히 신화적으로 남성중심사회는 '신들의 전쟁' 신화로, 여성중심사회를 '신들의 평화' 신화로 대변되기도 하지만, 인류의 평화를 도모하기 위해서는 여성성에 대한 깊은 이해를 전제하게 된다. 여성성에 대한 이해는 인간의 본래적 존재성, 혹은 본래적 인간성을 파악하는 지름길이다.

여성성에 대한 이해는 또한 평화철학에로의 가장 본질적인 안내자이다. 일반성의 철학과 소리철학은, 여성철학과 평화철학에 의해 에코페미니즘으로 매개된다. 적대적 관계인 인간과 환경을 다시 공생공영의 관계로 전환하지 않으면 인류문명은 위험하다.

과학기술시대의 등장과 함께 자연의 황폐화가 심각하게 진행된 오늘날 평화는 인간사회만의 평화로 유지될 수 없다. 본래의 자연환경을 되찾는 것이 바로 본래 인간으로 돌아가는 지름길이다. 그런 점에서 이제 여성과 환경은 같은 의미로 해석되지 않을 수 없다.

자연환경과의 생태적 교감 속에 원시사회를 이끌어온 샤머니즘(샤머니즘 철학)은 오늘날 과학기술문명이 야기한 문제를 해결할 대안철학으로 떠오르고 있으며, 적어도 과학철학의 안티(anti-)로서 손색이 없을 정도이다.

세계는 지금 원시반본 하고 있다. 원시반본의 핵심에 여성성이 있다. 남성성이 존재자라면, 여성성은 존재로서 세계를 더욱 평화롭고 풍부하게 하는 작용을 하고 있다.

1) 일반성의 철학

지금까지 철학은 보편성의 철학이었다. 다시 말하면 일반성의 철학이 나오기 전까지 으레 철학은 보편성을 추구하는 것인 줄 알았다. 철학하는 사람들이건, 보통사람들이건 '보편적이고 일반적인'이라는 말을 상투적으로 사용해왔다. 말하자면 '일반적인'이라는 말은 '보편적인'것에 따라다니는(종속되는) 것으로 치부했다.[11]

이는 보편성을 결정하는 자(사람이나 국가)가 존재를 규정하는 것이고, 존재에 의미를 부여하는 것이고, 존재의 권력을 잡는 것을 의미한다. 보편성의 철학은 지배의 철학이다. 보편성의 철학은 자연을 지배하고, 인간을 지배한다.

----

11 박정진, 『철학의 선물, 선물의 철학』, 소나무, 2012; 『소리의 철학, 포노로지』, 소나무, 2012; 『일반성의 철학과 포노로지』, 소나무, 2014 참조.

보편성은 추상이고, 기계이다. 보편성의 출발은 추상의 출발이고, 보편성의 종착은 기계이다. 보편성을 계속해서 추앙한다고 하는 것은 추상과 기계에 인생을 맡기는 것과 같은 위험성이 있는 것이다. 보편성은 존재가 아니고, 가상존재이고, 추상이다. 일반성이야말로 존재이고, 생명이고, 구체이다.

보편적이라는 것은 인간이 발견하거나 발명한 하나이고, 본래 있는 하나는 아니다. 그렇다면 본래 있는 하나는 무엇인가. 이것이 일반성이다. 일반성의 철학은 자연스럽게 다음과 같이 정의된다. 바로 어떤 주체에 의해 개념화되기 전의, 어떤 권력에 의해 규정 당하기 전의 '존재 그 자체'(self)를 의미한다. 결국 구성되기 전에 그대로 느껴지는 사물 자체, 존재 자체의 철학이다. 일반성의 철학은 결국 개념철학, 구성철학이 아니다.

일반성의 철학이야말로 진정한 존재철학이다. 사람으로 말하면 다른 사람에게 규정당하기 전의 사람을 말하며, 사물로 말하면 사람에 의해 규정당하기 전의 사물을 말하며, 여자로 말하면 남자에 의해 규정당하기 전의 여자를 말한다. 결국 자연을 자연 그 자체로 바라보는 철학을 말한다.

말하자면 우리 눈앞에 흩어져 있는 모든 존재는 똑같은 존재이다. 이를 '존재일반' 혹은 '일반존재'라고 말할 수 있다. 이를 거꾸로 말하면 지금까지 어떤 존재(보편자, 권력자)에 의해 이름 붙여지고, 규정된 것을 가지고 서양철학은 존재인 것처럼 생각해왔다.

종교의 절대와 철학의 보편성과 과학의 법칙과 경제의 소유는 말은 다르지만 결국 같은 것이다. 이것은 다른 말로 종교의 신, 철학의 신, 과학의 신, 경제의 신을 말하는 것이다. 이들을 관통하는 것의 정신은 바로 소유적 존재로서의 인간이다. 인간은 일반존재, 존재일반이 아니라 오랜 진화과정에서 생성적 존재에서 소유적 존재로 돌연변이 된 존재이다.

일반성의 철학은 서양과학이 이룬 '절대–상대성원리'의 힘의 논리에서 '존재–일반성 원리'로 인간존재의 의식을 바꾸려는 철학적 노력이라고 말할 수 있다. 이는 오늘의 철학적 코페르니쿠스적 전환이라고 말할 수 있다. 이는 개체와 집단의 특수성에서 보편과 추상으로 가는 철학과 과학의 전반적인 방향을 '개체'에서 '일반'으로 커다란 철학적 전환을 하는 것이다.

인류의 철학은 서양철학의 '개체(자아, 절대)–원자(물질, 에너지)적 사고'에서 보편성(추상성, 동일성, 기계성)으로 나아갈 것이 아니라 일반성(구체성, 차이성, 생명성)으로 백팔십도 방향전환을 하지 않으면 서로 힘의 경쟁을 하다가 공멸할 가능성이 높다.

일반성의 철학의 눈으로 보면 존재는 자연 그대로가 존재이다. 말하자면 자연은 자연적 존재인 셈이다. 따라서 자연 그 자체가 자유이고, 평등이고, 사랑이고, 차이이다. 자유와 평등과 사랑과 차이는 인간이 추구하는 목표가 아니라 이미 자연에 구현된 것이다. 이 같은 자연적 존재에 대한 깨달음을 얻지 못하고 인간이 다시 세울 것을 찾는다는 것은 환상에 지나지 않는다.

자유, 평등, 사랑, 차이를 별도로 세우는 것은 이미 일반성의 철학이 아니라 보편성의 철학이다. 보편성의 철학은 생명의 철학이 아니라 가상실재, 이데아, 이성의 철학이고, 결국 '권력(힘)의 철학'이다. 권력의 철학은 언젠가는 붕괴되는 철학이다.

자연 속에는 이미 자유와 평등과 사랑과 차이가 들어있다. 이들은 이미 실현된 것들이고, 동사적 존재의 특징이다. 이들을 각각 떼어서 별도로 추구하고, 추구하는 가운데서 서로 모순·갈등하는 것이 서양문명의 한계이자 특징이다.

자유와 평등과 사랑과 차이는 추구되거나 연장되는 것이 아니고 이미 달성된 것이고, 그러한 점에서 만물자유이고, 만물평등이고, 만물사랑이고, 만물차이이다. 결국 차이야말로 만물이고, 차이는 결코 연장(extension)이 아니고 변화(exchange)다. 더 정확하게는 차이는 '안(in, im-)'과 '밖(out, ex-)'이 없는, 실체가 없는 변화(change, 易, 差易)일 뿐이다.

철학은 일반성의 철학의 등장으로 인해 선후상하좌우안팎(先後上下左右內外)을 벗어나게 되었다. 만물이야말로 이미 생명이다. 만물은 더 이상 인간생명을 정점으로 진화한 것이 아니라 오로지 기운생멸해온, 즉 생멸일 뿐이다. 생멸이 곧 생명이지 따로 생명이 있는 것이 아니다.

서양문명에서는 생명현상을 흔히 개체(실체)의 운동에서 찾지만 동양문명에서는 개체가 아니라 전체의 생성변화에서 찾는다. 그런 점에서 서양문명에서 생명은 운동이지만 동양문명에서는 변화이다. 운동은 실체가 있어야 가능하지만 변화는 실체가 없이도 이루어진다.

동양문명에서는 실체 없는 전체의 변화야말로 바로 생명현상이고, 따라서 우주만물은 바로 생명현상이다. 이를 만물생명이라고 말할 수 있을 것이다. 만물생명은 생물과 무생물을 나누지 않은 것이고, 만물만신은 물과 신이 같다는 뜻이다. 만물생명이니 자연스럽게 만물만신이 된다. 만물생명, 만물만신은 실체가 없다는 뜻도 되고, 따라서 주체도 없고 대상도 없음을 말하는 것과 같다. 만물은 역동적 전체이다.

우주의 역동적 전체사로서의 생명현상은 진화론의 경우도 무엇(주체)이 무엇(객체)으로 진화하였다고 말할 수 없이 단지 전체적인 진화적 추이를 말할 따름이다. 자연선택이라고 해서 자연이 주체가 되어서 선택했다는 의미가 아니라 저절로(자연스럽게) 선택된 결과임을 말한다. 그런 점에서 개체발생은 바로 계통발생이고, 부분(개체)은 바로 전체인 것이다.

인간이 무엇을 주장하는 세계가 어떤 것인가를 아는 것은 매우 중요하다. 이는 어떤 주장이 주장되는 것만으로도 이미 우주(세계)에서는 거대한 사건이 발생한 것이라는 것을 의미한다. 현상학은 처음부터 인간이 자신에게 속고 있는 철학인 것이다. 철학은 처음부터 본래존재(본래세계)를 속이거나 왜곡하는 학문이라는 것을 말한다.

인간의 인식이라는 것, 인간의 의식이라는 것은 처음부터 스스로를 속이는 행위일지 모른다. 그 속임수는 어쩌면 인간이 생존경쟁에서 살아나기 위한 '생각하는 동물'로서의 전략일지도 모른다. 거대한 신이라는 가상실재를 세워놓고, 그 신에게 기도하고 애원하고, 고백하고 신탁하는 과정에서 스스로의 힘을 키워왔을 가능성이 높다.

이런 자기 속임수가 없었으면 신체적으로 맹수에 비해 약한 인간은 멸종하였을지도 모른다. 그런 점에서 '초월(보편성)의 철학'에 대해서 무조건적으로 비난할 수만은 없다. 단지 인간의 초월적 힘이 세계를 '힘의 전장(戰場)'으로 패권경쟁을 하는 한편 자연을 황폐화시키고 있기에 그것을 스스로 자제하고 조절할 필요가 있다는 시대적 요청에 따라 존재일반에서 다시 출발할 필요가 있기에 '일반성의 철학'을 주장하는 것이다.

인간이 철학을 하는 한, 인간은 처음부터 세계를 속이는 존재이고, 스스로를 속이는 존재이다. 인간이 무엇을 주장하고 규정하는 행위 자체가 이미 본래세계(존재)는 아니다. 인간이 무엇을 주장하면 주장하는 것과 같은 차원에서 '반(反)의 세계(反世界)'가 태어나고, 또한 다른 차원에서 주장되기 전의 '비(非)의 세계(非世界)가 태어난다.

일반성의 철학은 서양철학을 '초월의 철학'이라고 규정한다면 '비초월의 철학'이라고 할 수 있다. 세계는 본래존재의 세계이지 인간의 주장이나 규정(이것이 이미 초월의 세계이다)에 따라 이렇게 되고 저렇게 되는 세계가 아니다.

사물을 대상화하는 것은 이미 초월적 사고의 산물이다. 따라서 원인과 결과를 설명하거나 주체와 대상을 나누는 자체가 이미 초월행위이다. 생각이나 의식이나 인식은 이미 초월행위이다. 그래서 우리는 과감히 초월하기 전의 세계를 상정하지 않을 수 없다.

질서에서 보면 질서가 아닌 비(非)질서는 혼돈이다. 그러나 혼돈에서 보면 혼돈이 아닌 비(非)혼돈은 질서이다. 비(非)는 처음부터 철학적 비극(悲劇)을 탄생시키고 있다고 해도 과언이 아니다. 이에 비해 반(反)질서는 질서를 끊임없이 추구하는 운동을 하지 않으면 안 된다. 이것이 '질서와 혼돈'의 다차원(다원다층의 음양학)의 모습이다.

인간이 세계를 향하여(대하여) 어떤 주장(主張)을 하게 되면 본래 하나였던(본래 존재) 세계('본래존재')는 저절로 둘이 된다. 어떤 주장이라도 하면 이미 그것은 세계에 대한 소유가 되기 때문이다. 그래서 어떤 주장이 되기 전의 세계를 상정하지 않을 수 없다. 따라서 세계는 주장되기(설명되기, 갈라지기) 전의 본래세계로서의 하나가 있고, 주장됨으로써 하나가 되는 비본래세계(문법적인 세계)가 있다.

비본래세계가 현상이다. 따라서 본질이라고 주장된 이데아의 세계는 본질을 탐구하는 것이라고 주장하지만 실은 이데아 자체가 이미 비본래세계이다. 따라서 서양철학은 처음부터 비본래세계를 탐구한 현상학이었다. 이데아야말로 동일성과 현상학의 출발이었으며, 현상은 이미 세계를 이분법으로 나눈 비본래세계이다.

모든 관점은 하나의 특이점(特異點)이다. 그러므로 관점은 일반적인 것이 아니다. 일반적인 것은 어떤 관점을 가지지 않는 그 자체, 복잡성 그 자체이다. 세계는 본래 잡스럽고 혼란스러운 것이다. 본래존재는 복잡성과 혼란의 세계이며, 알 수 없는 세계이다. 그런데 그 잡스럽고 혼란스러운 세계를 질서정연한 세계로 만들어버린 것이 인간이다.

현상을 가지고 논한다는 것은 오늘의 존재론철학으로 보면 알 수 없는 세계에 대해서는 말할 수 없으니까 유보해놓고, 말하자면 무(無)나 공(空)의 세계는 그냥 두고, 존재(存在)의 세계를 인과(因果)의 세계 혹은 대립의 세계로 논한다는 것을 뜻한다. 즉 '원인(최초의 원인)-결과(최후의 결과)' '주체-대상' '진-위' '선-악' '미-추' 등 이원대립적인 세계로 본다는 것을 의미한다.

본래존재의 세계는 논할 수 있는 세계가 아니다. 본래존재의 세계는 질서의 세계에서 볼 때는 혼돈의 세계일 뿐이다. 현상학의 끝에서 존재론을 깨닫게 된다. 존재에서 현상을 바라보면 현상은 '시작(최초의 원인, 혹은 원인)-끝(최후의 결과, 혹은 결과)'으로 솟아오른다. 다른 모든 이분법은 원인과 결과의 변형일 뿐이다.

예수가 "나는 알파요, 오메가이다."라고 한 것을 오늘날의 철학으로 말하면 바로 존재론과 현상학에 걸친 '존재론적 차이'의 표현이라고 볼 수 있다.

세계는 본래 주체(중심)와 대상(주변)이 없다. 단지 인간이 세계를 그렇게 판단했을 뿐이다. 주체(원인)와 대상(결과)은 모든 현상학적 이분법의 원형이다. 현상학은 세계를 분열시켰기 때문에 당연히 그것을 통합해야 하고, 통합하기 위해서는 보편성을 추구하지 않을 수 없다.

서양의 보편성(초월성)의 철학에서 벗어나기 위해서 그 반대편에 있는 일반성(존재성)의 철학을 찾을 수밖에 없다. 좀 더 엄밀하게 표현하면 일반성의 철학에도 이미 보편성이 다소 내재해있다. 모든 상반된 개념은 실은 서로를 공유하고(중첩하고) 있기 때문이다.

하이데거의 존재성보다는 차라리 현존성이 더 생멸하는 자연 그 자체(존재 혹은 본질)로 말하는 것이다. 현존은 현재(현재적 실체)가 아니라 스쳐지나가는 현존의 생멸을 말한다. 그런데 사람들이 현존을 현상(공간)

으로 보거나 현재(시간)로 보기 때문에 차선책으로 하이데거는 하는 수 없이 새로운 존재(존재론)를 주장하고 종래의 '존재'를 '존재자'로 별도로 규정하지 않을 수 없었던 셈이다.

결국 어떠한 개념으로는 일반성(존재 그 자체)을 표현할 수 없다. 일반성은 '사물(It=thing)'이 아니고 그냥 '자체(self)'이다. 그래서 일반성의 철학은 '철학이 아닌 철학'이 아니라고 말할 수도 있다. 일반성의 철학은 존재의 이유(why)를 묻는 철학이 아니다. 존재를 한없이 수용하는 철학, 존재를 한없이 수긍하는 철학, 존재에 대해 한없이 겸손해 하는 철학인 것이다. 존재는 존재이유가 없다. 일반성의 철학은 만물(존재)의 교감체인 파동의 소리를 듣지 않을 수 없다.

일반성의 철학은 초월의 높이가 아닌, 만물의 깊이에서 울려오는 파동의 소리를 듣기 위해 마음을 비우는 철학이다. 일반성의 철학은 욕망에 따라 주체(원인)와 대상(결과)을 주장하는 철학이 아니라 세계에 대해 귀 기울이는 철학이다.

일반성의 철학은 '만물을 감싸는 철학'이다. 만물을 감싸는 철학은 '만물에 감사하는 철학'이다. 일반성의 철학은 소리철학으로 연결된다.

소리는 만물의 어머니이다(개념은 만물의 아버지이다). 소리는 무의식이다(소리는 초의식이 아니다). 자연은 소리이면서 동시에 무의미이다(소리는 의미만이 아니다).

보편성의 철학은 남자의 철학이다. 남자의 철학은 이름의 철학이고, 이름의 철학은 동일성의 철학이다. 남자는 어리석다. 남자는 이름을 남기려고 하고, 이름을 존재라고 착각한다. 이에 반해 여자는 결코 이름에 연연하지 않는다. 여자는 생명을 사랑하고 죽을 뿐이다.

그런데 역사는 이상하다. 여자는 어리석은 남자를 앞세우고 살았다. 남자의 철학은 '지식의 학문'이지만 '지혜의 학문'은 아니다. 여자는 철학을 모르지만 자연을 닮아 지혜롭다. 철학은 결코 여자를 알 수 없다. 여자의 철학은 일반성의 철학이다.

필자는 '기(氣)'라는 전통적 용어를 한국 생활세계를 설명하는 일상적 개념으로 채택함으로써 서양철학의 여러 개념을 토대로 구성한 철학이 아닌, 한국의 자생철학의 탄생을 시도했다.[12] 이는 근본에서부터 서양철학을 벗어나는 철학적 사유과정이었다고 말할 수 있다.

필자는 또한 일반성의 철학의 선행적 사례로 동양의 최제우(崔濟愚, 1824~1864)의 '동학(東學)'사상[13]과 서양의 하이데거의 '존재론'을 예로 들었다.[14] 동학은 동양(한국)의 자생 종교였지만 서양기독교의 하느님 사상을 통합하면서 '한울사상'을 이루었다.

하이데거는 기독교의 전통 속에서 동양의 불교 및 노장사상을 받아들여 존재론을 이루었다. '동학'과 '존재론'은 일반성의 철학으로 나아가는 노정에 있는 것으로 파악했다.

2) 소리철학

일반성의 철학은 소리의 철학이다. 일반성의 철학이 소리의 철학인 것은 종래 보편성의 철학이 개념(동일성, 추상성)에서 출발하였기 때문에 잃어버린 자연 그 자체를 되찾기 위해서 제안된 것이다.

자연은 개념이 아니라 '파동(소리)'이다. 파동은 물리학적인 개념이기

----

12 박정진, 『철학의 선물, 선물의 철학』, 소나무, 2012, 102~140쪽.

13 박정진, 같은 책, 140~150쪽.

14 박정진, 같은 책, 151~191쪽.

때문에 이것을 철학적으로 승화(변안)시킨 것이 바로 '소리'이다. 이때의 '소리'라는 것은 감각적 소리만을 뜻하는 것이 아니라 개념의 반대 뜻으로, 즉 보편성(동일성, 추상성)의 반대인 일반성(파동성, 구체성)에 대한 총칭이다.

지금까지 철학은 개념에 의해 규정되었다. 말하자면 철학은 인간의 말(언어, 개념어)에 의해 구성된 철학이었다. 구성되었다는 것은 본래적 존재, 즉 존재 그 자체가 아니라는 말이다. 일반성의 철학은 구성되기 전의 존재에 대한 철학이기 때문에 "존재는 소리다."라는 취지에서 소리철학이라고 말할 수 있다.

말씀은 흔히 기독교의 영향으로 로고스(logos)라고 해석되지만, 말씀의 소리는 파토스(pathos)이다. 말씀의 기호(기표)는 로고스이지만, 말씀의 소리 자체는 파토스인 것이다. 파토스에도 로고스만큼 명확한 것은 아니지만 나름대로 의미가 있다. 소리의 파토스에는 도리어 다의미(多意味)가 있다. 소리는 로고스로 다 잡을 수 없다.

존재는 '의미'이기에 앞서 '소리'이다

모든 존재는 혹은 만물은 소리를 내고, 소리를 함유하고, 소리를 은적하고 있다. 진리(진어)를 부르는 소리는 시대마다 다르다. 우리가 알고 있는 물질이나 사물은 인간의 정신에 의해 개념규정된 것이고, 그래서 인간이 잡고 다룰 수 있는 것을 말한다. 그렇다면 인간이 어떤 형태로든 감각적으로 잡을 수 없는, 결코 보이지 않는 존재가 있음을 개념적으로 전제하지 않을 수 없다. 그게 소리(파동)이다.

소리는 개념이 아니라는 점에서, 소리는 잡을 수 없는 것이라는 점에서 일반성의 철학은 소리의 철학이다. 소리는 잡을 수 없는 파동(음파)적인 것이다. 우주는 파동의 세계이고 소리의 세계이다. 자연은 소리이거나 궁극적으로 침묵의 소리이다.

소리는 의미이면서 무의미이다. 말하자면 소리는 의미와 무의미의 경계에 있다. 그러한 점에서 종래의 개념철학은 고정된 의미의 철학이라고 한다면 소리의 철학은 '다원적 의미'의 철학 혹은 '무의미의 철학'이라고 말할 수 있다.

자연은, 즉 자연적 존재 소리의 세계이다. 그런데 이 소리의 세계를 의미의 세계로 바꾼 것이 인간이다. 더욱이 그 의미의 세계를 문자로 고정시킨 것(고정된 의미)이 인간이다. 섭리(攝理)의 섭(攝)자라는 글자에는 하늘의 소리, 인간의 소리, 땅의 소리를 듣는 귀가 있고, 그것을 종합하여 기호나 문자로 고정시킨 후에야 이치(理致)가 된다. 소리를 의미로 바꾸고 기호·문자(텍스트)로 고정시킨 것이 인간이다.

섭리(攝理) 통섭(通涉)	섭(攝)	하늘의 소리를 듣는 귀(耳)	하늘의 이치(理)
		인간의 소리를 듣는 귀(耳)	인간의 이치(理)
		땅의 소리를 듣는 귀(耳)	땅의 이치(理)

인간의 입장에서 보면 자연의 세계, '소리의 세계'는 '혼돈(chaos)의 세계'일 수밖에 없다. 자연을 전체로 보면 '혼돈의 소리' '혼원일기(混元一氣)'일 수밖에 없다. 소리의 세계, 즉 자연도 스스로 광의의 질서를 가지고 있긴 하지만 인간의 질서와는 다른 것이며, 인간은 그것을 알 수가 없다. 그래서 인간이 문자(기호, 수학)에 의해서(문자적 명명이나 개념 규정에 의해서) 인위적(유위적) 질서를 재구성한(시스템화한) 것이 문화이고 문명이다.

본래 자연에는 텍스트(text)가 없다, 문자(letter, picture)도 없다. 있는 것은 상황(context)과 기운생동(氣運生動)뿐이다. 자연은 텍스트를 위해 존재하지 않는다. 텍스트야말로 문화와 문명을 상징하는 것이다. 서양철학은 특히 소리(말씀)를 이성이나 의지로 보는 경향이 있다.

오직 문자와 그림과 이미지로 가득 차 있는 것이 오늘날 인류의 문화이고 문명이다. 본래 자연은 그렇지 않았다. 그러한 점에서 자연은 소리의 철학으로 새롭게 규정할 수밖에 없다. 그러나 이때의 소리는 개념으로서의 소리가 아니라, 귀로 듣는 파동으로서의 소리이다.

소리는 시(詩)의 원천이고 바탕이다. 인류문명은 소설이나 과학에서 다시 시로 돌아가지 않으면 안 된다. 여기서 시는 전통적인 문학 장르로서의 시가 아니라 '자연의 소리로서의 시'이다.

한국민족문화의 전통은 소리를 자연으로 수용하는 경향을 가지고 있다. 이는 세계에서도 보기 드문 독창적 소리글자인 한글(자연에 가장 가까운 소리를 담을 수 있는 문자)에서도 잘 나타나지만, 매우 파토스(pathos)적 기질을 가지고 있는 민족이라고 말할 수 있다. 한국인에게는 소리가 바로 자연적 존재인 셈이다.

한국인은 시를 지향하고 소리를 지향하기 때문에 오늘에 이르러 필자의 소리철학이 탄생하는 바탕이나 계기가 되었다고 볼 수 있다. 소리철학은 한국문화의 특징(特徵)이자 특장(特長)이다(그러나 문자로 기록하지 않고 반성하지 않는 민족적 성향과 연결된다는 점에서 민족적 내홍(內訌)이기도 하다).

소리를 음악과 비교해 보자. 음악은 이미 말과 같다. 소리에 의미가 투사되어 있기 때문이다. 그러나 소리는 의미가 없다. 소리에 의미를 부여한 것이 음악과 말, 문화의 시작이다. 문자언어는 접합(articulation)의 산물이지만, 그러한 점에서 해체되기도 하지만 극단적으로는 의미를 초월하려는 욕구, 초월적 사고를 뒷받침한다. 이것이 '언어=사물' '언설=실제'이다.

소리는 기표(표상)이면서 기의(의미)이다. 소리의 이러한 이중성을 따라 철학은 존재의 근본을 찾아갈 수 있다. 소리는 존재 그 자체이다. 소리에 의해서 존재(자연적 존재)의 근본(근원)을 찾아가지 않을 수 없다. 존재는 언어와 텍스트 밖에 있다. 이것이 철학의 원시반본이고, 삶의 철학이고, 소리철학이고, 일반성의 철학이다.

소리철학을 오늘날 문명의 유행으로 보면 '스마트폰(smart phone)의 철학'이라고 말할 수 있다. 인류의 과거문명을 '기록과 문자의 문명'이라고 말한다면 오늘날 현대문명은 '이미지(상징)와 소리의 문명'이라고 말할 수 있다. 그라마톨로지(grammatology)의 문명시대는 지나가고 포노로지(phonology)의 문명시대가 다가오고 있는 것이다.

만물의 소리 가운데 인간의 울음소리는 독특하다. 울음도 소리일진댄 일종의 공명(울림)이지만 인간의 울음은 우주적 공명을 일으키는 것으로 예로부터 회자되어 왔다. 인간의 울음은 우주의 마지막 소통수단이면서 가장 강력한 수단인지도 모른다.

말하자면 하늘의 소리는 인간에게, 인간의 소리는 하늘에, 땅의 소리는 인간에게, 인간의 소리는 땅에 닿아 결국 천지인이 서로 공명하는 현상이 벌어지는 것이다. 이것이 인중천지일(人中天地一)이다.

3) 여성철학

일반성의 철학은 소리철학에 이어 여성철학이라고 말할 수 있다. 지금까지 인류의 철학은 남성철학이었다. 인식론은 남성중심의 철학이다. 철학은 여성의 재생산의 우월에 대한 남성의 열등콤플렉스의 발로로서 의식적 생산을 담당하는 것으로 출발했다. 그러한 인식론적 전투는 인류의 문명에 그대로 반영되었다.

우리는 이미 가부장—국가사회가 진행된 이후의 철학만을 접하고 있는 한계 속에 있다. 말하자면 가부장—국가사회는 이미 무엇을 강력하게 주장함으로써 빚어진 남성적 세계이고, 본래세계라고 할 수 있는 여성적 세계가 아니다.

여성은 자연적 존재이다. 여성은 주장하지 않고, 주어진 것을 수용한다. 여성은 이름마저도 주장하지 않는다. 여성이 그렇게 주장하지 않는 까닭은 여성은 이미 자연(생성)의 상속자이기 때문이다. 여성은 검소와 겸손의 화신이며 우주적으로 보면 신부적 존재이며 '음(陰)의 존재'이다.

지식이 남성이라면 지혜는 여성이고, 권력이 남성이라면 삶은 여성이다. 그런데 삶은 권력을 좋아한다. 자연의 상속자가 아닌 남성은 자의식을 가지고 무엇을 주장하는 것이다. 역사와 과학이라는 것은 남성철학의 대표적인 산물이다. 남성은 자유와 창의의 화신이며 우주적으로 보면 신랑적 존재이며 '양(陽)의 존재'이다.

특히 서양의 근대철학은 남성의 신체적 특징인 '시각—언어—페니스'의 철학이었다. 이에 대해 필자의 일만성의 철학은 여성의 신체적 특징인 '청각—상징—버자이너'의 철학이다. 그런 점에서 여성철학이다.

동양의 '음양(陰陽)철학'은 역사시대의 전개와 더불어 왜곡·변형되긴 했지만 그 근본에서는 여성철학을 실천한 인류의 대표적인 예이다. 필자가 일반성의 철학, 소리철학, 여성철학을 주장하는 것도 동양문화권에 속해 있기 때문이다. 서양철학자들은 결코 여성철학을 주장할 수 없는 것이다.

페니스는 공격하고 정복하고 씨를 뿌리려고 하는 것을 상징하지만 버자이너는 공격을 받고 수용하고 잉태하는 것을 상징한다. 이를 성씨(姓氏)로 말한다면 본래 '성(姓=女+生)'은 합성어로서 여성에서 태어남을 의미한다. 이것이 성(姓)의 남성독점 혹은 남성강탈로 인해 '씨(氏)'가 되었는데 흔히 '씨앗'을 의미하는 영어의 '시드(seed)'도 같은 의미이다. 씨앗은 '의미'로도 사용된다.

언어의 의미론(semantics)과 정자(semen)는 같은 계통이다. 말하자면 철학이라는 것은 자연(자연의 소리)에 의미를 뿌리는(새기는) 인간의 언어적 행위, 남성의 의미부여를 상징한다. 그런 점에서 일반성의 철학, 소리의 철학이 여성의 철학인 것은 철학이 이제 '의미(개념)'를 벗어나겠다는 의도를 가지고 있는 셈이다. 여성의 철학은 종래 남성중심의 철학의 해체이면서, 반(反)철학이다.

씨앗, 씨, 혈통(血統)은 남성중심의 사회, 즉 가부장사회가 되면서 일종의 권력으로 작용하게 된다. 인간의 친족체계 자체가 실은 권력이다. 말하자면 철학 자체가 그동안 남성중심의 권력상승에 사용된 셈이다. 그러한 점에서 니체의 '권력에의 의지'철학은 남성중심의 철학을 스스로 폭로한 철학인 셈이다(니체의 철학은 새로운 철학 혹은 인류구원의 철학이 아니라, 철학의 무죄를 주장하면서 철학의 원죄를 자백한 철학이다).

여성은 매트릭스(matrix) 혈통

지금까지 여성은 남자에 의해 존재가 규정되었고, 존재의 의미가 부여되었다. 물론 이는 가부장-국가사회 이후의 일이다. 그 이전에는 도리어 여자가 남자보다 상대적으로 중심적인 위치에 있었다(모계-모권사회). 말하자면 보편성의 철학이 남성주도의 철학이었다는 점에서 일반성의 철학은 여성주도의 철학을 선포하는 철학이다.

여성의 철학이라는 말은 일반성의 철학, 소리의 철학 등에 비해서는 가장 일반적으로 보통사람들에게 '일반성의 철학, 소리의 철학'의 요체를 설명하는 철학의 새로운 명명법이다.

여성성이 내포하고 있는 의미를 중첩해서 이해하면 다른 개념보다는 접근이 용이하다. 사람은 남자 아니면 여자이다. 물론 그 중간에 성적 비정상도 있지만ㅡ. 때문에 철학을 성적 상징이나 이미지로 설명하면 더욱 포괄적으로 이해하는 첩경이 된다.

그동안 여성적인 특성은 대체로 부정적인 것으로 취급되어왔다. 여성의 신체적 특징은 자궁과 가슴에 있다. 이는 '비어있음(자궁)'과 '부드러움(가슴)'의 대명사이다. 비어있음은 생산(출산), 부드러움은 감싸 안음(사랑)을 특징으로 한다.

여성은 한마디로 생명을 생산해서 양육교육을 통해서 세계에 내보내는 가장 기본적인 일을 한다. 갓난아이를 키워서 학교에 보내는 것은 물론이고, 사회에서 성인이 될 때까지 기울이는 여성의 자식에 대한 관심과 사랑은 그 어떤 것에도 비교할 수가 없는 헌신적인 것이다. 이러한 여성적 헌신이 있기에 인간은 종의 번식과 사회생활이 가능하다.

인류가 지금까지 구축한 철학을 남성철학과 여성철학으로 편의상 구분을 해보자.

남성철학의 특징은 〈보편성ㅡ개념성ㅡ이성철학ㅡ이(理)ㅡ전쟁철학ㅡ서양철학ㅡ실체(가상실재)철학(동일성의 철학)ㅡ뇌(정신ㅡ물질)의 철학〉으로 요약해 볼 수 있다.

여성철학의 특징은 〈일반성ㅡ구체성ㅡ감성철학ㅡ기(氣)ㅡ평화철학ㅡ동양철학ㅡ실재(기운생동) 철학(차이성의 철학)ㅡ몸(몸·마음)의 철학〉으로 요약해 볼 수 있다.

여성적 진리는 '존재의 진리'이고, '생명의 진리'이고, '생멸의 진리'이다. 그러한 점에서 여성철학의 진리는 종래의 서양 철학적·과학적 진리라기보다는 존재, 생명, 생멸의 진리, 지혜의 진리라고 말할 수 있다.

여성철학은 '타자의 여성성'이 아니라 '자기의 여성성'이다. 자기 속에

남성철학	여성철학
보편성(보편적이고 일반적인)	일반성(일반적이고 보편적인)
개념성(개념의 건축)	구체성(개체의 존재)
이성철학(철학의 본질, 앎, 이데아)	감성철학(삶의 감각, 느낌, 교감)
이(理)/본연지성(本然之性)	기(氣)/기질지성(氣質之性)
경쟁—전쟁철학	상생—평화철학
서양철학(陽陰哲學)	동양철학(陰陽哲學)
실체(가상실재)철학/동일성(양음)의 철학	기운생동(실재)철학/차이성(음양)의 철학
뇌(정신—물질)의 철학	몸(몸마음)의 철학

있는 여성성을 발견하고, 그것을 평화로 승화시킴으로써 개인은 안심입명(安心立命)의 경지, 무명열반(無名涅槃)의 경지에 이르게 된다. 인류의 성인(聖人)들은 실은 성별(性別)로는 남성이었지만, 자신의 내면에 숨어있는 여성성을 발견하여 그것을 승화시킴으로써 새로운 도덕을 인류에게 선물한 인물인 것이다.

여성적 진리는 몸(신체)과 관련이 있을 수밖에 없고, 그러한 점에서 수신적(修身的) 진리, 수행적(修行的) 진리, 수도적(修道的) 진리일 수밖에 없다. 여성은 몸으로 모든 공부를 하고, 몸으로 깨달음에 도달한다. 여성은 몸으로 신(神)과 교통하는 존재이면서 몸으로 신인일체(神人一體), 심물일체(心物一體), 물심일체(物心一體)를 깨닫는 족속이다.

이에 비해 남성적 진리는 앎, 지식의 진리이다. 지식의 진리는 그것을 실체적으로 사용할 수 있는 지식이고, 이를 객관적(절대적) 진리라고 말한다. 객관적 진리를 추구하는 대표적인 문화가 바로 서양문명이다. 객관적 진리는 바로 동일성의 진리이다.

자기의 여성성을 깨닫는 것이야말로 평화적인 세계를 만들어가면서 미래에 살게 될 인간의 모습인 것이다. 그런 점에서 인간은 '자기의 여성성'을 깨달아야 할 시대적 사명이 있는 것이다.

한국은 여성성의 문화

한국문화의 특징이자 장점이자 단점은 여성성에 있다. 한국문화는 동아시아 한자문화권, 음양문화권에서도 가장 여성성이 두드러지는 문화이다. 중국의 중화사상이나 일본의 사무라이 정신의 권력지배지향에 비해 가장 남성적 지배욕이 약한 민족·국가가 한국이다. 이러한 문화적 특징은 그 옛날 샤머니즘, 신선교의 전통, 즉 단군문화의 전통이 깊게 뿌리박혀 있기 때문이다.

이는 서양철학의 특징이자 장점이자 단점이 실체(substance)에 있는 것과 대조된다. 한국문화가 서양철학의 구원자로 등장하는 것도 바로 한국문화의 여성성에 기초하고 있다고 볼 수 있다.

필자의 일반성의 철학(소리철학, 여성철학)이 역사운명적으로 한국 땅에서 탄생한 것은 바로 한국문화의 여성성·심정성(心情性)의 바탕 위에 건립된 것이다.[15]

한국문화의 여성성은 인류문명으로 하여금 평화의 길로 인도하는 힘을 가지고 있다. 한국문화의 여성성은 그동안은 역사적 전개과정에서 외세침략의 대상이 되었지만 이제 인류문화를 구원할 수 있는 주인으로서 평화철학을 생산하는 역전의 장(場, 터전)을 마련하는 시대적 의미를 떠올리게 한다. 여성성은 비권력이고, 비권력이기 때문에 평화철학

---

15 박정진, 『韓國文化, 心情文化』, 미래문화사, 1990 참조.

으로 연결될 수 있는 것이다.

본래 여성적 진리는 샤머니즘(shamanism), 혹은 신선교(神仙敎)에 그 뿌리를 두고 있다. 샤머니즘은 자신의 몸의 주인인 '몸주신'을 섬기는 여성적 진리(신에 대해서 인간은 여성적 입장·신부의 입장에 있게 된다)를 추구하는 종교방식이다. 모든 종교에는 이런 요소가 있다.

이러한 여성적 진리를 남성적 진리, 이성(로고스)의 진리로 바꾼 것이 바로 유불도기독교(儒佛道基督敎)이다. 이중 기독교가 남성적 진리 추구 방식의 가장 극단에 있는 것이다. 고등종교의 수도방식을 예컨대 이렇게 말할 수 있다. 수신적(修身的) 진리의 변형은 유교(儒敎)이고, 수행적(修行的) 진리의 변형은 불교(佛敎)이고, 수도적(修道적) 진리의 변형은 도교(道敎)인데 이들 모두 신선교·샤머니즘의 바탕 위에 세워진 지역적 변형인 것이다.

기독교는 실은 오늘날에 가장 실천적 선교(仙敎)의 전통을 계승한 종교이다. 기독교는 '하나님 아버지'라고 신을 부르는 방식에서부터 남성신 중심이고, 여성을 원죄의 주인공(범인)으로 지목하고, 여성에게 얼굴을 가리는 면사포(가톨릭에서는 미사포, 이슬람에서는 차도르)를 쓰게 하는 방식 등 여러 가지 점에서 여성을 억압하고 있다.

고등종교의 진리를 찾는 방식은 모두 남성중심의 방식이라고 말할 수 있고, 모두 인간의 몸을 다스리는(제어하는) 것에 중점을 둔 방식이다. 인간의 몸은 기본적으로 다스려지지 않으면 안 되는 '나쁜 것'이라는 선입견이 있다. 인간의 몸이 '나쁜 것' '사악한 것'이라면 우주 전체의 몸이 그러한 것이 된다. 이는 모두 남성적 편견이고 왜곡이다.

고등종교를 여성적 관점에서 보면 모두 편견이고 여성에 대한 억압일 뿐이다. 여성은 무엇보다도 자손에게 몸(육신)을 부여하는 장본인이다. 그런데 몸을 부여하는 역할을 하는 여성이 도리어 죄인이 된 상황이

고등종교의 전반적인 담론상황인 것이다. 이는 모두 가부장적 사고, 혹은 남성이 여성을 소유하는 방식의 산물이다.

여성적 진리는 몸 밖에서 진리를 찾는 것이 아니고 몸 안에서 진리를 찾는 방식이다. 이때의 몸은 육체(남성적 정신이 대상으로 하는)가 아니고 자연 자체, 우주 자체를 의미한다. 그러한 점에서 여성적 진리는 존재론적 진리라고 말할 수 있다.

여성적 진리는 자신의 몸속에서 결국 평화와 만족을 찾는 것이다. 여성적 진리는 평화의 진리일 수밖에 없다. 여성적 진리는 지금 그 자리에서 만족하는 '만족(滿足)의 진리'이며, '자연지족(自然之足)의 진리'이다.

여성적 진리는 자연적 존재의 진리이고, 이는 심물일원의 진리이고, 심물존재의 진리이고, 심물자연의 진리이다. 심물자연의 진리는 무엇을 새롭게 통합하거나 통일하는 진리가 아니고(시공간 속에 있는 진리가 아니고) '지금 있는 그대로'의 자연의 진리이다.

서양철학은 처음부터 끝까지 '초월(보편)'을 찾는다. 그래서 '보편적이고 일반적인'이라고 말을 한다. 서양철학의 진리는 으레 '보편적 진리'이고 동시에 '모순의 진리'이다.

동양철학은 처음부터 끝까지 '상징(다의미)'을 찾는다. 그래서 '음양(陰陽)의 진리'이고 '변화의 진리'이다. 다시 말하면 '차연(差延)의 진리'가 아니고 '차역(差易)의 진리'이다.[16] 동양철학이 '음양(陰陽)철학'을 탄생시킨 것은 실로 우연이 아니다.

서양철학은 개념에서 출발하고, 동양철학은 상징에서 출발한다. 서양철학은 동일성에서 출발하여 동일성으로 끝나고, 동양철학은 상징에

----

16 박정진, 『일반성의 철학과 포노로지』, 소나무, 2014, 276쪽.

서 출발하여 상징으로 끝난다. 상징은 세계를 시적(詩的)·시인의 마음[17]
으로 바라보는 태도이다.

세계를 시적으로 바라본다는 것은 일상언어(세속적 언어)의 동일성의
세계에 대한 저항이자 예술적 승화로서 결국 동일성이 아닌 차이를 추
구하는 행위이다. 따라서 동양철학은 시(詩)에서 출발하여 시로 끝난다.

상징철학인 음양철학을 서양철학적으로 설명한 것이 바로 '일반성의
철학'이다. 음양철학이야말로 진정한 차이의 철학이고, 차이야말로 세
계의 일반성이다.

일반성의 철학이 '소리의 철학'인 것은 소리는 사물일반에 '잠재해 있
기' 때문이다. 소리철학이 '여성철학'인 것은 여성은 '비어있기' 때문이
다. 여성철학이 '비권력의 철학'인 것은 여성은 자신의 '이름을 주장하지
않기' 때문이다.

한국 사람들은 '나는(I)'이라고 말할 것을 '우리는(We)'이라고 말한다.
'내 마누라(my wife)'라고 말할 것을 '우리(our) 마누라(wife)'라고 한다. 또
'나의 어머니(my mother)'를 '우리 어머니(our mother)'라고, '나의 아버지(my
father)'를 '우리 아버지(our father)'라고 말한다. 어떻게 마누라가 공동소유
도 아닌데 '우리 것'이고, 형제 사이도 아닌데 아버지와 어머니가 '우리
것'인가. 이는 뿌리 깊은 모계사회적 풍습의 강한 흔적이다.

한국인은 '나는 생각한다(I think)'를 '우리는 생각한다(we think)'라고 말
한다. 한국 사람들은 개인적 자아(주체)가 없고, 집단적 주체(자아)가 그
자리를 대신하는 경우가 많다. 그래서 'We, the Korea'인 것이다. 한국
사람은 논리적 생각을 하는 데에 미숙하다. 논리는 '우리'가 아니라 '나'
로부터 비롯되기 때문이다.

----

17 박정진, 『한국문화와 예술인류학』, 미래문화사, 1992, 73~90쪽.

'우리'는 집합표상(collective representation)이기 때문에 비논리적이다. '우리'라는 한글발음과 영어의 '위(We)'라는 발음도 유사한 것에 주목할 필요가 있다. '우리'는 울타리와 같은 뜻이고, 한 울타리 안에 있는 사람들이 결국 '위'인 셈이다. 필자의 소리철학의 입장에서 보면, 세계의 언어는 하나의 뿌리에서 출발한 것일 가능성이 높다. 그런 점에서 한글이 세계 언어의 뿌리일 가능성에 대해 언어학자들의 연구가 필요하다.

한반도 평화 없이 세계평화 어려워

일반성의 철학, 소리철학, 여성철학, 평화철학이 한국 땅에서 탄생하는 것은 당연한 일이다. 냉전체제가 물러가고도 아직 남북분단으로 일촉즉발의 핵전쟁의 위기상황에 몰리고 있는 한국 땅은 세계 어느 지역보다 평화를 간절하게 기구하고 달성해야 할 절체절명의 위기에 있는 것이다. 한반도에 평화가 오지 않으면 세계평화는 가까운 시일내에 기대하기 어렵다. 한국의 평화는 세계평화에 바로 직결된다.

한국만큼 서양의 보편성의 철학, 개념철학, 남성철학, 전쟁철학에 대비되는 문화는 산업화·근대화에 성공한 중선진국 사이에서는 세계적으로도 드물 것이다. 오늘날 서양의 근대과학문명이 한국 땅에서 새롭게 원시반본하는 것은 한국에 인류문화의 원형(archetype)이 있기 때문이다.

소크라테스와 플라톤에 의해 자연을 떠났던 서양철학은 일반성의 철학, 소리의 철학, 여성의 철학을 통해서 실로 수천 년 만에 자연으로 돌아오게 되었다고 해도 과언이 아니다. 데리다의 주장처럼 소리가 이성주의의 원인이었던 것이 아니라, 소리를 이성으로 생각하는 자체가 서양철학이 처음부터 이성철학에서 출발하였다는 것을 증명하는 것이다.

동서양철학은 일반성의 철학, 소리의 철학, 여성철학에 의해 동서융합을 꾀하게 됨은 물론이고, 철학이 자연으로 돌아가는 '철학의 원시반본'을 이루는 데에 이르렀다. 일반성의 철학, 소리의 철학, 여성의 철학에 의해 철학과 신학과 자연은 다시 하나가 되었다. 과학의 밖에서 철학과 신학과 자연은 공동전선을 펼 필요가 있다.

필자의 철학에 대한 여러 각도에서 붙여진 이름은 최종적으로 평화철학에서 통합되면서 결실을 맺는다고 할 수 있다. 철학이 머리 좋은 사람들의 말장난이나 그들만의 리그(league)가 아니고, 각 문명권에서 삶의 필요에 의해 생긴 것이라면 평화철학이야말로 가공할 무기를 생산하는 과학시대에, 그것도 핵전쟁의 위협에 시달리는 한국인에게서 나오게 된 것도 필연적이다.

평화철학은 철학의 원시반본인 동시에 당연히 '권력의 철학'(니체의 철학)이 아니라 '비권력의 철학'이 된다. 비권력은 반권력이 아닌, 권력의 아프리오리(A priori)이다.

4) 비권력의 철학

지금까지 말한 일반성의 철학, 소리철학, 여성철학은 '비권력의 철학'이다. 이들 철학의 이름은 보는 각도에 따라 다른 이름으로 명명되었지만 실은 같은 철학이다. 앞장에서도 말했지만 이들 사이에는 일이관지(一以觀之)하는 그 무엇이 있다. 그 무엇이란 실체와 권력을 추구하지 않는다는 사실이다. 니체의 '힘에의 의지' 철학과는 정반대의 철학이다.

이들 철학이 '비권력의 철학'인 것은 어떤 절대적 존재(보편자, 권력자, 주인)에 의해 규정당하기 전의 존재를 말하며, 나아가서 어떤 것으로부터 규정당하는 것을 인정하지 않기 때문에 '비권력의 철학'이다.

모든 존재는 인식이나 의식 등 외부의 시각, 즉 관점이나 규정에 의해 의미되어지거나 결정되는 것이 아니라 스스로 그 자체로 존재한다. 그런 점에서 존재는 선악(善惡)이나 가부(可否) 이전의 문제이다. 말하자면 존재는 선악이나 가부에 의해 규정되지 않는 존재이다. 이를 두고 비권력의 철학이라고 말한다.

존재에게 있어 차이나 다름은 존재 본래의 모습이다. 이를 본래존재라고 말할 수 있을 것이다. 존재에게 동일성은 없다. 어떤 경우에라도, 예컨대 어떤 존재에 의해 추구되고 지향되는 동일성이라고 하더라도 그 동일성은 이미 존재가 아니다. 그런 점에서 일반성의 철학은 정반합과 같은 변증법을 인정하지 않으며, 결과적 동일성도 인정하지 않는다. 존재는 서로 다르게 지나가는 것일 뿐이다. 존재는 머무르지 않는 것이 특징이다.

비(非)권력은 공의 권력, 음의 권력

비권력의 철학은 '공(空)의 철학'이고, '음(陰)의 철학'이다. 공의 철학, 음의 철학은 바로 '음(音)의 철학'으로 통한다. 존재는 소리이다. 소리는 잡을 수 없는 것이기에 인간은 그것을 잡기 위해 온갖 몸부림을 쳤다. 그것이 인간의 역사이고 문명이다.

인간과 역사와 문명은 음악(정확하게는 소리)처럼 흘러가는 것이다. 그래서 결국 신화와 전설이 된다. 모든 의미와 개념은 음표에 불과한 것이다. 인간은 물론이고 만물은 모두 소리로 환원된다. 결국 그 환원의 끝은 침묵이다. 침묵 속에 있는 소리를 듣지 못하면 제대로 들은 것도 없고, 아는 것도 없다.

비권력과 평화를 추구한 역사적 '희생양 국가'이면서 '역사의 이단아'인 한국문화는 따로 해체가 필요 없다. 왜냐하면 한국문화 자체가 처음부터 해체적이고 더욱이 존재적이기 때문이다. 한국인은 처음부터 텍스트, 담론(존재자)을 구성하는 데에 취약하였고, 노래하고 춤추는 삶(존재)을 좋아했다.

중국문화는 시를 좋아했지만, 한국문화는 노래와 춤을 좋아했다. 시는 비유이지만, 노래와 춤은 세계에 대해 보다 직접적으로 대응하는 것이다. 여기서 직접적이라는 말은 본래세계의 파동(역동)에 참여한다는 뜻이다.

5) 예술·놀이·평화의 철학

일반성의 철학, 소리의 철학, 여성의 철학, 비권력의 철학은 이제 예술·놀이·평화의 철학이 된다. 여기서 예술과 놀이와 평화는 단어는 다르지만 같은 개념이다. 종교와 과학은 결국 권력을 지향하게 된다. 비권력의 철학을 추구하는 것은 구체적으로 예술과 놀이와 평화를 사랑하는 것이다.

예술이란 폭을 넓혀 일상적으로 말하면 바로 놀이가 되고 '놀이를 사랑하는 인간'은 바로 '평화를 사랑하는 인간'이다. 평화를 사랑하는 인간은 어떤 인간일까. 단도직입적으로 말하면 '소유적 사유에서 벗어난 인간'이다. 소유적 사유를 벗어났다고 아무 것도 소유하지 않는 무소유(無所有)는 아니다. 자연에 태어난 존재는 무엇이든 가지게 된다. 자연은 많은 선물을 주기 때문이다. 생명 그 자체가 이미 선물이다.

일반성의 철학의 입장에서 보면 보편성의 철학은 소유의 철학이다.

소유의 철학은 권력의 철학이고, 권력의 철학은 주인-노예의 철학이다. 소유는 왜 생기는가? 간단하게 말하면 주인(보편자, 권력자, 존재자)이 있기 때문이다. 주인이 있기 때문에 소유의 세계가 된다. 주인이 있기 때문에 모든 존재는 존재자로 전락하게 된다.

주인이 있기 때문에 종교도 생기고, 주인이 있기 때문에 과학도 생긴다. 종교는 신을 인간의 주인으로 삼는 것이고, 과학은 사람을 사물의 주인으로 삼는 것이다. 그런데 어느 누구도 주인이 될 수 없다. 그런 점에서 일반성의 철학은 최소한 주인과 노예를 고정시키지 않고 왕래하게 하고, 번갈아 하기 때문에 예술의 철학이다.

인류의 문화현상인 종교와 과학과 예술을 주인과 노예의 패러다임으로 설명하면 다음과 같이 정리할 수 있을 것이다.

종교는 노예 되기에서 주인 되기로, 과학은 주인 되기에서 노예 되기로, 예술은 주인 되기와 노예 되기의 왕래로 설명할 수 있을 것이다.

종교는 처음에는 인간이 신의 노예로 출발하였으나 이제 신인일체가 되어, 인간 스스로 주인이 되고 메시아를 자임하여야 하는 단계에 이르러야 함을 의미한다.

과학은 처음에는 인간이 주인 되는 길인 줄 알았는데 결국 인간이 기계(기술)의 노예가 되는 상황에 처하게 되었음을 의미한다. 예술은 인간이 주인이 되거나 혹은 노예가 되는 놀이를 하는 것으로 해석될 수 있다. 그런 점에서 예술이야말로 인간의 진정한 구원이 됨을 알 수 있다.

인간은 소유하기 위해 신을 만들었고, 결국 인간의 손으로 소유할 수 있는 과학이라는 신을 만든 뒤에, 신을 과학으로 대체했다. 과학을 만들어낸 인간은 스스로의 운명(멸망)도 스스로 결정할 수 있는 동물이 되었다. 인간은 지금까지 인구(개체 군)를 늘려오는 데 공헌한 종교와 과학과 자본 때문에 결국 망할 가능성이 높다.

자연의 신은, 인간이 볼 때는 때로는 아무런 힘이 없는 무능한(무기력한) 신이다. 신이 힘이 없어진 오늘날, 신의 막강한 힘은 어디로 갔는가. 기독교식으로 말하면 절대신 다음에 힘 있는 자는 악마이다. 그렇다면 인간이 바로 악마라는 말인가? 인간은 신을 앞세워서 그동안 힘을 얻어 만물의 영장이 되어놓고는 이제 신의 아래에서 사사건건 힘을 다투던, 신 다음에 가장 힘 있는 존재로 부각되었던 악마의 본색을 드러낸 것인가.

　그 악마는 현재 과학과 함께하고 있다. 과학의 악마는 이제 막을 길이 없다. 과학은 항상 현재 시점의 바깥(extension)을 지니고 있기 때문이다. 과학은 언제나 바깥에서 들어오는 새로운 힘이다. 과학에게 이 세계를 맡긴다면 결국 인간은 전쟁으로 멸종하게 될 것이다.

　과학의 신과 악마의 카르텔을 막아야 한다. 그러나 이 둘은 인간의 속성이기 때문에 어떻게 막을 길이 없다. '아름다운 악마'인 인간 스스로 자연의 아름다움으로 돌아가야 한다. 자연으로의 귀향이 없이는 인간은 전쟁에서 피할 길이 없다. 천국과 극락은 외계에 있는 것이 아니라 마음에 있기 때문이다.

　인간이 영원히 '바깥'을 지녀야 하는 '소외된 운명'에서 벗어나기 위해서는 니체처럼 영원회귀가 아니라 '지금 만족'이 필요하다. 욕심의 반대(the opposite of greed)가 무욕(無慾, non-desire)이 아니라 만족(滿足, contentment)이듯이 소유(所有)의 반대는 무소유(無所有)가 아니라 공생(共生)이거나 평화(peace)이다.

　소유를 극복하기 위해서는 종교나 과학 중심의 철학이 아니라 예술 중심의 철학을 세우지 않을 수 없다. 종교나 과학은 '주인-노예'의 패러다임에서 자유롭지 못하지만 예술은 적어도 그것을 의식하지 않고도 퍼포먼스(performance)를 할 수 있기 때문이다.

예술중심의 철학도 소유를 위한 예술철학이 아니라 자연으로 돌아가는 예술철학이 필요하다. 예술은 항상 안과 밖의 소통을 통해 스스로를 건설하기 때문이다. 예술의 안팎을 결정하는 경계는 항상 투명하여 '경계 없는 경계' 혹은 '역동적인 경계'라고 할 수 있다. 먼저 예술중심의 철학이 되어야 '놀이의 철학', '평화의 철학'을 세울 수 있다.

진정한 존재는 예술뿐이다. 예술은 신(神)과 물 자체를 배반하지 않고 항상 함께 동시에 간다. 예술은 이분법으로 선악(善惡)을 나누지 않고 진리의 진위(眞僞)도 따지지 않는다. 예술은 정도의 차이만 있을 뿐이다. 예술이야말로 차이의 철학을 실천하는 행위이다. 그래서 차이의 철학은 총체적으로 예술철학이 될 수밖에 없다.

예술은 죽은 문자(기호)가 아니라 살아있는 기운생동이며, 기운생동으로 교감하는 세계를 증명한다. 예술은 또한 존재가 '역동적 장'이라는 사실을 가장 구체적으로 증명한다. 예술은 안(주체)과 밖(대상)이 역동적 하나가 되는 행위이다. 세계가 인간을 끌어당기는 힘은 아름다움이고, 인간이 세상을 끌어당기는 힘은 사랑이다. 아름다움과 사랑의 발견이야말로 평화를 실현하는 윤리인 것이다.

예술은 고정된 주인과 노예를 거부하는 인간의 놀이이다. 인간의 예술행위와 축제행위라는 것의 정체를 살펴보면 결국 최종적으로 주인을 노예로, 노예를 주인으로 바꾸는 놀이이다. 결국 누가 주인이고 노예

〈문화현상학〉

종교(善)	노예되기→ 주인되기	자신(自神), 메시아사상	↕	생활=예술
과학(眞)	주인되기→ 노예되기	기계(기술)의 노예		
예술(美)	주인되기↔ 노예되기	(노동이 아닌) 놀이의 세계		
*예술 중심의 철학이 되어야 놀이의 철학, 평화의 철학이 될 수 있다.				

인지 모르게 뒤섞여놓는 것을 추구하는, 혼돈과 신바람, 즉 오기(orgy)와 난장(亂場)을 추구하는 놀이이다.

시는 어떤 사물과 사건도 주제(주인)로 할 수 있고, 음악은 어떤 사물과 사건도 동등하게 음표로 표현할 수 있으며, 연극과 영화는 어떤 인물도 주인공으로 할 수 있고, 미술은 어떤 사물과 인물도 재료라는 것 속의 동등한 일원일 뿐이다. 무용은 어떤 사물과 사건도 몸짓이라는 것 속에 녹여버린다. 예술은 모든 것의 제왕(帝王)이다.

시의 철학은 시공간의 철학이 아니다. 시가 예술을 대표하듯이 시의 철학은 예술의 철학이고, 예술의 철학은 시공간의 철학이 아니다. 예술의 철학은 놀이의 철학이다.

인간을 지칭하는 분류학상 명칭은 호모 사피엔스 사피엔스(Homo sapiens sapiens)이다. 이를 우리말로 하면 '슬기 슬기인'이다. 그러나 인류는 앞으로 문화를 어떻게 운영하느냐에 따라 '지혜(智慧)의 인간'이 아니라 '영악(靈惡)한 인간'이 되어 스스로 자멸할지도 모른다.

인간이 인류가 되는 것은 인간이 되기까지 동식물의 진화의 과정을 내장하고 있기 때문이다. 이 말은 인간도 자연의 일부임을 깨우치는 것이다. 인간은 '단수의 맨(man)'도 아니고 '복수의 맨(men)'이다. 더욱이 '인간이 아니라 인류'이다. 그러한 점에서 필자의 철학은 '인류학의 철학', '철학의 인류학', 그리고 철학인류학의 성과라고 말할 수 있다.

어쩌면 철학이라는 것은 그것의 과대망상을 치유하기 위해서 인류학을 기다리고 있었는지도 모른다. 인간도 다른 동식물과 함께 사는 존재이고, 눈앞에 펼쳐지는 하나의 돌조각과 다를 바가 없는 존재이다.

지금 나와 함께 존재하는 모든 것은 태초에 나와 함께 출발한 것이다. 만물은 지금 모두 자신의 여정(旅程) 중에 있을 뿐이다. 소리철학은 그 '여정(旅情)으로서의 철학' 중에서 종교와 과학과 예술을 융합한 철학이라고 말할 수 있다. 그 철학의 중심에 예술이 있다. 말하자면 예술을 중심으로 다시 인간의 문화를 재편성하는 셈이다.

여기서 종교는 종교만을 의미하는 것이 아니라 국가까지도 포함된다. 말하자면 국가는 국가종교이고, 국가체제의 혁명을 말하는 정치적 혁명도 종교의 영역에 포함할 수 있다. 과학에는 물론 수학이 포함되고 실체를 다루는 모든 것이 여기에 포함된다. 예술은 시에서 비롯되는 모든 예술과 함께 인간의 삶(생활=예술)을 포함한다.

'시의 철학'은 '시공간의 철학'이 아니다. 이 말은 시의 철학은 '의미의 철학'이기는 하다는 말인데, 하나의 의미가 아니라 다원다층의 의미(의미의 다원성, 복수의 의미, 복수의 언어, 서로 다른 문화와 맥락)를 추구하는 것이다.

시의 철학에서 한걸음 더 나아가는 소리의 철학은 '의미의 철학'이 아니다. 말하자면 소리철학의 최종목표는 '의미'가 아니라 '존재 그 자체'이다. '존재 그 자체'가 바로 '존재의 일반성'이고, 이것을 추구하는 철학이 일반성의 철학이다.

일반성의 철학은 서양의 보편성의 철학을 밖에서 바라보는 관점(시점)이 있는 것이고, 그러한 점에서 일반성의 철학은 보편성의 철학 자체를 비판하는 반(反)철학이다. 보편성의 철학이 수직의 철학이고 권력의 철학이라면 일반성의 철학은 수평의 철학이고 비권력의 철학, 평등의 철학이다.

서양철학은 '밖의 관점'에서 그 이전의 철학을 바라보는 환원주의다. 또한 서양철학의 환원의 핵심에 대상과 주체가 분열된 채로 있다. 그래서 모든 서양철학은 현상학이다. 따지고 보면 서양철학의 출발이라고 할 수 있는 '본질'이라는 용어 자체, 혹은 본질이라고 규정된 자체가 이미 현상이다. 본질이 현상이다. 그러나 동양철학의 관점에서 보면 본질은 규정될 수 없다.

그렇다면 플라톤의 이데아 철학이 바로 현상학의 출발이다. 본질(실재)을 가정하는 자체가 이미 현상이기 때문이다. 플라톤의 뒤를 잇는 칸트의 비판철학은 근대적 현상학의 출발이다. 또한 헤겔의 정신현상학은 이를 관념론의 입장에서 집대성한 것이다. 그런 점에서 서양철학은 모두 현상학이고 또한 변증법이다.

헤겔의 철학이 정신(유심)의 변증법이라고 하면, 마르크스는 유물(물질)의 변증법이고, 니체는 의지의 변증법이고, 후설은 의식의 변증법이고, 하이데거와 데리다는 차이의 변증법이라고 말할 수 있다. 하이데거의 존재론은 마지막 현상학적 존재론(존재론 철학자)이라면 데리다는 존재론적 현상학(현상학적 철학자)이라고 말할 수 있다.

데리다는 하이데거의 존재론을 프랑스어로 해석(번역)하면서(정확하게는 표절하면서) 라캉의 '에크리(Écrits)'를 '에크리튀르'(écriture)로 대체하여 그라마톨로지라는 자신의 철학을 만들어내고, 프랑스 철학자답게 존재론을 현상학으로 돌린 것이다. 그 과정에서 하이데거가 철학의 방법론으로 사용한 '해체(deconstruction)'라는 용어를 '해체주의(deconstructionism)'로 과대 포장한 것이다.

해체주의는 해체를 사유의 방법으로 택한 것이 아니라 해체 자체를 목적으로 하는 것으로서 허무주의를 숨기고 있다. 실체를 추구하는 서양철학사의 맥락으로 볼 때 해체는 그것 자체가 허무이며, 해체철학은 구성주의를 마지막으로 보여주는 다른 이름일 뿐이다. 서양철학은 동양철학의 무(無)를 허무(虛無)로 받아들일 수밖에 없다.

데리다는 서양철학의 가상실재(실체)를 만들어내는 길고 긴 여정의 마지막 '가상현실(virtual reality)'과 같다. '실재'를 '현실(실체)'로 환원하여 생각하는 전도의 종합이다. 서양철학과 과학으로 말하면 세계의 '실재'는 '실체'로 대체되고, 실체야말로 가상의 세계가 되는 까닭으로 서양철학적으로 말하면 인간은 지금까지 '가상의 세계'만을 알고 있는 셈이다.

자연은 해체할 수 있는 것이 아니다. 자연은 스스로 생멸하기 때문이다. 해체할 수 있는 것은 과거에 구성된 흔적을 가지고 있는 대상으로 할 수밖에 없다. 자연은 구성된 적이 없다. 단지 인간이 진화적이고 전일적(총체적)인 자연을 인간적인 구성물로 환원시켰을 따름이다.

세계의 진정한 모습은 어떤 것인가. 인간이 결코 잡고 확인할 수 없는 기운생멸일 따름이다. 기운생멸을 가장 잘 표현한 것이 바로 동양의 역(易)사상이다. 세계의 실재적 존재(actual entity), 진정한 모습을 파악하는 것에 관해서는 서양의 물리학은 동양의 역사상에 미치지 못한다.

헤겔	변증법(정신현상학)	정신의 변증법	역사와 철학의 통합
마르크스	유물론, 유물사관	유물의 변증법	유물사관의 정립
니체	힘(권력)에의 의지	의지의 변증법	욕망을 현상으로 해석
후설	의식학(현상학)	의식의 변증법	의식의 현상학을 개척
하이데거	차연의 철학 (시간의 차연)	차연의 변증법 (현상학적 존재론)	현상학이 아닌 존재론을 개척함
데리다	차연의 철학 (공간의 차연)	차연의 변증법 (존재론적 현상학)	프랑스의 현상학으로 돌아감

서양철학적 의미에서의 철학(哲學)은 동양철학적 의미에서의 역학(易學: 동양철학의 최고봉은 역학이다)에 무릎을 꿇지 않을 수 없다. 서양의 후기 근대철학이나 해체철학의 차이나 해체까지도 실은 서양철학의 실체론적 전통을 안고 있으며, 그것의 연장선상에 있다는 점에서 동양의 음양철학을 고려할 때 진정한 차이의 철학이라고 말할 수 없다.

필자는 서양의 '차이의 철학'과 동양의 '차이(음양)의 철학'의 차별성을 기하기 위해서 동양철학의 음양론을 '실체가 없는 변화, 역(易)'의 뜻으로

'차역(差易)의 철학'이라고 명명한 바 있다.[18]

서양의 후기근대의 '차이의 철학'이 진정한 차이의 철학이 아니라 '실체(동일성)가 있는 차이의 철학'이라는 점을 이해할 필요가 있다. 이는 서양철학 전반이 현상학에 속함을 말하는 것이다. 진정한 존재론으로 보면 '존재는 무(無)'이다. 그런데 현상학은 그것을 무한대(無限大)라고 보는 것이다. '무'는 본래 '실체'가 없지만 '무한대'는 차이의 전개과정에 '실체'가 있다.

말하자면 서양철학은 시간과 공간을 넘어서지 못하고 있다. 이것은 서양철학이 과학철학에서 독립성을 주장하지 못하거나 큰소리를 치지 못하는 이유이다. 서양철학은 개념의 건축을 주축으로 하는 관계로 항상 자아와 주체와 실체가 내재되어 있다.

필자의 소리철학은 개념철학에 대한 반동이라고 할 수 있으며, 따라서 시공간을 배제한 철학이며, 존재 그 자체를 느끼기 위해서는(존재와 하나가 되기 위해서는) 존재의 소리를 들을 수밖에 없다는 주장을 하는 것이다. 그런 점에서 소리철학은 비유적으로 말하면 '음악의 철학'이라고 말할 수 있다. 세계를 소리(음파, 파동)로 해석하는 철학이다. 그렇기 때문에 현대물리학의 성과도 과학을 위한 시공간의 제도의 결과, 시공간의 물리학(현상학)에 불과한 것이라고 공언하고 있는 것이다. 소리철학은 무엇보다도 실체(동일성)가 없다.

소리철학은 앞으로 생태철학, 평화철학으로 완성될 수밖에 없다. 평화는 단지 평화를 목적하는 것으로 이루어지지 않는다. 왜냐하면 평화를 이룩하기 위해 전쟁이라는 수단이 동원될 수도 있기 때문이다. 인류의 패권의 역사가 그렇게 점철되어왔다. 평화는 목적이 아니라 과정에

---

18 박정진, 『일반성의 철학과 포노로지』(소나무, 2014), 273~279쪽 참조.

서 실천되어야 하며, 그 과정이라는 것은 결국 존재의 기운생멸에 대한 깊은 이해가 전제되어야 하며, 이것이 이루어질 때 진정한 평화가 이루어질 수 있다고 주장하는 것이다.

삶은 놀이, 놀이는 재미

예술놀이평화의 철학에서 거꾸로 비권력의 철학, 여성철학, 소리철학, 일반성의 철학을 되돌아보면 이들 사이에 관통하는 어떤 일관성을 느낄 수 있을 것이다. 그 일관성은 존재의 무(無)에 대한 이해와 더불어 소유와 욕망을 제어할 수 있는 것과 관련된다. 개념이 소유와 관련된다면, 존재는 소리를 통해서 공명한다고 말할 수 있다.

종래의 모든 가부장적─남성 철학적 요소들은 무화(無化)되면서 인류로 하여금 허무(虛無)에 도달하게 된다. 그러나 그 허무는 오늘의 인류가 극복하여야 하는 대상이다. 결국 무(無)는 허무(虛無), 즉 없음(nothingness)이 아니라 '존재의 무(無, nothingless)'에 도달하게 된다.

무(無)는 근본적으로 시각적 '있음'의 출발이 된 '실체 있음'을 부정하는 '실체 없음'에서 다시 실체 자체를 다시 부정하는 것이다. '존재의 무'가 바로 신물일체(神物一體)·심물일체(心物一體)·물심일체(物心一體)의 무이며, 기(氣, 氣運生動)의 무이다. 이것은 바로 '소리(音, 風, 混沌, 어둠)'이다.

심물일체도 심(心)과 물(物)이라는 두 단어를 합성하는 것이기에 심물(心物)의 한자어보다는 마음과 몸을 한 단어로 표현하는 '몸'(마음과 몸을 나타냄)이라는 우리말(한글)이 더 심물일체의 사상을 표현하는 데에 적합한 말이다.

한국문화가 세계에 평화를 선물할 수 있는 이유는 천지인(天地人)이 순환하는 '몸'철학과 함께 가무(歌舞)를 좋아하기 때문이다. 가무는 평화의 가장 문화적인 형태이다. 평화철학은 구체적으로는(문화적으로는) 놀이의 철학이고, 노래하는 철학이고, 춤추는 철학이다. 춤은 몸이 노래하는 것이고, 노래는 놀이의 가장 대중적인 것이다.

지금까지 '일반성의 철학'에서 '놀이의 철학', '평화의 철학'에 이르는 필자의 철학적 노정을 전통 유불선(儒佛仙)기독교 사상에 비유하면 다음과 같다.

유교의 수신제가치국평천하(修身齊家治國平天下)는 필자에 이르러 자신자신자신자신(自身自信自新自神)으로 정착되었고, 불교의 일체중생(一切衆生) 실유불성(悉有佛性)은 만물만신(萬物萬神), 심물일체(心物一體)가 되었다. 선도(仙道)의 우화등선(羽化登仙), 장생불사(長生不死)는 만물생명(萬物生命)이 되었다.

기독교의 "내 이웃을 내 몸과 같이 사랑하라."는 한글의 본래 뜻대로 '마음=몸(뭄)'이 되었다. 마음과 몸은 본래 분리되지 않았다. 유불선기독교 등 모든 종교의 뿌리가 하나인 것을 깨닫게 될 때에 세계에 진정한 평화가 도래할 것이다.

	유불선(儒佛仙)기독교의 철학사상	일반성의 철학(混元一氣)
유교 (儒敎)	수신제가치국평천하 (修身齊家治國平天下)	자신자신자신자신 (自身自信自新自神)
불교 (佛敎)	일체중생(一切衆生), 실유불성(悉有佛性)/여래장(如來藏)	만물만신(萬物萬神)/ 심물일체(心物一體), 물심일체(物心一體)
선도 (仙道)	우화등선(羽化登仙) 장생불사(長生不死)	만물생명(萬物生命)
기독교 (基督敎)	네 이웃을 네 몸과 같이 사랑하라	마음=몸(뭄) *마음과 몸은 본래 분리되지 않았다.

동양철학의 천지인(天地人)·정기신(精氣神)사상은 본래 혼원일기(混元一氣)인 하나의 세계를 말하고, 인간은 신(神)을 발명한 존재이다. 인간은 천지인의 과정적인 결과(processing result)로서 최초의 원인(first cause)인 신을 발명했던 것이다. 우주의 원기(元氣)를 의식(意識)으로 지각한 인간은 각자가 신이 되는 자신(自神)의 경지에 도달하여야 한다. 자신(自神)에 도달하는 것이 만물만신(萬物萬神)이고, 심물일체(心物一體)이고, 물심일체(物心一體)이며 만물생명(萬物生命)이다. 기독교의 사랑은 나와 이웃과 세계가 본래 하나의 몸이라는 것을 깨닫는 경지에 도달하는 것을 최종목표로 하여야 한다.

여성성에 대한 서양철학의 이해[19]

1) 진리의 여성성을 개척한 니체

여성은 자연의 상속자이다. 동양은 자연으로부터 이를 일찍이 깨달아 음(陰)을 양(陽)보다 먼저 내세우는 '음양(陰陽)론'을 주장하고, 나중에 음양오행론 혹은 역학(易學)체계를 완성하였다. 음양의 세계는 '음양 상징'의 세계이다.

이때 음양 상징이라고 하는 것은 언어의 코노테이션(connotation), 즉 내포적인 의미가 극대화된 것을 말한다. 그래서 음양사상은 적용되지 않는 곳이 없다. 이에 비해 서양철학의 언어는 디노테이션(denotation), 즉 지시성이 극대화된 것을 말한다.

서양철학의 언어체계는 극단적으로 의미(기의)를 생략한 기표만의 세계를 추구하기도 한다. 이것이 바로 오늘날 서양과학의 언어이고, 수학적·기계적인 언어가 된다. 음양 상징은 사물을 수직적으로 분류하고 결정화하는 서양의 상징(언어)이라기보다는 수평적으로 역동하는 대대(待對的) 우주, 상호 보완하는 쌍(雙)으로서의 상징이다.

----

19 이 글은 필자의 『니체, 동양에서 완성되다』, 소나무, 2015 의 글을 부분적으로 수정·보완한 것이다.

서양철학이 지금껏 진리라고 규정한 것은 실은 진리의 표상(기표, 기호)에 지나지 않는다. 진리는 대상에 이름을 붙이는 남성적 관점에서의 진리였다. 그렇다면 진리의 진정한 내용은 무엇인가. 크게 말하면 여성이다. 여성으로서의 우주는 대뇌의 우주가 아니라 '심정으로서의 우주'이다.

남성적 진리관, 특히 오늘날 서양철학의 진리관은 바로 모든 사물을 기호와 추상으로 대체한 것이고, 그 이면에는 결국 생명의 우주를 기계로 환원하는 지독한 환원주의(reductionism) 혹은 회귀주의(regression)가 게재되어 있다. 이는 직선적 사고의 결과로서 우주를 하나의 원환(圓環)으로 보는 사고방식(사고체계)의 결과이다. 여기서 '직선적 사고'와 '원환적(圓環的) 사고'는 같은 것이다. 결국 중심이 있는 사고이기 때문이다.

서양철학은 급기야 우주의 의미를 없애고 기표만의 세계를 구상하기에 이르렀고, 세계는 의미가 생략된 무의미한 세계가 되었고, 근대과학문명은 깊은 허무주의에 빠지게 되었다. 이것을 가장 절실하게 느낀 서양 철학자가 바로 니체이다.

허무주의에 빠진 세계는 스스로 살아남기 위해서 생존을 위한, 삶의 유의미화를 위한 철학적 노력을 거듭하게 되었다. 여기에 선봉장에 선 인물이 바로 니체이다. 니체의 디오니소스적 긍정의 철학과 초인의 철학은 바로 여기에 대안으로 제시된 것이다.

여성의 진리, 생명의 풍요

니체는 서양철학사에서 진리의 여성성 혹은 여성성에 대한 철학적 탐구를 개척한 인물이다. 남자가 진리를 찾는 방식은 너무 이성적이고 심지어 권력적이고 지배적이다. 지배적이라는 말은 소유적이라는 말에 다름 아니다. 과연 진리는 소유되는 것일까. 남성의 소유적 진리에 대해 니체는 여성성의 핵심을 지적하면서 생각의 전환을 시도한다.

니체는 "여성의 해결책은 임신이다."고 말했다. 니체의 이 말은 언뜻 보면 여성을 임신이나 하는 존재로 격하하는 것 같지만, 남성적 진리의 불임성에 비해 여성의 임신성과 존재성을 강조한, 철학의 극단적 해결책을 제시한 말이기도 하다.

니체는 진리를 여자에 빗대어 설명하고, 형이상학적 진리를 찾는 학자들의 잘못을 꼬집은 적이 있다.

"진리를 여자라고 가정한다면…… 그럼 어떻게 될까? 모든 철학자들이 독단론자들인 한 그들은 여자에 대해 지극히 미숙한 게 아닐까? 이제까지 그들이 진리에 접근할 때 흔히 쓰던 방식, 즉 대단히 엄숙한 태도로 서투르게 강요하는 것은 여자의 마음을 사로잡는 데 부적당하지 않은가? 그녀가 마음을 주지 않으리라는 것은 명확하다."(『선악을 넘어서』서문)

이 문장에 대해 니체 연구가인 고병권은 다음과 같이 해석한다.

"위의 글은 영원한 진리를 찾고자 하는 학자들의 미숙함을 다루고 있지만, 동시에 여성의 진리를 찾으려는 남성의 미숙함을 다루고 있는 것이기도 하다. 진리를 갖고 싶어하는 철학자들처럼 남성들은 여성을 갖고 싶어 한다. 하지만 철학자들이 그렇듯이 남성들도 진리를 발견하는 데에 실패한다. 자연의 모든 겉옷을 벗김으로써 그 속에 숨은 진리를 찾겠다는 철학자들이나, 여성들의 겉옷을 벗김으로써 그 본질을 발견하겠다는 남성들의 시도는 똑같이 어리석은 짓이다. 자연도 여성도 겉옷 속에 어떤 본질을 가지고 있지 않다."[20]

니체는 소유적 본질이 없음을 은유적으로 설명한다. 본질은 형이상학자, 즉 남성들의 가상이라는 것이다. 니체는 '늙은 여인들과 젊은 여

---

20 고병권, 『니체의 위험한 책, 차라투스트라는 이렇게 말했다』, 그린비, 2003, 198쪽.

인들에 대하여'라는 잠언에서 "표면은 여인의 정서, 일종의 얕은 물 위에서 요동치는 격한 살갗이다."고 했다.

니체는 진리의 여성성을 생각의 피상성과 결부시킨다.

"사람들은 자연이 진주빛 불확실함과 수수께끼들 뒤에 숨겨 놓은 수줍음에 대해 좀 더 존경할 줄 알아야 할 것이다. 어쩌면 진리란 그녀의 이유를 우리에게 보여주지 않는 것에 대해 이유를 가지고 있는 여자인지도 모른다. 어쩌면 그녀의 이름은 그리스어로 말하자면 바우보(Baubo)가 아닐까? 아, 그리스인들! 그들은 정말 인생을 어떻게 살아야 하는지 아는 사람들이었다. …… 그리스인들은 생각이 깊었기 때문에 오히려 더 피상적이었다. 이것이 바로 우리가 되돌아보아야 할 점이 아닌가?"
(『즐거운 지식』제 2판 서문)

위의 구절에 대한 고병권의 부연 설명을 보자.

"여성들은 표면이 심층을 가리고 있는 게 아니라, 심층에 대한 열망이 표면의 다양성을 가리고 있음을 이해한다. 여성들은 표면에 얼마나 다양한 진리들이 반짝이고 있는지 이해한다. 아마도 여성들이 화장을 잘하는 것은 무엇보다 표면의 중요성을 잘 알고 있기 때문일 것이다. 표면의 중요성을 이해하지 못하는 남성들만이 '화장발에 속았다'고 분개한다. 남성들은 무언가를 벗겨야 진실이 나온다고 생각하는데, 여성들은 그런 남성들의 기이한 욕망을 다스릴 줄 안다. 여성들은 저 깊은 심층까지도 껍질로 위장한 양파처럼 되는 것이다."[21]

이에 대해 필자는 다음과 같이 주장하고 싶다.

"여자는 진리가 없다는 것을 안다. 여자는 스스로 존재인 것을 안다. 여자는 진리 대신에 유혹을 자신의 최대의 덕목으로 삼고 본능적으로

---

21 고병권, 같은 책, 199쪽.

화장을 한다. 화장을 하는 것이 존재의 길로 통하는 것임을 안다. 여자
는 혈통과 진리를 부정한다. 상대적으로 여자는 존재적 사고를 하고(더
정확하게는 존재적 삶을 살고), 남자는 존재자적 사고를 한다. 그런 점에서
남자가 인간을 대표하고, 여자가 자연과 야성의 상속자가 되는 것은 참
으로 다행이다."

여성은 흔히 자궁으로 대변된다. 자궁은 모든 것을 발생시키는 비어
있는 공간이다. 동양의 음양(陰陽)사상은 여성을 음((陰, --)으로 상징함
으로써 중앙이 비어 있음을 표시하고 있다. 여성의 자궁은 남성의 성기
를 기준으로 보면 결핍이나 공허가 되겠지만, 도리어 생산적이고 창조
적인 공간이다.

자궁의 생산은 남성이 개발한 공장의 생산과는 근본적으로 다르다.
자궁의 생산은 존재의 생산이다. 공장의 생산은 현상의 생산이다. 동양
의 음(陰)사상은 불교의 공(空)과 통하고 다시 기(氣)와 통한다. 서양문명
에서는 바슐라르의 '공기(空氣)의 시학'이 있지만 동양에서는 '음(陰)=공
(空)=기(氣)=존재'의 은유가 성립한다.

positive 남성	양(陽)	색(色)	이(理)	이성	형상	현상	물, 불, 흙
negative 여성	음(陰)	공(空)	기(氣)	감정	질료	존재	공기(空氣)

니체가 은유적으로 젊은 여성을 갖고 싶어 하는 이유는 임신가능성
때문이다. 그는 이렇게까지 말한다.

"무엇이 내 삶을 유지시키는가? 그것은 임신이었다."

여성의 생산(임신출산)은 남성의 생산(공장생산)보다 더 본질적이고 태초
의 시원과 연결되어 있다. 여성은 천지창조가 아닌, 시작 없는 시작이

며, 최후종말이 아닌 끝없는 끝이다.

니체는 철학적 임신으로 초인을 낳기를 원했다. 그는 자신의 신체주의와 여성성을 표출하는 극단적인 말도 서슴지 않았다. 니체는 어린아이가 되는 것이야말로 삶의 목표이고, 미래적 인간상이라고 보았다.

"여자에게 남자는 일종의 수단일 뿐이다. 목적은 언제나 어린아이다."

니체는 분명히 여성의 생산(재생산)을 남성의 생산보다 높이 평가하는 관점을 군데군데에서 드러냈다. 그러나 권력의 의지라는 것이 근본적으로 여성적인 것은 아니다. 권력의 의지는 세계에 대한 남성적 의지이며, 인간의 의지인 것이다. 이때의 여성성이 인간중심주의나 인간의 한계를 넘어서려면, 즉 진정한 여성성이 되려면 여성성은 자연이 되어야 한다. 니체는 이것을 알지 못했다.

니체의 '어린아이를 닮은 초인을 낳는 여성성'과 레비나스의 '메시아를 연상시키는 타자의 여성성'은 닮은 데가 있다. 초인과 메시아는 어딘가 통하는 구석이 있으며, 이들의 공통점은 남성에 의한 구원이 아니라 여성에 의한 구원을 추구하고 있다는 점이다.

둘 다 아직도 남성중심적, 혹은 남성적 시각에서 여성성을 바라보고 있다. 그러나 두 철학자에 의해서 서양철학이 여성성에 대한 이해를 높이고 있음을 볼 수 있다. 니체는 철학적 임신을 꿈꾸었는지도 모른다. 니체의 여성에 대한 태도는 매우 이중적이고 역설적이다. 니체는 여성을 대상으로 바라보는 남성의 초월적 시각에서 완전히 탈피한 것은 아니다.

남성의 기표(기표주의)의 생산과 산업생산에 몰입하는 현대문명을 두고 인간의 신체(신체주의)의 강조와 함께 여성의 재생산을 강조한 니체지만 그도 산업화·기계화된 세계에 대해 '힘(권력)에의 의지'를 주장함으로써 대안을 제시하지는 못했다.

2) 하이데거 존재론의 여성성

니체에 비하면 하이데거는 동양사상과 철학에 한 걸음 더 다가선 인물로 보인다. 하이데거는 동양의 도가(道家)사상을 매우 심도 있게 접했던 것으로 보이며, 그 때문인지 동양의 천지인사상이나 불교적 사상을 나름대로 소화해서 자신의 철학적 용어로 재정립한 것으로 보인다. 그의 존재론은 흔히 '불교적 존재론'이라고 불러도 크게 틀리지 않을 것 같다.

인류문명을 보면 가부장사회에 들어와서는 이름은 남자의 전유물이 된다. 여자는 마치 물 자체, 대상, 시니피에, 메타포로 존재한다. 이에 비해 남자는 사물에 이름을 붙이는 자, 주체, 시니피앙, 메토니미로 존재하게 된다. 그럼에도 불구하고 동양사회에서는 서양과 달리 '음(陰)사상' '여성성에 대한 존중'을 견지했던 것으로 보인다. 예컨대 도가사상과 음양사상은 그 대표적인 철학적 사례이다.

서양의 철학과 과학과 자본주의는 오늘날 세계를 지배하고 있지만 빈부격차, 환경문제 등 많은 문제점을 노출시키고 있다. 따라서 인류문명을 새롭게 구성하지 않으면 안 되는 절체절명의 시기에 도가적 사상은 인류의 구원이 될 수도 있는 사상이다. 바로 여기에 서양철학자로서는 처음으로 개안한 인물이 하이데거이다.

도덕경의 첫 구절은 도(道)의 '숨어있음/드러남'이라는 이중성을 보여주는 부분이다. 말하는 것은 드러남을 말하는 것이다. 그렇다면 평소에 도(道)는 숨어있는 셈이다. 천지의 시작은 이름이 없다. 그러나 이름이 있으면서 만물이 있게 되는 셈이다. 이를 하이데거의 존재론으로 보면, 드러남은 존재자이고, 숨어있음은 존재인 것이다.

그렇다면 도(道)가 드러나지 않으면 실재(존재)가 없는 것인가. 실재가 없는 것은 아니다. 눈에 보이지 않는 존재일 뿐이다. 그것을 기(氣)라고 해도 좋고, 때로는 에너지라고 해도 좋다. 여기서 만물이 태어난다. 사람이 태어남의 근거는 우선 어머니이고, 어머니는 또한 자연과 연결된다. 여자가 어머니가 되는 것은 태아를 키우고 낳는 법을 알기 때문이 아니라 그것을 몰라도 아이를 낳기 때문에 어머니가 된다. 말하자면 아이를 낳는 근거의 근거는 결국 자연이 된다.

그런데 서양의 양력은 사람이 지상에 태어난 것을 기준으로 나이를 계산한다. 이에 비해 동양의 음력은 갓난아이가 태어나면 어머니 배 속에 태아로 있었던 10달을 계산에 포함한다. 어머니를 감안하는 셈이다. 예컨대 말하여지지 않는 상태, 보이지 않는 상태, 배 속에 있었던 상태를 존재에 포함한다. 동양이 음력을 채택하는 이유는 매우 의미심장하다. 동양은 보이지 않는 것에 대한 경외심이 있었던 것 같다.

"소리는 우주의 메타포이고, 음악은 소리의 메타포이고, 시는 음악의 메타포이고, 그림은 시의 메타포이다."

여성은 울음의 존재, 시적 존재

여성은 소리의 존재이고, 시적 존재이다. 여성이라는 사물은 소리로 자신을 표현하기를 좋아하고, 시적 상상력과 분위기에 의해 쉽게 감염되면서 살아간다. 사물은 소리이고, 소리는 사물의 입이다. 소리는 사물의 꽃이다.

과학적인 발명(發明)과 발견(發見)도 실은 한자로는 '피는' 꽃(花)과 관련이 있다. 발명과 발견의 '발'(發)은 '필'(訓=의미) 발이다. 과학이라는 것도 사물로부터 핀 꽃이다. 그런데 그 꽃은 '조화'(造花)이다. 이것을 발음은 같지만 뜻이 다른, '조화'(調和) 혹은 '조화'(造化)로 바꿀 필요가 있다.

하이데거는 언어는 "입의 꽃(die Blume des Mundes)"이라고 말한다. '입의 꽃'의 소리는 울림이지만, 그 울림은 단순히 입과 혀의 울림이 아니라 입과 혀를 둘러싼 존재 세계로부터 기인한다고 말한다. 즉 '입의 꽃'은 육체적 기관인 입과 혀가 아니라는 것이다.

이런 현상은 날씨나 주위환경에 따라 그리고 그 민족이 경험한 현상들에 따라 소리의 발화가 달라지는 것을 통해 알 수 있다. 언어가 소리에 기인한다고 할 때 그것은 언어가 단순한 입을 통해서가 아니라 바로 그 민족을 둘러싼 대지와 하늘, 그리고 역사적인 사건들을 통해 익혀진 '육화(肉化)된 혀'를 통해 말해지는 것을 의미한다.[22]

하이데거는 '존재론적인 혀'를 '고향을 부르는 숨결'이라고 표현하고 있다. 하늘, 대지, 인간, 신의 울림이 조율된 것이다. 이 네 가지 음성은 전체적으로 무한한 관계를 이끌어낸다. 이는 동양의 천지인 사상으로 회귀하는 것과 같다. 신(神)은 이들 삼자를 통합(조율)하는 역할을 한다. 이 신은 인신(人神)이거나 신인(神人)일 것이다. 이 신은 교리화된 죽은 신이 아니라 대지와 더불어 살아있는 신이다.

하이데거는 데리다와 달리 서양문명의 '말소리중심주의'의 '소리'에 대한 콤플렉스가 없었기 때문에 니체에 가장 가깝게 다가설 수 있었던 철학자였다. 하이데거는 소리에 매우 민감하면서 친화적이다. 그래서 존재론에 도달하였을 가능성이 높다. 소리야말로 현존이면서 또한 존재가 아닌가.

하이데거는 사중물(四重物, das Geviert)을 주장한다. 이는 자연이라는 전체성을 설명하기 위해서 자연적 상징을 활용하는 것이라고 볼 수 있다. 상징이 아니고서는 전체성을 설명할 방도가 없기 때문이다.

"하이데거가 말한 사중물(四重物, das Geviert)은 하늘과 대지와 불사적

---

22 최상욱, 『하이데거와 여성적 진리』, 철학과 현실사, 2006, 370쪽.

인 제신(諸神)과 죽게 되어 있는 인간을 가리킨다. (중략) 저 〈das Geviert〉를 〈사중물(四重物)〉이라고 번역한 이유는 마치 사중주(四重奏)의 음악 연주에서 네 악기가 따로따로 노닐면서 하나의 화음을 내듯이, 이 세상의 모든 〈사(事)〉를 하이데거가 〈하늘〉, 〈대지〉, 〈인간〉, 〈제신(諸神)〉 등의 네 존재자가 벌이는 놀이로 비유하기 때문이다."[23]

하이데거의 사중물은 일종의 상징과 은유이다. 개념어로 축조되는 대부분의 철학적 글쓰기와 달리 어떤 총체성을 표현하기 위한 비유에 속한다고 할 수 있다. 그런데 하이데거의 사중물은 동양의 천지인(天地人) 사상이나 불교의 사대(四大)에 비교될 수 있다.

하이데거의 하늘과 대지는 천(天)과 지(地)에 대응된다. 나머지 제신(諸神)과 인간은 인(人)에 포함시키면 무리가 없을 것이다. 하이데거가 제신을 등장시킨 것은 니체가 '신은 죽었다'고 선언한 것과 대조를 이룬다. 제신이란 바로 범신을 말하고 범신은 자연을 말하기 때문이다. 니체가 '신은 죽었다'고 말했을 때의 신은 바로 기독교의 존재신학적인 신이었다. 그러나 하이데거의 신은 스피노자의 전통과 연결되는 신이다. '물(物) 자체'가 '신(神)'이 되는 것이다.

이는 칸트가 보류하였던 '물 자체'와 '신'이다. 칸트에 의해 분리되었던 '물 자체'와 '신'은 하이데거에 의해 다시 본래의 하나가 된 셈이다. 천지인에서 인간을 내세워 인간중심으로 세계를 바라보면 제신은 사라진다. 그러나 인간(人間) 중심이 아니라 천지인(天地人)의 순환 속에 인(人)을 자리하게 하면 세계는 바로 '제신의 세계'가 된다.

하이데거의 사중물은 불교의 사대(四大)와 비교가 된다. 불교의 지수화풍(地水火風)을 풍(風)을 천(天)에, 지(地)를 당연히 지(地)에, 수화(水火)를

---

23 김형효, 『하이데거와 화엄의 사유』, 청계, 2002, 116쪽.

인간에 대응하면 된다. 수화(水火)를 인(人)에 대응한 것은 인간을 비롯하여 모든 생물체가 수화(水火)의 순환의 산물이며, 수화에 의해 존재하기 때문이다. 풍(風)을 천(天)에 대응한 것은 풍이야말로 가장 큰 기운생동의 운동체이기 때문이다.[24]

천지인(天地人) 상징(象徵)	하이데거의 사중물(四重物)	불교의 사대(四大)
천(天)	하늘	풍(風)
인(人)	제신(諸神)/인간	수(水)/화(火)
지(地)	대지	지(地)

하이데거의 후기 철학은 점점 동양의 천지인 사상이나 불교의 사상에 접근함을 볼 수 있다. 그는 또 태조모(Ahnin)의 동산에서의 언어를 추구한다. 그런데 한국에는 '마고'(麻姑)[25]라는 창조의 여신이 있다. '하나님

---

24 박정진, 『철학의 선물, 선물의 철학』, 소나무, 2004, 185~186쪽.

25 '마고(麻姑)'는 한국에 전해 내려오는 『부도지(符都誌)』라는 책에 등장하는 '태초의 여신'(太祖母)이다. 부도지는 신라 내물왕(17대)·눌지왕(19대) 때의 충신(忠臣) 박제상(朴堤上, 363~419)이 쓴 신화체의 역사서이다. 박제상은 한국의 선비정신과 충신의 효시라고 할 만한 인물이다. 조선시대 생육신(生六臣)의 한 사람인 매월당 김시습(金時習, 1435~1493)은 한국의 최초의 한문소설인 『금오신화(金鰲新話)』의 저자로 알려져 있지만 그보다는 부도지를 전한 인물이라는 점에서 더 중요하게 평가된다. 그가 『징심록(澄心錄)』 15지(誌)와 박제상의 아들인 백결 선생이 보탠 「금척지(金尺誌)」와 자신이 보탠 「징심록추기」 등 총 17지(책)를 전하지 않았다면 우리는 부도지의 존재도 모를 뻔했다. 부도지는 바로 징심록의 제1지이다. 그러니까 징심록의 일부이다. 부도지는 충렬공 박제상 선생이 삽량주 간으로 있을 때에 쓴 역사서로, 보문전 태학사로 있을 때에 열람할 수 있었던 자료를 회고하고, 가문에서 전해 내려오던 비서를 정리하여 저술한 책이다. 영해박씨 가문에는 예부터 전해오던 비서가 많았는데 아마도 이 가문이 박혁거세를 비롯하여 한민족(동이민족)의 혈맥을 잇는 중요한 위치에 있었던 것으로 보인다. 불행하게도 이 가문은 조선조에는 생육신인 김시습 등과의 친분, 최근세사에는 남로당 총책임자인 박헌영(朴憲永, 1900~1955)의 출생으로 각종 수난과 압박을 받아온 탓으로 귀중한 옛 문서가 많이 유실되었던 것으로 보인다.

어머니'와 같은 마고는 율려(律呂)라는 '소리의 여신'이다.

율려를 시니피앙과 시니피에로 보면, 율(律)은 시니피앙이고, 여(呂)는 시니피에이고, 율은 보편성이고 여는 일반성이다.

율(律)	보편성	시니피앙	예악(禮樂)	양(陽)
여(呂)	일반성	시니피에	성음(聲音)	음(陰)

이를 천지인 사상에 대입하면 다음과 같다. 마고는 '태초의 언어'가 '소리'임을 말하는 신화이다.

천	하늘	신(神)의 울림(律呂)과 조율(調律): "태초에 소리가 있었다."	태초의 어머니 신(神): 마고(麻姑): 므네모쉬네
인	인간		
지	대지		

마고(麻姑), 태초의 여신

한자어로 어머니는 모(母)이다. '모'(母: mo)와 '마'(麻: ma)와 '무'(無: mu)는 능기적인 발음의 유사성으로 인해 소기적인 의미의 유사성을 부른다. 혹시 여자의 하늘성이 무(無)이고, 여자의 땅성이 마(麻)이고, 여자의 인간성이 모(母)라고 하면 어떨까. '무'가 여신이다.

이들은 천지인이 순환하는 것처럼 순환하는 관계에 있다.

여자 (女子)	천	무(無)	'모'와 '마'와 '무'는 능기적인 발음의 유사성으로 인해 소기적인 의미의 유사성을 부른다. '무'가 여신이다.
	인	모(母)	
	지	마(麻)	

3) '아버지-서양'에서 '어머니-동양'으로 원시반본

어쨌든 철학의 중심은 이제 남성성이나 가부장성(家父長性)이 아니라 여성성이나 가모장성(家母長性)으로 중심이동을 하고 있다.

근대 서양철학의 분수령은 역시 니체이다. 하이데거, 데리다, 들뢰즈 등은 모두 니체의 제자들이라고 할 수 있다. 들뢰즈는 물론 니체와 마르크스의 제자라고 말할 수 있다. 그런데 니체는 음악을 통해서 인간과 세계가 하나가 된 그리스를 철학적 모델로 생각했다.

하이데거는 시간을 통해서, 데리다는 공간을 통해서, 들뢰즈는 리좀(뿌리)철학과 머시니즘(machinism)을 통해서 니체의 사상에 도달하고 있다고 말할 수 있다. 이들 세 철학자들은 각자 다른 입장에서 니체에 접근하고 있다고 말할 수도 있고, 니체를 확대재생산하고 있다고도 말할 수 있다.

그러나 이들은 니체를 극복하지 못하고 있다. 이들은 모두 여성주의를 표방하고 있지만 니체의 여성에 이르지 못하고 있다. 니체의 여신은 디오니소스이다.

"여러 예술을 모든 예술작품의 필연적인 생명의 원천으로 간주되는 유일한 원리로부터 이끌어내려고 노력하는 모든 사람들과 정반대로, 나는 그리스인들의 두 예술 신 디오니소스와 아폴론에 시선을 두고 이 두 신에게 가장 깊은 본질과 최고의 목표에 있어서 서로 다른 두 예술세계의 대표자들을 본다. 아폴론은 개별화의 원리를 찬란하게 변용하는 정령(精靈)으로서 내 앞에 서 있다. 가상에 의한 구제가 진정으로 달성되기 위해서는 아폴론에 의지할 수밖에 없다. 이에 반해 디오니소스의 신비적인 환호성에 의해서 개별화의 속박은 분쇄되고 존재의 어머니들에게 이르는 길, 사물의 가장 깊은 핵심에 이르는 길이 열리게 된다. 아폴론적 예술로서의 조형예술과 디오니소스적 예술로서의 음악 사이에는 거대한 대립이 존재하는 바, 위대한 사상가들 중에서 오직 한 사람만이 이러한 대립을 분명하게 보았다. 그는 그리스 신화의 상징적 표현의 안내를 받지 않고도 음악에 모든 다른 예술과는 다르면서도 그것들보다 뛰어난 성격과 근원이 있음을 인정했던 것이다. 왜냐하면 음악은 모든 다른 예술처럼 '현상에 대한 모사'가 아니라 '의지 자체의 직접적인 모사'며, 따라서 세계의 모든 물질적인 것에 대해서 형이하학적인 것, 모든 현상들에 대해서 물자체를 표현하기 때문이다."[26]

니체의 여성은 음악이고 디오니소스이다. 음악은 물자체의 예술이고, 무형지학(無形之學)의 예술이고, 구체예술(具體藝術)이다. 그렇다면 철학이 더 일반화를 지향한다고 할 때 음악은 어디로 향하여야 하겠는가? 당연히 음악은 그것의 질료인 소리로 향하여야 하고, 소리는 결코 대상화되지 않는 물자체의 마지막 상징이며 은유이다. 니체가 찾는 궁극적인 '존재의 어머니'는 무엇일까. 아마도 소리일 것이다.

그런데 소리야말로 동양의 허(虛)와 공(空)으로 통하는 매개(媒介)이고 영매(靈媒)이다. 소리는 특별히 연주되지 않아도 존재하는, 우주에서 항상 잠재되어 떠도는, 바람(風)과 더불어 흐르는(流) 우주음악이다. 이 우주음악은 마치 화성(和聲: 和音)이 없는 산조(散調)와 무조(無調)음악 같다.

바로 동양의 '허'와 '공'에 도달할 수 있는 철학이면서 동시에 서양의 디오니소스 음악과도 통하는 소리철학, 포노로지야말로 니체의 계승자이다. 우주의 소리는 모든 움직이는 것, 사건의 상징이면서 은유이다. 소리는 정지된 사물의 사실이 아니다. 소리는 음악보다도 더 존재의 본질에 도달하는, 존재 자체이다.

----

26 프리드리히 니체, 『비극의 탄생』, 박찬국 옮김, 아카넷, 2011, 197~199쪽.

현대철학자들이 니체를 극복하지 못하고, 존재의 본질에 도달하지 못한 원인은 소리의 본질에 도달하지 못한 때문이라고 여겨진다. 소리야말로 우주의 일반성을 확인하는 실체이면서 종래의 '보편성의 철학'이 아닌, '일반성의 철학'을 위한 근거가 된다. 소리야말로 우주의 드러남인 현현(顯現)과 숨김인 '은폐(隱閉)'의 숨바꼭질을 증명하는 것이다.

소리는 우주의 비어있음을 증명하는 시(詩)이면서 은유(隱喩)이다. 동시에 비어있음에서 드러나는 세계의 울림, 세계 그 자체이다. 소리는 또한 음악처럼 우주의 의지(意志)이면서 기운생동(氣運生動)하는 기운생동, 그 자체이다.

동양과 서양은 그 문명을 구성하는 철학과 역사와 전통이 너무 다르다. 서양은 이성중심주의로 인해서 남자중심이고, 언어중심이고, 권력중심이다. 서양은 시공간을 바탕으로 하는 자아중심과 역사주의로 인해서 사물을 대상화하는 것에 익숙해 있다. 이는 남자가 여자를 보는 방식이다.

어머니주의(motherism)를 깨달아야

여자-모성을 중심으로 '어머니주의(motherism)[27]'로 세계를 재편하여야 하는 까닭은 가장 권력으로부터 벗어나 있기 때문이며, 인간이 만든 제도 가운데 권력으로부터 벗어나는 데에 가장 유리한 것이기 때문이다.

----

27 필자가 정한 신조어(新造語)이다. '어머니주의'(motherism)는 '여성주의'(feminism)와도 다른, 그러면서도 신화적인 모성주의(母性主義)와도 다른, 매우 현재적, 현존적 개념이다.

여자(여성, 여성성)의 철학과 남자(남성, 남성성)의 철학의 차이를 다시 특징적으로 정리하면 다음과 같다.

여자의 철학은 심(心)=물(物)=마음=몸=기(氣)=생(生)이라면 남자의 철학은 심리(心理)=물리(物理)=정신=육체(물질)=이(理)=기계(機械)의 특징을 보인다.

가부장사회의 남자의 철학에 길들여진 인류는 여자, 특히 어머니를 이해하면 어떻게 심즉물(心卽物)이고, 마음 즉 몸이고, 심즉기(心卽氣)이고, 물즉생(物卽生)인지 쉽게 알게 된다. 그래서 여자의 철학, 어머니의 철학이 요구된다.

여자의 철학/ 일반성의 철학	심(心)	물(物)	마음	몸	기(氣)	생(生)
남자의 철학/ 보편성의 철학	심리(心理)/ 현상학	물리(物理)/ 물리학	정신	육체	이(理)/ 추상(抽象)	기계 (機械)

오늘의 산업사회에 이은 정보화사회라는 것도 실은 인구증가(폭발)에 따른 인구부양을 위한 결과였는지도 모른다. 그러나 결국 현대인은 군중 속의 고독한 존재가 되어있다. 고독이라는 병은 병인을 찾는 것도 중요하지만 병을 치료하는 것이 더 중요하다. 고독을 치료하는 데는 세상에 자신을 태어나게(출생하게) 한 어머니를 중심으로 사회 전반을 재편하는 것이 가장 근본적인 처방일지도 모른다.

4) 레비나스 '타자의 철학'의 여성성

흔히 임마뉴엘 레비나스(Emmanuel Lévinas, 1906~1995)의 철학은 '타자

의 철학'으로 명명되는데 이때의 타자는 권력의 중심에서 소외된 존재로서의 타자를 말한다. 레비나스의 타자의 철학은 전반적으로 하이데거의 존재론에서 다시 현상학으로 되돌아옴을 의미한다.

하이데거의 존재론에 대한 이해를 바탕으로 출발하지만 다시 '존재에서 존재자'로 회귀한 레비나스는 주체의 회복에 이어 다시 절대적 타자에 이르는 여정으로 마무리된다. 이를 흔히 레비나스의 '존재론의 모험'이라고 말한다.

그의 '존재론의 모험'은 다분히 하이데거의 존재론에서 '현상학에로의 환원'을 뜻하는데 현상학의 큰 틀은 초월적 평면(초월적 지평)에서 대상혹은 대상의식에 대한 논의를 전개한다는 의미이고, 이때 주체는 동일성이라기보다는 다원적인 성격을 갖는 것을 말한다.

현상학은 기본적으로 주체와 대상의 가역왕래를 바탕으로 하고 있는 철학이다. 헤겔의 정신현상학이 정신에 대한 현상학이라면 후설의 현상학은 의식에 대한 현상학이다. 니체의 관점적 해석학, 즉 해석학적 현상학은 의지에 대한 현상학이다. 의지는 의식은 물론이고 무의식을 포함한다는 점에서 프로이트와 만나게 된다. 이들 현상학은 물리적 현상학에 비하면 모두 심리적 현상학에 속한다.

현상학에서는 본래 주체와 대상은 동일성(정신-물질)이기도 하고 다원적이기도 하다. 현상학의 중심이 주체에서 대상으로 옮겨가면서 주체가 다원적이 되고, 주체에서 동일성을 찾기보다는 대상(결과, 목적)에서 동일성을 찾는 경향을 보였다. 그러한 점에서 레비나스도 영락없는 현상학자이다.

현상학은 본질적으로 대상에서 동일성을 찾지만 판단정지를 통해 열린 평면(지평)에서 그것을 추구하기 때문에 결정론적이지는 않다. 현상학적이라는 말의 뜻은 대상으로서의 타자가 닫힌 동일성이나 결정적인 의

미대상이 아니라는 뜻이며 대상에 대해 끝없이 열려있음을 전제한다.

현상학이 칸트적 인식론과 다른 점은 대상(의미대상)이 열려진 실체라는 점이다. 여기서 굳이 현상학적 대상을 실체라고 하는 이유는 비록 주체가 없지만 의식과 욕망, 그리고 상상계의 도움을 받으면서 잡을 수 있는 실체를 끝없이 추구하기 때문이다. 그런 점에서 레비나스의 주체와 타자는 종래의 칸트적 의미와는 다르다. 칸트적 의미가 결정론적인 데 반해 다원적이다.

레비나스는 인간의 신체성 혹은 신체적 개별성의 회복을 통해 하이데거의 존재론에서 니체적 현상학(해석학)으로의 부분적 복귀를 시도한 것으로 해석된다. 그는 니체의 신체주의에 합류하면서 '대상으로서의 신체'가 아니라 '주체적 신체' 혹은 '신체적 주체'를 거론함으로써 주체의 다원성을 발판으로 종래의 동일성을 벗어나고자 한다.

레비나스의 신체주의는 '나 자신이 된다'는 것이다. 이 말은 칸트의 보편적이고 지속적인 동일성으로서의 주체가 아니라 스스로 창조하는 자율적 주체를 말한다. 자율적 주체는 타인을 지배하기보다는 자신을 지배하고 통제하는 것이다. '나 자신이 된다'의 '나'는 선험적으로 주어져있는 것이 아니라 나의 삶으로 표현되고 실현되는 것이다.

이것은 레비나스의 "결과, 곧 그것이 나이다(l'effect, c'est moi)"라는 말에서 잘 드러난다. 이것은 결과적 동일성이다. 주체적 동일성을 포기한 대신 결과적 동일성으로 선회한 것이 레비나스의 타자의 철학이다. 그의 타자론, 혹은 절대적 타자는 존재에 대한 새로운 현상학적 관심이자 전개이다. 그런 점에서 궁극적으로 존재자는 존재를 지배하게 된다.

레비나스의 현상학은 니체의 것과는 다르다. 니체의 신체주의는 결과적으로 권력에의 의지를 목적으로 하였지만 레비나스는 도리어 여성적 타자나 무력한 타자에게 구원을 요청함으로써 비권력적 입장에 선다. 이점은 니체가 본의 아닌 것일지라도 '힘의 추구'로 인해 히틀러의 파시즘과 연결되는 반면에 레비나스는 홀로코스트를 당한 유대인의 입장이라는 개인적 입장과도 상통한다.

레비나스와 니체의 관계는 니체가 권력의 편에 섰다면 레비나스는 비권력의 편에 섬으로써 결과적으로 상반된 위치에 서 있다고 볼 수 있다. 두 철학자가 모두 현상학적 입장이라고 해도 같은 입장이 아니라 상반된 입장인 것이다. 이는 헤겔과 마르크스가 같은 현상학적 입장이라고 해도 정반대의 입장에 있는 것과 흡사하다.

니체가 세속적인 신을 죽인 대신에 초인을 등장시킨 철학자였다면, 레비나스는 니체가 죽인 신을 다시 메시아에서 살려낸 철학자라고 할 수 있을 것이다.

레비나스는 '새로운 자기'는 모성적인 물질성과 부성적인 영성을 겸비한 자라고 말한다.

"기존의 자기가 익명적이거나 성적인 물질성과 통하는 감성을 지녔고 남성적 로고스의 부름에 응답하여 존재를 정복·향유하는 이성을 갖춘 자기라면, 그 아래 억눌려 있다가 이제야 드러나는 새로운 자기는 모성적인 물질성과 부성적인 영성에 각각 감응하는 감성과 이성을 겸비한 자기입니다. 이런 자기가 무한 타자에 대한 욕망을 그대로 분출할 수 있는 참된 자기입니다. 마치 내가 받고 자란 부모의 사랑을 고스란히 타인에게 되돌릴 수 있는 능력이 내 안에서 죽은 듯 있다가 되살아난 듯이 말입니다."[28]

그는 특히 모성적 감수성에 메시아적 자아를 기대하고 있다.

"이 모성적 감수성이 타인을 품을 때, 그것은 심지어 자기를 괴롭히

---

28 철학아카데미, 『처음 읽는 프랑스 철학』, 동녘, 2013, 112쪽.

고 고문하는 자의 잘못마저 자기 책임으로 감내하는 데까지 이를 수 있다고 레비나스는 주장합니다. 타인의 잘못을 대신하여 짊어지는 대속적 희생의 경지가 모성적 감수성의 무의식을 이룬다는 것이죠. 이 광기어린 모성애의 순간, 타인을 세상에 둘도 없는 자기 아이처럼 품은 주체에게 그 밖의 세계 일체는 무의미 속으로 침몰합니다. 이런 모성애의 광기는 단순한 병리 상태로 치부할 수 없습니다. 그것은 세계를 지배하는 '존재의 법'을 일순간 폐지해 버리는 극단적 부정인 동시에 진정한 법을 다시 세우라는 엄정한 요구인 것입니다. 메시아적 자아에게는 이처럼 광기어린 모성적 감성이 내재해 있습니다. 레비나스에 따르면 우리 각자는 잠재적으로 이런 메시아적 자아입니다."[29]

이때 레비나스의 무의식은 프로이드의 것과는 다르다.

"이때 무의식은 부정적이고 소극적인 의미가 아닌, 매우 적극적인 의미를 갖습니다. 그것은 의식되지 않는 것이기에 가능한 한 빨리 의식으로 떠올려서 제거해야 할 사태가 아닙니다. 레비나스의 무의식은 의식의 잣대로는 도무지 불가능한 것마저 감당할 수 있게 만드는 생명력의 약동입니다. 의식에게 가능한 한계를 뛰어넘는 의식 초월적 에너지의 분출인 것입니다. 이 무의식적 생명력의 구조를 레비나스는 '타자를— 위한— 일자'라고 규정합니다."[30]

모성애와 부성애의 상호보완

철학자 김상록은 그러나 메시아의 완성 혹은 객관적 실현은 부성애

----

29 철학아카데미, 같은 책, 113~114쪽.
30 철학아카데미, 같은 책, 114~115쪽.

의 개입에 의해 확보된다고 주장한다.

"대속적 희생이라는 광기로 전환되는 신경증은 반드시 거쳐야 할 실존 단계이지만 결국 과도기에 해당합니다. 왜 그럴까요? 레비나스가 이런 식으로 말하고 있지는 않지만, 저는 이렇게 해석할 수 있다고 생각합니다. 즉, 내가 보는 앞에서 고통스러워하는 단 하나의 타인을 위해 나 자신을 온전히 바치는 모성애야말로 정의의 기초임은 분명하지만, 그러나 이 신경증적 감성만으로는, 기존의 세계 질서에 대해 사랑의 광기로 맞설 수 있을지언정, 이 질서를 바꾸어 정의로운 세상이 도래하도록 현실적인 변화를 꾀할 수는 없기 때문입니다. 정의를 '창출'할 수 있는 실질적 혁명을 위해서는 '모성'적 사랑에 '부성'적 지혜가 '짝'을 이루어야 합니다. 진정으로 메시아적 자아는 모성적 감성과 부성적 이성의 조화 속에서 탄생하는 것입니다."[31]

레비나스는 심지어 인류를 하나의 부모 아래 살아가는 형제자매처럼 말하기도 한다.

"요컨대 레비나스는 인류 전체를 하나의 어머니와 하나의 아버지 아래 살아가는 형제자매들의 공동체로 보고 있습니다. 이는 홉스 이래의 서양 근대 사회철학과 대척점에 위치한 생각입니다. 정의로운 국가는 개인의 이기적 충동(향유의 감성)을 역시 이기적인 계산(에고이즘의 도구인 이성)을 통해 제한하여 그런 개인들 사이의 갈등을 조절하는 데서 탄생한다는 생각에 근본적으로 반대하는 것이죠. 정의로운 국가는 거꾸로 유일무이한 타인에 대한 무한 사랑(모성적 感傷능력)을 제삼자를 고려한 이성(부정적 지혜)을 통해 제한하여 실질적인 정의를 향해 무한히 나아가

----

31 철학아카데미, 같은 책, 115~116쪽.

는 삶의 운동으로부터 탄생한다는 생각입니다."[32]

레비나스는 모성성과 모성애를 강조하지만 부성성과 부성애에 의해 실질적인 정의를 달성할 수 있다고 보고 있다. 이는 레비나스가 현상학적 결과(결과적 동일성)에 치중하고 있음을 의미한다. 결국 모성애와 부성애의 통합(통일)을 주장하는 그는 철저한 현상학자임을 반증하고 있다. 그러한 부성애 속에 여전히 평화를 위협하는 전쟁의 요소가 들어있음을 간과하고 있다.

여성적 존재(존재자)와 존재의 여성성(존재)은 다르다. 여성성이야말로 존재 그 자체이며, 존재의 여성성에 대한 깨달음이야말로 존재를 이해하는 첩경이다. 존재는 자연(자연적 존재)이지, 역사(제도적 존재자)가 아니다. 진정한 존재는 현상학적으로는 실체가 없는 부재이다. 그래서 메시아는 역사적으로는 끊임없이 기다리지 않으면 안 된다.

역설적으로 역사적 메시아는 부재해야 하며, 부재하는 것이 역사적 메시아이다. 메시아는 그런 점에서 인간 각자가 평화에 대해 깨닫고 각자가 처한 위치에서 메시아가 될 때 실현될 수 있을 따름이다. 그것은 레비나스가 주장하는 것처럼 '타자의 여성성'에서 실현되는 것이 아니라 '존재의 여성성' '존재 자체' '자연적 존재' '존재의 일반성'에 대한 이해와 공감대가 확산될 때 가능한 것이다.

메시아는 '기다릴 수 없는 존재'를 기다리는 것과 같은 것이다. 메시아는 신체(신체는 정신의 대상이 되는 육체·물질과 같은 존재자가 아닌 존재 그 자체이다)를 가진 인간이 스스로 실현해야 하는 것이지, 비록 그것이 '타자의 여성성'일지라도 '타자'로서 기다릴 수 있는 것이 아니다. 결국 메시아는 자연(自然)이 스스로 현존(現存)으로써 실현해야 하는 존재인 것이다.

----

32 철학아카데미, 같은 책, 117쪽.

굳이 메시아를 인정하거나 자처할 수 있는 인물이 있을 수 있다면 우선 자신의 생의 노정에서 인류평화를 위한 메시아적 삶의 실천과 모범을 보이는 한편 제자들에게(혹은 후세들에게) 인간 각자가 메시아가 되어야 메시아가 실현될 수 있음을 가장 먼저 깨닫고 그것을 가르친 자라고 할 수 있다. 그렇지 않으며 메시아는 영원히 부재일 따름이다. 결국 서양문명은 기독교의 천지창조주가 부재이듯이 구원의 메시아도 부재인 것이다. 서양문명의 시작과 종말의 양대 기둥인 창조주와 메시아가 부재인 까닭은 실체를 가정하고 있기 때문이다.

레비나스도 데리다와 마찬가지로 부재에 잡혀 있다. 인간은 현존하는(흘러가는 존재, 잡을 수 없는 실재) 신이 아니라 '부재(실체가 없는)의 신'을 긍정하거나 부정할 수밖에 없는 존재이다. 부재(absence)의 개념은 서양철학의 정체와 모순을 가장 잘 드러내는 개념이라고 하지 않을 수 없다. '부재'의 개념은 역설적으로 서양 사람들과 서양문명이 실체적 사고를 하고 있음을 반증하고 있는 개념이다. '부재'의 개념은 데리다에서 비롯되는 개념이지만, 이 개념이야말로 근본적으로 실체적(대상적) 사고를 하고 있는(하지 않을 수 없는) 서양철학 그 자체를 드러내는 개념이라고 하지 않을 수 없다.

데리다는 '결정할 수 없는 것(해체론적 문자학)'과 '해체할 수 없는 것(해체론적 유령학)'에 이어 그의 유령학에 레비나스의 메시아론을 도입함으로써 '기다릴 수 없는 것(해체론적 메시아론)'을 추가하였다. 결정할 수 없는 것, 해체할 수 없는 것, 기다릴 수 없는 것은 말만 다를 뿐 '실체로서 잡을 수 없는 것'이라는 공통점을 가지고 있다. 그러면서도 데리다는 유령학에서 '법의 힘'을 전개함으로써 서양문명 특유의 법과 정의에 대한 전통을 계승한다.

그는 서양의 이성철학을 해체한다고 떠들어대면서도 결국은 철저하게 '법'과 '정의'라는 이성에 귀의하게 된다. 그의 철학은 결국 서양철학을 해체하는 것 같은 '철학적 제스처'를 취한 것에 불과한 것이 되는 셈이다. 그의 철학은 잘못된 가정인 '그라마톨로지(문자학)'에서 시작하여 잘못된 가정인 '법과 메시아'로 돌아옴으로써 '철학적 헛바퀴'를 돈 셈이다.

현상학이 철학적으로 '현상학적 함정'이 되는 이유가 여기에 있다. 서양철학은 오늘날 과학에서 그 효용성을 찾을 수 있을 뿐이다. 서양철학은 과학을 위한 여정의 철학이었다. 즉, '기독교(절대유일신)- 법(정의)- 도덕(철학)- 과학'의 연쇄일 뿐이다.

데리다의 부재는 어디까지나 '실체의 부재'이다. 그는 실체를 실재라고 생각한다. 이는 또한 '현재의 부재'이다. '부재'는 필연적으로 현상학적인 무한정(무한대)을 불러오면서 시공간의 연장과 지연에 결과를 맡기게(문제해결을 미루게) 된다. 차이와 연장과 지연, 무한정이라는 것은 그래서 현상학적인 차원이 되고, 여전히 동일성(실체)을 전제하는 것이다. 이에 비해 하이데거는 본래적 존재에 도달하여 현상학(의식학)과 결별하고 하이데거적 존재론을 전개한 셈이다.

하이데거나 데리다나 모두 현상학에서 출발하였지만 하이데거는 칸트적 존재와는 다른, 그의 존재론을 열게 된다. 하이데거는 현재완료 시제에서 존재론적 차이, 즉 존재의 '기분(stimmung)'을 느끼는 반면 데리다는 과거완료 시제를 통해서 현상학적 차이, 즉 현상의 '에크리튀르(criture)'를 파악한다.

데리다의 '에크리튀르'는 공간에 잡히는 반면 하이데거의 '기분'은 시간에 잡힌다. 하이데거는 존재의 세계를 열지만 현존(現存)이 존재(기운생동의 존재)인 것을 모르고 존재를 초월적으로 바라보는 시각을 버리지 못한다. 데리다는 현상을 존재(존재자, 실체)로 파악함으로써 현상학에 머물게 된다.

하이데거든, 데리다든 둘 다 기운생동(생멸)하는 현존의 자연(우주)이야말로 본래존재임을 깨닫지 못한다.

하이데거	현재완료	존재론적 차이 (시간에 잡힘)	존재의 기분(氣分)을 느낌	현존(現存)이 존재(기 운생동)인 것을 모름
데리다	과거완료	현상학적 차이 (공간에 잡힘)	현상의 에크리튀르를 파악	현상을 존재(존재자, 실체)로 파악함

데리다와 하이데거, 베르그송을 시제 및 초월성, 그리고 차연의 종류로 비교하면 다음과 같다. 데리다는 과거완료, 하이데거는 현재완료, 베르그송은 미래완료적 특성을 보인다. 이들의 초월성의 특징을 보면, 각각 환원성(선험성, 초월성), 존재성(본래적), 무한성(생명성)으로 나타난다.

이들의 차연도 차이-부재(不在), 차이-기분(氣分), 지속(持續)-연장(延長)의 특성을 보인다. 이들의 시공간적 특성을 보면 데리다는 공간, 하이데거는 시간, 베르그송은 시공간적 특성을 보인다.

이들은 서양철학의 이성중심주의를 벗어난 것 같지만 실은 선험과 초월과 무한이라는 이성의 특성을 여전히 간직하고 있다. 다시 말하면 이성이라는 것은 바로 시공간적 프레임임을 확인하게 된다. 시공간적 프레임을 포기하지 않는 한 이성주의를 완전히 벗어날 수는 없다. 인간은 허공에 시공간의 그물을 던져 실체라는 고기를 잡는 어부에 비유할 수 있다.

	데리다	하이데거	베르그송
시제	과거완료	현재완료	미래완료
초월성	환원성(선험성, 초월성)	존재성(본래적)	무한성(생명성)
차연	차이-부재(不在)	차이-기분(氣分)	지속(持續)-연장(延長)
시공간	공간(시간)	시간(공간)	시공간

하이데거의 기분(stimmung) 혹은 근본기분(Grundstimmung)이야말로 동양의 기(氣)철학의 기(氣)에 가장 접근한 개념이라고 볼 수 있다. 하이데거는 근본기분이라는 개념설정 때문에 개념이 아닌 '존재'와 '무'에 이르렀고, 현상학과는 결별하고, 시간에 구속된 '지향(志向, intentionality)'이라는 개념 대신에 '관심(觀心, Sorge)'이라는 마음을 바라보는(심물이 하나가 되는) 물심일체의 경지에 도달하였고, 존재론 철학을 정립하였다고 해도 과언이 아니다.

이에 비해 데리다의 현존(現存, présence, 現前)이 실체적 현존이듯이 그의 부재도 실체적 부재이다. 현존과 부재는 데리다에게서는 서로 반대(대립)개념이지만 실은 데리다의 밖에서 보면 같은 개념의 양면성(이중성)에 지나지 않는다. 그래서 결국 현존과 부재의 개념은 데리다를 현상학에 머물게 한다.

데리다의 현존과 부재의 개념은 결국 시간의 현재에 머물게 하는 개념이다. 그의 유령개념은 현존과 부재에 돌려주어야 하는 것이 된다. 현재, 즉 시간이야말로 유령(가상실재)인 것이다.

데리다의 해체주의는 종래 서양철학사의 변하지 않는 실체를 찾는 여정에서 해체되지 않는 실체를 찾는 것으로 방향을 전환한 것에 지나지 않는다. 이는 프랑스 철학의 텍스트이론과 문체적(문학적) 철학, 현상학적 전통의 영향 하에 있는 것으로서 철학의 방법으로서 해체를 사용한 철학자로서 당연한 일이다.

그러나 데리다가 제안한 텍스트 해체로서의 문자학(文字學)이나 윤리학으로서의 유령학(幽靈學)은 서양 철학사에서 또 다른 실체를 찾는 것일 뿐이다. 문자학과 유령학은 서양철학의 모순과 역설을 해체하고 극복한 것처럼 보이지만 실은 그것을 폭로한 것에 지나지 않는다. 이는 니체의 '힘(권력)의 의지'철학이 서양철학의 힘의 추구(힘의 상승이나 증대)를 폭로한 것과 같다.

데리다의 문자학의 원문자는 원인적 동일성에 해당하고, 해체적 윤리학으로서의 유령학은 결과적 동일성에 해당한다. 그런 점에서 데리다는 현상학자로서 존재론적 존재, 혹은 존재론적 차이에 이르지 못했다. 데리다의 차연은 자연적(생성적) 차이가 아니라 실체적(시공간적) 차이이다.

데리다는 과학이 실체라고 하는 것을 '흔적' 혹은 '차연'이라고 말하면서 자신은 이성적인 과학에서 벗어난 반이성적인 철학자인 양 착각하고 있다. 결코 '해체될 수 없는 것'(the indeconstructural)을 추구하는 데리다의 해체철학은 '불변의 실체'를 찾는 종래의 이성주의와 다를 바가 없다.

데리다의 해체철학이라는 것은 말뿐인 것이다. 흔적과 차연이라는 것이 무한대라는 개념을 앞에 설정해놓고 실체를 계산하는 과학의 미적분과 프레임 상에서 무엇이 다른가. 철학은 데리다에 이르러 선후상하좌우를 넘어 '한계(울타리)' '경계'의 내외를 넘나듦으로써 선후상하좌우내외를 완전히 넘은 셈이다.

데리다의 차연은 미적분과 같은 것인데 단지 과학은 차연의 흔적을 '실체'로서 계산하고, 즉 객관적인 등식으로 환원할 수 있는 반면, 해체철학은 그것을 '부재'라고 말함으로써 실체적 사고를 하면서도 그렇지 않은 양 제스처를 취할 따름이다. 부재는 어떤 것으로도 환원할 수 없으며, 끝없이 해체하여 영점(零點)에 다다르게 된다.

데리다의 부재 논의는 남이 만들어놓은 텍스트(text)를 계속 해체하면서 그것을 마치 어떤 거대한 일을 하는 양 착각하고 있는 것이다. 어떤 새로운 인문학적(철학적) 설계를 하는 것도 아니고, 그렇다고 과학의 실체를 긍정하는 것도 아닌, 말하자면 인문학과 과학적 사고의 실체의 함정에 빠진 것이다. 말하자면 데리다의 부재는 동양의 공(空)사상이나 무(無)사상에 도달하지도 못한다. 왜냐하면 그는 근본적으로 실체적 사고를 하고 있으니까 말이다.

과학은 가상실재를 뒤집어서 실체라고 한다. 자연과학의 특성은 무한대로 계속되는 '연장'을 실체로서 파악하고, 실체의 관계를 함수로 나타낸다(현상화한다). 인문학의 특성은 차이의 연장을 '차연'이라 하고, 기존의 텍스트를 해체하고 새로운 텍스트로 대체한다. 그러나 텍스트는 죽은 것이다. 텍스트는 살아있는 사람(신체)에 의해 의미가 부활하지 않으면 안 된다. 텍스트는 콘텍스트의 산물이고, 텍스트의 의미는 콘텍스트에 따라 달라진다. 콘텍스트야말로 실재이다. 모든 실재는 관계의 산물이다.

현상학은 결국 존재(실재)를 깨달은 사람이 자신이 존재라는 것을 자처할 수밖에 없고, 비록 미래에 죽은 것이 될지언정 자신의 텍스트와 말을 생산할 수밖에 없다. 그렇지만 그 텍스트와 말은 다른 사람에 의해 언젠가는 판단정지 및 현상학적 환원의 대상이 된다.

시공간이라는 격자의 프레임

데리다의 흔적이나 기록, 과학의 실체는 무한대를 가정한다는 점에서 시공간의 프레임을 공유하고 있다. 둘 다 가상실재에 대한 이름붙이기이다. 그런 점에서 현상학은 매우 거창하게 말하고 있지만 결국 출산되지 않은, 혹은 출산되기를 거부하는 미숙아 같은 '의식의 의미'를 두고 갑론을박하는 것이다.

"현상학은 출산되지 않는다. 현상학은 만들어졌을 뿐이다."

과학이야말로 현상학(과학적 현상학)의 결과였다. 현상학은 과학의 발생학적 과정을 뒤늦게 추적한 철학의 형이상학적 노력이 과학의 형이하학으로 추락한 결과를 확인하게 할 뿐이다. 현상학은 과학도 순환론의 일부라는 것을 증명한 공적밖에 없다. 그래서 철학이 시간을 포기하지 않는다면 과학의 시녀가 될 수밖에 없다.

시간의 선형적 모델을 기초로 세계를 '인과(因果)'로 보는 과학의 방식을 거꾸로 '과인(果因)'으로 보게 한 현상학은 앞에서도 여러 차례 말하였지만 원인적 동일성을 결과적 동일성으로 옮겨놓은 것에 불과하다. 이는 앞으로 나아가는 시간의 직선적 특성인 '시간성'과 계속해서 보충대리를 해야 하는 인간의 '이성'이 합작한 인간의 환상, 즉 가상실재이다.

해체철학은 반이성주의의 기치를 높이 쳐들었지만, 결과적으로 이성주의를 극복하지 못하는, 이성주의의 잔해와 흔적들만을 붙잡고 무슨 거대한 피난처(구원처)라도 발견한 양 떠들고 있는 서양철학의 자기부정의 마지막 몸부림이다.

서양철학은 프랑스의 현상학에서 출구를 찾을 것이 아니라 하이데거에서 그 출구를 찾는 것이 그나마 다행일 것이다. 하이데거는 적어도 서양의 형이상학 자체가 지금껏 '존재'라고 부르고 있었던 것이 실은 '존재자'라는 가상실재(실체)였음을 자각한 철학자이기 때문이다.

존재는 '흔적'이 아니라 '무(無)'이다. '흔적'은 참으로 현상학적인 차원에서 행해진 '무'에 대한 실체적 해석이다. 흔적에는 시간이 있지만 무에는 시간도 없다. 시간이 있으면 아무리 인과가 없다고 말하지만 결국

'인과(因果)' 혹은 '과인(果因)'(과인은 현상학적으로 인과와 같은 말이다)으로 돌아
가지 않을 수 없다.

5) 소리철학·일반성의 철학과 여성성

데리다가 이성주의의 원흉으로 몰고 간 '소리(목소리)의 현전(현존)'이
야말로 처음부터 실체(소유적 존재)가 아니라 존재(자연적 존재)였고 실재였
다. 자연적 존재는 원본을 주장하지 않는다. 어떤 것이 원본이 아니라
고 줄기차게 주장하는 자체가, 다시 말하면 차연이고 흔적이라고 주장
하는 자체가 실은 원본을 설정한 것이다. 데리다야말로 시간의 처음이
아니라 시간의 마지막에 잡혀 있다. 그것이 바로 원본이고 실체이다.
데리다는 차연이라는 무한대에 잡혀있다.

서양철학의 전통은 이상하게도 '소리'를 이성(아리스토텔레스)이라고 하
고, 빛을 이성(데카르트)이라고 하였다. 물론 기독교는 '말씀'을 이성이라
고 하였다. 그런데 실은 빛과 소리는 둘 다 이성이 아니다. 이는 빛과 소
리를 대상으로 본 서양 사람들이 자신의 이성을 그것에 투사한 것에 지
나지 않는다. 결국 서양 사람들은 대상을 통해 자신을 본 것이다. 이것
은 일종의 나르시시즘이다.

본래 소리(音)는 아무런 의미가 없는 파동(운동)에 지나지 않는다. 소리
(자연, 대상)에 의미를 부여하고는 다시 소리(소리도 이미 기호 혹은 기표이다)
에 기호를 덧씌우고는 기호(기표)의 의미(기의)를 고정시키거나(이것이 개념
이다) 아니면 의미를 없애버린 것(이것이 의미의 해체이다)이 서양철학이다.
말하자면 결국 의미가 없는 기표만 남게 된 것이 후기근대철학이라는
것이다. 이것이 서양의 구조언어학이라는 것의 정체이다.

이것을 남녀의 섹스(淫, 飮)에 비유하면 남자는 여자에게 씨(씨는 의미이다)를 뿌리고 여자는 그것을 받아들이는 구조와 같다. 그런데 섹스과정에서 남자는 자신의 씨를 뿌리고(욕망을 달성하고) 나면 그만이다. 욕망을 달성하기 전에는 매우 유의미한 존재이던 여자는 욕망을 달성한 남자에게 무의미한 존재가 된다. 이것은 음식에도 그대로 적용된다.

이것을 가부장제도에 비유하면 남자는 여자와의 섹스를 통해 자식을 얻고는 그 자식에게 자신의 이름(기호)을 부여하고는 여자의 존재(이름)는 지워버리고, 가부장제의 출계(出系)를 만든다. 결국 여자의 이름은 없어지고 남자의 기표만 남게 된다. 출계는 바로 권력을 의미한다.

이러한 권력화의 메커니즘은 모든 정치제도에 적용된다. 특히 오늘날 민주주의에도 그대로 권력자(통치자)와 비권력자(피통치자)에게 적용된다. 이때 국민은 여성의 입장이다. 권력(가계)을 생산하기 위해서는 국민(여성)을 필요로 하지만, 권력을 얻은 다음에는 국민은 통치의 대상이 될 뿐이다.

이것을 동양의 음양(陰陽)사상에도 적용하면 음(陰)에 해당하는 것이다. '음'은 드러나지 않는 것의 상징이고, 양(陽)은 드러나는 것의 상징이다. 동양은 항상 음양사상이라고 함으로써 드러나지 않는 것, 즉 '음'을 앞세우는 전통이 있다.

물론 동양의 역사에서도 남자가 가부장사회와 국가를 운영하지 않은 것은 아니지만, 적어도 사상 면에서는 자연을 통해서 음이 우선함을 배웠던 셈이다. 이러한 자연주의, 혹은 무위자연 사상은 신선(神仙)사상이나 도가(道家)사상을 비롯해서 심지어 유가(儒家)사상에도 그 밑바탕을 이루고 있다.

동양의 음양사상에서 보면 서양은 '양(陽)의 문명'이고, '기표의 문명'이고, '의미의 문명'인 셈이다. 이제 비해 동양은 '음(陰)의 문명'이고, '기의의 문명'이고 심지어 '무의미(자연)의 문명'인 셈이다.

〈'음'의 해석학〉

'음' (소리)	음(音)	소리(자연)	기호(기표, 기의)	기표
	음(淫, 飮)	여자(비권력)	남자(권력)	가계(가부장제)
	음(陰)	음(陰)	양(陽)	동양=陰, 서양=陽

　서양의 후기근대철학은 가부장제-남성중심-페니스주의를 견지하면서도 동시에 그것을 부정하는, 그럼으로써 여성(자연)의 생산성(재생산성, 출산)에 완전히 귀향하지 못하는, 가부장제의 마지막 허영에 빠진, 일종의 철학적 포르노그래피의 상황이다. 기독교적 성결주의 이면에는 이러한 포르노그래피(pornography)가 숨어있는 것이다.

　오늘날 서양문명의 포르노그래피의 상황을 보면, 그동안 제기되었던 '여성이 진리다'는 진리에 대한 보다 확실한 표현이 아닐 수도 있다. 이 말은 '어머니가 진리다'라고 수정되지 않으면 안 된다. 여성은 임신할 수 있는 바탕을 가졌지만, 임신을 안 할 수도 있기 때문이다. 철학적 임신이라고 말할 수 있는 '의미'를 '무의미'로 해체하는 것이 데리다를 비롯한 프랑스 후기근대철학자, 해체철학자들의 모습이다.

　니체의 권력에의 의지, 혹은 권력의 의지는 그러한 점에서 서양문명과 서양철학의 전통에 반기를 들면서도 도리어 그것을 잘 드러내고 있다고 말할 수 있고, 특히 고백하고 있다고 말할 수 있다. 더욱이 '권력(목적어)에의 의지'철학이 '권력(주어)의 철학'으로 가역왕래하는 자체가 니체철학이 현상학적 차원의 철학이라는 것을 말해준다.

　니체철학의 영원한 화두인 욕망과 이성은 끝이 없다는 점에서 대상화의 한 방식이다. 욕망은 신체의 이성이고, 이성은 대뇌의 욕망이다.

니체의 영원회귀도 칸트의 선험성(시간)과 초월성(공간)에 이어 무한성(시공간성)을 대상화의 또 다른 방식으로 채택한 것으로서 주목된다.

니체와 그의 후예를 자처하는 데리다는 공히 서양철학의 실체적 사고를 고백하고 있는 셈이다. 니체는 '권력'을 통해서, 데리다는 '부재'를 통해서 말이다. 니체의 권력도 '실체'(주어 혹은 목적어의 실체)이지만, 데리다의 부재도 실은 '실체'(결과적 혹은 표상적 차이의 실체)이다.

철학자는 자신도 모르게 그가 소속한 문명의 정체를 드러내게 된다. 이는 언어로 철학하는 자체가 이미 자신의 문화와 문명을 드러내는 '포지티비티(positivity)의 행위' '양(陽)의 행위'이기 때문이다. 서양의 철학과 과학은 자연에 대해서 '양의 입장'이다. 양의 입장은 '소유의 입장'이다.

서양의 근대철학과 후기근대철학은 인류의 철학사에 있어서 가장 '소유적 인간을 표출한 철학적 사건'이라고 하지 않을 수 없다. 근대철학에 반기를 든 후기근대철학도 실은 반기를 드는 그러한 제스처와 나르시시즘 속에 여전히 이성적인 모습, 이성적인 유령들을 보이고 있는 것이다.

소유적 인간은 소유하려고 하니까 실체가 필요한 것이고, 그 실체는 이성과 욕망의 법칙에 따라 무한하게(무한대, 무한성) 다른 실체로 연장되지 않으면 안 된다. 그래서 실체로서의 신은 영원히 달아나지 않으면 안 된다. 정신이든, 물질이든, 심이든 물이든 모두 소유적 인간에게는 실체로 둔갑하게 된다. 실체는 가상실재(가상존재)이다.

그런데 마르크스의 유물론이 물질(material, Matter)을 바탕으로 하고 있다면, 레비나스는 여성성·모성성(mother)을 바탕으로 하고 있다. 참고로 물질인 'Matter'는 라틴어의 'Mater(mother)'에서 변화된 것임을 상기할 필요가 있다. 물질은 여성적인 특성을 공유하고 있는 닫힌 체계(대상)라면 여성성은 열린 체계(환대, 수용, 비어 있음)이다.

서양의 후기근대철학자들의 모습을 보면 철학적으로 처한 입장들은 다르지만, 하나같이 동양의 음(陰)의 철학, 여성성의 철학으로 귀향하고 있는 일련의 행렬이라고 말할 수 있다. 인류의 철학은 이제 르네상스가 아니라 원시반본해야 한다. 인류는 여성으로 돌아가고, 자연으로 돌아가야 한다.

인간은 하이데거가 말하듯이 세계에 '던져져 있는' 존재가 아니고, 우주적 여성성 혹은 우주적 신체성에 의해서 '감싸져 있는' 존재이다. 생각해보라. 여성의 재생산(출산)이 없이(어머니 없이) 세계에 탄생한 존재는 없지 않은가? 인류는 가부장사회─국가사회의 출현 이후 권력이라는 가상실재에 의해 살아온 것이다. 그런 점에서 니체는 권력과 비권력의 경계에 있는 인물이다.

돌이켜 보면 니체는 바로 권력의 경계에 있었기 때문에 역설적으로 권력에의 의지를 발견하는 것과 함께 여성성에 대한 자각을 동시에 했던 것이다. 그러나 니체의 세계의 여성성에 대한 이해는 남성성에 의해 오염되어 있음을 탈피하지 못했고, 그의 뒤를 이은 하이데거도 실은 여성성의 이해에 완전히 몰입하지 못했다고 할 수 있다. 이는 자신을 완전히 버리지 못한 때문이다.

데리다는 서양철학의 남성성을 부재 혹은 흩뿌리기 혹은 흔적 등으로 탈피하려고 했지만 이는 일종의 여성성을 향한 거짓사랑의 고백, 혹은 바람둥이의 사기극 혹은 포르노그래피에 지나지 않는다. '텍스트 밖은 없다'는 그의 화두는 일종의 '텍스트(Text, Textile)'의 야바위에 지나지 않는다. 데리다의 실패는 존재에 이르는 프랑스 현상학의 실패라고 말할 수 있다. 이는 현상 자체가 실은 가상실재인 데서 비롯된다. 인간의 인식이나 의식에 잡힌 현상은 이미 실재(존재)가 아니고 가상실재(실체)이기 때문이다.

현상학 계열의 프랑스 철학의 '모든 종언'은 프랑스 이성주의 철학의 실패를 말한다. 이는 동시에 프랑스가 주도하는 서양의 후기근대철학 전체의 종언을 말한다. 미국이 주도하는 과학철학의 한계(과학의 시녀)와 함께 프랑스가 주도하는 현상학의 종언은 종합적으로 서양철학 전체의 종언을 말하기에 충분하다.

이제 하나님도 여성이다. 남성은 보조이고 매개일 뿐이다. 남성의 페니스의 시대는 지나고 여성의 버자이너 시대로 세계는 원시반본하고 있다. 여성시대에 있어서 남성은 마치 여성의 클리토리스(남성의 페니스에 해당하는 상동기관이다)에 불과한 위치가 될 수밖에 없다. 철학은 더 이상 형이상학으로서 초월적 위치에 존재할 수 없다. 이것이 앎의 철학의 종착역이고, 진정한 삶의 철학, 예술로서의 삶의 철학의 시작이다.

니체는 비록 가부장-남성철학이라는 서양철학의 굴레로 인해 완성시키지는 못했지만 이것을 예언한 철학자이다. 그동안 서양근대철학은 한마디로 남성철학이었다. 후기근대철학은 그 같은 남성철학에서 탈피하려고 니체를 필두로 하여 반기를 들고 여성철학으로 전환을 하려고 '진리의 여성성'을 힐긋힐긋 보면서 고군분투하였지만, 결과적으로 '여성을 바라보는 남성철학(관음의 철학)' 혹은 '여성-되기'의 철학에 그쳤기 때문에 실패로 끝나고 말았다.

서양철학은 여성철학이라는 바다, 존재의 바다에 풍덩 빠지거나 잠수하지 못했던 것이다. 이것이 서양철학의 한계이다. 이 같은 실패의 이유는 여전히 서양의 전통적 철학과 그 마지막인 현상학이 가상실재인 실체를 버리지 못했기 때문이다. 서양의 철학과 종교, 예술마저도 한마디로 남성철학의 산물이며, 니체의 힘의 철학, 디오니소스적 긍정의 철학이 그 피날레를 장식했던 것이다.

이제 동양적 의미의 여성철학, 진정한 여성적 의미의 음양(陰陽)철학이 세계를 주도할 때가 된 것이다. 남성 중심철학은 지배의 철학으로서 결국 '신들의 전쟁'으로서 표상되는 전쟁의 철학이다.

가상실재가 위험한 것은 그것이 거짓이 아니라 참으로 진지한 것이고 그것에 사로잡힌 사람에게는 진실한 것이기 때문이다. 가상실재의 전쟁, 예컨대 기독교의 여호와신과 이슬람의 알라신의 전쟁이 위험한 이유는 목숨까지도 버릴 수 있기 때문이다. 그래서 신들의 전쟁, 종교전쟁은 '아마겟돈'의 처절한 전쟁이 되는 것이다.

인류의 전쟁은 '신들의 전쟁'에서 '과학의 전쟁', '경제의 전쟁'으로 중심이동을 했지만, 여전히 신들의 전쟁이 그 신화적·상징적 원형이다.

서양철학과 문명은 "내가 세계를 지배해야 평화가 유지된다."고 생각하는 '팍스(Pax=Peace)~ '의 제국주의에 빠져있다.

여성 중심철학이야말로 '신들의 평화'를 유도할 수 있는, '지배-피지배'의 구조를 탈피할 수 있는 '공생-공영-공의'의 철학이 될 것이다. 새로운 시대에 새로운 철학이 필요한 것은 당연한 것이다. 여성철학으로서의 미래의 철학은 '보편적이어서 일반적인' 것이 아닌, '일반적이어서 보편적인' 일반성의 철학으로 대표될 것이다.

6) 메시아사상은 절대유일신의 현상학

서양철학은 헤겔에 이르러 완전히 신(神)이 정신(精神)으로 대체되었다고 할 수 있다. 불행하게도 헤겔 좌파였던 마르크스는 헤겔의 정신을 물질(物質)로 역전시켰다. 이는 현상학으로서의 서양철학의 종점을 의미한다. 신이 '정신-물질'의 이원대립의 밖으로 쫓겨남으로써 신은 물질로부터도 완전히 격리되어버렸다.

기독교-서양문명은 이로써 문명적 정신분열증에 빠져버렸다. 이러한 문명적 정신분열증은 신(神)과 물(物)이 하나가 되는 신물일체(神物一體), 만물만신(萬物萬神), 심물일체(心物일體) 사상으로 치유되어야 하지만 아직도 서양문명은 자연으로 돌아올 줄 모른다.

필자가 '메시아는 더 이상 오지 않는다'고 주장하는 이유는 메시아사상이 바로 절대유일신의 현상학으로서 해석되고, 이제 그것이 종결되어야 함을 의미한다. 인간은 이제 스스로를 구원하지 않으면 안 된다.

서양의 해석학은 기독교의 해석학에서 출발하였으며, 기독교는 처음부터 세계에 대한 현상학적 해석학의 일종이다. 인간은 현재적 의미를 먹고 사는 동물이기 때문에 항상 역사를 현재적 해석으로서 새롭게 바라볼 수밖에 없다. 그런 점에서 모든 글(文, text)은 현재적 의미를 집대성한 것이라고 할 수 있다.

현상학이 현상학인 것은 바로 자신(해석주체)의 현재적 의미를 파악하기 위해 종래의 모든 것을 판단정지(epoché)하고 자신의 절대적(초월적) 의식의 세계로 들어가서 원인(cause) 혹은 최초의 원인(first cause), 신기원(epoch)을 발견함으로써 모든 사물사건을 환원적으로 해석하게 된다. 그런 점에서 기독교적 원죄나 철학과 과학의 원리는 같은 것이다.

기독교의 경우 『정경(正經)』이 정해진 이후 '새로운 경전 쓰기'는 허용되지 않고, 단지 해석의 길만이 열려있게 된다. 기독교에서 해석학이 발달하지 않을 수 없었던 이유가 여기에 있다. 기독교의 종파가 수없이 늘어나는 것도 경전 쓰기는 불가능한 반면 새로운 해석의 길만이 열려있었기 때문이다. 말하자면 새로운 해석이 새로운 종파인 셈이다.

그러나 아무리 기독교 종파가 늘어나도 성경의 기본구조인 천지창조와 종말구원의 프레임은 벗어날 수 없다. 기독교의 천지창조의 유일신이 '원인적 동일성'이라면 메시아사상이야말로 철학적으로는 '결과적 동일성'을 찾는 대중적 유형이라고 볼 수 있다. 메시아사상은 철학적으로 설명하면 절대유일신의 현상학일 수밖에 없다.

현상학은 결국 의식(의미)이 발생하는 자궁과 같은 것으로 대뇌를 보는 것이며, 그러한 의식이 정신으로 결정화(절대화)된 것이 헤겔의 정신현상학인 셈이다. 따라서 현상학은 헤겔의 정신현상학을 후차적으로 설명하는 철학적 틀이라고 할 수 있다. 물론 현상학은 절대화되지 않는 의미(상대적 의미)를 내포하고 있으며, 그것이 대뇌의 자궁 밖으로 나온 것이 정신이며, 그 정신은 사물을 대상화(노예화)하는 것으로 나타난다.

결국 인간에게는 제2의 자궁, 즉 '의미의 자궁' '현상학적 자궁'이라고 할 수 있는 대뇌가 중요한 것이며, 그래서 어머니의 자궁 밖으로 나와서 제2차적으로 어머니와 함께 오랜 양육과정과 의식화과정을 거쳐서 어른이 되는 것이다. 결국 인간은 신체적인 발생학에 이어 정신적 발생학을 거치는 존재이다.

여기에는 인류학적으로 볼 때 직립보행(수직으로 서서 두 발로 걸어가는 방식)과 이동에서의 손(발)의 자유로움과 손의 잡을 수 있는 능력 같은 것이 피드백 작용을 일으켜서 대뇌의 발달을 촉진하는 것으로 설명할 수 있다. 머리로 생각(기억)하는 것이나 손으로 잡는(이용하는) 것이나 모두 소유하는 것이다. 두 발로 서는 행위는 지상에서 초월하고자 하는 자세이다. 인간의 의식의 발달이라는 것도 신체와 긴밀하게 결부되어서 생성되는 것임을 알 수 있다. 개념이란 의식의 결정화이다.

레비나스는 존재론과 형이상학, 욕구와 욕망, 동일자와 타자, 전체성과 무한성을 구분하고, '절대적 타자'라는 새로운 자신만의 개념규정을 통해 철학의 '윤리로의 전회'를 추구한다. 하지만 이는 신을 설정한 칸트적 윤리의 현상학적 왕래(결과에서 원인으로, 대상에서 주체로)라고 볼 수 있다.

레비나스는 칸트의 '신' 대신에 절대적 타자로서의 '메시아'를 설정한 것이다. 메시아는 절대유일신의 본질을 현상학적 의미(대상적 의미)로 변형시킨 것으로, 하이데거적 존재론에서 다시 존재자로 복귀한 레비나스가 선택한 철학적 전략으로 받아들여진다. 말하자면 칸트의 선(善)의지, 혹은 절대선의 '원인적 동일성'을 '결과적 동일성'으로 옮겨놓은 것에 불과하다.

인과론이라는 것은 실은 '결과를 원인으로 보는 오류'(과학이 오류의 역사인 것은 이 때문이다) 혹은 '인과의 순서를 알 수 없는 순환론'의 의도적 정지(절단)이다. 현상학의 업적이라고 하는 것은 결국 본질은 영원히 알 수 없으며, 그래서 현상이 본질이며, 순간(찰나)의 가상실재(현상)를 무한대로 연장시켜가는 것이 현상의 세계, 인간의 세계이해의 방식임을 밝힌 점이다.

레비나스의 업적은 단지 무한성을 존재론적으로, 또는 기독교적으로 재해석한 것에 불과하다. 전체성과 무한성의 분리는 일견 타당한 것 같지만, 실은 시간과 공간에 대한 이해의 부족에서 빚어지는 것이다. 전체성은 인간의 자기실현의 형태로 구축된 체계의 세계요, 타인들과 공유하는 세계질서이다. 무한성은 인간이 세계를 바라보는 시간과 공간의 체계이고 질서이다. 따라서 전체성과 무한성은 용어는 다르지만 인간이 구축한 체계라는 점에서 같다. 말하자면 이들은 모두 현재의 시공간의 확장개념에 지나지 않는다.

레비나스의 타자성은 여성성을 기반으로 하고 있다. 레비나스는 여성성 가운데서도 출산(여성의 재생산)과 갓난아이에게 구체적인 타자성을 부여한다. 아이의 출산은 익명적인 타자에 이름을 부여한다. 아이는 '타자가 된 나(moi étranger à soi)'인 것이다. 레비나스의 '아이의 출산'에 대한 관심은 모-자(母-子)간의 관계, 즉 어머니가 자식을 낳는 행위를 중시함으로써 새로운 성격의 존재론과 구원을 제시하고 있다.

레비나스의 여성적 타자성은 니체에게서 영향을 받은 것으로 볼 수 있다. 니체는 진리의 여성성을 최초로 주장한 철학자였으며, "여성의 해결책은 임신이다."고 말하기도 했다.

니체와 레비나스는 시대의 차이는 있지만, 모두 역사적 변화와 흐름에 적응하느라 여성성에 대한 이해를 높였지만, 여전히 가부장사회(국가와 권력의 지배사회)와 여성중심사회(신체와 무위자연의 사회)의 경계선상의 의식을 노정했다. 니체와 레비나스는 '자연의 여성성'에 도달하기에는 역부족이었다.

이 자연의 여성성은 철학(哲學)으로 달성될 수 있는 것이 아니라 동양의 도학(道學)에서나 가능한 것이기 때문이다. 자연의 여성성은 시학(詩學)의 은유로서도 달성될 수 있는 것도 아니다. 은유는 아직도 자연을 직관하거나 직감하는 단계는 아니기 때문이다.

니체의 초인은 종래 칸트적 인식론의 수직적(공간적)인 초월은 아니지만 현상학적인 무한대의 수평적(시간적)인 초월이다. 그래서 초인은 영원회귀와 동의어이다. 초인을 주장하는 자는 영원회귀를 주장할 수밖에 없는 자기궤도의 폐쇄회로에 갇힌 것이다. 인간의 생각과 문명이 폐쇄회로에 갇히면 그것이 바로 전체주의이다. 그러나 영원회귀를 지향하는 것은 그것 자체가 영원이 아니다.

영원은 시공간의 초월이 아니다. 영원은 또한 순간(을 상상하는 것)의 연장이 아니다. 영원은 더욱이 순간의 비시간적인 특성도 아니다. 영원은 어떤 생사(生死)를 초월하는 것이 아니라 생사가 없는 것이다. 생사가 없는 것이 생멸이다. 생멸은 주체가 없기 때문에 생(生)과 멸(滅) 사이의 순간 혹은 거리, 궁극적으로 실체(개체, 원자)가 없는 것이다.

생멸이야말로 영원이다. 결국 영원이란 시공간이나 순간이나 생사를 떠올리는 것과는 상관이 없는 '기운생멸' 자체, 만물 자체가 영원이다. 영원이란 단지 그 이름이 영원이다. 결국 영원이나 진리나 진여는 본래 있는 것이 아니라 생멸에 붙여진 이름에 불과하다. 영원이란 절대와 초월과 동일성을 추구한 문명의 결과(結論)와 같은 것이다.

그렇다면 그 이름을 떠나면, 즉 인간을 떠나면 이 세상에 영원하지 않는 것은 없다. 기운생멸 자체가 영원이니까 말이다. 인간만이 생멸에 저항하면서 절대를 주장하고 절대를 실현하려고 하고, 영원을 주장하는 특이한 존재, 즉 '존재의 특이성'이다.

진정한 영원은 자연의 생멸 그 자체를 그대로 받아들이면 되는 것이다. 그것에 삶의 확보와 안정을 위해 어떠한 방어도, 심지어 어떠한 부정도, 어떠한 긍정도 해서는 안 된다. 예컨대 긍정을 하는 것도 일종의 인간적인 월권일 수 있다. 긍정의 철학자인 니체의 실패는 이를 잘 증명하고 있다.

서양문명권 출신의 니체를 필자의 '언어-문명권 현상학'으로 보면, 동양문화권에 대한 이해를 통해 시(詩)철학자로서 시인(詩人)에 도달하는 궤적을 보였지만, 동양적 신선(神仙)에 도달하지는 못했다고 요약할 수 있다. 이것이 그의 한계이다.

니체 후, 현상학 계열의 마지막 세 철학자라고 말할 수 있는 데리다, 들뢰즈, 푸코는 저마다 한 영역을 담당하고 있다. 데리다는 기호적이고 유심론적인 연장선상에서, 들뢰즈는 기계적이고 유물론적인 연장선상에서, 그리고 푸코는 권력의 계보학에서 니체적 전통을 충실히 잇고 있다.

진단학적 철학의 대두

푸코는 니체의 권력에의 철학의 전통을 가장 잘 계승한 철학자라고 할 수 있다. 니체가 거시적 권력의 철학자라면 푸코는 미시적 권력의 철학자이다. 푸코는 '진단학적인 철학'이라고 할 수 있는 '저널리즘(journalism) 철학자'이다. 푸코는 '오늘, 여기, 우리'의 문제를 가지고 매일매일 무엇을 쓰는 사람으로서 마치 저널리스트 같은 철학자라는 뜻이다.

푸코는 니체의 전통을 존중하지만, 그는 대문자 권력보다는 미시적인 여러 권력 관계를 뜻하는 '복수의 권력들', 그리고 합리성보다는 '복수의 합리성들' '복수의 정상(正常)들'을 주장한다. 그는 하나의 보편적이고 절대적인 진리를 부정한다.

푸코가 문제화하는 방식은 주체와 대상이 만들어지는 것을 전제하고 있다. 예컨대 주체가 만들어진 방식의 주체화, 대상이 만들어진 방식의 대상화, 그리고 주체와 대상 사이의 인식이 만들어진 방식의 인식론화가 그것이다.

열려진 진리, 복수의 진리를 신봉하는 그는 심지어 진리는 없고 관점만 있다고 말한다. 니체와 푸코의 관계는 마치 물리학에 있어서 뉴턴과 아인슈타인의 그것과 같다. 푸코는 미시권력과 권력관계들을 추구한다는 점에서 니체와는 다르지만, 결국 니체의 거시권력(실체적 권력)을 부정하지는 않는다. 거시권력은 결국 미시권력의 집합이기 때문이다.

이에 비해 필자는 아예 권력을 부정하고 비권력과 평화(세계평화)를 추구한다. 권력이라는 것은 어떤 성격의 것이든 간에 현상학적인 차원의 것인 반면 비권력은 존재론적인 차원의 것이다.

물리/철학	원리	권력과 비권력	권력의 성격	철학의 목적
거시물리학	절대역학 (물질-에너지)	니체의 거시권력	실체적 권력화	권력의 상승
미시물리학	상대성원리 (에너지)	푸코의 미시권력	권력관계들	자기의 변형
일반성의 철학	기운생동 (氣運生動)	박정진 비권력	비권력화	세계의 평화

　푸코는 '지식의 고고학' '권력의 계보학'에 이어 '윤리의 계보학'으로 자신의 철학을 집대성하고 있다. 그는 윤리란(보편적인 사회적 도덕이 아니라) 개인이 자기 자신과 맺는 관계, 자기배려라고 말한다. 자신을 배려하지 않는 윤리는 진정한 윤리가 아니며, 결국 윤리는 주체의 역사적 형성(historical formation of the subject)이라는 문제를 다루지 않을 수 없게 된다고 말한다.

　『앎에의 의지』, 『쾌락의 활용』, 『자기배려』등으로 구성된 '성(性)의 역사' 시리즈는 주체가 도덕적 주체로 어떻게 형성되는가를 보여준다. 결국 푸코는 윤리적 인간에서 자신의 철학의 끝을 맺는다.

　푸코는 니체의 관점주의 해석학을 계승하면서 '문제화하는 방식'을 통해 궁극적으로 자기의 변형(transformation of the self) 혹은 자기의 테크놀로지(technology of the self)를 추구한다.

　니체는 진리가 인간을 자유롭게 하는 것이 아니라 인간을 자유롭게 하는 것이 진리라고 생각한다. 푸코는 진리라는 것이 역사적 산물로서 영원불변의 것이 아니라 각 시대와 지역의(국가 혹은 문화권의) 구성물이라고 생각한다.

　니체철학의 후계자임을 자임하는 데리다의 해체주의는 그 중에서도 가장 허무한 것이다. 말하자면 니체의 허무주의를 가장 극복하지 못한 허무주의 철학이다. 니체철학은 허무주의가 아니고 종래의 서양철학의 방식으로 허무주의를 극복한 긍정의 철학이며, 초인의 철학이다. 니체는 그의 철학적 스승인 쇼펜하우어의 불교에 대한 이해를 '힘(권력)의 증대'으로 극복한 초인의 철학이다.

그런데 데리다의 해체주의는 아무런 새로운 것을 만들지 못하고 해체만 하는, 서양의 텍스트 문명을 해체하는 일종의 극심한 허무주의를 표방하고 있다. 그러한 점에서 허무주의 현상학이다. 현상학 중에는 해체를 하지 않고 새로운 구성(구상)을 하는 현상학도 얼마든지 있다. 데리다의 해체주의는 아무런 해결이나 대안을 제시하지 못한다.

서양철학을 상징적으로 말하면 여성(자연)을 소유의 대상(노예)로 바라보는 주체(주인)의 철학이다. 그런데 서양철학은 여성을 대상으로 바라보는 관음증(욕망)을 가지고 있고, 이것은 또한 자연을 바라보는 과학(이성)에서도 마찬가지지만, 정작 그 여성이 누구(어떤 남자)의 대상적 존재가 아닌 자연적 존재인지 모르는 것에 비유할 수 있다. 그런데 그 여성은 자연이고, 대상적 존재가 아닌 남성(인간)을 낳는 어머니로서의 여성인 것이다. 자연의 여성은 결국 어머니이다.

서양철학과 문명의 관음증과 과학이 여성을 어머니가 되게 하지는 않고, 즉 여성의 재생산의 가치를 진정으로 이해하는 것이 아닌, 남성적 공장생산의 환상을 가지고 있다. 남자는 여자를 자신(혈통, 권력)을 복제해주는 기계(공장)쯤으로 생각한다. 들뢰즈의 '차이의 복제'라고 하는 것도 '실체(동일성)가 있는 것의 복제'일 따름이다.

여성도 자신이 아이를 낳은 숭고한 존재인지를 까마득하게 잊고 남성화·기계화되어 있다. 생명은 기계적으로 설명되고 있고, 생명은 기계로 대체되고 있다. 서양문명은 존재(생명) 자체의 존재함을 모른다.

생명은 자연의 본능(본성, self)에서 유래한 것인데도 철학은 단지 자연에서 인간(who)의 '삶의 이유(why)'와 '삶의 방법(how)'과 '삶의 목적과 대상(what)'을 찾았을 뿐이다. 시간(when)과 공간(where)의 그물망 안에서 말이다.

서양의 후기근대철학들이 차연(差延), 즉 '차이(差異)와 연장(延長)'—하이데거와 데리다의 경우—, 혹은 '차이(差異)와 복제(複製)'—들뢰즈의 경우—라는 말을 통해 마치 서양의 철학적 전통인 동일성을 벗어난 것처럼 요란을 떨지만 실은 그 속에는 항상 실체적(substantial) 사고와 실체(substance)가 버티고 있다. 이는 동양의 음양론과는 다른 것이다.

앞 장에서도 언급하였지만 서양의 후기근대철학자들은 동양의 천지인사상과 음양론을 베껴서 그들의 철학적 전통에 따라 서로 다른 말로 번안하여 재구성하여 드러냈지만, 더욱이 아무리 근대의 이성철학을 극복하려고 백방으로 노력해도 그 실체만을 버리지 못하고 있다.

서양철학이 왜 그 실체를 버리지 못할까. 여기에는 유대기독교신화에서 출발한, 여성의 원죄의식과 이에 따른 선과 악의 사상, 그리고 극단화된 가부장—국가사회의 영향으로 여자를 대상(소유)으로 생각하는 전통이 도사리고 있다.

유대기독교 성경의 '여성을 악(사탄)과 연루시키는 방법'은 다시 여성의 자리에 다른 경쟁자나 적, 예컨대 민족, 다른 국가, 다른 실체들을 대입함으로써 스스로를 선민이라고 생각하는 데서 비롯된다. 이러한 사상은 오늘날 서구의 국가패권주의에서도 여실히 드러나고 있다.

서양철학은 '자연의 어머니'로 돌아갈 줄 모른다. 끝없이 아버지를 닮으려 하거나 아버지를 부정하는 것에 골몰한다. 그들이 문화적으로 오이디푸스콤플렉스에 걸려있다고 해서 지구촌 문명 모두를 같은 콤플렉스에 걸려있게 한다. 마치 세균처럼 말이다. 기독교와 철학과 과학(무기)과 전쟁은 세균과 같은 것이다.

오늘날 지구를 지배하고 있는 기독교-자본주의는 바로 아버지이고, 기호이고, 권력이고 끝내 파시즘이다. 서양문명은 그만큼 아직도 '권력 (기호)의 아버지'에 매달려 있다는 얘기이다. 이는 인류가 만들어낸 '추상 적 질병'이다. 영혼불멸도, 영원회귀도 모두 인간의 욕망과 이성이 만들어낸 추상적 질병인 셈이다. 존재는 그냥 자연이다. 그래서 필자는 '존 재'를 '자연적 존재'라고 부르면서, '존재' 앞에 '자연적'이라는 형용사를 붙였다.

현상학은 이성주의를 벗어난 것이 아니라 이성과 욕망의 정체를 드러내는 철학이다. 현상학은 인간사고의 두 가지 운동방향을 말하고 있다. 하나는 판단정지와 회상을 통해 존재를 거꾸로 환원(reduction)시키는 방향, '부(負)의 방향'이다. 이것은 비판과 부정의 방향이고, 노동의 방향이다.

다른 하나는 존재를 계속해서 앞으로 전진시키는 도전과 긍정의 방향이고, '정(正)의 방향'이다. 이것은 존재를 영원회귀(regression) 시키는 방향이다. 그런데 두 방향은 가정된 원의 시원적 점(가상실재)에서 만나게 된다. 출발점이 도착점이 되는 것이다. 이것을 종합적으로 해석학적 순환이라고 말할 수 있다. 어느 방향이든 해석의 해석을 거듭한 것이라고 말할 수 있다.[33]

레비나스는 하이데거에 의해 '기술적 사유' 혹은 '계산하는 사유'로 규정되어버린 형이상학의 재건을 꾀하게 되는데 그 요체는 주체보다는 '나의 지배와 소유의 틀 안으로 환원할 수 없는' 타자와의 관계를 설정하는 일이다.

레비나스의 존재론이 끊임없이 '나'의 세계로 귀환하는 사고(思考)라

---

33 박정진,『니체, 동양에서 완성되다』, 소나무, 2015, 124~125쪽.

면, 형이상학은 '나'의 세계에서 '나'의 바깥 또는 '나'와 절대적으로 다른 자를 향한다. 이러한 구분에 따라 레비나스는 존재론에 대한 형이상학의 우위를 말하며, '존재론의 전체성'에 대립되는 '형이상학의 무한성'을 강조한다.

레비나스의 전체성은 인간이 유한한 자기 인식의 체계 안에 모든 것을 내재화하려는 욕구에서 나타난다. 이때 그가 말하는 절대적 타자는 어떠한 수단으로도 지배할 수 없는 '절대적 외재성'을 지니고 있기 때문에 타자가 누구든 그의 생명을 존중하고 윤리적 관계를 맺는 길을 열어준다. 이처럼 레비나스에게 절대적 타자는 단지 공존해야 할 '다른 자아'가 아니라, 주체를 구성하고 변화시킬 수 있는 무한자이다.

서구의 전통적인 존재론에서 타자는 사고의 대상으로 '나'에 의해 그 존재의 의미를 부여받을 뿐이었지만, 레비나스에게 타자는 '나'에게 윤리적 책임을 갖도록 명령하고 호소하는 존재이다. 레비나스는 서구의 철학적 전통에 대한 성찰을 통해 현대 문명의 전체주의적 속성을 적시하면서 이를 극복할 수 있는 새로운 윤리학의 기초를 제시하려 했다.

레비나스, 존재론에서 윤리학으로 귀환

이러한 레비나스의 사상적 지향은 "윤리학은 존재론에 앞선다(Ethics precedes ontology)"는 표현으로 압축된다. 레비나스의 윤리학은 후기근대에 다시 살아난 스피노자의 냄새를 풍긴다. 그런데 그 스피노자는 페미니스트로 변해있는 스피노자이다.

레비나스 윤리학의 절대적 타자성은 또한 여성성에서 종합적으로 집대성된다. 그의 윤리학은 어떤 절대자가 인간에게 윤리를 요구하는 것이 아니라 인간 스스로 약자를 향하여 윤리적으로 되어야 한다고 주장한다. 이는 서양철학자로서는 보기 드물게 서양철학의 가부장-국가주의 성격의 밖에서 문제를 해결하려는 자세를 보인다는 점에서 매우 고무적이다.

철학에서 여성이 중심으로 등장하기 시작한 것은 니체와 하이데거에 의해 본격화되면서 레비나스에 이르러서는 절대적 타자(이것은 주체의 의미가 강하다)로 등장한 것이다. 그러나 레비나스의 절대적 타자라는 것은 기독교가 절대적 주체를 절대적 남성, 즉 '하나님 아버지'에 둔 것과는 정반대로 '남성'의 자리에 '여성'을 대체한 것으로 보인다. 말하자면 '남성적 메시아'에서 '여성적 메시아'로 옮긴 셈이다.

한 명의 예수(성자)에 의해 인류가 구원받을 수 없음은 지난 수천 년의 역사가 증명하고 있다. 그런 점에서 레비나스는 예수와 같은 구세주를 기다리자는 뜻이 아니라 우리사회의 버림받은 자의 얼굴에서 예수의 얼굴을 발견하자는 뜻이다. 이는 인간 각자가 모두 스스로 구원자(메시아)가 되어야 함을 말한다.

옛날에는 "하늘은 스스로 돕는 자를 돕는다."(自天祐之)라고 했지만 이제 "인간은 스스로를 구원하지 않으면 안 된다."(自人祐之) 인간이 스스로 성인메시아가 되고 미륵부처보살이 되지 않으면 아무도 인간을 구해줄 수 없다.

이는 종래 구세주로서의 메시아(동일성) 개념이기보다는 각자가 메시아가 되는 현존적인 메시아 개념이라고 할 수 있다. 다시 말하면 예수라는 한 명의 희생자, 대속자를 통해 인류가 구원되어야 한다는 것이 역전되어 이제 인간 각자가 약한 자, 버림받은 자의 얼굴에서 구원의 의미를 깨닫고 메시아가 되어야 한다는 뜻이다. 따라서 구원의 성격이 수동적이 아니라 능동적으로 바뀌었다고 말할 수 있다.

레비나스는 그러나 전반적으로 유대인답게 기독교주의와 남성중심주의, 역사주의, 그리고 인간중심주의를 벗어나지 못하고 있다. 이는 인구의 폭증에서 비롯되는 모든 인간문제를 근본적으로 처방하지 못할 뿐만 아니라 자연의 황폐화와 산업화의 기계주의로 인한 인간성의 상실 등에 대해서는 아무런 대안도 마련하지 못하고 있다.

인간의 '얼굴'만이 무저항인 상태로 상처를 받음으로써 윤리를 촉구하고 있는 것이 아니라 자연, 즉 만물이 그러한 폭력에 시달리고 있음을 각성함으로써 '인간적 윤리'의 재건에 그치는 것이 아니라 '생태적 윤리'에로 관심을 보여야 한다. 이것이 보다 넓은 의미의 여성주의 철학일 것이다.

이제 윤리는 인간을 위한 윤리가 아니라 자연을 포함한 생태적인 윤리가 되어야 한다. 자연이야말로 가장 '큰 여성성'으로 은유될 수 있는 것이다. 여성은 흔히 자연으로 은유되고, 역으로 자연은 여성으로 은유되는 까닭이 여기에 있다.

앞에서도 말했지만 레비나스의 타자성은 여성성을 기반으로 하고 있다. 레비나스는 여성성 가운데서도 출산(여성의 재생산)과 갓난아이에게 구체적인 타자성을 부여한다. 아이의 출산은 익명적인 타자에 이름을 부여한다. 아이는 '타자가 된 나(moi étranger à soi)'인 것이다. 레비나스의 '아이의 출산'에 대한 관심은 모-자(母-子)간의 관계, 즉 어머니가 자식을 낳는 행위를 중시함으로써 새로운 성격의 존재론과 구원을 제시하고 있다.

지구의 패권자, 패자가 된 인류는 이제 한 사람의 권력자, 한 사람의 권능인, 예컨대 하나님이나 메시아에 의해서 인류가 구원될 것이라는 생각이나 기대를 말아야 한다. 또한 타자의 여성성으로서의 메시아가 등장하면 이 세계가, 인류가 구원될 것이라는 패러다임 자체를 없애야 한다.

이제 인간이 인간을, 그리고 인간이 자연을 구원하지 않으면 아무도

구원할 수 없고, 구원될 수도 없다. 신은 주변에 흩어져 서성거리는 혹은 불쌍한 소외된 자이고, 신은 만물에 흩어진 만물만신(萬物萬神)이다. 그 만물만신의 힘을 모은 자는 인간이다. 바로 힘 있는 인간신(人間神, 人神)이 힘없는 신인간(神人間, 神人)을 이해하고, 끌어안아야만 지상에 평화를 이룩할 수 있다.

서양문명 전체에 대한 반성이 필요하다. 진화론은 창조론의 현상학이다. 메시아론은 절대유일신의 현상학이다. 이들은 겉으로 얼른 보면 반대인 것 같지만 현상학의 한 세트이다. 창조유일신이 맞으려면 재림메시아가 맞아야 하고 메시아가 맞으려면 메시아의 재림에 따른 구원과 함께 종말이 와야 한다.

진화론과 메시아사상은 항상 시간적으로 지연되고, 공간적으로 연장되어야 하는 '차연(差延)의 법칙'이다. '차연의 법칙'는 '차연의 변증법'이다. 이것이 서양문명의 정체이고, 동일성의 허구이다. 시간이 지연되고, 공간이 연장되는 것이 아니라 지연되는 것의 속성이 시간이고, 연장되는 것의 속성이 공간이다. 실재하는 속성을 실체화한 것이 시간과 공간이다. 무한대로 지연되고 연장되는 것이 바로 시간과 공간의 성질이다.

시간과 공간은 있는 것이 아니라 그러한 것의 속성을 우리가 시간과 공간이라고 부르는 것이다. 결국 시간과 공간은 그러한 속성의 동사적 실재를 명사적 실체화한 것이라고 볼 수 있다. 인간이 신을 만나지 못하는 것은 시간과 공간에 얽매였기 때문이다. 혹은 신을 시간과 공간에 묶어놓았기 때문이다.

과학에서 시공간을 계량하는 것은 그러한 실체를 수학화한 것이라고 볼 수 있으며, 수학이야말로 세계를 실체화하는 방식이며 제도라고 말할 수 있다. 과학이야말로 서양철학의 현상학적·초월적인 특징이 극대화되고 결정화된 것이다. '존재와 시간'이든, '시간과 존재'이든 시간에 얽매이면 본래적 존재를 완성시킬 수 없게 된다.

따라서 하이데거의 존재론은 존재론을 완성시키지 못한 존재론이다. '시간과 공간을 과학을 위한 제도'라고 주장하고, '시간과 공간이 없다' '시간과 공간은 추상이다'라고 주장하는 필자의 일반성의 철학이야말로 서양철학으로 보면 존재론의 완성이고, 동양철학으로 보면 동양철학의 도(道) 혹은 무(無), 혹은 공(空)을 회복한 셈이다.[34]

결국 서양의 창조-진화론, 절대유일신-메시아사상은 시간과 공간이 만들어낸 현상학적 환상이라고 할 수밖에 없다. 유일신과 메시아는 처음부터 '존재(being)'로 있었던 것이 아니라 '생성(becoming)'되는 것의 한 절대적(絶對的, 切片的) 사례이다. 실재적 존재(존재=無)가 실체화된 사례이다. 인간은 누구나 현상학적으로는 신과 메시아를 향하여 열린 존재이다.

옛 사람들은 귀신을 가지고도 신으로 삼았는가 하면 오늘날의 사람들은 신을 가지고도 귀신으로 삼고 있다. 죽은 신인 귀신은 신이 아니다. 살아있는 신만이 신인 것이다. 기억과 기록(텍스트) 속에 있는 신은 죽은 신이다. 살아있는 자들이 기억과 기록 속에 있는 신을 현존적으로 살려내야 신이 살아있게 되는 것이다.

이 세계가 존재(생성)하기 때문에 원리와 텍스트가 있는 것이지, 반대로 원리와 텍스트가 있기 때문에 이 세계가 존재하는 것은 아니다. 시간과 공간이 있기 때문에 이 세계가 존재하는 것이 아니다. 이 세계가 존재하기 때문에 시간과 공간이 있는 것이다. 존재(생성)는 시간과 공간의 밖에 있다.

칸트는 시간과 공간을 선험적으로 느끼는 '감성적 직관의 형식'이라

---

34 박정진, 『철학의 선물, 선물의 철학』, 소나무, 2012, 151~191쪽 참조.

고 했다. 칸트는 틀렸다. 시간과 공간은 감성적 직관의 형식이 아니라 '대뇌의 추상적 형식'일 뿐이다. 시간과 공간은 본래 있는 것이 아니라 추상이다. 시간과 공간은 본래존재가 아니라 가상존재이다. 인간이란 역동적인 존재(역동적인 우주)의 한 폐(閉) 상태, 즉 한정적 양식일 뿐이다.

서양의 기독교와 서양과학문명은 전면적 반성, 참회를 하지 않으면 안 된다. 가상실재인 실체를 만들어서 자연과 인간을 괴롭힌 점을 말이다. 서양문명의 근저에는 전쟁의 신이 있고, 권력의 신이 있고, 인간의 신, 즉 인간신이 있다. 인간신은 자신의 종의 번식을 위해(지구의 인간은 현재 73억이며, 2030년에는 100억에 육박할 것이라고 한다) 자연을 결국 배반하고 말았다. 배반을 당한 말 없는 자연은 저절로(스스로) 인간에게 보복할지도 모른다.

사피엔스의 공멸을 막기 위해서는, 아니 공멸의 지연을 위해서는 가급적이면 기계적 환경을 줄이고, 기계적 계산을 멀리하고 자연으로 돌아가지 않으면 안 된다. 만약 사피엔스가 계속해서 과학을 과도하게 발달시킨다면 자연의 황폐화를 막을 수가 없고, 황폐화된 지구에서 살아가는 인간은 저절로 기계로부터 소외될 수밖에 없다.

신은 인간을 창조하였고, 인간을 기계를 창조하였다. 인간에 대한 신의 입장이나 기계에 대한 인간의 입장은 같다. 그러나 신이 인간을 창조하였다고 하지만 실은 인간이 신을 발명하였고, 인간은 다시 기계를 발명함으로써 최종적으로 '제조적(製造的) 세계관'을 완성하였다. 인간은 종교와 과학을 통해 자신의 힘을 완성한 셈이다.

인간은 이제 인조인간(기계인간)의 창조자이지만, 여전히 인간의 본성은 어머니의 배에서 태어난, 어디까지나 자연의 속성을 지니고 있는 인간이다. 생물인간과 기계인간은 결국 서로 다른 인종으로 갈등과 대립을 초래해서 큰 전쟁을 벌일지도 모른다. 그에 앞서 인간을 둘러싼 기계적 환경은 결국 인간을 정신병자의 상태로 몰고 갈지도 모른다.

문명의 원시반본은 원시시대로 돌아가자는 것이 아니라 자연적 삶을 회복해야 한다는 목소리이다. 자연적 삶을 회복하기 위해서는 철학은 이제 개념이 아니라 감각과 감정을 존중하지 않으면 안 된다. 감정이 없는 신은 기계이다. 기계를 벗어나기 위해서 이제 인류는 자연의 소리에 귀를 기울이지 않으면 안 된다.

7) 메시아사상의 현상학과 존재론

현상학에서의 주체와 타자는 정 반대편에 있는 대립적 실체 같지만 실은 의식적으로 서로 왕래하는 것이고, 결국 주체가 없으면 타자가 존재할 수 없고, 타자가 없으면 주체가 존재할 수 없는 관계에 있다. 따라서 철학적 논의를 주체에서 타자로 옮기는 것은 주체에서 동일성을 찾던 것을 타자에서 동일성을 찾아보는, 일종의 철학적 유행에 불과한 것이다.

천지창조의 유일신과 종말구원의 메시아를 남성으로 설정한 기독교 문명권의 인간은 세계를 창조한 전지전능한 지위에는 남성이 어울린다고 가정하였지만, 종말의 세계를 구원한 메시아의 경우 남성보다는 여성이 어울린다고 생각하기 시작했다. 그 이유는 무엇일까? 메시아는 힘 있는 남성적 메시아보다는 여성적 메시아가 더 어울린다고 생각하기 시작했다. 이는 서양철학이 '힘(권력)의 철학'과 '힘의 문명'에서 일종의 전회를 시작한 징조로 볼 수 있다.

레비나스의 '타자의 여성성'은 바로 미래의 인류에게 여성중심철학, 혹은 일반성의 철학시대를 예감케 하는 '현상학의 예감'이라고 말할 수 있지만 동시에 남성적 시각의 마지막 철학이라고 말할 수 있다. 이는 남성성에 기대던 인류의 문명이 여성성으로 중심이동하는 것임은 물론이고, '타자=여성성'이라는 말은 주체로서의 남성적 시각의 마지막 반영이기 때문이다. 그렇지만 이는 아직 여성성을 타자로 보는 것에 불과하다. 말하자면 여성성의 존재성에 이르지 못한 것이다. 진정한 여성적 시각은 타자 혹은 주체라는 시각이 없는 것이다.

현상학적 입장에서 보면, 물리학은 '물리학적 현상학'이며, 칸트의 이성철학은 '이성적(인식론적) 현상학'이며, 니체의 현상학은 '권력의 현상학'이듯이 레비나스의 현상학은 '타자의 현상학'이다. '인간 자신이 존재론'('존재자의 존재')이라는 그의 말에서 알 수 있듯이 그의 존재론적 모험은 '현상학적 존재론'의 범주에 속하며, 하이데거의 '존재론적 현상학'과 입장을 달리함을 선언하는 것으로 이해된다.

하이데거의 익명적 존재에서 주체로, 다시 주체에서 타자로 이행한 레비나스의 철학적 궤적은 '존재자의 존재'에 대한 새로운 의미부여라고 볼 수 있다. 레비나스는 하이데거의 '불안(염려)' 대신에 '공포(죽음)'를 대입하고, 현존재(Dasein)의 '저기(Da: there)' 대신에 '여기(here)'를 대입하면서 '여기'를 주체구성의 장소로 생각한다. 장소는 의식주체의 바탕이요 조건이다. '여기'라는 장소성은 물론 '순간' 혹은 '현재'의 시간성과 관계하며, '지금(순간, 현재), 여기'에서의 어떤 세워짐 혹은 홀로서기(hypostase)를 가능하게 하는 조건이다.

하이데거에게 인간(현존재)은 '죽음을 향한 존재(Sein zum Tode)'로서 죽음은 '최고의 가능성', '불가능의 가능성'을 뜻하지만 레비나스에겐 죽음은 '절대로 알 수 없는 것'이고 어떠한 가능성도 불가능하게 만드는 사건이다. 죽음은 주체의 주도권을 완전히 벗어나 있고 현재가 아니다.[35]

----

35 강영안, 『타인의 얼굴―레비나스의 철학』, 문학과 지성사, 2013, 107쪽.

불안과 공포의 궁극적 원인은 어디에 있을까? 그것은 개체의 시간설정에 있다. 개체는 이상하게도 시간(존재자로서의 시간)을 설정하는 근본 혹은 원인이 되고, 시간의 설정이야말로 실체의 발생이다. 시간은 계속해서 다른 실체를 무한대로 발생시키게 된다. 시간은 그러한 실체의 끝없는 연속이다.

시간의 연속은 역설적으로 시간으로 하여금 주체가 되게 하고, 주체가 된 시간은 바로 시간 자체의 연속성 때문에 그 연속성의 끝에 영원한 타자를 설정하게 한다. 시간이 없다면 불안과 공포도 없게 된다. 시간이 없다면 세계는 시작과 끝도 없는 무시무종(無始無終)의 세계가 되고 무시무종의 세계는 주체도 없고, 주체가 없으면 자연스럽게 불안과 공포도 없을 것이다. 결국 불안과 공포는 시간의 문제이다.

인간의 존재양식의 본질을 시간성(근원적 시간)으로 본 하이데거는 명실공히 '시간의 철학자'인 셈이다. 시간은 거꾸로 흐르지 않는다. 그런데도 인간은 시간을 만들어놓고 그것을 회상이라는 이름으로 돌려세우고, 끝내 환원시킨다. 이를 '현상학적 환원주의'라고 말할 수 있다. 현상학적 환원주의는 팽창-수축하는 우주의 생성으로 볼 때는 의식적으로 블랙홀로 돌아가는 것이고, 이는 시간을 소급하는 것이다. 그러나 이것은 의식의 속임수이다.

시간은 돌아갈 수 없는 것이다. 역으로 말하면 시간을 되돌아가는 것이 인간의식의 특징이다. 시간을 계산하는 것 자체가 이미 의식의 세계이고 현상학적인 환원인 것이다. 시간이라는 것은 빅뱅 이후에 생긴 문제이고, 세계가 물리적으로 현상된 이후의 문제이고, 인간만의 문제이지, 빅뱅 이전의 문제이거나 다른 생물 종의 문제이거나 끝내 블랙홀의 문제는 아닌 것이다. 블랙홀은 시간마저 없어지는 현상이 아닌가?

인간이 시간을 설정하는 것 자체가 이성이자 욕망이다. 말하자면 시간 자체가 욕망과 이성의 산물이다. 시간에서 벗어나는 길은 시간을 설정하고 초월할 것이 아니라 아예 시간을 설정하지 않는 것이다. 시간을 설정하지 않는다는 것은 우주의 흐름 자체, 우주의 생성 자체를 부정하는 것이 아니라 그 흐름과 생성에 자신의 몸을 맡기고 더 이상 시간을 계산하지 않는 것이다.

"존재는 시간이 아니다." 계산하는 시간을 벗어나야 시간 자체(근원적 시간, 시간성)를 만날 수 있고, 그것과 만날 때 정작 시간의 흐름과 생성을 즐길 수 있는 경지에 이르게 된다. 이는 만물생명을 즐기는 것과 같다. 이것이 존재의 궁극적 해탈이다. 만물생명을 즐기면 저절로 시간은 사라지게 되어있다. 메시아의 현상학이 시간(역사) 안에 있는 '타자의 여성성'이라면 아마도 메시아의 존재론은 우주의 '본래적 여성성'에 도달하는 것일 것이다.

시간과 불안과 공포는 어디에서 오는가? 아마도 '존재의 어머니' '우주적 어머니'를 잃어버린 데서 출발하는 것 같다. 인간은 어머니의 자궁으로부터 나온 뒤에, 혹은 어머니의 양육과 보살핌에서 멀어지면서 '세상에 버려졌다(던져졌다)'고 생각한다. 이는 어머니의 입장이 아니라 순전히 자식의 입장, 에고의 입장에서 세계를 바라본 것이다. 물리학의 '빅뱅-블랙홀'이라는 프레임 자체가 시간에 예속된 현상학적인 태도이며, '창조-종말'이라는 기독교신화의 물리학적 번안에 불과한 것이다.

이것은 인간(Man)의 시각이자, 남성(man)의 시각이자, 아들(son)의 시각이다. 이는 존재의 어머니에 대한 망각이자, 여성(woman)의 시각과 딸(daughter)의 시각의 망각이다. 이는 어머니와 여성과 딸의 시각의 망각이자 동시에 몸의 망각이다. 몸은 세계와 하나이며, 세계와 하나의 뿌리로 연결된 '연기적 존재'이다. 그렇기 때문에 우리 몸은 현상이 아니라 존재이며, 세계의 신체도 현상이 아니라 존재이다.

역설적으로 인간이 죽음의 불안과 공포에 떠는 것은 세계를 몸으로 보지 않고 현상으로, 즉 주체 혹은 대상으로 보기 때문이다. 이는 남성적 시각이며, 자식의 시각이며, 아들의 시각이다. 세계를 전체성으로 보지 않고 부분으로 보는 것에 따르는, 이미 스스로를 소외시킨 '소외된 시각'의 결과이다. '존재의 여성성'은 주체의 여성성이나 타자의 여성성과는 다른 보다 본질적인 것이다.

존재의 어머니에 대한 망각에서 모든 불안은 시작된다. 불행하게도 이는 자신에 대한 개체로서의 인식과 결부되어 있다. 개체로서의 인간이 사물을 인식하고 시간을 계산한다는 것은 '자연적 존재'로부터의 소외됨을 말하는 것이다.

시간은 존재의 근본과 결부되어 있다. 하이데거가 '존재와 시간'과 '시간과 존재'를 쓴 반면에 레비나스는 '시간과 타자'를 썼다. 하이데거는 '존재와 시간'에서 시간으로부터의 탈출(이탈, 초월)을 꿈꾸었지만, 레비나스는 시간을 영원히 잡을 수 없는 무한성(무한대)로 보고 있다. 레비나스에게 시간과 무한성과 타자는 결국 같은 말이다.

시간의 무한성과 타자는 동일성

레비나스는 '동일성의 종언'을 공언하고 있지만 그렇다고 해서 실체를 추구하는 서양철학의 오랜 전통을 벗어난 것은 아니다. 서양철학의 전통에서 '동일성=실체'라는 점을 감안하면 그의 타자성은 완전히 동일성을 벗어난 것으로 보기 어렵다. 그의 타자성은 바로 새로운 실체론이면서 초월론에 속하기 때문이다.

여기서 우리는 무한성이라는 것이 실체라는 점을 이해해야 한다. 비록 잡을 수 없는 것이긴 하지만, 어떤 것이 계속적으로 연장된다는 것은 그것 자체가 실체성을 보유하고 있음을 의미한다. 그의 타자성은 '죽음'이나 '타자로서의 시간'에서 예증되고 있다.

물론 레비나스는 고통의 현상과 죽음을 통해 존재는 '다원적'이라는 사실을 말하고자 한다. 죽음조차도 다원성이라고 보는 것은 단순히 존재자가 다수라는 뜻이 아니라 존재 자체가 다원성임을 말한다. 레비나스의 철학은 전반적으로 기독교적 세계관이라는 지평에서 전개되기 때문에 실존론자이면서도 가톨릭의 세계관에 귀의한 가브리엘 마르셀과 대비되는데 그는 '기독교의 마르셀'이라고 말할 수 있다.

레비나스의 현재(순간)는 시간의 연속선상에 있는 현재가 아니라 마치 불교의 찰나생멸과 같은 의미로 비치기도 한다. 참된 미래는 흔히 말하는 실체로서의 현재와는 다른, 손에 거머쥘 수 없는 것이며, 영원한 타자(l'autre)이다. 미래와의 관계는 곧 타자와의 관계이다. 그러한 점에서 죽음을 통한 타자와의 관계는 인간에게 미래를 열어준다고 말할 수 있다.

레비나스는 현재의 시간에서 비시간성까지 찾아냈으나 다시 존재자로 돌아감으로써 존재자의 의미를 새롭게 드러낸다. 레비나스의 주체와 타자는 종래 서양의 존재론이 표상하고 있는 동일자적 성격의 주체와 타자는 아니지만 결과적으로 변형된 동일자에 귀의하는 것이 된다.

레비나스의 의식은 앎이나 반성이나 소유가 아니라 '향유(jouissance)'이다. 향유는 남성적 소유와 달리 여성적 희열의 의미를 갖고 있다. 이리가라이는 프랑스어 주이상스(jouissance)[36]를 남성의 '눈'의 시각으로 보는 관점이 아니라 여성의 '전신적 기쁨'으로 해석하면서 주이상스를 분

---

36 주이상스(jouissance)의 뜻은 『LE ROBERT』 프랑스 어원사전에 따르면 "내부적으로, 시적으로 즐기다/어떤 것에서 스스로 만족감을 느끼다(즐거워하다)."이다.

절하면 ⟨j'ouis sens⟩(나는 의미를 듣는다)가 된다고 한다.[37] 이는 '듣는다'는 의미가 여성의 귀와 나아가서 신체로 연결됨을 의미한다.

레비나스의 향유의 배경에는 '요소(l'element)'라는 개념이 있고, 그래서 향유적 세계를 '요소적'이라고 부르기도 한다.

"요소적인 것은 이름을 붙일 수 없고 지칭할 수 없다. (중략) 요소에는 내용은 있지만 그것을 담을 형식이 없다. 이것을 일컬어 레비나스는 '형식 없는 내용'이라 부른다. 요소는 얼굴도 없고 이름도 없다. 그러므로 요소에 대해서는 주체와 대상관계를 형성할 수 없다. 요소에 에워싸임으로써만 우리는 요소와 관계할 수 있다. 사물에는 일정한 모습이 있다. (중략) 하지만 요소는 서술할 수 있는 성질이 있다고 하더라도 그것은 늘 가변적이고 불확정적이다. 따라서 요소는 이름을 가진 하나의 특정한 실체로 접근할 수 없다. 이런 뜻에서 레비나스는 요소를 '실체 없는 성질'이요 '떠받침 없는 상징'이라고 규정한다."[38]

여기서 요소는 손에 잡을 수 없는, 소유할 수 없는 환경(자연적·문화적 환경)과 같은 것이다. 예컨대 사물, 즉 공기와 바람, 도시와 바다 등과 같은 것이다. 향유에는 '요소'라는 개념이 있을 뿐만 아니라 종래와는 다른 주체성을 가지고 있다. 향유의 주체성은 '향유의 개별성'과 같은 것이며, '의존성을 통한 독립성'과 같은 것이다.

"세계에 대한 의존성, 물과 공기와 음식에 대한 의존성에 의해 주체는 주체로서 홀로 설 수 있다. 주체는 의존성을 독립성으로 바꾸고 세계를 자신의 세계로 만들어간다."[39]

----

37 채희철, 『눈 밖에 난 철학, 귀속에 든 철학』, 리좀, 2005, 102쪽.
38 강영안, 같은 책, 128쪽.
39 강영안, 같은 책, 131쪽.

향유의 주체성이 형성되면 세계는 낯선 얼굴을 벗고 향유의 대상으로 바뀌게 되는데 이때 향유는 자아, 혹은 자유로운 자아가 된다.

"주체의 내면성과 유일성은 향유를 통해 구성된다. 나와 타인, 동일자와 타자는 향유를 통해 주체의 내면성이 형성될 그때 비로소 실제로 분리된다. 향유는 자아의 응축이고 자신에게로 복귀이다. 향유를 통해 자아는 삶과 활동의 중심이 된다. (중략) 따라서 향유를 통해 자아가 비로소 출현한다고 레비나스는 보고 있다."[40]

레비나스의 자아의 개념은 종래의 동일성적 자아와는 다르다. 이는 대상을 소유하고자 하는 남성적 자아 대신에 '여성적 자아'라고 부를 수 있을 것이다.

"자아의 유일성은 어떤 유에 속하지 않는다는 사실, 어떤 개념으로도 담을 수 없다는 사실에 있다고 레비나스는 생각한다. 보편과 개별의 구별을 뛰어넘어 향유하고 있다는 바로 그 사실에 자아의 유일성이 존재한다는 것이다. 개체와 개체를 구별해주는 개별성의 원리는 질료가 다르거나(아리스토텔레스) 다른 공간을 차지하고 있다는 사실(라이프니츠)에 있는 것이 아니라 각자가 누리는 향유와 행복에 있다. 레비나스는 향유야말로 진정한 '개별화의 원리'라고 주장한다. (중략) 개인은 저마다 향유의 주체로서 신비를 지니고 있다. 개인은 저마다 향유의 주체로서 신비를 지니고 있다. 개인은 종족으로, 혈통으로, 또는 사회집단으로 또는 누구와의 관계로 환원할 수 없다."[41]

여성적 주체와 대상은 소유의 관계가 아니라 향유의 관계로서 일종의 '약한 동일성' 혹은 '가변적(왕래적) 동일성'이라고 명명할 수 있을 것이다.

----

40 강영안, 같은 책, 131~132쪽.
41 강영안, 같은 책, 132쪽.

레비나스의 '요소'와 '향유'는 동양사상의 '기(氣)' 혹은 '느낌(feeling)'의 개념과 상통한다. 이때의 느낌은 감각을 통해 대상화(소유화)되는 것이 아닌, '느끼면서 지나가는' 존재적 느낌이다. 그런 점에서 레비나스의 요소와 향유는 느낌과 같은, 다원적이라는 점에서 동일성의 종언을 주장한 레비나스에겐 주요한 개념이다.

레비나스는 종래 서양철학의 이분법, 즉 정신과 물질(육체), 혹은 이성과 감정의 이분법을 '요소'와 '향유'라는 '약화된 동일성'이라는 새로운 개념으로서 벗어나고자 시도하고 있다. 그러나 그의 '여성적 자아'는 여성의 피부처럼 '세련된(매끄러운) 동일성'이라고 말할 수 있을 것이다.

레비나스는 서유럽 문화나 문명의 위기를 '전체주의'에서 찾는다. "나는 생각한다. 그러므로 나는 존재한다."라는 데카르트의 선언은 처음부터 인식 주체를 중심으로 하는 존재론으로 '나' 이외의 모든 '타자'를 '나'의 인식 안으로 끌어들인다. 따라서 결국 존재가 생각이다.

이것이 그가 지적하는 '동일성의 문제'이다. 이 동일성은 모든 것을 자기중심적인 체계 안에서 재정의하는, 즉 '전체 속에서 체계화'하는 '전체성의 철학'이다.

레비나스는 이러한 존재론적 철학을 '동일자의 철학', '힘의 철학', '자아론(Egology)' 등으로 규정한다. 이러한 철학이 '전체성의 이름'으로 개인에게 폭력을 가할 수 있는 사상적 기반을 제공했다는 것이다.

샤르트르가 주체 속에 이미 타자가 들어있다고 봄으로써 주체를 대자(對自)라고 규정한 것과 레비나스의 견해는 정반대이다. 주체가 이미 타자의 침범을 받아 영원히 '자유의 길'을 가야 하는 샤르트르의 철학은 주체가 피해자라면, 레비나스의 철학은 타자가 타자성을 무시당한 피해자로 구출되어야 하는 것이다.

레비나스는 서양철학을 '전체성의 철학'으로 비판함과 함께 더불어 형이상학의 개념도 새롭게 규정한다. 그는 이를 위해 존재론적 욕구(besoin)와 형이상학적 욕망(desir)을 구분한다. 주체에서 비롯된 존재론적 욕구는 이기적인 존재 유지에 치중하지만, 형이상학적 욕망은 '나'에 의해 소유되고 향유될 수 없는 것을 향한 갈망이다. 말하자면 욕망은 객체와 타자로 향한다.

레비나스는 하이데거에 의해 '기술적 사유' 혹은 '계산하는 사유'로 규정되어버린 형이상학의 재건을 꾀하게 되는데 그 요체는 주체보다는 '나의 지배와 소유의 틀 안으로 환원할 수 없는' 타자와의 관계를 설정하는 일이다.

레비나스의 존재론이 끊임없이 '나'의 세계로 귀환하는 사고(思考)라면, 형이상학은 '나'의 세계에서 '나'의 바깥 또는 '나'와 절대적으로 다른 자를 향한다. 이러한 구분에 따라 레비나스는 존재론에 대한 형이상학의 우위를 말하며, '존재론의 전체성'에 대립되는 '형이상학의 무한성'을 강조한다.

레비나스의 전체성은 인간이 유한한 자기 인식의 체계 안에 모든 것을 내재화하려는 욕구에서 나타난다. 이때 그가 말하는 절대적 타자는 어떠한 수단으로도 지배할 수 없는 '절대적 외재성'을 지니고 있기 때문에 타자가 누구든 그의 생명을 존중하고 윤리적 관계를 맺는 길을 열어준다. 이처럼 레비나스에게 절대적 타자는 단지 공존해야 할 '다른 자아'가 아니라, 주체를 구성하고 변화시킬 수 있는 무한자이다.

서구의 전통적인 존재론에서 타자는 사고의 대상으로 '나'에 의해 그 존재의 의미를 부여받을 뿐이었지만, 레비나스에게 타자는 '나'에게 윤리적 책임을 갖도록 명령하고 호소하는 존재이다. 레비나스는 서구의 철학적 전통에 대한 성찰을 통해 현대 문명의 전체주의적 속성을 적시하면서 이를 극복할 수 있는 새로운 윤리학의 기초를 제시하려 했다.

이러한 레비나스의 사상적 지향은 "윤리학은 존재론에 앞선다(Ethics precedes ontology)"는 표현으로 압축된다. 레비나스의 윤리학은 후기근대에 다시 살아난 스피노자의 냄새를 풍긴다. 그런데 그 스피노자는 페미니스트로 변해있는 스피노자이다.

레비나스 윤리학의 절대적 타자성은 여성성의 메시아에서 종합적으로 집대성된다. 그의 윤리학은 어떤 절대자가 인간에게 윤리를 요구하는 것이 아니라 인간 스스로 약자를 향하여 윤리적으로 되어야 한다고 주장한다. 이는 서양철학자로서는 보기 드물게 서양철학의 가부장-국가주의 성격의 밖에서 문제를 해결하려는 자세를 보인다는 점에서 매우 고무적이다.

예술가는 철학자들보다 영감과 실천이 빠르다. 인류의 진정한 구원을 위해서는 '타자의 여성성'이 아니라 아예 남성중심의 이야기를 여성중심으로 백팔십도로 전환시켜버린다.

마르크 샤갈(Marc Chagall, 1887~1985)은 〈이삭의 희생(1966)〉이라는 그림에서 소위 기독교의 '아케다(Aqedah) 이야기'(창세기 22장에 등장하는 아브라함과 이삭의 供犧를 다룬 이야기)를 아브라함의 눈이 아니라 사라의 눈으로 볼 것을 촉구한다.

"홀로코스트를 경험한 샤갈은 신이 인간의 고통을 마주할 의사도 능력도 없다고 확신한다. 그런 신이 자기 자식을 살해하려는 사건에 개입하려는 모습에 그는 쓴웃음을 짓는다. 샤갈의 그림은 신에 대한 불평이다. 이삭과 아브라함으로부터 피어오르는 불길은 신에 대한 항거이다. 신이 자신들을 돌아보지 않아 그들이 멸절 위기에 처했다는 것이다. 신은 이 비극의 장면을 외면했지만 사라로 대표되는 여인들은 홀로코스트에 참여하고 반응한다. 처음부터 이 과정을 지켜본 사라는 우리에게 방관하지 말라고 소리친다. 그림 상단에 십자가를 지고 가는 예수 앞에도 두 명의 여인이 서 있다. 아마도 예수의 어머니 마리아와 수제자 막달라 마리아일 것이다. 그림의 오른편에는 마리아가 예수를 안고 있는 모습인 '피에타'가 있다. 이는 동시에 사라가 이삭을 안고 있는 모습이기도 하다."[42]

샤갈은 아버지와 아들의 관계보다는 어머니와 아들의 관계에 초점을 두고 있다.

"어머니와 아들의 모습은 서로 다르게 세 번 등장한다. 사라와 이삭, 마리아와 아기 예수, 그리고 마리아와 십자가를 진 예수. 아케다 이야기에서 어머니와 아들의 관계로 전이된 것이다. 샤갈은 아케다 이야기를 사라의 눈으로 해석하라고 말한다. 사라의 시선은 우리로 하여금 이삭을 사랑하는 아들이자 희생된 아들로 인식하게 만든다. 사라를 통해 우리는 이삭, 예수, 홀로코스트 희생자들을 우리의 사랑하는 자녀로 보게 되는 것이다."[43]

권력경쟁과 전쟁을 좋아하는 남성이 인류를 구원한다는 것은 새빨간 거짓말이다. 가부장의 절대유일신은 인간으로 하여금 복종과 희생만을 요구한다. 평화는 '하나님' '아브라함' '아버지'에 속한 것이 아니라 '사라' '마리아' '어머니'에 달려 있는 것이다.

메시아사상의 존재론은 힘 있는 타자에서 구원을 찾는 남성적 철학(현상학적)으로 달성되는 것이 아니라 자신의 희생을 감수하는 여성적 철학과 무(無)에 대한 깨달음으로 인간 각자가 소유적 삶을 부분적으로나마 포기하는 정도에 달려있다. 그러기 위해서는 무한대의 욕망에서 벗어나야 한다.

----

42 배철현,『신의 위대한 질문』, 21세기북스, 2015, 164쪽.
43 배철현, 같은 책, 164쪽.

지금까지의 서양철학과 문명은 남성중심의 현상학이었다. 철학은 남성적 시각의 산물이었다. 철학의 보편성이라는 것은 남성적 지배의 원리에 지나지 않았으며 힘의 과시에 지나지 않았다. 이제 철학의 일반성에 대한 인식과 함께 여성적 피지배의 원리에 의한 공생을 모색하지 않으면 공멸을 감수해야 하는, 막다른 골목에 인류는 몰려있는 셈이다. 자연이야말로 생명이고, 사랑이고, 존재이다.

御製

나랏말ᄊᆞ미 中듕國귁에 달아

와로 서르 ᄉᆞᄆᆺ디 아니ᄒᆞᆯᄊᆞ

5

화쟁론(和諍論)에서
화평부동론(和平不同論)으로

원효, 퇴계, 화이트헤드

한 개인이나 한 나라(집단)가 역사적 각 단계에서 당대에 국제적 지평의 문화적 보편성을 누리는 것은 쉬운 일이 아니다. 이는 반드시 천재적인 소수의 문화 창조자들의 희생적인 노력이 뒷받침되거나 아니면 적어도 집단적인 문화축적의 장치나 제도가 없이는 불가능한 일일 것이다.

한국 역사에서 가장 괄목할 만한 문화적 업적 가운데 집단적으로는 단연 오늘의 한국을 있게 한 삼국통일이 꼽힐 것이고, 개인적으로는 삼국통일의 정신적 토대를 갖추게 해 준 원효선사(元曉禪師)의 〈화쟁(和諍)사상〉이 꼽힐 것이다.

원효선사의 훌륭함은 이미 의심의 여지가 없고 그 업적 또한 토론의 여지가 없을 정도로 확고하다. 필자가 여기서 몇 마디 첨가하고자 하는 것은 단지 새로운 각도, 즉 문화변동이라는 관점에서 그가 이룩한 업적을 재조명해보고자 하는 것이다.

말하자면 통일신라기에 특히 대(對) 중국과 문화교류 혹은 문화접변 과정에서 원효는 어떻게 한국적 특수성을 토대로 국제적 보편성을 달성하는 화쟁사상을 이룩하였나 하는 것에 관심이 있다. 화쟁사상은 가장 성공적인 문화수입과 토착화의 성공이라는 예로 가장 괄목할 만한

성과이다.

원효선사의 화쟁사상 이외에 또 한 가지 성공적인 예를 든다면 의심의 여지없이 퇴계(退溪) 이황(李滉)의 주리론(主理論) 즉 〈이발(理發)사상〉일 것이다. 필자는 이 글에서 주로 원효과 퇴계가 각각 나름대로 당대의 국제적 지평에서 보편성에 도달한 내용을 분석함으로써 우리 역사상 최고의 사상가요 철학자인 두 인물을 효과적으로 이해하는 계기를 삼고자 한다.

또 우리 문화의 새로운 가능성— 철학의 가능성을 탐색하기 위해서 이밖에 또 다른 인물로서 동양의 불교철학을 자연과학자의 입장에서 가장 가까이 접근한 영국 철학자 알프레드 노스 화이트헤드의 〈과정(Process)철학〉과의 비교를 덧붙이고자 한다. 말하자면 원효와 퇴계와 화이트헤드는 서로를 비추는 거울이 되는 셈이다.

필자가 일찍이 1992년에 세상에 내놓은 졸저 『한국문화와 예술인류학』(이 책은 90년에 출판된 『한국문화 심정문화』를 증보한 책이다)은 자민족문화연구를 위해서 인류학이 문화의 상징(象徵)과 의례(儀禮)를 보다 적극적으로 이해하고 활용하여야 한다는 점을 주장한 책이다.

여기서 필자는 〈언어(理)—상징(象徵: 心)—사물(事物: 物)—기(氣)〉라는 네 가지 변수의 모델을 제시한 바 있다. 이 모델은 이들 변수들이 서로 상호작용함으로써 '문화에 대한 철학적 이해(해석)'를 증진시키는 것을 목적으로 했다. 아울러 언어의 개념에 대해 절대권을 부여하지 않는 사유과정을 통해 예술을 인간 이해와 구원의 핵심으로 등장시키는 것을 기도했다.

예술인류학은 인간의 삶을 '삶의 방식'으로 보는 것에서 '살아있는 생활'로 보고, 생활은 곧 예술이라는 관점을 가지고 있는, 생활에 대해 예술적 접근태도(artistic Anthropology)를 갖는 것을 의미한다. 비단 예술을 연구하는 인류학(Anthropology of art)의 의미를 넘어서는 것이었다. 결과적으로 한 집단이나 나라의 삶을 연구하려면 그들의 예술을 이해하는 수준에 도달하여야 제대로 이해하였다고 할 수 있다는 것이었다.

그래서 일명 예술인류학을 '시인의 고고학'이라고 명명하기도 했다. 삶은 결국 인간의 생활을 위한 퍼포먼스(performance), 즉 신체적 예술로서 궁극적으로 존재에 이르게 되는 '존재감의 표현'이라는 의미를 담고 있는 숭고한 행위라는 것에 도달한다. 존재는 하나의 차원에서의 의미를 가지고 있는 것이 아니라 여러 차원의 복합적 의미를 가지고 있는 상징행위라는 것이다. 말하자면 축제적 상징(ritual symbol), 혹은 예술적 상징(artistic symbol)이라는 의미이다.

인간의 삶은 하나의 차원의 개념적 의미가 아니라 여러 차원의 상징적 의미를 가진 축제, 혹은 예술이다. 부족사회의 축제적 기능은 현대인의 예술적 기능에 부합한다. 예술은 그것 자체가 삶(존재)의 표현이고, 상징이고, 구원이다. 인간은 상징을 통해서 삶의 전체성에 도달한다.

필자의 예술인류학 모델은 언어(개념)보다는 상징이 훨씬 더 복합적(통각적)인 지각을 담고 있다고 본다. 그래서 '언어-사물'을 하나로 묶고, '상징-기(氣)'를 하나로 묶었다. 인간의 상징(추상)할 수 있는 능력은 사물에 대한 '언어적 확실성'을 거쳐서 이(理)가 되지만, 사물의 본래적 존재는 기(氣)와 연결된다. 상징은 기와 통하는 일종의 통로인 셈이다.

〈언어(理)-사물-상징-기(氣)〉의 상호관계에서 상징(象徵, symbol)이야말로 예술인류학에서 대표성을 갖는다. 상징은 무엇보다도 이중성, 즉 이중적·다중적 의미를 가지고 있고, 존재의 역동성을 보장해줌으로써 존재(본래존재)에 이르게 한다.

인문학은 자연과학처럼 실험과 관찰로 법칙을 도출하는 인문과학이 아닌 해석학이다. 인문학은 결국 신화이고, 문학이고, 역사이고, 철학이지만 신화적(상징적) 원형을 가질 수밖에 없다. 신화적 원형은 상징의 종합적 의미이다. 현상학적으로 보면 역사와 철학이 만나서 역사철학이 되고, 역사철학은 어떤 지향점을 갖지만 이를 존재론적으로 보면 상징에서 기(氣)로 무화(無化)·무산(無散)하고 만다.

존재론적으로 보면 역사와 철학은 본래 없는 것이다. 인간에 의해 구성된 것일 뿐이다. 여기서 구성되었다고 하는 것은 시간과 공간의 좌표 위에 인간의 삶을 올려놓고 재단하고 해석하는 것을 말한다. 해석은 결국 시공간 좌표의 한 점, 즉 자기 관점의 산물이다.

역사와 철학은 쓰는 자의 것이다. 역사와 철학은 이미 소유적 존재로서의 인간의 산물이다. 따라서 역사와 철학에서 비소유, 무소유를 논하는 것 자체가 이미 모순 위에 있는 것이다. 존재는 본래 소유할 수 없기 때문이다. 진리가 만약 소유라면, 진리를 운운하는 것은 모순의 노정일 수밖에 없다. 존재는 진리가 아니기 때문이다.

존재는 기운생동(기운생멸)일 뿐이다. 말하자면 존재를 소유하기 위해서 진리라는 것을 인간이 발견(발명)한 셈이다. 그래서 소유에서 가장 멀어지는, 삶(생활)의 표현 자체— 이를 현존적·존재적 표현이라고 말할 수 있다—로서 만족하는 축제나 예술에서 인간의 구원을 발견할 수밖에 없다. 축제나 예술은 '존재로의 귀향'이다.

역사와 철학은 인간의 구원이 될 수 없다. 이들의 신화적 원형은 '신들의 전쟁'이기 때문이다. 역사철학은 변증법의 모순 위에 있다. 변증법은 이미 전쟁이다. 역사철학은 주체(주인)와 대상(노예)이라는 가상을 설정함으로써 권력과 이상을 도모하는 남성(남성철학)의 허위의식의 산물이다. 의식이라는 것 자체가 이미 특정 존재 내에서 일어나는 환상이며 가상이다.

인간의 의식과 인식을 바탕으로 하는 모든 구성물은 존재의 입장에서 볼 때는 사상누각이나 마찬가지이다. 그래서 인간은 자신의 삶(허약한 신체)과 권력(만물영장)을 확보하고 증명하기 위해서 구성물을 도리어 '존재'라고 명명하였다. 인간의 정신은 그래서 '본래도착'인 것이다.

과학의 성과를 인문학적으로 뒷받침하기 위해 출발한 근대철학은 결국 과학의 종으로 끝나는 운명을 타고난 것인지도 모른다. 철학이 철학적 사유를 계속하려면 과학의 근본적인 틀인 시공간을 부정하지 않고는 달리 길을 개척할 수가 없다.

현대철학의 대명사인 현상학을 주도하고 있는 프랑스 철학자들은 존재론의 대척점에서 현상학적인 차원에서 존재를 힐긋 바라보고 있는 정도에 불과한 것이다. 진정으로 존재론에 들어간 프랑스 철학자는 없다. 이는 프랑스 철학의 풍토이다.

마르크스는 사회학을 과학화했지만 계급투쟁 등 사회적 갈등만 초래하고 철학을 이데올로기화한 공로밖에 없다. 과학화되어 인간에게 손해를 끼친 분야가 사회과학이다. 과학적으로 사는 것이 옳은 일인지에 대해 많은 회의를 불러일으킨 사회과학은 인문학적 자유와 예술의 향기를 잃어버렸다.

1) 원효(元曉)의 화쟁론(和諍論)과 일심이문론(一心二門論)[1]

필자의 예술인류학은 인간의 사물을 분석하기 위한 여러 이원대립적

---

1 박정진, 『도올 金容沃(2권)』, 불교춘추사, 2001. 「8장, 김용옥에 보내는 에세이 서신」 (148~230쪽)을 새롭게 보완한 글이다. 1) 원효의 일심이문론(一心二門論), 2) 퇴계의 이발(理發), 3) 원효와 퇴계의 철학을 '일반성의 철학'에서 조명하다. 4)화이트헤드의 과정철학으로 본 일심(一心)과 이발(理發) 등이 포함되어 있다.

인 변수 가운데 심(心)과 물(物), 그리고 이(理)와 기(氣)를 가장 대표적인 것으로 설정한 것이다. 이때의 변수란 변화를 재는 수학적인 좌표의 축을 말하는 것이라기보다는 변화를 보는 일종의 '카테고리'를 의미한다. 인간은 얼마든지 여러 이원대립항을 제시함으로써 사물을 분석하고 보다 잘 이해할 수 있는 것이다.

인문학은 일종의 '관계의 해석학'일 수밖에 없다. 말하자면 물리적인 법칙을 제시하기보다는 어디까지나 해석의 틀을 제공하는 것에 머문다. 물론 물리학도 일종의 '실체의 해석학'임을 생각하면 잘못된 것은 아니지만 특히 형이상학적인 성향을 가진 학문은 결국 자기모순을 안고 있다는 점에서 결국 해석 자체로 만족할 수밖에 없다는 한계가 있다.

원효(元曉, 617~686)는 아시다시피 일심(一心)을 주장했다. 일심은 곧 일승(一乘)이기도 하다. 여기서 심(心)은 물(物)을 다스리기 위한 불가피한 선택일 것이다. 불교에서 오래 동안 물(物)은 색(色)으로 명명됐다. 색(色)은 또한 경계(境界)를 말한다. 위진남북조 시대 승조(僧肇)의 '조론(肇論)'이 등장하기 전까지 불교에서 물(物)은 본격적으로 논의되지 않았다고 해도 과언이 아니다.

승조의 '조론'은 물불천론(物不遷論)을 비롯해서 부진공론(不眞空論), 반야무지론(般若無知論), 열반무명론(涅槃無名論) 등으로 구성되어 있는데 '물불천론'으로 인해서 유물론으로 불리기도 하지만 이때의 '물'은 '물질(material)'과는 다른 개념이다. 다시 말하면 '물(物)'은 오늘날 '기(氣)'에 가까운 개념이다.

동양의 '심(心)'과 '물(物)'이라는 개념은 존재론적인 개념으로서 서양철학의 현상학적인 개념인 '정신'이나 '물질'이라는 개념과는 다르다. '심－물'과 '정신－물질'의 개념이 다른 결정적인 이유는 심과 물은 기(氣)에 통하지만, 정신과 물질은 이(理)에 통하기 때문이다.

본래 불교는 실체(實體)가 없는 공(空)과 무(無)를 '체(體)'라고 하고, 실체가 있는 것을 '용(用)'이라고 한다. 실체(實體)가 이(理)에 통하는 것이라면 같은 원리로 체(體)는 기(氣)와 통한다. '심(心)=물(物)=기(氣)'가 같은 의미라면 '정신(精神)=물질(物質)=이(理)'는 같은 의미이다.

불교는 흔히 일상에서 바라보는 '소유적 세계관'과는 반대의 '존재적 세계관'('즉자적 세계관')을 가지고 있는 셈이다. 불교의 세계관은 소위 자연과학의 세계를 그것의 밖에서 바라볼 수 있는 힘을 가지고 있다는 점에서 현대에 이르러서 더욱 귀한 철학이라고 하지 않을 수 없다.

만약 불교적 세계관이 없었다면 인간은 과학의 세계와 균형을 맞출 수 있는 세계관을 가지지 못했을 것이다. 그렇다면 인간이 더욱더 '편견의 동물'이 되고 말았을 것이다. 인간이 일상에서는 '실체(시간과 공간이 있는)'의 세계를 가지고 산다고 해도 마음에서는 '실재(시간과 공간이 없는)' 세계에 살 수 있다는 것이 바로 평화를 이룰 수 있는 이유이다.

근대 서양의 자연과학에 비해서는 매우 주관적일 수밖에 없는 불교는 처음부터 심(心)을 물(物)의 위에 두고 출발한 것임에는 이의를 제기할 수 없다. 심(心)은 상대적일 수밖에 없다. 그런데 여기에 일(一)을 덧붙인 게 문제이다. 일심(一心)은 다분히 상대적(相對的)인 물(物)의 세계를 다스리기 위한 절대(絶對)사상이다. 말하자면 상대적인 세계와 절대적인 세계를 통합하기 위해서 일심사상은 불가피한 것이었을 것이다.

일심(一心)이야말로 공(空)이고, 무(無)이다. 그런데 일심이 '절대─상대'를 벗어난 불일이불이(不一而不二)·불이이불일(不二而不一)의 세계임에도 불구하고, 흔히 공(空)을 강조하기 위해 절대공(空), 무(無)를 강조하기 위해 절대무(無)라는 말을 사용한다. 이는 절대라는 말이 이미 실체를 전제하는 말이라는 것을 깨닫지 못했기 때문이다.

종교란 원래부터 실험과 관찰을 통해 진리를 발견하는 과학과 달리 직관과 성찰을 통해 진리를 발견하는 인간의 인식과 존재양식으로서 전자의 객관과는 달리 주관의 산물이다. 주관은 처음부터 심(心)에 의존하지 않을 수 없는 것이다. 문제는 일심(一心)에 도달하는 데 따른 구체적인 분류과정이 어떠하였느냐 하는 점이다.

원효는 그의 『대승기신론소-별기(大乘起信論疏-別記)』를 통해 대승기신론의 복잡한 구조를 다시 자신의 해석학적 관점에서 훨씬 복잡한 사유 및 분류체계로서 자유자재로 분석, 통합하고 있음을 볼 수 있다.[2]

원효는 『대승기신론소-별기』를 통해서 자신의 복잡다단한 사유체계를 개진하였다고 볼 수 있다. 이를 역으로 말하면 대승기신론은 원효에 의해서 다시 태어났던 셈이다. 여기서 '대승기신론소-별기'에 대해서 중언부언하고 싶지는 않다. 원효는 복잡다단한 체계를 거치면서 결국 상구보리(上求菩提), 하화중생(下化衆生), 진속일여(眞俗一如), 부주열반(不住涅槃)에 도달한다. 필자는 단지 여기서 필요한 요점들만을 지적하고자 한다.

원효는 당시 불교의 최첨단 이론인 중관(中觀)학파와 유식(有識)학파를 통합하면서 전자의 공(空)사상과 후자의 식(識)을 통합하면서 당시 국제적인 보편성의 차원에서 인간 고(苦)의 근거인 색(色: 物)을 초월하는 불교의 근본적인 사상에 도달하게 된다.

원효는 대승기신론의 사상을 독자적으로 이해하면서 크게는 없음(無)과 있음(有)을 통합하는 데 성공한다. 일심(一心)과 일승(一乘)에서 그의 사상은 집대성된다. 이는 법(法)도 취하지 않고 비법(非法)도 취하지 않는, 일상무상(一相無相)의 금강경(金剛經)사상과 공즉시색(空卽是色), 색즉시공(色卽是空), 무지역무득(無知亦無得)의 반야심경의 사상과도 맥락이 통하는

---

2 은정희 역주, 『원효의 대승기신론소-별기』, 일지사, 1991 참조.

것이다. 이는 또한 화엄경의 일즉일체 일체즉일(一卽一切 一切卽一)과도 맥을 같이 한다.

종교의 약점은 과학과 달리 진리를 발견하기는 하지만 그것에 따라 사물을 능동적으로 움직일 수 없다는 점이다. 예컨대 근대과학이 제시한 진리라는 것이 오류투성이이긴 하지만 그 오류 때문에 '진리의 각 단계에서 사물을 움직이고 이용할 수 있었다'라고 하는 점은 매우 역설적이긴 하지만 부인할 수 없는 사실이다.

이에 비해 종교는, 특히 불교는 처음부터 사물을 움직이고 이용하는 데에 목적을 둔 것이 아니라 사물에 대한 '있는 그대로(사실)'의 이해의 폭을 넓히는 데 목적을 둔 것 같다. 종교는 사물을 움직이기보다는 사물의 어떠한 움직임도 포용하는 매우 적응적(適應的: 順理的: 兩義的: 陰陽的)인 성격을 가지고 있다. 종교는 양면성을 다 포용하는 성격을 가지고 있다. 이에 비해 과학은 한 가지를 향하게 하는 독선적(獨善的: 創造的: 一義的: 陽陰的)인 선택의 성격을 가지고 있다.

이것은 필자의 예술인류학적인 모델에 의거하면 심(心)이 바로 이적(理的)인 측면과 기적(氣的)인 측면을 동시에 가진 데에 따른 것이다. 바로 이것이 원효의 깨달음이기도 하였다. 일심(一心)은 절대에서 상대를 인식한 뒤 다시 절대로 향하는 성격을 가진 초월적인 절대성이라고 할 수 있다. 이 초월적 절대성은 특히 인간이 자기를 포함한 사물을 다스리는 데는 매우 유용한 개념이다.

원효의 일심(一心)사상은 화쟁(和諍)사상에서 더욱 토착적이고 독자적인 모습이 되고 강화되고 집대성된다. 원효는 "공(空), 유(有), 성(性), 상(相), 돈(頓), 점(漸)의 모든 쟁론은 다 우자(愚者)의 망집일 뿐 지자(智者)에 있어서는 단 하나의 성불(成佛)의 길일 뿐이라고 하여 삼승(三乘) 모든 교의가 일불승(一佛乘)으로 회통(會通)된다고 하므로 법화경(法華經)이 최후

화쟁의 교임을 선양하였다."[3]

이종익(李鍾益)이 복원한 원효의 화쟁십문의 명목을 보면 1.삼승일승화쟁문(三乘一乘和諍門: 법화경종요에 의함) 2.공유이집화쟁문(空有異執和諍門: 십문화쟁론 및 기신론동의집에 의함) 3.불성유무화쟁문(佛性有無和諍門: 십문화쟁론 및 기신론동의집에 의함) 4.아법이집화쟁문(我法異執和諍門: 십문화쟁론 및 기신론동의집에 의함) 5.삼성이의화쟁문(三性異義和諍門: 기신론소-기에 의함) 6.오성성불의화쟁론(五性成佛義和諍門: 교-분기 원통초에 의함) 7. 이장이의화쟁문(二障異義和諍門: 이장의에 의함) 8.열반이의화쟁문(涅槃異義和諍門: 기신론동의집 및 열반종요에 의함) 9.불신이의화쟁문(佛身異義和諍門: 기신론동의 및 열반종요에 의함) 10. 불성이의화쟁문(佛性異義和諍門: 기신론동의 및 열반종요에 의함)[4]등으로 나타나 있다.

여기서 중요한 것은 화쟁론의 총론이라고 할 수 있는 삼승일승화쟁문(三乘一乘和諍門)이다. 이것은 법화일승(法華一乘)이 모든 삼승교(三乘教)를 회통한다는 주장을 펴고 있다.

원효는 『법화경종요(法華經 宗要)』 총서(總序)에서 이렇게 말하고 있다.

"묘법연화경은 마침내 십방삼세제불의 출세간하는 큰 뜻이요, 구도사생이 모두 일도에 들어가는 큰 문이다.(妙法蓮華經者 斯乃十方三世諸佛 出世之大意 九道四生 咸入一道之弘門)"이라고 하였다.

원효는 이어 법화경종요에서 "부처의 뜻을 여는 지극한 분은 백가의 서로 다른 다툼을 화합시킨다(開佛意之至公 和百家之異諍: 부처의 뜻을 여는 것이 공공(公共)에 이르면 백가의 서로 다른 다툼이 화합된다)."고 말하고 있다.

말하자면 원효는 '대승기신론소-별기'에 이어 '십문화쟁론'에서 다시

----

3 김지견 편, 『원효선사의 철학세계』, 대한불교전통연구원, 1989, 333쪽.
4 김지견 편, 같은 책, 334~335쪽.

그동안 전개되었던 모든 불승을 통합하여 법화일불승(法華一佛乘)으로 나아갔던 것이다. 화쟁론은 중관, 유식에 이어 법화에 이르기까지 전부를 하나로 통합하는 대통일 작업을 보여준 셈이다.

원효는 모든 것이 하나(一)로 보이는 경지에 있었다. 이것은 원효가 모든 각도(角度: point)에서 일어나는 논리를 포용할 만한 방대한 논리를 가지고 있었다는 뜻이 되는데 스스로가 원융의 경지에 있지 않고는 이것이 불가능한 것임은 말할 것도 없다.

원효는 오늘날 서양철학에서 말하는 현상학과 존재론을 두루 통달하였던 것 같다. 요컨대 화쟁론은 존재론적인 논의의 산물이고, 즉 현상학(논의의 출발점)에서 존재론(논의의 종착점)으로 나아가는 논의이고, 일심이문론은 존재론에서 현상학으로 나아가는, 현상학적인 논의의 산물처럼 보인다. 일심이문론의 진여문은 바로 현상학적인 논의인 셈이다(학자에 따라서는 정반대로 보는 경우도 있을 것이다). 따라서 그의 일심이문론은 "생멸을 생멸(생사가 아닌)로 보면 진여는 필요 없다."는 관점에서 재고할 필요가 있다.

원효의 대승철학 전반을 서양철학과 소통시키는 데에 큰 성과를 보인 김형효는 원효의 대승철학이 하이데거의 존재론과 통함을 여러 측면에서 고찰하였다.

원효의 『십문화쟁론(十門和諍論)』에서 가장 결정적인 대목을 살펴보자.

"유(有)에 대하여 말함. 허락한 바의 유(有)도 공(空)과 다르지 않다. 그러므로 비록 앞에서 말한 바와 같이, 유(有)가 증익(增益)은 아니고 가설(假設)로서 이 유(有)를 허락한 것이므로, 실제로 유(有)에 떨어지지 않는다. 이렇게 허락한 바의 유(有)도 떨어지지 않는 것은 아니다. 그러므로 뒤에서 말하겠지만, 공(空)은 손감(損滅)이 아니므로 앞에서 언설한 실제의 유(有)는 공(空)과 다른 유(有)가 아니며, 뒤에서 언설한 유(有)에 떨어지지 않는다는 것도 공(空)과 다른 유(有)에 떨어지지 않는다는 것이다. 이런 까닭으로 유(有)의 공(空)을 동시에 허락하는 것이지만, 서로 거슬리는 것은 아니다. 그러하지 아니함이 아닌(非不然) 까닭으로 유(有)와 공(空)을 다 허락할 수 있으나, 또한 그렇지 않다(非然). 그러므로 다 동시에 유(有)와 공(空)을 허락하지 않는다. 그러하지 않음(非然)이 그러함(然)과 다르지 않으므로, 비유하여 말하자면 그 유(有)와 공(空)을 동시에 허락하지 않지만, 또한 그 본래의 종지를 잃는 것은 아니다. 그래서 사구(四句: 然과 非然, 非不然과 亦然亦非然)를 병립해도 모든 과실(過失)을 여의는 것이다."[5]

김형효는 원효의 화쟁 사상에 대해서 종합적인 평가를 다음과 같이 내린다.

"원효가 말한 화쟁론(和諍論)은 사실상 동이론(同異論)이나 일이론(一異論)의 다른 명칭이다. 바로 '화(和)'자의 의미가 동(同)/이(異)를 동시에 머금은 뜻이고, 일(一)/이(異)를 차연(差延)의 사유로 읽는 내용을 함축하고 있다고 할 수 있다. 그래서 '화(和)'자는 단순한 소박주의적인 심정 상 동일의 뜻으로 좁혀서는 안 된다. 과거의 어떤 해석을 보면, 이 '화(和)'자를 모든 대립을 무화(無化)시켜 모든 것을 동일화하는 동일성(identity)의 논리로 보려고도 했다. 화쟁(和諍)은 대립을 무화(無化)시키는 동일성의 철학이 아니고, 모든 차이를 모순대립이 아니라, 의타기적 상관관계로 읽는 독법을 말한다. 필자도 과거의 해석에서 화쟁(和諍)을 동일성의 논리로 보는 것에 대한 반대에 너무 치우쳐, '화(和)'와 '쟁(諍)'을 '동(同)'과 '이(異)'로 읽은 적이 있는데, 그것은 과오였다고 인정한다. 모든 반대 대립의 쟁론(爭論)을 화합케 한다는 화쟁(和諍)은 단순히 반대 대립을 낭만적

----

5 『한불전』「십문화쟁론」, I-838쪽 상단; 김형효, 『원효의 대승철학』, 소나무, 2006, 278쪽 재인용.

으로 녹여 없앤다는 뜻이 아니라, 반대 대립의 이원론적 논리를 차이의 상관성인 이중성의 로고스로 부드럽게 하는 그런 사유를 뜻한다고 읽어야 한다."[6]

화쟁론(和諍論), 동이론(同異論), 일의론(一異論)

김형효는 이어 "이 사유는 인간의 능위의 논리를 지시하는 것이 아니라, 대자연의 여여한 사실이 안고 있는 무위법의 로고스를 말하는 것이다. 상생(相生)과 상극(相剋)은 논리적으로 보면 서로 어긋나서 한자리에 공존하지 않는 불구대천의 원수처럼 여기기 쉬우나, 자연의 여여한 법에서 보면 상생과 상극은 서로 차이의 동거로서 화쟁의 뜻으로 이해해야 한다. (중략) 상극은 쟁론이나 전쟁과 같은 다툼이지만, 자연의 실상에서 여여한 사실은 그것이 동이론적(同異論的) 또는 일이론적(一異論的) 이중성을 띠고 있다는 것이다. 그러므로 화쟁은 무위적 자연의 사실을 지시한 것이지 인간이 도덕적으로 화해해야 한다거나 또는 그런 유위적 기술을 개발해야 한다는 인위적 논리를 말하는 것이 아니다. 자연의 모든 생명은 물과 불이란 두 가지 에너지, 즉 기(氣)가 동거하기에 유지된다. 그 이중성의 차이를 지니면서 동거한다. 생명과 죽음도 일종의 화쟁인 셈이다. 죽음은 생명의 뜻을 인간의 소유로 이해하려는 인간의 병을 치유하는 약이고, 생명은 죽음의 뜻을 허무로 오해하는 병을 치유하는 약이다. 불교가 말하는 증익(增益)은 곧 소유의 병을 지시하고, 손감(損減)은 허무의 병을 말하는 것이다. 원효는 이 두 병의 치유를 위해서 인용된 글에서도 언급하였다. 그는 생명과 죽음을 반대 대립의 이원

---

6 김형효, 같은 책, 289~281쪽.

론적 사고로 생각하지 말 것을 요구한다. 마찬가지로 모든 반대 대립을 모두 차연적(差延的) 사고로 생각하기를 종용한다. 이것이 화쟁적(和諍的) 사유다. 왜냐하면 여여한 여래가 화쟁이기 때문이다."[7]라고 최종 결론을 맺는다.

불교의 진여(진리)로 말하면 변하지 않고 고정된 실체가 없다. 제행무상(諸行無常), 제법무아(諸法無我)에서 그것은 극명하게 드러난다. 변하지 않는 실체인 자아와 주체가 없으면 물론 생사(生死)도 없다. 세계에 생사는 없지만 생멸(기운생멸)은 있게 된다. 결국 원효의 일심이문 중의 생멸문의 '생멸'이 만약 '생사'의 의미로 쓰였다면 불교의 진리에 정면 위배되는 것이고, 결국 세계는 생멸만 있는 것이 된다.

따라서 원효의 일심이문론은 일심일문, 즉 일심생멸문(一心生滅門)으로 바뀌어야 하며, 혹은 굳이 일심(一心)만을 주장할 것이 아니라 일물(一物)을 같은 것으로 보아 심물생멸문(心物生滅門)으로 바뀌어야 한다. 심물생멸문은 바로 기운생멸문이며, 심물일체(心物一體)이다. 심물일원론(心物一元論)에 대해서는 다른 책에서 이미 발표했기 때문에 여기서는 생략한다.[8]

이상에서 볼 때 조금이라도 초월적인 의미가 내포되어 있다면, 그러한 의미로서의 진여문은 둘 필요가 없다. 깨달음을 대상(목적)으로 둔다는 것은, 무엇을 성취했다고 하는 것은 이미 사물 그 자체와 하나가 된 상태의 깨달음이 아니기 때문이다. 인간은 존재 그 자체보다 자기의 인식론적 존재를 앞세우는 자기도착적 존재이다. 그러한 점에서 인간은 소유적 사유와 소유적 존재의 모습을 벗어나기 어렵다.

----

7 김형효, 같은 책, 281~282쪽.
8 박정진, 『일반성의 철학과 포노로지』, 소나무, 2014, 373~433쪽.

현존의 생멸하는 세계 이외에 깨달음이라는 초월적인 세계를 별도로 두는 것은 아직도 세계를 대상으로 본다는 의미가 숨어있다. 예컨대 누가 "나는 깨달았다. 고로 존재한다."라고 한다면 이 명제는 "나는 생각한다. 고로 존재한다."라는 말과 별반 차이가 없다.

"나는 깨달았다. 고로 존재한다."라는 명제는 "나는 존재한다. 그리고 깨달았다."라는 명제('깨달음보다 존재가 앞선 것')에 대한 반전이다. 어떤 것도 존재보다 앞설 수가 없다. 깨달음조차도 존재 이후의 사건이다. 아니면 백번 양보해도 존재와 깨달음은 동시적으로 일어나는 사건이지 않으면 안 된다.

생각하는 인간으로서의 결정적·치명적 약점은 깨달음이라는 사태가 존재와 별도로 있다고 사유하는 마지막 가정(가상실재)이다. 사유(思惟)라고 하는 것은 바로 사유(事由)를 의미하고, 사사(事事: 사물과 사건)에 어떤 이유(由: 실마리)가 있다고 생각하는 행위이다. 이유(理由)이든 사유(事由)이든 말미암음(由)이 있는 것으로 본래존재에 이르지 못함을 의미한다. 현존의 생멸이야말로 본래존재이다.

원효의 생멸문은 생멸(生滅)을 생사(生死)와 같은 현상학적 의미로 보았기 때문에 따로 진여(眞如)가 필요했다. 이는 하이데거가 인간을 '생멸하는 동물'과 달리 '죽을 사람'으로 보았기 때문에 따로 존재론의 세계를 개척한 것과 같다. 존재론의 세계는 현상학적인 세계를 넘어서는 것 같으면서도, 혹은 그것을 기도(企圖)하면서도 여전히 초월적인 세계를 잡고 있다.

무엇보다도 원효의 '일심이문론'은 과학시대 이전의 철학이자 사상으로서 이성의 폐해가 없었거나 적었던 시절의 산물이다. 오늘날과 같이 이성주의의 문제가 많이 불거진 과학시대에는 차라리 진리진여가 없다고 하는 편이 옳다. 진리진여는 철학인류학적으로 보면 특정 시공간(특정시대와 특정사회)의 제도적 산물이기 때문이다. 그래서 모든 진리진여는 시대마다 다를 뿐만 아니라 한계를 지닐 수밖에 없다.

이상에서 우리는 진리진여를 말하는 것 자체가 이미 현상학적인 차원에서 일어나는 일이라는 것을 알았다. 진리진여도 생멸하는 우주에서 무엇을 잡아야만 하는(잡고 싶은) 소유욕의 결과라고 말할 수 있다. 진리진여를 말하기 위해서는 문자가 필요하고, 문자기술(표상 혹은 기록)은 이미 존재의 현상학적인 차원에서 일어나는 일이기 때문이다. 생멸하는 것에 어떤 다른 명사를 붙이는 것은 생멸을 이미 왜곡하는 것이다. 우주와 만물을 이미 사건(event)이고 퍼포먼스(performance)이고 놀이(play)이다.

만물은 사건(event), 퍼포먼스(performance), 놀이(play)

그래서 가장 중국화 된 선(禪)불교는 불립문자(不立文字)와 교외별전(敎外別傳)를 주장하였다. 중국에서 선불교가 성립되기 전에 인도에서는 소승부파 불교가 유행했었고, 그 후 대승으로 넘어오면서 반야사상과 화엄사상이 유행했었다. 그런데 반야화엄사상도 실은 현상학적인 차원의 불교에 대한 설명이었다.

이에 따라 유식유가종(唯識瑜伽宗)이 생겨나서 모든 인식과 이해는 유식(唯識)에 불과한 것임을 선언한다. 말하자면 오늘날로 보면 모두 의식(意識)-현상학에 불과한 것이라는 주장이다. 유식유가종은 육식(六識)의 아래(일종의 무의식)에 제 7식으로 말나식(末邪識)이 있고, 더 아래에 8식으로 아라야식(阿羅耶識), 그리고 최종적으로 아말라식(阿末羅識)이 있음을 주장하게 된다. 그리고 결국 '현행(現行)과 종자(種子)'의 훈습적(熏習的) 상호관계를 주장한다. 여기서 불교의 윤회가 아라야식에서 일어나는 것임을 설명한다.

유식사상은 반(反)형이상학적이며, 동체대비(同體大悲)에 이르는 것을 정점으로 한다. 이는 기독교와 절대유일신과 대비된다. 유식은 주체나 대상(境)이 없으며, 몸 공부, 즉 요가 행을 통해 아라야식까지 지워야 가능하다는 전식성지(轉識成智)에 이르는 것을 목표로 한다.

불교의 '동체대비' 사상과 예수의 "네 이웃을 네 몸과 같이 사랑하라." 는 말은 같은 뜻이다. 그런 점에서 예수의 사상은 유대교의 전통에 접목된 불교의 사상이며, 서양에서 발달된 유대기독교의 전통은 예수의 사상을 처음부터 배반하였다고 볼 수 있다. 예수는 부처의 사후 5백여 년 뒤에 태어난 진정한 부처의 제자였다고 볼 수 있다. 그런 점에서 예수의 청년시절의 역사적 증발을 인도로의 구도여행으로 보는 주장이 여러 면에서 타당하다고 하지 않을 수 없다.

대승불교는 반야 공(空)사상에 이어 유식(唯識), 그리고 여래장(如來藏) 사상에 이르러 만물 혹은 중생은 무엇이나 부처가 될 씨앗을 가진 존재가 된다. 여래가 될 가능성으로서 태(胎) 혹은 여래의 태를 담고 있는 자궁의 의미로도 쓰인다. 여성성이 매우 강한 여래장사상은 중생들에게 붓다가 될 수 있는 가능성을 열어주고 있는 개념이다

유식사상은 또 유여열반(有餘涅槃)과 무여열반(無餘涅槃)을 제안한다. 유여열반은 살아있는 상태에서 도달하는 해탈의 경지이고, 무여열반은 죽음 뒤에 도달하는 해탈의 경지이다. 결국 완전한 해탈은 죽음 뒤에 일어나는 열반이다. 결국 죽음으로서 완전한 열반에 도달한다고 주장한다. 불교는 결국 '아(我)-죽음(死)'의 문제이다. 말하자면 '생멸(生滅)의 문제'를 '생사(生死)의 문제'로 본 때문에 일어나는 모든 일(사건사태)이다.

불교의 전반을 보면 결국 아(我)에서 출발하여 그 '아'를 극복하고 무아(無我)에 도달하는 것을 목적으로 한다. 그 '무아'에 도달하였을 때 열

반에 이르는 것임을 말한다. 결국 '아'가 문제이고 '아'에 집착하는 '집(集, 我執)"이 문제인 것이다. 이는 고집멸도(苦集滅道)의 사성제로 다시 돌아가게 된다. 어떻게 보면 죽음에 대한 집착도 집착인 것이다. 그렇기 때문에 죽고 난 뒤에 완전한 열반에 도달한다고 하였을 것이다.

우리는 흔히 불교적 진리를 말할 때 기독교의 진리와 비교를 하는 경우가 많다. 기독교-서양문명은 초의식-의식으로 연결되는 초월적 사고를 하고, 불교-인도문명은 의식-무의식으로 연결되는 비초월적 사고를 하는 경향을 볼 수 있다. 그런데 이들을 순환적으로 보면 결국 서로 만나게 됨을 어쩔 수 없다. 결국 초의식도 의식이고, 무의식도 의식이라면(초의식과 무의식을 거론하는 자체가 의식이기 때문이다) 결국 의식의 차원에서 일어나는 사건사태이다.

불교의 무량무변(無量無邊)과 기독교의 영원불멸(永遠不滅)은 닮은 데가 많다. 극과 극은 통한다는 말도 있지만, 불교와 기독교는 의식의 순환을 바탕으로 보면 만나게 된다. 무량무변이든, 영원불멸이든 의식의 무한대의 산물이다. 그런데 불교는 무형지학(無形之學)의 길을 열어놓는 장점이 있다. 결코 인간의 인식이나 의식으로는 파악할 수 없는 무형지학이야말로 생멸이다. 무형지학이 기(氣, 氣運生滅)이다. 생멸은 어떤 개체에 국한된 생사가 아니고 전체에서 일어나는 사건사태이다.

		종교	철학	유형지학, 무형지학
天	초의식	기독교	형이상학	영원불멸
人	의식	기독교-불교	형이하학-형이상학	의식의 무한대
地	무의식	불교	형이하학-무형지학	무량무변, 기운생멸

아무리 진리진여를 깨달은 자라고 할지라도 생멸하지 않을 수가 없

다. 보라! 성인들 가운데 생멸하지 않는 자가 어디 있었던가. 그렇다면 생멸이 진리진여보다 저 근본적인 진리진여라고 말할 수 있을 것이다. 그래서 생멸문 하나로 족한 것이다. 생사(生死)도 생멸(生滅)의 한 현상에 지나지 않는 것이다. 생멸은 생사가 아니라 존재의 생성하는 양상이다. 생멸을 생사로 보는 까닭은 인간이 자신의 몸을 개체로 생각(상상)하기 때문이다.

예컨대 인간(남자)의 눈(시각)은 결국 자신의 개체를 본다(개체는 의식을 투영한 것이다). 몸은 개체가 아닌 전체이다. 이 전체는 또한 개체의 합이 아닌, 말할 수 없는 전체이다. 개체가 자아(주체)를 보게 하고, 개체가 실체(대상)를 보게 하고, 개체가 시간과 공간을 만들고, 개체가 절대를 만들고, 개체가 생멸을 생사로 보게 한다. 개체가 없으면 생사는 없다. 눈은 사물을 고정시키고 개체로 만든다.

남자(인간)에 비해 여자(자연)는 몸으로 존재의 전체를 교감한다. 그런 점에서 여자가 훨씬 존재의 진리(진실)에 가깝다. 심지어 여자야말로 존재 그 자체이다. 여자는 남자에 비해 훨씬 더 자연적이다. 여자는 감각과 의식을 종합적으로 다룬다는 점에서 '육감(肉感, 六感, 六識)의 존재'이다.

눈은 개체의 몸의 눈이 아니라 전체의 몸의 눈이 되어야 진정한 존재, 생멸하는 존재에 이르게 된다. 전체의 몸이라는 것은 자연으로부터 상속된, 진정한 자연의 계승자인 여자의 몸이다. 여자의 몸은 자연으로부터 한 번도 끊어진 적이 없는, 시작과 끝이 없는 무시무종(無始無終)의 몸을 말한다. 무아를 시종(始終)으로 말하면 무시무종이다. 진여라고 하는 것은 생멸을 생사로 봄으로 인해서 발생하는 허상에 지나지 않는다. 이것이 현상학의 한계이다.

진정한 불교적 존재론, 생멸의 존재, 자연적 존재(제도적 존재자가 아닌)로 들어가려면 이제 진여진리와 그것에 대한 깨달음이라는 것도 없애야 한다. 깨달음이라는 것도 개체의 눈에 의한 남성적 사유의 결과로서 남성적 진리, 초월적 진리에 속한다. 여성적 사유의 결과인 여성적 진리, 존재의 진리는 별도의 깨달음이 아니라 자연으로부터 물려받은 것이다. 즉 여성적 진리는 삶 자체이다. 그런 점에서 진리가 없다(그래서 불교는 眞理를 시적 은유로서 眞如라고 하는지 모른다).

여성은 자기 몸 외에 따로 진리가 없다는 것을 본능적으로 안다. 여성은 자신의 몸이 바로 진리이고 생명을 탄생시키는 신비라는 것을 안다. 그래서 여성은 진리를 찾지 않고 화장이라는 가면을 쓴다. 화장을 하지 않으면 무료해질 것을 아는 것처럼 부지런히 자나 깨나 화장을 한다. 여성은 남성을 유혹하는 것만이 존재의 이유이다.

여성적 진리는 정신적(이성적) 도덕이라기보다는 신체적 도덕이고, 신체적 도덕이라는 것은 삶의 도덕이다. 도덕이라는 것은 남성적 사유, 소유적 사유의 산물이다. 도덕이라는 것은 신체를 육체로 본, 특히 여성의 신체를 육체로 본 편견에 지나지 않는다.

가부장–국가사회는 여성은 도덕적으로 위험한 존재, 원죄적 존재로 전제하고 있는 공통점이 있다. 이것이 가부장–국가사회의 위선이고, 권력적(폭력적) 억압이다. 여성시대는 모든 억압으로부터 여성(백성, 국민, 피지배자)이 해방되는 것을 말한다. 진리나 진여를 논하는 인식은 삶을 위해 발명된 제도일 뿐이다. 진리진여는 시간과 공간의 산물이다.

니체는 필자처럼 "시간과 공간이 없다."라고 말하지는 않았지만 필자의 사고와 비슷한 말을 비유적으로 남겼다.

니체는 1842년에 쓴 「비도덕적 의미에서의 진리와 거짓에 관하여」에서 인간의 인식이 얼마나 불완전한 것인가를 비유적으로 말하고 있다.

"수많은 태양계에서 쏟아 부은 별들로 반짝거리는 우주의 외딴 곳에 별이 하나 있었습니다. 그 별에서 어떤 영리한 동물들이 '인식'이라는 것을 발명했습니다. 그것은 '세계사'에서 가장 의기충천하고도 가장 기만적인 순간이었습니다. 그렇지만 그것도 한순간일 뿐이었습니다. 자연이 몇 번 숨 쉬고 난 뒤 그 별은 꺼져갔고 영리한 동물들도 멸망할 수밖에 없었습니다. ― 우리는 이렇게 하나의 우화를 지어낼 수 있을 것이다. 그러나 그것만으로는 인간의 지식이라는 것이 얼마나 불완전하고 어둡고 단순하고 허망하고 자의적인지 충분히 나타나지 않는다. 인간이 존재하지 않았던 영겁의 시간이 있었다. 또 인간의 존재가 다시 끝난다고 하더라도 아무런 일도 일어나지 않을 것이다. 왜냐하면 인간의 지성은 인간의 생명을 넘어서는 어떤 사명도 가지고 있지 않기 때문이다."[9]

니체는 진리를 부정하는 발언도 서슴지 않았다.

"그렇다면 진리란 무엇인가? 유동적인 한 무리의 비유, 환유, 의인관계들이다. (중략) 진리는 환상이다. 진리는 마멸되어 감각의 힘을 잃어버린 비유라는 사실을 우리가 망각해버린 그런 환상들이며, 그림이 사라질 정도로 표면이 닳아버려 더는 동전이기보다는 그저 쇠붙이로만 여겨지는 그런 동전이다."[10]

니체는 이렇게 진리를 부정하지만 생애 후기로 갈수록 참다운 진리를 찾는 노력을 경주한 끝에 결국 진리에 대한 충동을 '힘에의 의지'의 하위범주에 소속시킴으로서 서양철학 본래의 '실체의 상승과 증대'에로 돌아간다. 이것이 니체의 서양철학자로서의 반동의 한계이다.

니체를 종합적으로 극복한 서양의 후기 근대철학자는 없다. 니체의

---

9 프리드리히 니체, 「비도덕적 의미에서의 진리와 거짓에 관하여 1절」, 『니체전집 3 유고 (1870~1871)』, 이진우 역, 책세상, 2001, 443쪽.
10 프리드리히 니체, 같은 책, 이진우 역, 450쪽.

철학적 전통을 계승하면서 동시에 반박하기도 한 하이데거의 존재론의 세계는 불교적 존재의 세계와 통하기도 하지만 여전히 초월적 세계를 추구하는 서양철학적 한계와 약점을 지닌다. 이러한 니체와 하이데거의 한계는 자연의 생성의 세계를 초월적 현상(초자연적인 현상 혹은 자연과학적 현상)으로 설명하지 않을 수 없는 서양철학의 특징에서 비롯된다.

원효(元曉, 617~686)가 살았던 신라시대와 달리, 오늘날 현대과학문명의 시대에는 어쩌면 깨달았다고 하는 것조차 버리고 놓아야 진정한 불법의 세계로 들어갈 수 있다(가능성이 높다). 생성과 생멸(생사)은 둘이 아니다. 생성과 생사(존재)를 동시에 설정하는 방식은 일종의 얼치기 방식이다. 생성도 아니고 존재도 아닌 방식이다.

만약 원효가 생멸의 세계를 생사의 세계로 읽었다면 그것 자체가 현상(환상)의 세계에 놀아난 것이며, 그렇지 않고 생멸의 세계를 생성의 세계로 읽었다면 별도로 진여문은 굳이 필요가 없는 것이다. 왜냐하면 생성 그 자체가 진여이기 때문이다. 생성 그 자체는 따로 이름이 필요 없다.

생성생멸의 세계를 대립되는 세계로 가정하는 것 자체가 실은 실재가 아닌 가상실재(인간은 이것을 실체라고 생각한다)이며, 대립되는 세계는 사유의 집을 짓는 것에 비유할 수 있고, 이때 대립은 기둥과 같은 역할을 하는 것이다. 따라서 철학은 일종의 사유를 위한, 혹은 설명을 위한, 혹은 정체성(동일성) 확립을 위한 가건물(假建物)에 해당한다. 인간의 모든 철학적 가정(가상)은 가건물에 불과하다.

이는 어떤 사유나 철학도 삶(이는 개체 혹은 생물종의 경우에서도 마찬가지이다) 이후에 일어난, 그 삶을 설명하는 것에 불과한 사후적(事後的) 조치의 일로서 삶 그 자체를 넘어서지 못함을 의미한다. 말하자면 철학이 약방의 감초처럼 이야기하는 진선미(眞善美), 혹은 진선진미(眞善眞美)도 실은 가상(가정)에 불과한 것이라는 선언이다.

원효의 일심이문론의 진정한 의미를 오늘에 되찾으려면 진리진여가 없다는 맥락에서 진여문을 생략해도 좋을 것이다. 진리진여는 처음부터 현상학의 범주에 속하는 것이었다. 세계를 현상학적으로 생각하지 말아야 진정한 본래세계에 들어갈 수 있다. 일단 현상학적으로 생각하면 계속해서 초월의 초월을 감행해야 하는 딜레마에 빠지게 된다. 이는 세계의 현존이 바로 존재, 즉 본래존재임을 모르는 까닭이다.

진리와 진여는 세계와 별도로 있는 것이 아니다. 진리와 진여는 본래 없는 것인데 역사·사회적 존재로서의 이성적·논리적인 인간이 각 시대와 맞닥뜨릴 때에 어떤 시공간적 한계성 속에서 떠올리는 환상일 뿐이다. 진리와 진여도 일반성의 철학으로 볼 때는 존재의 폐쇄적 상태, 즉 존재의 한계지음의 산물이다. 진리와 진여는 인간의 인식이나 의식에서 잡히지 않아야 참다운 진리진여이다. 잡힌 것은 이미 진리진여가 아니다.

불완전한 진리, 오류의 연속

진리는 오류의 연속이다. 어떤 고정된 실체로서의 진리는 계속해서 오류이기 때문에 결국 진리는 없다고 말할 수 있다. 니체가 말한 "진리는 따로 없다. 모든 것이 허용된다."(『차라투스트라는 이렇게 말했다.』제 4부, 「그림자」)는 말이 맞는 셈이다. 따로 진리가 없다는 말은 "존재하는 것은 모두 진리이다."라는 말과 같다. 존재가 진리를 대신하는 것이다.

말하자면 현상학적인 진리는 있어도 존재론적인 진리, 존재의 진리는 따로 없는 것이며, 존재 자체가 진리라면 진리이다. 이 말은 결국 인간이 잡을 수 있는 진리는 없다는 말이다. 존재의 진리라는 말은 진리를 잃어버린 철학의 구차한 말이다.

불교의 진여(眞如)라는 말은 철학의 진리(眞理)라는 말보다는 봐 줄만 하다. 진여는 진리의 은유적 표현이기 때문이고, 은유적 표현이라는 말은 말의 결정성이 덜하고, 동시에 자연 '그대로'의 여(如)를 내포하고 있기 때문이다. 자연(自然)의 연(然)은 바로 여(如)와 같은 의미이다. 그렇지만 '진여'조자도 '진리'라는 말의 의미로 사용한다면 진여는 없다고 말할 수 있다.

존재 자체가 진리라면 본래부터 있는 '본래진리'만이 진리이고, 인간이 발견하거나 발명한, 즉 인간이 세운(구성한) 진리는 진리가 아니라는 말에 다름 아니다. 진리는 '오류의 길(道)' 위에 있을 뿐이다. 결국 진리보다는 '길(道)'라는 것이 더 근본이다. 진리는 인간이 세운 길이지만 '도(道)'는 인간만이 왕래하는 길이 아니라 만물이 왕래하는 길이다.

'만물의 길'이라는 것은 결국 인간과 만물이 함께 간다, 즉 만물이 같다는 뜻이다. 인간과 만물이 같다면, 인간이 생명이라면 만물도 생명이다. 만물이 본래 생명이고(萬物生命), 만물생명은 곧 만물생멸(萬物生滅)이다. 그런 점에서 인간의 정신이 사물을 물질적 대상으로 규정하는 것은 인간의 착각이며 환상이다. 인간의 추상적 사고가 결정한 물질로 구성된 기계와 본래 자연의 물(物)은 다른 것이다. 만약 누가 기계가 생명(기계=생명)이라고 한다면 이는 서양철학의 오류이다.

인간의 심(心)과 자연의 물(物)은 서로 주체와 대상으로(현상학적으로) 갈라지기 전에는 같은 것이다. 존재론에 이르면 심물(心物)은 같은 것이다. 말하자면 말만 심(心)과 물(物)일 뿐 같은 것이다.

"벨기에의 동양학자인 로베르 랭쎈(Robert Linssen)은 그의 저서 『선(禪), 극동의 지혜(Le Zen Sagesse d'Extrême—Orient)』에서 일심(一心)을 '우주적 마음(Le Mental cosmique)'으로 옮겼다. 마음이라 하여 마음이라는 어떤 실체가 존재하는 것처럼 착각해서는 안 된다는 것이다. 마음은 우주만물의 존재방식이지, 결코 서양철학에서 전통적으로 주장해온 것과 같은 반(反)물질적 존재자가 아니다. 우주의 존재방식인 마음을 일심(一心)이라 부른 까닭은, 모든 존재자들의 다양한 존재방식인 마음들이 서로 공명의 상관관계를 형성하고 있는 일법(一法)의 일기(一氣)와 다르지 않기 때문이다. 그러므로 일심(一心)은 우주의 기(氣)요, 우주의 마음이요, 우주의 법과 동의어다."[11]

위의 문장에서 결국 '일심=일법=일기=마음=존재'임을 알 수 있다.

"하이데거는 서구의 형이상학이 그동안 인간중심의 소유의 진리를 존재의 진리인 양 착각하여 존재를 존재자(存在者: 존재하는 어떤 것)로 오독하고, 소유를 존재방식으로 오인하는 결과를 빚었다고 진단했다. 이것은 서구인만의 착각이 아니다. 인간이 사회생활을 하는 과정에서, 남에게 부러움과 인정을 받지 않으면 스스로 아무 것도 아닌 무의미한 존재인 양 생각하게 된, 인류사의 공동운명(Geschick)과 깊은 연관관계를 맺고 있다고 하이데거는 진단했다."[12]

하이데거는 서양철학자로서는 처음으로 존재가 무(無)라는 것을 깨달은 철학자이다. 김형효는 "하이데거는 그의 『강연과 논문집(Vorträge und Aufsätze)』에 실린 「사물(Das Ding)」이라는 글에서 죽음의 무(無)는 존재의 종말이 아니라, 존재가 존재자로서 인식되기를 단념케 하는 존재론적 신비의 의미로 읽어야 한다는 것을 말하고 있다."[13]고 밝히고 있다.

"죽음은 무(無)의 성궤(Schrein das Nichts)다. 즉 무(無)는 모든 점에서 존재자로서 존재하는 것이 아닌 것의 성궤로서, 존재 자체의 신비로서 현

---

11 김형효, 같은 책, 34쪽.
12 김형효, 같은 책, 36쪽.
13 김형효, 같은 책, 37쪽.

현하는 것의 성궤로서 존재한다. 죽음은 무(無)의 성궤로서 존재의 은닉처(Gebirg des Seins)이다."[14]

하이데거는 이러한 경지에 도달하였음에도 불구하고, 동양의 선(禪)의 경지에 완전히 도달하였다고 보기에 미흡한 점이 없지 않다. 그 이유는 서양철학적 전통인 '존재'에 대한 집착 때문이다. '존재'라는 말을 편안하게 '생성(생멸)'으로 바꾸지 못했기 때문이다.

하이데거는 종래의 '존재'에 대해서 '존재자'라는 것을 알았지만 거꾸로 '존재자의 존재'에 매여서 '존재'가 '현존'이라는 것을 미처 깨닫지 못함으로써 현상학에서 완전히 탈피하지는 못했다. 이러한 사유에는 '현존'을 아직 '현상'으로 보는 미련에서 벗어나지 못한 정황이 포착된다. 하이데거는 눈에 보이는 세계의 현존적 분위기에는 도달하지 못했다. 다시 말하면 하이데거는 '존재로서의 기(氣)'에는 도달하였지만, '현존으로서의 기(氣)'에는 도달하지 못했다.

하이데거의 존재론에 관해서는 앞 장에서 언급하였으며, 뒷장에서도 다시 구체적으로 언급할 것이기 때문에 여기서는 더 이상 전개하지 않는다. 필자의 하이데거 존재론에 대한 종합적인 견해는 다른 책에서 이미 여러 차례 피력하였다.[15]

서양철학이 보편성의 철학에서 벗어나지 못하는 한, 초월성에서 벗어나지 못하고, 초월성에서 벗어나지 못하는 한, 존재의 생성에 참여하지 못하는 것이 된다. 초월성은 일반성이 되어야 완전한 존재론이 된다.

이는 하이데거가 철학적 방법론으로서 해체(deconstruction)를 주장하면서 반(反)이성주의의 선봉에 섰지만 여전히 이성주의, 즉 보편주의, 초

---

14 김형효, 같은 책, 37~38쪽 재인용.

15 박정진, 『철학의 선물, 선물의 철학』, 소나무, 2012, 151~191쪽.

월주의의 타성 때문에 이성주의에서 완전히 벗어나지는 못했음을 의미한다. 하이데거의 존재론이 불교적 존재론에 도달한 측면이 있긴 하지만 여전히 불교적 존재론에 도달하지 못한 측면이 있는 것은 사실이다.

하이데거는 시인의 철학, 어쩌면 선시(禪詩)의 철학에는 도달하였지만, 몸 전체로 심신일체가 되어, 체험적으로 동양적 선(禪)에 도달하지는 못했던 것 같다. 이는 그가 서양철학자이기 때문이다. 서양철학자들이 초월을 버리지 못하면 동양적 선에 도달하지 못한다.

이는 교외별전(敎外別傳)이나 불립문자(不立文字)를 추구하는 선의 세계에 들어갈 수 없는, 서양철학의 '언어—사물'연쇄라는 족쇄이자, 한계이자 특징이다.

진리는 존재가 아니다. 모든 존재는 아름답다

불교의 문제와 이론이 아무리 방대하다고 하더라도 결국 아(我), 개체(個體) 즉 실체(實體)가 있느냐, 없느냐의 문제로 귀결된다. 일심(一心)이든 일물(一物)이든, 일리(一理)이든 일기(一氣)이든, 모두 실체가 없다는 데에 이르는 길일 뿐이다.

진리진여라는 말은 결국 영원불멸이라는 말에 다름 아니며, 영원이라는 말은 바로 순간(순간의 연속)이라는 말에 다름 아니다. 그렇다면 진리진여라는 말은 생멸하는 존재(자연적 존재)에 대한 인간의 순간적 저항에 다름 아니다. 바로 자연의 생멸에 순간적으로 저항하는 것이 진리진여이다. 진리진여는 인간이 만든 인위(人爲)이다.

최종적으로 보면 "존재는 진리가 아니다." 동시에 "진리는 존재가 아니다." 부연하면 진리는 '본래존재'가 아니다. 그런 점에서 '존재적 진리'라는 말은 봉합적인 말에 지나지 않는다. '존재는 진리가 아니다'는 말은 불교적 진리로 통하는 제행무상(諸行無常)이나 제법무아(諸法無我), 혹은 노자 도덕경의 도가도비상도(道可道非常道)의 의미와 진정으로 통한다.

진리를 추구하는 자체가 바로 동일성을 추구하는 것이고, 생멸에 대해 별도로 진여를 주장하는 자체가 동일성을 추구하는 혐의를 벗어날 수 없다. 이 말은 동시에 철학 자체의 부정, 혹은 서양철학의 '철학의 종언' 현상에 대한 동양 도학(道學)의 도학적(道學的) 답이 된다.

2) 퇴계(退溪)의 주리론(主理論)과 이발(理發)

원효는 생멸과 진여로써 자신의 일심론(一心論)을 전개하였다. 이를 필자의 모델에 적용하면 원효는 물(物)에서 출발하여 기(氣)와 이(理)를 거쳐 심(心)에 도달하였다고 해석할 수 있다.

이에 비하면 퇴계(退溪, 1501~1570)는 기(氣)에서 출발하여 물(物)과 심(心)을 거쳐 이(理)에 도달하였다고 할 수 있다. 이기(理氣) 범주는 심물(心物) 범주보다는 소위 과학적인 데에 더 가깝다고 할 수 있다.

왜냐하면 이(理)는 절대적인 개념, 즉 하나(一義)를 고집하기 때문이다. 서양의 이성철학이 자연과학에 이르면서 정점을 찍었다면 동양의 성리학은 오로지 도덕에만 이(理)를 적용하여 자연과학의 발전에는 별로 기여하지 못한 것이 특징이다.

퇴계는 이기(理氣)와 사단칠정(四端七情) 논쟁에서 종국에는 주리(主理)의 편에 섰다. 이발기발(理發氣發)은 그것을 상징적으로 보여주고 있다. 기(氣)가 발하는 것은 당연하지만 이(理)가 발한다는 것은 정통 주자학의 세계에서도 납득하기 어려운 것이었다. 왜냐하면 이(理)는 움직이는 기(氣)를 주재하는 것으로서 스스로 움직이지 않아야 하는 것이었다.

퇴계는 정지운(鄭之雲)이 지은 천명도(天命圖)를 고쳐주면서 "사단(四端)은 이(理)에서 발하고 칠정(七情)은 기(氣)에서 발한다(四端發於理 七情發於氣)"를 "사단은 이의 발이고 칠정은 기의 발이다(四端理之發 七情氣之發)"로 고쳤다.

이것이 후에 사단칠정의 단초가 되었다. 퇴계는 이기호발(理氣互發)을, 기고봉(奇高峰)은 이기공발(理氣共發)을 주장했다.

퇴계는 사단은 이가 발하고 기가 이를 탄 것이고(四則理發而氣隨之) 칠정은 기가 발하고 이가 탄 것이다(七則氣發而理隨之)라고 한 반면 고봉은 퇴계의 주장이 이(理)가 "작위의 능력을 가진 것"이라고 비판하였다.

고봉은 "퇴계의 이발(理發)은 주자(朱子)가 인성론을 논하면서 이지발(理之發) 혹은 성지용(性之用)"[16]이라는 말을 쓴 데서 단초가 있었다고 지적하고 이것을 수병지원(受病之原)이라고 논박하였다.

그러나 퇴계는 이것을 더욱 발전시켜 아예 존재론에서도 이발(理發)을 주장하게 되었다. 그래서 주리학파(主理學派)를 형성한다. 물론 주리론은 퇴계의 말대로 이(理)를 중심으로 이기(理氣)의 상호작용을 보는 것에 불과하지만 그 후 이(理)를 더욱 절대적인 것으로 만들어갔던 것이다.

퇴계의 이발(理發)은 매우 절대성을 지니고 있다. 기발(氣發)은 매우 상대성을 지니고 있고 칠정으로 나타나지만 이발(理發)은 그렇지 않았다. 사칠논쟁은 나중에 인심도심론(人心道心論)과 인물성동이론(人物性同異論)으로 파생, 발전하였다. 이들 논쟁의 핵심은 결국 인간에 이르러서 이(理)가 발하는 것이 된다는 점이고 인심 가운데서 도심에 갈수록 이발(理發)이 되고 인성에서 물성에 갈수록 기발(氣發)이 된다는 점이다. 문제는

---

16 『(고봉선생문집) 四七理氣往復書』下篇, 21枚 左-右: 전두하 저, 『이퇴계철학』, 국민대학 출판부, 1987, 207쪽 재인용.

인간이라는 존재를 다른 물성과 구별하는 데 있어서 그것을 강하게 하느냐, 그렇지 않느냐에 달려 있다. 단지 입장의 차이에 불과한 것이다.

자연의 일부인 인간이 자연을 벗어나려고 하고, 물질의 일부인 인간이 욕망을 완전히 벗어나지는 못했지만 욕망을 간접적으로 추구하고 자제하는 문화적 장치를 만들어내고 나아가서 보다 능동적으로 도덕을 창안하는 이런 일련의 일들은 결국 인간이 자연에서부터 이성으로 향하는 진화의 과정에 있다는 것을 말해준다. 이성은 바로 창조이다. 여기서 일견 모순되어 보이는 진화와 창조가 같은 방향을 취하게 된다. 그래서 일련의 문화적 과정들은 결국 출발(물질적 소여)에서 보는 것과 최전선(창조적 이성)에서 보는 것은 다를 수밖에 없다.

아마도 과학은 전자의 입장에서 설 것이고 도덕(종교)은 후자의 입장에서 설 것이라고 여겨진다. 그렇다고 이들이 만나지 않는다는 것은 아니다.

성리학이든, 과학이든 이(理)의 문제는 결국 어떤 실체(實體)가 있다는 데에 기초하고 있다. 특히 성리학은 도덕적 실체가 있음을 전제하고 있고, 또한 주장하고 있다.

3) 원효와 퇴계의 철학을 '일반성의 철학'에서 조명하다

원효의 일심론(一心論)은 한국의 불교철학을, 퇴계의 주리론(主理論)은 한국의 성리학을 대표한다는 점에서 이들의 철학이 세계에 풍미할 정도로 상당한 수준에 이르렀으며, 오늘날까지도 이에 필적할 만한 철학이 탄생하지 않았다는 점에서 독보적인 위치에 있음은 인정하지 않을 수 없다.

그러나 두 사람의 철학이 '물(物)'이나 '기(氣)'의 개념이 철학적으로 확실하게 활성화되고 정착되는 근대 이전의 철학이기 때문에, 즉 심(心)과 이(理)를 중심으로 전개할 수밖에 없었던 시대적 한계를 보였다는 점에서는 이의가 없을 것이다.

더욱이 이들 철학은 현대과학문명과 함께 과학철학이 등장하기 전의 철학이기 때문에 과학철학을 경험한 입장에서는 어떻게 이들 개념들을 새롭게 정리할 수 있는가가 큰 관심사가 아닐 수 없다.

심(心)은 오늘날 물(物)과 같은 개념이지만, 이(理)는 기(氣)와 같은 개념이 아니다. '심(心)=물(物)=기(氣)'는 존재론적으로 같은 개념이지만 이(理)만이 홀로 현상학적인 개념이다. 동양의 이(理)는 바로 서양의 이성(理性)이다.

서양의 이성주의와 보편성을 추구하는 철학적 절대주의는 오늘날 세계를 지배하고 있는 철학이라고 해도 과언이 아니다. 과학만능, 물신주의가 세계를 휘어잡고 있다. 이에 과학에 종속되지 않는 철학, 물신주의에 빠지지 않는 철학의 필요성이 대두되고 있다.

이런 기대와 함께 우리는 원효와 퇴계의 철학을 재평가·재해석하기에 이르렀다.

원효의 일심이문론은 진여론과 생멸론으로 나뉘는데 진여론은 '진제(眞諦) 진리론'이 되고, 생멸론은 '세속(世俗) 진리론'이라고 말할 수 있다. 이를 하이데거의 존재론에 대입하면 진여론은 '존재 진리론'이 되고, 생멸론은 '존재자 진리론'이 된다.

퇴계의 일리론과 주리론은 '성리(性理) 진리론'이라고 말할 수 있는데 이를 동양의 이성론이라고 말할 수 있을 것이다.

원효와 퇴계의 진여론·진리론은 모두 인간중심의 진리라는 점에서 초월적 진여론·진리론이라고 말할 수 있을 것이다.

이상의 논의를 예수가 말한 "나는 길이요, 진리요, 생명이다."라는 범주와 비교하면 재미있는 결론을 얻을 수 있다. 위 문장에서 '길'이라는 말은 동양의 '도학(道學)'에 해당하고, '진리'라는 말은 서양의 '철학(哲學)'에 해당한다면, '생명'이라는 말은 불교의 '생멸'을 초월적으로 표현한 것에 해당한다고 볼 수 있다. 예수의 진정한 사상은 당시에 이미 동서양을 관통하는 사상이라고 볼 수 있다.

진리라는 말은 역시 서양철학의 특성에 가깝다. 서양철학을 '철학(哲學)'이라고 말한다면 동양철학은 '도학(道學)'에 가깝다. 서양의 '철학'은 초월론(초월적 진리론, 내재적 초월론)을 바탕으로 하는 남성철학이라고 한다면 '도학'은 내재론(내재적 진리론)을 바탕으로 하는 여성철학에 가깝다. 남성철학은 인간중심철학이고, 여성철학은 자연중심철학이다.

진리와 진여는 남성철학에 포함되고, 단지 진리는 '메토니미(metonymy)'로서 진리에 대한 '이성적 이해'를 나타내고, 진여는 '메타포(metaphor)'로서 진리에 대한 '시적인 이해'를 나타낸다. 진리진여와 달리 기운생동(기운생멸)은 존재에 대한 기(氣)철학적 이해를 담고 있다.

남성철학은 인간의 삶의 조건에 따라서 역사적·인위적으로 세워진 것이라면 여성철학은 자연적으로·저절로 생성된 자연 그 자체이다. 자연 그 자체란 존재 그 자체, 즉 만물만신(萬物萬神), 만물생명(萬物生命)으로 연결된다. 자연에서 신(神)과 물(物)은 서로 떨어져서 대립한 적도 없고, 생물과 무생물은 서로 단절된 적도 없다.

최종적으로 〈서양철학=보편성의 철학=철학(哲學), 동양철학=일반성의 철학=도학(道學)〉이 성립된다. 서양철학의 진리는 인간 존재의 삶의 조건인 시공간(時空間)에 따라 만들어지는 인간 이성(理性)과 에고(ego)의 부산물이면서 환영에 불과한 것이다.

진리–진여(초월적 진리)론과 생멸(기운생멸)론		
초월론(초월적 진리론, 내재적 초월론)		내재론(내재적 진리론)
남성철학(인간중심철학): 철학(哲學)		여성철학(자연중심철학): 도학(道學)
이성(理性): 나는 진리(眞理)요		감성(感性): 길(道)이요, 생명(生命)이다
진리(眞理)	진여(眞如):진리 같은	기운생멸(氣運生滅)
메토니미: 진리에 대한 이성적 이해	메타포: 진리에 대한 시적인 이해	존재에 대한 기(氣)철학적 이해: 기운생멸의 우주 혹은 자연
거울반사	거울은유	존재(만물) 그 자체(Thing itself)
인간의 삶의 조건(時空間)		만물생명, 만물만신(시공간 없음)
보편성의 철학		일반성의 철학

　니체는 진리(동일성)에 대해서 여러 차례 말했다. 진리가 있는 것이 아니라 진리에 대한 의지가 있을 뿐이고, 그것의 정체가 권력의 의지라는 것이다. 니체의 말은 물론 현상학적인 차원의 말이다.

　"니체는 우선 우리 안에 진리 의지, 즉 진리를 추구하는 의지가 있다는 사실을 확인한다. 그 진리 의지는 우리를 열광시키고 앞으로 내달리게 하고 불타오르게 한다. 진리를 알고자 하는 욕망이야말로 가장 순수한 동물이라고 생각하기 쉽다. 모든 것의 비밀을 파헤쳐 그 본질, 그 실체를 알아내고자 하는 의지는 그 자체로 선한 욕망 아닌가. 그러나 니체는 이 진리 의지란 것이 세상 모든 것을 생각을 통해 내 머리 속에 집어넣고자 하는 의지, 다시 말해 나의 이해 능력으로 장악하고자 하는 의지임을 폭로한다. 그렇게 사유 능력으로 대상을 파악하는 것은 그 대상을 내 의지 아래 굴복시키는 것과 다르지 않다. 진리 의지는 그러므로 지배 의지이고, 권력 의지다. (중략) 앎의 의지, 진리 의지는 권력의지의 하위

범주라는 사실이다."[17]

더욱이 니체의 '동일한 것의 영원회귀'는 물리학적으로도 불가능하다는 것이 판명되었다.

"(게오르크) 짐멜은 『쇼펜하우어와 니체』에서 동일한 것의 영원회귀가 물리학적으로 불가능함을 증명한다. 간단한 방식을 생각해보자. 우주의 역사가 무한히 스스로 반복한다는 결론에 이르려면 적어도 다음과 같은 두 가지 전제가 충족돼야 한다. 1) 우주의 에너지의 총합은 제한돼 있다. 2) 우주의 에너지 상태의 총합은 제한돼 있다. 마이어의 에너지 보존 법칙으로는, 우주의 에너지 총량은 제한돼 있다는 명제는 타당하다. 문제는 두 번째 전제다. 우주의 에너지 총량이 한정돼 있다 하더라도, 그 에너지들이 만들어내는 조합 상태는 결코 한정돼 있지 않다. 당구대를 예로 들어보자. 당구대의 넓이와 당구공의 개수는 한정돼있다. 그러나 당구공이 부딪쳐서 만들어내는 변화의 가짓수는 무한하다. 극도로 미세한 차이도 차이이기 때문에 그런 차이들을 모조리 다 고려하면, 동일함에 무한히 다가갈 수는 있을지 몰라도 동일함 자체는 결코 확보될 수 없는 것이다. 그 조합 상태가 한정돼 있지 않는 것이다. 따라서 동일한 것이 반복될 수가 없다. 아무리 많은 배열을 되풀이해도 결코 동일한 배열을 다시 이루어낼 수는 없다. 이것이 지멜이 보여준 물리학적 논증이다. 이 증명을 통해 도출되는 결론은 무엇인가. 어떠한 경우에도 우주론적 차원의 영원회귀는 타당성이 없다는 사실이다."[18]

원효의 진여론이 초월적이라는 데에는 이의를 달 사람이 많을 것이다. 그러나 따지고 보면 결국 진여론은 불교적 존재론이면서 동시에 불

----

17 고명섭, 『니체극장』, 김영사, 2012, 430~431쪽.
18 고명섭, 같은 책, 492~493쪽.

교적 초월론의 성격을 동시에 가지고 있음을 알 수 있다.

김형효의 일심론에 대한 설명을 보자.

"원효는 일심의 근원은 '유(有)/무(無)의 양변(양 세계)를 떠나서 홀로 해맑고 깨끗하다(離有無而獨淨)'고 언명했다. 일심의 근원은 존재와 무(有/無)의 기(氣)의 순환의 와중을 벗어난 초탈의 세계를 뜻하지만, 유(有)/무(無)의 기 순환의 와중은 생멸(生滅)의 와중과 다르지 않다. 이 유(有)/무(無)의 양 세계는 『대승기신론소(大乘起信論疏)』에서 말하는 생멸문(生滅門)에 해당하리라. 그렇다면 일심의 근원은 역시 『대승기신론소』에서 언급한 진여문(眞如門)에 해당하겠다. 일심이문(一心二門)이라고 원효가 언명했다. 일심의 생멸문은 기(氣)의 등장인 존재와 기(氣)의 퇴장인 무(無)를 상정한다. 그래서 생멸문은 유(有)/무(無)가 서로 왕래한다. 그런데 일심의 근원(一心之源)은 무엇인가? 그것은 일심의 생멸을 가능케 하는 진여의 세계와 같다. 그래서 그것을 여기서는 일심의 근거라고 부른다. 근거는 원인과 다르다."[19]

김형효의 해석을 보면, '일심의 근원'은 초탈을 뜻하지만, 일심이 기의 생멸과 다르지 않기 때문에 생멸문이라고 말한다. 그러면서도 일심의 근원은 또한 일심의 생멸을 가능케 하기 때문에 진여의 세계라고 말한다. 말하자면 일심은 '생멸'인데 일심의 근원은 '진여'인 셈이다. 결국 '근원'은 '근거'이기 때문에 '진여'라는 셈이다.

김형효의 부연 설명을 보자.

"하이데거가 말한 근거의 의미는 서양의 전통적인 존재자 형이상학에서 금과옥조로 여겨오던 인과론과는 다르다. 전통적인 인과론은 일종의 비가역적 인과론(irreversible causality)으로, 원인이 결과를 생산해내

---

19 김형효, 같은 책, 38~ 39쪽.

는 수직적 인과론에 의거한 논리다. 신이 우주의 모든 존재자들을 만든 제일원인이라는 것이다. 그 원인에서 모든 결과가 파생되어 나온 셈이다. 결과는 원인과 평등한 존재방식을 공유하지 못한다. 마치 주인과 종의 관계와 같다. 그래서 하이데거는 이런 인과론을 제조적 사고방식이라고 비판한다. 인간의 물건을 제조하는 근대적 생산이론인 만듦의 이론과 저 신학적 창조론이 다르지 않다는 것이다.(중략) 근거론은 원인이 되는 주인이 결과가 되는 종을 사유재산으로 소유하는 그런 관계가 아니라, 본질적 근거가 현상을 존재케 하는 그런 관계를 말한다."

말하자면 근거론은 인과론이 아니라는 뜻이다. 이는 근거론이 현상학적인 차원이 아니라 존재론적인 차원의 탈근거임을 주장하는 것이다. 그러나 근거론에는 어딘가 또 다른 차원의 대립적인 세계, 즉 생과 멸의 세계를 하나로 묶는 효과가 있다. 이것을 존재론적인 차이라고 말하지만, '초탈'의 이름으로 하든, '초월'의 이름으로 하든 하나로 수렴하는 초월적 사유의 효과가 있다.

여기서 하이데거 존재론의 초월론적 성격이 드러나는 것이다. 그 이유는 존재를 존재자의 눈(시각)으로 바라보기 때문이다. 사물을 현상으로 보는 것은 처음부터 초월론적 성격을 갖는 것이다. 그런데 존재를 현상학의 차원보다 더 깊은 곳, 내면에서 바라보는 것과 더 높은 곳, 초월에서 바라보는 것이 무엇이 다른가? 결국 초탈과 초월, 둘은 서로 만나는 것이 아닌가 생각이 든다. 말하자면 기(氣)의 순환의 세계에서는 높이와 깊이는 결국 만나는 것이 아닌가 하는 것이다.

기(氣)의 개념이 도입되고부터는 초월과 내재가 하나라는 말이다. 그렇다면 굳이 진여론이 필요할 까닭이 없다. 이(理) 혹은 이성(理性)의 세계만이 진여와 생멸의 세계를 이원대립적으로 보기 때문에 진여가 필요하게 되는 것이 아닌가 하는 점이다. 진여나 진리는 이론적 구성을 위해서 존재하는 것, 즉 존재자에 불과한 것이 될 여지가 있다. 실질적으로 움직이는 세계는 생멸일 뿐이다.

기(氣)일원론의 관점에서 보면, 원효의 진여론과 하이데거의 존재론은 '존재자(存在者)의 기(氣)'에 해당하고, 필자의 일반성의 철학은 '현존(現存)의 기(氣)'에 해당한다. 현존은 존재자가 없는 '기(氣)의 생멸론'인 반면 '존재자의 기'는 존재자가 있는 '기(氣) 진여론'이다. 말하자면 진리든 진여든 그것은 존재(생성, 생멸)를 지칭하는 존재자에 지나지 않는 것이다. 진리든 진여든 말해진 것은 이미 진리가 아닌 것이다. "말해진 도는 상도가 아니다(道可道非常道)."라는 『도덕경(道德經)』의 구절이 떠오른다.

하이데거의 '존재의 진리'라는 말은 진리라는 종래의 말을 포기하지 않으려는 말놀이에 지나지 않는다. 존재사건 혹은 존재 사태라는 것은 어떠한 경우에도 진리로 설명할 수 없는 것이다. 이것은 진리로 설명하고자 하는 인간의 진리 의지일 뿐이다. 진리는 끝없이 진리에 도달하고자 하는 진리 의지이다. 따라서 진리는 처음부터 현상학적인 진리였던 것이다.

현상학적인 진리라는 것은 개인적으로는 '생'과 '사'를 말하려는 것이고, 우주론적으로는 '처음'과 '끝'을 말하려는 것에 지나지 않는다. 그래서 기독교 창조-종말론은 현상학적인 진리인 것이다. 현상학은 무엇을 대상으로 하든 그 대상에 끝없이(무한대로) 다가가는 것(의지이든, 의식이든)을 말하는 것이다. 현상학이 진리를 대상으로 할 때도 그것은 마찬가지인 것이다. 현상학적인 진리는 결국 초월적 사유이다.

같은 논리에서 볼 때, 퇴계 성리학(性理學)의 이발(理發)은 물어볼 것도 없이 바로 존재자가 된다. '이발'은 결국 현상학적인 차원의 것이고, 이기이원론(理氣二元論)의 입장에서 도출된 것이기 때문이다.

결국 일반성의 철학의 입장에서 보면 이(理)든, 이성(理性)이든 모두 존재자가 된다. 존재는 오로지 기(氣)일 뿐이고 생멸(生滅)일 뿐이다. 하이데거의 존재는 화이트헤드의 '실재적 존재(actual entity, 현실적 존재)'와 같은 것이다.

원효(元曉) 일심이문론	진여론(眞如論)	진제(眞諦)진리론	존재 진리론/ 존재의 기(氣)	인간중심의 초월적 진리론
	생사론(生死論)의 생멸론(生滅論)	세속(世俗)진리론	존재자 진리론	
퇴계(退溪) 주리론	일리론(一理論) 주리론(主理論)	성리(性理)진리론 이발(理發)	동양이성론 존재자 진리론	
박정진 '일반성의 철학'	일기론(一氣論) 일반존재론	혼원일기 (混元一氣) 진리론	만물만신/ 현존의 기(氣)	만물중심의 기운생멸론

4) 화이트헤드의 과정철학으로 본 일심(一心)과 이발(理發)

화이트헤드는 앞에서도 말했지만 서양수학자 및 과학자의 입장에서 불교적 진리에 가장 가깝게 다가서서 서양철학적으로 불교를 설명한 철학자이다. 그의 과정철학(Process of Philosophy)은 바로 사물을 실체로 보는 서양철학자의 입장에서 불교의 법(法)과 체(體)를 '과정(Process)'이라는 새로운 개념을 창안하여 설명한 철학이다.

기독교를 대중적 플라토니즘의 관점에서 보면, 서양의 주류철학인 칸트의 존재철학과 기독교를 묶은 '존재철학—기독교'는 '기독교적 존재론'이라고 말할 수 있을 것이다. 이렇게 보면 화이트헤드의 과정철학은 '불교적 존재론'이라고 말할 수 있다.

화이트헤드는 서양에서 태어난 철학자 가운데서는 보기 드물게 서양의 문화문법으로 불교를 이해한 철학자라고 말할 수 있다. 다시 말하면 과정철학은 서양철학자로서는 가장 불교에 접근한(더 이상 가깝게 접근할 수 없는) 철학이라고 말할 수 있다.

칸트 존재철학–기독교	실체(reality)	이(理)·용(用)	기독교적 존재론
화이트헤드 과정철학–불교	과정(process)	법(法)·체(體)·공(空)	불교적 존재론

화이트헤드는 과정철학을 완성하기 위해서 '실재적 존재(actual entity)'라는 개념을 창출하는 한편 종래 서양철학의 문장에서 주어로 사용되는 명사가 실은 실재적 존재가 아님을 깨달은 철학이다.

과정철학은 종래 서양철학의 칸트적 존재철학의 주어(subject: substance)와 술어(predicate: attribute)를 바꾼 것이다. 주어가 아닌 술부야말로 '실재적 존재'인 것이다. 과정철학의 형상(이성, 이데아 등)이 '영원한 객체들'(eternal objects)이다.

과정철학이 철학이기 위해서는, 또는 '실재적 존재'만 주장하고 물러날 수 없었던 사정이 있었겠지만 이성(理性)을 회복하기 위해 창조적 이성을 주장한 것이 서양철학의 세계로 돌아가게 했다..

화이트헤드가 주체의 자리에 '실재적 존재'(actual entity)를 놓은 것은 혁명적이었지만 다시 '영원한 객체들'(개념들)을 가지고 '실재적 존재'를 한정하지 않을 수 없었다.

철학은 궁극적으로 모순에 빠지지 않을 수 없는지도 모른다. 이것이 철학의 한계일 수 있다. 철학이 철학이기 위해서는 이성을 주장하지 않을 수 없다. 마찬가지로 종교는 도그마에 빠지지 않을 수 없다. 모든 것을 포용하지 않으면 안 되고 이것을 일원상으로 보여 주어야 하기 때문이다.

종교는 그래서 명제에 대한 반대명제, 진리에 대한 반대진리를 내세우게 된다. 이것은 자칫하면 명제의 역동성을 상실하고 유착되는 관계로 인해 도그마로 전락하는 것이다. 그러나 인간에 대한 종교적 구원을 위해서는 위험을 무릅쓰고 이 일원상을 얻지 않으면 안 되는 것이다.

모든 명제는 실은 모순에 빠져 있다. 종래의 진리를 중심으로 명제를 다루는 방식에서 모순이야말로 진리라는 역설의 방식이 필요하다. 이는 어떤 명제가 모순이라고 하지 않고(이것은 명제가 주어와 술부로 이원화되는 것을 피할 수 없다) 명제 자체를 하나의 단위(조합)로 설정함으로써 '진리와 반진리'(이것은 두개의 명제이다)가 아니라 이를 동시에 포용하는 '모순의 진리'를 상정할 필요가 있다. 이것이 바로 불교적으로 말하는 '공즉시색(空卽是色) 색즉시공(色卽是空)', '일즉일체(一卽一切) 일체즉일(一切卽一)'이라는 방식이다.

이것은 결국 진속일여(眞俗一如)에 도달하고 만다. 이것은 시공간을 벗어나는 것이며 굳이 말하자면 일(一)과 일체(一切)가 서로 떨어져 있는 것이 아니라, 부분과 전체가 따로 떨어져 있는 것이 아니라 동시적인 것이며 현재적인 거대한 '하나'가 되는 것이다.

이 거대한 하나 앞에 '영원한 객체들(개념들)'이란 매우 왜소한 것이며 단지 가능태로서 예측할 뿐인 것이다. 다행히 예측이 맞을 수도 있고 틀릴 수도 있는 것이다. 가능태(potentiality)는 거대한 하나라는 '실재적 존재'(氣一元, 混元一氣)에 비하면 존재라고 할 수도 없다.

화이트헤드는 이원적인(직선적인) 세계관의 모순을 해결(연결)하기 위하여 신(神)을 원초적 본성(설명의 근거)과 결과적 본성(설명되어야 하는 존재)으로 나누고 변화의 위에 있는(변화를 초월하는) 시간 축을 설정하는 개념 조작을 통해 생성하고 있는 우주를 설명하고 있기는 하다. 그러나 개념적 대상을 설정하는 한 생성하는 우주를 규정하는 서양철학적 전통(소위 형상적 전통)에서 완전히 빠져나올 수는 없다.

물론 화이트헤드는 이것을 통해 이성(理性)의 기능을 부활시키고 있다. 이것을 동아시아적 철학전통에서 보면 '기(氣)의 이(理)'라고 할 수 있을 것이다. 그러나 여기서 이(理)의 기능이 너무 과대하게 평가되면 균형의 중심이 이동하여 '이(理)의 기(氣)'가 되기 쉽기 때문이다. 현상(대상으로서의)을 추구하는 서양철학은 결국 이성주의를 벗어나기 어렵다.

화이트헤드는 또 자기초월적 주체(superject-subject)라는 개념을 통해 주체와 객체라는 이분법을 벗어나려고 하고 있다. 이는 술부에 '영원한 객체들'(eternal objects)을 넣는 것과 같은 이치로 주부에 자기초월적 주체를 놓는다. 그래야지만 '영원한 객체'가 이성이 되듯이 자기초월적 주체는 주체(달성 중에 있는 현실태: 창조적 과정)와 자기초월체(달성된 현실태: 창조된 산물)가 상호의존적인 관계에 있다는 것을 설명할 수 있게 된다. 그래서 주체와 객체라는 이분법을 극복하려고 하고 있다. 그럼으로써 주체와 대상은 상호작용을 하게 되는 것이다.

화이트헤드의 과정철학에서는 언제나 이성의 창조성이 결국 세계를 순열적으로 배열하게 하는 원동력이 된다. 비록 세계는 '실재적 존재'의 음과 양의 조합에 의해 바탕을 이루고 있지만 말이다. 화이트헤드야말로 동양의 '기(氣)=음양'론을 바탕으로 서양의 이성(理性, 理)론을 통합한 동서철학의 통합자로서 위치를 점하게 된다.

주체와 객체라는 이분법을 벗어나려는 노력은 경험을 위한 파악(prehension)에 있어서 물리적 파악(physical prehension)과 개념적 파악(conceptual prehension)을 두어 전자는 '실재적 존재'가 포함되어 있는 파악을 하고 후자는 '실재적 존재'의 한정형식들(eternal objects)에 대한 파악을

하는 것으로 설정하는 데서도 발견할 수 있다.[20]

이는 마치 동아시아의 전통적 음양론(태극론)에서의 양극과 음극을 떠올리게 한다. 이는 문장에서 주부와 술부를 나누는 데서 비롯되는, 말이 가지는 본질적 한계에서 기인하는 오류에서 벗어나기 위해서 일(一)이면서 이(二)이고 이(二)이면서 일(一)인 그 무엇을 설정하고 있는 것이다.

화이트헤드는 또 동시에 볼륨을 가지기도 하고 볼륨을 안 가지기도 하는 생멸(生滅)의 점(點: point)을 설정하고 있다. 다시 말하면 존재로서의 점과 개념으로서의 점을 상정하여 전자는 볼륨이 있어 생멸하고 후자는 볼륨이 없어 영원한 것으로 기로(崎路)를 삼고 있다.

이는 마치 물리학자들이 원소(元素: atom)와 더 작은 미립자를 설정하는 것과 같은 것이다. 이것을 동아시아의 음양론으로 말한다면 화이트헤드는 음양이분법(陰陽二分法)을 기초로 하면서 이성의 힘으로 그것의 거대한 '결합적 거시세계'의 직선(순열)운동을 굽혀서 곡선적 원으로 만들고 있지만 여전히 동양의 태극적(조합적) 우주관에는 도달하고 있지 못하다. 그래서 제자리에서 중(中)에 이르지 못하고 인간 개체의 완성론(道德論)에 이르지 못하고 있다. 그에게 있어서 세계는 영원히 이성의 창조력에 의해 나아가야 하는 순열의 세계이다.

그러나 전반적으로 볼 때 화이트헤드의 과정철학은 '유(有)의 철학'이다. 이를 이기(理氣)철학으로 말하면 기(氣)는 아무리 미세하더라도 '있는 것'(有)이라는 것과 통한다. 유(有)의 철학은 동아시아에서는 유교철학이 있는데 음양(陰陽)철학과 신유학의 이기(理氣)철학이 그것이다.

----

20 A. N. 화이트헤드, 『과정과 실제』, 오영환 옮김, 민음사, 1991; Donald W. Sherburne(ed), 『A Key Whitehead' Process and Reality』, Macmillan Publishing Co. inc, 1966; 문창옥, 『화이트헤드의 과정철학의 이해』, 통나무, 1999 참조.

다시 말하면 화이트헤드의 철학은 음양과 이기철학을 통합해 놓은 인상이 짙다. 부연하자면 화이트헤드는 출발은 주기론적(主氣論的) 입장을 견지하다가 마지막에는 주리론적(主理論的)인 입장까지를 보여 주기와 주리를 통합하려는 인상이 짙다. 화이트헤드는 사물의 존재성을 따질 때는 주기론(主氣論)에 서다가 이성의 창조성을 따질 때는 주리론(主理論)에 선다.

화이트헤드는 참으로 율곡적이면서도 동시에 퇴계적이다. 퇴계가 기발이이승지(氣發而理乘之)하고 이발이기수지(理發而氣隨之)라고 한 것은 이성의 창조성과 이성의 다스림을 강조한 것이고 율곡이 기발이승(氣發理乘) 이통기국(理通氣局)이라고 한 것은 사물의 존재성과 실천성을 강조한 것이다. 화이트헤드는 이것을 알고 있다. 그러나 우리는 여기서 다음과 같은 것을 상기할 필요가 있다.

주기론자와 유물론자가 사물을 지배하는 것이 아니라 주리론자와 유심론자가 사물을 지배한다. 사물의 존재를 따지는 것과 사물의 지배를 따지는 것은 다르다. 주기론자와 유물론자는 사물의 존재를 따지는 데는 우월하지만 정작 사물을 지배하는 데는 열등하다. 이것이 존재와 지배의 역설이고 사물과 말의 역설이고 기(氣)와 이(理)의 역설이다.

결국 주리론자(主理論者)와 이성주의자는 기(氣)를 이(理)로 바꿔치기 한다. 밖을 다스리기 위해서는 먼저(동시에) 안을 다스려야 하고 안을 다스리려면 먼저 밖을 다스릴 줄 알아야 한다. 인간의 특성이 이(理)에 있다면, 만물의 특성은 기(氣)에 있다.

역으로 화이트헤드의 과정철학은 동아시아의 음양(陰陽)−이기(理氣)철학의 서양적 변종으로 볼 수 있다. 화이트헤드는 논증할 때는 이기(理氣)철학을 쓰고 이기(理氣)의 가역성과 평형성에 도달하지만 그것을 거대한 우주로 확대시킬 때는 매우 불교적인 태도를 취한다. 그러나 정작 화이트헤드가 불교적 해탈의 세계, 진여(眞如)의 세계에 도달했는지는 미지수이다.

원효의 일심(一心)의 세계는 말의 방편적 세계를 죄다 섭렵하고 차라리 이것으로 저것을 무너뜨리고 저것으로 이것을 되살리는 자유자재한, 광대무변한 세계이기 때문에 철학적 증명의 세계가 아니고 오직 직관적으로 느낄 따름이다.

이에 비해 화이트헤드의 다중일(多中一)은 창조론과 종말론의 독단을 막으면서 우주를 '실재적 존재'(actual entity)의 바탕 위에 '영원한 객체'(eternal object)를 설정함으로써 창조적 진화를 설명하는 데는 탁월했지만 부분과 전체가 동시적으로 있으며, 혼돈과 질서가 공존하는 세계에 대한 인식이 취약했다.

화이트헤드의 과정철학은 거의 동양의 불교와 주자학의 경지를 향유하면서도 서양인의 집단적 창조성, 나아가는 힘을 우선하는 경향 때문에 개인적 완성을 쉽게 얻을 수 없었다. 혹시 그는 자기의 안에서 탄생하는 '안의 신(神)'보다 우주 저 밖에서 다가올, '밖의 신(神)', 기독교적 신, 객관적인 신(神)이 나타나기를 기다리며 숨을 거두었는지도 모른다. 그는 철학과 종교를 자기 몸에서 하나로 통합하기 싫었을 지도 모른다.

과정철학의 '다(多)에서 일(一)로의 진행, 즉 다중일(多中一)은 역시 철학적이다. 그러나 이것이 종교적으로 승화하기 위해서는 '일(一)에서 다(多)'로의 진행, 즉 일중다(一中多)의 역행의 길을 다시 가야 하는 것이다. 이같은 역행은 실은 일기(一氣)를 인정하는 것이다.

이(理)는 원래부터 다스리고자 하는 이(理)의 속성으로 인하여 일리(一理)를 추구하는 것이지만 기(氣)는 원래 '스스로 그러한' 자연(自然)의 속성으로 인하여 일기(一氣)를 추구하지 않는다. 기(氣)는 다(多)에서 출발하는 것이다. 그러나 이것의 완성은 역설적이게도 일기(一氣)에 있는 것이다.

기(氣)는 하나의 존재, 즉 체(體)가 아니라 거대한 하나의 작용, 용(用)인 것이다. 다시 말하면 거대한 하나의 용(用)으로서 일기(一氣)인 셈이다.

어떠한 명제에서도 그 역의 방향이 성립하는 것은 실은 어떤 명제의 보이지 않는 전제이면서 조건을 넘어서는 첩경이다. 이것은 우주에서 한 줄기 파도와도 같은 명제를 무화시키면서 거대한 바다인 해인(海印)이라는 전체적인 원융에 도달하는 방법이기도 하다.

이것은 다(多)가 일(一)에서 완성되듯이(多中一) 거꾸로 일(一)이 다시 다(多)에서 완성되는(一中多) 것을 말한다. 다시 말하면 다중일(多中一)을 먼저 하였기 때문에 일중다(一中多)가 아무런 문제가 없을 뿐만 아니라 오히려 앞으로 달성되어야 할 과제가 되는 셈이다. 일중다(一中多)의 일(一)은 실은 일체(一切)인 것이다. 그래서 기(氣)가 이(理)에서 완성되듯이 이(理) 또한 기(氣)에서 완성되는 것이다. 이것은 또한 원초적 본성의 신과 결과적 본성의 신이 만나는 것이다.

물론 이러한 만남이 어느 시공간에 고착된다면 이미 죽은 것이 되고 타성태가 되어버리겠지만 이러한 만남이 역동성을 잃지 않는다면 인간은, 이 세계는, 이성(理性)은 살아 있는 몸을 부여받아 부활하는 것이다. 자연은, 거대한 기(氣)는, 일기(一氣)는 인간의 이성의 다스림이 자신을 인정하든, 인정하지 않든 언제나 생성과 소멸을 거듭하면서 자신의 자리를 지키는 데에 충실한 것이다. 이것이 바로 중용(中庸)의 성(誠)인 것이다. 인간의 몸은 이(理)와 기(氣)가 유일하게 통합되어 작용하는 장소이다.

화이트헤드는 바로 이 역의 방향, 일중다(一中多)의 방향에 익숙하지 않았을 것이다. 이것은 서양문화(서양문명)의 철학적 지배 탓이다. 그러나 우리 동양인은 그럴 필요가 없다. 신은 안에 있을 수 있고 인내천(人乃天)인 것이다. 이것은 동양문화(동양문명)의 종교적 지배 경향 때문이다.

어떻게 서양문화의 세계에서 동양의 중도나 해탈의 세계에 쉽게 들어올 수 있었겠는가. 그러나 그는 적어도 그러한 가능성을 알고 있었고 탐색했으며 가까이 접근했다. 우리는 그러한 흔적을 여러 곳에서 볼 수 있다. 불교가 도달한 무(無)나 공(空)의 관점에는 미치지 못한다. 그 비슷한 세계는 도달할 수 있었어도. 불교적 관점은 미세하게 움직이는 '기운생동 하는 하나(一 또는 一切)'가 아니라 기운생동을 가능하게 하는 어떤 조건으로서 무(無)를 가정하고 있다.

무(無)가 없으면, 다시 말하면 움직이는 요소(원소)가 있으면 그 요소가 없는 어떤 조건이 있어야 움직일 수 있다는 것이다. 그것을 무(無)라고 한다. 이것은 서양철학적 전통에서 '존재(存在)와 무(無)'라고 할 때의 유(有)의 결과로서의 무(無)와는 다른 매우 선험적인 것이다. 존재의 대비로서의 무(無)가 아니라 생성(生成)의 조건으로서의 무(無)인 것이다.

그런 점에서 화이트헤드는 불교에 가장 근접한 서양철학자이면서도 여전히 서양철학적 전통의 이(理)로 말미암아 무(無: 無我) 또는 공(空)에 도달하지 못하는 것이다. 물론 불교에서 무(無)와 공(空)은 필연적으로 또 다른 유(有: 大有)를 대비시킨다. 이것은 무(無)와 공(空)을 극복한 상태의 또 다른 원성실성(圓成實性)인 것이다. 이성(理性)은 결국 방편이고 프로그램에 불과하다.

대자연, 대우주는 이러한 방편을 넘어서 영원한 것이다. 이것이 바로 일심(一心)이다. 원효의 일심(一心)은 심(心)만 있다는 주장이 아니라 심물(心物)을 초월한 자리에서 이성적 진리의 반대진리, 역설의 진리에 도달하여 세계를 원융의 모습으로 보여주는 데에 성공한 진리인 것이다. 하나의 명제는 반드시 그 명제를 성립시키는 보이지 않는 조건을 깨뜨리면 그 순간부터 반대명제를 성립시킨다. 그래서 명제와 반대명제는 동시에 성립하는 것이다.

이를 토대로 볼 때 하나의 명제를 절대적으로 주장하는 것은 불완전하지만 그렇다고 하나의 명제의 반대명제를 통해서 세계를 규정하는 자체도 여전히 불완전하다. 명제의 수많은 가능성을 가정할 수 있기 때문이다. 그래서 다원다층(多元多層)의, 다차원(多次元)의 명제의 균형잡기가 필요한 것이다. 이것이 바로 원성실성(圓成實性)인 것이다. 여기에 도달하는 과정은 명제를 구축하는 재료인 '말의 모순'을 벗어나는, 말의 편계소집성(遍計所執性)을 벗어나는 과정이고 불립문자의 과정인 것이다.

인간의 마음(心)은, 그리고 마음의 작용으로서의 상(象)은 편계소집성을 없앰으로써 의타기성(依他起性)에서 해방되는 것이다. 원효가 일심(一心)으로 자신의 깨달음을 완성한 것은 바로 그가 마음(心)의 번뇌(苦)를 마음(一心)으로 넘어섰다는 것을 말한다. 화이트헤드가 만약 원효와 같이 되려면 기(氣), 즉 '실재적 존재'(actual occasion)에서 출발하여 합생(concrescence)을 거쳐 객체적 불멸성(objective immortality)에 그치는 것이 아니라 일기(一氣)에서 완성하였어야 하는 것이다. 이것은 이미 철학이 아니라 종교인지도 모른다. 철학이 자신의 고유의 영역을 넘어서 종교를 침범하고 만 것일 수도 있다. 이러한 경지는 결국 말로써 이루어지는 것은 아니다.

이상을 다시 종합하면 화이트헤드는 서양인으로서는 혁명적으로 존재론적인 세계를 생성론적으로 바꾼 철학자인데 이것은 결국 전통적으로 동양의 순환론적 사고, 예컨대 음양(陰陽: 太極)이라든가, 이기(理氣)라든가, 그리고 생멸론(生滅論)등을 종합적으로 재구성하여 서양적 합리주의로 해석한 것이라고 말할 수 있다.

화이트헤드 철학의 출발은 무엇보다도 모든 '실재적 존재'(actual occasion)에 물리적 극(physical pole)와 정신적 극(mental pole)을 설정함으로써 그것이 아무리 생성발전해도 끝내 그 전제로 돌아와야 하는 일종의 순환론적인 논리전개를 벗어날 수 없다. 물론 진정한 현실태로서의 '실재적 존재'는 정신성과 물질성이라는 이원적 도식에 선행하는 근본적인 존재이다.

　이것은 이원성을 선행하는 중립적인(neutral) 성격의 것으로 동양의 음양론에서의 태극 또는 무극이라는 개념과도 같은 냄새를 보인다. 이 같은 설정 때문에 '실재적 존재'는 물리적 파악(physical prehension)과 개념적 파악(conceptual prehension) 등의 조합을 통해 합생(concrescence) 하는 과정에서 주체적 직접성(subjective immediacy)을 상실하면 자기초월체(superject)가 되어 객체적 불멸성(objective immortality)을 획득하게 된다. 이것은 우리의 전통 이기(理氣)논쟁과 너무나 닮아 있다.

　화이트헤드의 논리전개 과정은 주기론(主氣論)에서 출발하여 '이기호발(理氣互發)' 및 '이기공발(理氣共發)', 또는 '기발이승(氣發理乘) 이통기국(理通氣局)'이나 '기발이이승지(氣發而理乘之) 이발이기수지(理發而氣隨之)'를 거쳐 마치 주리론(主理論)에서 끝을 맺는 듯하다.

　이러한 과정에서 물리적 파악은 '실재적 존재'가 포함되어 있는 파악이며 개념적 파악은 '실재적 존재'를 한정하는 형식들인 '영원한 객체들'(eternal objects)에 대한 파악이다. 이것은 전통적인 이기(理氣)철학과도 맥락을 같이 한다. 기(氣)는 '실재적 존재'이고 이(理)는 '실재적 존재'를 한정하는 형식들인 것이다. 여기서 주의할 것은 기(氣)는 '실재적 존재'가 포함되어 있는 파악이며 주체적 직접성을 상실하면 자기초월체(superject)로서 객체적 불멸성(objective immortality)을 획득하게 되는데 이것이 바로 이(理)인 것이다.

　이를 다시 정리하면 기(氣)는 '실재적 존재'이면서 동시에 '실재적 존재'를 파악하는 반면 이(理)은 자기초월체로서 객체적 불멸성을 획득하면서도 동시에 '실재적 존재'를 한정하는 이중성을 보이고 있다.

이것은 역시 음양은 태극(하나)이면서 음양(둘)이고 음양(둘)이면서 태극(하나)이라는 순환론인 것이다. 여기서 물리적 극이 극대화된 것을 물질이라고 하고 정신적 극이 극대화된 것을 정신이라고 한다면 인간은 정신적 극이 극대화된 경우로 본다면 이(理)야말로 인간의 특성이 된다.

다시 말하면 기(氣)는 사물의 특성이고 이(理)는 인간의 특성이 된다. 물질(物質)을 인간이 보면 물리(物理)가 되고 인간은 기적(氣的) 존재이면서 기(氣)를 컨트롤하는 이(理)를 가지는 자기초월적 주체가 되고 동시에 '영원한 객체'가 되는 것이다. 이 사이에 기(氣)가 충만한 것이 된다. 이것은 순환론의 불가피한 결론인 것이다. 그래서 이(理)는 물리적 극에도 있고 정신적 극에도 있는 것이 된다.

서양의 총체적인 직선론(순환론에 대비하여)에 의하면 과학은 오류의 역사이며 역사도 오류의 역사이며 그 오류야말로 인간이 자연을 지배하는 원동력이 된 셈이다. 역시 서양은 이(理)의 역사였다. 오류가 진리(眞理)이며 진리는 진여(眞如)를 지배한 것이다. 기(氣)는 물리(物理)가 되었던 것이다. 이보다 더한 역설이 인류사에서 또 있을까.

차라리 화이트헤드의 생성철학의 '실재적 존재'와 '영원한 객체'의 이원적 일원론(二元的 一元論)을 일원적 이원론(一元的 二元論)으로 해결하는 길은 일기(一氣)를 전제한 상태에서 '영원한 객체들'('실재적 존재'에 대한 한정형식들)을 '프로그램(program)'으로 대체하면 될 것 같다. 인간은 프로그래머에 불과하며 거대한 기일원(氣一元)의 세계야말로 영원한 것이다.

이성은 프로그램을 만드는 힘이며 프로그램은 존재에 의해 계속 새로 생산될 것이다. 기일원의 세계는 궁극적으로 식(識)의 대상이 아니며 따라서 인간은 프로그램만 만들 따름이다. 그 프로그램이 현실적인 존재(우주)와 맞을 때도 있고 맞지 않을 때도 있을 것이다. 그렇다면 신(神)도 가장 위대한 프로그래머이다. 프로그램을 만들어 놓고 때를 기다리며 다행히 때가 맞으면 '실재적 존재'로서 신(神)이 되고 아니면 영원한 가능성으로 남는 것이다.

굳이 비교하자면 원효의 일심(一心)은 일체(一切)로서의 기(氣), 즉 '실재적 존재'(actual occasion)를 넘어서 다시 객체가 된 대우주를 말하고 퇴계의 이발(理發)은 '영원한 객체'(eternal object)를 넘어선 창조적 주체(또는 초월적인 주체)가 되는 셈이다. 퇴계의 이발(理發)은 이성의 창조성을 강조한 것이라고 볼 수 있다.(이와 관련하여 고봉은 기(氣)의 '실재적 존재성'을 끝까지 강조한 경우이다)

일심(一心)은 '실재적 존재' 및 그것이 더욱 커진 상태인 화이트헤드의 결합체와 거시세계(nexus and the macro-comic)에 해당한다. 따라서 원효의 일심은 관계론의 실체론으로 일기(一氣)이면서 일리(一理)라고 할 수 있고 이발(理發)은 실체론의 관계론(인성론 중심)으로 일리(一理)이면서 일기(一氣)라고 할 수 있다.

또 근대 자연과학은 실체론의 관계론(존재론 중심)의 또 다른 것이다. 과정철학은 관계론의 관계론으로 일기(一氣)이다. 이에 비하면 유물론은 실체론의 실체론으로 일물(一物)이 된다. 이기(理氣)는 서로 환(環)을 이룬다. 일심이든 일리이든 일기이든 일물이든 각자의 입각점에서 사물을 본 것이라고 할 수 있다.

결론적으로 환(環)을 이루는 우주의 관점에서 보면 일심(一心)은 이(理)이고 진여(眞如)와 생멸(生滅)은 기(氣)이다. 일심(一心)은 이(理)의 전체상과 부분상을 동시에 결정한다. 진여(眞如)는 기(氣)의 전체상이고 생멸은 기(氣)의 부분상이다. 결국 시대는 다르지만 원효와 퇴계는 결국 같은 것에 도달한 인간존재의 최고 성인이다.

원효는 불교철학의 전통 위에서, 퇴계는 주자철학의 전통 위에서 보편성에 도달한 한국의 두 인물인 것이다. 여기에 불교와 유교가 화해할 수 있는 길이 있다. 이것을 안다면 유교와 불교가 하나가 되는 단초를 한국에서 열어야 할 것이다. 만약 한국에서 이 길을 연다면 한국은 세계 철학사에서 인류의 미래를 이끌어 가는 철학을 제공한 셈이 된다.

화이트헤드는 철학적 논리전개에서 지금까지의 금물인 순환론에 빠지고 있다. 이것은 철학자로서의 그의 치명적 단점이면서도 빛나는 장점이기도 한다. 이것은 그가 서양철학의 한계를 넘어서는 노력이라고 볼 수 있다. 칸트가 대륙의 합리론과 영국의 경험론을 통합하여 서양의 근대철학의 완성자가 되었다면 화이트헤드는 서양의 '이성주의(理性主義)' 철학과 동양의 '순환주의(循環主義)' 철학을 통합한, 즉 불교철학과 과학철학을 동시에 바라볼 수 있는 지평을 마련한 철학자로 기억될 것임에 틀림없다.

세계는 바로 순환하고 있다. 그러나 인간의 명제는 언제나 직선을 고집하고 있다. 인류의 모든 철학적 명제는 그동안 그 직선의 하나씩을 담당하였던 것 같다. 그러나 순환하는 세계를 철학은 완전히 설명하지 못하고 있다. 아니, 이는 원천적으로 불가능한 것인지도 모른다. 철학은 영원한 객체로 인간의 밖에 있어서는 안 된다. 그래서 종교의 힘을 빌리지 않으면 안 된다. 종교는 또한 철학의 전 과정을 포섭하지 않으면 안된다. 철학은 직선운동에 의지하고 종교는 순환운동에 의지한 하나의 거대한, 인류가 이룩한 문화적 형태이다.

인간은 결국 항상 전체상과 부분상을 동시에 가지고 살아가는 동물인 셈이다. 이것을 인간종이 지구상에 태어날 때부터 가진 것으로 판명되고 부분상에서 출발하여 전체상에 도달하든, 전체상에서 출발하여 부분상에 도달하든 같은 것이다. 인간은 역시 상징적(象徵的) 동물이다. 전체상도 상징이고 부분상도 상징이다. 상징이 딱딱한 것이어도 상징이고 부드러운 것이어도 상징이다. 마치 돌이나 기름이 같은 물질인 것이나 마찬가지이다. 인간은 사물에 상징을 대입하며 살아가는 동물이다.

아마도 인류의 문명은 이제 전체상을 우선하는 문명이 있을 것이고 부분상을 우선하는 문명이 있는 것으로 분류되어야 할 것이다. 전체상을 우선하는 문명을 조합형이라고 하고 부분상을 우선하는 문명을 순열형이라고 할 수 있을 것이다. 예컨대 인도와 중국은 전체상을 우선한 문명이고 서양은 부분상을 우선한 문명일 것이다. 또한 인류의 신화는 전체상을 우선한 문명(문화)이고 현대 과학문명은 부분상을 우선한 문명일 것이다. 인도와 중국은 신화적 전통에 충실한 문명이고 서양은 어느 날부터 과학적 전통으로 이탈(진화, 변형)한 문명이다.

무의식은 음양적 이분법의 무질서한 세계(다원다층의 음양세계)로 되어 있는 반면 의식은 그 이분된 세계를 통일한 하나의 질서정연한 세계로 되어 있다. 그런 점에서 보면 음양적 이분법의 무의식의 세계가 보다 더 심층적인 세계이고 통일된 질서정연한 세계는 표층적인 세계에 불과하다. 의식의 세계는 언어의 세계이고 역사의 세계이고 이성의 세계이다. 무의식의 세계는 상징적인 세계이고 심성의 세계이고 감성의 세계이다.

서양은 전자를 우선하고 동양은 후자를 우선하는 문명이다. 서양은 이성의 세계로 구성요소의 질서정연한 배열인 순열을 우선하지만 동양은 감성의 세계로 구성요소의 수많은 조합을 우선한다. 순열은 수많은 조합 중의 하나에 불과하지만 조합은 보다 많은 순열의 가능성을 남겨두고 있다. 그런 점에서 서양은 언어적-역사적-집단적 억압과 이로부터 벗어나기 위한 창조적 이성의 전진을 최대의 덕목으로 삼지만 동양은 상징적-자연적-개인적 완성과 감성적 자족을 최대의 덕목으로 삼는다.

물론 여기에도 모순은 있다. 집단적 억압에 의해서 역사적으로 자유와 평등과 발전을 추구해 온 서양은 언제나 부족함에 시달리면서 항상 이성적 전진을 해야 하고 계급적(예: 인도)-계층적(예: 한자문화권) 위계구조에 시달린 동양은 개인적이고 감성적인 자족(해탈, 안심입명)을 달성했다.

서양은 철학(哲學), 동양은 도학(道學)

서양에 철학(哲學)이 있다면 동양에는 도학(道學)이 있다. 서양은 절대적 일(一)을 향하여 달려왔지만 동양은 이미 일(一)이 달성된, 일체(一切)를 일(一)로 인식했던 것이다. 서양이 초월적(超越的) 일을 추구하고, 동양은 내포적(內包的) 일을 추구했다. 철학은 남성성을 우선하고, 도학은 여성성을 우선한다.

서양은 밖으로 일(一)을 구했지만 동양은 안에서 일(一)을 발견했던 것이다. 이것은 다(多)나 중(衆), 그 자체를 일(一) 또는 일체(一切)로 인식했던 것이다. 이것이 중(中)인 것이다. 중(中)은 일(一)처럼 나아가지 않아도 완성되는 것이었다.

화이트헤드는 그래서 퇴계의 이발(理發)에는 미쳤지만(물론 서양의 과학문명 출신인 과학수학자인 화이트헤드와 동양의 윤리문명 출신인 절대도덕주의자인 퇴계가 처한 위상은 다르다) 원효의 일심(一心)에는 미치지 못한 철학자인 것 같다.

이것은 역설적이지만 그가 철학과학자이지 종교가가 아니라는 점을 말하는 것인지도 모른다. 종교는 결국 자기(自己)의 안에서 자신(自神)을 발견하고 깨닫는 일인지도 모르기 때문이다. 이에 비해 과학은 자기의 밖에서 변하지 않는 실체를 찾고 관찰하는 일인지도 모르기 때문이다. 여기에 화이트헤드의 묘(妙)함이 있는 것이다.

화이트헤드는 동양철학의 기(氣)에 해당하는 실재적 존재(actual entity)에서 출발하여 창조적 이성, 혹은 창조적 진화라는 일리(一理)에 머문 감이 있다. 만약 그가 기(氣)에서 출발하여 일기(一氣)에 도달하였다면 훨씬 훌륭하지 않았을까?

기운생멸의 세계에 태어난 인간은 특이하게도 생멸의 세계에서 변하지 않는 동일성을 찾고자 노력하는 존재였고, 그것으로부터 다른 동식물과 다른 생존방식과 수단을 얻어내긴 했지만, 동시에 그것에 매여서 인간 종 내부에서 권력경쟁을 하지 않으면 안 되는 운명을 타고난 '역사운명적' 존재였다.

그 동일성의 정체는 이성과 욕망이었고, 이 둘을 내려놓지(극복하지) 않는 한 인간은 권력경쟁, 힘의 경쟁의 굴레에서 빠져나올 수 없다. 동시에 세계평화를 달성할 수도 없다. 적어도 이성과 욕망을 적절하게 조절하지 못하면 인류는 언젠가 공멸하고 말 것이다. 만약 인류의 공멸이 생멸하는 자연의 일반적 결과라면 공멸을 어찌할 도리가 없을 것이다.

5) 신(新)세계평화론: '일반성의 철학'과 화평부동론(和平不同論)

원효의 '일심이문론(一心二門論)'은 그의 깨달음의 경지를 요약하는 철학으로 통용되고 있는 이론이다. '일심이문론'은 진여문(眞如門)과 생멸문(生滅門)으로 나뉜다. 진여문은 진체(眞諦)의 진리요, 생멸문은 속체(俗諦)의 진리를 말한다. 그런데 두 문은 실은 명목상(존재방식)으로는 구별되어 있지만, 내용에 있어서는 마찬가지이다.

진여문은 언어(개념)를 사용해야 하는 철학의 피할 수 없는 조건과도 같은 초월적인 측면을 가진 게 사실이다. 이는 또한 언어(language)가 본래적으로 가진 메타-언어적(meta-language)인 측면과도 관련이 된다. 그렇다면 '진여문' 없이 '생멸문'만으로 세계를 설명할 수는 없는 것일까.

원효의 일심이문을 현대철학으로 보면 진여문은 존재론에 해당하고, 생멸문(생사문)은 현상학에 속한다. 일심이문(一心二門)의 이문(二門)은 진여문이든 생멸문이든 모두 초월적인 성격을 내재하고 있다. 진여문은 초월의 초월을 거쳐 결국 존재 자체(본래존재)로 돌아온 '존재론적 초월'인 반면, 생멸문은 현상학적인 출발로서의 '현상학적인 초월'이라고 말할 수 있다.

자연(자연의 기운생동)에 대해 언어를 덧씌우는 것 자체, 언어를 입히는 것 자체가 이미 언어적 빙의(憑依)로서 초월적인 행위라고 말할 수 있다. 이것은 이미 현상학적인 언어놀음이라고 말할 수 있다. 생멸을 하나의 연동적(連動的)·역동적 운동으로 보고, 하나의 세계라고 보아야 초월적 사고를 벗어날 수 있다. 다시 말하면 생멸문의 생멸(生滅)이 생사(生死)가 아닌 기운생멸(氣運生滅)로 보면 초월적 성격을 벗어나서 일반성으로 돌아올 수 있다.

세계를 '존재(being)'로 보는 것은 이미 세계를 명사화하는 것이고, 처음부터 질서(cosmos)의 시공간적 입장(立場)에서 보는 것인 반면, 세계를 '생성(becoming)'으로 보는 것은 세계를 동사적으로(더 정확하게는 역동적으로) 보는 것이고, 혼돈(chaos, 混沌, 混元一氣)의 역동적 장(場)에서 순간적인 질서로 나아가는 것으로 보는 것이다.

이때의 질서라는 것은 순간적인 특이점에 불과한 것이다. 인간의 탄생 자체가 바로 그러한 특이점의 순간에 속한다고 말할 수 있다. 특이점이라는 것은 시공간적 한계 속에서 일어나는 매우 제한적인 진리현상(진여현상)이라고 말할 수 있다. 본래세계는 기운생동(기운생멸)의 혼돈의 세계이다.

being의 세계 (시공간적 立場)	질서의 세계 (cosmos 세계)	질서에서 질서로 (인간의 탄생도 특이점)	진리진여현상 (시공간적 한계)
becoming의 세계 (역동적 場)	혼돈의 세계 (chaos 세계)	혼돈에서 혼돈으로 (순간적인 특이점의 질서)	혼돈의 혼원일기 (시공간이 없음)

필자의 일반성의 철학을 기준으로 보면, 원효의 일심(一心)만이 바로 일반성이다. 물론 일심(一心)을 거론하였으니까, 일반성의 철학의 심물일체론(心物一體論)에 의해서 일물(一物)도 일반성이다. 본래 심물(心物)이 따로 없다. 일심(마음)일물(몸)은 '마음=몸'이고, 즉 한글의 옛글자로 '몸'이다.

이 세계에 있는 모든 것, 즉 만물은 본래 있는 '본래존재'이지, 인간이 만든(창조한) 것은 없다. 말하자면 제법무아(諸法無我)이다. 또 제법무아이기 때문에 저절로 제행무상(諸行無常)이다. 여기에 어떤 보편성(보편적 진리진여)을 주장하는 것은 이미 본래존재를 인간이 구성(재구성)한 것이다.

진리라고 주장하는 자체가 이미 존재(본래존재)를 지배하기 위한 언어놀이이며, 동일성을 추구하는 것이며, 존재하는 것, 즉 존재자이다. 진리는 자연이 아니다. 문자식은 말할 것도 없이 존재자이다. 진리진여는 제한된 시공간(역사적·사회적 시공간) 속에서 실체(實體)로서의 이치(理致, 理)와 동일성을 찾은 것이다.

진리진여는 혼원일기(混元一氣)로서의 자연적 존재, 본래존재가 아니다. 자연의 전체는 은유로 말할 수밖에 없다. 만약 자연적 전체를 은유로 말하지 않는다면 절대의 세계, 뉴턴물리학의 세계가 될 수밖에 없다.

진여문	존재론	보편성	초월성	보편성(동일성)
생멸문(생사문)	현상학	주체-대상	초월성	이원대립성
기운생멸(氣運生滅)	일반성의 철학	일반성	일반성	본래존재(混元一氣)

원효가 생존한 통일신라 전후는 아직 기(氣)라는 개념이 활성화되지 않았다. 그래서 원효는 일심(一心)과 진여와 생멸의 개념을 통해 세계를 설명해야 했으며, 화엄경(華嚴經)에 등장하는 '이사(理事)'의 개념이 있긴 했지만 이때의 '이(理)'라는 개념도 '기(氣)'와의 대립개념으로 사용되지 않았다. 화엄경의 사사무애(事事無碍)의 사(事)의 개념은 고정불변의 실체인 '사물(事物)'의 개념이라기보다는 기운생동하는 사건(事件)의 개념으로서 '사건(事件)=기(氣)'의 개념에 해당하지만 말이다.

오늘날은 성리학(性理學)의 시대를 넘어 과학시대의 한복판에 들어섰다. 과학시대로 인해서 오늘날 기(氣)는 흔히 에너지(energy)로 번역되기에 이르렀지만 엄밀하게 말하면 '기'는 '에너지'가 아니다. 만약 '기=에너지'라면 '에너지=물질(질량)'이기 때문에 결국 '기=물질'이 되어버려서 결국 '기'를 유물론적으로 해석하기에 이른다. 기는 물질이 아니다.

동양철학의 심즉기(心卽氣)의 기(氣)는 물질(物質)이 아니라 물(物)이다. 물질이 물이 아니라면 심즉물(心卽物)이라고 해도 무방하다. 정신과 물질의 대립개념은 현상학적인 차원의 논의이다. '심즉기'이든, '심즉물'이든 존재론적인 차원의 논의이다. 여기에 이르면 심즉물(心卽物), 물즉심(物卽心)이다. '심(心)-물(物)'의 짝은 '정신-물질'의 짝과는 다른, 다시 말하면 현상학적 대립과 다른, 존재론적인 차원의 해석이며, 심물일원론의 차원에 이르렀음을 말한다. 따라서 '심(心)=물(物)=기(氣)'이라는 등식에 이르게 된다.

기운생동이나 기운생멸은 같은 의미이다. 기(氣)는 본래 생멸하는 것이다. 기의 생멸(生滅)은 현상학적인 대립으로서 생(生)과 멸(滅)이 따로 있는 것이 아니라 존재론적으로 동시에 있음을 의미한다. 생멸은 역동적인 우주의 존재방식인 것이다. 생멸은 삶이고, 진리진여는 앎이다. 앎은 어떤 대상이나, 대상으로 설정한 것에 대한 이해일 뿐이다. 앎은 대상 그 자체가 아니다. 대상이 아닌 물자체만이 삶이다. 앎이 삶이 될 수는 없다.

만약 철학이 '앎(지식)의 철학'이 아니라 '삶(지혜)의 철학'을 지향한다면, 오늘에 이르러 굳이 원효의 진여문이 생멸문과 별도로 존재할 필요가 있느냐 하는 의문에 이르게 된다. 생멸문, 즉 기의 생멸문만으로 존재(본래존재)를 설명할 수 있게 되고, 진여문은 단지 생멸문을 철학적 습관과 타성에 따라 초월적인 언어, 즉 메타언어로 표현한 것에 지나지 않는다는 결론에 도달하게 된다.

기운생멸이라는 존재적 진리는 그것을 깨닫거나 깨닫지 않거나 존재한다. 그런데 굳이 그 깨달음을 대상으로 진리 혹은 진여라고 명명하는 것 자체가 그것을 초월적으로 보여주고자 하는 것이며, 존재적 진리를 소유한 것처럼 현상으로서 드러내고자 하는 것이다.

이는 마치 절대물리학과 상대성원리가 정반대의 세계인 것처럼 생각하지만 실은 '절대-상대'라는 하나의 현상학적인 세트로서, 아인슈타인의 상대성원리인 'E=mc²'조차 물질과 에너지가 서로 호환되는 물리적 현상의 세계이다. '절대-상대'라는 '현상의 세계'의 근거(탈근거의 근거)가 되는 세계가 '존재의 세계'인 것이다. 진정한 본래존재인 기운생멸은 굳이 진리나 진여라고 말할 필요도 없는 세계이다.

말하자면 진리나 진여의 세계에 대한 논의도 현상학적인 세계와 존재론적인 세계를 구분할 필요가 있는 것이다. 진리나 진여, 그리고 깨달음을 주장하는 것은 현상학적인 세계이다. 무아자연(無我自然)의 세계는 자각(自覺)과 무각(無覺)의 구분도 필요도 없는 세계이다. 본래존재는 기운생멸 하는 현존일 뿐이다. 그래서 진리진여는 없고, 오직 생멸문(기운생멸)만이 있는 것이다. 기운생멸에 어떤 개념이나 언어를 덧씌우는 것 자체가 이미 초월이다.

진여(眞如)이나 진리(眞理)라는 말은 '현존(現存, presence)'을 시각적으로 대상화하여 현상(現象, phenomena)으로 보는 것에 따른 '대상으로서의 한계(제한)'를 넘어서기 위해 '주체의 초월성'을 설정할 필요가 있음으로 해서 단지 초월적 언어로서 가상실재에 이르게 된다.

서양의 현상학은 극단적으로 자기조차 대상화함으로써 '주체(주인)−대상(노예)'의 지평에서 초월적인 경향을 나타낸다. 현상학의 주체화와 객체화는 동시에 이루어진다. 이는 인간을 만물의 주인인 것처럼 여기거나 혹은 신의 종인 것처럼 여기는 사고방식에서 유래한다. 하이데거는 "인간이 '존재자의 주인(Herr des Seienden)' 되도록 철학사상이 그 기반을 서양사상사에서 강화시켜 나갔다."[21]고 설명한다.

"중세의 신중심주의와 근세의 인간중심주의는 중심 개념을 달리하지만 핵심적 사유의 본질에서는 신중심과 인간중심이 다 같은 인격중심의 논리라는 것이다. 신은 다만 유한한 인격이 아닌 영원한 인격으로 표상된 점에서 농도의 차이만 있을 뿐이라는 것이다. 신이 우주를 창조했다는 사상은 인간이 세상의 모든 물건을 만들 수 있는 자격을 갖추었다는 것과 다르지 않다. 여기서 중세의 창조론은 근세의 제조론으로 미끄러진다. 그러므로 중세적인 신학사상의 세속화가 근세의 과학기술사상이라고 볼 수 있다."[22]

현상학의 초월성에 비해 존재론은 남조차 자기화하는 내재성의 경향을 나타낸다. 존재론이 '심(心)=물(物)=기(氣)=내재성'의 세계와 동일한 것으로 본다면 '정신(精神)=물질(物質)=이(理)=초월성'의 세계와 대칭된다고 볼 수 있다. 더 정확하게는 대칭이라기보다는 전자는 후자의 탈근거의

----

21 김형효,『원효의 대승철학』, 소나무, 2006, 17~18쪽 재인용.
22 김형효, 같은 책, 18쪽.

근거가 된다. 기(氣)는 이(理)의 탈근거의 근거이다. 말하자면 '기'와 '이'는 현상학적인 지평의 대립이 아니라 존재론적 관계에 있다.

기일원론(氣一元論)의 입장에서 보면 진여나 진리라고 하는 것이 발생하는 지평은 모두 현상학적인 차원의 일이며, 모두 '신-인간중심'의 결과라고 여겨진다. 물론 부처와 신의 뜻이 다르고, 진여라는 말 속에는 진리와 다른 뜻도 포함되어 있지만, 어떤 초월적인(초탈적인) 존재를 상상하는 것에서는 예외가 될 수 없다.

따라서 생멸을 현상학적으로 보지 않고, 기운생멸의 존재론으로 본다면 생멸이야말로 우주의 진여가 아니고 무엇인가. 그래서 별도로 진여론이 필요 없지 않은가? 하는 것이 필자의 생각이다.

이상의 논의를 정리하면 생멸을 '실체가 있는 것'의 생사의 의미로 사용했다면, 생멸론을 기초로 한 진여론은 일종의 초월론(보편론, 절대론)의 혐의를 벗어할 수 없으며, 동시에 생멸을 '실체가 없는 것'의 생성하는 의미로, 즉 기운생멸의 의미로 사용했다면 별도로 진여론은 필요치 않다. 따라서 원효의 일심이문론은 다분히 생멸(생사)론의 의미로 사용한 '현상학적 차원'의 논의이다.

이에 비해 원효의 화쟁론은 현상학적인 차원의 '십문(十門)의 대립론'을 화해(和解)시킴으로써 존재의 진면목인 자연의 세계에 도달한 것이다. 화쟁론의 세계는 재래의 천부경(天符經)의 무시무종(無始無終)의 세계에 도달한 것으로 해석됨으로써 '존재론적 차원'의 논의라고 볼 수 있다.

일심이문론 (一心二門論)	현상학적 차원 시공간이 있음 현상학적 존재	존재의 존재자 (존재→존재자)	생멸(생사)론 실체(동일성)가 있음 현상학적 존재론	有始有終 自我의 세계 個體의 세계
십문화쟁론 (十門和諍論)	존재론적 차원 시공간이 없음 존재론적 존재	존재자의 존재 (존재자→존재)	기운생멸-자연론 실체(동일성)가 없음 존재론적 현상학	無始無終 無我의 세계 天符經 세계

"생멸하지 않는 게 어디에 있는가. 진여는 단지 인간이 설정한 가상에 지나지 않는다."

진여나 진리는 생멸하는 만물 가운데서 인간이라는 특이한 생물종이 시간과 공간의 틀에서 존재의미를 찾기 위해 자신의 입장에서 역사·사회적으로, 혹은 물리적으로 삶과 사물에 가치와 의미를 부여한(해석한) 가상실재에 지나지 않는다고 말할 수 있다. 말하자면 매우 인간적인, '인간중심적인 사건'인 것이다.

말하자면 동식물들은 인간과 같이 생멸하는 존재이지만 진여나 진리를 찾지는 않는다. 다시 말하면 진여나 진리는 인간존재의 특이점인 것이다. 지금까지 인간이 제시한 보편성이라는 것은 인간의 특이점이면서 동시에 저마다 자신들이 살고 있는 시공간적 한계 속에서 주장한 지배논리, 혹은 정체성 확인 작업에 지나지 않음을 알 수 있다.

결론적으로 말하자면 기일원론(氣一元論), 혼원일기(混元一氣)의 입장에서 보면, 원효의 진여론은 현상학적으로는 존재 이유가 있지만 존재론적으로는 불필요하며, 진여론에 잠재하고 있는 초월론적인 요소를 제거하기 위해 진여론의 무의미함을 지적하고 싶다.

인간이 만든 모든 초월론, 즉 동서고금의 초월론은 모두 세계를 현상(대상)으로 보는 것에 따라 설정된 가상실재이기 때문에 '현존=존재=기(氣)=생멸'이라는 관점에서 보면 진여와 진리는 불필요하다고 생각한다. 세계(우주)는 진여나 진리를 위해 생성되지 않았다. 세계는 지금도 생멸하고 있을 뿐이다.

서양철학의 장소(topos)와 형상(eidos)의 전통, 다시 말하면 테두리(한계)를 짓는 전통은 오늘날 과학시대에 이르러 시공간으로 자리 잡게 되었다. 역설적으로 과학시대에 이르러 서양철학의 전통은 처음부터 실체(동일성)를 추구하는 철학적 전통이었음을 확실히 알게 된다.

과연 고정불변의 실체가 우주에 있을까. 서양 철학사에서 파르메니데스는 헤라클레이토스를 이겼지만 이들의 대립은 오늘도 이어지고 있다. 더구나 기운생멸의 관점에서 보면 자연은 자연과학이 바라보는 물리적 우주가 아니라 그냥 생멸해온 자연, 실체가 없는 자연일 뿐이다. 자연에는 우주가 없다. 우주는 시공간을 설정한 인간이 바라보는 자연(자연과학의 세계)일 뿐이다.

화평부동론(和平不同論): 과학시대를 극복할 철학

그렇다면 필자의 일반성의 철학이 바라보는 세계는 어떠한 세계일까? 보편성의 진리보다는 일반적인 존재, 즉 존재일반을 주장하는, 고정불변의 실체를 부정하는 필자의 세계는 어떤 모습일까? 화평부동론(和平不同論)의 세계이다. 〈화평부동론〉은 원효의 〈화쟁론(和諍論)〉을 시대에 맞게 현대적으로 재해석하여 확대재생산한 이론이다. 즉 불교의 불일이불이(不一而不二)의 정신에 유교의 화이부동(和而不同)의 정신, 그리고 여기에 현대의 자유와 평등(平等)이론을 접목시킨 융합이론이다.

원효의 화쟁론이 신라의 삼국통일의 사상적 뒷받침이 된 것은 이미 주지의 사실이다. 화쟁론은 삼국통일의 달성과정에서도 삼국의 백성들을 하나로 만드는 데에 결정적인 역할을 하였지만 삼국통일 이후에도 통일신라의 정체성을 확립하는 데에 큰 이바지를 하였다. 국가의 통일에는 반드시 그것을 뒷받침하는 사상과 철학이 필요한 것이다.

그러나 화쟁론을 오늘날 분단된 남북의 통일을 뒷받침하는 통일철학으로 삼기에는 부족하다. 왜냐하면 화쟁론은 근대 과학문명시대를 거치지 않은 시대의 사상이기 때문에 사람들을 설득하는 데에 한계를 지닐 수밖에 없다. 과학은 인류문명의 미증유의 큰 분기점이며, 과학 이전과 이후의 문지방(threshold)이기 때문이다.

과학시대에는 〈화쟁론〉보다는 〈화평부동론〉이 시대정신에 어울리는 개념이 될 것이다. 오늘날 평화는 평등의 실현을 전제하지 않으면 안 된다. 그러나 평등은 동일성을 의미하는 평등이 아니다. 이는 자유가 동일성을 의미하지 않는 것과 같다. 동일성의 실체적 자유와 평등을 무한대로 추구하는 이성과 욕망의 서양문명으로서는 인류의 평화를 달성할 수 없다.

화평부동론은 종합적으로 화(和)와 평(平)을 지향하면서도 산술적 평등을 배제하는 이론으로서, 결국 후기근대철학의 특징인 만물의 차이성을 존중하고 포괄하는 부동(不同)을 주장하는 이론이다. 쟁(諍)을 화(和)하는 화쟁론은 중도(中道)나 중론(中論)처럼 현상학적인 차원의 걸침(겹침, 포갬)의 혐의가 있다. 이에 비해 화평부동론은 순전히 존재론적인 차원이다. 존재는 본래 부동(不同)이기 때문에 화(和)할 것도 없다.

앞 장에서도 말했지만 평(平)을 먼저 이루려고 하면 화(和)를 이룰 수 없기 때문에 화(和)를 구현하면서 점진적으로 평(平)을 이루어가는 순서와 방법을 택했으며, 그러면서도 본래존재로서의 부동(不同)을 체득하고 심신일체·만물일체의 경지에 도달하는 것이 화평(和平)이다. 평등을 실현한다고 해서 모두가 산술적 평균을 추구할 수 없다. 말하자면 평등도 차이를 존중하는 가운데 평등을 실현한다는 뜻이 내재되어 있어야 한다.

화평부동론을 달성하기 위해서는 사회적 노력은 물론이지만 개인적 성찰과 수련도 반드시 수반되어야 한다. 말하자면 개인의 수양이 뒤따르지 않으면 결코 달성할 수 없는 것이 화평부동론이다. 결국 필자가 주장하는 만물만신(萬物萬神)의 경지, 만물생명(萬物生命)의 경지에 도달하지 않으면 결코 달성할 수 없는 것이 화평부동론이다. 만물만신, 만물생명사상은 종국에는 기일원론(氣一元論), 혼원일기(混元一氣)의 철학으로 귀환하는 것이다.

"삼라만상이 오로지 생명체만을 뜻하는 것도 아니다. 거대한 바위의 존재방식도 이미 우주적 욕망의 기(氣)의 그물망에서 벗어나지 않는다. 조그만 무생물도 이미 그 자체의 기(氣)를 함의하고 있고, 기(氣)를 지닌 한에서 어떤 마음의 욕망을 은근히 표현하고 있다고 봐야 하겠다. 독일의 라이프니츠(Leibniz)는 무생물을 생물과 완전히 차단시키는 것을 반대하면서, 무생물을 잠자고 있는 단자(單子, Monad)라고 불렀다. 무생물은 지각이 없는 것이 아니라, 지각이 잠자고 있을 뿐이라는 것이다. 인왕산 정상에는 거대한 바위가 솟아있다. 그냥 인연에 의하여 그것이 거기에 있다. 그러나 그 거암(巨巖)의 존재는 많은 기(氣) 작용을 주위에 발산하고 있다. 그 거암의 존재도 우주적 일심(一心)의 한 가족에 귀속한다. (중략) 모든 것이 마치 우주적인 한 마음의 공명체계에 다름 아닌 것 같다."[23]

생명과 무생명의 구분은 무의미한 것인지도 모른다. 생명과 무생명을 나누는 자체가 이미 세계에서 변하지 않는 실체를 가정한 인간의 분류법인지도 모른다. 변하지 않는 실체가 있다고 가정하기에 질서가 존재하는 것이지, 본래 우주에 질서가 있는 것은 아닌지도 모른다.

변하지 않는 실체와 질서란 인간이라는 존재가 세계를 바라보는 특이점인지도 모른다. 선형적(線型的)이고 평형적(平衡的)인 세계를 가정하고 그것을 중심으로 우주를 바라보는 자체가 이미 매우 인간적인 행위이다. 복잡계(複雜系) 이론은 이를 예언적으로 보여주고 있다.

카오스이론에 전기를 마련한 벨기에의 물리화학자인 일리아 프리고

----

[23] 김형효, 같은 책, 33쪽.

진은 '복잡계 이론'을 창시하고 생명현상은 바로 복잡계라고 주장했다.

"프리고진(llya Prigogine)은 비평형상태에서 일어나는 비가역적(非可逆
的 irreversible)·비선형적 변화를 수학적으로 설명한 복잡성의 과학을 체
계화하고 부분적으로 논의되던 카오스 이론을 통합, 복잡계이론(complex
system theory)을 창시함으로써 카오스이론은 1970년대 후반부터 활발하
게 논의되기 시작했다."[24]

프리고진은 나아가서 모든 생명체가 근본적으로 복잡계임을 밝혔다.

"모든 생명체는 근본적으로 복잡계이고 인간사회의 제 현상 또한 복
잡계의 현상이며 더욱이 21세기는 물리학에서 생명과학으로의 패러다
임 전환이 예상되고 있는 만큼 생명의 복잡성에 대한 연구는 가속화될
전망이다. 인간의 정신현상도 복잡계 의학으로 그 실체가 드러나고 있
다. 정신현상은 '신체의 각 부분과 뇌의 각 부분이 연결된 극히 복잡한
구조가 만들어내는 복합계의 위상 전환(phase transition 창발현상)의 결과인
것으로 나타난다. 이러한 위상 전환이 이루어지는 카오스의 가장자리
(edge of chaos), 다시 말해서 질서와 혼돈의 경계는 새로운 창조가 일어나
는 임계점(臨界點 critical point)인 것이다. 생명 또한 카오스의 가장자리에
서 생겨난다."[25]

인간이 생각하는 질서야말로 무질서에서 인간이 순간적으로 우연히
바라본 우주적 환상에 지나지 않을 지도 모른다.

"그(프리고진)에 따르면 자연계에서는 비가역적(非可逆的 irreversible)·
비선형적(非線型的 non-linear) 변화가 일어나는 비평형상태가 오히려 일
반적이라는 것이다. 뉴턴역학의 주된 연구 대상이었던 가역적(可逆的

----

24 최민자, 『생태정치학』, 도서출판 모시는 사람들, 2007, 367쪽.
25 최민자, 같은 책, 370쪽.

reversible)인 선형계(線型系 linear system)는 주로 정량적(定量的 quantitative)인 방법에 의해 구성요소들을 분석하여 그 특징을 파악하면 전체 행동을 예측할 수 있었다. 그러나 복잡계에서 일어나는 변화는 분기(bifurcation)와 같은 현상 때문에 비가역적인 것이 특징인데 바로 이 비가역성(irreversible)이 혼돈으로부터 질서를 가져오는 메커니즘이라는 것이다."[26]

생명계는 선형적인 세계가 아니며, 심하게 말하면 논리적인 세계가 아니며 그 생명계의 일부를 인간이 논리적으로 설명하고 있을 따름인지도 모른다.

"에너지 보존과 엔트로피 증가의 법칙을 바탕으로 한 종래의 평형열역학에서는 아무런 변화가 없는 '있음(being)'의 상태가 일반적이고 '됨(becoming)'의 과정은 예외적 현상으로 여겨진 데 비해, 프리고진은 비평형 열역학을 통해 '됨'의 과정이 일반적이고 '있음'의 상태는 오히려 예외적 현상인 것으로 인식했다. (중략) '있음'의 불변적 상태보다 '됨'의 가변적 과정을 일반적인 것으로 인식한 그의 과학적 세계관은 실재(reality)를 변화의 과정 그 자체로 본 화이트헤드(Alfred North Whitehead)의 과정철학(precess philosophy 또는 philosophy of organism)과 같은 맥락 속에 있다. 과정철학을 체계화한 그의 저서 『과정과 실재(Process and Reality)』에서 기존 철학의 실체 기념을 대치하는 화이트헤드의 '현실적 존재(actual entity)'는 과정인 동시에 유기체인 것으로 나타난다."[27]

이상에서 볼 때 결국 우주는 생성(becoming, 됨)의 과정인데 그 과정의 부분을 인간이 시각적 환상에 의해서 불변의 존재(being, 있음)로 인식하고 있을 따름이다. 질서란 무질서의 가장자리에서 일어나는 현상을 인

----

26 최민자, 같은 책, 374쪽.
27 최민자, 같은 책, 375쪽.

간이 질서로 인식하고 있을 따름이다. 만물은 그것 자체가 생명이고, 그것 자체가 생명이니까 저절로 만물은 만신이 된다. 말하자면 인간이 파악하는 고정불변의 실체(reality)는 실재, 즉 본래존재가 아니다.

어쩌면 프리고진의 복잡계조차도 아직 진정한 본래적 우주에 도달하지 못한 인간적인 설명인지도 모른다. 아직도 합리적으로 설명하고자 하는 의지(권력에의 의지)가 포함된 것일 수도 있기 때문이다. 선형적으로 설명하는 것은 그것의 정도가 강하든 약하든 결국 변하지 않는 어떤 실체를 가정하는 것이고, 그것을 가정하기 때문에 시간을 벗어날 수 없다.

인간의 사고는 대상(현상)을 설정하기 때문에 결국 어떤 경우에라도 대상을 초월하는 '초월철학'을 벗어날 수 없다. 시공간을 초월하는 것도 시공간을 전제한 뒤에 일어나는 마찬가지의 초월철학이다. 마찬가지로 비선형적 세계를 말하는 것도 이미 선형적 세계를 전제하고, 그것을 중심으로 해서 전개하는 초월철학이다.

초월철학이 가장 극단적인 모순의 형태로 드러난 것이 바로 니체의 초인(超人, superman)사상이다. 초인사상은 어린이 혹은 시인으로 돌아가는 사상이면서 동시에 '힘의 상승증대' 철학이기 때문에 모순에 빠지게 된다. 어린이(시인)야말로 힘이 없기 때문에 어린이가 아닌가?

기독교가 천지창조와 종말구원을 제시한 이래 힘을 증대시켜온 서양 기독교와 서양철학과 서양과학이 20~21세기에 이른 시점에서 '종말사상(終末思想)'의 의미는 인간이 스스로의 힘에 의해 스스로 공멸할지도 모른다는 명제에 대한 자기(自己)예언일 가능성을 높여주고 있다.

힘의 증대는 언젠가는 종말로 이어질 것이기에 이에 대한 집단적 불안감과 그 불안에서 벗어나기 위해 인간은 동시에 구원사상(救援思想)을 자기 안전장치로, 자기 알리바이로서 만들어놓았는지도 모른다. '천지', '창조', '종말', '구원' 이 네 개념을 검토해보면, 결국 인간이 알 수 없는 존재의 세계를 현상의 세계로 환원하여 대처한 것임을 알 수 있다.

현상의 세계	설명할 수 있는 세계	천지창조의 세계	종말구원	실체가 있음
존재의 세계	알 수 없는 세계	무시무종의 세계	혼원일기	실체가 없음

　변하지 않는 실체(개체, 중심, 주권적 개인)에 대한 가정이 힘을 낳고, 그 힘이 인간의 권력을 낳은 것이라면 니체의 '힘(권력)에의 의지'는 참으로 힘을 사랑하는 인간의 매우 인간적인 고백이라고 하지 않을 수 없다. 힘을 사랑한 인간은 결국 힘으로 망할 것인가! 복잡계는 그 힘에 대한 인간이성의 마지막 미련인지도 모른다.

　동양의 기(氣)철학은 그래서 필요한 것이다. 현대의 최첨단의 기(氣)철학은 원시의 물활론(物活論)으로 돌아가고 있는 셈이다. 현대의 이용과학기술의 철학이 '정신(精神)=물질(物質)'의 현상학적인 차원이라면 '신(神)=물(物)=물 자체'의 신물일체(神物一體)는 존재론적 차원이다. '심(心)=물(物)'의 심물일체(心物一體)의 사상이야말로 '생성적 일원론'으로 귀속하고 있다.

　심물일체의 체(體)는 물론 불교의 본체(本體)을 의미한다. 심물일체는 심물합일(心物合一)과는 다르다. 왜냐하면 심물합일의 합일(合一)은 인위적으로 무엇을 통일(통합)한다는 현상학적인 의미이기 때문이다. 그렇지만 역사적으로는 그러한 통일 노력을 하지 않을 수 없는 것이 인간의 조건이다.

　인간이라는 존재는 생성의 세계에 태어나서 생멸의 대법칙을 벗어날 수는 없지만, 그 속에서 최선을 다해서 자기를 중심으로 선형적 세계를 구축한 동물이다. 그러나 그 선형적 세계는 비선형적 세계의 가장자리에서 일어나는 인간적 인지(인식)의 특이현상으로, 인간적 환상(판타지)에 불과한 환(幻)이었던 것이다. 어쩌면 생각이 초월이 아니라 그 생각을 초월하는 깨달음이라는 것도 역시 환(幻)일 수밖에 없는 것인지도 모른다.

인간은 생성의 세계, 즉 실재의 세계에서 가상실재인 실체를 만들어서 삶의 필요에 충당하며 살아온 존재일 가능성이 높다. 필자는 일찍이 '역동적 장의 개폐이론(DSCO: Dynamic Space Close & Open)'을 주장하면서 생성은 개(開)상태이고, 존재는 폐(閉)상태임을 밝힌 바 있다.[28]

진리진여는 말하면 이미 진리진여가 아니기 때문에 원효의 일심이문론(一心二門論)은 일심일문론(一心一門論), 즉 생멸문(生滅門)만 있는 것으로 바뀌어야 한다.

우주는 항상 열려져 있는 '개(開)상태'인데 인간이라는 생물종이 폐(閉)상태—이것을 지각(知覺)과정이라고 한다—를 잡고서(의식하고 인식한 뒤에) 그것을 '존재'라고 명명한 것일지도 모른다. 그렇게 되면 인간이라는 존재 자체가 바로 우주의 특이점(特異點)에 불과한 것이 되는 셈이다. 결국 인간은 자신의 시각적 환상으로 잡은 것을 우주라고 생각하고 있는 특이한 동물일 따름이다.

이러한 해석학을 기초로 동양의 전통적인 사상인 원효의 화쟁론과 유교의 화이부동론을 시대정신이나 시대적 요구에 맞게 새롭게 재해석하고 변형시킨 것이 화평부동론(和平不同論)이다.

다시 말하면 화평부동론은 현대의 평등(平等)의 개념과 화쟁론과 불교의 반야심경의 사상인 '무상정등각(無上正等覺)과 무상주(無上呪)의 무상(無上)'과 '무등등주(無等等呪)의 무등등(無等等)'의 개념을 내재한 것임은 물론이다. 화평부동의 대우주야말로 평화(平和)의 세계요, 대동(大同)의 세계이다.

----

28 박정진, 『한국문화와 예술인류학』, 미래문화사, 1990, 94~108쪽 참조.

화평부동사상은 오늘날 시대정신으로서의 평화통일철학으로 자리매김 되어야 할 뿐만 아니라 인류의 미래의 철학과 사상이 되어야 할 것이다. 화평부동을 이룰 때에 인류는 항구적인 평화에 도달할 것이다. 화평부동의 세계는 일반성의 철학이 최종적으로 추구하는 세계이다.

가부장의 '남성중심—힘의 증대'를 추구하는 기독교가 주도하고 있는 현대문명을 '여성중심—생멸의 진여'를 추구하는 불교가 주도하는 세계로 바꾸어야 인류의 평화를 달성할 수 있다. 말하자면 불교와 기독교의 융합과 통섭이 절실한 것이 오늘날이다. 동양의 주역에서 시대정신을 이해하는 괘(卦)를 살펴보자.

주역에서 지천(地天)시대는 '통할 태(泰)괘'이다. 땅이 하늘의 위에 있고, 여자가 남자의 위에 있는 것이 바로 세계가 회통하는 시대임을 상징하고 있는 것이다. 그 반대는 천지(天地)가 막히는 '막힐 비(否)괘'이다. 하늘이 땅의 위에 있고, 남자가 여자의 위에 있는 괘이다. 말하자면 하늘과 남성이 군림하는 괘이다.

말하자면 힘을 과시하고 지배하고 패권을 경쟁하는 인류의 문명시대는 권력의 시대이고, '천지의 시대'이다. 이와 반대로 평화의 시대는 '지천의 시대'가 되는 셈이다.

살아가는 기쁨

박찬선 지음 / 값 15,000원

책 『살아가는 기쁨』은 우리 삶이 경이로움 그 자체임을 편하고 따뜻한 문장들을 통해 전한다. 저자 박찬선 목사는 현재 안산에서 안디옥교회를 섬기며 독서 세미나 강사로 활동하고 있다. 늘 너른 마음으로 신의 뜻을 사람들에게 전해 온 만큼, 한없이 따뜻한 시선으로 아름다운 일상과 그 풍경들을 포착하여 글로 풀어낸다.

내 인생에 부치는 편지

문금용 지음 / 값 15,000원

책 『문금용 회고록 – 내 인생에 부치는 편지』는 그 위대한 국민들 중 하나였던 저자가 팔십여 년 평생의 인생역정을 감동적으로 그려낸 작품이다. 왜 우리 민족의 정서가 한이 되었는지 절감할 수 있을 만큼 힘겨운 시기를 보냈던 우리 선조들의 삶은 그 자체만으로 가슴을 뭉클하게 만든다.

우리가 살아가는 하루하루가 기적이다

이승희 지음 / 값 15,000원

책 『우리가 살아가는 하루하루가 기적이다』는 2003년 국내에 들어온 한 새터민의 목숨을 건 탈북기와 대한민국에서의 새 삶에 관한 글이 담겨 있다. 여타 탈북 관련 책보다 생생하게 '참담한 북한의 현실과 탈북기'을 그려내고 있으며, 그 과정에서 가족을 잃은 저자의 사연은 보는 이의 마음을 시리게 만든다.

7인 엄마의 병영일기

김용옥, 김혜옥, 류자, 백경숙, 조우옥, 최정애, 황원숙 지음 /
값 15,000원

책 『7인 엄마의 병영일기』는 소중한 아들을 군에 보낸 어머니들의 마음으로부터 시작된다. 저자인 7명의 어머니들은 아들을 군에 보낸 후 '군인'에 대해 그리고 군인이 하는 일에 대해 다시 한번 깊이 생각하게 된다. 또한 생각에 그치지 않고 군인들이 하는 일을 직접 체험하며 나라를 지키는 일이 얼마나 위대한지에 대해 가슴 깊이 깨닫는다. 이 책은 군에 대한 일반인들의 잘못된 고정관념을 타파하는 것은 물론, 수십 만 국군 장병들에게 뜨거운 응원의 함성으로 전달될 것이다.

열남
김옥열 지음 / 값 15,000원

책 『열남』은 45년 전 월남전에 참전했던 저자가 당시의 치열한 전쟁 상황에서도 기록으로 남긴 육필 자료를 바탕으로 한 실화이며, 전쟁터 속에 느끼는 회한과 감정을 생생하게 그려낸 작품이다. 비장한 각오와 굳건한 의지에 몸을 맡긴 채 타국의 전쟁에 참전한 한 청년의 뜨거운 육성은 가슴 깊이 울림을 전한다.

이것이 인성이다
최익용 지음 / 값 25,000원

저자는 오랜 시간 젊은이들과 함께 호흡하며 지낸 만큼 '대한민국의 미래를 짊어진 청년들에게 가장 필요한 것은 무엇일까?'에 대해 늘 고민했다. 그리고 "인성(人性)이 무너지면 나라의 미래는 없다"라는 결론 아래 '인성교육학-이것이 인성이다' 원고의 집필을 시작했으며 각고의 노력 끝에 마침내 '한국형 인성교육해법'을 제시하였다. 특히 이번 책은 평생의 경력과 연구결과를 집대성한 작품으로 21세기 대한민국 인성교육서의 새로운 지평을 열어줄 것으로 기대한다.

우리는 행복할 수 있을까
서덕주 지음 / 값 13,000원

『우리는 행복할 수 있을까』는 결혼 후 점점 소원해지는 부부관계와 사소한 것에서 발전하는 이혼의 원인 및 그 해결책을 담고 있다. 책은 여타 부부관계 설명서와 다르게, 정보의 단순한 나열이 아닌 소설 형식으로 문장을 풀어낸다. 그렇게 내러티브가 생동감을 부여하고 독자의 몰입도를 더욱 높여준다.

돌에도 꽃이 핀다
강현녀 지음 / 값 15,000원

책 『돌에도 꽃이 핀다』는 남성들도 버거워하는 석재사업을 30년째 이끌고 온 강현녀 사장의 성공 노하우와 인생 역정이 생생히 담겨 있다. 특히 남성의 전유물이라는 석재산업에서 편견을 깨고 성공을 거둠으로써, 현재 회사를 운영 중인 여성 사업가들에게 귀감이 되어 주고 있다. 이 책에 담긴 저자만의 사업 철학과 현장 경험은, 사업을 준비 중이거나 이제 막 사업을 시작한 이들에게 성공을 위한 하나의 이정표를 제시해 줄 것이다.

눈뜨니 마흔이더라

김건형 지음 / 값 10,000원

이 책은 우리가 살아오는 내내 지녀야 했던 존재의 고독과 아픔이 어디에서 왔는지 적요하게 탐색하는 유로클래식멤버스 김건형 단장의 시편들을 담고 있다. 50여 개 국 가까이 다양한 나라를 여행하고 쓴 시들은 이국적인 배경과 언어로 가득했지만 여전히 그 시에는 삶과 사람에 대한 따스한 시선이 괴어 있다.

미국으로 간 허준 그리고 그 후

유화승 지음 / 값 15,000원

책 「미국으로 간 허준 그리고 그 후」는 「미국으로 간 허준」이 불러일으킨 국내 의료계의 긍정적인 변화상과 밝은 청사진을 그려낸다. '암 환자가 꼭 지켜야 할 다섯 가지 법칙' '침 치료의 적응증' '암 환자의 한약 복용 시 주의사항' 등 유화승 교수의 평생 연구를 집약하여 담고 있다.

부동산 투자 1년 2배의 법칙

송 순 지음 / 값 15,000원

책은 누구나 절약하여 모은 3천만 원의 종잣돈으로도 행복한 미래를 도모할 수 있는 방안을 자세히 소개한다. '부자와 가난한 사람의 차이는 무엇일까?', '샐러리맨은 부자가 불가능한가?' 등의 문제를 고민하며 소형 주거용 부동산APT에 꾸준한 투자로 거둔 '2배의 법칙'과 관련한 내용들을 한 권의 책에 담고 있다.

명강사 25시-고려대 명강사 최고위과정 4기

김칠주 외 19인 지음 / 값 20,000원

책 「명강사 25시 - 고려대 명강사 최고위과정 4기」에는 고려대 명강사 최고위과정 4기 수료생 20명이 전하는 '자신만의 성공 노하우, 삶의 자세와 지혜, 밝은 미래를 위한 비전' 등이 담겨 있다. 기업 대표, 어린이집 원장, 연구소 소장 등 다양한 직업을 가진 이들의 다채로운 경험담과 자기계발 노하우는 각각 독특한 재미와 감동을 선사한다.

시간과 인간의 운명정체성

박요한 지음 / 값 15,000원

이 책은 우주적 진리성이 집약되어 있는 '인간, 시간, 관계, 운명, 정체성' 열한 글자 (11자)의 키워드를 통해 '진리와 깨우침'를 구하는 과정을 상세하게 담고 있다. 특히 "어찌할 바 모르고, 오늘 울며 이 땅을 걷는 청년들에게 영혼과 정신 그리고 오늘과 내일의 건강성을 일깨울 수 있는, 아프지만 살아 있는 영감과 통찰의 메시지"를 전한다.

나를 뛰게 하는 힘, 열정

윤명희 지음 / 값 15,000원

책 『나를 뛰게 하는 힘, 열정』은 19대 국회 새누리당 비례대표 3번 윤명희 국회의원의 인생역정과 앞으로의 비전을 에세이 형식으로 담고 있다. 'CEO 출신 여성 발명가' '똑 부러지는 살림꾼' '일 잘하는 국회의원' 등 다양한 수식어가 늘 따라다니는 저자의 삶은, 그 자체만으로도 꿈을 잃고 방황하는 현대인들에게 귀감이 될 만하다.

쫄지 말고 나서라

박호진 지음 / 값 15,000원

책 『쫄지 말고 나서라』 상대의 마음을 얻는 프레젠테이션』은 '좀 더 쉽게, 좀 더 효과적으로 프레젠테이션 스킬을 향상시키는 방안'을 '심리적인 문제에서부터 시작하여 디테일한 실전에 이르는 해법'을 통해 담아냈다. "거울 하나만으로 얼마든지 혼자서 훌륭한 프레젠터가 될 수 있다"는 점을 상세한 설명과 예시를 통해 전하고 있다.

엔지니어와 인문학

김방헌 지음 / 값 15,000원

책 『엔지니어와 인문학』은 평범한 삶 속에서도 반드시 얻게 되는 깨달음들을 에세이 형식으로 담고 있다. '삶은 무엇인가'라는 질문의 대답은 우리 일상 속에 있으며 우리 모두가 한 명의 위대한 철학자임을 다양한 에피소드를 통해 전한다. 인문학적 삶, 철학적 삶은 어려운 학문이나 연구가 아닌 우리의 일상 그 자체이며 아주 작은 사고의 전환만 있으면 얼마든지 일반 사람들도 향유할 수 있음을 이 책은 증명하고 있다.

하루 5분 나를 바꾸는 긍정훈련

행복에너지

'긍정훈련'당신의 삶을
행복으로 인도할
최고의, 최후의'멘토'

'행복에너지
권선복 대표이사'가 전하는
행복과 긍정의 에너지,
그 삶의 이야기!

권선복

도서출판 행복에너지 대표
지에스데이타(주) 대표이사
대통령직속 지역발전위원회
문화복지 전문위원
새마을문고 서울시 강서구 회장
전) 팔팔컴퓨터 전산학원장
전) 강서구의회(도시건설위원장)
아주대학교 공공정책대학원 졸업
충남 논산 출생

🏆 인터파크
자기계발 분야 주간
베스트 1위

권선복 지음 | 15,000원

책 『하루 5분, 나를 바꾸는 긍정훈련 - 행복에너지』는 '긍정훈련' 과정을 통해 삶을
업그레이드하고 행복을 찾아 나설 것을 독자에게 독려한다.
긍정훈련 과정은[예행연습] [워밍업] [실전] [강화] [숨고르기] [마무리] 등
총 6단계로 나뉘어 각 단계별 사례를 바탕으로 독자 스스로가 느끼고 배운 것을
직접 실천할 수 있게 하는 데 그 목적을 두고 있다.
그동안 우리가 숱하게 '긍정하는 방법'에 대해 배워왔으면서도 정작 삶에 적용시키
지 못했던 것은, 머리로만 이해하고 실천으로는 옮기지 않았기 때문이다. 이제
삶을 행복하고 아름답게 가꿀 긍정과의 여정, 그 시작을 책과 함께해 보자.

『하루 5분, 나를 바꾸는 긍정훈련 - 행복에너지』